U0833129

2024 DEVELOPMENT REPORT ON WUHAN

2024 武汉发展报告

武汉发展战略研究院 编

武汉出版社
WUHAN PUBLISHING HOUSE

（鄂）新登字08号
图书在版编目（CIP）数据

2024武汉发展报告 / 武汉发展战略研究院编. — 武汉：武汉出版社，2024.5
ISBN 978-7-5582-6791-8

Ⅰ. ①2… Ⅱ. ①武… Ⅲ. ①区域经济发展—研究报告—武汉—2024 ②社会发展—研究报告—武汉—2024 Ⅳ. ①F127.631

中国国家版本馆CIP数据核字（2024）第094370号

2024 武汉发展报告
2024 WUHAN FAZHAN BAOGAO

编　　者：武汉发展战略研究院
责任编辑：杨　振
助理编辑：王　超
装帧设计：李　华
出　　版：武汉出版社
社　　址：武汉市江岸区兴业路136号　　邮　　编：430014
电　　话：(027) 85606403　　85600625
http://www.whcbs.com　　E-mail: whcbszbs@163.com
印　　刷：武汉市华康印务有限责任公司　　经　　销：新华书店
开　　本：889 mm × 1194 mm　　1/16
印　　张：30.75　　字　　数：501千字　　插　　页：1
版　　次：2024年5月第1版　　2024年5月第1次印刷
定　　价：268.00元

版权所有 · 翻印必究
如有质量问题，由本社负责调换。

《2024 武汉发展报告》编委会

主　　任：陈伟诚

副 主 任：袁云光　程旭沛　丁文珺

委　　员：骆　卫　施　雯　马朝晖

编　　辑：杜一可　杜　涛　徐　强

简真强

目 录

战略思考篇

构建新发展格局支撑平台
系列研究

武汉争创第二批中欧班列集结中心示范城市研究

胡爽平

中欧班列是推进“一带一路”建设的重要抓手，是共建“一带一路”的旗舰项目和明星品牌。为推动中欧班列高质量发展，2020 年国家发展和改革委员会支持成都、郑州、重庆、西安、乌鲁木齐 5 个城市开展中欧班列集结中心示范工程建设。中欧班列（武汉）受主客观因素的影响未能入选第一批中欧班列集结中心，但充分考虑到中欧班列（武汉）的发展基础和服务质量，考虑到武汉的资源禀赋和经济腹地，考虑到集结中心的集聚能力和稀缺性，考虑到中欧班列在拓宽外向型经济和构建新发展格局中的重要作用，武汉应该积极争取第二批中欧班列集结中心示范工程建设。

一、武汉争创中欧班列集结中心示范面临着激烈的外部竞争环境

武汉是继重庆之后第二个开通中欧班列的城市，2014 年中欧班列（武汉）实现常态化运营，2017 年实载率位居全国前列且回程运量最多，成为全国七个中欧班列协调委员会城市之一，其服务质量也受到境内外客户的一致好评。目前武汉已拥有 41 条稳定的跨境运输线路，辐射欧亚大陆 40 多个国家 100 多个城市，境外服务面积达 3000 万平方千米，初步形成了“联通欧洲、覆盖中亚、衔接日韩、连接东盟”的国际多式联运服务网络。武汉一直以来都有建设中欧班列集结中心的设想，但就目前来看国家示范工程的建设面临着诸多挑战。

先期示范的 5 个城市已打下了扎实基础。国家发展和改革委员会在中央预算内投资安排 2 亿元专项资金，支持区位条件优越、设施基础良好、经济承载能力较强、运营规范质量好[①]的西安、重庆、成都、郑州、乌鲁木齐5个枢纽节点城市开展中欧班列集结中心示范工程建设。自开展示范以来，5个集结中心城市无论是运行量，还是集结中心建设，都取得了显著的示范效应。目前，5个集结中心示范建设工程正有序开展，2022年5个城市班列运行量在全国90多个开行城市总量中占到75%左右，近7年来开行量平均占比在80%以上（见图1），在中欧班列运输网络中具有重要的枢纽作用，并各自积累了较多的发展经验（见表1）。

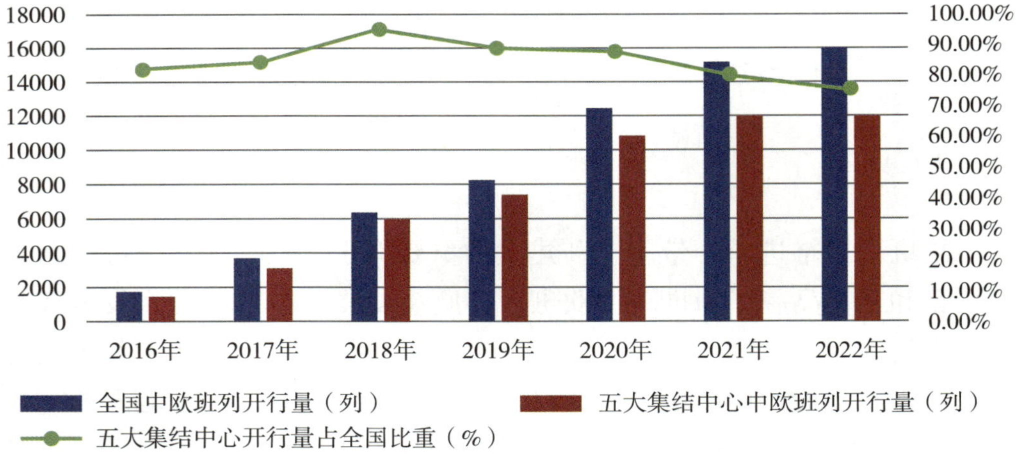

图1　中欧班列五大集结中心开行量及全国占比情况

表1　中欧班列五大集结中心建设情况及经验做法

城市	集结中心建设情况	主要经验做法
重庆	重庆将推进以“存量设施整合提升为主、增量设施补短板为辅”的“1+N”项目体系建设，优化空间布局、完善基础设施、提高运营效益，提升示范工程对促进班列开行高效集疏运体系能力，推动中欧班列安全稳定高质量发展	1.打造水铁联动双枢纽 2.搭建“四国五方”平台 3.多向延伸通道 4.设立订舱平台 5.创新“1+N”集结和分拨模式
成都	成都将主攻提升国际陆港枢纽能级、加快构建高效运输组织体系、探索创新市场化运营机制、加快发展特色枢纽经济和打造国际开放合作平台等5项重点任务。重点发展“蓉欧+”物流业，加快发展“保税+”国际贸易和协同发展“临港+”制造业，力争在3年内实现西部“蓉欧+”货物集散基地达20个，西部地区占中欧班列、国际班列货源比例达到75%	1.深化成渝合作和周边城市合作 2.大力发展国际铁路通道 3.“枢纽+通道+贸易”融合发展 4.省市大力宣传，广铺境外网络 5.“四向”国际物流网络通道 6.充分发挥成都铁路口岸优势

①2020年，中央关于推进“一带一路”建设工作部署中对拟申请开展中欧班列集结中心示范工程的有关城市提出需符合的四个基本条件：一是区位条件优越；二是设施基础良好；三是经济承载能力较强；四是运营规范质量好。

（续表）

城市	集结中心建设情况	主要经验做法
西安	陕西将充分利用中欧班列（西安）集结中心、中欧班列长安号跨境电商全国集结中心、中国（西安）跨境电子商务综合试验区和西安国际港务区国家进口贸易促进创新示范区的叠加优势，通过3年左右时间，打造“丝路电商”国际合作示范，加快形成“亚欧”跨境电商服务资源新优势，构建国际市场分工合作的开放型经济体系	1.省市区一条龙联动 2.创新内陆港模式，港产城一体化发展 3.干支结合、推进开港造埠 4.一揽子配套政策 5.充分发挥西安港口岸优势
郑州	郑州将高起点规划建设郑州国际陆港航空港，切实提升中欧班列（郑州）枢纽能级，提升郑州国际陆港集疏运能力，实施重大关键工程，拓展延伸功能性口岸业务，推动中欧班列双向运邮常态化，打造中部进口汽车、粮食、肉类等进口商品集散交易中心，探索建设中欧班列金融服务、科创研发、大数据处理等中心和应急物资保障地	1.以运带贸、运贸一体 2.四路协同（空中、陆上、网上、铁海联运） 3.干支结合，枢纽集散，内外双枢纽 4.开发引进特种箱型，拓宽货种类别
乌鲁木齐	乌鲁木齐将力争用5年时间，努力建成现代化的中欧班列（乌鲁木齐）集结中心，打造技术领先、理念先进、管理高效、运转协调的中欧班列国际货运综合服务平台，提升集货能力，推动产业集聚，支撑“丝绸之路经济带”商贸物流中心和交通枢纽中心建设	—

其他城市已蓄势待发，中部地区竞争尤为激烈。当前各大城市正努力通过中欧班列向西抢占节点地位，山东省、义乌市、长沙市、合肥市、沈阳市等省市纷纷在“十四五”规划中提出要“建设中欧班列集结中心示范工程”（见表2），区域竞争日趋激烈。在这场较量中，如果争取到中欧班列集结中心落户，那么武汉将能更好地利用国内国际两个市场、两种资源，加快建设成为国内大循环的关键枢纽、国内国际双循环的战略链接，加快建设全国构建新发展格局先行区。

表2　拟申请第二批中欧班列集结中心的地区

地区	2022年开行量	预期目标
武汉	610列	市“十四五”规划提出
长沙	1012列	市“十四五”规划提出，预计2025年班列开行实现1800列
义乌	1569列	市“十四五”规划提出，预计2025年班列开行突破3000列
山东	2057列	省“十四五”规划提出，由济南、青岛、临沂共建
合肥	768列	市“十四五”规划提出

二、武汉争创第二批中欧班列集结中心示范城市需要补足之处

（一）从运行量来看：武汉受多重因素影响，运量滑坡，增长严重受限

自2018年财政部实施财政补贴退坡政策[①]以来，中欧班列（武汉）开行列数出现下滑。纵向比较来看，开行数量和发运量自2018年后滑坡严重，2020年又因新冠肺炎疫情影响停运2个月，班列仅有230列。虽然近两年增长速度较快，但总量依然不足。横向比较来看，2014年中欧班列（武汉）开行列数位居全国第三（占全国的13.6%），2018年开行列数位居全国第5（占全国的6.5%），之后与西安、成都、重庆、郑州、乌鲁木齐5大集结中心城市的差距逐步拉大，也落后于长沙、合肥、义乌、苏州等后来居上的城市，在前有标兵、后有追兵的形势下已从全国前五掉落至十名开外，发展空间受到明显挤压。（见表2、表3和图2）运量的下滑严重影响了武汉首批集结中心的申报，也导致国铁集团2021年对中欧班列（武汉）的线条配比[②]严重不足，其后影响每一年的增长。2022年，武汉每周只有3~4条出口线路，而成渝班列每天计划7列班列出口，西安每天计划6列出口。线条配比的严重不足，一方面直接造成组织的货源大量积压，企业损失巨大；另一方面会造成无法大量揽货进而导致货源的流失，货源组织能力将慢慢削弱，从而严重阻碍其良性成长。

表3　2013—2022年中欧班列运量情况表

单位：列

<table>
<tr><th>城市</th><th>2013年</th><th>2014年</th><th>2015年</th><th>2016年</th><th>2017年</th><th>2018年</th><th>2019年</th><th>2020年</th><th>2021年</th><th>2022年</th></tr>
<tr><td>郑州</td><td>13</td><td>87</td><td>156</td><td>251</td><td>501</td><td>752</td><td>1000</td><td>1106</td><td>2002</td><td>1572</td></tr>
<tr><td>成都</td><td>—</td><td>—</td><td>—</td><td>453</td><td>1020</td><td>1587</td><td>1551</td><td>2800</td><td rowspan="2">4250</td><td rowspan="2">>5000</td></tr>
<tr><td>重庆</td><td>—</td><td>—</td><td>—</td><td>413</td><td>663</td><td>1442</td><td>1524</td><td>2177</td></tr>
<tr><td>乌鲁木齐</td><td>—</td><td>—</td><td>—</td><td>135</td><td>710</td><td>1002</td><td>1100</td><td>1068</td><td>>1000</td><td>>1100</td></tr>
<tr><td>西安</td><td>1</td><td>45</td><td>95</td><td>145</td><td>194</td><td>1235</td><td>2133</td><td>3720</td><td>3800</td><td>4639</td></tr>
<tr><td>武汉</td><td>—</td><td>42</td><td>164</td><td>234</td><td>377</td><td>423</td><td>408</td><td>230</td><td>455</td><td>610</td></tr>
<tr><td>全国</td><td>80</td><td>308</td><td>815</td><td>1702</td><td>3673</td><td>6373</td><td>8225</td><td>12406</td><td>15183</td><td>>16000</td></tr>
</table>

① 财政部从2018年开始，要求地方政府降低中欧班列补贴标准：以全程运费为基准，2018年补贴不超过运费的50%，2019年补贴不超过40%，2020年补贴不超过30%。
② 国家铁路集团安排年度铁路线条的依据为上年度总运量。

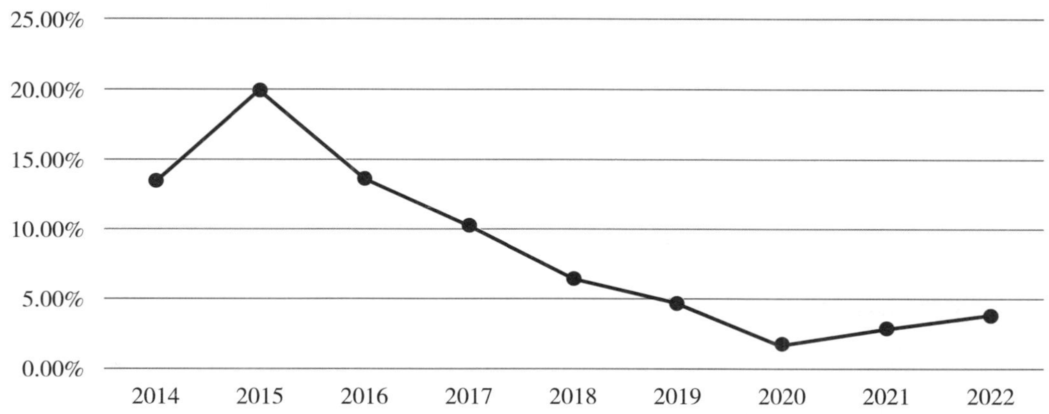

图 2　中欧班列（武汉）开行数量在全国的占比

（二）从服务范围来看：货源组织以省内为主，对外辐射区域有限

由于受线条制约影响，中欧班列（武汉）目前以保通道保功能、保湖北武汉本地企业国际运输为主，无法也不能大范围地组织货源，服务范围相对较小，对外辐射能力不足。总体来看，中欧班列（武汉）主要服务于湖北省内外贸出口企业，武汉市货源占比 80% 以上。相比之下，中欧班列（西安）采用陆铁联运方式，开行襄西欧、徐西欧、蚌西欧、冀西欧、厦西欧等集并班列，运输省外货物超过 75%。郑州通过在运输组织、货源组织、金融和信息服务等方面先行先试，对 1500 千米以内货源地的货物实行免费集结，运输货物本地货源只占 40% 左右。与其他地区相比（见表 4），武汉对外辐射服务能力还需大力挖掘。

表 4　中欧班列开通地区组织本地货源占比情况表①

地区	武汉	合肥	成都	乌鲁木齐	山东	重庆	义乌	长沙	郑州	西安
本地货源占比(%)	>80	70	70	60	55	>50	45	40	40	25

（三）从货源结构来看：进出口货源结构较单一，产业带动能力有限

目前中欧班列（武汉）输送的货物品类主要为光电子产品、机械设备、服装、汽车零部件等本地特色产业（见图 3）。对照海关总署与商务部的进出口商品 22 类标准来看（见表 5），中欧班列（武汉）目前去程和回程货物主要品类

① 数据来源：各地中欧班列新闻报道汇总。

基本吻合。从去程货物来看，第 16 类商品和第 17 类商品为最主要出口货物，占货物品类的 77% 以上；此外，第 11 类商品和第 18 类商品也有一定出口需求。从回程货物来看，第 16 类商品和第 17 类商品为主要进口货物，占货物品类的 60%；其次还有第 6 类、第 4 类和化妆品等杂项。从货源类型来看，中欧班列（武汉）运送的货物大部分为机电、机械、汽车零部件等高价值、时间敏感类技术型产品，相较于重庆、成都、西安、郑州等城市来看，肉类、粮食、水果、水产品等初级产品和资源型产品很少（见表 6）。总之，中欧班列（武汉）输送的货物品类结构还较为单一，推动产业融合领域还需进一步拓宽。

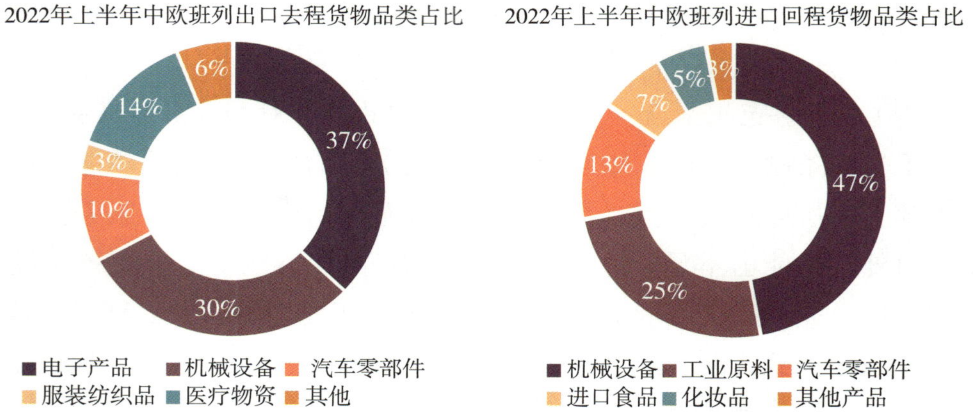

图 3　2022 年上半年中欧班列（武汉）进出口货物品类占比图

表 5　国家进出口商品品类分类表①

编号	商品品类	编号	商品品类
第1类	活动物；动物产品	第12类	鞋帽伞等；羽毛品；人造花；人发品
第2类	植物产品	第13类	矿物材料制品；陶瓷品；玻璃及制品
第3类	动、植物油、脂及其分解产品；精制的食用油脂等	第14类	珠宝、贵金属及制品；仿首饰；硬币
第4类	食品；饮料、酒及醋；烟草及烟草代用品等	第15类	贱金属及其制品
第5类	矿产品	第16类	机电、音像设备及其零件、附件
第6类	化学工业及其相关工业的产品	第17类	车辆、航空器、船舶及运输设备
第7类	塑料及其制品；橡胶及其制品	第18类	光学、医疗等仪器；钟表；乐器
第8类	革、毛皮及制品；箱包；肠线制品	第19类	武器、弹药及其零件、附件
第9类	木及制品；木炭；软木；编结品	第20类	杂项制品
第10类	纤维素浆；废纸；纸、纸板及其制品	第21类	艺术品、收藏品及古物
第11类	纺织原料及纺织制品	第22类	特殊交易品及未分类商品

① 中国海关总署与商务部将进出口商品分为 22 类。

表 6 主要城市中欧班列运营和货物品类情况表

城市	主要货类	
	开通当年	2021年
重庆	笔电产品	笔电产品、液晶面板、集成电路、电子通讯、汽车整车、农副产品、生物医药、水果、肉类、奶粉等
成都	电子产品、家用电器	汽车及配件、机械产品、电子产品、服装鞋类、肉类、食品、花木水果、日用品、粮食等
郑州	轮胎、高档服装、文体用品、工艺品等	电子产品、高档服装、冷链产品、医疗器械、机电产品、水果、粮食、肉类、冰鲜水产品等
西安	工程机械、家用产品、服装等	工程机械、服装、快消品、电子设备、粮食、汽车、肉类等
武汉	电子产品、汽车整车及零部件等	电子元器件、汽车零部件、机械设备、衣服鞋帽、保健品原料、电子产品、茶叶等
长沙	茶叶、瓷器等	机电产品、茶叶、服装、鞋帽、陶瓷、食品、钢铁、水果、冰鲜水产品等
合肥	服装、工艺制品等	太阳能光伏、传感器、机器人等产品

（四）从运营平台来看：规模实力较弱，自身造血能力不足

和水运相比，中欧班列天然没有成本优势，随着补贴退坡政策的实施，之前靠财政补贴填补资金缺口的方式不再延续，那么班列公司运营能力就显得尤为重要。中欧班列（武汉）的运营公司为武汉汉欧国际物流有限公司，是湖北港口集团全资子公司。自运营以来，武汉汉欧国际物流公司通过国际贸易、货运代理、园区运营、冷链运输等业态盈利来反哺班列运营，但业态创效能力不足，规模较小，利润微薄。与其他城市中欧班列平台公司相比，武汉运营公司体量小、资源少、自我造血能力差，应对市场变化和抵御市场风险基础薄弱。据了解，重庆、成都、西安、郑州等地在开行之初便组建了实力强劲的平台公司（见表 7），能够应对激烈的市场竞争。

表 7 主要地区中欧班列运营公司运营模式表

地区	运营模式
成都	成都国际铁路班列有限公司为成都工业投资集团有限公司下属成都国际铁路港投资有限责任公司（简称港投集团）投资成立的国有全资子公司。港投集团下属三个子公司，分别负责不同工作，其中陆港公司作为销售公司，负责组织货源、港口管理；自贸公司作为金融公司，提供平台，保障运行所需资金流，并进行供应链金融创新；班列公司负责境内境外铁路组织。班列补贴发放由港投集团直接给付
重庆	唯一一个由中国、哈萨克斯坦、俄罗斯和德国四国铁路部门和重庆交运控股公司“四国五方”共同合资组建的铁路物流企业。班列补贴由重庆物流枢纽国际园区直接拨付
西安	西安班列由西安国际港务区统筹运营，分三个公司运营不同线路。中欧班列（长安号）由西安国际陆港多式联运有限公司运营，该公司是西安国际陆港投资发展有限公司的子公司，主要负责中欧班列（长安号）的组织和运营工作，西安自贸港公司负责运营中亚线路，中外运公司负责运营俄罗斯回程木材及大宗散货运输

（续表）

地区	运营模式
郑州	郑州班列是由郑州国际陆港开发建设有限公司负责运营，由郑州经济技术开发区管委会和河南物资集团公司联合组建，是一家省属国有独资企业
长沙	长沙班列是由湖南中南国际陆港有限公司运营，长沙交通控股公司（33%）及中外运华南公司（67%）控股，省级占比40%，市级占比60%
江苏	江苏整合南京、徐州、苏州、连云港等市资源，并引入央企资本，组建江苏省国际货运班列有限公司，专门负责班列运营

（五）从政策支撑来看：顶层设计还不够，班列重要性突出不够明显

省市对中欧班列的重视度还有待加强。中欧班列（武汉）已成为服务全省开放发展的重要战略通道和支撑平台，但统筹、协调、规划、政策等方面仍局限在市级层面，省市共建机制还需进一步强化。据了解，相较于西安、成都、重庆、郑州等城市出台一系列政策平衡方案支持班列稳定发展，中欧班列（武汉）仍未建立省市协调可持续的市场化运营模式来维护资金平衡。湖北武汉严格执行财政部补贴退坡政策，除市财政补贴以外，无其他资金渠道。中欧班列（武汉）还缺乏强有力的领导协调机制，目前，武汉汉欧国际物流有限公司作为独立运营的企业，东西湖区作为投资和土地属地，在线条申请协调、口岸申报方面与国家铁路集团和海关部门不具备对等性，导致班列在工作协调和政策支持等方面工作开展不畅。

表 8　主要城市中欧班列运营资金补贴和支持情况

城市	资金补贴和支持情况
成都	成都搭建市、区和铁路部门联合出资平台，实行场站、班列、产业、贸易一体化运作，盈亏互补，出台市、区两级补贴机制，并对区内土地出让金予以返还。省人民政府和省商务厅进行联合宣传
重庆	重庆搭建“四国五方”平台公司，形成了市、区政府共同承担的财政补贴模式。除了资金支持之外，重庆还通过重庆国际物流枢纽园区平衡土地等方式支持班列快速发展
郑州	郑州搭建由区和省国资平台联合出资平台，已经形成省、市、区三级政府共同承担的财政补贴模式，同时还充分利用大平台公司土地开发资金支持班列快速发展
西安	西安运营平台财政补贴严格按政策规定执行，其余资金由上级公司的房地产、市政工程等业务板块获得盈利以出线路开行奖励的形式给予

（六）从功能配套来看：功能平台及配套滞后，班列能级提升受限

功能平台及相关配套设施滞后，也制约中欧班列（武汉）运输能级有效提升。具体来看，一是通关口岸数量少。重庆、成都、郑州、西安、长沙等城市拥有至少 4 个以上进口商品指定口岸（见表 9），武汉只有整车进口和药品 2 个指定口岸，缺少粮食、肉类、水果、国际邮包等指定口岸资质。二是

缺少有效项目配套支撑。如重庆、成都、西安、郑州均为中欧班列配备了大型物流园区和产业园，并进行整体规划布局形成合力，而中欧班列（武汉）配套的物流园规划面积小且还处于起步建设阶段。三是口岸功能发挥不够。班列口岸资源碎片化，部分口岸资质作用发挥不够明显，口岸基础设施相对较为落后，站内的海关监管区建设面积偏小，关检及多式联运监管配套服务有待完善，通关便利化有待提升。

表 9　主要城市口岸开通情况和集结中心园区配套表

城市	铁路口岸	园区配套情况
西安	拥有进境粮食、进口肉类、整车进口、跨境电商、进口药品等5个监管场地及指定口岸	中欧班列（西安）集结中心港口功能区项目占地面积超过7500亩，建设有进口木材加工交易基地、海铁联运仓库、加工制造服务区冷链仓库及相关配套设施；“一带一路”临港产业园项目总占地面积1000亩
成都	拥有进境肉类、进境粮食、进口整车、进口药品、木材、多式联运海关监管中心等6个功能口岸	成都国际铁路港经济开发区规划面积为18360亩，具备汽车整车、肉类、粮食指定口岸和木材监管区
重庆	拥有整车进口、进口药品、进境肉类、进境水果、复合木材等5个监管场地及指定口岸	重庆国际物流枢纽园区规划面积53250亩，园区独占重庆铁路口岸（复合木材、药品、肉类功能）、整车进口口岸、重庆生物制品口岸、药品进口口岸和重庆铁路保税物流中心（B型）等多个开放型设施
郑州	拥有进境水果、进口肉类、冰鲜水产品、食用水生动物、屠宰用牛、汽车整车、国际邮件、进境粮食等8个功能性口岸	郑州国际陆港航空港片区总规划面积28650亩，按照现代化、国际化、世界级物流枢纽的发展定位，打造世界级国际铁路枢纽港、中欧班列运贸产创新发展示范区、内陆口岸经济高质量发展先行区
武汉	拥有整车进口、药品2个指定口岸	规划面积215亩，建成后将打造集班列服务、国际进出口食品加工、国际贸易等于一体的现代化综合物流园
长沙	拥有冰鲜水产品、食用水生动物、药品、水果等4个指定口岸	中南陆港金霞物流中心，内设海关出口监管仓和普通仓
义乌	拥有冰鲜水产品、肉类、水果、跨境电商等4个指定口岸	义乌铁路口岸项目规划总用地面积约1616亩，概算投资48亿元。含四大物流板块，分别是仓储物流、口岸物流、冷链物流、公路物流

三、武汉争创中欧班列集结中心的对策建议

（一）高度重视集结中心和中欧班列对武汉经济发展和高水平开放的推动作用

一是要高度重视中欧班列在带动武汉经济发展方面的重要作用。中欧班列目前虽然存在综合运输成本偏高、供需对接不充分、无序竞争时有发生等问题，但我们要看到其对实现物流运输高质量发展、提高武汉外贸核心竞争力、拉动经济发展等方面具有多重效应。据华中科技大学研究人员测算，在不考

虑消费诱导贡献的情况下，中欧班列（武汉）运行每投入1元，对GDP的总贡献当量为10.50元。其中，直接贡献增加值0.38元，间接贡献增加值10.12元。在考虑消费诱导贡献的情况下，中欧班列（武汉）运行每投入1元，对GDP的总贡献当量为20.34元。其中，直接贡献增加值0.38元，间接贡献增加值19.96元。在新发展格局背景下，武汉对外开放有望迎来更大飞跃，中欧班列必将与更多产业联结，在提升武汉产业链供应链分工和实现通道、贸易、产业深度融合等方面发挥更大作用，在扩大武汉影响力上有更多的担当。湖北省、武汉市应将其视为重要的国家战略资源，充分发挥其在新发展格局中的战略作用。

二是要充分考虑到中欧班列集结中心的未来稀缺性。国家建设中欧班列集结中心的宗旨是要导入市场化运作机制，改善中欧班列开行城市的无序竞争局面，打破各自“割据”格局。就全国来看，集结中心的数量肯定是有限的，如果武汉不能尽快争取第二批示范，那么可能就会失去中欧班列（武汉）先期已打下的基础，也可能会失去从全球集聚优势资源的国家战略通道，更有可能失去一个高水平的开放平台。

（二）加大对中欧班列的政策支持力度，为集结中心建设提供有力的政策保障

一是完善省市协同推进机制。充分发挥班列高质量发展省级联席会议制度的作用，加强省市统筹协调和定期会商，形成省政府领导亲自挂帅、省级部门协力支持、武汉市主体推动的运转高效的联动工作机制。

二是积极争取线条支持。当务之急是需要省市共同协力与国家铁路集团协商，争取更多的线条支持，解决中欧班列（武汉）线条严重不够的问题。

三是创新奖励政策。针对财政补贴逐步退坡，充分借鉴西安、重庆、成都、郑州等先进城市的做法，探索奖励补贴、土地出让金预留、土地综合开发利用等多渠道支持机制，增强班列运营可持续性。建议设立中欧班列专项奖励资金，对相关外贸企业、物流项目和重点企业、公共服务设施、基础设施建设等给予财政支出支持，引导更多的企业发展国际运输。

（三）着力搭建中欧班列服务大平台，为集结中心建设打下坚实的基础

一是打造一体化运作平台。建议东西湖区加快启动吴家山国际陆港规划编制，充分整合辖区物流、产业资源，规划布局周边配套产业，预留枢纽经

济发展空间，高标准打造吴家山国际陆港，以港产城一体化发展模式支撑班列逐步提高市场化发展水平。建议学习借鉴重庆、成都、西安以及江苏、山东等地的模式，支持运营平台构建与省内其他市州、本地开发区、自贸区、综保区等开放平台的有效战略合作。加快汉欧国际综合物流园区建设步伐，打造集班列服务、国际进口食品加工、国际贸易等多业态为一体的国际现代化综合物流园。

二是加强口岸功能建设。建议借鉴其他城市完善指定铁路口岸资质的做法，积极争取国家支持，推进粮食、肉类、水果、国际邮件、跨境电商等进口口岸资质申报建设，丰富铁路口岸功能。同时，优化整合口岸资源，加快建立物流协调机制，合力解决中欧班列（武汉）遇到的不同方面的困难，实现报关、报检、清关等流程网络化。

三是提高运营平台企业市场经营能力。充分借鉴重庆、西安、成都、郑州等城市的做法，整合省、市、区多方资源，引进实力强大的央企、国企和社会资本，重组班列运营平台，做强运营主体。鼓励运营主体先试先行，探索市场化运营机制，提高造血能力和市场竞争力。树立中欧班列（武汉）品牌效应，在服务、速度价格等方面，争取最优化，保障中欧班列（武汉）通道服务质量。支持企业开展设施联通、功能联合、资源共享，提高全程信息化数字化水平。

（四）推动中欧班列与产业融合发展，为集结中心建设挖掘可持续发展的潜力

一是强化与本地产业深度融合。整合湖北武汉本土外贸资源，加快制造业产品、农产品转型升级，进一步提升武汉外贸出口产品的国际竞争力。围绕“965”产业体系，发挥产业优势，做强制造业专列，稳定外贸外资基本盘，保持中欧班列的可持续发展动力。

二是积极探索产业合作潜能。2016 年借后谷咖啡与中欧班列（重庆）合作的契机，重庆成立了咖啡交易中心，咖啡产业实现了“从无到有”，中欧班列（重庆）已成为众多“新”产业落户重庆的催化剂。中欧班列（武汉）可以通过细分市场运行特色化班列，有针对性地发展优势项目，如可以在波兰的农业、新材料、新能源、矿山安全等领域，捷克的机床、医药、矿业、环保和通用航空等领域，匈牙利的医学医药、生物技术等领域，俄罗斯的木料、

食品、肉类、纸浆等领域，东盟国家的海鲜、水果、粮食等领域开辟专属市场，探索产业合作可能。

三是加强口岸产业联动。依托武汉临时铁路口岸进口货物，形成木材交易中心、国际展示贸易中心，加强国内外集货能力，探索运贸一体化运行模式，形成高附加值消费品的重要分拨中心。依托汽车整车进口口岸，在武汉新港空港综合保税区东西湖园区内开展落地保税及展示保税业务。加强中欧班列（武汉）与武汉天河机场国际航空运输、武汉港国际水运航线的业务联系，共同打造“跨境电商 + 市场采购 + 外综服”新业态综合试验区，促进运输与贸易新业态结合的跨境贸易新模式。

（五）积极推动中欧班列模式创新，为集结中心建设形成可持续发展的合力

一是加强境内外经贸合作创新。积极拓展服务链条，高效服务本地企业“引进来”“走出去”，协助国内外企业实现物品的双向流动，增强班列市场化运营能力和可持续性高质量运营。支持外贸新业态新模式发展，搭建境外经营协商平台，合理整合运量运力，争取更大的境外运输优惠政策和服务能力，最大限度地降低物流成本。建立境外经贸合作区，共商共建共享物流基地、分拨集散中心、海外仓、境外还箱点等，提升境外物流辐射和服务能力，最大限度增加返程货源。

二是加快管理组织创新。武汉可学习借鉴成渝经验，可与长沙等地合作共建，合理规划资源的配置，建立集物流、外资、产业等统一协调的灵活机制，鼓励各企业合作共赢，避免恶性竞争和产业分散化，提高整体的竞争优势。

三是推动多式联运创新。中欧班列（武汉）高质量发展，必须融入全球陆海联运大循环物流系统，吸引优势企业共建中欧班列物流供应链服务平台，与中欧班列集结中心城市协同建设境内外物流网络，畅通政策、物流、信息、贸易、金融通道，引领中欧班列高质量发展。加快发展铁水公空联运，利用中欧班列与空运、水运进行多式联运，降低运输成本，为武汉提供宽广的货源。

作者单位：武汉发展战略研究院

对标深圳全生命周期科技金融服务体系 加速推进武汉科创生态体系建设

袁　圆

面对百年未有之大变局，党的十九届五中全会明确提出要加快构建以国内大循环为主体、国内国际双循环相互促进的新发展格局。加快构建新发展格局，科技创新是第一生产力。建设“具有全国影响力的科技创新中心”是国家构建区域创新高地的重大布局，也是赋予武汉的重大使命，更是推动武汉高质量发展的重大机遇。2022 年，武汉市高新技术企业已超过 1.2 万家，新增国家级专精特新“小巨人”企业 158 家，增幅居全国城市第一，“金种子”“瞪羚”等各类创新型企业层出不穷，创新驱动势不可挡。推动“科技—产业—金融”良性循环，是全市将战略机遇转化为发展底气的关键变量。深圳是我国创业密度最高的城市，通过建立“基础研究 + 技术攻关 + 成果产业化 + 科技金融 + 人才支撑”全过程创新生态链，实现了创新生态体系的历史性变革与系统性重构。其中，贯穿企业发展全生命周期的科技金融服务体系，对促进深圳科技成果转化和科技型企业创新创业发挥了重要作用，值得武汉深度对标学习。

一、深圳市构建全生命周期科技金融服务体系的经验做法

（一）“投、贷、保”多管齐下，助力科技企业穿越初创期“死亡之谷”

从基础科研到市场产品的转化，往往周期长、成本高、风险大。在这一阶段，科技型企业对资金的需求往往最为迫切，但又与传统金融“安全性、流动性、盈利性”的经营准则存在难以调和的矛盾。为破解这一难题，深圳通过“投、

贷、保”多管齐下，打通企业融资“最先一公里”，助力企业跨越“死亡之谷”。

一是以政府引导基金激活天使投资市场。深圳天使母基金于2018年3月应运而生，由深圳市引导基金出资成立，目前规模100亿元，是国内规模最大的天使投资类政府引导基金。深圳天使母基金坚持投早、投小、投科技、投未来，率先突破了一般政府引导基金30%的出资上限，出资比例可达基金总规模的40%。截至2022年11月底，深圳天使母基金在投的63支子基金投资累计交割项目908笔、671个。其中已涌现出114个估值超1亿美元的“潜在独角兽”企业，4个估值超10亿美元的“独角兽”企业，支持了大批初创期企业成长。

二是以政策创新、科技创新撬动银行信贷资源。政策层面，出台了《深圳市小微企业首贷户培育专项工作方案（2021—2023年）》《深圳市科技型中小微企业贷款贴息贴保项目管理办法》《深圳市关于金融支持科技创新的实施意见》等一系列文件，对银行设立专门开展科技金融业务的专营机构给予专项奖励，对科技型中小微企业贷款进行50%的贴息资助。银行机构层面，则充分利用金融科技创新成果，积极探索全新的科技企业融资评价体系。如人民银行深圳市中心支行指导辖内商业银行从企业产学研、高管团队、获得奖补、科技资质、知识产权等维度对企业技术实力进行量化评估并划分等级；兴业银行深圳分行从知识产权数量和质量、发明专利密集度、科研团队实力、科技资质、科技创新成果奖项等15个维度对企业信用评级分类。目前，深圳已有29家银行设立或明确专门部门统筹科技金融发展，12家银行设立科技特色支行41家。截至2022年上半年，深圳市科技型企业贷款余额达7880.45亿元，规模居全国大中型城市首位，其中科技类贷款增速尤为突出，科技型中小企业、高新技术企业、“专精特新”企业贷款分别同比增长30.39%、16.42%、88.14%。

三是以先行先试不断完善科技金融风险补偿机制。鼓励科技保险发展方面，《深圳市关于金融支持科技创新的实施意见》提出将科技项目研发费用损失保险纳入深圳市科技研发专项资金的支持范围；对于开展小额贷款保证保险的银行机构和保险机构分别给予0.5%和1%的业务奖励。截至2019年上半年，深圳市累计承保科技保险保单2.4万件，为8300家科技型企业提供4700亿风险保障。2022年，深圳成立全国首家科技保险中心，率先推出知识产权质押融资保证保险，落地全国首例移动机器人领域保险。风险补偿机制方面，深圳市设立了入池金额高达 6974 亿元的中小微企业银行贷款风险补偿资金池，对各商业银行中小微企业贷款进行 30% 的损失补偿，并对战略新兴产业企业和科技企业贷款提高风险补偿比例，累计拨付风险补偿资金 3.74 亿元；设立了 3000 万规模的知识产权质押融资担保风险补偿基金，将基金规模 10 倍杠杆（对应银行贷款规模 3 亿元）的知识产权质押贷款业务纳入风险补偿池，风险损失补偿比例为 25%。

（二）积极发展股权投资市场，助力科技企业跨越大规模产业化的“达尔文之海”

以深创投为代表的国有创投资本、民营创投和企业风投等组合而成的创投生态体系，为深圳各类创新主体做大做强提供了源源不断的“活水”。截至 2022 年 9 月末，深圳市已登记私募基金管理人数量为 4017 家，管理基金数量为 21356 只，管理基金规模达 2.31 万亿元，三项数据均位居全国第三，且上述指标均为浙江（不含宁波）、广东（不含深圳）的两倍左右。（见图 1）

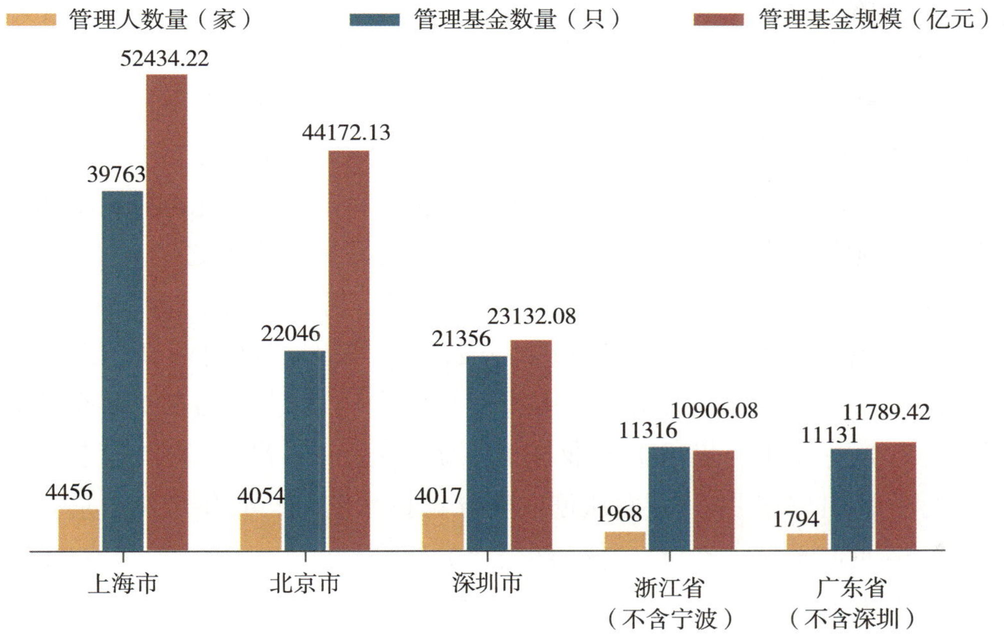

图 1　国内私募基金管理人排名靠前的辖区（2022 年 9 月）

一是做活国有创投机构。深圳国资旗下拥有深创投、深投控、深重投、深圳资本、鲲鹏资本五大股权投资平台。其中，深创投是全国创投机构的“领头羊”，连续多年在权威评价机构举办的创投行业评选中名列前茅，目前业务已涵盖母基金、并购基金、S基金、公募基金、不动产基金等多个领域。相较于其他省市，深圳国资创投机构的市场化特色更加明显。早在成立伊始，深创投就被授予了自主投资决策、投资范围不受区域限制、投资收益可按比例转作员工奖励等自主权，并得到市政府“不塞项目，不塞人”的公开承诺。相比于其他国有资本创投基金更偏好成熟型、规模型企业的保守型打法，深创投率先探索政府引导基金的容错机制，最高承担项目40%的劣后风险，更好地激发了政府引导基金对新兴产业、未来产业项目的领投积极性。截至2022年底，深创投已投资项目1500余个，累计投资金额逾900亿元，其中239家投资企业分别在全球17个资本市场上市。

二是做强本土创投机构。深圳作为中国最大的本土创投企业集聚地，被业内称为“人民币基金的策源地”。深圳创投公会目前有超过160家本地会员，其中九成以上属于民营创投。典型代表有达晨财智、同创伟业、基石资本、东方富海、松禾资本、创东方、时代伯乐、君盛投资等。大族激光、华大基因、汇川技术等一批深圳知名企业都得到过深圳本土机构的支持。深圳民营创投还衍生出了一批专业性投资机构，如专门聚焦消费行业投资的天图投资、聚焦医疗健康行业投资的高特佳。近几年，细分赛道里也迅速成长出一批“小而美”机构，如啟赋资本、千乘资本等。通过早期投资、大比例持有等方式，斩获了诸如泡泡玛特、纳芯微等优质项目，成为新兴的投资之星。

三是做优企业风险投资（CVC）[①]。近年来，腾讯、比亚迪、华大基因等深圳本土民营企业系CVC快速崛起。2021年，深圳市创投业新增总投资额505.35亿元，企业风险投资（CVC）投资总额占比达到了36.62%。企业风险投资（CVC）一方面聚焦于沿产业链上下游孵化、培育更多同阵营公司，掌握更多行业话语权；另一方面从创业辅导、技术支持，到供应链、应用场景等方面为早期企业提供支持，是初创企业的优质投资人。如比亚迪在2018年启动了充电电池业务、手机及电脑零部件及装配服务等领域的投资，绑定汽

① 企业风险投资（CVC，Corporate Venture Capital）是指企业成立的独立风险投资部门或风险投资机构，使用自有的非金融资金投资母公司战略发展目标或者产业链上下游的中小企业，以配合企业长期战略发展和创新扩张。

车产业关键的供应链资源；华大共赢产业基金投资超过30个项目，管理规模超过20亿元，已布局华大智造、新产业生物、康泰生物、艾欣达伟、锦瑞生物、微基因、活水诊断等企业，涵盖了生物诊断、生物医药等多个生命科技领域。除上述企业外，深圳本地还有诸如中集集团、顺丰速运、TCL集团、汇川技术、星河控股、创维集团、万科等为代表的一大批涉及CVC投资的优质企业。

（三）以各类新型研发机构金融平台为补充，搭建科技企业全要素孵化体系，打通科技成果转化“最后一公里”

除了传统金融机构，深圳市各类“四不像”新型研发机构、科技源头单位、孵化转化机构等，凭借“楼上创新，楼下创业”“沿途下蛋”等零距离服务优势，发挥出了独特的金融桥梁作用。

深圳清华大学研究院是深圳市政府和清华大学于1996年12月共建的、以企业化方式运作的事业单位，形成了研发平台、人才培养、投资孵化、创新基地、科技金融和海外合作六大功能板块，是国内新型科技创新孵化体系的“领跑者”。2013年，深圳清华大学研究院在前海发起设立力合金融控股股份有限公司，在成果转化和企业服务方面，为科技型企业提供“一揽子”科技金融和孵化服务支持。依靠专业的金融管理团队和科技专家团队，提供包括投贷结合、风险投资、概念验证基金、中试基金等在内的多层次、多元化、全方位的科技金融综合服务，加速产品原型产业化进程。据统计，力合金控服务对象80%来自深圳清华大学研究院孵化的优质项目。截至2022年，累计孵化企业3000多家，培育了29家上市公司，投资企业近500家。

由建行运营的创业者港湾，是全国首家由银行运营的集“贷、投、孵、教”于一体的科技创新孵化平台。通过创新投贷联动机制，种子期中小科创企业入孵即享有低租金的办公空间、100万元起的“入园即贷”信用贷款、建行撮合平台带来的产业对接、分行推荐参加各项创赛路演等一整套孵化支持。企业在获得政府部门补贴或获得知名创投投资后，创业者港湾将按照内部定贷模型，通过以补贴定贷、以投资定贷等定贷模式，对企业发放无抵押信用贷款，并签订认股选择权协议，为日后建行旗下股权投资公司跟投做储备。截至目前，建行创业者港湾在深圳入湾企业2000余户，贷款余额140亿，投资项目3个。

二、对武汉市的启示

深圳之所以能够推动科创生态体系实现历史性变革，使困扰多年的科技成果转化难变成“伪命题”，离不开科技金融的“雪中送炭”与“锦上添花”。总的来看，深圳市已经将分布在财政部门、银行业、保险业、投资机构的各类金融资源汇集成了协调分工、良性互动的有机整体，由点到面覆盖了企业从科研到产业化到上市的科技创新全过程。

目前，武汉市建立了“2+X”科技信贷服务体系。[①]截至2022年末，武汉市科技贷款余额达到3950.6亿元。但总体来看，科技金融品牌还未打响。东湖高新区企业融资90%依赖银行贷款，70%银行贷款仍为传统抵押担保贷款，投贷联动试点五年来只为200多家企业提供了22亿多元贷款。[②]金融机构在产品服务多样性、人才和技术、发展观念及体制机制方面难以满足科技金融需求。武汉市必须以完善创新生态体系为落脚点，统筹协调各类科技金融机构与金融资源，打造内陆地区最具吸引力的创新创业金融环境。

（一）构建科技金融全要素共享机制

围绕长期困扰科技金融的信息不对称难题，推动建立综合性科技金融大数据平台，收集利用分散在科技、工商、海关、法院、质监和税务等部门有关科技企业研发、生产、经营等信息，向科技金融机构开放。引导银行、证券、信托、创投基金、担保公司和投资机构等扩大信息共享范围，积极探索涵盖财税、用水用电、专项补贴、社保、公积金以及仓储物流等多维度的政银企信息交流机制。试点实施国家高新技术重点项目信息合作机制，鼓励政府机构、项目方在不涉密前提下，向银行披露更多有效信息。由政府牵头，联合科研院所、风投公司等合作机构的专家，对科技型产业项目给予技术先进性、工艺标准、产品质量、技术分享等方面专业评估意见，帮助银行提高信贷业务风险识别能力和评审效率。

（二）加大科技金融产品服务创新力度

以更大政策力度，鼓励各类金融机构成立科技事业部、科创贷款中心以及科技支行等科技金融专营机构。推广“数字风控+信贷工厂”业务模式，提高无担保、纯信用、纯线上化信贷产品业务规模。对专营机构发放的科技

① “2+X”科技信贷服务体系指“科保贷”“科担贷”两款核心贷款产品，以及高成长企业贷（线上）、阳光科创贷、科创贷、科技E贷、科易贷和万户贷等6个合作创新金融产品。

② 段世德、简兵：《突破发展科技企业债券，加快构建武汉新型区域金融中心——基于科技企业债券的视角》，《武汉社会科学》2022年第3辑。

型中小企业非担保、非抵押信贷业务，给予借贷双方一定补贴。吸引大数据、区块链、量化投资、智能金融、数字征信等国内外金融科技企业落户，创新企业信用评价体系。大力发展知识产权质押、股权质押等贷款产品，提升面向科技企业的首贷比。扩大科技贷款风险补偿准备金规模，建议市级财政设立不少于2000万元的知识产权质押融资风险补偿基金，采取后补助支持方式，按照不超过本金中银行、担保、保险、知识产权专业机构各自承担风险部分的50%进行风险补偿。支持保险公司推广研发费用损失险等科技保险、发展专利保险等新型保险产品，鼓励保险机构推出首台（套）重大技术装备保险和新材料首批次应用保险。

（三）提升政府引导基金市场化水平

据不完全统计，当前武汉市市、区两级引导基金总规模已超1000亿元（见表1），私募股权基金管理规模位居中部地区第一，但在全国排名仍在十名开外，金融市场活跃度与经济体量并不匹配。与北上广深等头部城市以及宁波、成都、苏州等同类城市相比，武汉还缺乏重量级市级政府引导基金和国有创投机构。

建议将多渠道充实政府引导基金作为武汉市加快发展股权投资的首要任务。制定市级创投引导基金管理制度与实施细则，每年注入市级政府投资引导基金，与省级引导基金和武汉市各区引导基金形成相互衔接的三级引导基金管理体系。设立“母基金引进落地专项计划”，吸引国家级母基金、保险母基金，以及央企、国企大型母基金落地武汉。支持国有股权投资机构通过发行创投债、预期分红资产证券化等方式提升融资能力。加强国有投资机构在资金募集、投资决策、投后管理和退出等方面的专业化、市场化水平，在工资总额管理、选人用人等方面加大授权放权的力度，建立具有操作性的市场化激励与容错机制。

表1　武汉市市、区两级政府引导基金基本情况

政府引导基金名称	政府累计出资规模（亿元）	子基金数量（个）	参投项目数量（个）
武汉市科技创业投资引导基金	22.98	44	445
武汉市战略性新兴产业发展引导基金	138	—	—
武汉产业发展基金	360.94	141	1332
光谷产业发展基金	500	9	—

（续表）

政府引导基金名称	政府累计出资规模（亿元）	子基金数量（个）	参投项目数量（个）
光谷创投引导基金	100	22	277
光谷合伙人基金	10	—	—
车谷产业发展基金	500	—	—
首义科创母基金	15	—	—
汉阳区政府引导母基金	15	—	29
汉阳区战略性新兴产业发展引导基金	1.2	—	—
洪山区战略性新兴产业发展引导基金	3.2	12	40
江夏区产业发展投资基金	7.56	5	—

（四）培育民营创投龙头企业

民营股权投资机构是股权投资基金的实际管理人和运营者，其决策水平往往决定了投资基金的收益率及其助力地方产业发展的实际效果。目前武汉创业投资市场无论是引进的还是本土培育的龙头民营投资机构都较为缺乏。“投中2021年度中国最佳创业投资机构TOP100”榜单中，武汉无一家本土创业投资机构上榜，且登记基金管理人数量逐年下降。

一是开展优质民营创投机构引育工程。在相关调研活动中，武汉市科创企业面临着一个共性问题，即企业初创期的投资人大多来自非武汉本土基金和投资机构。这其中蕴含的潜在风险在于，武汉本土培育的“金种子”可能会由于股权投资方的要求而外流。为留住、吸引更多“金种子”上市公司后备军，培养和引进一批有影响力的民营创投机构刻不容缓。一方面，要依托母基金，扶持壮大一批本土子基金管理机构，深度挖掘一批“专精特新”和“高冷硬黑”型科技企业，用股权投资的方式将优秀的本土科创企业稳固在武汉发展。另一方面，要研究制定落户、人才、税收等扶持力度领先的“一揽子”政策，吸引一批异地的知名创投机构落户武汉发展。

二是开展企业风险投资（CVC）培育工程。由地方龙头企业主导的CVC市场，有助于优势产业加速形成产业生态、龙头企业加速掌控全产业链资源配置。建议武汉市参考深圳做法，出台支持大中型科技企业以及行业龙头企业设立企业风险投资基金（CVC基金）的相关政策。经认定符合条件的CVC

基金可参照股权投资、创业投资企业享受一次性落户奖励、投资贡献奖励、退出投资收益奖励、购房租房补贴等政策。同步建设产业投资主体 CVC 发展创新中心，打造推动上市公司、风投创投机构、拟上市企业“产融创新”，聚集“科技 + 金融 + 产业”生态的一站式服务平台。

（五）探索新型科技金融机构发展模式

积极探索“科创 + 金融”新模式。支持新型研发机构、孵化器、高新技术产业园区按照“政府搭建平台、平台聚集资源、资源服务创业”的思路，建设一批提供信贷支持、保险服务、投融资对接、区域性股权交易等在内的一揽子综合性金融服务平台或实体。鼓励第三方科技服务机构利用自身优势开展科技金融中介服务，大力推广市高新技术产业协会“高企贷”金融服务平台模式。鼓励 9 家湖北实验室以及在汉国家重点实验室、技术创新中心对接天使投资、创业投资机构，提升各类实验室科技成果转化率。鼓励和吸引民间资本、国内外大公司、大型风投机构以各种形式投入孵化器，为在孵企业提供资金支持和信用担保。搭建连接各类金融机构、政府部门、企业、科研机构的金融服务联盟，共同推进科技金融服务技术创新、机制创新、产品创新，为“专精特新”、国家高新技术企业等优质科创企业提供更丰富的产品选择、更便利的融资渠道和更优质的金融服务。

作者单位：武汉发展战略研究院

前瞻谋划建设中国（武汉）国际资源配置中心 更好服务构建新发展格局

叶传忠

构建以国内大循环为主体、国内国际双循环相互促进的新发展格局，核心是循环，要打通生产、分配、流通、消费环节的堵点和梗阻，促进资源要素在区域、全国乃至全球的自由流动和优化配置。服务构建新发展格局，对城市而言既是一次全新的机遇，更是一次突显担当作为的比拼，随着新发展格局的加快构建，城市在新格局中的功能地位也必将日趋明朗。武汉市第十四次党代会报告明确提出要加快打造国内大循环重要节点和国内国际双循环战略链接，在服务和融入新发展格局上展现更大作为。要实现这一目标定位，强化在新发展格局中的作为和存在感，武汉除了要做强内生驱动力之外，还要有更高站位、更远视野在用好“两个市场”“两种资源”上发力，加快提升对国际资源的配置能力。前瞻谋划建设中国（武汉）国际资源配置中心，加快提升平台支撑，对武汉提能升级和更好服务构建新发展格局，都具有重大的战略意义和现实意义。

一、国际资源配置能力直接体现城市能级和在国际上的功能地位，国内部分城市已在提升国际资源配置能力领域加快谋划

当前，资源在全球范围内的流动、配置越来越成为经济全球化的核心特征，世界主要国家围绕产业发展各类战略资源控制权、配置权的争夺也日趋激烈。城市的全球资源配置能力，体现了城市在全球范围内吸纳、凝聚、配置和激活城市经济社会发展所需的战略资源的能力，其能力越强，越能在发展和竞争中处于优势地位。伦敦、纽约、巴黎、东京等全球塔尖城市，正是依托优势产业的话语权和控制权，通过延伸研发、设计、生产、销售、服务等产业价值链各个环节，实现对资本、技术、人才、信息等资源的全球配置，成为区域、国家乃至全球的资源配置中心。

从国内城市发展情况看，目前，上海、天津、深圳、成都、宁波、青岛等城市都在积极探索以更高水平的对外开放，促进城市全球资源配置能力的提升，纷纷提出了城市在全球资源配置中的功能定位，并做出了初步谋划，致力在抢抓机遇提升城市自身发展能级的同时，更好服务构建新发展格局。

表 1　部分城市全球资源配置功能定位与谋划

城市	提出时间	定位	具体谋划
上海	“十四五”规划纲要	全球资源配置中心	以巩固和提升经济综合实力、要素资源配置能力、市场主体竞争力为途径，提高对资金、数据、技术、人才、货物等要素配置的全球影响力，加快建设能级更高的国际经济、金融、贸易、航运中心，更好服务形成新发展格局
天津	第十二次党代会报告（2022年）	国内国际经济双向循环的重要资源要素配置枢纽	要显著增强全球资源配置能力
深圳	第七次党代会报告（2021年）	配置全球高端要素资源的先行示范者	坚持把优化营商环境作为重中之重，打造国际通行规则对接高地，突显科技创新、数字信息、国际人才等综合竞争优势，全面提升全球高端要素配置中心能级
成都	“十四五”规划纲要	全球服务资源配置战略枢纽	加快培育“在成都、链欧亚、通全球”的生产性服务业集群，打造国家先进生产性服务业标杆城市
宁波	第十四次党代会报告（2022年）	全球资源配置中心	确定将打造国际开放枢纽之都作为核心目标之一，并制定了《宁波打造国际开放枢纽之都行动纲要》，明确要建设全球资源配置中心，成为贯通内外的国际贸易枢纽和国家重要战略资源配置中心，全面构建生产端、贸易端、消费端和科技侧大贯通、大循环的格局
青岛	2021年	高水平国际资源配置中心	启动建设总投资200亿元的青岛国际资源配置中心项目，将打造资本配置、资金配置、资材配置、技术配置、人才配置、服务配置于一体的高水平国际资源配置中心。目前国际资源配置中心已吸引42个重点项目，总投资规模160亿元，展现出资源配置、资源整合的运作能力和运转效率

二、加快建设中国（武汉）国际资源配置中心，是武汉顺应新形势拼搏赶超之“需”，是贯彻新要求支撑国家战略之“要”，也是突显新优势加快形成发展合力之“举”

（一）更快地增强城市能级，要求武汉加快提升国际资源配置能力

从全球城市发展的脉络看，顶级城市无不具备强大的国际资源配置能力。武汉作为超大城市，需要有持续的动力和增长点来支撑城市能级的进一步提升。从目前来看，武汉总的发展势头良好，但争先进位的压力还比较大，城市能级与北上广深等先进城市有较大差距，同时与成都、杭州、南京等城市的竞争也非常激烈，处于“不进则退、慢进亦退”的阶段。武汉要想突破现有的城市能级，不仅需要做优存量稳住经济基本盘，更要做大增量，寻求新的经济增长点以实现综合经济实力的跨越提升。依托中国（武汉）国际资源配置中心建设，加快提升国际资源配置能力，有利于武汉在更大区域、更广领域支配经济社会发展的各种资源，实现经济总量、质量的双提升。

（二）更好地支撑国家战略，要求武汉在全球资源配置中担当更大使命

国家战略的推进落实，离不开中心城市、都市圈、城市群的带动和支撑，加快构建新发展格局，也离不开不同层级、不同功能城市的合力共为。武汉作为国家明确支持建设的国家中心城市，承担着引领带动区域协调发展、代表国家参与国际竞争等多重重大战略使命。在长江经济带发展中，需要武汉发挥长江经济带核心城市作用，挺起“龙腰”，带动长江中游城市群联动发展；在中部崛起战略中，需要武汉进一步突显战略支点支撑功能，辐射带动中部地区高质量发展；在加快构建新发展格局的大背景下，也要求武汉在湖北建设全国构建新发展格局先行区中当先锋、打头阵，担当主力军。从全国乃至全球的视野来看，当前中部地区深度参与国际资源配置的话语权和配置能力还不够，力量还比较分散，缺乏像上海、广州、深圳等国际资源配置能力较强的枢纽，这在很大程度上限制了中部地区对国家战略的支撑力。依托中国（武汉）国际资源配置中心建设，加快提升国际资源配置能力，有利于武汉突显引领带动周边地区资源重组和优化配置枢纽功能，促进中部地区形成国际资源配置的强大合力，协力担负好国家战略使命。

（三）更深入地促进优势转化，要求武汉通过国际资源配置中心建设形成高质量发展的基石

国际资源配置能力的提升，与城市自身资源禀赋和优势资源的充分转化

密不可分，两者互为促进。过去的武汉有“九省通衢”“四大名镇之一”“万商云集、商品争流”“驾乎津门、直逼沪上”“东方芝加哥”等美誉，正是武汉区位交通优势与经济社会发展融合共生的结果，使得武汉在国内国际资源配置中占有重要地位。当前，国家加快构建新发展格局，武汉作为中国经济地理中心，国家重要的工业基地、科教基地、综合交通枢纽和国家历史文化名城等长期积淀形成的多重优势将更加突显，综合优势地位在内陆地区也依然稳固。依托中国（武汉）国际资源配置中心建设，加快提升国际资源配置能力，有助于武汉将区位、交通、科教、产业、文化等优势更加聚集、更加深入地转化为发展优势，并形成推动高质量发展的强大合力。

三、中国（武汉）国际资源配置中心建设的定位和重点功能

（一）总体定位

充分融入国家中心城市、长江经济带核心城市、国际化大都市建设的全过程，积极服务构建以国内大循环为主体、国内国际双循环相互促进的新发展格局，强化资源优势转化，聚焦“965”重点优势产业集群，强化制造业和服务业融合发展，以国际一流营商环境为支撑，优质企业和优秀人才充分集聚，产业创新发展动力强劲，有效市场与有为政府协同发力，引领城市多元化产业平台共同发展，具有强大集聚力、支配力和影响力的“立足中游、引领中部、服务全国、链接全球”的国际资源配置中心。力争经过2~3年的准备和谋划，中国（武汉）国际资源配置中心功能框架基本形成。到2035年，中国（武汉）国际资源配置中心基本建成，支撑高质量发展的要素资源高效互促、融合共生，服务和辐射功能进一步向长江中游、中部地区乃至全国重点经济功能区拓展，有力支撑武汉国家中心城市的全面建成。到2050年，中国（武汉）国际资源配置中心全面建成，“圈状拓展、线性延伸”的特性更加突显，成为在全国有全面影响力、在世界经济重点领域和关键环节有强大话语权和配置能力的综合型国际资源配置中心，全面支撑武汉国际化大都市高质量建成。

（二）重点功能

要实现国际资源配置能力的提升，可以立足城市自身资源禀赋，侧重不同的优势领域，采取不同的实施路径，要求对全产业链条、全经济领域和环节都具备国际影响力的配置能力，既不必要，也不现实。结合武汉城市特点和功能定位，中国（武汉）国际资源配置中心建设，可以重点谋划以下五个领域的功能。

制度型开放示范引领中心。依托武汉自贸试验片区、国家级开发区及国际合作产业园等平台，积极主动对标对表国际通行规则，通过贸易、投资、生产管理和标准等方面规则的对接，持续促进制度创新，推动武汉和世界经济安全有序地连接、融合，打造以制度型开放引领经济发展的典范。

技术突破和科技成果转化中心。全面依托具有全国影响力的科技创新中心建设，集聚国际高端创新要素、培育一批具有国际化水平的创新主体，掌握一批国际领先的核心技术，形成一批国际创新标准和品牌，加快发展“光芯屏端网”新一代信息技术、汽车制造和服务、大健康和生物技术等一批具有全球影响力和话语权的世界级产业集群，打造世界科学前沿领域和新兴产业技术创新、全球科技创新要素“汇聚地”和全球技术资源交流共享平台。

高新技术产品生产和展示中心。全面依托全国经济中心建设，围绕承载核心竞争能力的产业，加快培育一批专精特新“小巨人”企业、制造业单项冠军企业，壮大一批制造业优势领域“母工厂”，在积极推动低附加值生产环节“走出去”的同时，强化需要保持技术优势的、具有高附加值的“技术型”产品的生产组织能力、展示能力，打造重点产业技术领先优势突显，且具有强大引领力的高新技术产品生产和展示中心。

大宗商品流通和交易中心。全面依托商贸物流中心建设，持续推进市场腹地、交通区位优势转化，充分依托长江中游航运中心、客货双枢纽、中欧班列节点等物流枢纽功能，主动融入全国统一大市场，连接国际市场，建好国际消费中心城市，打造流通顺畅、交易便捷，且具备强大定价功能的流通交易中心。

资本融通合作中心。全面依托区域金融中心建设，树立开放、先进的企业资本运作理念，加快发展金融服务业，大力建设全方位、多层次、规范完善的资本市场，增强资本市场对实体经济的融资功能，为企业发展提供“融资＋项目”的综合服务方案，打造国内外资本云集、交易活跃的乐土。

四、中国（武汉）国际资源配置中心建设，需要进一步强化的几个领域

（一）强化资源配置主体引育，做大做强总部经济规模，积聚一批具有强大资源配置能力的跨国公司

企业作为经济发展的基本单元，在资源配置中扮演着不可替代的作用，

而总部企业、跨国公司、链主企业、高成长性制造业公司更是国际资源配置的中坚力量。目前，在汉世界500强企业总部仅1家，中国500强企业总部仅10家，中国500强民营企业总部仅10家，与北京、上海、深圳等城市差距巨大。而武汉总部企业数量，从政府制定的“到2025年总部企业数量达到400家”的目标看，当前数量明显不足，而目前上海已累计认定的跨国公司地区总部数量近900家，已成为中国内地跨国公司地区总部最为集聚的地区。从高成长性制造业企业数量看，武汉拥有的国家制造业单项冠军企业数量仅9家，未能进入全国城市前三十强。

要提升武汉配置主体能力，还是要注重总部企业特别是跨国企业的引育。要聚焦构建“965”现代产业体系，遵循“建链、延链、补链、强链”的原则，高水平策划一批总部企业招商项目，鼓励支持企业“在武汉、为全球”，加快提升国内国际资源配置能力，提升对产业链、供应链的掌控力。鼓励在汉区域型总部升级为全国及全球总部，引导跨国公司、央企、行业龙头企业在汉开设的分公司、办事处等成长为具有高端职能的综合型总部或功能型总部，帮扶高成长性企业打造自己的全国或全球价值链。加快在重点产业领域及产业链上下游关键环节构建形成2~3家领航型企业、10家以上制造业单项冠军企业、一批专精特新“小巨人”企业的市场主体体系。

（二）积极提升产业国际化水平，增强参与国际产业分工和对接国际市场的能力

武汉制造业产业结构偏重，主要处于产业链的前端、中端，服务国内大循环和国内大市场的内向型功能较突出。重点产业发展与开放型经济关联度有限，国际特色产业比较优势不明显，优势产业未能很好地转化为外向型支柱产业。重点产业参与国际分工比重较低，全市制造型外贸重点企业中半数主要面向国内市场，产品外销比例不高，例如汽车虽为第一大支柱产业，但有关产品进出口额仅占汽车产业增加值的2.7%，钢铁、化工、食品等传统产业也存在类似情况，冠捷显示、长飞光纤、华星光电、天马微电子等“光芯屏端网”领域企业产品外销比例分别为33%、23%、16%、12%，2021年武汉市外贸依存度仅0.19，外贸竞争力仅位居全国第二十位。

要提升武汉产业与国际市场对接水平，还是要从提升武汉产业链国际化水平层面取得突破，坚持“引进来”和“走出去”双向发力，围绕优势产业研发、

制造、流通、营销服务等各环节，提升市场主体和产业链的国际参与度与竞争力。鼓励企业开展对外投资和合作，探索国际化示范基地建设，特别是在“光芯屏端网”新一代信息技术、汽车制造和服务、大健康和生物技术等致力打造世界级产业集群的重点产业领域，以政府推动、市场主导的机制建设一批国际化发展示范基地，不断开拓国际市场，并形成集群效应。鼓励在国际市场具有较大竞争优势的外资企业投资参股，促进商业模式国际化创新。

（三）全面激活发展动能，加速优势资源转化，加快形成优势资源与优势产业协力互促的局面

国际资源配置中心要具备强大的资源配置能力，其本身也需要一系列优势资源的支撑，而武汉众多优势资源要素与经济高质量发展之间并未形成同频共振的局面，且没有形成合力。其一，多重国家战略叠加优势未转化为开放发展优势，在国家政策布局、执行层面存在“牌子多，但谋划不足、成效不明显”的问题，既有的政策红利未能充分释放。其二，科教资源优势与产业发展存在一定程度的脱节，科技成果转化不够顺畅，未能通过积极参与国际深度分工与合作形成具有国际竞争力的创新发展能级，2021 年武汉技术合同成交额总量达到 1128 亿元，但只有北京的 1/6，不到上海的一半，也落后于西安、深圳、天津、成都等城市，占全国技术合同成交额比重也呈现逐年下降趋势。其三，区位交通优势未能转化为开放发展优势，特别是各类开放通道、开放平台在数量、功能等级上均不比同类城市差，但大进大出的枢纽功能没有得到充分发挥，导致进口、出口两头在外，大大降低了武汉与国际市场的直接联系度。

要加快武汉资源优势转化，特别是区位交通、科教两大优势资源的转化，还是要在激活潜能上下功夫。在交通领域，积极构建以武汉为中心的长江中游地区陆江海联动国际性综合交通枢纽集群，依托“五型”国家物流枢纽建设，争创国家物流枢纽经济示范区和国家综合货运枢纽示范城市，吸引中部地区乃至全国货源向武汉积聚，带动开放型产业向武汉布局。在科技创新领域，要积极打破科技成果转化不畅的怪圈，要建好用好中科院科技成果在汉转化服务中心、中国高校（华中）科技成果转化中心、国家技术转移中部中心，支持企业联合打造中试熟化平台，全方位拓展中国（武汉）知识产权保护中心功能，推动科技成果产权制度改革，切实让科技成果从“实验室”便捷顺

畅走向“生产线”。

（四）提升功能载体能级，强化城市平台功能整合，壮大各类要素交易平台和交往平台影响力、服务力

目前，武汉缺少国家级新区，而且开发区、综保区、口岸等开放平台“有能无量”，平台等级高，但贸易进出口总量明显落后成都、郑州等内陆城市，中欧班列开行数量与城市能级明显不匹配。对外交往平台功能不足，武汉外国领事馆仅 5 个，成都拥有 20 个，真正总部性的国际组织一个也没有，举办的有影响力的国际会议和国际会展少之又少。金融中心等级偏低，根据最新发布的第 31 期 GFCI 排名，我国内地共有 12 个金融中心城市上榜，武汉排在最后一位。缺少国家级要素交易平台，全国九大国家级要素交易平台多集中于北京、上海、深圳等一线城市。

要提升武汉城市功能平台功能，还是要从做大存量、拓展增量上发力。进一步推动国家级开发区、高新区等平台做大做强，形成合力。强化市场要素交易平台能级，注重以要素交易平台为纽带为国家战略提供支撑、促进产业转型升级、提升资源配置效率，鼓励和支持武汉既有要素交易平台提能升级，打造要素市场定价中心、信息中心、交易中心和服务中心，不断拓展在长江中游、中部地区乃至全国的服务功能，争取 1~2 家要素交易平台升级为国家级交易平台。提升金融服务能级，做大做强一批总部金融机构和头部金融企业。

（五）强化制度型开放，突显先行先试的引领示范功能，打造国际化、市场化、法制化的营商环境

武汉制度型开放水平整体不高，与市场化、法制化、国际化营商环境要求还有差距，外资外企投资贸易便利化水平偏低，影响投资积极性，武汉外商直接投资（KPI）严重不足，2021 年武汉全市外商直接投资规模 22.9 亿美元，仅位居全国副省级以上城市第十四位，中部城市第二位，仅占上海市的 8.5%、深圳市的 18.2%、杭州市的 24.4%、南京市的 39.7%。有效市场作用突显不够，资源要素市场化配置程度不高，跨行业、跨部门、跨区域流动障碍尚未破除，企业长不大，跨国企业、世界 500 强企业少，民营经济发育不充分。有为政府作用突显不够，“大政府”思维、新官不理旧账、玻璃门弹簧门现象仍然存在，大型协会、商会和中介组织作用没有充分发挥，吸引高端创新要素积聚的政策制度缺乏吸引力和可操作性，国际优质制造业资源进不来、留不住

问题亟待破解。

要进一步优化武汉制度环境，一是要促进资源要素跨区域流动和优化配置，坚持市场在资源配置中起决定性作用，打破各类行政壁垒，更好发挥政府引导和协调功能，促进商品及资本、人才、技术等生产要素畅通流动，形成更大的要素集聚优势。二是要深入推进“放管服”改革，推进“非禁即入、准入即准营”普遍落实，实施市场准入准营负面清单制度。践行“有呼必应、无事不扰”的“店小二”精神，切实做到“高效办成一件事”。强化配套政策的稳定性，既要与时俱进又要避免频频修订，降低政策公共风险，让企业有一个稳定的经营预期、投资预期、研发预期，把优秀企业和优质项目愿不愿来、敢不敢来、赚不赚钱、安不安心的问题解决好。树立“大营商环境观”，把政务环境、市场环境、社会环境等统统纳入营商环境中来。三是要强化政策落实，加紧对既有政策的梳理，避免不同部门政策“打架”，政出多门，无法落实。在执行层面，避免出现“新官不理旧账”和“上层热、中层冷、基层糊”的现象，切实破除“隐形门槛”，打通政策发挥效用的“最后一公里”。

作者单位：武汉发展战略研究院

对标上海，加快推动武汉离岸创新 3.0

王　珺

离岸创新是一种“不求所有、不求所在、但求所用”的科技创新开放合作新模式。一方面，离岸端也就是在海外，充分对接、利用当地高水平科创资源，产生科创成果；另一方面，在岸端也就是在国内，精准高效地把离岸端的创新成果转化为符合中国市场需求的产业规模。在当前国际关系尚不明朗的背景下，积极开展离岸创新，能在不破坏海外人才原有科研生态环境的前提下，面向全球布局和争取技术、人才资源，对武汉在新发展格局下建设具有全国影响力的科技创新中心有重要意义。

一、离岸创新实践模式

近年来，国内各大城市纷纷试水离岸创新，探索出各具特色的实践模式，并呈现出从 1.0 向 3.0 发展的趋势。

（一）离岸创新 1.0：政府主导的对接招引模式

1.0 版离岸创新模式多为政府主导。一般都从沟通对接、招商引智等角度出发，在海外设立站点，以组织各类信息发布会、项目对接会、创新创业赛等为主要工作形式，推动发现海外优质创新资源、促进海外科创团队与本地企业交流合作、实现海外科创成果的本地转化。目前，该模式的运作方式已较为成熟，但相关工作主要是起到桥梁和中介的作用，是创新要素从境外向境内的单向流动与汇聚。

比如，2017 年上海张江园区管委会在美国硅谷设立“张江硅谷海外人才工作站”。一是打造对外综合宣传平台。通过海外信息发布会等形式对外宣传张江园区重点产业布局、人才引进需求、创新创业资源、政策信息等。二是打造科技和产业发展对接通道。通过产业对接大会、专家分享、项目路演等形式对接海外先进技术和项目资源。三是打造创新创业对接平台。比如与张江留创园合作，开展留学人员创新创业大赛，发现和引进海外优秀创业企业、创业者、创新项目。

（二）离岸创新 2.0：企业主导的海内外布局模式

2.0 版离岸创新侧重以企业为主导，将创新触角布局到海外。主要有以下三种形式。

第一种是企业设立海外研发中心（海外研究所），汇聚境外专业人才进行科创研发，同时推动企业开拓海外市场。比如深圳华为公司根据各国创新优势和特长，在美国、俄罗斯、法国、德国、日本、比利时、意大利等国布局 16 个研究所，汇聚海外从事数学、物理、化学等基础研究的专家约 1200 名。

第二种是企业设立海外创新（孵化）中心，在海外形成包括离岸孵化器、跨境投资机构、第三方服务机构等成体系的团队。根据本土产业需要，对接当地创新资源进行预孵化，然后引入国内进行在岸孵化和产业化。比如深圳的海外创新中心，其建设运营均是企业主导的市场行为，深圳市政府仅对海外创新中心进行认定和"有限度"的资助。深圳首批揭牌成立的七个海外创新中心，分别由华大基因、力合科创、天安数码城等领军企业在旧金山、波士顿、西雅图、伦敦等地设立，发挥了企业了解本地产业需求、海外资源渠道广泛等优势，促进海外创新成果在深圳转化。

第三种是以本地企业和高校为主体，与海外院校及科研机构共建产学研合作平台，开展国际科技合作与交流，并推动国际先进科技成果的本地转化。比如苏州大学与澳门科技大学合作共建的"苏州材料科学和生物医药离岸创新中心"，旨在促进苏州与澳门在纳米科技、生物医药领域的科创资源共建共享，以及成果在苏州的产业化。

（三）离岸创新 3.0：多方参与的生态融合模式

3.0 版离岸创新模式更强调资源的集聚与整合，整体表现出从碎片化转向结构化的趋势。3.0 版融合了 1.0 版和 2.0 版的各种形式，以及政府、企业和社会等各方力量，更加注重平台与平台的对接、离岸与在岸的协同。

表 1　1.0、2.0、3.0 版离岸创新的比较

版本	实施主体	具体形式	特征
离岸创新1.0	政府主导	创新资源引入、项目对接。包括各类信息发布会、海外项目路演、海外人才创新创业大赛、海外专家论坛交流等	运作方式较成熟，主要起到中介和桥梁的作用
离岸创新2.0	企业主导	设立海外研发中心，组织海外科技人员在当地开展研发活动；设立海外创新中心开展离岸孵化、在岸加速、跨境投资等；设立海外产学研合作平台，实现国际先进技术的本地导入与产业化	成果转化更加精准高效，资源双向流动，离岸与在岸的科创融合
离岸创新3.0	政府、企业、高校、社会共同参与	各类平台的合作，各类资源的整合，各方力量的参与，机制的创新	碎片化转向结构化、生态融合

二、3.0 版离岸创新典型案例：上海自贸区离岸创新基地

上海自贸区海外人才离岸创新创业基地是中国科协首批授牌成立的国家离岸创新基地，也是我国首个设立在自贸区的国家离岸创新基地，由上海市科协、上海自贸试验区管委会、浦东新区共同建设。上海基地面向海外创新资源，探索“区内注册、海内外经营”的离岸模式，是上海市推动离岸创新的重要平台。截至 2022 年底，其品牌活动“海创汇”共吸引全球 39 个国家和地区近 3500 个优秀项目参与，基地已服务海外项目约 2500 个，引进落地海外科创项目 300 余个。其成效在国内同类离岸创新基地中位居前列。该基地的典型经验主要有三点：

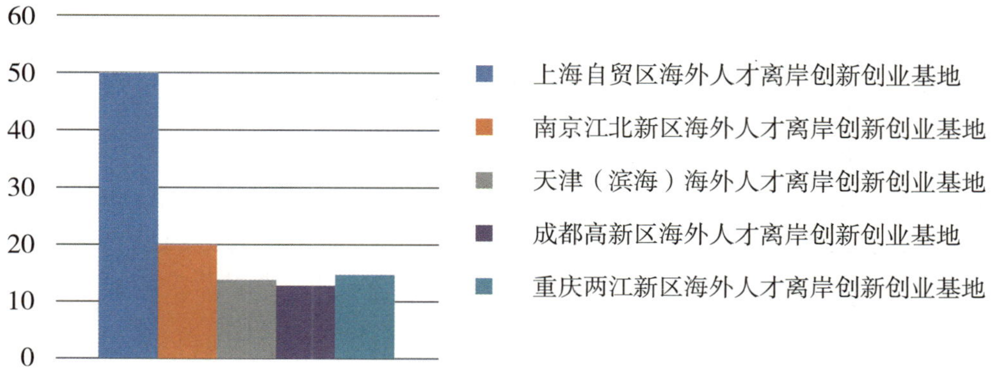

图 1　主要城市海外人才离岸创新创业基地年均引进落地海外项目数[①]

① 仅统计在基地内落地项目，不统计基地对接后在市内其他区域落地项目。数据为估计值，根据公开数据整理而来。

（一）资源整合：形成整体有机的服务体系

上海离岸创新基地通过签署合作备忘录等形式，构建了“合作空间 + 合作伙伴 + 海外资源”的服务体系。在合作空间方面，目前基地与自贸壹号、启迪之星、量化硅谷、Plug and Play 等国际知名孵化器、加速器等平台企业建立合作关系，依托合作空间引进落地海外创新资源和项目。合作空间数量逐年增加，从最初的 6 个增加至目前的 21 个，并形成“共商、共建、共享”的机制。比如合作成员之一自贸壹号的共享实验室，向离岸基地成员的孵化企业和孵化项目免费开放。在合作伙伴方面，上海离岸创新基地已经与数十家专业学会、协会、科技社团、创投机构、服务机构建立合作伙伴关系。在海外资源方面，上海基地依托自身及合作成员的力量，建立覆盖全球的海外服务站点和海外创新中心，为提升国际影响力、寻求海外创新项目、完善海外预孵化功能提供了有力抓手。比如合作空间之一的房德之星・上海张江离岸创新中心，有丰富的海外创新资源、园区资源，该中心与 G&W Group 共同设立了合羽创谷日本创新中心，并将其作为离岸创新基地的海外工作站。

表 2　上海离岸创新基地的主要合作空间

开始合作时间	合作空间
2022年	启迪之星（上海・新智）、百度飞桨人工智能产业赋能中心
2021年	阿里云创新中心（上海张江）、上海创徒丛林创业孵化器管理有限公司、浦软孵化器、房德之星・上海张江离岸创新中心
2020年	V π 张江孵化器、自贸壹号
2018年	药明康德众创空间、Plug and Play、衍禧堂孵化器、张江药谷平台、量化硅谷（上海自贸区跨境科创中心）
2017年	创智空间、太库科技
2016年	中以创新中心、科创一号、维亚生物、上海芬华创新中心、陆家嘴创业街、浦东国际人才港

（二）多方参与：形成内生驱动的服务生态

上海离岸创新基地的参与主体包含政府部门、企业、社会机构等。政府部门的驱动力在于通过解决海外项目的共性问题、宣传推广优秀案例来提升工作绩效。企业（各合作空间经营主体）可以此为契机，获得优质项目源和技术源，拓展相关市场业务、提升服务能级和品牌。社会力量（合作伙伴）通过与合作空间达成项目协议，实现市场化业务收入。整个生态的驱动力是内生的，可以实现自我循环。

（三）制度创新："双自联动"促进离岸在岸融合

离岸创新的过程离不开创新资源跨境流动，因此需要有更加灵活的机制来促进离岸与在岸的融合。作为我国首个在自贸区设立的国家离岸创新基地，上海基地依托自贸区的开放制度优势，推进"双自联动"，不断进行新的探索。比如在柔性引才方面，支持企业、高校、科研院所以跨境项目合作等方式吸引外国科学家及团队提供智力服务，在海外人才出入境、结汇、通关等方面制定便利化政策。又如在促进跨境研发活动便利化方面，探索运用电子围网、公共保税仓库等方式，加快通关便利化制度，对符合规定的企业自用研发设备和研发耗材实施进口税收优惠、通关便利等政策。

三、武汉离岸创新实践基础

近年来，武汉积极吸引国际创新资源，各种类型离岸创新实践得到了长足的发展。

（一）离岸创新 1.0 已较为成熟

武汉以对接海外资源、招才引智为主要形式的离岸创新实践已经较为普遍。最为典型的是湖北省科协和武汉市科协推动的"海智计划"项目，通过海外人才技术项目路演、海外创新创业大赛等各类活动的开展，架起国外创新资源与国内企业之间的桥梁。"湖北省海智菁英创新峰会""海智专家荆楚行""华创会海智专场"等活动已经形成了品牌。

（二）离岸创新 2.0 正在发展之中

在武汉市及东湖高新区的政策支持之下，武汉以企业为主导的离岸创新得到了一定程度的发展。比如烽火通信、华工科技、三环集团、人福医药等龙头企业纷纷在美国、加拿大、德国等地设立海外研发中心和分支机构，与当地研究机构和大学开展合作。光谷硅谷创新中心、伦敦科控孵化器、金银湖以色列特拉维夫离岸创新中心等也具有 2.0 版离岸创新的典型特征。

（三）离岸创新 3.0 还处于雏形

国家海外人才离岸创新创业基地（武汉）与上海基地一样，也是中国科协首批授牌成立的国家离岸创新基地。武汉基地由湖北省科协、中国地质大学（武汉）、东湖高新区三方共建。运营主体为中部知光技术转移有限公司。目前，形成了 1 个园区（武汉资环工研院园区）、11 个省内海智工作站、4

个海外站点、1个社会组织（湖北省回国科技人员创业促进会）、20多个海外科技团体为主的线上线下服务网络。目前，武汉基地具有3.0版离岸创新的雏形，但对标上海基地，还存在一些不足。

一是企业在离岸创新中作用发挥不够。上海离岸创新基地以企业为建设主体的合作空间有21个，且数量还在逐年增加，均为行业龙头、国际知名孵化机构等，在海外科创资源发现、引进和成果转化方面发挥了重要作用。武汉离岸基地由企业主导的合作成员数量少、能级较低。基地的工作方式主要是通过项目路演、专家交流、产业对接等各类活动进行项目匹配，并提供成果转化服务。主要发挥中介与桥梁的作用，依靠市场力量对海外科创成果进行海内外双向孵化的功能有所不足。

表3　武汉离岸创新基地的主要合作成员

<table>
<tr><th>服务网络</th><th>主要成员</th><th>工作形式</th></tr>
<tr><td>1个园区</td><td>武汉资环工研院园区</td><td>提供项目孵化、知识产权、技术转移、政策咨询等配套服务</td></tr>
<tr><td rowspan="11">11个省内海智（离岸创新）工作站</td><td>湖北省海智（离岸创新）荆州工作站</td><td rowspan="11">依托工作站到基层走访调研，围绕地方现有产业和人才需求，组织海外专家论坛、海智专家项目对接，组织各类培训、沙龙、推介会等活动，推动本地企业与海外项目进行匹配</td></tr>
<tr><td>湖北省海智（离岸创新）荆门工作站</td></tr>
<tr><td>湖北省海智（离岸创新）华中科技大学工作站</td></tr>
<tr><td>湖北省海智（离岸创新）黄石工作站</td></tr>
<tr><td>湖北省海智（离岸创新）公安县工作站</td></tr>
<tr><td>湖北省海智（离岸创新）武穴工作站</td></tr>
<tr><td>湖北省海智（离岸创新）仙桃工作站</td></tr>
<tr><td>湖北省海智（离岸创新）长江科学院工作站</td></tr>
<tr><td>国家海外人才离岸创新创业基地（武汉）襄阳工作站</td></tr>
<tr><td>湖北省海智（离岸创新）黄石科创园工作站</td></tr>
<tr><td>湖北省海智（离岸创新）武汉轻工大学工作站</td></tr>
<tr><td rowspan="4">4个海外站点</td><td>美国波士顿海外分中心</td><td rowspan="4">以发布国内需求信息、对接交流、招才引智等形式为主</td></tr>
<tr><td>华工科技（北美）分中心</td></tr>
<tr><td>英国曼彻斯特海外分中心</td></tr>
<tr><td>欧洲比利时海外分中心</td></tr>
</table>

二是离岸创新创业资源整合不够。与上海离岸创新基地相比，武汉离岸创新基地的服务网络还较为单薄。从离岸端来讲，主要依托4个海外工作站

点以及海外科技社团资源拓宽对外合作渠道，基地与武汉市其他海外创新中心，特别是企业主导的海外创新中心之间的联动不够。从在岸端来讲，服务网络中的11个海智（离岸创新）工作站分布在全省，武汉仅有3家，除资环工研院园区以外，离岸创新基地与武汉市其他的产业园区、孵化器企业等还没有形成紧密的成员合作关系。

三是促进各类要素跨境流动的制度创新不够。当前中美贸易摩擦不断升级，国际环境的新形势导致武汉离岸创新工作受到一定影响。如电子、生物等行业研发材料进出口路径、海外人才流动受到一定限制；又如受金融管制的影响，部分企业开展技术外包和境外技术委托时，外汇收付兑现存在一定问题等。上海离岸基地已经依托自贸区政策在跨境研发、跨境资金流动、柔性引才等领域进行了探索。相较而言，武汉相应的机制创新还不够深入。

四、政策建议

在当前国际环境新形势下，国内外创新资源争夺十分激烈，武汉要想在离岸创新的城市竞争中占据有利地位，应更大步伐“走出去”以对接高端人才和创新成果，更大力度“引进来”以支持科技自立自强。

（一）加强顶层设计，加大对武汉离岸创新的整体谋划

以国家海外人才离岸创新创业基地（武汉）为核心整合离岸创新资源。重点吸纳有海外创新资源和渠道的企业、园区（如中法生态城、中日产业园、中德产业园等）、科创机构、国际孵化器等，完善形成1个国家基地+n个合作空间（包含龙头众创空间、孵化器、各大产业园区）+n个海外创新中心+n个合作联盟（专家智库、投资机构、科创服务机构等）的服务网络。加强对离岸创新的研究，及时把握海外技术转移方面工作的新方向、新动态，探索线上线下、多种机制、多种渠道的合作模式。

（二）强化企业主导，加大对国际孵化平台和海外创新中心集群建设的支持

推动离岸创新3.0，当务之急是要强化2.0。武汉要进一步吸引国际知名孵化器、创业投资机构在汉集聚。鼓励现有孵化平台参与国际合作。近年来，深圳、杭州、苏州纷纷出台各项政策①，加大对企业主导海外创新中心的扶持。

① 深圳、杭州、苏州分别制定《深圳海外创新中心认定与评价办法》《杭州市海外科技创新中心建设认定及专项扶持政策》《苏州关于加快建设海外离岸创新中心的意见》等文件。

武汉要借鉴先行城市经验，研究出台海外创新中心的专项扶持政策，打造“离岸预孵化—在岸孵化—在岸加速—在岸产业化”一体化孵化链条。在对海外创新中心“个体”进行认定、评价和资助的同时，更要支持海外创新中心“集群”发展和“滚雪球”发展，研究组建武汉海外创新中心联盟。

（三）推动先行先试，探索离岸创新创业新机制

除上海以外，天津等城市也在依托自贸区政策，探索更为灵活的离岸创新机制。比如2022年10月，天津自贸区管委会发文，批复同意天津国家离岸创新基地建设“自贸区联动创新示范基地”，离岸创新基地享受自贸区政策。武汉应借鉴上海、天津等城市的经验，做好“双自联动”文章，探索推动自贸区政策向各类离岸创新平台延伸。发挥综保区“境内关外”的政策优势，在保税研发、技术跨境交易、柔性引才等领域持续探索。以制度创新加速国内外创新资源的自由流动。

（四）立足新发展格局，打造“离岸”创新区域枢纽

将“离岸”概念从“海外”拓展为“市外”，进一步整合国内外资源，真正发挥离岸创新利用国内国外两个市场、两大资源的优势。在衔接先进方面，加大在长三角、京津冀、粤港澳大湾区的“离岸”创新布局。研究建设武汉（北京）离岸科创基地、武汉（上海）离岸科创基地，探索“创新在北京（上海）、承接在武汉”的科创合作模式。在协调同类方面，加强与中部地区城市开展离岸创新合作，借鉴长三角经验①，推动建立中部离岸创新联盟。在辐射周边方面，进一步推动省内城市在汉设立“离岸”科创园。切实发挥武汉在武汉都市圈乃至湖北省创新发展中的引领作用。

作者单位：武汉发展战略研究院

① 2019年，来自沪、苏、浙、皖等长三角地区的11家政府机构以及企业园区共同发起成立长三角离岸创新联盟。

借鉴先进经验
加速提升武汉国际采购中心功能

丁文珺

新发展格局是重塑区域发展新优势、打造区域发展新动能的历史性机遇，现阶段各城市都在新发展格局下积极探索提升自身在全球供应链体系中定位的突破口和着力点。武汉区位交通优势突出、产业基础雄厚、市场腹地广阔，在以国内大循环为主体、国内国际双循环相互促进的新发展格局下，有基础、有通道、有平台、有市场重现历史的荣光，建设成为内陆地区对接全球市场的国际采购中心，成为国外进口贸易的“集散地”和内陆地区货物的“出海口”，成为国内外采购市场渠道的重要连接枢纽。但需要关注的是，武汉建设国际采购中心必须跳出长期以来以项目建设代替功能升级的思维局限，需学习借鉴先进模式，更加注重强化城市在产品价格和流通渠道的话语权，更加注重提高城市在供应链体系中的功能定位，更加注重城市在集聚配置资源要素上的能力，切实发挥好武汉在国内大循环的重要节点和国内国际双循环的重要枢纽作用。

一、国内外建设国际采购中心的典型模式及主要特征

建设国际采购中心的关键是需要形成“买全球、卖全球”的采购平台功能、商品集散功能和资源配置功能，从现阶段国内外发展情况来看，不同城市基于基础条件、发展特色和产业优势，在建设国际采购中心时的平台形态、发展模式、经营模式和采购方式上各有侧重，探索出了各具特色的建设模式。

（一）法国欧洲国际采购中心：以具备综合功能的实体项目为主要依托，优服务、强保障，搭建国际商品采购平台

法国欧洲国际采购中心（ITEC），是欧洲最大的国际采购中心之一，主要依托集商业贸易、电子商务、物流仓储及综合服务为一体的商业综合体，为其他国家企业进入欧洲市场实现由 OEM（代工生产）向 ODM（贴牌生产）转型、进而实现自主品牌创立提供契机。

ITEC 在平台搭建上具备四个明细特征，一是围绕服务中小企业定位，着力打造国际采购综合平台功能，既在欧洲交通要道拥有线下实体采购平台，也具备 B2B 商贸信息平台，同时拥有固定展会平台，为他国中小企业进入欧洲提供 B2B 采购服务平台；二是提供全链条采购服务，不仅提供交易中心、商品展会、电子商务等核心功能，还从办理签证、物流管理、出口担保、出口补贴、劳务咨询、付款担保等方面，全方位解决入驻供应商后顾之忧，甚至在进出口金融方面，ITEC 还与世界顶级金融机构合作提供融资服务；三是在全球主要供应商集聚地设立分支采购中心，为这些地区供应商企业跨进欧洲市场提供一站式解决方案，以更好发挥其国际采购功能；四是具备严格入驻条件和标准化商品供应要求，通过严控供应商品质持续优化平台品牌。

（二）广州广交会：以重大展会为主要依托，搭平台、聚资源，形成国际采购中心功能

广交会是我国历史最长、规模最大、商品种类最齐全且到会采购商分布国别最为广泛的国际贸易展会，举办至今广交会已累计出口成交约 1.5 万亿美元，累计到会境外采购商接近 1000 万人，居全球国际展会前列。据中国对外贸易中心测算，广交会对广州经济拉动效应达到 1:13.6，依托广交会，广东连续 37 年蝉联全国第一外贸大省。

作为中国第一展，广交会具备三个明显特征。一是不断强化功能，当前广交会已逐渐发展成为以贸易成交为核心，兼具结识客户、行业交流、贸易对接、设计引领、新品展示、品牌推广的多功能综合贸易平台，并已在探索提供物流仓储、金融保险、检测认证、商业咨询、设计创新等多样化服务上积极推进。二是注重头部效应与精准采购对接服务。广交会历来是全球头部跨国企业重要采购平台，为更好服务重点市场和重点客户，广交会结合行业和展区，因国因区施策，针对重点市场和重点客户开展精准营销，并专门设

置跨国头部企业供采对接周。三是充分发挥出了政府在行政支持、资源保障和信用保证等方面的作用，围绕广交会的制度创新、服务创新、政策创新一直走在全国前列，企业参展广交会的届数及参展规模、位置甚至已成为企业实力的体现。

（三）浙江省义乌：以专业市场或市场集群为载体，强特色、聚合力，形成国际采购中心

义乌是中国最大的小商品集散地，是我国最大的日用消费品流通中心、展示中心、信息中心和价格形成中心，已成为中国制造连接全球市场的重要门户和全球最大的国际性小商品采购中心，义乌经济现已成为我国外贸经济的重要风向标。

作为“世界超市”，义乌具备四个特征。一是坚持政府引导、市场运作、专业发展，始终保持工作围绕市场转、城市围绕市场建、产业围绕市场育，形成了系列建设市场、管理市场、繁荣市场以及市场招商的成熟经验。二是持续拓展内外贸易通道，一方面坚持“走出去”、持续“卖全球”，义新欧班列已开通至中亚五国、西班牙、法国等 18 个方向点对点国际货运直达线路，辐射亚欧大陆 50 多个国家、160 多个城市，同时，积极连接国内市场，已连接全国 287 个二级分市场，物流直达 1500 多个县市。三是积极推进探索改革创新，开展“市场采购 + 跨境电商”等多项制度探索，在便利通关等多个领域出台改革措施 100 多项，主动探索发展新业态、新模式，在全球主动布局 164 个海外仓，一个海外仓就是一个微型的“义乌商贸城”，有 7.5 万个商铺同步上云，2022 年全市仅电子商务交易额就逾 3900 亿元。四是结合专业市场特色多途径优化服务质量，市政府 11 个部门在义乌国际贸易服务中心联合办公，以方便境内外投资者跨境贸易活动，同时设立 38 个具备国别化、市场化、企业化特征的采购商服务中心，解决不同国家、不同领域采购商赴义乌采购时面临的实际问题。

二、主要经验及对武汉启示

这些国际采购中心虽然发展模式、发展定位、发展路径各有特色，但存在很多共性经验值得武汉借鉴。

（一）必须顺势而为，抢抓发展机遇

敏锐把握宏观形势变化带来的发展机遇，勇于创新、敢于突破是这些国

际采购中心成功的关键因素。其中，广交会发展成为全球知名贸易平台离不开在多个关键时期紧抓机遇，进行颠覆性创新变革，如改革开放后，广交会率先打破参会主体仅为专业外贸公司局面，支持全国各类市场主体参展；中国加入世贸组织后，广交会契合新形势在第101届时颠覆性增设进口展，并更名为“中国进出口商品交易会”；面对世界百年变局和世纪疫情交织叠加，广交会更是在举办方式、举办模式、功能拓展等方面率先改革、不断探索创新。义乌实现从“鸡毛换糖”到“买卖全球”，离不开在改革开放初期小商品商贸改革刚处于市场萌芽阶段、中国加入世贸组织后对外开放进入新阶段、数字化时代商品贸易进入变革期，在这三个关键时期，义乌市抢抓机遇，倒逼改革。

当前我国正处于推动形成新发展格局的关键时期，这意味着发展要素的流通和聚集将发生变化，发展的格局与中心将发生变化，区位交通发达、产业基础雄厚、市场腹地广阔的武汉已处于打造高水平开放内陆“新沿海”的关键机遇期。现阶段北上广等一线城市已明显具备国际采购中心功能，成都、重庆、郑州等也正在新发展格局的新机遇下各自寻找突破口，奋力提升在全球供应链体系中的地位。武汉应抢抓机遇，切实将武汉长期以来的商贸物流优势和地处全国经济地理中心、双循环重要节点城市的区位条件转化为发展优势，引领中部、服务全国、链接全球，全面打造和提升武汉国际采购中心功能，推进各类贸易平台建设，打造进出口商品集散中心、国际贸易结算中心和大宗商品交易中心，力争在国家发展战略全局中发挥更加重要的战略性、功能性作用。

（二）必须根植于自身优势，明确发展定位

凸显优势、明确在全球采购市场上各具特色的细分领域定位，是这些国际采购中心建设成功的重要因素之一。ITEC 充分突显总部地处欧洲一日经济圈核心区域的区位优势，明确定位为“搭建他国中小企业供应商与欧洲中小买家商品采购平台”，线下样品体验中心可满足欧洲中小企业买家偏好查验实体样品习惯，线上平台严格按照欧洲思维框架搭建 O2O 销售模式，全链条采购服务细节也全面围绕中小企业面临的需求进行设计。广交会根植于广州的区位优势、市场优势、产业优势，依托广州的浓厚商业底蕴、强大供应链体系以及巨大消费市场和全球最大的消费品供应链枢纽，广交会可以促成出

口进口相融合、外贸内贸相结合，因此，广交会的定位是打造成为中国全方位对外开放、联通国内国际双循环的重要平台，广交会的制度创新、功能建设等也是全面围绕发展定位展开，以创新服务我国与全球各地贸易合作，便利中外企业实现一站式贸易磋商与采购。义乌立足小商品市场发展特色，始终围绕打造世界小商品之都定位，制度创新、通道建设、服务保障等领域均集聚在推进义乌由全球小商品交易中心向国际小商品自由贸易中心、全球小商品供应链中心转变。

武汉是沿海发达城市和中西部地区之间的重要联系纽带，是长江经济带与“一带一路”在国内的主要交会地带和开放前沿，在外循环方面，武汉可以自贸试验区等开放平台为突破，实现与亚太国家，特别是RCEP（《区域全面经济伙伴关系协定》）国家、东盟国家的贸易交流与深度合作，融入全球经贸一体化，在内循环方面，武汉作为长江中游城市群重要的中心城市，已具备内陆地区商品集散分拨中心基础条件，同时，武汉也已拥有一批涵盖工业原材料、日用消费品和生产要素等专业性和综合性较强的亿元市场，形成了一批以专业市场为主，综合市场和其他市场为辅，门类齐全、协调配套、各具特色的商品市场体系。立足这些独有优势，加快探寻武汉在全球采购市场上的定位，或将成为武汉主动融合新发展格局的重要突破口。

（三）必须不断创新，推进服务功能持续升级

不断与时俱进、主动创新，用改革的办法提升功能、激发活力是这些国际采购中心建设的共同经验。ITEC早在21世纪初就率先探索出了较为成熟的全链条式跨国采购服务模式，成为包括众多城市学习借鉴的模式，为更好解决中小企业融资难题，ITEC与顶级金融机构合作，较早就率先探索出出口商货物出厂即收货款、买家货物抵达后再付货款的模式。广交会一直致力于通过不断创新，寻求聚集全球领先参展商和采购商的最佳方案，以及更适合市场经济体制发展需要的运营体制，因此，在办展模式、展区设置、组展管理、参展主体、客商邀请等方面不断推陈出新，成为全球共享发展机遇的重要平台。义乌长期以来在发展上都保持着先行先试、主动求变的精神，仅近年来义乌就先后承接了30多项国家级改革试点和40多项省级试点任务，特别是2012年义乌在全国率先进行的市场采购贸易方式改革为全国专业市场国际化开创了新模式，随后“市场采购 + 跨境电商”“市场采购 + 保税”等众多制度创

新和功能创新，为全面提升义乌国际采购中心功能提供了重要支撑。

武汉在建设国际采购中心时也必须充分发挥“敢为人先”的武汉精神，加快推进制度创新、政策创新、服务创新，特别是伴随着跨境电商、海外仓、市场采购贸易、离岸贸易等外贸新业态、新模式的蓬勃发展，武汉市应在优化国际采购中心供应链综合服务体系、提升贸易服务便利化水平、强化国际市场营销保障体系等领域持续探索创新，依托武汉全球商品采购中心、国采中心等跨国采购服务平台，以政府服务和市场服务、公共服务和专业服务、线上服务和线下服务的有机融合，优化提升国际采购服务功能。

（四）必须发挥引领功能，强化资源集聚配置能力

国际采购中心作为国内外采购市场渠道的主要连接枢纽，必须具备强大的资源集聚配置能力，它不仅限于交易促进和商贸资源集聚时带来的直接效应，还包括在采购流通中由于市场牵引与产业要素精准匹配，进而带来对于产业市场分工的再配置功能。如广交会对全球采购商都具有吸引力和黏性，具备连接全球资源、促进全球贸易的能力。义乌以重点商品市场为极点向周边辐射，形成了联系国内外广大地区和众多经济主体的跨区域特色产业分工协作网络，通过供给集聚效应带来的多品种和低价格的商品优势，为建设国际采购中心提供强大产业支撑。

武汉建设国际采购中心就必须切实发挥好立足中游、引领中部、服务全国、连接全球的战略牵引能力、要素集聚能力、资源配置能力和区域辐射能力。一方面，持续强化商品市场建设，努力做大做强“买全国、卖全国、买全球、卖全球”市场平台，加快构建“枢纽＋通道＋平台＋网络（市场）”的资源要素配置格局，整合集聚中部地区乃至全国、全球资源要素；另一方面，要提升对产业链供应链的掌控力，加强在供应链体系中的资源配置能力和商品供应能力，以规模市场和开放格局吸引全球资源要素集聚。

三、对策建议

（一）全面提升国际采购中心功能

切实发挥武汉作为全国经济地理中心和双循环重要节点城市的区位优势，拓宽国际商品采购渠道，打造商品集散枢纽节点，把武汉打造成为推动中部优质产品走向世界的主要平台。一是进一步凸显市场优势，依托已建成的一批涵盖工业原材料、日用消费品和生产要素等专业性和综合性较强的亿元市

场，谋划建设全国性生产资料、医疗器械、建材、服装、工业消费品等专业交易市场，形成一批百亿级、千亿级商品交易市场群，打造商品集散枢纽节点，支持有条件的地方打造“一站式”商品采购中心和供应链集成服务基地，为构建国际采购中心提供实体支撑。二是顺应信息化发展趋势，打造若干以网上交易市场为核心、城市功能为支撑的国际采购中心，加快中国（武汉）跨境电商综合试验区建设，依托电子商务基础支撑体系，提升“买全球、卖全球”的国际采购功能。三是扩大“武汉价格”影响力，打造长江中游地区商品价格中心，强化武汉在产品价格和流通渠道的话语权。

（二）完善国际采购中心平台建设

多途径搭建完善国际采购中心建设的平台体系。一是依托自贸区、综保区、通关口岸等开放性平台，做优进口展销平台，建设进口商品集散分拨中心，积极对接 RCEP、鄂港合作等经贸合作机制以及进博会（中国国际进口博览会）、消博会（中国国际消费品博览会）等重要展会平台，拓宽全球商品采购资源和渠道。二是完善国际采购交易平台，构筑跨境商品交易中心，加快建设全国进口商品集散分拨中心、中部地区名优产品出口平台，将武汉打造成为内贸外贸深度融合的国际商品交易核心枢纽。三是提升综合服务平台，依托武汉全球商品采购中心、国采中心等现有平台，探索建立全方位的国际采购中心“供应链”综合服务体系，实现线上贸易与线下供应链服务的有机融合。四是完善提升信息共享平台，以加快商品市场供应链关系建立、掌握国内外商品需求信息、架构中介服务双向渠道为导向，整合贸易、运输、仓储、加工以及金融合作伙伴等交易主体的信息联动资源，建立健全市场主要商品价格信息采集、处理、发布机制，形成价格风向标，提高商品的全球话语权。

（三）加快畅通跨国采购物流通道

以建设国际性综合交通枢纽城市为抓手，全面提升武汉全球联通水平和辐射能级，进一步畅通武汉跨国采购通道。一是水港、空港、铁路港、无水港、信息港“五港”协同发展，共同建设面向东亚、东南亚、中亚、欧洲等地区的复合型国际物流大通道，融合国际物流、金融、跨境电商、航运服务等功能，构筑完善畅通的集疏运网络系统。二是开通更多国际航线、国际航点和全货机航线，打造“天河—花湖”航空客货双枢纽，构建以武汉为中心的轴辐式国际航空客货运大通道。三是大力推动武汉建设长江中游航运中心，完善海运直达、江海转运、内河港中转联运、集装箱铁水联运等水运大通道，充分发挥长江黄金水道作用。四是加快中欧班列（武汉）国际货运物流平台建设，形成快速大能力铁路通道。

（四）优化国际采购中心支撑体系

按照“市场主导、政府引导、专业发展、分级培育”的总体思路，构建完善国际采购中心建设的功能支撑体系。一是强化实体市场硬件功能，引领传统集散型市场向现代化、信息化、国际化商品采购平台升级。二是健全金融服务功能，培育完善资信评估、金融仓储、融资担保等金融中介服务体系，积极拓宽市场融资渠道，灵活运用外汇贷款、买方信贷、预付款保函等贸易融资产品，加强银行业金融与出口信用保险机构合作。三是推动服务创新功能，推进物联网、移动互联、大数据、智慧物流、云计算等先进流通技术对国际采购中心综合服务能力的支撑作用，完善检验检测中心、研发设计创意中心等服务功能，保障交易商品质量，推动交易商品的升级换代和附加值的提升。

（五）健全国际采购中心政策支持

建立健全武汉建设国际采购中心的政策支撑体系。一是探索实施全球贸易商集聚计划，引进一批国内外龙头型生产商、贸易商到汉设立采购中心、分拨中心、营销中心。二是支持和鼓励武汉企业提升跨国采购能力，支持引进国际消费管理人才，培育专业化、国际化的商业运营商、品牌贸易商等团队，提高本市企业国际商品采购和谈判能力。三是建立健全国际化经商规则体系，完善与国际接轨的商事制度、国际惯例和市场经济规则体系，建立与世界经济一体化相适应的管理体制和运行机制，为跨国采购机构在汉开展工作提供良好环境。

作者单位：武汉发展战略研究院

以展促产，以展兴城
加速推进武汉建设国际会展之都

张冰倩

提升会展业开放平台功能，打造国际会展之都，是武汉构建新发展格局先行区、建设国内国际双循环重要枢纽的主要抓手。武汉要充分发挥得天独厚的交通区位枢纽优势、要素齐全的资源优势，凭借会展综合效应之势，挖掘城市发展新机遇，以展促产，以展兴城，加快建设国际会展之都，为更好畅通我国国民经济循环、更好发挥超大规模市场优势做出武汉贡献。

一、德国汉诺威建设国际会展之都的经验

德国是世界第一会展强国，全球三分之二的顶级行业会展在德国举办。其中，汉诺威会展业在全球具有领先地位和优势，已建立起政府、协会、市场共同发力的会展运行体系，国际品牌会展、一流基础设施、知名主办企业良性互动的会展支撑体系，展产融合相互促进的会展生态体系，汉诺威是知名的国际会展之都，其成功经验值得武汉学习和借鉴。

（一）建立“政府主导 + 协会推动 + 市场参与”的垂直运作模式

联邦州政府和市政府在汉诺威国际会展之都的建设中扮演着重要角色。一是投资基础设施建设。地方政府投资建设会展场馆，通过控股展览集团公司，实行国有独资或混合式股份管理。二是投资展览主办公司。以汉诺威展览公司为例，下森州政府持股 50%，汉诺威市政府持股 49.871%，汉诺威大区持股 0.129%，政府官员通过任职公司管理层和监管层，支持展览业发展。三是参与举办大型展览活动。政府上层要员积极参加大型国际性展会开幕庆典，支持企业到国外参展，拓展海外市场。

德国展览业协会（AUMA）在汉诺威国际会展之都的建设中发挥着独特的、权威的、显著的作用。[①]一方面，协会负责提供最新的行业动态、完善的会展配套设施、会展组织计划、会展公司运作建议，展览公司、展会组织者等机构则接受德国展览业协会的统一管理。另一方面，在德国展览业协会的统一协调下，德国各类会展主题明确，内容特色鲜明，重复现象极少，同时，通过制定规章制度，确保德国会展业透明发展。

汉诺威运用市场化的经营管理手段，推动会展业持续繁荣。一是经营市场化。企业自主经营、自负盈亏，政府制定市场规则、提供建设场所和必要的经费支持。二是监管市场化。一方面，政府作为公司股东行使监督权。另一方面，充分吸收德国全国性工业协会、农业协会等行业协会和跨国公司进驻监督委员会，既吸取行业发展的意见和建议，也将行业最新动态及时反馈给管理层，提升会展业务决策的科学性和合理性。

（二）打造“国际品牌会展 + 一流基础设施 + 知名主办企业”的多维度突破口

根据《2020年世界商展100强排行榜》数据显示，汉诺威在100强世界商业大展中占有9席，仅次于科隆（10席），居全球城市第二位。其品牌化打造一般采取四种方式：一是注册商标。杜绝同一产业领域相似展会恶性竞争的可能性，充分保护展会的知识产权。二是进行专业认证。通过获得UFI（国际展览联盟）、IAEE（国际展览与项目协会）等国际专业会展组织认证，明确会展品牌地位，提升会展品牌商誉。三是实施子母展战略。以品牌化会展为主体，细分出新的品牌会展。四是品牌移植。通过将品牌会展移植到新兴市场，拓展品牌会展的价值和影响力。

一流的基础设施是汉诺威会展业领先世界的核心竞争力。一是展览场馆供给能力方面。根据AUMA官网数据显示，汉诺威展览中心可提供约39.24万平方米的展览面积，排名世界第三位。二是交通运输网络方面。汉诺威机场拥有100条以上直航航线，市内交通由14条轨道交通线及超过100条公

① 汉诺威所有的展览组织者、行业协会均是德国展览业协会（AUMA）的会员，受德国展览业协会的统一管理。因此，本段主要描述德国展览业协会在汉诺威建设国际会展之都中的作用。

共汽车线路组成，汉诺威展览中心的北面和东面各有一条干线地铁，还有连通法兰克福、汉诺威、汉堡的南北干线火车站、两条“空中走廊”。三是公共服务方面。汉诺威拥有700余家酒店，其中五星级酒店4家，四星级酒店82家，[①]配有货运管理机构和现代化物流中心，专司展品的进出、搬运和堆存等业务。

汉诺威展览公司是世界第九大展览集团，成为全球知名会展主体。以“全球展会，全球商贸”为方向，每年在全球各地举办130多场展览会，拥有4万多家参展商、350多万参观者，每年展会的总展出面积达350万平方米，[②]其业务领域基本覆盖会展业全产业链，包括场馆运营、展会主办和承办、教育培训和餐饮等。汉诺威展览公司组织的著名展览会，包括汉诺威工业博览会、汉诺威信息技术博览会、国际商用汽车展览会、国际林业木工博览会、国际机床展览会等。

（三）构建“展产融合”的良性循环生态圈

会展是经济发展的“晴雨表”。根据专家测算，汉诺威国际会展业的产业带动系数为1∶9，其中，会展场馆收入为“1”，交通、旅游、餐饮、住宿、金融等相关行业带动收入为“9”，每年仅展览创利就为汉诺威带来超过数百亿美元的收入。各种各样的展会，更是为汉诺威人民提供了丰富的就业机会，整个城市有三分之二的市民直接或间接服务于会展经济。

会展是产业发展的“风向标”。一方面，会展业依托城市产业得以培育壮大，汉诺威出品的工业展，在“德国制造”的背书下长盛不衰，成为无数德国工业企业、全球各国工业企业争先发布最新产品、展示最新技术的平台。另一方面，会展充分发挥其“加速器”的作用，促进产业转型升级，德国官方借助汉诺威工业博览会平台的影响力，不断向世界输出本国产品、技术乃至文化和价值观，聚焦碳中和生产、人工智能、氢能技术、能源管理等方面，推动“工业5.0”时代加速到来。

二、武汉建设国际会展之都亟需解决的重大问题

近年来，武汉市会展规模不断扩大，场馆配套持续优化，本土会展特色

---

① 数据来源于 Visit Hannover 官方网站和 Booking 官方网站。
② 数据来源于 http://www.messe.de/en/trade-fairs，2019-04-19。

突出，综合影响力显著增强，已初步建成国家会展中心城市。伴随世界会展产业“东移”，中国已成为新兴会展大国，全国多个城市正蓄势建设国际会展之都，但武汉仍处于探索期，在体制机制、要素支撑、产业融合、法律监管等方面还有几个重大问题需要解决和突破。

（一）统筹协调机制尚不健全

一是统筹协调力度不够。2019 年武汉市人民政府会展办公室在机构改革中被撤销，严重削弱了会展业工作领导小组办公室的全局统筹协调能力，大部分会展活动均由各主管部门主办，缺乏全市跨部门、跨领域的统筹协作机制，各部门未能形成工作合力。

二是市级层面支持力度不够。成都、长沙、深圳等城市均明确在 2023 年市政府工作报告中提出建设国际会展之都或国际会展名城，着重强调会展业作为现代服务业对城市发展的重要性，但是 2023 年武汉市政府工作报告没有将会展纳入相关工作安排。

（二）政策法规严重欠缺

一是缺乏总体规划和配套政策。武汉市会展相关的规范性文件主要形成于“十二五”时期和“十三五”时期，“十四五”以来仅出台《关于加快武汉市会展业发展的若干措施》和《武汉市会展业发展专项资金管理办法（试行）》，尚未出台会展业中长期发展规划、国际会展之都建设规划、会展产业链相关促进政策，反观北京、上海、成都、南京、长沙等城市已编制完成会展业中长期发展规划，特别是成都正大力谋划建设国际会展之都，已编制完成一个总体规划《成都市“十四五”国际会展之都建设规划》，和一套完善的政策体系《成都市会展业发展专项资金管理办法》《培育展会创新模式激发增长新动能指导意见》《促进会展产业新经济形态发展的实施意见》《2023 年成都会展产业链合作机会清单》《成都市产业生态圈人才计划实施办法》，抢抓城市发展新机遇。

二是法律法规建设严重滞后。武汉尚未出台会展相关法规，约束机制建设滞后于市场发展实际，政府部门对于行业监管和市场管理无法可依，导致存在重招商轻招展、重创收轻服务等问题。杭州、潍坊、厦门、西安、成都、郑州等城市相继颁布实施《会展业促进条例》，为促进会展业高质量发展提供了法治保障。

（三）多元要素支撑力度不足

一是市场主体和会展人才引领支撑缺乏。武汉目前没有具有国际影响力的会展企业落户，具有国内影响力的会展企业也仅有4家①，现有重点会展企业与专业展览机构合作较少，自主组展项目品牌影响力不高，行业影响力有限。当前，会展组织者、管理者和相关从业人员的专业水平相对偏低，了解国际惯例、富有操作经验、掌握外语的中高端会展人才更是稀缺。无论是开设会展相关专业的院校数量还是学生的培养质量均不能与武汉当前的会展行业体量相匹配。②

二是财政专项资金规模小，扶持作用弱。当前，武汉设置的会展业专项资金额度为2000万元，低于成都（8000万元）、海口（8000万元）、长沙（7000万元）、厦门（5000万元）等城市。就支持力度来看，专项资金支持较为分散，单个项目支持力度较小，资金支持多集中于会展的举办和引进会展的场馆，缺乏对引进国内外知名会展主办方的资金支持，和对连续举办高水平会展的奖励。

三是基础设施供给能力不足，质量不高。接待能力方面，武汉市星级酒店数量与其他新一线城市相比较少③，且近年来受新冠疫情等众多因素影响，酒店数量逐年波动趋势明显，四大展馆周围星级酒店稀缺，客房不足，无法满足不同客商的驻留需求。展馆供给方面，武汉会展产业链中游展馆经营主体乏力，常态化大型会展数量少，武汉现有可供展览面积已在国内处于领先地位，但是各展馆定位模糊、特色优势不突出、分工不明确，单馆面积较小，空间布局和档次结构不合理，出现了“供给不能适应需求”的问题。

（四）展产融合步伐缓慢

一是会展业先导平台属性发挥不充分。会展属于先导性现代服务业，具有产业关联系数大，技术连带功能强的特点，代表着技术发展和产业结构演进方向。当前武汉的会展项目主要集中在“9”大支柱产业的汽车制造和服务、

① 具有国内影响力的4家会展企业分别为武汉国际会展集团股份有限公司、武汉城投文化产业投资发展有限公司、尚格会展股份有限公司、武汉食和岛网络科技有限公司。
② 根据中国会展经济研究会发布的《2022年度中国展览数据统计报告》显示，武汉有5所本科院校经教育部批准（或公示）开设会展经济与管理专业，有1所高职高专院校开设会展策划与管理专科专业。
③ 根据《2021中国城市五星级酒店数量排行榜》的数据显示，武汉拥有13家五星级酒店，排名第十七位，排名前五位的分别是上海（78家）、北京（43家）、杭州（28家）、深圳（28家）、苏州（27家）。

大健康和生物技术、文化旅游、商贸物流等领域，特别是在汽车展方面同质化竞争十分严重，而有关“6”大战略性新兴产业、“5”大未来产业的会展项目十分稀少，既未能充分展示武汉优势产业，将市场需求信息传递给生产者，发挥会展在主体产业链、供应链中的重要环节作用，也未能传播推广国际国内先进技术、先进产品，助推武汉产业结构调整，加快产品升级换代，尚未形成“以产带展，以展促产”的良性循环局面。

二是“会展 + 文旅”融合发展不充分。一方面，当前武汉会展业与文旅业“脱节现象”严重，“会展 + 文旅”涉及政府部门、行业协会、会展公司、旅游企业等众多群体，目前尚未形成合理的利益共享机制和分工协作体系，会展活动吸引参展商、组展商、外围受众群体，文旅企业接待滞后、服务有限，只能被动受益。另一方面，武汉旅游资源分散，缺乏有效手段整合现有旅游资源，缺乏统一的信息咨询和营销平台，未开发出独具特色、影响广泛的会展专属旅游线路和旅游品牌，同时，武汉会展文旅营销投入较少、手段单一，未能充分利用各类渠道，向会展参展商、组展商、观众等群体展示汉派文化和特色旅游产品。

三、武汉建设国际会展之都的对策建议

当前，新一线城市争相建设国际会展之都的竞争态势并不明朗，还处于同一起跑线上，武汉基础条件优越、比较优势突出、多重国家战略叠加，应主动承担起建设国际会展之都的责任和使命，充分发挥会展活动在拉动投资需求、提升消费需求、优化产业结构等方面的带动效应，充分发挥会展活动在展示新技术、传播新理念的平台作用，充分发挥会展活动在引入国际机构、聚集国际人流、开展国际交流的载体作用，让建设国际会展之都成为武汉经济增长的引擎、城市展示的窗口、联系国际的纽带。

（一）优化空间结构，塑造武汉特色

以在湖北建设全国构建新发展格局先行区中当先锋、打头阵为统领，以服务武汉城市发展战略为导向，加速优化武汉会展业空间结构，构建“一核四驱，全域协同”的“1+4+N”会展业发展新格局，建设有武汉特色的国际会展之都。

“一核引领”，即以汉阳区为核心，充分发挥武汉国际博览中心“展会一体”的多功能复合型重大平台优势，引培专业化、规模化、国际化的会展项目，引入生态化理念，建立绿色低碳生态会展示范，突出智能化特色，打造集数字展示、多媒体互动等为一体的智慧型场馆，完善国博片区商业配套建设，提升餐饮、住宿、观展服务水平，依托龟北国际文化交往中心，做大国际交往“朋友圈”，做强武汉会展业引领区，打造国际会展新高地。

“四驱赋能”，即依托武汉重点区域、优势产业，聚焦航空枢纽、高新技术、商业贸易、会奖旅游，培育会展差异化竞争力。围绕航空枢纽，黄陂区依托武汉天河国际机场、汉口北跨境电商产业园，深化全球资源配置能力，打造安全高效的世界供应链中心。新洲区依托建设港口型国家物流枢纽、武汉国家航天产业基地，加强航天技术、产品、项目交流，打造国际航展新天地。围绕高新技术，东湖高新区依托光谷科技会展中心，紧扣“光芯屏端网”、生物医药、人工智能、量子科技等优势特色产业，打造高新技术综合会展集聚地。武汉经开区依托“双智”协同发展优势，打造“车—路—云—网—图”全产业链会展集聚地。临空港经开区依托中国（武汉）文化博览中心，打造网络安全产业链会展集聚地。围绕商业贸易，江汉区依托武汉国际会展中心，充分发挥大型商业综合体优势，全面提升航空路商圈的商贸品质，打造国际高端商贸会展集聚地。围绕会奖旅游，东湖风景区依托武汉东湖国际会议中心，充分发挥生态环境和人文资源优势，高水平举办一批国际会议，打造高端会奖旅游目的地。

“全域协同”，即坚持点面支撑、多点发力，支持全市各地立足区域优势资源联动发展，推动会展基础共建、规划共谋、产业共营、要素共享，打造“文旅创意＋商贸服务”“先进制造＋医疗健康”“金融服务＋智能制造”等高质量会展集聚地。

（二）加强统筹协调，凝聚工作合力

一是加强组织领导。建议成立武汉市会展业促进领导小组，由市政府主要领导担任组长，分管领导担任副组长，建立议事规则，形成常态化议事制度，统筹协调会展业相关重大事项、重大项目、政策落地、行动计划实施等工作。

二是加强跨部门交流。梳理细化各部门职责任务清单，建立健全各区会展业主管机构，在市级层面统一武汉建设国际会展之都的发展思路，明确预期可量化或定性目标，形成发展共识。

三是强化跨层级沟通。加强与国家部委沟通衔接，为武汉引进培育国家级大型会展活动争取政策支持。加强与国内外相关行业协会、国际知名会展机构、外国使领事馆的沟通交流，争取举办大型国际化品牌活动，提升武汉国际知名度和美誉度。

四是发挥行业协会作用。建议健全武汉市会展行业协会领导班子，完善协会组织架构，落实职责分工，规范日常管理。支持建立国内外优秀会展数据库，实时更新会展信息，建立有效业务交流平台，避免恶性竞争。鼓励其与全国性行业协会、区域性行业协会合作，开展会展业发展规律和趋势研究。

（三）狠抓会展产业，补链延链强链

一是“引”“育”“扶”补链条。积极推动国内外知名会展项目、优质会展企业来汉落地，依托武汉“965”产业优势，支持每个产业链牵头部门引进或培育 1 个以上相关会展项目，实现“一链一展”。针对现有的 10 个全国性展会品牌，建议集中优势资源，重点扶持华人华侨创业发展洽谈会、光电子博览会等国内知名会展提档升级为国际知名会展。针对“独角兽”型会展项目和会展企业，建议重点培育具有武汉特色的品牌展会。支持武汉会展集团、国博、好博、食和岛等本土会展企业加入国际展览业协会（UFI）、国际大会及会议协会（ICCA）等国际知名展会组织，增强本土会展企业国际竞争力。

二是“会展 +”延链条。推动“会展 + 先进制造业”融合发展，鼓励武汉先进制造业企业积极参与国内外知名会展，展示企业核心产品，加强上下游供需对接。推动“会展 + 文旅商贸”融合发展，支持举办有国际影响力的时装周、电影节、旅游节等活动，支持发展会议度假、文博旅游、商务交往等新业态。推动“会展 + 互联网”融合发展，将大数据、云技术、物联网等最新技术运用于组展、招商和服务等各环节，实现线上线下双线融合办展，不断提升会展产业信息化、智能化和便利化水平。

三是多措并举强链条。加快提升展馆供给质量，建设功能复合型高质量会展场馆，增加星级酒店、优化配套商业、丰富文化旅游、完善动静交通等配套支撑。把引进会展高端人才纳入全市人才建设规划，加大会展专业人才的培育、培训力度，加强会展人才福利待遇，落实各项补贴政策，拓宽事业上升渠道。扩大财政专项资金规模，探索设立会展业基金、创新金融产品等方式，鼓励金融机构、创投资本支持重点会展企业发展和重大会展项目引育。

（四）营造国际氛围，促进开放合作

一是持续提升会展通关服务水平。积极争取武汉海关、武汉市公安局出入境管理局等相关部门支持，在参会参展人员出入境、展品监管等方面持续提升通关便利化服务水平。在会展现场安排海关业务专家为参展企业提供咨询服务，对海关注册登记和备案的参展企业，提供“一对一”协调解决通关问题。在水运、铁路、航空口岸设置参展商品通关专用窗口，对需求迫切、符合条件的参展商品提供优先检测服务，谋划实行参展商品“展检同步”，压缩通关、审批时间。充分发挥海关特殊监管区域和保税物流中心的保税政策与会展监管政策叠加优势，完善“会展 + 保税”模式。

二是提升会展国际化水平。拓展与“一带一路”沿线国家和地区、RCEP成员国、经贸组织的交流广度和深度，加快把外事资源转化为开放合作优势，强化会展信息交流、项目和资本合作。鼓励武汉龙头会展机构和组织在海外设立分支机构，加强与德国汉诺威展览公司、英国励展博览集团、意大利米兰展览公司等境外龙头企业交流合作，策划和培育更多高规格、高能级的联合展览项目和境外展览项目。推动本地会展企业、展会项目、会展场馆、会展行业组织等争取国际机构认证。

三是构建综合营销推广体系。联合各级政府部门、会展企业、会展场馆、行业协会组成会展营销联盟，向全球推广武汉会展优势资源、展会项目、营商环境等。建立重大展会活动的宣传营销机制，加强与国内外知名媒体深度宣传合作，开展新媒体整合营销、大数据精准营销。加强会展与旅游、文化、商务、外事等部门联动，实现联合宣传推介，开展有针对性的境内外主题推广和推介活动。组织企业赴国外主要客源地，举办会展、文化、旅游展示会等促销活动，拓展境外市场。

（五）加强顶层设计，完善政策法规

一是加大政策支持力度。建议加快编制《武汉市会展业中长期发展规划》《武汉会展业发展三年行动计划（2023—2025）》，谋划武汉会展业未来发展方向，明确重点任务。建议加快编制《武汉市国际会展之都建设规划》，明晰武汉国际会展之都的建设目标、建设任务。建议加快修订《武汉市会展业发展专项资金管理办法（试行）》，提高专项资金额度，优化奖励细则，做到精准扶持。建议健全会展业发展政策支持体系，促进会展市场的规范和可持续发展。

二是加强会展法制建设。建议加快出台《武汉市会展业促进条例》，推

动武汉会展业发展进入法治化阶段，从展会备案、政务服务、展会便利化、知识产权保护、信息发布、安全责任、应急处置、统计分析等方面提供强有力的法治保障，全面服务会展企业，保障会展产业和谐有序健康发展，提升武汉建设国际会展之都的核心竞争力。

作者单位：武汉发展战略研究院

进一步探索创新
推进武汉新型研发机构高水平发展

伍　玥

构建新发展格局比过去任何时候都更需要以科技自立自强畅通国内国际双循环，保障产业链供应链的安全稳定。作为重要的新型科技创新主体，党中央在有关政策文件中多次明确新型研发机构在聚焦科技创新需求、开展科技研发、加速成果转化、培育创新人才、建设创新文化等方面发挥的作用。当前各地政府普遍将新型研发机构作为实现创新发展的主要抓手，全国各种类型的新型研发机构已有两千多家。

新型研发机构是新生事物，既可以面向特定领域和方向新建设立，也可以通过高校、科研院所、重点实验室、工程研究中心等开展体制机制和治理模式创新转型成立，功能定位也大相径庭，虽然总体上具有“三无四不像”的特征，但是在运营机制、创新模式、治理结构与功能定位等方面各具特色，对政策的科学性、灵活性、开放性也提出了更高的要求。武汉应当深入研究北京、上海、江苏等先进地区强化新型研发机构功能的经验做法，完善与特定新型研发机构功能相适应的管理体制和机制，进一步激活武汉新型研发机构融合创新、产业、资本与人才，衔接科技创新与经济发展的潜力。

一、新型研发机构是推进科技成果产业化的关键新生力量

有别于传统研发机构，新型研发机构较少受限于服务科技活动的某个环节，而是汇聚了政产学研资源，建立从创新源头到成果产业化的全链条创新体系，促进科学技术和产业经济结合，成为区域创新体系的重要组成部分。

第一，新型研发机构的战略使命是聚焦需求转化应用，构建产业转型升级新引擎。新型研发机构聚焦科技创新需求，把面向市场、服务产业作为创新目标和初心使命，围绕实际需求组织开展基础研究和应用技术开发，转化研发成果，衍生孵化高科技企业，以科技创新推动产业创新，打造战略性新兴产业，开辟未来产业新赛道，加快传统产业转型升级，推动建设现代化产业体系。

第二，新型研发机构的突出特征是整合多元创新主体，打造高水平科技自立自强的新兴战略性力量。新型研发机构是科技与经济相结合衍化出的新型科研组织形态，具有政府、科研院所、企业等多元化建设主体，事业单位、民营非企业、企业等多种组织形态，以连接各类主体形成创新共同体的方式，深化产学研融合，提升创新体系整体效能。

第三，新型研发机构的核心要义是打通创新链条集成功能，跨越成果产业化“死亡之谷”。新型研发机构集科学研究、技术创新、产业培育和科研服务多种功能于一体，通过开展应用基础研究、技术转移转化、创业孵化、投融资及高端人才引进培养等活动，形成技术推动和需求牵引的合力，提高科技经济对接、科技成果转化的效率和水平，以颠覆性技术和前沿技术催生新产业、新模式、新动能，发展新质生产力。

第四，新型研发机构的根本动力是体制机制创新，先行先试推进供给侧结构性改革。新型研发机构致力于通过组织变革和制度创新降低科技成果转化的制度性成本，采取符合科技创新规律和产业发展规律的市场化运行机制和现代化管理方式，解决科技经济“两张皮”、科研面向市场需求不足、产学研结合不紧密等突出问题，实行灵活的用人机制，增加产业技术的高质量供给。

二、武汉新型研发机构建设的现状和瓶颈分析

科教资源丰富一直是武汉的突出优势，为进一步将其转化为产业创新优势，近年来，湖北省根据科技部指导意见，相继出台了一系列促进新型研发机构发展的文件，包括《湖北省产业技术研究院建设指导意见》《关于促进新型研发机构发展的指导意见》等，武汉市科技局于2023年年底发布了《武汉市新型研发机构管理办法（试行）》（以下简称“《办法》”）。在政府引导以及市场自发行为下，武汉市已建成武汉产业创新发展研究院（以下简

称“武创院”）、武汉工业技术研究院（以下简称“工研院”）等各类新型研发机构30家，累计获得授权专利3000余项，转化科技成果540项、孵化或引进企业600余家，组建专业研究所13家、企业联合创新中心19家、各级各类公共技术服务平台67个，引进各类高级人才200余人。然而对标新发展格局下科技创新产业升级需求、对标先进地区发展情况，武汉新型研发机构发展尚未真正达到市场化要求，创新和产业升级功能发挥不足，存在亟须突破的发展瓶颈。

（一）政府引导支撑作用待进一步发挥

从顶层布局来看，一是缺乏全市层面的统筹布局、任务凝练和协同推进机制，新型研发机构牵涉到事业单位、企业和科研机构、投资机构等多元主体间的高水平融通创新与协同发展，然而武汉新型研发机构建设仍局限于科技系统；二是同类型机构之间存在功能重复，且未能与高校、科研院所等传统创新主体之间形成各有侧重、互相补充的适度竞争格局。

从具体政策来看，新出台的《办法》对新型研发机构的具体概念、功能定位等规定仍相对宏观，部分科技政策多是将过往政策进行归纳总结，缺乏有针对性的突破；在推进机构建设上，也缺乏勤勉尽职、容错纠错的指引机制，一定程度上导致机构在体制机制探索中仍存在较大顾虑、束手束脚。

（二）管理、运行机制创新不足

一是现有管理机制灵活性不足。由于对标产业领域、攻关侧重点、阶段内主攻任务目标的不同，不同的新型研发机构需配置的创新资源也不一样，在形态和功能上需要更高的弹性和灵活度。现有法律法规所规定的事业单位、企业或民办非企业组织等类型法人管理体制不能完全适应新型研发机构的发展需要，自我管理、自主创新的“章程式管理”在实践中难以落地：事业单位性质的新型研发机构，其章程式管理流于形式；企业性质的新型研发机构的章程与一般企业的章程无异，无法体现新型研发机构的公共价值。

二是管理方式转变不够彻底。武汉大部分新型研发机构尽管实行了理事会决策制和院长负责制，但实际建设运行过程中仍受政府、高校、科研院所等举办单位传统体制和思维的影响，相关部门的命令式管理模式尚未彻底转变为参与式管理，在人员聘用、职务发明成果转化、国有资产购置运营、平台公司创建、产业基金建立及投资等方面仍受到诸多掣肘，实践中只能以“特事特办”或“一事一议”等方式破除旧的束缚。

（三）对产业的引领作用不突出

从整体来看，新型研发机构在行业的引领作用及能力并不突出，与武汉经济的融合度也不太高。政府或高校主导的新型研发机构往往容易沿袭传统科研机构的特点，市场敏感性不足，与行业结合度偏低，对行业的引领和支撑作用有限。而以企业为主导的新型研发机构，又往往着眼于现实利益，过度追求投资回报率，对行业的共性关键技术研发和支撑不足，技术的外部性不显著，对行业的提升带动能力急需提升。

（四）“造血”“输血”机制尚待完善

《办法》中将武汉新型研发机构分为服务国家战略类和服务产业发展类，分别采取财政经费预算管理以及以市场投入为主的机制，当前武汉大部分新型研发机构市场拓展、创新资源整合等方面能力相对薄弱，尚未形成有效的市场化运作的商业模式，机构自身“造血”困难，机构发展仍依赖于政府补助或项目经费的支持。但一味依赖政府输血既是政府财政的负担，也容易使新型研发机构滋生依赖心理，不利于其可持续发展，财政支持难以长久维系。此外，新型研发机构高度依赖核心科研人才与团队的作用，但目前各地新型研发机构存在“恶性竞争”情形，一旦核心人才或团队流失，前期投入也将难以收回。

（五）高端人才引聚功能亟待提升

高水平的科学研究、技术创新和研发服务需要高水平的科研人才和团队支撑，相对高校和科研院所，新型研发机构没有固定的事业编制和稳定的经费支持；而相对互联网等市场化程度较高的行业头部企业，大部分新型研发机构又难以达到相应的高薪酬。因此，新型研发机构对高端人才和顶尖科研力量的吸引力有限，特别缺乏“能研发、懂技术、会管理、善经营”的专业复合型人才。

三、先进省、市推进新型研发机构建设的经验借鉴

据科技部开展的全国新型研发机构调查报告显示，截至2021年底，全国各种类型的新型研发机构已经达到2412家。北京、上海、深圳、江苏等省市在突破性发展新型研发机构方面大胆革新，研发投入强度、承担科研项目数量、服务企业数量等指标表现在全国名列前茅。尤其是江苏省依托江苏省产业技术研究院的建设，截至2022年底已在先进材料、能源环保、信息技术、装备制造以及生物医药五大领域布局72家新型研发机构，累计转化科技成果6200多项，衍生孵化科技型企业1200多家。对武汉进一步加强建设武汉产业创新发展研究院、完善新型研发机构体系有重要的借鉴意义。

（一）建设思路

北京集聚了全国最丰富的科技资源，始终以国际一流为考核标准，高起点、高定位推进新型研发机构的建立和发展，重点布局数学、生命科学等基础研究领域以及人工智能、量子科技、脑科学与类脑研究、新材料等前沿领域，抢占国际科技制高点。

上海着力扩充新型研发机构战略力量体系，将国家实验室、重点实验室、科技创新中心、工程（技术）研究中心、企业技术中心、专业技术服务平台等各类开展技术研发与成果转化的科研组织均纳入体系，开展更大范围的成果转化体制机制探索。

江苏以打造技术创新网络为目标，对标德国弗朗霍夫协会模式，全力打造江苏省产业创新研究院（以下简称“江苏产研院”），构建“总院—分所—转化公司”三层架构。

（二）管理体制机制

北京实行了科学家负责制和个性化合同管理制度。将技术路线决策权和人财物支配权交给科学家，确立了“使命到人—合同管理—长期资助”的改革举措，全球范围遴选顶尖人才和创新创业团队负责建设，签订个性化的合同，以合同作为考核依据，在充分激发创新活力的同时确保不偏离建设目标。

上海强调按照公平普惠、分层分级的原则推进各类新型研发机构的发展。1. 选择若干应用技术研发类科研事业单位，通过引入社会资本、员工持股等方式试点混合所有制改革；2. 国有企业设立的新型研发机构，实施国有企业非营利化，打造适应创新发展需求的管理制度；3. 民办非企业类新型研发机构，将其中的国有资产份额由不超过总资产的1/3放大至2/3；4. 社会自发组织的新型研发机构，引导大型央企、跨国企业、本地科技领军企业搭建公共技术平台，赋能中小企业，构建起全链条的创新孵化体系；5. 针对从事战略性前沿技术、颠覆性技术等研发的特定机构“一事一议”。

江苏采用“改造加盟”“项目经理制”，通过“合同科研”建立技术创新的市场导向机制。一是推进现有其他相关院所加盟江苏产研院，并按照要求进行“一所两制”改造，促进高校、科研院所研究人员的创新成果向市场转移转化；二是实行项目经理制，以江苏产研院为主导，选拔国内外领军人才任项目经理、组建项目团队，新建专业研究所。“合同科研”中将向市场提供技术转让、投资、服务等产生的现金流收益作为考核指标，决定财政资金支持额度，促使专业研究所紧密围绕市场需求开展技术研发。这不仅能有效提升财政资金使用效率，同时也有效提升了专业研究所的自我“造血”能力。

（三）科技成果产业化

北京通过成立科技成果转化平台、建设产业生态联盟，促进科技成果的行业应用和场景适配。北京智源人工智能研究院吸引社会资金牵头成立智源创投基金，专注于人工智能早期投资，旨在为北京培育一批硬核人工智能技术创新企业；北京量子信息科学研究院与百度、阿里巴巴等龙头企业深度对接，吸引社会资本设立量子信息研究与成果转化基金，引入专业化服务机构推进科技成果转移转化；北京应用数学研究院基于区块链技术建立适配场景，解决数据交易难题。

上海不同法人类型新型研发机构功能各有侧重。上海脑科学与类脑研究中心是事业单位类型的新型研发机构，在中科院上海分院内设联合办公室和科研平台，致力于服务国家和上海市的重点科研项目。民办非企业性质的上海产业技术研究院则以提供技术引领和支撑服务为目标，通过开展产业共性技术研发，满足关键环节、缺失环节的技术需求。企业性质的上海微技术工业研究院由中科院上海微系统与信息技术研究所与嘉定区政府发起成立，主要功能是研发、工程与孵化，为创新企业和合作伙伴提供全方位服务和解决方案。

江苏建立全链条技术需求对接解决的产业化机制。江苏产研院与97家细分行业龙头企业共建联合创新中心，由江苏产研院负责对企业相关人员进行技术培训及指导，解决技术难题的投入资金中企业占比不低于80%，以确保企业技术难题的真实性和必要性；技术需求凝练完毕后，江苏产研院利用创新网络对接全球创新资源寻找解决方案，构建“江苏产研院组织—集成创新平台承担—研究所、企业、高校参与”的协同攻关机制。在重大产业化项目跨越技术创新“死亡之谷”环节，采用“拨投结合”形式，先以科技项目立项支持，解决创业早期估值和研发资金需求难以确定、项目融资市场失灵的问题；在项目社会化融资阶段，则转为充分利用市场机制来确定项目支持强度和研发成果的收益。

（四）经费保障机制

北京实行“预算 + 负面清单”科研经费使用模式。一方面根据新型研发机构类型和实际需求给予财政科技经费稳定支持，另一方面实行负面清单管理，采用总项目预算控制和风险防范设计、公开经费执行情况等方式确保科研经费使用“放得开、管得住”。

上海针对不同类型新型研发机构分类管理。事业单位类新型研发机构强调研发活动的公益性，由政府提供合理范围内持续性、长期性的资助；上海长三角技术创新研究院等特定机构实施“预算 + 负面清单”、绩效评价等新型管理模式。

江苏以财政预算等形式充分保障研究院的运行。作为无行政级别的省属事业单位，江苏产研院的建设经费由省政府每年全额拨款 5 亿元专项资金；下设公司由省财政给予公司一期资金 3 亿元，主要用于专业研究所投资、海外平台投资、引导基金投资等。

（五）人才引育机制

北京致力于集聚国内外高水平创新人才。一方面通过同行推荐、国际学术交流、公开招聘等方式面向全球公开遴选国际领军人才、创新创业团队；另一方面建立“青年人才挑大梁”的人才发展模式，重视青年后备人才培养；机制上探索推进人才“双聘”。

江苏以产业需求为导向引培研发人才。一是海外人才引进上，通过设立海外孵化器、与高校建立战略合作关系、引进海外科研机构等形式打造海外创新资源网络；二是人才培养方面，以产业需求和技术难题为基础提炼出培养课题，实行“双导师制”，依托专业研究所和江苏龙头企业，与海内外高校联合培养研究生，采取校内校外“双导师”，高校、科研院所“双学位”，企业、科研院所“双激励”等新机制，推进实施“集萃研究员”“集萃博士”人才计划；三是打通高等院校教师、科研人员等到江苏产研院兼职渠道，支持科研人员携带科技成果到江苏产研院进行技术开发和创办衍生企业。

四、武汉进一步发展新型研发机构的对策建议

（一）从功能出发搭建武汉新型研发机构体系，分类精准支持

一是强化统筹布局，加快形成创新发展的系统合力。建立跨部门、跨领域的新型研发机构顶层决策机制以及责权明晰、统一高效的主动服务机制，促进新型研发机构的规划统筹和重大问题的协调推进。充分整合武汉市内创新资源，构建不同类型创新主体之间错位发展、协同推进的发展格局：一方面打造金字塔型的武汉市新型研发机构体系，其中塔尖为专注国家、省级战略需求的国家实验室、省重点实验室；中间层以深入推进武创院创新发展为核心，整合优化现有的 9 家产业技术研究院，加强区域性的产业技术开发与运用；塔基为产业技术创新联合体、综合技术创新平台、专业研究所（公司）和企校联合创新中心等行业共性服务平台，以企业、社会为主要投入力量，赋能科技型企业发展。另一方面要明确新型研发机构在武汉创新网络中的功能定位与特色，在加强合作的同时避免其与传统研发机构陷入同质竞争、内耗双输的情况。

二是深化分类管理，结合功能定位精准支持。新型研发机构涉及的主要功能包括基础研究、产业共性关键技术研发、科技成果转移转化、研发服务、产业孵化等，在实际运行中，各新型研发机构的功能也各有侧重点。为此，政府可以根据新型研发机构功能的不同类型提供不同形式的支持，同时集中政策、人才、资金等各类优势资源择优打造一批具有潜能达到国际领先的标杆型高能级新型研发机构，做到重点突出，避免"广撒网"和"撒胡椒面"的资助模式。

表1　新型研发机构的功能定位与主要支持方式

功能定位	主要支持方式
从事战略性、前沿技术研究	基本运营保障、科研项目支持、科研仪器设备及数据信息共享
产业技术供给	政府购买、税收优惠、科技金融服务
成果转化和产业孵化	以后补助的方式提供奖励或补助、科技金融服务

（二）营造开明宽容的政策环境，持续优化体制机制

一是将命令式管理转变为参与式管理。从北京、上海、江苏等地经验来看，政府为鼓励新型研发机构发展均采用机构自主管理、政府保驾护航的模式。当前以武创院及武汉生物技术研究院（以下简称"生物院"）等为代表的部

分武汉新型研发机构仍主要由政府参与组建，政府在积极参与相关决策工作的同时，应该彻底解放思想，明确自身参与者的角色，在保证新型研发机构不偏离使命、目标的前提下，将决策、运行及管理等权限更多交给科学家或专业人士。

二是切实推动“章程式管理”落地。明确新型研发机构章程法定地位，如无正当程序，机构依章程进行管理考核。同时，充实章程的内容，将政府协议、投资主体协议、机构内部管理规则等纳入章程加以规范，实现以使命定任务、以任务配资源、以目标定管理，将科技部对新型研发机构的“四化”要求充分体现在章程中。

三是探索“合同制＋负面清单”的管理模式。建议借鉴北京、江苏等地管理模式，探索建立“合同制＋负面清单”制度，在政府监管上适当放松，通过个性化合同明确新型研发机构的建设目标和考核评价办法，鼓励新型研发机构和科研人员在自主权范围内“大胆改”，避免过多的行政干预。

（三）强化人才集聚和资金保障，推动新型研发机构可持续发展

一是优化人才管理与激励机制，引进和培养并举。通过建立开放的人才管理制度、科学的人才遴选体系，面向全球引进最适合的人才，构建人才集聚高地。实施产教融合，通过与高校、科研院所联合培养，将产业需求和技术难题凝练成培养课题，培养实战型科技创新人才。推动新型研发机构与高校、科研院所、企业之间职称互认，让新型研发机构成为二者之间人才流动的“通道”，全方位挖掘新型研发机构联动科技与产业发展的潜力。鼓励新型研发机构探索建立以创新能力和创新绩效为核心的人才评价和收入分配体系，发挥市场机制在人才聘用和薪酬分配中的主导作用。

二是探索完善“合同式”“综合预算”管理等财政支持新模式。借鉴北京“高层次人才或团队深度捆绑”的模式，与领军人才签定权责明晰的建设合同，在明确其相应建设责任的基础上，向高层次人才充分放权。积极开展“综合预算”改革，对于由财政支持的新型研发机构，由财政部门、机构以及主管部门协商制定实施。允许科技主管部门根据不同类型新型研发机构需求，以多样化的资助方式对新型研发机构提供专项支持。激励政策方面建议尽快探索完善直接性科技奖励政策，补充甚至取代过去常用的财政专项资金补助和税收优惠的形式。

三是引导新型研发机构提高产业支撑能力，实现自我“造血”。支持开展基础研究和应用基础研究的机构通过承接国家、省级科技战略任务，进行

关键核心技术攻关，破解创新发展难题。支持开展产业共性关键技术研发和企业研发服务的新型研发机构，针对行业或企业的重点需求，提供定制化、系统化的整体技术解决方案和高质量、高附加值的研发服务。支持开展成果转化和产业孵化的新型研发机构，通过深入挖掘企业需求、科技资源和金融资源，培养技术转移专业人才、加强品牌建设和项目管理等，不断提升成果转化和产业孵化成效，不断完善自我“造血”机制。

作者单位：武汉发展战略研究院

调研分析篇

关于加快推进武汉工业软件创新发展的调查研究

沈　明　秦　琴

2022年9月，中共武汉市委书记郭元强赴光谷调研武汉软件产业，强调要扎实推进“中国软件名城”建设；2023年4月，首届中国软件创新发展大会在汉举行，武汉市人民政府市长程用文致辞并提出要打造软件产业发展新引擎；2023年6月7日，市委常委会再次研究做大做强武汉软件产业，打造软件品牌产品，市委、市政府一系列重要调研和会议彰显了对软件产业发展的重视。近十年，武汉软件产业以年均“20%+”的速度加快成长，显现了强大生命力，但“多点开花、散而不强”的问题一直存在。随着数字经济渗透，未来软件产业发展会逐渐细化，武汉至少需要有1~2个非常拿得出手的强项和长板。工业软件是“工业之魂”，也是武汉的独特优势，是最有潜力成长为强项和长板的细分领域之一，为此，我院组织力量深入开展调查研究。

总的认识，武汉有工业基因，工业软件发展早、基础好、条件优，是国内工业软件产业相对集聚的少数城市之一，但与北京、上海、深圳、苏州等城市比，产业培育相对缓慢，主要原因是工业优势没有充分发挥、创新资源没有充分利用，制约工业软件发展的“企业、人才、资金、创新、生态”等五大重难点问题尚未突破。下一步，建议武汉市政府联合相关方面共同努力，把零散的“要素资源优势”合成“创新发展优势”，助推武汉工业软件产业做大做强，为构建现代化产业体系提供新动能、硬支撑。

一、工业软件国产替代是大势所趋，近年国内竞争明显加剧

从国家层面看，发展工业软件既是经济命题更是安全命题，国产替代是大势所趋。工业软件是智能制造的核心基础，广泛应用于制造业研发设计、业务管理、生产调度、过程控制等流程，没有工业软件，制造业将分崩离析。2021 年我国工业软件市场规模 340 亿美元，占全球比重的 7.4%，但工业总产值占全球比重的 30%，现有工业软件能力远远不能满足庞大的工业体系发展需要，更无法满足制造业高端化、智能化发展需要。此外，我国 80% 以上的核心工业软件被外企垄断，直接关系到我国企业生存发展以及产业链供应链安全稳定。①2022 年 5 月，习近平总书记明确指出“要从国家急迫需要和长远需求出发，在石油天然气、基础原材料、高端芯片、工业软件、农作物种子、科学试验用仪器设备、化学制剂等方面关键核心技术上全力攻坚”②。在习近平总书记的关心指导下，从国家安全和现代化产业体系建设需要出发，国产工业软件将迎来快速发展。

从区域层面看，工业软件企业显著集聚于工业和信息产业发达省市，重点城市竞争明显加剧。截至 2022 年底，国内有重点工业软件企业 600 家左右，主要集中在北京、珠三角和长三角地区，其中北京（147 家）、上海（123 家）、广东（97 家）、江苏（86 家）、浙江（39 家）合计占比超过 80%（图 1）。2020 年以来，成都、长沙、广州、上海、深圳、南京、苏州等 7 城相继出台工业软件专项政策，其中《上海市促进工业软件高质量发展行动计划（2021—2023 年》提出到 2023 年工业软件产业规模要达到 500 亿元，《苏州市工业软件产业创新集群行动计划（2023—2025 年）》明确提出到 2025 年产业规模要超过 1000 亿元，相当于 2022 年全国工业软件产值（2407 亿元）③的 42%，展现了对工业软件的雄心壮志。（表 1）

---

① 2019 年 5 月，美国商务部宣布将华为及 70 家关联企业列入所谓的“实体清单”，禁止 EDA 软件公司为华为提供服务。俄乌冲突开始后，西方 Oracle、SAP、Siemens、ABB 等工业软件巨头相继宣布停止在俄罗斯业务，为我国发展工业软件敲响了警钟。
② 习近平：《加快建设科技强国，实现高水平科技自立自强》，《求是》2022 年第 9 期。
③ 数据来源：《2022 年软件和信息技术服务业统计公报》。

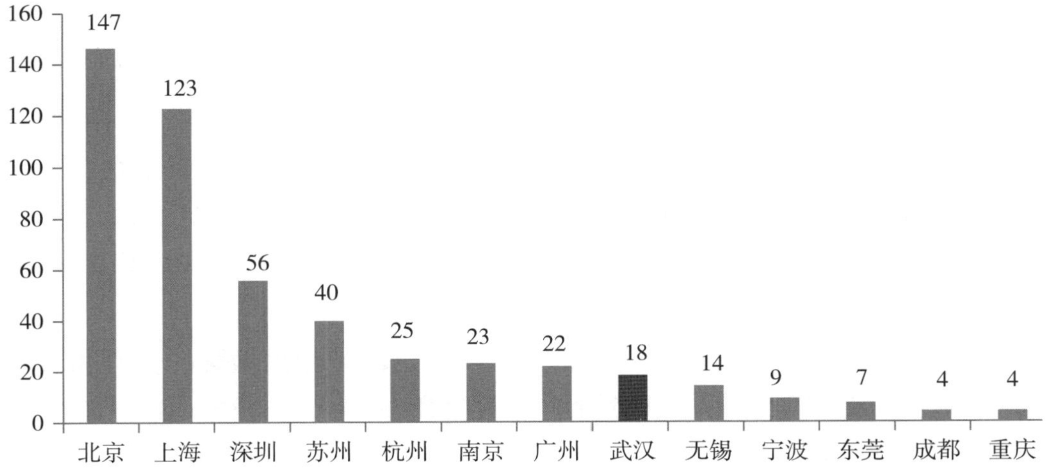

图 1　2021 年国内主要城市重点工业软件企业数量统计示意图①（单位：家）

表 1　国内城市工业软件专项政策梳理

时间	文件名称
2023 年 3 月	《长沙雨花经济开发区关于加快工业软件产业高质量发展的若干政策》
2023 年 1 月	《苏州市工业软件产业创新集群行动计划（2023—2025 年）》
2022 年 11 月	《南京市发布支持工业软件创新发展若干政策措施》
2022 年 8 月	《深圳市提升工业软件创新能力实施细则（征求意见稿）》
2021 年 9 月	《上海市促进工业软件高质量发展行动计划（2021—2023 年）》
2021 年 8 月	《成都市推进工业软件发展行动计划（2021— 2025 年）》
2020 年 9 月	《广州加快打造工业软件产业生态城的行动计划（2020—2022 年）》

从行业层面看，国产工业软件呈“管理强、研制弱；低端多，高端少”的基本现状。工业软件按业务流程可分为四种类型：研发设计类、生产制造类、运维管理类、经营管理类。其中，研发设计类工业软件关乎工业创新源头，关键核心技术（CAE、CAD、EDA 等）国产化进度不足 5%，是当前亟需实现国产替代的重点领域②；生产制造类型中，德国西门子（Siemens）在国内市场份额超过 23.7%，国内南瑞、宝信、石化盈科等企业在石油、化工、电力、

① 数据来源：e-works（数字化企业网）于 2021 年发布的《中国工业软件及服务企业名录》。e-works 是国内极具影响力的智能制造专业网络媒体、培训、咨询和研究机构，由我国著名制造业专家李培根院士于 2002 年 4 月创立。

② EDA 方面，美国楷登电子（Cadence）、美国新思科技（Synopsys）、德国西门子（Siemens），合计在中国的市占率超过 95%；CAD 方面，法国达索（Dassault）、德国西门子（Siemens）、美国参数技术公司（PTC）、美国欧特克（Autodesk），合计在中国的市占率超过 90%；CAE 方面，美国 ANSYS、ALTAIR、NASTRAN 等公司，合计在中国的市占率超过 95%。

钢铁冶金等行业深耕多年，但市场份额仍不到10%[①]；经营管理类型中，德国SAP与美国ORACLE公司高端市场占有率90%以上，用友等国内软件企业仅在低端市场有较好发展，占有率能达到80%；运维管理类型中，运维管理类工业软件在产品技术、功能和市场占有率等方面都与国外的产品存在一定的差距。[②]总体来看，工业软件产品工业属性要求越高，国产化率越低，推动工业软件创新发展关键要激发工业需求牵引，加快工业技术、知识和经验数字化沉淀。

二、武汉工业软件实力居内陆首位，要有进一步做大做强的信心和决心

第一，产业基础好，工业软件企业数量质量居内陆首位。武汉工业软件发展起步于20世纪90年代，2021年《中国工业软件及服务企业名录》收录的在汉工业软件企业多达18家，数量排名重点城市第八位，内陆第一位。2023年，武汉6家企业入选全国工业软件百强名单，数量仅次于北京（27家）、上海（23家），多于广州（5家）、杭州（5家）、深圳（5家）、南京（4家）、苏州（4家）、成都（1家）、重庆（0家），排名全国第三位、内陆第一位（见专栏1）。2023年2月，武汉天喻软件、开目软件、九同方微电子、益模科技、佰思杰等5家企业及产品入选全国首批工业软件优秀产品名单，数量位居副省级城市第一名。其中，开目软件的CAD软件是7个入选产品之一，九同方微电子的EDA软件是5个入选产品之一，彰显了武汉在研制类工业软件产品上的硬核实力。（表2）

表2　2022年武汉入选全国首批工业软件优秀产品和企业名单[③]

序号	产品类型	产品名称	企业名称
1	研发设计类（辅助设计CAD）	三维装配工艺规划软件[3DAST]（CAD，V15.0）	武汉开目信息技术股份有限公司
2	研发设计类（电子设计EDA）	片内电磁仿真软件[eWave]（EDA，V2.0）	湖北九同方微电子有限公司
3	研发设计类（数据管理PLM）	产品全生命周期管理平台软件[IntePL.M]（PLM，V10.0）	武汉天喻软件有限公司

① 国内企业在实施MES、SCADA、DCS和EMS等生产制造类软件及计划时，购买商业化系统的企业不足，相应系统实施完成后达到项目预期的仅为55%，还有45%的企业MES项目实施不能达到预期，侧面反应了国产工业软件供给能力还很欠缺。
② 数据来源：《中国工业软件产业白皮书（2020）》。
③ 数据来源：《全国“工业软件优秀产品”，武汉位列副省级城市第一》（《长江日报》2023年2月14日）。

（续表）

序号	产品类型	产品名称	企业名称
4	生产制造类 （生产管理 MES）	模具智能生产管理软件 （MES，V2.0）	武汉益模科技股份有限公司
5	生产制造类 （生产管理 MES）	BSG-MES 制造执行系统软件 （MES，V4.0）	武汉佰思杰科技有限公司

专栏 1　2023 年度武汉 6 家工业软件百强企业情况梳理①

1. 开目软件：百强排名第十七位，创立于 1991 年，华工科技子公司，深耕 CAD/CAPP/PDM/MES 等工业软件领域，已形成完整的智能制造解决方案及高端工业软件产品体系，包含 KMPLM、KMMPM、KMMOM 等一系列覆盖产品研发、工艺设计、生产制造的一体化管理平台以及以 KMCAD、KMCAPP、KM3DDFM、KM3DAST、KM3DMPS、KM3DWELD、KM3DVIEWER 为代表的研发设计类工具软件产品，广泛应用于航空、航天、航发、兵器、兵装、电科、船舶等军工集团高端客户群体，高端装备制造客户超 10000 余家，市场占有率在国产软件中名列前茅。

2. 九同方微电子：百强排名第五十五位，创立于 2011 年，源自硅谷，掌握射频 EDA 核心技术，致力于研发完整的“射频 EDA 工具链”，目前已推出 6 款成熟产品，预计 2025 年完成射频领域工具链高水平国产替代，旗下产品覆盖通信、国防、医疗等领域，已完成 A+ 轮融资，投资方为华为哈勃投资、深创投。

3. 艾普工华：百强排名第五十九位，创立于 2012 年，国家级专精特新“小巨人”企业，由加拿大 Epic Fusion 和华工制造装备数字化国家工程中心合资成立，致力于为离散制造业客户提供高效、可靠的数字化·智能制造运营管理 (MOM) 解决方案和专属服务，产品广泛应用于汽车及零部件、工程机械、船舶、航空航天、重型装备等领域，主要客户包括一汽、北汽、潍柴、江淮汽车、大众、中集、宇通、惠科、三一重工等企业。

4. 天喻软件：百强排名第六十二位，创立于 2002 年，国家级专精特新“小巨人”企业，依托国家企业信息化应用支撑软件工程研究中心成立，在 PDM 和加密软件等领域具有较强竞争力，在国内首创了系统仿真软件，主要客户包括东风汽车、江淮汽车、一汽柳州特种汽车、江铃汽车、三一重工、三江航天、中船重工等知名企业。

5. 益模科技：百强排名第八十位，创立于 2006 年，国家级高新技术企业、湖北省专精特新“小巨人”企业，专注为模具、装备、军工、汽车、家电等有柔性化生产需求的工厂提供工业软件，产品已在 600 多家模具企业应用，与全国 87.5% 的大型精密注塑模具骨干企业、70% 的压铸模具十强企业有合作，市场份额居国内第一。②

6. 佰思杰科技：百强排名第九十四位，创立于 2006 年，专注为国内制造 500 强大型企业（集团）提供涵盖 MES、PLM、ERP、数据中心、企业门户、云计算中心（平台）在内的全业务链条的信息化服务，主要客户包括东风汽车、中国南车、国电南瑞、东方电气、烽火通信、华为、西电集团、中国电科、武汉百钧成等知名企业。

第二，工业基础雄厚，工业软件市场需求和应用场景丰富。严格来讲，IT 企业不具备独立开发工业软件的能力，必须有工业企业全程深度参与。武汉工业基础雄厚，拥有 41 个工业门类中的 38 个，尤其在钢铁冶金、化工、

① 数据来源：大东时代智库（TD）。
② 数据来源：中国模具工业协会。

装备制造、汽车及零部件、服装、设计等工业软件重点应用领域产业基础强，具备培育工业软件的天然温床。2021 年《中国工业软件及服务企业名录》收录的 18 家在汉工业软件企业，业务覆盖研发设计、生产制造、运维管理和经营管理等不同类型，其中生产制造类工业软件占比接近 45%，这背后离不开武汉工业制造业的强劲支撑。纵观历史，海外工业软件巨头均诞生于工业强国转型期，产品和产业深度融合加速了产品升级和产业迭代。武汉正处于产业转型发展的关键阶段，势必也要以“融合”促“创新”、促“迭代”，发展工业软件正当其时。

第三，科教资源丰富，工业软件创新创业发展潜能巨大。2021 年 11 月，华中科技大学吕志鹏团队在 EDA 领域的国际会议 ICCAD 2021 上获得 CAD Contest 布局布线算法竞赛的第一名。①本次竞赛，华科团队从全球 12 个国家 / 地区的 137 支团队中脱颖而出，展现了强劲的创新实力。2022 年 11 月，华中科技大学刘世元教授团队成功研发我国首款完全自主可控的 EDA 工业软件——OPC（光学临近校正）软件，是我国首款完全自主可控的 OPC 软件，填补了我国在该领域的空白。2021 年《中国工业软件及服务企业名录》收录的 18 家在汉工业软件企业中，有 12 家孵化自高校（华中科技大学 10 家，武汉理工大学 1 家，武汉工程大学 1 家），高校企业孵化率超过 66%，彰显了科教资源对武汉工业软件发展的强大助力（表 3）。

表 3　武汉工业软件代表性企业统计表②

序号	企业	成立时间	主要产品	所属区	企业来源
1	开目软件	1991 年	PLM、CAPP、三维结构华工艺规划、MES、DFM	东湖高新区	华中科技大学
2	天喻软件	2002 年	PLM、文档加密、CAPP	东湖高新区	华中科技大学
3	益模软件	2006 年	模具 MES、模具全生命周期管理	东湖高新区	华中科技大学
4	九同方微电子	2011 年	EDA	东湖高新区	华中科技大学
5	艾普工华	2012 年	MES、MOM、智选实训	东湖高新区	华中科技大学

① ICCAD 即计算机辅助设计国际会议，CAD Contest 算法竞赛每届赛题均来自 Cadence、Synopsys、Mentor Graphics、Nvidia、IBM 等全球著名 EDA 或半导体公司的真实业务场景，涵盖集成电路设计、制造与测试等环节中的核心算法难题。
② 数据来源：2021 年《中国工业软件及服务企业名录》。

（续表）

序号	企业	成立时间	主要产品	所属区	企业来源
6	创景可视	2006 年	VR 解决方案与服务	东湖高新区	华中科技大学
7	华工赛百	2000 年	MES、能源管理、质量追溯、工业大数据	东湖高新区	华中科技大学
8	华铸软件	2008 年	铸造仿真、铸造工艺、铸造企业管理软件	东湖高新区	华中科技大学
9	尧创软件	2007 年	机械 CAD	东湖高新区	华中科技大学
10	易普优	2014 年	APS	东湖高新区	华中科技大学
11	知明资讯	2007 年	MES	东湖高新区	武汉理工大学
12	佰思杰	2006 年	MES、MOM	东湖高新区	武汉工程大学
13	风奥科技	2004 年	图文档加密	东湖高新区	—
14	库得克	1999 年	QMS	东湖高新区	—
15	镭立科技	2011 年	MES、ANDON、WMS、TMS、设备管理、QMS	东湖高新区	—
16	迈士软件	2014 年	MES、WMS	洪山区	—
17	恩硕科技	2003 年	ANSYS软件推广及服务	江岸区	—
18	普罗格	2012 年	物流供应链云平台	硚口区	—

三、武汉工业软件创新发展亟需破解五大重难点问题

与同类城市相比，武汉工业软件发展基础和创新优势都十分突出，但整个产业仍处于发展早期，工业优势没有充分发挥、创新资源没有充分利用，制约发展的“企业、人才、资金、创新、生态”等五大重难点问题尚未突破。针对问题，我们逐一剖析，广泛搜集国内外经验做法，为武汉进一步推动工业软件创新发展提供有益参考。

问题一：重点企业尚处于成长初期，自主创新和产业整合能力不强

工业软件有很强的用户黏性，先入者有先发优势。放眼全球，新思科技、达索、楷登电子等工业软件巨头普遍有超过 50 年的发展积累，实力雄厚、地位巩固，仅中国市场占有率就能达到 70% 以上。武汉绝大多数工业软件企业成立时间不足 20 年，积累慢、实力有限、自主创新和产业带动能力不足。针对这一问题，我们追溯了国内外工业软件企业成长轨迹，发现国外软件巨头成长离不开政府、军方的有力支持，且无一例外都经历了数十次并购重组才

成长壮大。[①]参考其他城市经验，武汉一方面要加大财政资金支持，设立工业软件专项投资基金，支持企业做大做强；另一方面要推动企业上市，尽可能地利用社会资本助推企业发展。在企业引培方面，需重点关注中国工业软件百强企业，着力引进第二总部、区域总部和功能性总部项目。

表 4　主要省、市工业软件企业培育相关经验做法[②]

主要省、市	经验做法
广州	利用现有政府投资基金、国家集成电路、软件产业高质量发展相关政策，支持工业软件骨干企业开展海内外并购、兼并重组，同时引导中小企业聚焦工业软件细分领域打造隐形冠军，要打造特色鲜明、业务协同、大中小协作的工业软件企业梯队[③]
上海	鼓励各类基金重点投资工业软件企业，加强资本市场对接工业软件企业，推动工业软件企业上市，同时推动央企、地方国资和大型制造企业剥离核心技术，成立专门的工业软件公司
福建[④]	一是聚焦重点领域扶持。以嵌入式软件、工业控制软件、工业安全软件、工业App、工业数据库、集成电路设计等为重点领域，鼓励设区市建立工业软件重点项目库，实施一批重点工业软件产业化项目，对入库项目优先给予扶持 二是支持工业企业通过主辅分离、投资入股、自主创新等多种形式发展工业软件

问题二：工业优势发挥不充分，工业企业应用国产工业软件的主动性不强

一是应用场景优势没有充分发挥。工业软件源于工业、用于工业、优（化）于工业，缺少工业应用，产品迭代无从谈起。武汉虽然工业企业多、工业软件应用场景丰富，但忌于国产工业软件“不好用”，本土厂商普遍依赖国外软件，中小工业软件企业难以打入主流应用市场。二是工业技术积累优势没有充分发挥。武汉工业历史悠久，但大量工业知识沉淀在一线操作人员、工

① 例如，美国 ANSYS 前后经历了 20 余次并购，法国达索经历了 50 多次并购。
② 政策文件名称参见表 1，下同。
③ 工业软件可以分为通用型和专用型两类，通用软件是为解决某一类问题而设计，开发一个通用软件需要几百甚至上千人长时间研发，大规模投资且船大难调头，专业工业软件更经济、简单、好用，占用计算、网络资源相对较少，开发难度相对较低。全球工业软件巨头实力雄厚大多选择通用型发展路线，中国 90% 以上的中小企业选择专业工业软件发展路径，深耕汽车、钢铁、石化、家电、服装等行业，开发专用设计、仿真和制造管理软件。
④ 资料来源：福建省工业和信息化厅《关于加快工业软件产业发展七条措施》（2019 年 3 月）（下同）。

程师、行业专家身上，工业知识信息化、数据化、标准化程度低。参考其他城市经验，武汉一要发挥市属国有企业责任担当，提供工业软件应用需求，帮助本土工业软件企业产品应用迭代。二要发挥政府和第三方机构作用，积极开展工业软件产品和服务能力评估，制定工业软件推荐目录，提供供需对接平台，支持企业路演推广，助推本土工业软件产品供给能力提升。

表 5　主要省、市工业软件应用推广相关经验做法

主要省、市	经验做法
广州	针对工业应用推广问题，广州主张面向市属国有企业征集工业软件应用场景需求，组织供需双方对接会，积极引导市属国企支持使用自主创新工业软件。针对工业知识信息化问题，广州主张发挥工业互联网作用，借助国家工业互联网大数据中心建设加快工业信息化、数据化
上海	针对工业应用推广问题，上海主张建立国产工业软件应用推广机制，具体措施包括开展工业软件产品和服务能力评估，制定工业软件推荐目录，建立产品应用反馈机制，鼓励行业协会、公共服务平台等第三方机构搭建工业软件产品供需对接会，支持工业软件企业项目路演、宣传推广、技术研讨，提高本市工业软件企业知名度和市场推广能力
福建	一是支持推广应用。对向工业相关企业推广拥有自主知识产权工业软件的企业，2019 年起年新增推广超过 20 家企业，按实际成交金额的 2%进行奖励，同一企业每年奖励不超过 50 万元 二是支持军民融合。鼓励工业软件在军工领域推广应用，对工业软件产品新入选《民参军技术与产品推荐目录》的企业在省委军民融合办奖励的基础上，按入选产品每项增加 3 万元奖励

问题三：创新资源利用不充分，未形成创新发展合力

工业软件的最大价值是其背后的工业知识，需要通过数理化、方程化处理来转变成软件，一般工业企业很难独立实现工业知识软件化，需借助高校、科研院所和软件企业力量。武汉具备产学研用三大主体要素，但尚未建立起产学研用生态链。参考其他城市经验，武汉一要加快建设工业软件新型创新机构，以本地工业软件企业为牵头，联合本地工业企业，国家、省、市相关创新资源共建。二要加快成立市级工业软件产业联盟，为在汉工业软件企业、工业企业、高校院所搭建交流平台，促进工业软件和工业制造业深度融合。

表 6　主要城市工业软件创新生态链建设相关经验做法

主要城市	经验做法
广州	一是成立省级工业软件创新中心。2022 年 1 月，由广州中望龙腾软件股份有限公司牵头，联合工业和信息化部电子第五研究所等 11 家主要成员单位共同组建的广东省工业软件创新中心获省工业和信息化厅批复筹建。广东省工业软件创新中心整合了 9 个国家重点实验室、3 个省级工程中心和 6 个校企共建创新平台，聚集了CAD、CAM、CAE、CAPP 等工业软件领域国内优势资源，以工业软件技术研发、适配验证、产业孵化为主要任务，探索建立符合广东省工业软件产业发展状态和特点的“政产学研金介用”七位一体的协同创新体制，是广东省突破工业软件“卡脖子”难题的攻坚阵地 二是成立广州工业软件产业联盟。2021 年 5 月，广州工业软件产业联盟正式成立，联盟由工业和信息化部电子第五研究所联合广州中望龙腾软件股份有限公司、广州奥格智能科技有限公司、树根互联技术有限公司、航天云网数据研究院（广东）有限公司等多家单位共同发起成立。联盟以推动广州市工业软件产业发展为宗旨，助力推进《广州市加快打造工业软件产业生态城的行动计划（2020—2022 年）》落实，加速推进工业软件和制造业融合发展，加强工业企业对接，强化交流合作，推广优秀软件产品和解决方案，开展行业研究
重庆①	一是鼓励制造企业、软件企业联合成立细分行业工业软件联盟，加强工业软件联合开发和推广应用 二是支持软件企业联合工业企业建设基础共性软件平台、工业互联网平台和新型工业 App 库，以及行业通用工业 App、微服务资源池及测试平台，开展应用试点示范，构建工业技术软件体系。鼓励大型制造企业联合软件企业成立重点制造业领域工业软件工程实验室，加强关键核心技术攻关。推动 5G 相关软件与工业AR、工厂无线自动化控制、云化机器人等智能制造重点领域融合应用，支撑智能改造开展。积极推动建设工业软件交易平台

问题四：工业软件人才缺口大，面临“培养难、招聘难、留住难”三难问题

人才是工业软件创新发展的重要基石，我国工业软件发展长期面临人才短缺问题。有专业机构预测，到 2025 年，我国工业软件人才缺口将达到 12 万人次，是软件人才紧缺度最高的领域之一。②主要原因有三点：一是门槛高，培养难。工业软件具有跨学科、跨专业属性，需要的是复合型人才，不仅要懂软件开发，还要对物理、机械、自动化、电子等技术知识有一定了解，目前在汉高校还没有建立起工业软件复合型人才培养体系，存量工业软件人才很多源于工业企业内部的“老带新”。二是储备少，招聘难。从毕业生流向来看，纯软件开发人才大多流向互联网、游戏、电商、金融等高薪企业，工业软件人才“被分流”现象突出。三是收入低，留住难。武汉工业软件尚处

① 资料来源：《重庆市促进软件和信息服务业高质量发展行动计划（2020—2022 年）》（2020 年 4 月 24 日）。
② 数据来源：赛迪研究院 2021 年发布的《关键软件人才需求预测报告》。

于发展初期，人才需求大但薪资水平不高，远不如国外知名工业软件企业和国内互联网大厂，人才吸引力有限。参考其他城市经验，武汉一要加大人才奖励，对符合条件的工业软件人才给予总部企业人才优惠条件。二要加快工业软件人才培养，支持高校和行业企业参与国家特色化示范性软件学院建设，鼓励各大高校开设工业软件相关专业课程，引导企业、职业院校、培训机构联合建设工业软件人才培养基地。三要加大人才供需对接，面向全市工业软件企业征集工业软件人才需求，大力引进国内外工业软件高精尖人才和技能型人才。

表 7　主要省、市工业软件人才建设相关经验做法

主要省、市	经验做法
广州	一是奖励高端人才。对符合条件的工业软件企业个人年工资薪金应税收入（含工资薪金所得、劳务报酬所得）达到 60 万元以上的高端人才，按照穗府办规〔2020〕2 号文给予每人不超过 10 万元的奖励。获得奖励支持的工业软件高端人才同等享受广州市总部企业人才优惠政策 二是加快工业软件人才培养。支持符合条件的高校和行业企业参与国家特色化示范性软件学院建设，鼓励各大高校开设工业软件相关课程，引导企业、职业院校、培训机构联合建设工业软件人才培养培训基地。依托产业领军人才等政策措施，加大力度引进国内外工业软件高精尖人才和技能型人才
上海	依托上海重大人才工程和软件产业重点机构名单，加快培育引进一批精通工业基础知识和软件开发技能的高端、复合型人才。推进高校开展特色化软件示范学院建设，支持软件企业、工业制造企业与高等院校、科研院所加强合作，开展有针对性的人才培养和培训。支持行业协会、联盟和市研发功能转化平台等，开展面向国产工业软件的实训，加强复合型人才培养。推动开展工业软件进校园等活动
苏州	支持软件企业、制造业企业与高等院校、科研院所加强合作，开展复合型人才培养和培训。支持行业协会、联盟、研究机构等开展面向国产工业软件的实训。到2025 年，打造不少于 10 个市级工业软件产才融合培训基地
福建	一是加强服务平台建设。推进福建省智能制造工业软件公共服务平台建设，支持有条件的设区市建设专业的工业软件公共服务平台。支持企业建立面向行业的工业软件工程中心和企业技术中心 二是促进校企人才联合培养。鼓励工业企业联合高校开展工业软件复合型人才的培养，支持工科院校开设工业软件课程，支持省内工业软件龙头企业与高校或培训机构合作，加强面向国产工业软件的实训，提升工业软件人才专业化水平

问题五：工业软件发展机制不健全、政策不聚焦，企业获得感不强

工业软件业内对工业软件的属性界定有明确共识，工业软件本质是工业品，以工业为第一属性，IT 为第二属性，一般诞生于工业强国、强市、强企。

从工业软件发展史来看，军工是“工业软件之母”，汽车和航空航天产业是工业软件发展的“助推器”，美国最大的工业软件公司不是微软、谷歌、苹果，而是世界头号军火商——洛克希德·马丁公司。所以，我们不能简单把工业软件视为IT软件的一种，须充分把握其工业第一属性，单独制定产业发展政策。2022年12月，武汉出台《武汉市加快促进软件和信息技术服务业创新发展实施方案（2022—2025年）》，将工业软件列为10大重点领域之一，凸显了对工业软件发展的重视，但针对性还不够强，对如何培育工业软件企业、如何推广工业场景应用、如何增强复合型人才支撑、如何推进关键核心技术攻关等关键问题没有明确交代。参考其他城市经验，建议武汉在现有政策基础上进一步出台工业软件专项政策，做到“五个加强”：一要强主体，加大企业和项目支持；二要强需求，推动工业软件和工业深度融合，挖掘更多工业应用潜能；三是强供给，搭建政产学研协同创新生态链，加快提升本土工业软件产品成熟度；四要强要素，加大工业软件复合型人才引进和培育；五要强保障，加大知识产权保护，严厉打击盗版侵权，强化监管审查。

四、把握工业软件工业第一属性，加快推进武汉工业软件创新发展专项行动

总的来看，武汉工业软件有基础有条件，有进一步做大做强的巨大潜力。当务之急，政府要加强关注、提高重视，首先要解决三个认识问题，其次是破解五大重难点问题，我们建议从技术攻关、软件应用、供需协同、产业生态等四个维度发力，加快弥补武汉工业软件发展短板，推动武汉工业软件产业做大做强。

第一，聚力推动工业软件核心技术攻关。加强产学研用教多方协同，重点围绕CAD、EDA、PLM、MES、QMS等有产业基础的辅助设计、电子设计、数据管理、生产管理、质量管理、供应链管理等工业软件开展核心技术攻关，提升实时性、安全性、扩展性、云化能力和低代码（零代码）二次开发能力。推动人工智能、大数据、区块链、5G、VR/AR等技术与工业软件深度结合，加快培育一批新型工业软件。加快生产管理类软件产业化，支持华中科技大学、武汉理工大学、武汉产业创新发展研究院推进模型标准研究，建立基于模型的知识自动化系统软件以及模型应用的协作机制和体系。推动工业软件和工业自动化协同发展，鼓励在汉工业制造业企业和软件企业协同发力，深度合作，打造一批工业软件细分领域链主企业。推动工业软件头部企业与电子信息、装备制造、生物医药等产业创新集群龙头企业深度协作，发展从设备自动化到数据流全贯穿的一体化智能工厂解决方案，打造“工业软件+自动化”生产制造体系。

第二，积极推进工业软件融合应用发展。积极培育工业软件开发平台，鼓励制造业领域头部企业开放创新，共建工业软件基础开发平台。以行业为切入点，推广开源软件开发模式，鼓励开源生态走进制造业企业，共建开源创新联合体。推动工业软件自主化、平台化发展，支持工业互联网底座汇聚工具、算法、模型等微服务架构，实现组件化服务，提升综合集成、测试验证、质量管理、全生命周期管理能力。强化工业 App 开发力度，鼓励工业互联网平台深入研究垂直细分领域工业软件需求，加大本行业通用 App 和专用 App 的开发力度和适用范围，推进垂直行业数字化转型。鼓励中小工业软件企业灵活封装工业制造技术与知识，开发符合各行业特点的轻量级 App，抢占细分领域行业赛道。推进工业数据对制造赋能，高质量建设光谷智能制造产业园、工业互联网示范产业园、东西湖区工业大数据示范基地。

第三，加快促进供需两端应用推广。编制梳理供给能力清单，按照工业软件产品和服务能力开展调查评估，研究制定武汉市工业软件供给能力清单。以应用牵引，鼓励在汉企事业单位应用工业软件产品，加快工业软件产品迭代升级速度。鼓励供需两端领军企业、行业协会、公共服务平台、研究机构常态化开展工业软件项目路演、宣传推广、技术研讨，提高武汉工业软件市场认知度、占有率。推进电子信息、装备制造、生物医药等重点领域先试先行，鼓励工业企业开放应用场景，挖掘应用市场，按照咨询、诊断、改造、升级路线，推动武汉优质工业软件产品在工业企业的应用水平，构筑反馈、迭代良性循环。

第四，提速优化工业软件发展生态。完善创新服务体系，鼓励东风集团、武汉工控集团、中国信科、航天三江、华中科技大学、武汉大学、武汉理工大学、武汉科技大学、武汉工业技术研究院等头部工业企业、高校、科研院所，加快构建产学研用的工业软件适配、测试、验证和中试平台，持续推动工业软件技术沉淀、成果转化。完善金融服务体系，鼓励各类基金、金融机构加大对工业软件企业的投融资支持，加强资本市场对接工业软件企业，支持在汉工业软件企业上市融资。加强载体平台建设，依托武汉未来科技城、武汉软件新城、光谷软件园、光谷智能制造产业园等重点园区，引培一批优势工业软件企业，集聚一批工业软件创新平台，打造一批工业软件重大项目，完善园区产业生态，加速工业软件产业集聚。加强复合型人才培养，推进在汉高校开展特色化示范性软件学院建设，协同推进建设一批产才融合基地。支持软件企业、工业制造业企业与高校、科研院所深度合作，开展针对性人才培养。支持行业协会、联盟、研究机构等第三方机构开展工业软件实训。加大知识产权保护，支持企业申请相关国际国内资质认证和专利，严厉打击盗版侵权，强化监管审查。加强工业软件产业品牌建设。积极主办工业软件全国性、行业性会议，谋划筹办以实际工业应用需求为牵引的工业软件创新大赛，吸引国内外大学生团队、企业创新团队参赛，加大武汉工业软件品牌宣传。

作者单位：武汉发展战略研究院
武汉市发展和改革委员会

学习大湾区，对标深圳
武汉需扎实推进区位枢纽和科教创新
两大优势的转化

袁云光

改革开放以来，中国大地上一批耀眼的城市在崛起，一批平庸的城市在失落。武汉有辉煌的发展历史，有深厚的城市底蕴，有远大的梦想追求，不甘于在耀眼与平庸间徘徊。在复兴大武汉的征程中，学习大湾区，找差距、补短板，扬优势、走新路，焕发出一股敢想敢干、勇攀高峰的狠劲和一种更加进取、追求卓越的斗志，是发展的需要，是时代的呼唤。

大湾区是全国开放程度最高、经济活力最强的区域之一。特别是深圳，作为改革开放的排头兵、先行地、试验区，创造了伟大奇迹，积累了宝贵经验。深圳得益于始终高举改革开放和创新驱动的大旗，将承担国家开放战略和创新驱动发展战略作为长期的主题，将以开放促改革促发展、以创新促转型促升级贯穿于深圳整个建设发展过程之中，将各种开放和创新政策在深圳长期叠加。以率先在深圳点燃的中国式现代化开放创新发展的文明火炬，来照亮武汉现代化国际化发展的天空，期望武汉在扎实推进交通区位和科教创新两大优势的转化上，大做文章，为梦想而奋斗，白云悠悠抬望眼，黄鹤飞翔展宏图。

一、始终坚持交通区位优势转化为枢纽发展优势，坚持国际化大都市建设战略目标不动摇

开放是深圳最大的优势。以开放为引领，深圳坚持建设现代化国际化创

新型城市，在全面深化改革、全面扩大开放上走在前列、勇当尖兵，不断强化全球资源的汇聚和配置能力；坚持实行“引进来”和“走出去”，积极利用国际国内两个市场、两种资源，积极吸引全球投资，实现了由进出口贸易为主到全方位高水平对外开放的历史性跨越；坚持持续打造国际一流营商环境，在全球高端要素配置中心、国际通行规则对接高地、跨境贸易对外开放枢纽等方面突显改革成效与示范价值。

深圳，构建全球高端要素配置中心。以一流的营商环境扩大对全球资源要素配置的吸引力和影响力，在全球高端要素流入聚集中加速自身创新发展，不断强化全球资源的汇聚和配置能力，已形成以数据信息、国际人才、科研创新等为核心的综合竞争优势。

深圳，打造国际通行规则对接高地。不断推进制度规则和产业政策与国际接轨，建立同国际投资和贸易通行规则相衔接的制度体系。推进与港澳规则衔接、机制对接，打造前海深港现代服务业合作区全面深化改革创新试验重要平台，不断构建国际合作和竞争新优势。

深圳，建设跨境贸易对外开放枢纽。深圳作为中国对外开放的“窗口”，不断提升营商环境国际化水平，《深圳市鼓励跨国公司设立总部企业办法》《深圳经济特区外商投资条例》及“深圳市利用外资奖励扶持计划”等政策措施陆续出台，为全球企业在深投资发展提供了制度保障。

深圳坚持特色化个性化的城市国际化目标定位，应是武汉在战略层面对标学习的核心内容。遵循湖北省党代会确定的关于武汉发展的定位要求，在将武汉都市圈打造成为引领湖北、支撑中部、辐射全国、融入世界的重要增长极的过程中，武汉要大力建设国家中心城市和国内国际双循环的枢纽，加快打造内陆开放新高地，加快国际化发展步伐，到2035年建设成为世界城市。持续推进国际化大都市建设，是武汉建设全国构建新发展格局先行区引领者的责任和需要。

从国际国内竞争格局看，武汉应树立建设国际化大都市的长远战略目标。建设国际化城市和世界城市愈来愈成为各国参与全球竞争、抢占全球发展至高点的战略举措。我国中心城市在国际化发展拼搏赶超的浪潮中，竞争亦趋向激烈。武汉作为湖北建设全国构建新发展格局先行区的引领者、先锋队、排头兵，作为国家中心城市和长江经济带核心城市，应勇于破局，善于谋划，敢于创新，将国际化大都市当作战略目标，成为中部地区广阔区域参与全球城市竞争的中坚力量。

从开放发展历史维度看，武汉曾经是、现在依然是全国重要的国际性城市。近代，开埠通商把武汉推到国际贸易前沿，洋务运动开启武汉近代工业化进程，依靠工贸双驱动，武汉成为全国重要的经济、贸易、金融中心，基本确立了国际性城市地位；孙中山在其《建国方略》中谋划武汉的发展，“必须定一规模，略如纽约、伦敦之大”，伟人的谋划，值得我们后继者去秉承与实施；新中国成立到改革开放前，国家战略倾斜延续了武汉重要中心城市地位，经济总量居全国第四位；改革开放至今，武汉中心城市开放地位经历“下滑—追赶—提升”的历程，进入新世纪，中部崛起、“两型社会”建设、自主创新示范三大战略机遇叠加，武汉城市地位快速回升，十八大开启了中国对外开放新阶段，武汉迎来高速发展期，实现了城市地位的蝶变，完成从“中部重要中心城市”到“中部地区中心城市”，再到“国家中心城市”的历史性跨越。充分说明武汉依然是我国重要的国际性城市。

从开放发展现状基础看，武汉国际化建设取得长足进步。在开放经济竞争力、枢纽通道链接力、开放平台支撑力、资源要素集聚力、国际交往影响力五个维度的比较中，武汉外贸外经稳步推进，已构筑良好的交通运输基础，已形成系统完整的平台体系，已汇聚一批创新型要素，国际交往中心建设初具成效。武汉经济社会稳步发展，之于区域辐射带动力，之于国家支撑服务力，之于全球竞争影响力，总体上处于上升趋势。武汉有基础、有条件、有能力、有信心加快城市国际化发展步伐。

从新形势新发展格局看，武汉迎来了一个时代性的大机遇。全球治理体系和国际秩序加速变革，世界发展新格局加速演变，国家构建国内国际双循环新发展格局加速推进。构建新发展格局这一新的国家战略谋划，注定将深刻影响武汉的历史走向，深刻影响武汉的战略地位。这是一个新时代的大趋势，对于武汉，就是一个时代性的大机遇。郭元强书记认为：构建新发展格局，对武汉是一次系统性、重塑性的战略机遇。有利于武汉充分发挥区位交通、市场中心和腹地广阔的独特优势，转化为枢纽发展优势，打造辐射全球的新枢纽；有利于武汉充分发挥产业基础雄厚和科教资源丰富的比较优势，转化为创新发展优势，打造自主创新的新产业；有利于武汉充分发挥历史文化资源和水资源禀赋优势，转化为特色发展优势，打造国际交流合作新门户；有利于武汉充分发挥国家战略聚焦的时代优势，转化为跨越发展优势，打造高水平开放、高质量发展的内陆“新沿海”，成为连接全球的新高地。

建议在下一步武汉加快推进国际化大都市建设进程中：

一是要立足城市之根，强大城市之魂。立足武汉历史之名城，长江之腰椎，中国之心脏，科教之重地，新发展格局之新增长极等武汉城市底蕴。必须把武汉发展放在国际大环境、全国大格局中思考和谋划，突破传统视角，拓展全球视野，增强城市自信，树立城市历史自觉和历史使命。重塑城市发展的精气神，重塑城市发展的战略核心功能。长期坚持高水平开放与国际化大都市建设这一核心战略。分为立足自身打基础、发挥优势强功能、加速发展提能级三个阶段来推进。

二是切实瞄准武汉国际化建设中的短板和弱项，切切实实解决思想观念破冰的束缚、体制机制创新的障碍、产业结构调整的缺陷和开放平台能级偏弱等深层次问题。大力提升开放水平和辐射能力，大力拓展国际通达能力，强化开放平台支撑功能，大力吸引高端要素集聚、大力增强国际影响力。推进更高水平的创新，更高质量的供给，更高效能的集散，更高品质的市场建设，更好地利用国内国际两个市场、两种资源。

三是立足国内国际双循环，着力在内循环中占据有利地位，在外循环中找到有效突破，积极探索促进武汉国际化发展建设的创新举措。固基础、扬优势，补短板、强弱项，以新枢纽、新产业、新平台、新要素、新政策、新环境等“六新”促开放，以开放促发展。着力打造新枢纽，突出交通区位优势，实现联通全国、通达世界；着力发展新产业，坚持科技自立自强，建设国际化创新之城；着力吸引新要素，加快发展要素市场，集聚配置全球高端资源；着力强化新平台，完善开放平台功能，打造开放发展新高地；着力完善新政策，坚持制度型开放引领，打造世界一流营商环境；着力优化新环境，完善各类服务和设施，树立国际化城市形象，建设更具魅力更有风范的国际化大武汉。

二、始终坚持科教研发优势转化为创新发展优势，坚持国家综合性科技创新中心建设战略目标不动摇

创新是深圳最大的动力。深圳是创新发展的先行者，以创新为引领，大湾区，特别是深圳，成为全球创新驱动发展的排头兵。深圳坚持发展第一要务、人才第一资源、创新第一动力，积极推动质量变革、效率变革、动力变革，加快向高质量发展转变，实现了从要素驱动向创新驱动的成功转换。深圳坚持市场化改革方向，持续在体制机制改革创新上下功夫，建立政府、市场、社会三方良性互动的创新生态体系，让市场能充分发挥决定性作用、政府能营造一流的服务支撑、社会能充分自治。

深圳创新发展的成功经验在方方面面，主要包括：

一是坚持市场在创新资源配置中的决定性作用。在深圳，创新都是以市场需求为导向。市场化取向是深圳创新改革的永恒信条。创新发展的实践探索证明，从科研机构方向寻找科技成果产业化的出路十分困难，必须以产业和市场需求为核心。深圳在劳动、知识、技术、资本等领域率先破冰，逐渐建立起比较完善的社会主义市场经济体制和运行机制。深圳是中国第一个把创新从纯科研的活动转变成为经济活动的城市，使得创新投入产出的效率得到了极大改善。有效解决了科技成果转化难的大难题。

二是充分发挥企业创新的主体作用。在深圳，创新都是以企业为主体。深圳的创新突出围绕产业链布局创新链，突出企业创新主体地位，着力打造以企业为主体、市场主导、产学研一体的创新生态体系。深圳 90% 的创新型企业为本土企业、90% 的研发人员在企业、90% 的研发投入源自企业、90% 的专利产生于企业、90% 的研发机构建在企业、90% 以上的重大科技项目由龙头企业承担，涌现出代表中国企业参与国际竞争的华为、腾讯、比亚迪、大疆、研祥等世界级企业，以及为大企业配套服务的中小创新型企业群。杰出的企业家群体，在深圳可谓是一浪接一浪，前浪依然向前，后浪滚滚而来。

三是实施市场化人才体制机制改革。在深圳，人才是核心，所有资源都围着人才转。深圳放权给用人主体，推进“去编制化管理”改革，在事业单位开展全面下放岗位设置、人员招聘、职称评审、薪酬分配等自主权试点，在专业性较强的党政机关、国有企事业单位开展高端特聘岗位试点等。推动事业单位和企业人才双向流动，打破人才流动壁垒。授权一批新型研发机构自主评定本领域高层次人才，有效激发人才活力和创造力。

四是运用市场化方式配置政府资源。在深圳，特别注重以市场主体去服务市场主体。通过搭建政府资源运营的市场化平台，有效整合政府资源与市场需求，做市场不愿干、干不好的事，提高政府资源使用的高效性和针对性。

比如把最好的土地空间交给国有投资运营公司深投控运营，成功打造“深圳湾”品牌系列创新园区。又如在配置财政资金方面，由政府投资引导基金出资设立规模100亿元的天使投资引导基金，引导社会资本联合支持战略性新兴产业、未来产业初创企业发展；再如在配置人才资源方面，设立国资市场化运营平台公司——深圳人才集团和千里马国际猎头有限公司，通过市场化引才和全周期人才服务，将人才真正落地转化为生产力。

五是营造最宽容政务环境服务创新。在深圳，有为政府与有效市场完美结合。坚持尊重市场规律、顺应市场趋势、强化市场力量，以创新为核心战略目标，建立高效包容、放权彻底的服务型政府。一方面，在简政放权中真正做到“四放”——放松管制、放开市场、放活主体、放宽政策，政府职能集中在执法监管领域；另一方面，虽看似“小政府大社会”，但政府无处不在，优化服务于无形。深圳企业对政府服务的共同评价是“不需要政府的时候，感受不到它的存在，需要政府的时候，它就在我们身边”。“隐身政府”吸引了一大批创新型企业落户深圳。

六是成功探索出科教与产业协同创新新模式。在深圳，虚拟大学园成为推动“逆向”科技成果转化、聚集全球高端创新要素的成功典范。深圳虚拟大学园作为我国第一个创新型产学研结合示范基地，已经汇聚了68所世界知名高校，形成了高质量创新型研究集群。虚拟大学园改变了传统科研机构实行以实验室为起点、将科技成果逐步推向市场的“正向”科研模式。实践证明，该模式导致了科技与经济“两张皮”现象。深圳虚拟大学园开辟了以市场需求为起点的自下而上的“逆向”产学研创新路径，促进了一大批新型研发机构的集群式崛起，这些新型研发机构采用全新的运行机制、管理机制、激励机制和用人机制，高效推动了科技成果转化，为深圳从“科技沙漠”到“创新绿洲”的蝶变贡献了重要力量。

七是构建起全生命周期科技金融服务体系。在深圳，科技金融服务体系对促进创新创业和科研成果转化发挥了重要作用。深圳科技金融对产业创新的支撑力不断提升，多项重点指标均走在全国前列，金融服务科技产业水平全国领先，创投市场规模和影响力全国领先。深圳通过“投、贷、保”多管齐下，打通企业融资“最先一公里”，助力企业跨越“死亡之谷”。深圳积极发展股权投资市场，为各类市场创新主体做大做强提供了源源不断的“活水”，助力科技企业跨越大规模产业化的“达尔文之海”。深圳以各类新型研发机构金融平台为补充，搭建科技企业全要素孵化体系，各类“四不像”新型研发机构、科技源头单位、孵化转化机构等，凭借“楼上创新，楼下创业”“沿途下蛋”等零距离服务优势，发挥出了独特的金融桥梁作用。

八是坚持社会力量自治促进创新共建共享。在深圳，支撑创新发展的社会组织发展迅猛、作用显著。深圳民营经济活跃，中小企业众多，产业集聚度高，行业协会、商会等市场社会组织源于市场需求而生，伴随深圳的改革发展而自发成长、快速壮大，在推动深圳高质量发展转型、动力转换过程中发挥着独特而显著的作用。深圳每万人拥有9.6个社会组织，高于北上广。社会组织充分自治，从业人员年轻化、素质高、专业能力强，确保“接得住、管得好”政府转移职能，有效服务企业与产业需求，提升产业整体竞争力。

当前，武汉处于要素驱动向创新驱动转型关键阶段，尚未完全进入创新驱动发展阶段。总的来看，还存在创新驱动转型不够坚定、思想不够解放，一些部门和单位重视程度和工作力度与总体战略要求有差距，一些具体政策制定与执行存在偏差和不足；政府依然存在一些越位、错位、缺位现象，有时习惯于冲在创新活动最前沿，指挥配置创新要素资源，主导具体创新创业项目，干了一些本该由市场和企业主导的事情；企业创新主体作用不突出，创新链与产业链脱节，科研成果没有以企业需求、产业需求为导向，科研成果真正能实现产业化的不多，形成了长期困扰我们的科技成果转化率低、本地利用率低的问题；市场化引人用人机制不成熟，武汉在通过市场配置人才资源、调动人才积极性方面仍有障碍，科学界与产业界的世界级创新创业领军人才缺乏；最好的土地空间没有留给创新，武汉中心城区核心地块规划建设的基本上都是商务区和住宅区，没有切实把“三个第一”思想要求落实在空间政策上，产业发展创新动能不足，升级缓慢；服务于创新发展的社会组织不发达，从业人员综合素质、专业化程度、市场服务能力较弱，承接政府职能转移的能力不强。

创新决定城市未来。只有坚持创新，才能立于不败之地。深圳创新发展的高度和成就，成功的基因和路径，转型的经验和模式，是促进武汉构建新发展格局先行区、重构城市创新体系的妙药良方。武汉正处于高质量发展动能转换、模式升级的关键期。应以深圳为标杆，深化政府、市场、社会协同创新体制机制改革，以更大决心和智慧实施创新驱动发展战略；建立完善以企业为主体、市场为导向、产学研深度融合的技术创新体系，培育一批组织化、专业化、市场化的科技服务机构，加快推动科技创新成果转化为现实生产力；加快转变观念，打造市场化、法治化、国际化的营商环境，让市场真正发挥在资源配置中的决定性作用，更好地发挥政府作用，集聚全球创新要素，提高要素配置国际化水平，激发创新活力；要瞄准世界科技前沿，加强科技创新前瞻布局，聚焦关键领域，集合精锐力量，尽早取得重大突破，在增强创新策源能力上下功夫，使创新成为高质量发展的强大动能；舍得把最好的城市空间资源用于创新发展，把最高的礼遇给最优秀的人才，大力集聚创新人才、创新资本、创新企业，让武汉成为全球知名的创新乐园、创业家园。

作者单位：武汉发展战略研究院

武汉推动总部经济高能级发展研究

程旭沛　胡爽平　伍　玥　刘艺璇

总部经济资源配置能力强、产业集聚效应凸显、经济效应突出，发展总部经济已成为培育经济新增长点、辐射带动区域协调发展、提升城市整体竞争力的重要途径。面对日益激烈的竞争环境，武汉应对标先进城市，加快总部资源集聚，推动总部经济向高能级发展。

一、总部经济已成为城市提升核心竞争力的重要发力方向，城市间竞争日趋激烈

总部经济作为一种新的经济形态，是推动城市经济转型升级的重要力量，越来越多的城市将总部经济发展提升到了战略层面，各城市政策竞争态势明显。深圳密集出台了关于推动总部经济、跨国总部、金融总部、贸易型总部发展的文件，政策“供给”与时俱进，并提出2030年要成为“全球一流的总部集聚地”。上海出台鼓励民营企业总部、创新型企业总部发展的专项政策，提出要“发展具有全球影响力和控制力的总部型经济”，鼓励更多跨国公司在沪设立总部型企业。杭州推出22条总部经济新政，旨在吸引高技术、大体量且具有较高附加值的企业，目标是打造“全国总部经济引领发展样板城市”，成为具有鲜明杭州特色的全国一流总部经济中心。此外，重庆、宁波、济南、昆明、厦门、青岛、西安、长沙等20多个城市纷纷出台总部经济实施方案和细则，城市间总部资源“争夺之战”愈演愈烈。

表 1　近年来部分城市推动总部经济发展的相关文件

城市	时间	政策文件	近期目标
深圳	2023年5月	《深圳市推动总部经济高质量发展的实施意见》	到2025年，总部经济政策支持和服务管理体系更加完善，总部企业数量稳步增加、总部功能更为多元。到2030年，总部高端要素集聚能力、运筹能力、辐射能力显著跃升，成为全球一流的总部集聚地
	2023年4月	《深圳市鼓励跨国公司设立总部企业办法（修订版）》	
	2023年2月	《关于支持贸易型总部企业发展的实施意见》	
	2022年8月	《深圳市鼓励跨国公司设立总部企业办法的实施细则》	
	2022年4月	《深圳市支持金融企业发展的若干措施》	
	2022年2月	《深圳市商务局关于支持贸易型总部企业发展的实施意见（试行）》	
上海	2023年3月	《上海市创新型企业总部认定和奖励管理办法》	发展具有全球影响力和控制力的总部型经济
	2022 年11月	《上海市鼓励跨国公司设立地区总部的规定》	
	2019年4月	《上海市鼓励设立民营企业总部的若干意见》	
杭州	2023年2月	《关于推动杭州总部经济高质量发展的实施意见》	到2027年，成为具有鲜明杭州特色的全国一流总部经济中心
重庆	2022年	《重庆市建设高质量外资集聚地三年行动计划（2022—2024 年）》	要打造“高能级外资总部经济”
厦门	2021年1月	《关于加快总部经济高质量发展的意见》	要成为国际知名、海丝沿线和东南沿海领先的总部经济核心区
苏州	2022年3月	《苏州支持总部企业发展实施办法》	打造长三角地区乃至全国知名外资总部经济特色集聚区
	2021年12月	《关于鼓励跨国公司在苏州设立地区总部和功能性机构的若干政策措施（试行）》	
	2021年6月	《关于推进苏州金融业高质量发展的若干措施》	
西安	2022年10月	《西咸新区支持总部经济发展优惠政策》	陕西西咸新区持续发力打造“总部经济带”
	2020年12月	《西安市支持总部企业发展若干政策（修订版）》	
长沙	2020年2月	《关于支持总部经济发展的若干意见》	
青岛	2020年7月	《青岛市鼓励总部企业发展若干政策》《青岛市鼓励总部企业若干政策实施细则》《青岛市总部企业认定管理办法》	
宁波	2019—2022年	《宁波市深化改革推进总部经济高质量发展的实施方案》《宁波市鼓励和引导总部经济发展实施细则》	
济南	2022年9月	《济南市加快总部经济发展的若干措施》	
昆明	2022年11月	《昆明市加快总部经济发展的政策措施》	

当前，总部经济的发展呈现以下发展趋势。

一是各城市更加重视差异化强链补链发展。随着总部经济加速分层分类、泛化发展，差异化竞争已成为各地发展总部经济的共识。比如上海吸引跨国企业总部，重庆吸引大型企业的中西部分支，杭州侧重数字经济企业总部，深圳招引粤港澳大湾区的龙头企业。各城市明确认定总部企业时应符合当地产业发展导向，聚焦区域的特色产业集群，强调强链补链，并基于自身资源优势，围绕一个或几个产业方向进行总部经济的规划、招引和建设，形成“产业集群—产业链—总部企业”的总部经济发展闭环，比如杭州重点引进智能物联、生物医药、高端装备、新材料和绿色能源等领域的总部企业。

二是总部经济创新融合发展步伐加快。总部经济正加速与平台经济、数字经济、服务经济等深度融合。从全国范围来看，平台型总部经济呈现爆发式发展态势，平台企业积极发挥渠道和资源优势，推动协同创新，投资孵化面向个人消费、企业服务、先进制造等不同领域的新总部企业，培育出一批以“独角兽”“潜在独角兽”“哪吒”企业等为代表的新经济总部企业。根据长城战略咨询的追踪研究，腾讯、阿里巴巴、小米、百度、京东等平台企业五年合计投资孵化的独角兽数量大概共计 200 多家，催生出数字医疗、短视频等新赛道。随着新领域新赛道不断细分，各类新经济总部企业成为区域总部经济培育重点，各城市纷纷出台相关政策，鼓励独角兽企业将总部设在本地。

三是跨国公司地区总部加快调整。跨国公司总部和地区总部仍是总部经济发展的主体力量，并呈现逐步优化调整的态势。组织形态从以单一管理总部为主向多中心、多类型总部布局转变，跨国公司总部组织形态采取“1+N”模式，即按国家设立地区总部，进而在一个国家内设立多个中心或分支机构，地区总部的形式日趋多元化。产业结构从以传统产业总部为主加速向新兴产业总部转变，金融、商业贸易、资源型产业类总部经济依然占据主导地位，但以信息通信技术、人工智能、大数据等为代表的创新型总部经济不断涌现。企业主体从以发达国家跨国公司为主向新兴经济体跨国经营企业增加转变，新兴市场经济体展开全球性的资本输出，大企业以总部经济模式“走出去”，在国外设立地区总部、智能总部以及分支机构。空间布局从以城市核心区高度集聚为主向近郊多点聚集转变，尤其是高科技产业总部和金融、文化等高端服务业总部，选址逐渐突破空间限制，降低对城市核心区的依赖，选择向建设密度低、环境优美宜居的城市近郊布局。上海、深圳、苏州、重庆等城市已专门出台支持跨国公司总部设立的管理办法，及时应对了跨国公司发展的新变化，力争抢占全球优质总部资源。

二、武汉总部经济不断壮大，但实现高能级发展仍面临诸多问题

近年来，武汉总部经济快速发展，但综合发展能力长期处于全国第二梯队[①]，与先进地区差距明显、与武汉自身城市定位和产业发展需求不匹配。

（一）武汉总部经济发展态势良好，但规模能级相对较低

目前，武汉经市级认定总部企业共91家。此外，还有金融总部企业32家，驻汉境外机构27家。总的来说，武汉在国家发展战略中承担着重要角色，具有发展总部经济得天独厚的优势，总部经济发展态势良好。

但无论是从总部企业数量还是实力来看，武汉与北京、上海、深圳、广州等一线城市均存在较大差距，与杭州、成都、南京等同类型城市相比也不具备优势。一是总部企业的数量还较少。目前市级共认定91家总部企业，而北京、上海等一线城市总部企业均超千家，北京更是超4000家，与广州、深圳、杭州、南京等同类型城市相比，武汉在数量上也差距明显。（见表2）二是总部企业的实力较弱。从2023年《财富》企业榜来看，武汉仅1家世界500强企业和4家中国500强企业上榜，在一线城市和同类城市比较中处于落后水平（见图1）。三是总部企业的市场活力不强。2022年武汉A股上市企业（76家）总市值偏小，在全国城市中排名第二十四位，企业数量只有北京（460家）的1/6，深圳（405家）、上海（418家）的1/5左右，也落后于杭州、南京、宁波、天津、青岛等东部城市和成都、西安、长沙、重庆、合肥等中西部城市。（见图2）

表2　部分城市市级认定总部企业数量情况

城市	北京	上海	深圳	南京	济南	宁波	青岛	广州	杭州	武汉
总部企业（家）	>4000	民营总部388家、贸易型总部233家	335	288	227	418	462	580	470	91

① 根据北京社科院中国总部经济研究中心发布的全国35个主要城市总部经济能力排行榜和分析报告来看，武汉总部经济综合发展能力长期徘徊在第十名左右，处于全国第二梯队。

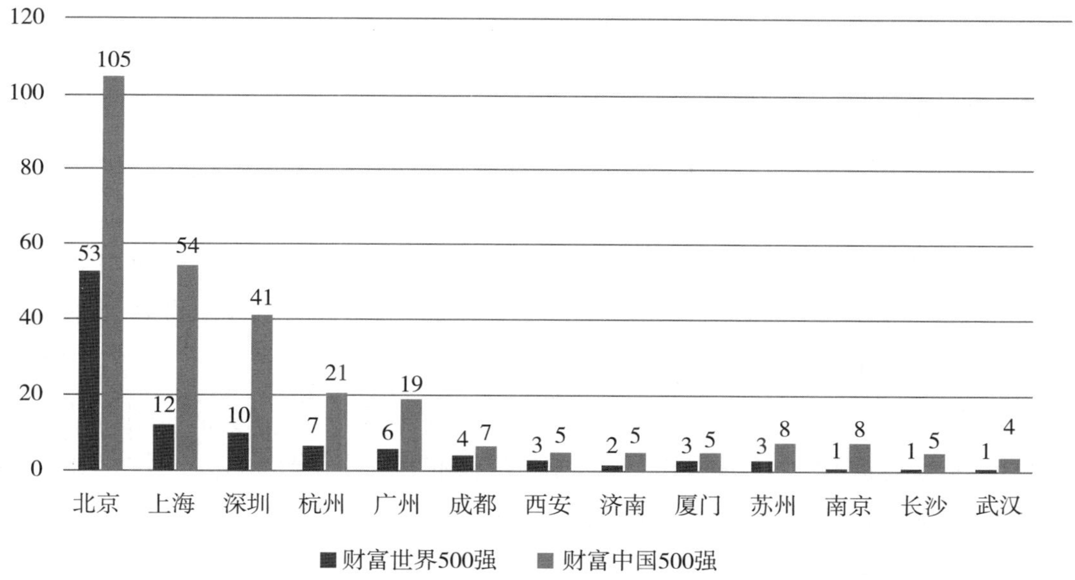

图 1　2023 年《财富》500 强企业分布情况（单位：家）

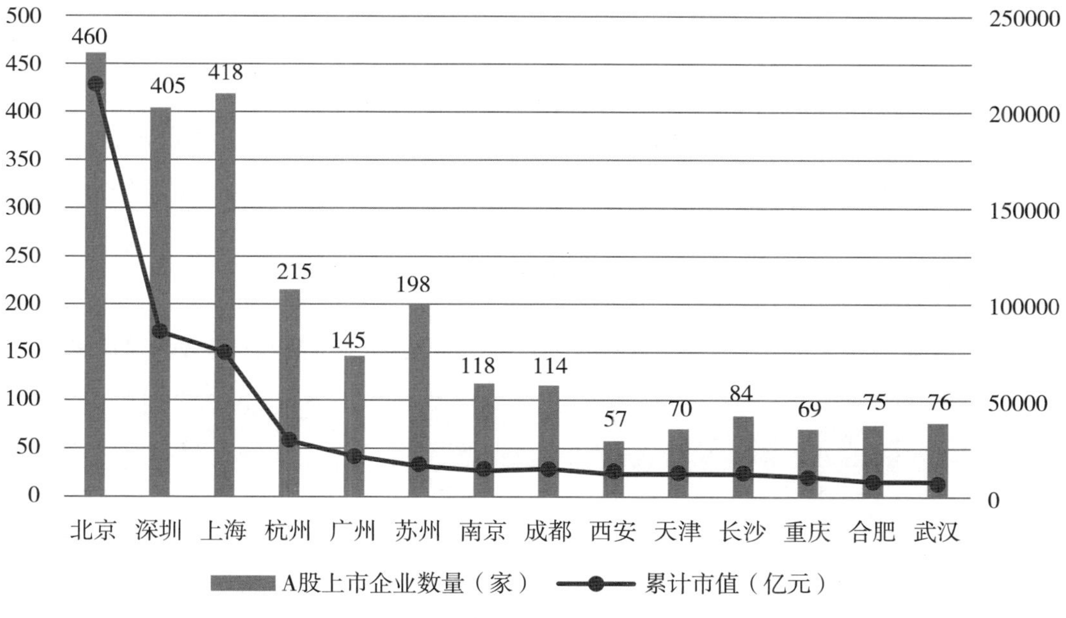

图 2　2022 年部分城市 A 股上市企业情况图

（二）武汉总部企业行业分布较为均衡，但总部产业结构亟需优化

从行业结构看，在已认定的 91 家总部企业中，服务业、制造业、建筑业企业数量占比分别为 63.74%、30.77%、5.49%，企业营业收入占比分别为

49.98%、28.05%、21.97%。服务业企业占主导，建筑业总部数量少，但创造的营业收入较高。从所有制类型看，武汉总部企业主体为国有企业，经认定总部企业中国有企业 52 家，占比为 57%。

武汉总部经济虽已形成一定规模，但产业结构须进一步优化。一是高新技术企业及新兴产业领域总部企业占比较少。已认定总部企业的营业收入占比从高到低依次为批发零售业、建筑业、传统制造业、专业技术服务业、光电子信息、投资与管理、生物医药、商务服务、物流业、专用设备制造业以及软件与信息服务业（见表 3），行业分布情况基本符合“965”现代产业体系发展方向，但产业链布局还不完整，主要集中在传统服务业和制造业优势领域，缺乏类似华为、阿里巴巴、腾讯等具有世界影响力的高新技术领域总部企业，对于抢抓新一轮科技革命与产业变革机遇，加快数字经济和未来产业（如人工智能、大数据云计算、量子信息、氢能与储能等）发展存在不利影响。二是民营和外资企业实力较弱。目前，武汉民营企业总部只有 32 家（占比 35%），且整体实力不强。全国工商联于 2023 年发布的中国民营企业 500 强中，武汉仅有 7 家企业入围（见图 3），且入围企业均处于传统产业：卓尔控股是物业交易平台提供商，九州通、恒信汽车、武汉联杰能源为批发零售业，新七建设、新八建设、新十建设均为建筑业。缺乏从事高新技术和新兴产业领域的民营企业。此外，外资总部引培工作也亟待加强，目前武汉外资总部企业占比仅 7.7%。总部企业中民营企业占比太少，一定程度上影响了适应市场变化的灵活度和活跃度。

表 3　2022 年武汉总部企业（已认定）细分行业企业数量和营业收入情况表

行业	细分领域	总部数量（家）	总部数量占比（%）	企业营业收入（亿元）	营业收入占比（%）
服务业	批发零售业	18	19.78	3656.94	28.17
	专业技术服务业	21	23.08	1399.40	10.79
	投资与资产管理	6	6.59	678.92	5.23
	商务服务业	3	3.30	373.3	2.88
	交通运输业	4	4.40	240.09	1.85
	软件与信息服务业	6	6.59	138.25	1.07
制造业	专用设备制造业	3	3.30	219.72	1.69
	生物医药	5	5.49	458.54	3.53
	光电子信息	9	9.89	802.93	6.19

（续表）

行业	细分领域	总部数量（家）	总部数量占比（%）	企业营业收入（亿元）	营业收入占比（%）
制造业	其他制造业	11	12.09	2159.73	16.64
建筑业	建筑业	5	5.49	2851.57	21.97

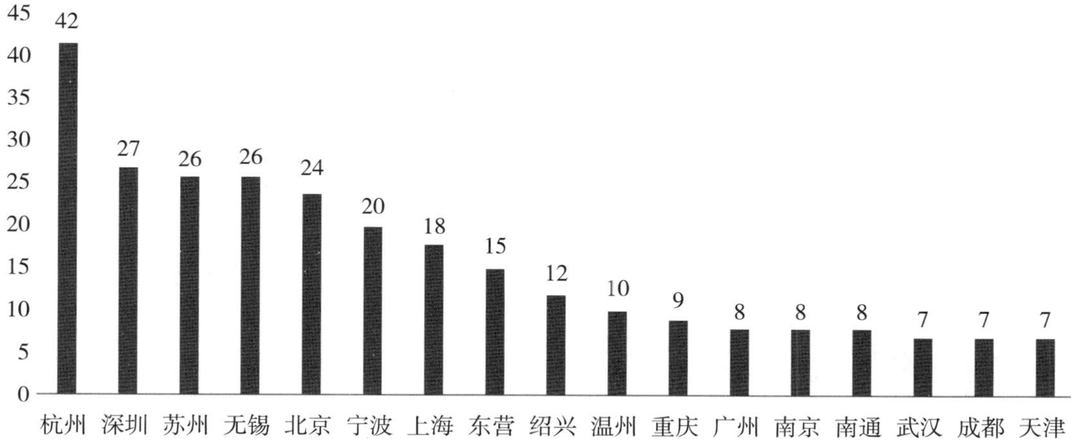

图 3　2023 年主要城市民营 500 强企业数量（单位：家）

（三）武汉总部企业在功能区和中心城区集中，但总部经济集聚效应仍不强

总部经济代表了先进生产力的落户，可使所在地的各种经济资源得以迅速激活，加快区域产业结构优化升级和产业集聚。目前，武汉的总部企业主要分布在功能区和中心城区，其中东湖高新区、武昌区在数量上占比分别为 29.67%、16.48%，其他区的总部企业占比均不到 10%；汉阳区、东湖高新区、洪山区、硚口区、临空港开发区总部企业营业收入占比均在 10% 以上（见表 4）。此外，在东湖高新区，移动互联网、云计算、大数据等互联网应用服务产业集群正在集聚。建设大道聚集了 27 家金融业区域性总部，正蓬勃生长成为中部地区重要的高端金融产业带。

武汉总部企业正在不断集聚，但尚未形成具有一定影响力的总部经济集聚区，总部经济的集聚效应没有得到有效发挥。一是集聚总体水平仍不高。2022 年、2023 年中国楼宇（总部经济）标杆城区 30 强排名中，武汉均没有城区入选（见表 5）。二是总部集聚辐射效应没有发挥。当前武汉集聚总部企业主要依靠中心城区的楼宇经济以及开发区的产业园区，除东湖高新区集聚了一批高新企业总部企业，武昌华中金融城集聚了一批现代服务业的总部企业，以及江汉金融街金融集聚区和江岸的长江左岸创意设计城集聚区集聚了一批总部企业，其他区的总部企业分布相对分散，辐射效应和牵引作用未能充分发挥，产业集聚效应不强。

表 4　武汉市总部企业（已认定）地区分布情况表

行政区	总部企业数量（家）			合计	数量占比（%）	营业收入占比（%）
	2019年	2020年	2022年			
江岸区	0	2	1	3	3.30	1.11
江汉区	1	2	4	7	7.69	4.06
硚口区	3	0	3	6	6.59	12.25
汉阳区	3	2	0	5	5.49	22.29
武昌区	4	5	6	15	16.48	7.22
青山区（武汉化工区）	1	0	3	4	4.40	4.05
洪山区	3	0	4	7	7.69	12.47
蔡甸区	0	0	0	0	0.00	0.00
江夏区	1	0	0	1	1.10	1.27
黄陂区	0	1	0	1	1.10	0.11
新洲区	0	0	0	0	0.00	0.00
武汉经开区（汉南区）	0	2	5	7	7.69	8.84
东湖高新区	11	5	11	27	29.67	15.23
临空港开发区（东西湖区）	6	0	2	8	8.79	11.09
合计	33	19	39	91	100	100

表 5　2023 中国楼宇（总部经济）标杆城区 30 强

城市	城区	排名	城市	城区	排名	城市	城区	排名
上海	上海市浦东新区	一	北京	北京市朝阳区	三	深圳	深圳市福田区	二
	上海市黄浦区	六		北京市东城区	五	苏州	苏州工业园区	十三
广州	广州市天河区	四	沈阳	沈阳市和平区	二十六	青岛	青岛市崂山区	二十一
	广州市海珠区	十一		沈阳市沈河区	二十九		青岛市市南区	二十三
杭州	杭州市上城区	七	天津	天津市和平区	二十五	重庆	重庆市渝中区	十四
福州	福州市鼓楼区	八	济南	济南市历下区	十八	成都	成都市青羊区	十五
珠海	珠海市香洲区	二十	郑州	郑州市金水区	十	合肥	合肥市包河区	十六
大连	大连市中山区	二十七	厦门	厦门市思明区	十二	长沙	长沙市开福区	十九
贵阳	贵阳市南明区	三十	太原	太原市小店区	十七	西安	西安市碑林区	二十二
石家庄	石家庄市桥西区	二十八	南京	南京市鼓楼区	九		西安市未央区	二十四

（四）武汉发展总部经济相关工作正稳步推进，但整体支撑体系有待加快优化

总部经济发展模式主要有两种，一种是市场自发集聚，政府再参与规划；另一种是政府先行规划建设，通过招商吸引总部企业集聚。无论哪种模式，地方政府的参与都极其重要。武汉市于2009年、2016年、2019年分别出台过关于支持总部企业发展的相关政策文件。2021年市政府出台《武汉市加快推进总部经济高质量发展的政策措施》，对认定条件、政策支持进一步优化。为支持总部企业做大做强，截至目前，全市已展开三轮总部企业认定工作，累计兑现奖励资金3.4亿元。

面对日益激烈的竞争环境，武汉在政策体系、工作措施等方面还有待优化。一是市级统筹还须加强。全市虽印发了支持总部经济发展的政策文件，但对于总部经济的产业布局、结构布局还须进一步优化。在招引总部资源时，各区各自为战，拼资金、拼政策、降门槛，存在同质化和低层次竞争，难以实现全市层面的资源整合和合理布局。二是支持政策还有待调整细化。比如，武汉认定条件比其他城市较高，认定标准和认定类型较单一，认定工作主要依据财政贡献标准分农业、制造业、服务业、建筑业而展开，而苏州、上海、南京、昆明、宁波等城市都明确支持不同类型总部发展，如上海对创新型企业总部、民营企业总部制定了专门的支持政策，南京分综合型、区域型、功能型、成长型总部设定了不同要求，宁波分企业类、机构类、事业类、新兴类总部明确了认定标准和支持政策。三是配套服务针对性不强。政策支持多集中于认定奖励、优惠的土地和财政政策等传统举措，缺乏相对市场化和差异化的配套服务，对总部企业经营发展的引导性不强，难以适应企业总部的多元化和个性化需求。

三、把握武汉总部经济发展方向，加快推动总部经济高能级发展的对策建议

加快总部经济发展，需要对总部经济的相关资源进行整合，更多地从总部经济的战略定位、城市功能提升、营商环境改善、制度环境塑造等方面为总部企业发展提供更好的制度基础和发展环境。

（一）强化总部经济统筹机制，形成高位推进的强大合力

一是强化市级组织领导。以全市“一盘棋”思路指导总部经济工作，构

建总部经济统筹推进体系，成立由市委、市政府主要领导任组长的，相关市直部门和各区为成员单位的总部经济领导小组，高位推进全市总部经济培育引进、科学布局等各项工作。

二是实施“一把手工程”。建立健全“一把手工程”，强化一把手负责制，各区、各部门主要负责人负总责，分管负责人具体负责，加强协调、凝聚合力，开展专题研究，强化规划引导，整合优势资源，加强主体培育，系统推进总部经济发展。

三是建立服务协调机制。建议由市发展改革委牵头，联合市场监管、税务、房管、招商、规划等部门，围绕协调服务、规划建设、招商工作、载体建设、环境改造和重大活动等关键环节，形成多部门、多层次总部经济服务体系。指导各区在实际引入企业总部过程中做好统筹安排，形成优势互补、互相促进的错位发展模式。

（二）聚焦产业发展，实施总部经济强链补链行动

在总部企业加快分层分类、泛化发展趋势下，武汉应聚焦特色产业集群，挖掘“产业个性”，注重强链补链，形成“产业集群—产业链—总部企业”的“总部经济”发展闭环。围绕“965”现代化产业体系，聚焦16大产业链，根据不同产业发展特点，分类推进培育工作。

一是实施综合型总部培育专项行动。聚焦高端装备制造、大健康和生物技术、汽车制造和服务、智能建造、商贸物流等产业链上的企业，积极培育壮大，成为武汉总部经济发展主力军。

二是实施成长型总部培育专项行动。聚焦软件和网络安全、“光芯屏端网”新一代信息技术、数字创意、绿色环保、现代金融、文化旅游等产业链上的企业，选择“瞪羚”企业、“独角兽”培育入库企业等成长性良好、发展潜力足的企业，加大培育力度，为武汉总部经济做大做强积蓄后劲。

三是实施科技型总部培育专项行动。聚焦量子科技、深地深海深空、超级计算和人工智能、电磁能、航空航天和空天信息等产业链，探索建立科技总部企业库，助推本土科技企业发展，以涌现出更多本土总部企业。

（三）强化发展内功，增强总部经济发展硬实力

一是集聚中国本土总部。顺应中国本土企业国际化需求，大力吸引中国本土跨国公司（央企、国企和民企）的总部或区域总部，使不同结构类型的

内资总部入驻武汉，带动上下游产业集聚发展，畅通产业链循环、提升产业链水平，激活产业链各环节多种附加值，培育建设全球产业链、供应链的重要枢纽。

二是集聚高能级外资总部。顺应跨国公司地区总部升级和新变化，重点吸引世界500强企业地区总部和大型外资企业集团总部，特别是服务领域的外资跨国公司总部、功能性机构、国际非政府组织等落户武汉，鼓励跨国公司在武汉设立研发中心、采购中心等功能型总部机构，抢占外资总部经济发展制高点。

三是培养本地企业。培育以本地企业为核心的“总部经济”是城市做大做强的关键。花心思、下气力去打造、经营本地企业、中小企业。支持中小微企业做大，本地企业做强。

（四）补齐政策短板，切实有效提供支持服务

一是优化认定标准。借鉴先进城市关于总部企业认定条件、认定类型的做法，适当放宽认定标准，比如降低分支机构数量要求，分情况增加财政贡献、营业收入、注册资本等条件的认定门槛，增加如综合型、功能型、创新型等不同结构类型的总部认定，通过政策支持和引导，让更多符合条件的企业能够享受总部企业优惠政策。

二是加强政策要素支持。及时关注国内总部经济发达地区尤其是周边城市的发展态势，坚持“人无我有、人有我优”的导向，及时调优本地支持政策，如在财政补助、税收优惠、项目用地审批、政务服务等方面采取措施，细化完善用地支持、创新发展、金融服务、人才奖励、工作和居留许可、子女教育、贸易通关等方面政策，并提供通畅的政策咨询渠道、透明的政策指导和解读、持续稳定的政策支持。

三是提升政策精细化水平。可借鉴深圳做法，实施“一区一策”“一链一策”“一企一策”，大力创新服务方式，实现政府服务企业的“零距离”。积极创新招商引资服务模式，加强对企业总部的信息搜集和研究分析，打造良好的招商服务环境，提高引进成功率。编制便利化服务清单，为总部企业提供预约制、定制化、集成化服务，营造总部经济发展更优综合环境。

四是建立动态监测机制。针对武汉总部经济相关数据缺乏的问题，建议切实发挥市总部经济发展领导小组作用，加强总部企业摸底排查，完善市级

总部企业数据库，制定总部企业名录，建立信息动态报送机制，为市委市政府决策提供依据。

（五）加快平台建设，拓展集聚发展空间

一是大力培育总部经济集聚区。武汉是制造业、商贸大市，总部经济发展要立足产业基础和地缘优势，建议积极培育和引进相关产业的决策、管理、研发、营销、采购等总部集聚发展，建设多功能、高能级总部企业集群，提升总部企业品牌影响力和资源配置力。

二是加快打造总部企业基地。充分利用各区特色资源。由国有平台公司主导，建设一些类似佛山美的、深圳华为、杭州阿里巴巴等具有特色的总部企业基地和楼宇，打造具有行业特色的总部企业基地。

三是做优产业园区平台。引进培育更多头部企业，打造产业园区发展平台，当好“店小二”，做好“小房东”，有效疏通堵点、痛点、难点，精准提供更好的服务，让产业园区为市场主体提供实实在在的获得感，让企业能安心、顺心、舒心在汉发展。

（六）提升服务水平，营造良好的发展环境

一是专门成立总部经济服务社等社会组织。建议积极搭建服务平台，成立总部经济服务社等相关的专门组织或协会，专人专职负责，促进总部机构与所在地相关企业的交流与合作，将企业的资源和服务需求情况及时进行有机整合，实现资源共享、企业联盟，并对总部机构与本土企业的合作给予支持。

二是加快培养总部经济生态系统。总部经济对会计、财务管理、咨询、融资、中介组织等商务服务有较大的需求。建议针对这些需求采取相应的措施，加快产业经济配套，营造富有活力、具有可持续发展能力的总部经济生态系统。

三是营造良好发展氛围。积极营造“总部文化”，有计划、有重点地宣传总部经济对全市经济发展的提升作用，形成有利于激发总部企业干事创业的良好文化氛围。对接国际经贸规则，为总部经济发展打造国际一流的营商环境。打造总部经济“智慧服务”平台，推动资源信息共享与总部经济企业动态管理。

附表1　武汉已被认定企业

序号	企业名称	2022年营业收入（万元）	所属行业	认定时间	所在行政区
1	黄鹤楼科技园（集团）有限公司	4811	服务业	2019	东西湖区
2	中国电建集团湖北工程有限公司	1526200	建筑业	2019	
3	中国航天三江集团有限公司	4805	制造业	2022	
4	湖北周黑鸭企业发展有限公司	237112.31	制造业	2019	
5	良品铺子股份有限公司	943961	服务业	2019	
6	武汉京东世纪贸易有限公司	2750631	服务业	2019	
7	湖北顺丰速运有限公司	456751	服务业	2022	
8	湖北中烟工业有限责任公司	8473243	制造业	2019	
9	湖北机场集团有限公司	142488.4	服务业	2020	黄陂区
10	中冶武勘工程技术有限公司	420000	服务业	2022	青山区
11	武汉联杰能源有限公司	1474632.8	服务业	2022	
12	宝业湖北建工集团有限公司	2600700	建筑业	2022	
13	武钢集团有限公司	766500	制造业	2019	
14	马应龙药业集团股份有限公司	204472	制造业	2019	洪山区
15	湖北长江出版传媒集团有限公司	693484.78	服务业	2019	
16	烽火通信科技股份有限公司	2631498	制造业	2019	
17	中建三局集团有限公司	11000000	建筑业	2022	
18	中建商品混凝土有限公司	233772	制造业	2022	
19	武汉精测电子集团股份有限公司	146969	制造业	2022	
20	中电建装备集团有限公司	1275037	制造业	2022	
21	中冶南方工程技术有限公司	2800000	服务业	2020	东湖高新区
22	武汉理工数字传播工程有限公司	115900	服务业	2022	
23	华工科技产业股份有限公司	1056016.94	制造业	2020	
24	长飞光纤光缆股份有限公司	1383000	制造业	2019	
25	武汉起点人力资源股份有限公司	422800	服务业	2022	
26	中石化石油机械股份有限公司	775191.3	制造业	2022	
27	武汉虹信技术服务有限责任公司	237993.52	服务业	2019	
28	盛隆电气集团有限公司	463012	制造业	2019	
29	中国五环工程有限公司	708656.73	服务业	2019	
30	武汉佰钧成技术有限责任公司	195410	服务业	2022	
31	武汉斗鱼鱼乐网络科技有限公司	695625	服务业	2019	
32	武汉高德红外股份有限公司	252859	制造业	2022	
33	武汉中原电子集团有限公司	338512.97	制造业	2019	
34	人福医药集团股份公司	2233771.94	制造业	2019	
35	中国医药集团联合工程有限公司	190292	服务业	2022	

（续表）

序号	企业名称	2022年营业收入（万元）	所属行业	认定时间	所在行政区
36	国药控股湖北有限公司	2164544	服务业	2020	东湖高新区
37	武汉明德生物科技股份有限公司	959519.58	制造业	2022	
38	武汉华星光电技术有限公司	1224964.55	制造业	2019	
39	小米之家商业有限公司	1226932	服务业	2019	
40	武汉光迅科技股份有限公司	691188	制造业	2020	
41	武汉木仓科技股份有限公司	51000	服务业	2022	
42	武汉微派网络科技有限公司	95057.64	服务业	2022	
43	武汉达梦数据库股份有限公司	68804.28	服务业	2022	
44	武汉锐科光纤激光技术股份有限公司	318866.99	制造业	2020	
45	武汉帝尔激光科技股份有限公司	132431.11	制造业	2022	
46	软通动力技术服务有限公司	970536	服务业	2019	
47	湖北文化旅游集团有限公司	2616710.55	服务业	2020	武昌区
48	湖北星巴克咖啡有限公司	136330.55	服务业	2020	
49	长江产业投资集团有限公司	5675.26	服务业	2020	
50	中铁第四勘察设计院集团有限公司	1614212.86	服务业	2019	
51	中煤华中能源有限公司	1562095.36	服务业	2020	
52	湖北宏泰集团有限公司（母公司）	442224.34	服务业	2019	
53	中国铁路物资武汉有限公司	229662	服务业	2020	
54	湖北能源集团股份有限公司	4259.16	服务业	2019	
55	中南电力设计院有限公司	1001959.29	服务业	2019	
56	中南建筑设计院股份有限公司	172764.34	服务业	2022	
57	华电湖北发电有限公司	72214.97	制造业	2022	
58	中铁物资集团中南有限公司	723873.82	服务业	2022	
59	中交第二航务工程勘察设计院有限公司	243716	服务业	2022	
60	南京医药湖北有限公司	539448	服务业	2022	
61	湖北联投集团有限公司	861.07	服务业	2022	
62	中贝通信集团股份有限公司	264312.73	服务业	2019	江汉区
63	武商集团股份有限公司	633715.55	服务业	2020	
64	中国长江航运集团有限公司	1260653.93	服务业	2020	
65	武汉兴智联科技服务有限责任公司	116637	服务业	2022	
66	武汉贝壳找房科技有限公司	207651.5	服务业	2022	
67	中国移动通信集团湖北有限公司	2631936	服务业	2022	
68	武汉市政工程设计研究院有限责任公司	157733	服务业	2022	
69	道达尔能源销售（湖北）有限公司	139384	服务业	2022	硚口区
70	周大福珠宝金行（武汉）有限公司	192869.03	服务业	2022	
71	中百仓储超市有限公司	1125136.95	服务业	2019	

（续表）

序号	企业名称	2022年营业收入（万元）	所属行业	认定时间	所在行政区
72	武汉泰欣电器股份有限公司	276961	服务业	2019	硚口区
73	中国葛洲坝集团股份有限公司	13342401.5	建筑业	2022	
74	远大医药（中国）有限公司	826597	制造业	2019	
75	中车长江运输设备集团有限公司	1652856.38	制造业	2019	江夏区
76	东风设计研究院有限公司	394345.56	服务业	2022	经开区
77	华润湖北医药有限公司	426070.58	服务业	2022	
78	武汉金发科技有限公司	270901	制造业	2022	
79	湖北太古可口可乐饮料有限公司	156571.71	制造业	2022	
80	东风物流集团股份有限公司	541024	服务业	2022	
81	中交第二公路勘察设计研究院有限公司	422397.43	服务业	2020	
82	东风汽车集团有限公司	9266300	制造业	2020	
83	长江设计集团有限公司	895631.83	服务业	2020	江岸区
84	中信工程设计建设有限公司	495323	服务业	2020	
85	山东高速湖北发展有限公司	46406.79	建筑业	2022	
86	九州通医药集团股份有限公司	14042419.2	服务业	2019	汉阳区
87	恒信汽车集团股份有限公司	7980726	服务业	2019	
88	健民药业集团股份有限公司	364080	制造业	2019	
89	湖北交通投资集团有限公司	6336160.87	服务业	2020	
90	中铁大桥勘测设计院集团有限公司	203790	服务业	2020	

附表 2　2023 年《财富》世界 500 强企业武汉企业入榜情况

2023年排名	2022年排名	企业名称	2022年营业收入（亿美元）
188	122	东风汽车集团有限公司	684.156

附表 3　2023 年《财富》中国 500 强企业武汉企业入榜情况

序号	排名	企业名称	2022年营业收入（亿美元）
1	59	东风汽车集团有限公司	684.156
2	171	九州通医药集团股份有限公司	208.753
3	195	卓尔智联集团有限公司	164.872
4	417	烽火通信科技股份有限公司	45.962

附表 4　2023 年《中国企业 500 强》武汉企业入榜情况

序号	排名	企业名称	2022年营业收入（亿元）
1	58	东风汽车集团有限公司	4602.16

（续表）

序号	排名	企业名称	2022年营业收入（亿元）
2	179	卓尔控股有限公司	1466.03
3	184	九州通医药集团股份有限公司	1404.24
4	251	湖北联投集团有限公司	1007.78
5	303	恒信汽车集团股份有限公司	798.07
6	360	湖北交通投资集团有限公司	634.90
7	384	武汉金融控股（集团）有限公司	598.53
8	393	武汉城市建设集团有限公司	580.81
9	431	中国信息通信科技集团有限公司	528.67

附表5　2023年《中国民营企业500强》武汉企业入榜情况

序号	排名	企业名称	2022年营业收入总额（万元）
1	52	卓尔控股有限公司	14660286
2	57	九州通医药集团股份有限公司	14042419
3	121	恒信汽车集团股份有限公司	7980726
4	395	新七建设集团有限公司	3224976
5	399	新八建设集团有限公司	3206905
6	416	新十建设集团有限公司	3152618
7	423	武汉联杰能源有限公司	3130001

附表6　境外驻汉机构情况表

序号	组织名称
1	香港特区政府驻汉经济贸易办事处
2	中国美国商会华中办公室
3	加拿大商业公司武汉代表处
4	英中贸易协会武汉代表处
5	法国埃松省驻汉代表处
6	荷兰贸促会武汉办事处
7	澳大利亚贸易委员会武汉代表处
8	比利时瓦隆州经济商务武汉代表处
9	匈牙利国家贸易署武汉代表处
10	瑞典达拉纳省（博伦厄市）经贸促进办公室
11	巴西-中国经济贸易促进会（武汉代表处）
12	大韩贸易振兴公社武汉代表处
13	韩国清州市海外通商事务所武汉代表处
14	韩国旅游发展局武汉办事处
15	日本贸易振兴机构武汉代表处

（续表）

序号	组织名称
16	新加坡企业发展局武汉代表处
17	香港贸易发展局武汉办事处
18	武汉香港商会
19	德国萨克森州经济促进会驻湖北武汉联络处
20	澳门贸易投资促进局武汉代表处
21	老挝ZHP国际物流投资有限公司驻汉办事处暨万象驻汉经贸推进办公室
22	瑞典环境科学研究院武汉办公室
23	联合国训练研究所（UNITAR）湖北项目中心
24	瑞典环境科学研究院武汉办公室
25	美国管理会计师协会（IMA）武汉办公室

作者单位：武汉发展战略研究院

2023 武汉企业 100 强、制造业企业 100 强、服务业企业 100 强分析报告

武汉企业联合会
武汉企业家协会　联合课题组
武汉发展战略研究院

2022 年，武汉市统筹疫情防控和经济社会发展，统筹发展和安全，面对更趋复杂严峻的国际环境和国内疫情超预期变化等多重挑战，迎难而上、砥砺前行，经济运行稳中向好、进中提质，主要指标增速保持全国同类城市前列，综合实力进一步提升，发展韧性进一步增强，取得了殊为不易的可喜成绩，奋力打造新时代英雄城市实现良好开局。通过加大企业帮扶力度，精准指导、精准施策、精准服务，推动各项惠企政策尽快落实，不断提振企业发展信心，帮助企业渡难关、增信心、促发展，全市市场主体助力经济稳健运行。

武汉企业 100 强是全市的领军企业，是武汉各行业的突出代表，其变化趋势在一定程度上反映了全市经济发展的走势。2023 年，按照国际通行做法，遵循企业自愿申报原则，依据申报企业 2022 年度营业收入，排出了涵盖各种所有制及行业的综合性 2023 武汉企业 100 强榜单（综合百强）、武汉制造业企业 100 强榜单（制造业百强）和武汉服务业企业 100 强榜单（服务业百强）。榜单反映出，百强企业整体发展增势不变、稳中有进，国有企业彰显“定盘星”的责任与担当，民营企业克难攻坚努力发挥“生力军”作用，制造业、服务业各领域百强企业高质量发展的总基调没有变，百强企业在全市经济复苏过程中的引领示范作用没有变。

一、2023 武汉企业 100 强（综合百强）运行特征

（一）从规模看，百强企业入围门槛、总营收、总资产持续增长，但增速有所放缓

本届百强入围门槛为 48.04 亿元，比上届提升 4.91 亿元，同比增长 11.38%，增幅回落 6.69 个百分点。

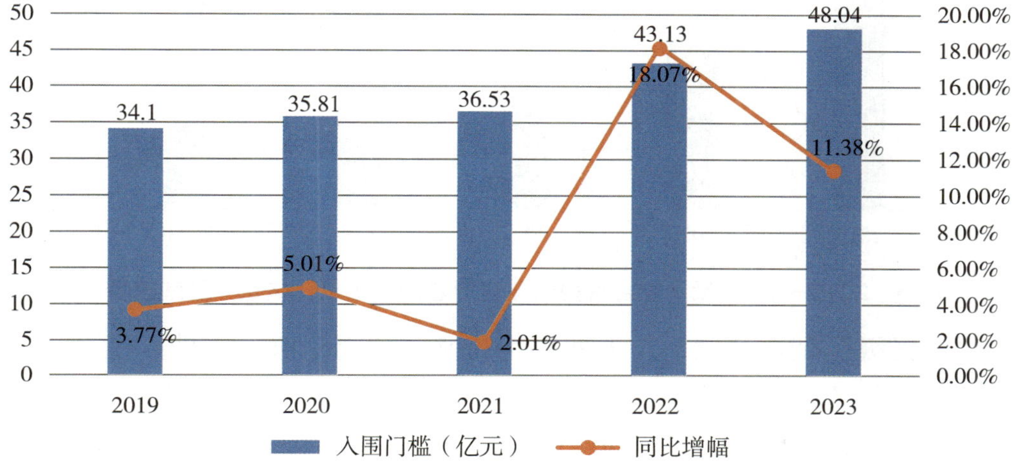

图 1　2019—2023 武汉综合百强企业入围门槛及增速情况

本届综合百强营收总额达 33187.92 亿元，比上届提升 1330.43 亿元，同比增长 4.18%，增幅回落 12.64 个百分点。

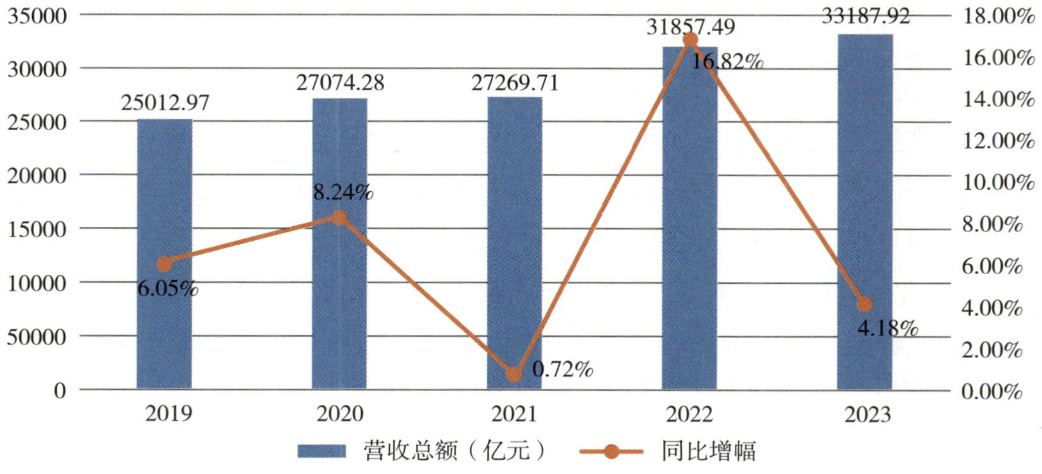

图 2　2019—2023 武汉综合百强企业营收总额及增速情况

本届综合百强资产总额达57690.86亿元，比上届提升2346.81亿元，同比增长4.24%，增幅回落15.18个百分点。

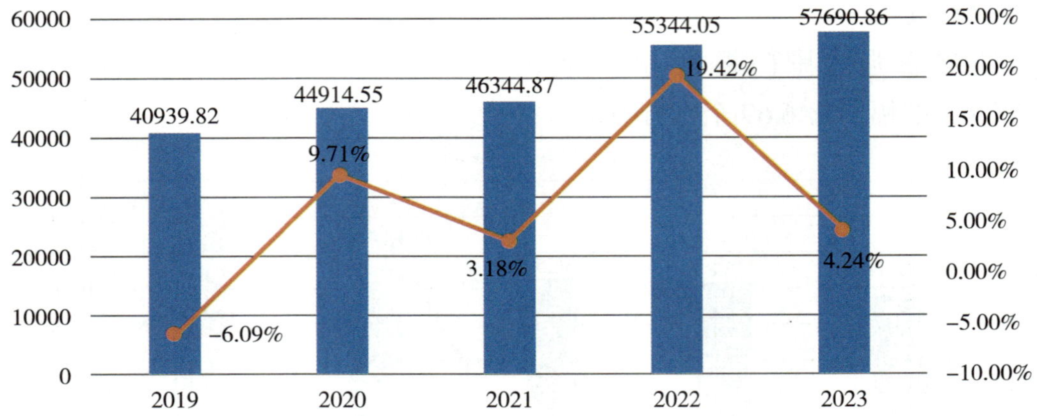

图3　2019—2023武汉综合百强企业资产总额（单位：亿元）及增速情况

“千亿级”企业6家，与上两届均持平。“百亿级”企业新增4家，达到57家。百亿以上企业的总营收首次超过3万亿元，占综合百强企业总营收的91.05%，平均营收530.11亿元，与上届相比，稍有回落。57家百亿企业中，43家企业实现营收增长，涉及建筑、金融、物流、设计、生物医药、光电子信息及装备制造等领域。

表1　2019—2023武汉综合百强“百亿级”企业情况

届数	2019	2020	2021	2022	2023
营业收入过百亿企业数量（个）	44	46	49	53	57
营业收入（亿元）	21916.4	23820.97	24276.63	28744.21	30216.25
营业收入占比（%）	87.62	87.98	89.02	90.23	91.05
平均营业收入（亿元）	498.1	517.85	495.44	542.34	530.11

（二）从效益看，百强企业整体上利润水平、纳税贡献、吸纳就业均有所降低，但依然是促发展、稳就业的骨干力量

从企业利润看，本届综合百强利润总额1274.89亿元，同比下降11.14%，7家企业出现亏损，整体盈利能力低于上届。但仍有部分企业在经济下行、转型升级压力下保持较好的经营状况，46家企业实现盈利增长，利润同比增长超过20%的企业有21家。①

①上届综合百强中实现盈利增长的企业有50家。

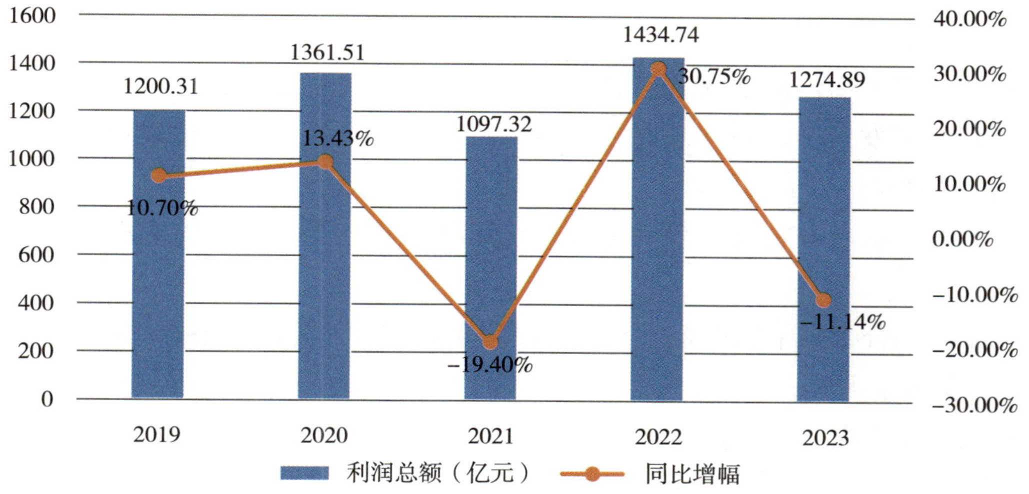

图 4　2019—2023 武汉综合百强企业利润总额及增速情况

从纳税看，百强企业多为纳税大户，积极承担企业社会责任。本届综合百强企业纳税总额为 1348.21 亿元，纳税超过 100 亿元的 3 家，超过 10 亿元的 23 家，国有企业纳税更多，纳税 1133.98 亿元，占纳税总额的 84.11%，纳税前十名的企业均为国有企业，共纳税 637.69 亿元，占纳税总额的 47.30%。

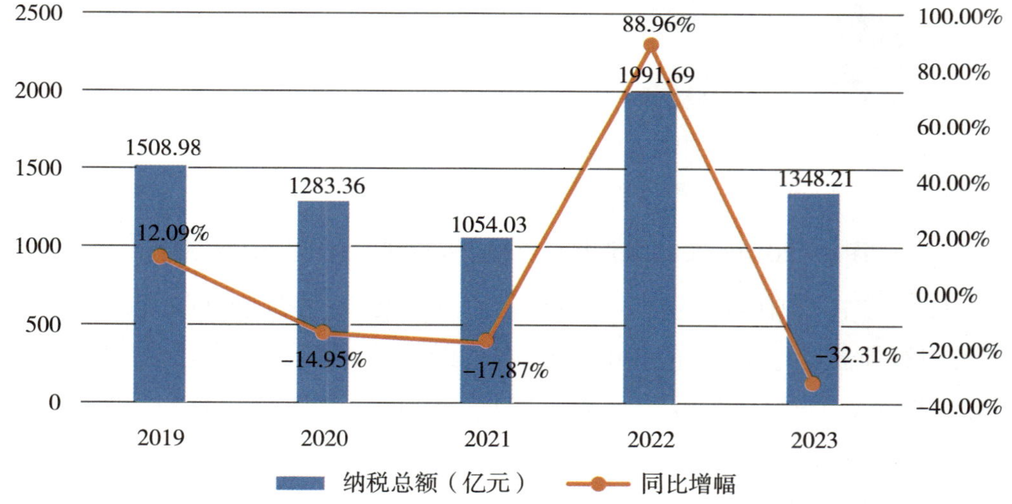

图 5　2019—2023 武汉综合百强企业纳税总额及增速情况

从吸纳就业看，本届综合百强企业共有员工 91.97 万人，平均每家企业吸纳就业近万人。整体来看，百强企业减员超过 4 万人，但在经济下行压力下，也有近一半（46家）的企业增员，其中增员超过10%的企业12家，分别为建筑业企业6家，制造业企业2家（生物医药1家，装备制造1家），服务业企业4家（物流业2家，信息服务业2家）。大企业的责任担当不仅体现在带动经济发展上，也体现在社会价值创造上，百强企业是稳就业、惠民生的重要支撑。

（三）从所有制看，各类企业的规模性指标稳步增长，国有企业仍具较大优势

本届综合百强中国有企业54家，民营企业43家，其他类企业（外资、集体）3家。从数量上看，国有企业数量与上届持平，民营企业比上届减少1家，总体格局变化不大，国有企业依然并将长时期占据百强榜的主导地位。

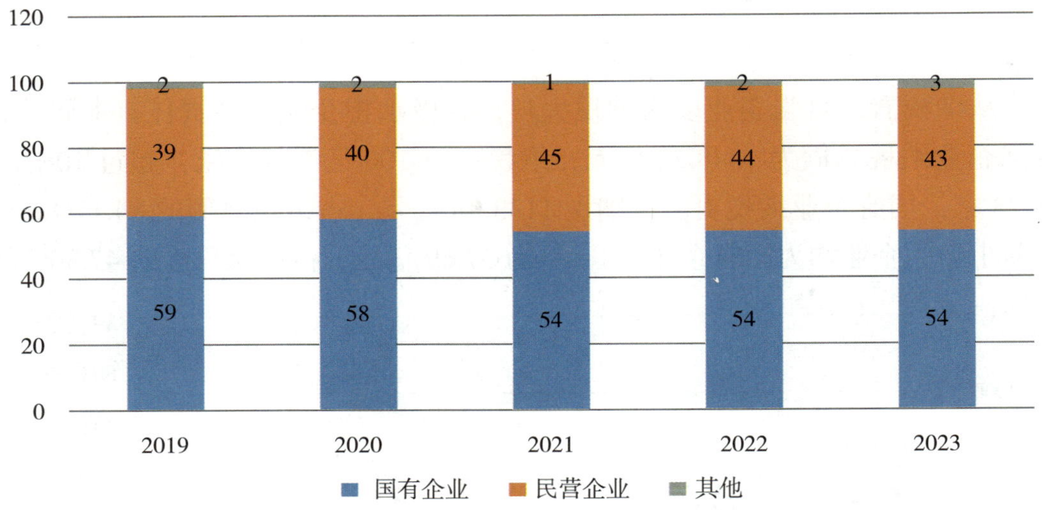

图6　2019—2023武汉综合百强所有制情况对比（单位：家）

本届综合百强中国有企业、民营企业和其他企业的总营收和总资产与上届相比均有所提升。民营企业的资产增长最快，尤其是在入围民营企业减少1家的情况下，民营企业资产总额还净增1600多亿元，占百强企业总资产的15.38%，同比提高1.8个百分点；民营企业平均资产利润率2.71%，资产利润率最高，资产盈利能力相对较强。国有企业“块头大”，营收、资产、利润和纳税规模与占比均占据压倒性优势，且过去几年，武汉市为解决企业资源相对分散、主业同质竞争、投运效率不高等问题，将产业相近、业务相关的市属国企进行了两轮合并重组，实现了市属国企的优势互补、协同发展。综

合百强中，企业合并重组共计 31 次，其中 27 次为国有企业，新入围的 5 家国有企业，有 2 家是因国有企业并购重组转型升级入围百强。

表 2 2023 武汉综合百强企业中不同所有制企业营收、资产、纳税、利润情况

类别	国有企业	民营企业	其他企业
总营收（亿元）	23400.45	9549.73	237.74
总营收占比（%）	70.51	28.77	0.72
总资产（亿元）	48429.18	9133.69	127.99
总资产占比（%）	83.95	15.83	0.22
纳税总额（亿元）	1133.98	211.97	2.26
纳税占比（%）	84.11	15.72	0.17
总利润（亿元）	1024.76	247.24	2.89
企业平均利润（亿元）	18.98	5.75	0.96
平均销售利润率（%）	4.38	2.59	1.22
平均资产利润率（%）	2.12	2.71	2.26

（四）从产业结构看，制造业整体规模减小，建筑业、服务业规模有所扩张，新入围企业多为服务业企业，百强企业行业分布结构与武汉市支柱产业结构基本吻合

本届综合百强制造业企业 32 家，比上届增加 2 家，服务业企业 43 家，比上届减少 2 家，建筑业企业 25 家，与上届持平。总体上，综合百强产业结构变化不大。

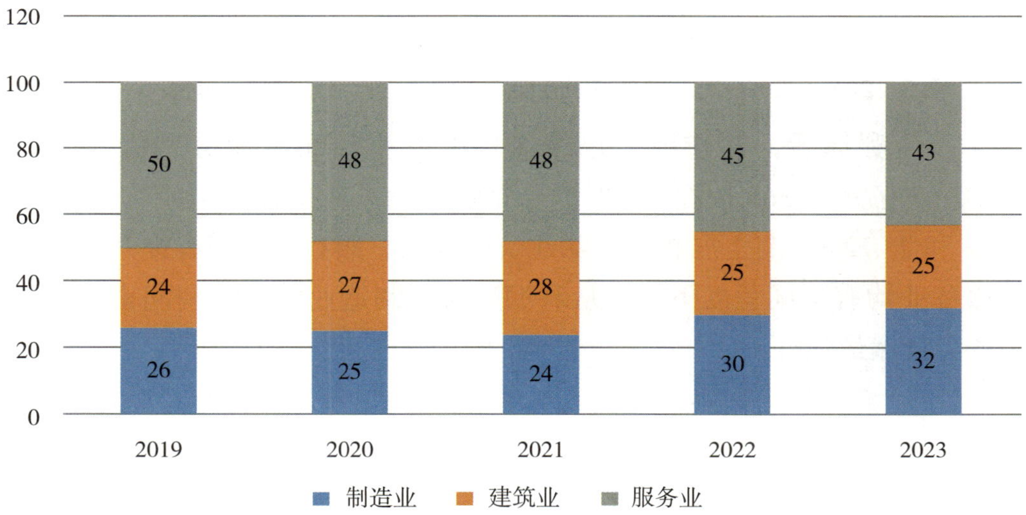

图 7 2019—2023 武汉综合百强企业产业结构情况对比（单位：家）

从产业规模看，制造业、建筑业、服务业企业营收总额分别为11062.37亿元、11463.20亿元和10662.35亿元，分别占综合百强营收总额的比重为33.33%、34.54%和32.13%，产业规模更趋相当。汽车、光电子信息制造等制造业重点企业营收下滑，综合百强制造业总体规模减小；服务业总营收首次超过1万亿元，新入围10家的企业，7家为服务业企业；建筑业总营收增长超千亿元，营收规模首次超过制造业，建筑业大企业多、整体实力强劲是武汉市综合百强的一大特征，也与武汉市建筑强市、产业总产值排名全国第二的地位相匹配。①

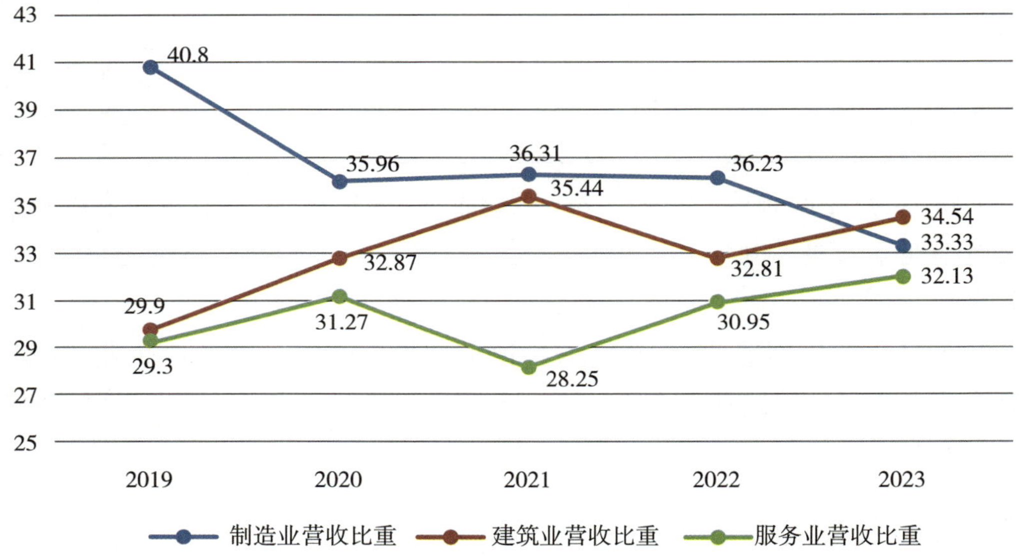

图8　2019—2023武汉综合百强企业产业营收占比波动情况（单位：%）

从产业利润看，制造业、建筑业、服务业利润总额分别为513.06亿元、395.63亿元和366.2亿元，占综合百强利润总额的比重分别为40.24%、31.03%和28.72%，与上届相比，除建筑业利润总额和占比稍有提升外，制造业、服务业均有不同程度下滑。从利润率看，制造业的销售利润率4.64%，盈利能力依然最强。

① 武汉市建筑业总产值仅次于北京，位列全国城市第二。

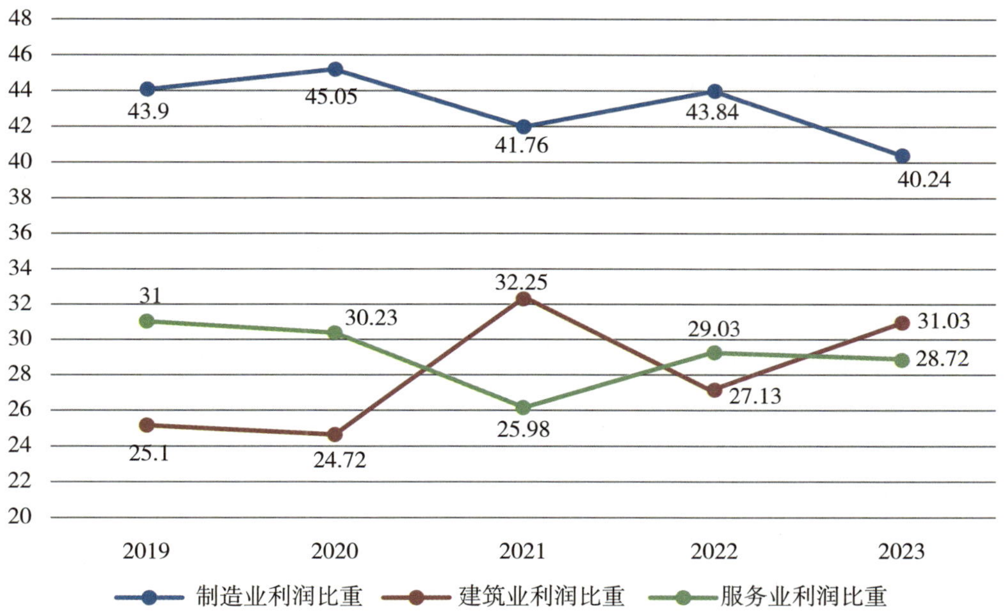

图 9 2019—2023 武汉综合百强企业产业利润波动情况（单位：%）

表 3 2023 武汉综合百强企业分产业营收、利润情况

产业	营业收入（万元）	利润（万元）	销售利润率（%）
服务业	10662.35	366.2	3.43
建筑业	11463.2	395.63	3.45
制造业	11062.37	513.06	4.64

从具体行业看，本届综合百强制造业企业基本集中在光电子信息制造、汽车及零部件、装备制造、先进基础材料、生物医药及医疗器械以及现代消费品等武汉市 6 大支柱行业[①]，服务业企业也主要分布于商贸业、物流业、金融业、房地产业、信息服务业和设计服务业等武汉市实力较强的 6 大领域，百强企业行业分布结构与武汉市产业结构大体吻合。大企业作为行业龙头代表，既为支柱产业的倍增壮大、全市经济高质量发展提供了支撑，同时，支柱领域也孕育出越来越多的百强企业，百强企业的行业集中度在逐步提升。

① 此分类标准参照《武汉市工业高质量发展“十四五”规划》。武汉市要构建以光电子信息、汽车及零部件两大世界级产业集群为核心，装备制造、先进基础材料、现代消费品、生物医药及医疗器械等四大特色优势产业为支撑，一批新兴及未来产业竞相发展、加速布局的先进制造业体系。

表 4　2023 武汉综合百强企业具体行业分布状况

产业	企业数量（家）	细分行业	企业数量（家）
制造业	32	光电子信息制造	8
		汽车及零部件	3
		装备制造	8
		先进基础材料	3
		生物医药及医疗器械	3
		现代消费品	7
服务业	43	商贸业	13
		物流业	7
		金融业	9
		房地产业	3
		信息服务业	4
		设计服务业	7
建筑业	25	—	—

（五）从科技创新看，创新投入和产出普遍提升，制造业投入强度更大，民营企业研发投入增长更快

高水平科技自立自强是推动高质量发展的必由之路，在政策引导和自身需求的双重因素促进下，越来越多的企业重视研发，百强企业科技创新投入明显增长。本届综合百强企业有创新投入的 76 家，比上届增加 2 家，76 家企业中，扩大研发投入的企业有 54 家。研发经费总额 660.77 亿元，同比增长 11.52%。有研发投入的企业平均投入研发经费 8.69 亿元，同比增长 8.49%。研发经费占营业收入比重达 1.99%，同比提升 0.13 个百分点。研发投入超过 3% 的企业 29 家，比上届多 3 家，超过 5% 的 5 家，与上届持平，超过 10% 的企业 3 家，比上届多 2 家。

从企业申请专利情况看，本届综合百强拥有专利的企业 65 家，比上届增加 4 家，获得专利授权 92231 件，其中发明专利 43435 件，发明专利占比 47.09%，专利、发明专利数量，以及发明专利占比均再创新高。从行业标准制定情况看，本届综合百强共有 46 家企业参与制定各类行业标准，比上届增加 7 家，参与国家行业标准制定 4197 件，参与国际标准制定 184 家，与上届相比均有所提高。

表 5　2019—2023 武汉综合百强企业科技创新情况

科技创新	指标	2019	2020	2021	2022	2023
研发经费情况	有研发经费开支的企业（家）	72	67	62	74	76
	研发经费总额（亿元）	355.2	390.99	448.8	592.51	660.77
	平均研发经费（亿元）	4.93	5.84	7.24	8.01	8.69
	研发经费占营业收入比重（%）	1.42	1.45	1.65	1.86	1.99
专利情况	拥有专利企业数（家）	66	65	55	61	65
	专利（项）	49248	44073	62216	73749	92231
	发明专利（项）	20322	13702	28171	34655	43435
	发明专利占比（%）	41.26	31.09	45.28	46.99	47.09%
行业标准制定情况	参与制定行业标准的企业（家）	44	44	38	39	46
	参与国家行业标准制定（件）	7258	7845	8427	3677	4197
	参与国际标准制定（件）	90	168	139	166	184

分产业看，制造业、建筑业、服务业研发投入分别为 352.75 亿元、251.12 亿元和 56.9 亿元，研发投入占营收的比重分别为 3.19%、2.19% 和 0.53%，与上届相比，三大产业研发投入均有不同程度增长，制造业研发投入强度整体超过 3%。

表 6　2022—2023 武汉综合百强中制造业、建筑业、服务业企业研发投入情况

届数	指标	制造业	建筑业	服务业
2022	研发投入总额（亿元）	321	229.93	41.58
	有研发投入的企业数（家）	27	22	25
	平均每个企业的研发投入（亿元）	11.89	10.45	1.66
	研发投入占营收比重（%）	2.78	2.2	0.42
2023	研发投入总额（亿元）	352.75	251.12	56.9
	有研发投入的企业数（家）	31	22	23
	平均每个企业的研发投入（亿元）	11.38	11.41	2.47
	研发投入占营收比重（%）	3.19	2.19	0.53

分所有制看，国有企业、民营企业研发投入分别为 587.75 亿元和 72.73 亿元，研发投入占营收比重分别为 2.51% 和 0.76%，国有企业研发投入动力更强，但民营企业研发投入增长更快，研发投入总额同比增长 66.54%，研发投入占营收比重同比提升 0.29 个百分点。

表7 2022—2023武汉综合百强中国有企业、民营企业研发投入情况

届数	指标	国有企业	民营企业
2022	研发投入总额（亿元）	548.84	43.67
	有研发投入的企业数（家）	44	30
	平均每个企业的研发投入（亿元）	12.47	1.46
	研发投入占营收比重（%）	2.45	0.47
2023	研发投入总额（亿元）	587.75	72.73
	有研发投入的企业数（家）	44	29
	平均每个企业的研发投入（亿元）	13.36	2.51
	研发投入占营收比重（%）	2.51	0.76

百强企业是各行业的“领头羊”，更应该成为技术创新的“发动机”，加大创新投入和产出，从而引领带动行业内的中小科技企业持续创新。近年来，百强企业越来越重视技术研发，在研发领域的投入也越来越大手笔，这是百强企业展现强劲实力和韧性的基础，也是带动产业链健康发展、促进产业升级的重要力量。

（六）从开放发展看，企业更加积极开拓国际市场、布局海外发展，“走出去”将成为更多企业的选择

尽管当今世界处于复杂多变、不稳定的态势中，大企业国际化步伐依然坚定。本届综合百强有海外收入的企业34家，与上届持平，海外营收总额1305.57亿元，同比增长14.40%；有海外资产的企业26家，比上届减少2家，海外资产总额1209.43亿元，与上届基本持平；平均海外收入和海外资产与上届相比，都有一定程度提升。

表8 2019—2023武汉综合百强企业国际化发展情况

届数	2019	2020	2021	2022	2023
拥有海外收入的企业（家）	31	30	27	34	34
海外收入总额（亿元）	807.77	793.17	510.03	1141.2	1305.57
平均海外收入（亿元）	26.06	26.44	18.89	33.56	38.40
平均海外收入占比（%）	5.23	4.6	1.87	3.58	3.93
拥有海外资产的企业（家）	24	23	25	28	26
海外资产总额（亿元）	1259.36	1363.31	1063.52	1210.5	1209.43
平均海外资产（亿元）	52.47	59.27	42.54	43.23	46.52

当下，武汉正加快对外开放平台建设，构建内畅外联中部陆海大通道和链接全球航空运输大通道，逐步成为联贯长江经济带、联接“一带一路”、联通世界的国际性综合交通枢纽城市。平台优势、交通区位优势加快转化为国内国际双循环枢纽链接优势，更有助于企业参与国际经济竞争与合作，“走出去”适应全球化时代、增强竞争力、提高创新能力和拓宽发展空间将成为越来越多企业的选择。

二、2023 武汉制造业企业 100 强运行特征

（一）制造业百强营收总额较上届整体回落，但入围门槛大幅提升

从营业收入总额指标看，本届制造业百强营业收入总额为 11916.81 亿元，较上届下降 5.18%。其中 24 家国有企业营业收入 9027.19 亿元，上榜国企数量与上届持平，营收较上届减少 721.3 亿元，国企营收在制造业百强营收总额中的占比较上届下降了 1.82 个百分点，为 75.75%。71 家上榜民营企业在数量上比上届减少了 2 家，在营收上较上届减少 113.22 亿元，但仍然保持了 2500 亿元以上的水平，达到 2612.54 亿元，在制造业百强总营收的占比较上届基本持平，达到 21.92%。其他类型企业 5 家，营收和为 277.08 亿元，在制造业百强总营收中的占比为 2.33%。从企业连续经营状况看，国企营收下滑明显，民企营收增长乏力，24 家上榜国有企业营收较其上年度营收下降 7.66%，71 家上榜民营企业营收较其上年度营收增长 3.47%，5 家其他类型企业营收较其上年度营收增长 6.91%。

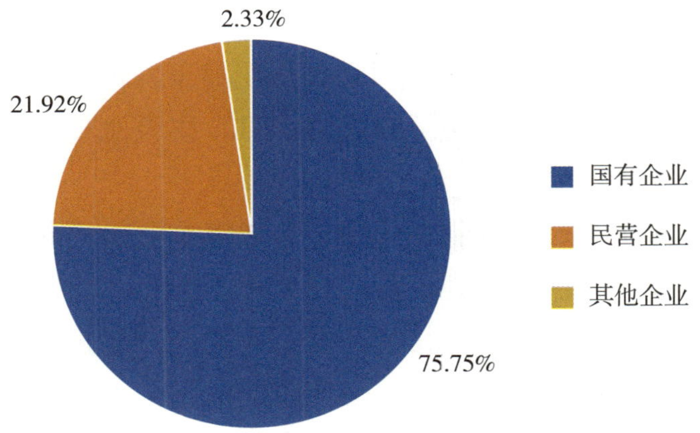

图 10　本届制造业百强国有、民营和其他类企业营收占比情况

本届制造业百强营收门槛大幅提升，达到2.33亿元，比上届营收门槛提高23.28%；中位数为24.76亿元，比上届提升2.78%。从营业收入超百亿元的企业情况看，本届制造业百强营收过百亿元的企业达14家，较上届增加2家，百亿企业队伍稳步壮大；其中民营企业6家，其他均为国有企业，国有企业占据了榜单排名前三的位置。2家营收超过95亿元的“准百亿”企业包含1家国有企业和1家外资企业，营收区间为70亿~90亿元的“下一梯队”共7家企业，其中包括5家民营企业、1家国有企业、1家台港澳独资企业。

从资产总额指标看，本届制造业百强资产总额达到14749.92亿元，与上届资产总额相比增长3.47%，增速明显放缓。其中国有企业资产总额达到11941.97亿元，与上届国有企业资产总额基本持平，略微下降了0.43个百分点，国有企业资产占比较上届下降3.18个百分点，为80.96%，国企资产仍然是构成本届制造业百强资产总额的主体。民营企业资产总额相比上届进一步提升，达到2649.76亿元，增速保持了20%以上的较高水平，民营企业资产在制造业百强资产总额中的占比也保持了稳定的提升态势，达到17.96%，比上届提升了2.52个百分点。

（二）制造业百强利润总额下降幅度较大，贡献税收、吸纳就业整体情况相对稳定

从经济效益指标看，本届制造业百强利润总额为596.02亿元，比上届下降20.04%，下降幅度较大。其中，国有制造业企业利润较上届下降了近25%，为407.47亿元；本届民营制造业企业利润总额结束了近年的高速增长，为180.96亿元，相比上届下降了8.53个百分点。无论是从制造业百强整体，还是分不同所有制类型企业来看，利润数据明显下降的情况都反映出，2022年制造业企业生产经营普遍遭遇了较大的困难，国有制造业企业的盈利问题相较民营制造业企业更为突出。

本届榜单排名前十的制造业企业中，有2家企业由上年度的盈利状态变为2022年度的亏损，利润总额为负数；有3家企业虽然保持盈利但利润下降，其中包括排名在前两位的企业；其他5家企业的利润超过上年同期，其中中国信息通信科技集团有限公司、人福医药集团股份公司、周大福珠宝文化产业园（武汉）有限公司三家企业的利润增长幅度较大，分别达到130.07%、57.67%和20.53%。

从社会效益指标看，本届制造业百强员工总数41.97万人，比上届制造业百强略有下降，减少了0.74万人，整体用工情况相对稳定，但营业收入超100亿元的14家用工大户企业当中，近半数企业出现了不同程度的用工减员情况；本届制造业百强纳税总额为687.58亿元，比上届略微减少7.76亿元，纳税总额整体保持稳定。

（三）制造业百强结构持续优化，优势产业序列不断增强

从行业分布看，本届制造业百强主要分布在机械及装备制造、光电子、生物医药、石化及新材料、汽车及零部件、家电、食品、钢铁、服装及纺织等九大行业，与上届基本保持一致，其中机械及装备制造和光电子领域共计48家，比上届增加5家。

从本届制造业百强所属行业结构来看，武汉制造业传统优势领域企业队伍保持稳固，机械及装备制造、光电子、生物医药、石化及新材料、汽车及零部件等五大领域百强企业数量位居九大行业前五名。其中机械及装备制造领域企业增加数量最多，比上届增加了3家，即将突破30家大关。

表9　本届制造业百强具体行业分布情况

具体行业	上届企业数量（家）	本届企业数量（家）
机械及装备制造	26	29
光电子	18	19
生物医药	14	12
石化及新材料	12	11
汽车及零部件	8	8
家电	6	7
食品	6	7
钢铁	3	3
服装及纺织	3	2
其他	4	2

（四）制造业百强研发投入持续快速增长，头部企业在取得专利、制定标准方面发挥较大行业影响力

创新投入方面，本届制造业百强研发经费总额达393.65亿元，比上届制造业百强增长12.78%，虽然制造业企业百强营收和利润整体走低，但是研发

投入持续加大，保持了两位数的增长速度。国有企业研发投入仍然具有规模上的明显优势，24 家国有企业研发经费超过 300 亿元，达到 302.96 亿元，占百强企业研发经费的 76.97%，占比较上届下降 7.72 个百分点。民营制造业百强企业研发经费总额为 89.86 亿元，较上届涨幅较大，增长了 69.32%，民营制造业企业在百强企业研发总费用中的占比由此上升至 22.83%，较上届提升了 7.63 个百分点。在研发经费占营业收入的比重方面，本届制造业百强首次突破 3%，达到了 3.1%，较上届上升了 0.32 个百分点。

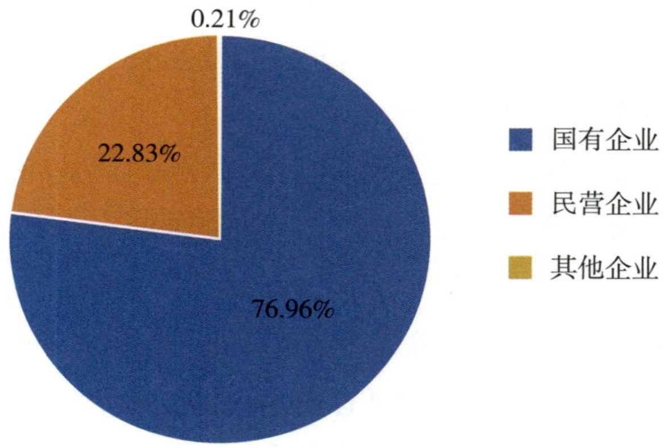

图 11　本届制造业百强国有、民营和其他类企业研发经费占比

从企业申请专利情况看，本届制造业百强中拥有专利的企业数量达到 85 家，比上届增加 4 家，百强企业拥有专利数和发明专利数分别达到 69574 件和 37537 件，专利数较上届增长 1.2%，发明专利数量有所下降，比上届减少了 4676 件，发明专利数占比虽然比上届下降了 7 个多百分点，但仍超过 50%，达到 53.95%。

国有企业中，中国信息通信科技集团有限公司（以下简称“中国信科”）东风汽车、航天三江科研成果数量名列前三甲，拥有专利数分别达到 18586 件、17381 件和 6997 件，较其上年度专利总数增长 19.45%，但受国内外多重因素影响，增速有所下降。同时，民营制造业企业中拥有专利的有 57 家，占民营制造业企业总数的近八成，数量与上届基本持平。

从行业标准制定情况看，本届制造业百强共有 54 家企业参与制定国家和国际标准，比上届增加 6 家，其中参与国家行业标准制定 3307 件，较上届增长 9.65%；有 7 家制造业企业参与国际标准制定 153 件，较上届增加 13 件。

其中中国信科、长飞光纤和武汉船用机械分别参与 88 项、24 项和 12 项国际行业标准制定，中国信科参与国际标准制定数量较上届增长 25%，增长幅度和拥有数量居制造业百强企业之首。同时，也应看到制造业百强企业除了头部企业之外，其他企业在科研创新方面取得突破不多，未充分发挥和转化武汉市在科技创新上的优势，在为武汉市科技和产业创新贡献力量方面还有所欠缺，需要政府部门进一步加大政策、技术、人才等方面有针对性的支持和引导。

三、2023 武汉服务业企业 100 强运行特征

（一）服务业百强总营收增长放缓，国企担当带动营收增长的主力军

从营业收入总额指标看，本届服务业百强实现营业收入总额为 11444.43 亿元，比上届服务业百强总营收增加 1173.19 亿元，增长幅度为 11.4%，增幅收窄为上届增幅的一半左右。服务业百强中国有企业 41 家，比上届增加了 5 家，营业收入总额 5007.04 亿元，比上届增长 20.3%，国有企业营业收入在服务业百强营收总额中的占比为 43.75%，比上届提升了约 3 个百分点，国有企业数量和营收占比双双回升，成为带动服务业百强营收增长的主力；民营企业 57 家，比上届减少了 5 家，营业收入总额 6362.84 亿元，比上届增长 5.7%，民营企业营业收入占比为 55.60%，比上届下降了约 3 个百分点，是 2018 年首次发布武汉服务业百强榜以来，第一次出现民营企业营收在服务业百强营收中占比下滑的情况；其他企业 2 家，仍系上届入选榜单的 2 家企业，营业收入总额 74.55 亿元，营收同比减少 12.82 亿元，下滑了约 15%，营收占比为 0.65%。

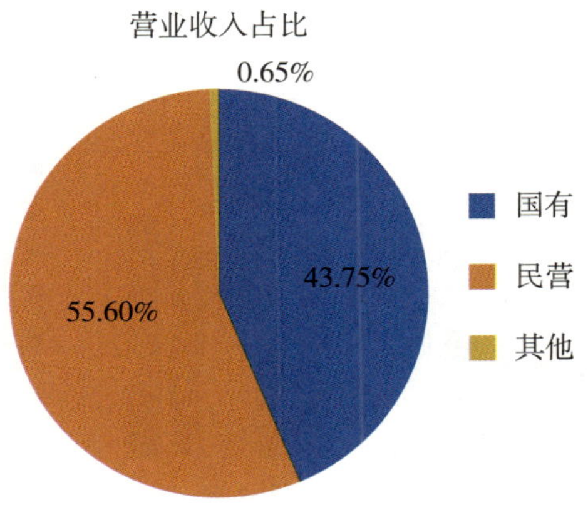

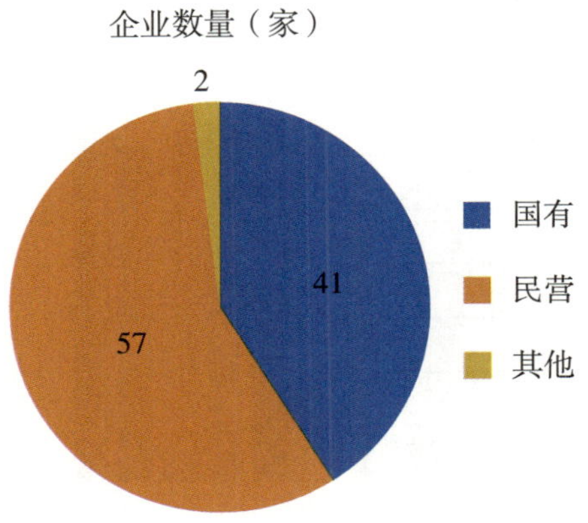

图 12　本届服务业百强国有、民营和其他类企业营收及数量占比

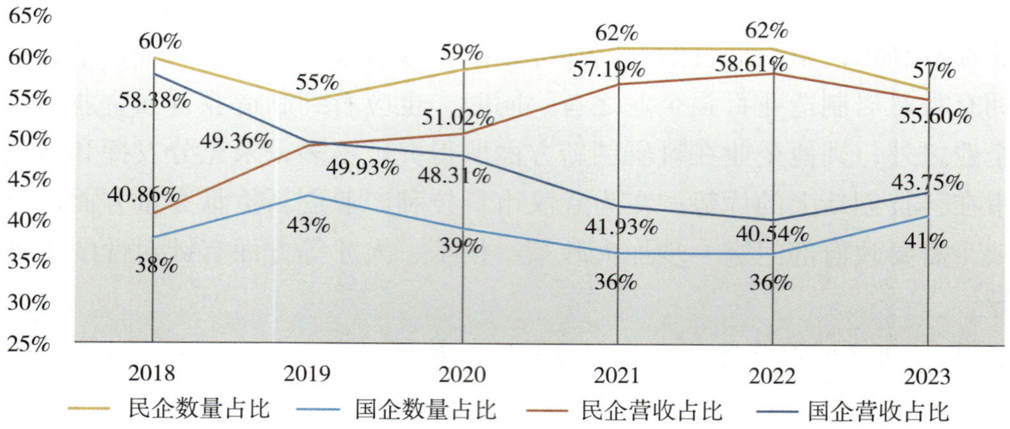

图 13　2018 以来服务业百强国企、民企数量及营收占比

从本届服务业百强榜单的几个节点位置看，营收门槛基本与上届持平，营收中位数与首位营收均增长较多。本届服务业百强营收门槛为 4.18 亿元，比上届提升了 0.25 亿元；营收中位数为 41.38 亿元，比上届提升了 10.29 亿元，增长幅度较大；本届服务业百强榜单首位营收为 1466.03 亿元，比上届提升了 185.65 亿元。从服务业百强中营业收入超百亿的企业情况看，本届过百亿企业达 24 家，比上届增加 3 家，营收超百亿元的服务业企业队伍呈现稳步扩大趋势，其中国企 14 家、民企 10 家，保持了相对稳定的营收超百亿服务业百强企业结构；排名前十的服务业百强中，民营企业和国有企业各有 5 家，民营企业分列第一、二、三、六、八位。

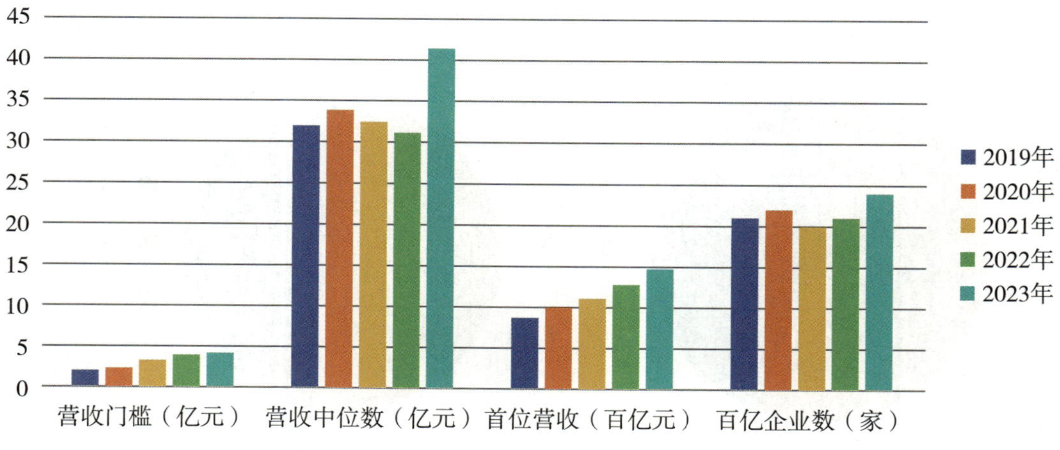

图 14　近 5 年服务业百强榜单节点营收水平比较

从资产总额指标看，本届服务业百强企业资产总额达到27419.75亿元，比上届增加了1547.92亿元；比本届百强自身上一年度资产额总和24156.21亿元增加了3263.54亿元，增幅达到13.5%。其中国有企业资产总额19883.80亿元，比上届减少了888.17亿元，占服务业百强总资产的72.52%，占比下降约8个百分点；民营企业资产总额为7502.33亿元，比上届增加了2436.41亿元，在总资产中占27.36%，延续了上届民营企业资产快速增长的趋势。

综合营收和资产两项规模指标看，服务业百强企业总体上保持了恢复发展态势，取得了稳中有进、规模扩张的可喜成果，营收和资产总额较上届百强均实现一定增长，其中国有企业营收增长幅度较大，相较民营企业较为乏力的增长表现，呈现出了更强的抗风险能力，为本届服务业百强总营收增长作出了主力贡献。

（二）服务业百强利润总额比上届略有增长，但较自身上年度利润水平有所下滑

从服务业百强经济效益指标看，100家企业中利润额为正的有88家，比上届多1家，共实现利润总额420.60亿元，比上届利润总额增加了13.86亿元，基本持平；比本届服务业百强企业自身上一年度实现的利润总额456.11亿元减少了35.51亿元，下降了7.8%。其中，服务业百强中国有企业实现利润282.81亿元，比上届增加了7.53亿元，比自身上一年度实现利润减少了15.49亿元，下降了5.6%；服务业百强中民营企业实现利润135.93亿元，比上届增加了7.8亿元，比自身上一年度实现利润减少了18.75亿元，下降了14.6%。

从数据图表可以直观看到，虽然就服务业百强群体而言，无论从整体、国企还是民企的角度进行比较，本届服务业百强企业盈利与上届服务业百强相比均略有增长，但从企业自身的连续经营情况来看，与企业自身上一年度盈利数据相比，本届服务业百强整体、国企、民企本年度利润受疫情直接影响较上年度均有一定程度下滑，其中民企本年度实现利润比上年度下降幅度最大，比国企下降幅度多出9个百分点，表明民营服务企业2022年受疫情的负面冲击影响最大，企业生存发展承受着显著压力。

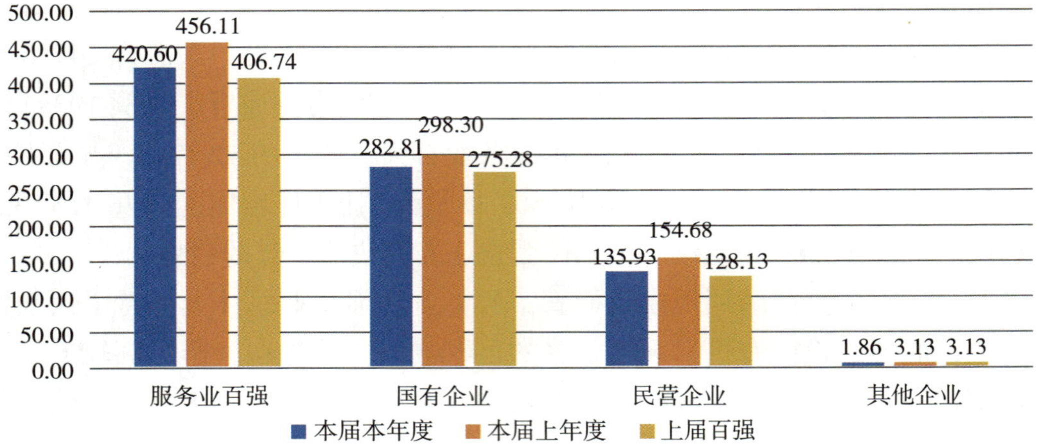

图 15　上届服务业百强与本届服务业百强本年度、上年度利润情况比较（单位：亿元）

从创造利润的能力来看，本届服务业百强企业自身本年度资产总额比上年度增长 13.5%，比自身营收总额同比增幅 8.9% 高出 4.6 个百分点，与自身利润总额同比下降的情况形成鲜明对比，反映出服务业百强企业资产利用效率整体不高，资产添置情况与收益增加情况不成正比。本届服务业百强企业中，国有企业总资产为民营企业总资产的 2.65 倍，国有企业总利润为民营企业总利润的 2.08 倍，虽然国企相对民企的资产比仍然高于利润比，但从资产利润率的角度看，与上届服务业百强中国企与民企资产比、利润比分别为 4.10 倍、2.15 倍的情况相比，本届服务业百强企业中国有企业的整体资产利用效率较上届有明显提升。

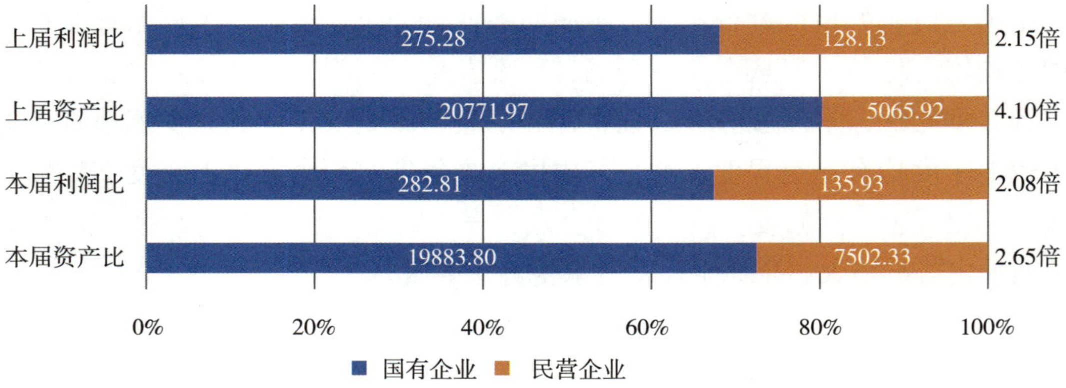

图 16　上届及本届服务业百强中国有企业与民营企业资产利润水平比较

（三）服务业百强展现新业态新模式新热点，不同服务行业复苏程度存在差异

从本届服务业百强榜单中企业主营业务的业态分布情况看，商贸服务业企业 28 家，数字服务业企业 18 家，设计服务业企业 14 家，金融服务业企业 9 家，现代物流服务业企业 9 家，房地产及建筑装饰服务业企业 9 家，专业服务业企业 5 家，市政及公用事业服务业企业 4 家，物业服务业企业 2 家，文化旅游服务业企业 2 家。与上届相比，本届服务业百强企业在商贸服务业、数字服务业、设计服务业三大领域的集聚程度仍然最高。商贸服务业企业数量与上届相同，较大幅度领先其他行业入围企业数量；数字服务业企业和设计服务业企业数量均有所下降。除此之外，金融服务业、现代物流服务业企业入围数量与上届相比略有增加，房地产及建筑装饰服务业企业数量比上届增加较多，专业服务业、市政及公用事业服务业、文化旅游服务业企业数量与上届基本持平。

值得关注的是本届榜单中物业服务业企业有 2 家入围，虽然排名均在九十名之后，但为服务业百强榜单增添了新的行业类别，这也反映出城市化进程和房地产开发到达一定阶段后带来了巨大的物业管理需求，物业管理服务有望抢抓城市更新的机遇成为新的风口。此外，专业服务业中出现了以武汉蔚能电池资产有限公司为代表的新型资产管理公司，运营全新的电池商业模式，是随着新能源汽车市场不断发展，顺应“车电分离”趋势而创新产生的新型服务行业，目前市场尚处于萌芽期，未来空间会越来越大。

本届入围服务业百强的 28 家商贸服务业企业 2022 年实现总营收 6208.47 亿元，比上届入选的 28 家商贸服务业企业 2021 年总营收 4666.40 亿元增加了 1542.07 亿元，反映出经过 2022 年从中央到地方提振消费的艰苦努力，消费市场整体企稳向好。但本地商业零售龙头企业武商集团股份有限公司营收下降较大，中百控股集团股份有限公司营收也略有下降；联想移动通信贸易（武汉）有限公司、小米之家商业有限公司、艾德蒙科技（武汉）有限公司、武汉工贸有限公司等销售消费类电子产品的商贸企业营收下降幅度十分明显；恒信汽车集团股份有限公司、居然之家新零售集团股份有限公司等汽车、房屋装修等大宗商品消费领域的商贸企业，营收均低于上年度水平，尚未恢复增长态势；餐饮类服务企业中，快餐品牌企业百胜餐饮（武汉）有限公司营

收基本维持在上年度水平且略有增加，中式餐饮企业武汉湖锦投资管理有限责任公司营收较上年度下滑显著。以上商贸行业内部企业营收表现存在较大差异的情况，反映出不同类别的消费需求复苏情况差别较大，不同类别商贸企业受到疫情影响的程度也有所不同。

另外两大集聚度较高的服务行业中，数字服务业企业18家，2022年实现总营收510.54亿元，比其上一年度总营收增长了11.9%；设计服务业企业14家，2022年实现总营收914.84亿元，比其上一年度总营收增长了20.9%，增幅较大。

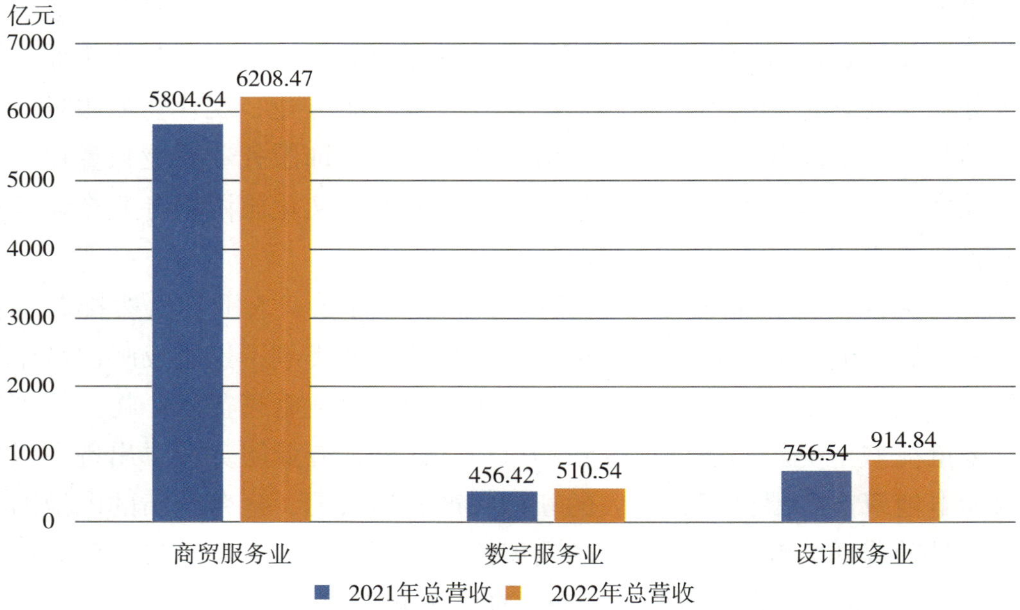

图17　本届服务业百强中集聚程度较高的三大行业企业营收增长情况

（四）服务业百强研发投入和行业影响力稳步扩大，设计服务企业专利产出表现良好

从研发投入看，本届服务业百强中有60家企业提供了研发数据，研发经费总额达到73.79亿元，与上届55家提供研发数据的服务业百强企业研发经费总额54.39亿元相比提升了35.7%。近年来有研发数据的服务业企业数量稳定上升，合计研发投入也大幅提升，比起首届发布的2018服务业企业100强共计24.51亿元的研发经费数据，本届研发经费已是当时的3倍左右，表明在服务业企业中，注重开展以研发投入为代表的创新活动，增强企业发展内生动力与核心竞争力，已成为共识和趋势。在有研发投入数据的企业中，研发

投入最多的仍是上届投入最多的中冶南方工程技术有限公司，其研发投入占营业收入的比重为3.5%。

从专利产出看，本届服务业百强企业拥有专利的达55家，比上届增加了7家，获得专利授权16827件，比上届增加4580件，其中发明专利4958件，发明专利占比29.46%，比上届提升了3.31个百分点。拥有专利数超过100件的企业有23家，其中超过1000件的有4家。拥有专利授权最多的两家企业是中铁第四勘察设计院集团有限公司、中冶南方工程技术有限公司，拥有发明专利最多的企业是中冶南方工程技术有限公司。

从行业标准制定情况看，本届服务业百强共有36家企业参与国家或国际行业标准制定，比上届增加了11家，参与标准制定的企业数量增长显著，表明武汉百强企业在各行业中的影响力和品牌知名度都在稳步提升。参与制定标准数量排在首位的仍然是中冶南方工程技术有限公司，参与制定的行业标准数量超过200项，其次是中国电力工程顾问集团中南电力设计院有限公司，参与制定的行业标准超过140项。

四、促进百强企业高质量发展的对策建议

3年疫情对整体经济、就业、收入增长的持续影响仍然凸显，经济恢复向好的基础还不牢固，“需求收缩、供给冲击、预期转弱”三重压力下的格局扭转面临更加突出的问题，产业转型升级有待加快，消费恢复提振偏慢，民间投资意愿减弱，市场主体特别是中小微企业生存发展面临较大压力，无论从宏观经济角度、中观产业角度还是微观企业角度来看，恢复仍是一个“任重而道远”的过程，需要政府和企业共同努力。

（一）政府层面

1. 坚持发展实体经济守住工业底线，发挥制造业基础支撑作用

围绕汽车、电子信息、原材料、消费品、装备制造、生物医药等重点行业加快供应链补链强链，建立重点产业的关键产品目录，促进生产本土化并补足产业链供应链短板。强化供应链风险监测预警和应急协调联动机制，分级分层开展产业链供应链对接服务。立足武汉资源禀赋优势和环境承载能力，抢抓产业变革机遇，超前谋划产业更新布局，不断完善“支柱+新兴+未来”梯度培育、接续发展的迭代产业体系，一方面努力争取在新赛道布局上突飞猛进，另一方面要努力实现在传统赛道升级中提质增效，“双赛道”相互渗透、

相互融合、相互促进，加快实现产业基础再造、产业版图重塑。围绕关键技术突破加快建设制造业创新载体，布局一批国家级和市级创新平台，推动“链主”企业牵头组建开放型创新联合体，强化制造业质量品牌建设。

2. 以推进国际消费中心城市建设为契机，进一步恢复和扩大消费

以加快建设国际消费中心城市为契机，依托武汉优质产品和服务，打造消费品牌，创新消费供给，引聚消费需求，畅通消费渠道，改善消费体验，释放消费潜力。抢抓以绿色、健康、休闲、智能为特征的新型消费热点，满足人民群众多样化、多层次、多方面的消费需求，通过政企银三方联动，打造消费热点，激发市场活力。落实落细就业优先政策，实施分类化差异化增收措施，支持发展吸纳就业能力强的产业和企业，稳步增加居民收入，改善居民收入预期，适当增加消费信贷。创新消费业态，拓宽线上商品零售、“互联网 +”服务渠道。打造消费新载体，培育建设文旅融合特色商圈、夜经济商圈、休闲旅游度假区等地标性消费场景。优化消费环境，健全全链条产品和服务质量监管体系，运用数字化技术提高监管效能。加强消费者维权体系建设，切实改善消费者的消费体验，构筑起安全放心优质的消费环境。

3. 为百强企业提供差异化服务增强精准施策力度，加快优质企业梯队建设

精准匹配企业需求，实施差异化的服务，支持引导百强企业有效突破发展瓶颈，全面加快建设覆盖大中小企业的优质企业梯队，带领全市中小企业共同发展。引导百强头部企业对标世界一流企业，加快建设主导全球产业链、供应链、价值链的龙头企业；引导百强腰部企业做强主业进一步壮大实力，增强在产业链组织中的地位和作用；引导百强底部企业瞄准“专精特新”“小巨人”和单项冠军企业，形成特色创出品牌。推动产学研协同创新和产业链协作配套建设，支持百强企业围绕产业链布局开展并购重组，吸引上下游企业落户，针对重点产业链，采取政府指导、平台承办、双向互动形式，常态化组织产业链“链主”与上下游企业供需见面、路演推荐等系列活动，形成产业集聚效应和规模效应，提升百强企业核心竞争力和抗风险能力。重点培育服务优质中小微企业，加大服务专精特新企业工作力度，解决专精特新“小巨人”企业的技术创新、上市辅导、创新成果转化与应用、数字化智能化改造、知识产权应用、上云用云及工业设计等需求。

4. 聚焦百强企业多样化需求，加快推动应用场景开放创新

进一步加大主动培育和供给场景的工作力度，构建场景全周期孵化机制，提升场景策划设计能力，组织凝练一批具有较大量级和较强示范带动作用的传统场景转型升级，通过政府引领、重点企业示范、万众创新的模式重点培育和打造一批创新应用场景，建设若干具有综合影响力的城市场景创新发展集聚区，打造一批具有引领带动力的城市场景示范点位。持续发布场景机会清单，及时释放政府、企业两端供需信息，加强场景供需有效对接，举办场景对接活动，引导百强企业聚焦真实市场需求参与“揭榜挂帅”，组织技术攻关，构建技术与应用对接的试验场，以场景供给吸引各种前沿技术落地。同时，充分发挥在汉央企、国企集聚优势，引导大型企业率先开放应用场景，共享行业基础资源、核心技术，构建有效产业创新平台，为产业关键技术提供试错环境、实验载体、商业基础等创新要素，积极联合专精特新“小巨人”企业开展联合创新，培育产业新业态。围绕全面保障场景落地，构建长效的场景组织保障机制，吸引更多市场主体参与。

5. 引导民营经济人士弘扬企业家精神，促进民营经济做大做优做强

更加重视企业和企业家在经济增长中的重要作用，引导和支持民营企业履行社会责任、拓展全局思维、树立长远眼光、展现良好形象，增强企业家的荣誉感和社会价值感。发挥商协会等社会团体作用，设立“武汉企业家大讲堂”，制订企业家培训计划和方案，聘请知名专家、学者，定期开展宏观形势、宏观政策、科技创新、法律法规等一系列专题讲座，提高企业家应对复杂多变形势的能力和水平。组织企业家代表团前往长三角、粤港澳大湾区等地参观考察，学习先进管理经验、经营模式，赋能武汉百强企业长远健康发展。评选年度杰出企业家、优秀企业家、最具社会责任感企业家等，树立优秀企业家典型，充分发挥优秀企业的示范榜样作用。建设国际一流的营商环境，加强对百强民营企业的呵护和关心，共探企业未来发展之路，团结引导广大民营企业家科学分析政策和宏观形势，抓住国内外市场发展机遇，围绕武汉主导产业发展战略开拓更多业务增长点，展现更大担当作为。

（二）企业层面

1. 深化供给侧结构性改革，聚焦市场需求提升供给质量

积极克服市场需求不足、企业融资难、融资贵以及技术创新瓶颈等问题，

挤财力、聚财力，加大企业技术改造和升级力度，调整技术方向，从小处着眼、特处着手、优处着力，积极探寻新发展格局要求的专业化分工路径，聚焦市场个性化、差异化需求特征，转变经营理念，树立品牌意识，不弃小、注重特、着力优，捕捉市场需求，在“专”上谋篇布局，在“特”上着力用劲。做好目标客户定位，对目标客户进行调研，研究和预测消费者需求，提炼产品诉求点，并在此基础上创新产品，避免“闭门造车”。依据市场经济发展规律，科学选择合资、合作、重组与并购（或被并购）对象，积极运用资本运营等手段和机制，通过参与混合所有制经济的改造与发展，大幅提升企业成长力和发展力。

2. 加大科技研发投入，共享数智成果提升协同发展效率

立足自身优势，结合百强企业发展实际和终端市场需求，持续加大科研投入，加强与国内高等院校和科研机构合作交流，积极引进实验室基础性成果，通过百强企业内部科研机构二次开发和工程化放大，提高科技成果成熟度和可行性。持续加大高层次、专家级人才引进力度，通过合作开发、联合培养、共建创新平台等形式，推动原始创新、集成创新、开放创新的有效贯通。发挥百强企业在产业链上的影响力和传导作用，通过平台开放和数字资源共享等多种渠道与上下游中小企业开展合作，推动创新链和产业链数字化的深度嵌入，提升数字化协同效率，形成较为完整的数字产业体系，带动中小企业数字化转型。

3. 瞄准新兴产业赛道，推动传统业务领域转型“跨界”

依托产业链供应链形成的上下游联系，顺应技术进步趋势，顺应市场需求变化，实施业务多元化发展战略，充分发挥百强链主企业吸引产业链上下游、左右岸企业的集聚功能，向产业链供应链垂直整合、横向贯通，为上下游关联配套企业提供技术及人才支持、共享生产服务，推动传统业务领域转型升级，通过工业跨界联姻将业务触角向新兴产业赛道延伸，提升产品核心竞争力，争取更大生存空间应对市场竞争，带动关联企业共同发展。另外，传统制造业百强企业要加快以产品生产为中心逐渐转变为以消费者服务为中心，从纯粹的生产制造模式逐渐转向“制造 + 服务”模式，跨界转向服务型制造企业；生产性服务业百强企业在与制造业融合发展的过程中，要逐步形成组织制造品生产、使用和消费的新兴跨界企业。

4. 积极履行社会责任，坚持经济效益与社会效益并重发展

面对当前经济下行压力，百强企业在稳定巩固经营效益的同时，要积极履行社会责任，坚持以人民为中心的发展思想，着力提升社会认可度、美誉度，为企业长远发展夯实基础。培育整体大局观，运用长远的眼光看待企业的经营发展，把满足社会刚需、指向社会痛点、精准解决社会问题作为企业使命，通过自身的全面践行和对外赋能，成为真正的社会企业和可持续影响力企业。持续深化社会责任意识，明确社会责任要求，将社会责任理念融入企业战略、公司治理和运营管理中，以负责任的理念和方式开展合规管理、产品创新、员工培育、公益慈善等工作，优化调整产业布局、加速推进科技创新，增强综合竞争力，提升百强企业可持续发展质量和效益，以高质量履责服务发展大局。面对疫情对就业造成的冲击，各市场主体要主动担当作为，积极履行企业社会责任，千方百计拓展岗位资源，进一步挖掘岗位潜力，把当前用人所需与超前储备人才结合起来，创造更多就业岗位，全力稳就业、促就业、保就业，确保就业形势整体稳定。

执笔人：施　雯　付　兴　吴　怡　张冰倩

聚焦产业化
抢占“双智”协同发展新赛道
——关于武汉“双智”协同发展的调研报告

武汉发展战略研究院课题组

国家积极推动智慧城市基础设施与智能网联汽车（以下简称“双智”）协同发展，意在不断提升城市基础设施智能化水平，加快智能网联汽车产业发展，探索汽车产业、城市建设、社会治理转型新路径，有利于服务改善民生、提升城市治理效能，二者协同发展更孕育无限产业新空间。武汉作为国家第一批“双智”协同发展试点城市之一，在结束为期两年（2021 年 5 月—2023 年 5 月）的试点任务之后，如何进一步往前走，还面临着一系列的问题和挑战，特别是在形成支撑“双智”协同可持续发展的产业化路径和商业模式上，武汉既要依托汽车促“双智”，又要跳出汽车谋“双智”，加快找到突破口，抢占“双智”协同发展新赛道。

一、加快“双智”协同发展，事关全局、事关长远

（一）大势所趋，武汉必须抢占先机

“双智”协同发展已成为城市建设与汽车产业转型发展的重要趋势和战略方向，特别是随着汽车与相关产业跨界融合，电动化、智能化、网联化、绿色化发展加速，智能网联汽车新生态加速构建、新模式加速形成，为世界经济发展注入新动能的同时，也成为世界主要国家和经济体争相抢夺的战略制高点，我国也将发展智能网联汽车上升到建设智能汽车强国的战略高度。

据工信部发布数据显示，2020 年，我国智能网联汽车销量为 303.2 万辆，市场渗透率约为 15%，而 2022 年我国搭载辅助自动驾驶系统的智能网联乘用车新车销售量更是达 700 万辆，同比增长 45.6%①，市场渗透率提升至 34.9%，发展势头十分强劲。

在国家高度重视、城市激烈竞争、市场主体反应积极、公众出行体验需求升级等综合因素的推动下，智能网联汽车快速发展的势头已不可阻挡。按照国家部署，到 2025 年，我国智能网联汽车的技术创新、产业生态、基础设施、法规标准、产品监管和网络安全体系基本形成，届时城市之间的竞争态势也将基本明朗。除了武汉，上海、广州、北京、重庆、合肥、西安等地也纷纷提出智能网联汽车产业发展战略，展现出必争的“野心”和必胜的“雄心”，国内汽车产业版图面临重新洗牌的激烈竞争态势。武汉汽车产业已经连续 13 年成为全市第一大支柱产业，汽车产值几乎占到了全市 GDP 的 1/4，其发展“不容有失”。“不进则退、慢进亦退”，抢占智能网联汽车先发优势，事关武汉整体产业结构升级优化，也是巩固汽车产业全国地位，提升城市综合实力的关键环节。

表 1　主要国家和地区智能网联汽车发展谋划

	战略规划	发愿望景
中国	《车联网(智能网联汽车)产业发展行动计划》 《智能汽车创新发展战略》 《智能网联汽车技术路线图 2.0》	到2025年基本形成国内标准智能汽车的技术创新、产业生态、基础设施、法规标准、产品监管和网络安全体系，实现高度自动驾驶的智能汽车在特定环境下市场化应用。2035到2050年，中国标准智能汽车体系全面建成、更加完善
美国	《自动驾驶汽车总体规划》 《准备迎接未来交通：自动驾驶汽车3.0》	引导自动驾驶和智能交通融合发展，建立领先全球的战略规划、创新支持、法律法规、标准规范、推广应用等完备综合性产业政策体系
欧盟	《智能汽车安全的良好实践》 《通往自动化出行之路：欧盟未来出行战略》	2030 年步入完全自动驾驶社会
日本	《自动驾驶汽车安全技术指南》	将自动驾驶汽车的普及作为增长战略的支柱，到2025年在国内形成完全自动驾驶汽车市场目标

① 2023 年 5 月 16 日，在第十届国际智能网联汽车技术年会上，工信部装备工业一司一级巡视员苗长兴表示，2022 年我国搭载辅助自动驾驶系统的智能网联乘用车新车销售量达 700 万辆，同比增长 45.6%，新能源汽车辅助自动驾驶系统搭载比例达 48%。目前，全国累计开放智能网联汽车测试道路超 1500 千米，发放测试牌照超过 2800 张，道路测试总里程达 6000 多万千米，部署路测网联基础设施超过 7000 套。

（二）竞争格局尚未成形，各城市仍处同一起跑线

我国作为世界上首个系统性开展“双智”协同发展的国家，在“双智”协同发展的具体路径上没有现成经验和模式可以借鉴。从2021年开始，国家分两批共授权16个城市[①]作为“双智”协同发展试点城市。包括武汉在内的第一批6个试点城市，主要围绕智慧化基础设施、新型网络设施、车城网平台、示范应用、完善标准制度等5个领域开展试点工作。目前，试点示范工作虽已初见成效，但全国“双智”协同发展总体上仍处在从小范围测试验证转入技术快速发展、生态加速构建的阶段，竞争的态势并不明朗，各城市还处于新赛道的同一起跑线上。

武汉示范区以经开区为核心承载区，经过试点示范，除了在完善标准制度领域需要进一步加强外，在智能化基础设施、新型网络设施、车城网平台、自动驾驶示范应用等领域总体处于全国较领先水平，已经具备了一定的局部优势。

① 第一批：北京、上海、广州、武汉、长沙、无锡。第二批：重庆、深圳、厦门、南京、济南、成都、合肥、沧州、芜湖、淄博。

表 2　第一批试点城市“双智”协同建设成果评估对比

试点任务	重点领域	武汉	无锡	长沙	北京	广州	上海
智慧化基础设施	道路智能化改造范围	106km	700km	100km高速 100km^{2}城市	10km高速 60km^{2}城市	133km	53.6km
	改造方式	新建+复用 共杆、共建	新建+升级	新建+升级	新建为主 多杆合一	新建+升级	新建+复用
	智能化点位数	413个	100个	361个	332个	113个	76个
	总体评价：武汉示范区设施种类较为齐全，可实现道路信息感知与信息交互，处于较领先水平						
新型网络设施	C-V2X网络D-（RSU数量）	272个	400个	400个	305个	100个	38个
	高精度地图	125km	—	—	20km	30km	—
	总体评价：武汉示范区建设了5G专网、高精度北斗定位站网，采集了高精度地图，建设内容较全面，整体处于领先水平						
车城网平台	建设进展	车城网基础平台和车城融合应用平台已开展试运营	无锡（锡山）车联网运营管理中心正式上线运营	智能网联云控管理平台已完成可研文本编制	完成示范区创新展示中心建设	完成平台云端部署	正在建设全市统一的智能网联汽车数据综合管理和运行监管服务平台
	总体评价：武汉车城网平台，建设内容较全面，汇聚城市道路、交通、汽车等数据，数据元素和互通性较好，处于领先水平						
示范应用	V2X应用	10000辆社会车辆	与L4自动驾驶结合，13个场景	—	12类场景	—	—
	智慧公交	236辆	3条线路	73条线路，2072辆	—	15000辆	—
	智慧停车	1556家停车场，59万个泊位，2个AVP	—	946家停车场，34万用户	1个AVP	2100家停车场，100万个泊位	—
	RoboTaxi/乘用车（自动驾驶）	200辆	—	30辆	147辆	1辆	244辆
	总体评价：武汉示范区示范应用内容较为全面、场景较丰富、规模较大，具有一定的社会示范应用规模和效应，处于较领先水平						
完善标准制度	已制定标准数量	6	2	3	40	20	3
	标准内容	高精度地图与高精度定位等	道路基础设施建设指南等	智能网联公交、智能化路侧系统等	智慧多功能杆、云控系统、自动驾驶地图、路侧基础设施等	智慧灯杆、车城网建设和运营等	自动驾驶出租车功能和运营要求、智慧道路建设等
	总体评价：武汉示范区还需进一步加强智慧城市基础设施和应用标准的研究和制定。北京、广州制定的标准数量较多						

（三）“双智”协同加速，催生发展新空间

“双智”协同发展是一个综合、系统的大工程，需要城市、道路和汽车共同参与进来，相互支持、相互协同。一方面，作为汽车制造、信息通信、交通运输等行业深度融合发展的新兴业态，智能网联汽车本身产业链条长、科技密度高、带动作用强。另一方面，智能网联汽车的发展与智慧城市基础设施的建设又具有高度的关联性，智慧城市为智能网联汽车发展提供智能基础设施和应用场景，智能网联汽车则作为智慧城市建设的牵引力和数字化终端，二者协同发展支持面向智慧交通、智能网联汽车以及智慧城市建设管理等多类应用，将催生大量新业态、新模式、新产业，不仅涉及城市交通基础设施改造和建设、智能网联汽车研发升级和推广应用，也包含物联网、云计算、自动控制、大数据运营、人工智能、信息消费等，产业发展空间巨大。

当前，武汉“双智”协同发展的产业生态也在稳步构建。在智慧城市基础设施建设方面，积聚了中国电子云、京东云、科大讯飞等行业头部企业，建成智慧城市大脑、美丽社区、智慧园区等智慧城市管理平台。在智能网联汽车、智慧交通协同发展方面，积聚了华为创新中心、东软睿驰、芯擎科技、东风、百度、小米等一批车规级芯片，激光雷达、车联网等领域“独角兽”企业和头部企业，跨界融合、上下联动的产业链生态体系加快形成。随着智慧城市基础设施与智能网联汽车协同发展各种应用场景的商业化落地，武汉要找到适合自身特点的产业化路径和领域，可能也可行。

（四）武汉具备基础比较优势，激发潜能将大有可为

推进“双智”协同发展，离不开城市综合经济实力、产业能级、科技创新、城市基础设施承载等方面的支撑，从国家此前选取的16个试点城市来看，入选城市各自在一定的领域具备较好的基础和条件。武汉经济综合实力长期稳居全国前十，是全国三大智力密集区之一，是国家支持建设的国家中心城市和具有全国影响力的科技创新中心。加之，武汉人口超千万，是国家综合交通枢纽，城市基础设施建设水平较高，智能驾驶应用场景丰富，承担着探索超大城市治理新路子的重大战略使命。

特别是武汉作为全国六大乘用车基地之一，拥有完整的汽车产业体系，汇集中、法、美、英、日五大车系，积聚了东风本田、东风日产、神龙、东风乘用车、上汽通用、吉利路特斯等多家整车企业，汽车零部件企业1000多

家，这是部分缺乏完整汽车产业体系城市所不能比的，这也让武汉抢占“双智”协同发展先机更有胜算。

同时，武汉拥有国家网络安全人才与创新基地，又致力打造“光芯屏端网”新一代信息技术世界级产业集群，与“双智”协同发展的关键环节“车路云网图”高度契合，“车谷”与“光谷”“网谷”的联动，也为武汉推进“双智”协同发展提供了先行先试、抢占先机的巨大空间。

二、“双智”协同发展将进入以市场化和产业化为重心的新阶段

当前，第一批“双智”协同发展试点城市已进入建设情况评估验收阶段，总体上取得了一系列可复制、可推广的试点示范成果。但此次调研发现，各城市也面临着诸多的共性问题和瓶颈，特别是产业化和商业化应用不足，已成为各城市能否可持续推进“双智”协同发展，和抢占“双智”协同发展新赛道的最大挑战，谁能率先取得突破，谁就将占得先机。进入“双智”下半场，武汉须加快明确“双智”技术方案和建设模式，推动实现产业化发展和规模化应用，促使“双智”模式稳定地发挥效益。

（一）下一阶段“双智”协同发展的重心在于加速推动智能网联汽车产业化与商业化应用，继而全面服务智慧城市建设

作为一项前瞻性改革任务，“双智”试点为智慧城市和智能网联汽车领域最前沿的技术、最先进的设备、最创新的商业模式以及从无到有的法律法规、标准体系等提供了大胆试验的舞台和改革突围的空间，构建了城市万物互联的未来图景。试点期结束后，“双智”协同发展还将继续在全市更大范围、更广领域深化演进。针对当前“双智”协同发展存在的投入与产出不匹配、企业参与度不高、应用场景商业化开发不足等现实问题，下一阶段，“双智”协同发展的重心将转向智能网联汽车产业化与商业化应用：通过示范应用激发智能网联产业链上下游企业产品研发，催生一批智能网联前沿技术，加速向新兴产业渗透，促进以“智能网联汽车”为核心的大智慧产业与智慧城市建设互为反哺、协同发展，形成投入产出可持续、经济社会效益共提升的“车—路—城”良性循环发展模式。

从获批“双智”试点的其他城市来看，都不约而同将促进“双智”相关产业集聚发展和商业化应用作为试点的重要落脚点以及下一阶段重要发展方向，通过出台专项政策、搭建技术创新平台、吸引头部企业等方式推动“双

智”产业发展。如北京在“双智”试点基础上，同步推进高级别自动驾驶示范区和智能网联汽车政策先行区建设，努力打造网联云控式自动驾驶汽车产业发展服务新模式，引领和赋能智能网联汽车产业发展；上海嘉定推动各类产业要素资源向智能网联汽车产业集聚，上汽享道、AutoX、百度、小马等18家企业、367辆车已在嘉定开展测试及示范应用，仙途、白犀牛等无人驾驶企业在特定区域开展无人清扫、无人配送等应用场景测试；广州提出打造成全球知名的万亿级“智车之城”，在南沙、花都等区开展混行试点，小马智行、百度阿波罗、文远知行、滴滴沃芽等一批自动驾驶头部企业纷纷落户广州，广州本土企业如小鹏汽车等也在城市辅助驾驶方面先试先行。

表 3　部分试点城市“双智”产业化和商业化发展情况

城市	产业发展情况	产业发展目标	政策文件
北京	大力推进全球首个网联云控式高级别自动驾驶示范区和国内首个智能网联汽车政策先行区建设，围绕“车、路、云、网、图”五大体系，持续创新完善体制机制和建设内容，努力打造网联云控式自动驾驶汽车产业发展服务新模式，引领和赋能智能网联汽车产业发展。新能源汽车与智能网联汽车已成为北京经济技术开发区4个千亿级产业集群之首。目前聚集了百度、小马智行、商汤科技等一系列头部企业参与场景建设，已实现自动驾驶出租车、无人零售、无人配送、无人巡逻、无人接驳、智能网联客运巴士、干线物流和无人环卫八大类应用场景全面示范。推进自动驾驶乘用车无人化和商业化，服务超134万人次；实现末端配送新模式，无人配送服务超130万单；打造零售服务新体验，累计服务250万余次；积极推动教育专线、机场接驳场景等创新应用落地，与公交车、公务车、快递车、环卫车、社会车辆等实现小规模场景示范应用	下一步，北京市将加速智能网联汽车产业链的布局，聚焦自动驾驶量产应用和汽车芯片产业链协同两大重点，打造智能网联产业园区，构建智能网联汽车的产业生态。力争到2025年，汽车产业产值突破7000亿元，智能网联汽车（L2级以上）渗透率达到80%	《北京市智能网联驾驶技术创新工程（2016年—2025年）》 《北京市智能网联汽车创新发展行动方案(2019年—2022年)》 《北京市智能网联汽车政策先行区总体实施方案》
上海	已逐步形成沿江、沿湾、沪西3条高端产业集群发展带，并围绕芯片、集成电路、智能传感、北斗导航、信息及数据安全等智能网联汽车核心产业布局。先后在嘉定、临港、奉贤和金桥建设了4个各具特色、协同互补的智能网联汽车测试示范区。积极开展智能网联汽车测试创新实践，集聚了上汽赛可、百度智行、AutoX、小马智行、滴滴沃芽、丰田、上汽大众、友道智途、云骥智行、图森未来、临港捷运、临港公交、绝影智能、依行机器人、阿利昂斯、白犀牛、酷移机器人、美团、新石器、锐醒科技、德鑫礼行等自动驾驶科技企业。智能出租、智能公交完成超 35 万单出行服务，智能配送完成超 6万单，智能重卡及智能转运完成超10.8 万 TEU 运输量	到2025年，初步建成国内领先的智能网联汽车创新发展体系。产业规模力争达到5000亿元，具备组合驾驶辅助功能（L2级）和有条件自动驾驶功能（L3级）汽车占新车生产比例超过70%，具备高度自动驾驶功能（L4级及以上）汽车在限定区域和特定场景实现商业化应用	《上海市加快智能网联汽车创新发展实施方案》
广州	锚定万亿级目标，坚定加快发展“智车之城”，持续优化汽车产业发展生态。百度阿波罗、文远知行、小马智行、华为广州研究院等智能驾驶企业纷纷落地广州，广汽、小鹏等广州本土车企加码相关布局。花都区着力打造全国最大的智能网联汽车产业基地。2021年7月，广州在国内率先启动了自动驾驶混行试点，2022年7月，又首发启动了自动驾驶汽车规模化示范运营，在全国率先建立起一套较为完整的智能网联汽车测试应用体系和“1+1+2+7”的自动驾驶汽车商业化示范运营政策体系。目前，滴滴自动驾驶首批获得广州智能网联示范运营资质,正式在广州花都开启商业化运营	到2025年，广州全市汽车产能突破500万辆，规模以上汽车制造业产值力争达到1万亿元。L2级组合驾驶辅助及以上自动驾驶水平智能新车占比达到80%	《广州市智能与新能源汽车创新发展“十四五”规划》 《广州市智能网联与新能源汽车产业链高质量发展三年行动计划（2022—2024年）》

（二）武汉必须抢抓“车—路—云—网—图”产业化新赛道新机遇

“双智”协同发展涉及城市交通基础设施的改造和建设、智能网联汽车的研发升级和推广应用，并以网络、数据、存储、计算等信息化产业作为支撑，产业链涵盖了汽车制造、5G通信、大数据、人工智能、信息安全等多个行业的多个产业环节和技术领域，同时行业融合发展还在不断滋生各种新业态。武汉必须化优势为胜势，化试验为实践，抢抓“双智”产业机遇，以构建“车—路—云—网—图”为重点的一体化全产业链为目标，打造智能网联汽车产业创新和应用高地。可重点聚焦以下产业化方向。

以自主可控为目标加快发展智能网联汽车及高级别自动驾驶产业。推动“车谷”“光谷”智能网联汽车产业链深度融合，联合自动驾驶测试企业，开展复杂系统体系架构、复杂环境感知、智能决策控制等前瞻技术攻关。加快推进集合自动驾驶、智能座舱终端、智能通信终端等技术的新一代智能网联车型研发和测试。加快自动驾驶主控芯片、高精度视觉传感器、毫米波雷达、激光雷达、线控底盘、车载智能终端等先进产品的研究与产业化进程，培育壮大本地零部件企业，加快进入中高端整车产品配套体系。支持整车企业打造硬件可插拔、场景可编程、生态可随需、系统自进化的智能电动数字化车端平台，鼓励政府车辆、特种车辆和社会运营车辆后装OBU。扩大L2级辅助驾驶水平汽车生产能力，推动L3级、L4级部分自动驾驶水平汽车规模化量产。

依托智能网联汽车测试场培育汽车检验检测产业集群。充分发挥测试场在场地、设施、数字化、自动化、安全性、可靠性等方面的综合优势，立足武汉，服务中部地区，为整车及零部件生产企业提供整车辅助驾驶测试、自动驾驶试验测试等专业技术服务。构建国内领先的智能网联汽车测试评价体系，重点研发虚拟仿真、硬件在环仿真、实车道路测试等技术和验证工具，完善网络及数据安全、软件升级等测试和评价技术。支持国家级检测检验机构在汉设立区域中心，打造从检测检验、研发中试、标准修订、示范应用到产业孵化的完整产业体系，带动形成一批在智能网联汽车测试领域具有国际竞争力的企业和产业集群。

依托地理信息产业优势深耕高精度地图和高精度定位商业化应用。积极申报智能网联汽车高精度地图应用试点城市。推进高精度地图和北斗高精度定位、超宽带室内定位及相关新型定位定姿技术深度融合，形成高精度地图众包测绘、自动标注和标准化生产能力。鼓励具有相关资质的企业在试点区域内开展基于北斗卫星导航系统的高精度地图生产、应用试点工作。强化地图服务商、整车企业、科研单位、高校等试点单位交流合作，支持开展多元化测试验证和应用推广，加快推进智能网联基础地图关键技术取得突破。

加快构建基于自动驾驶和相关增值服务的商业模式闭环。加快布局多车型、广覆盖、高级别示范应用场景。探索 RoboTaxi 可持续运营模式，支持扩大商业运营规模。加快推动自助代客泊车、智能充电等应用落地。积极推进纯电动化无人配送、无人集卡等物流运输服务在产业园区、机场、港口等场景的规模化应用。支持智能公交在城区、社区、园区、景区以及“最后一公里”接驳示范应用。支持无人清扫作业车辆参与城市道路养护、城市防灾巡检。支持外卖零售无人车率先在园区等封闭场景及半开放场景示范推广。探索在度假区、景区、大型游乐场所开展智能接驳观光巴士示范应用，探索在机场、火车站等客运枢纽应用自动接驳车辆。

依托网安基地打造“双智”网络安全与大数据应用产业集群。推动网安产业发展，支持国家网络安全人才与创新基地针对智能网联汽车安全问题开展攻防实验、安全技术和产品研发。提升“车城网”及智能网联应用的功能安全、网络安全、网络设施与系统安全、通信安全以及安全监测与应急处置等核心技术水平。建立数据特区，合理开放利用“车城网”数据资源，对重要数据和个人敏感信息实施脱敏处理，探索行业数据、个人数据与政府数据的融合共享，开放应用，发掘数据经济价值。

三、武汉“双智”协同发展需关注的几个重大问题

武汉依托经开区开展国家“双智”试点以来取得了明显成就，但全市“双智”建设仍处于探索成长期，要在以市场化和产业化为重心的“后试点”阶段抢得先机，打造“车—路—云—网—图”为重点的一体化全产业链，在体制机制、产业生态、场景开发、要素支撑、法律监管等方面还有许多问题需要解决和突破。

（一）全市统筹协调机制还不健全

部门协调机制待完善。武汉“双智”试点在市级领导的指导下成立了“双智”领导小组，但自上而下的全市跨部门、跨领域统筹协作机制还不完善。向上与国家部委互动不够，沟通协调和争取支持的力度还须加强。向下市级

相关部门权责分工不明确，市经信局做为单一主管部门偏重汽车产业发展，交管部门仅提供测试路段信号数据，城建及其他部门参与较少，对应的政府督办欠缺，统筹协调和支持发展的作用发挥不充分。此外，市级层面缺乏全面指导“双智”建设的政策文件，部门间政策措施缺乏相应的衔接。

区域协同发展机制还没有形成。“双智”协同发展是一个系统工程，需要各方共同努力才能取得成效。武汉“双智”协同主要集中在经开区开展，东湖高新区、汉阳区、青山区、江汉区等地还处于起步探索阶段，思想认识上的不统一导致各区之间存在“各干各的”现象，尤其是在路侧智能基础设施、数据接入、道路开放、车联网平台等方面未能采用统一标准、打造统一的运营主体、形成全市一张网，车端、交通端、城市端等多主体协同参与建设的机制远没有形成，一定程度上存在前期盲目投资造成资源浪费。

（二）基础支撑和平台建设须加快搭建

“车端”的支撑还须加强。武汉拥有较好的汽车整车生产基础，并在智能网联汽车领域取得了一系列成绩，但“单车智能”方面还存在难以准确感知识别、高精度定位等技术问题和市场渗透率低、推广普及慢等商业化运营问题，在“单车智能”领域方面还须不断提升汽车本身的智能化水平，汽车整车生产企业还须在如何推动车、路、城市协同等问题上加快智能化和商业化探索。

“路端”智能基础设施配套仍待优化。武汉已在信息基础设施、高精度定位基础设施、感知基础设施等方面做出了有益探索，但路侧物联感知设备部署还不丰富、覆盖范围不够、网联化升级还不够，特别是以全息路口为标志、感知设施密集的智能路口系统建设相对滞后，道路感知设备和数字化标识的交通感知体系也须同步建设和提升，数据采集和接入有待改进，不同设施之间的信息壁垒没有打通，为智能网联汽车赋能不足。此外，算力基础设施的区域布局还须进一步优化，全市算力基础设施主要布局在高校、东湖高新区和东西湖区，而经开区现有的数字基础设施和算力已满足不了“双智”协同的进一步发展。

车城网平台没有得到有效利用。经开区已打造了开放、兼容的车城网平台，其搭建的车城网基础平台、车城融合应用平台等功能和技术实现了与武汉交管平台互联互通，但这一平台目前没有在全市得到推广运用，将导致优质资源的浪费。

（三）应用场景开发须继续拓展

测试场景开放不够。目前，武汉市已开放的测试道路范围还难以满足企业商业化运营与市民个性化出行的需求。已开放的测试道路与实际复杂道路驾驶环境尚有一定差距，缺乏在复杂道路环境下的数据进行算法优化，将限制产业化发展。同时，城市信息、定位、高精度地图等信息基础设施只覆盖有限路段，限制了大规模应用。为促进智能网联汽车产业持续稳定发展，吸引更多企业集聚，武汉市仍须开放更多测试道路、提供更多开放测试场景。

协同发展场景开发不够。“双智”协同发展三大典型应用场景主要为服务汽车、服务交通、服务城市。武汉在服务汽车方面对自动驾驶出租车、智慧公交、智慧停车方面的应用场景进行了一些探索，但仍有较多的场景可以挖掘。在服务交通方面的应用场景较单一，在重点车辆管理、无人配送和低速无人等方面的场景开放不够，对赋能车路交互信息及应用、优先通行、绿波通行、充换电网络等方面步伐较慢。在服务城市方面的应用场景探索还不够，对服务城市安防、城市监测等方面的成绩较少。

（四）商业模式创新和产业生态优化还须提速

商业化规模还须进一步加快扩大。武汉已构建较为全面的智能网联汽车产业链，但尚未真正形成产业创新集群，人才、创新资源仍处于全国第二梯队。截至2022年底，全市投入测试运营无人驾驶车辆120多辆，绝大部分是百度萝卜快跑使用的北汽极狐，而武汉自主品牌特别是东风汽车数量偏少，未能产业巨大的规模效应和全国示范效应。

产业生态共建没有形成。存储器、网络安全均与智能网联汽车产业发展密切相关，但目前三大开发区未能将产业发展优势转化为“双智”产业合作共进的局面。武汉智能网联汽车企业和项目主要以智能驾驶舱、智能网联汽车整车为主，尚未形成产业集聚效应，智能网联新型应用集成企业大多处于试点示范阶段，且大中小企业融通发展的产业生态远没有构建。

可持续的商业运营模式需要构建。经开区已打造了一系列面向未来商业运营的智能网联和自动驾驶的应用体系，在智能公交、自动驾驶出行、末端物流以及传统车辆车路协同等领域均有落地应用，但智能网联场景应用可持续化商业运营尚未形成规模，多数企业处于亏损运营状态。

（五）多元要素相互支撑的格局有待形成

龙头企业引领支撑缺乏。北京、上海、广州等城市积累了大批智能网联汽车关联行业的总部企业、头部企业、研发设计中心、产业人才，在“双智”协同发展产业要素支撑方面具备强大优势。而武汉小鹏汽车仅为其众多生产基地和研发中心之一，自有品牌岚图的竞争潜能还没有得到充分释放。

投资建设资金支撑不足。“双智”协同发展建设普遍面临投资大、见效慢、回收资金难等问题，参与各方都付出了巨大的努力，前期经开区已投入了大量的资金，随着“双智”建设的全市铺开，后续发展将需更多的资金投入。目前，武汉尚未探索出一套可闭环的投资建设运营模式，没有建立相对稳定的财政资金投入保障，“双智”协同发展的专项资金或引导基金还没有确立，社会资本的投融资活动也较少，难以保障“双智”建设的快速持续发展。

技术创新的系统性工程支撑不够。推动“双智”协同发展，需要跳出汽车本身来考虑汽车产业创新发展。从技术创新角度，不仅要关注汽车端的单一技术，更要关注车、路、城协同的融合技术。车端的核心技术主要包括车规级芯片、智能操作系统、车载智能设备和软件以及整车生产等。在此基础上，还需要实现车联网、北斗导航、云计算、高精地图等技术的创新应用，需要进行系统性的工程设计，这是武汉需要不断加强的重点。

（六）立法和监管须加快突破和完善

相关法律法规亟须完善。深圳、上海、无锡等地在自动驾驶立法和智能网联汽车管理方法上已进行了很好的探索，而武汉目前在促进“双智”协同发展的地方性法规方面还是空白，在智能网联汽车准入和上路通行、开展自动驾驶商业化运营、加强智能网联汽车安全监管、加强网络安全和数据安全、开展智能网联汽车缺陷认定和责任判定等方面缺乏法律保障。《武汉市智能网联汽车发展促进条例》仍处于立法调研项目阶段，离正式立法还有一段时间距离。

网络数据安全存在诸多隐患。当前，武汉“双智”建设网络安全和数据安全问题需要引起高度关注，网络自动驾驶存在信息安全问题，网络风险威胁用户财产和生命安全。

监管平台建设须进一步加强。目前监管平台的功能较为基础，仍须进行功能完善与优化，为后续更多的数据打通、更便捷的功能使用做准备。例如，现阶段监管平台缺乏有效的在线升级监测与管理、告警联动处理、车辆准入在线审核等功能。同时，平台的持续运营还缺少智慧城市管理和便民服务场景应用，多元赋能效用欠佳。

四、推进“双智”协同发展的对策建议

进入“后试点”阶段，武汉需要主动作为，一如既往坚持“双智”协同先行者的使命担当，一如既往坚持先试、鼓励先闯、允许先用，一如既往坚持跨部门协同和跨产业融合，加快形成具有武汉特色的“车—路—城”协同发展模式。

（一）建立统筹协调的工作推进机制

加强组织领导，建立跨部门、跨区域、跨领域、跨层级的协同机制，压紧压实责任，协调解决“双智”协同发展过程中的基础性和关键问题。

加强跨部门沟通。成立一个工作专班，由市政府主要领导任组长，市经信局、市城建局联合牵头，市直相关部门共同参与，负责全市“双智”协同的顶层设计和统筹协调。

推动跨区域联动。明确各区建设重点和产业化发展重点，建立区域协同推进机制，在基础设施建设、数据接入、道路开放、平台运营等方面形成统一标准，构建全市一盘棋、各区有侧重、错位互补的发展格局。

促进跨领域合作。成立三个支撑平台，一个由汽车、交通、城建等领域重点科研机构联合组建的智库平台，负责技术把控和专业资源对接，提供智力支撑；一个由国有平台公司牵头组建的投资建设平台，负责“双智”工作的资金筹措和项目建设，提供资金支撑；一个由相关领域龙头企业联合组建的运营平台，整合产业资源、培育产业生态、对接市场需求、探索商业模式，提供运营支撑。

做好跨层级沟通。加强与国家部委沟通衔接，推动更多“双智”协同发展经验纳入国家推广清单，在“双智”领域争取更多试点机会，为下一步工作推进争取更多政策、项目和资金支持。

（二）加强智能网联基础设施建设

适度超前推进智能网联基础设施建设，布局先导性基础设施，配套升级车联网通信网络，更加注重软件建设，更好利用既有硬件，推动“新”“老”基建协同发展，建设国内领先的车路协同应用环境。

加快车路协同智能化改造。支持现有开放测试区域加快智能传感、电子标签、交通信息控制设备等在道路、桥梁、信号灯、道路标识等交通设施中的应用部署，逐步实现交通设施全部网联化。推进多杆合一与多感合一建设。统筹推动高速率通信、高精度定位、物联感知设施、路侧单元等规模化部署，逐步实现低时延、大带宽、高算力的车路协同能力。进一步开放智能网联汽车测试和示范应用道路范围。

完善高品质网络基础设施。支持经开区建设高可靠、低时延的蜂窝车联网 C-V2X 直连通信网络，统筹利用现有管道、光缆及基站站址资源，与5G通信、卫星互联网融合应用，实现车辆与车辆、道路、行人以及云设施的良好交互。

健全车用高精度时空服务体系。加速推进高精地图试点申报工作，搭建高精度定位和基础地图测试环境，开展高精度差分定位服务。支持具备导航电子地图制作测绘资质的企业，在政府部门开放的高精度地图应用试点范围内开展高精度地图业务，探索地图众包等新型模式。

（三）推进技术创新和标准引领

打造跨领域、大协作的共性技术研发平台，实施关键核心技术联合攻关，加强“双智”技术标准创制和推广，提升技术转化和产业化支撑能力。

攻克一批关键核心技术。支持整车企业与科研院所、零部件企业联合攻关，加强复杂系统体系架构、复杂环境感知、智能决策控制等前瞻技术研发，加快自动驾驶主控芯片、高精度视觉传感器、毫米波雷达、激光雷达、线控底盘、车载智能终端等先进产品的研究与产业化进程。

打造一批融合技术研发平台。支持行业龙头联合优势科研单位在智能传感器、软件算法等领域组建创新联合体。加快建设重点实验室、技术创新中心、制造业创新中心、新型研发机构等创新平台，积极引进国内外知名企业来汉设立研发机构。强化电动汽车百人会、湖北省车规级芯片技术创新联合体、新能源与智能网联汽车创新中心等各类创新载体支撑作用，加速集聚专利、技术、人才、资金等创新资源。

推动形成一批“双智”标准。积极组织产业链相关单位开展智能网联道路建设运营、智能网联汽车产品、智能网联汽车管理等方面的地方标准制修订工作，并争取推动其为国家、行业标准。加快“双智”协同发展相关技术导则编制工作，完成《车城网平台感知设备接入技术要求》编制发布，加快《车城网平台建设规范》编制进展。

（四）推广新技术新产品示范应用

有序扩大测试道路范围，开放多元化的复杂场景，提升智能网联封闭测试场功能，给予更多试错机会和更大试错空间，加速设计—开发—应用—改进—迭代的产业化进程。

扩大道路测试范围。加快建设“一城四带”智能网联汽车应用环境，推进开放测试道路范围以武汉经开区军山新城为主阵地，沿江夏区向东湖高新区花山、沿武昌区向青山区沿江大道、沿汉阳区和江汉区向天河机场、沿蔡甸区向临空港区四个地带延伸，实现5G、车联网网络和北斗高精度定位服务全覆盖。

开放更多应用场景。支持一部分有条件、有基础的交通枢纽、城区路段、高速公路路段、主要商圈、知名景区、社区、园区等开放测试道路，探索开展无人驾驶示范运营，支持部分有条件的城区道路停车泊位和停车场进行智能化改造。拓展智能公交、智能旅游小巴、智能重卡等示范运营，鼓励在公共交通、出行服务、物流配送、环卫清扫、安全巡逻等领域开展智能网联汽车商业化运营。

开展智能网联全方位测试服务。依托智能网联封闭测试场，全面匹配国家自动驾驶汽车道路交通运行安全质量检验检测中心需求，研究部署多功能测试场景，加快研发虚拟仿真、硬件在环仿真、实车道路测试等技术和验证工具，提供整车辅助驾驶测试、自动驾驶试验测试等专业技术服务，形成国内领先的智能网联汽车测试服务能力。

（五）完善智能网联汽车产业生态

加快传统汽车向智能网联汽车转型，推动智能网联汽车领域的技术发展和开源生态建设，深化“车谷”与“光谷”“网谷”的联动发展，带动智能网联产业链上下游企业高质量发展。

提速发展智能网联汽车。支持整车企业全方位布局自动驾驶产业发展蓝图，扩大L2级辅助驾驶水平汽车生产能力，推动L3级、L4级部分自动驾驶水平汽车规模化量产，加快推进集合自动驾驶、智能座舱终端、智能通信终端等技术的新一代智能网联车型研发和测试，尽快投产智能网联汽车终端产品。围绕车规级芯片、智能座舱、高精度地图、红外感知等领域，培育壮大本地零部件企业，加快进入中高端整车产品配套体系。聚焦车载感知部件、自动驾驶算法、域控制模块等缺失和薄弱环节，加大招商引资力度补齐产业链。

深化“光”“车”“网”产业联动。深化“车谷”与“光谷”“网谷”协作互动，推动智能网联汽车与光电子、5G通信、人机交互、智能终端、信息网络、网络安全等产业深度融合，构建“光芯屏端网”与“车路云图”协同发展的智能网联产业生态新格局。

（六）推动智能网联赋能智慧城市治理

依托“车城网”平台，以智能网联技术应用和示范为切入点和驱动力，赋能城市规划、建设、管理，提升城市治理智慧化水平。

推广应用“车城网”平台。完善“车城网”平台功能，扩大平台接入范围，增加平台接入数据类型，持续提升系统安全、网络安全、数据安全能力。以“车城网”平台为核心，强化各平台间的协同联动，确保各类平台数据来源的稳定性和连续性，提升数据应用率和服务质量。丰富“车城网”平台应用场景，支持“车城网”平台优秀应用场景推广示范，建设基于“车城网”平台的智能网联汽车安全监管平台，推动“车城网”平台成为全市统一平台。

推进汽车与城市协同发展。推进车城数据的互联互通，实现对城市智能基础设施、感知设施和车辆的实时动态监测，更好的支持智能网联汽车应用，推动提升城市的精细化管理水平。统筹规划建设城市智能基础设施的感知体系，明晰车、路、城等各自的功能定位和职责分工，开展智能公交、无人配送、智能环卫、智慧泊车以及城市隧道的积水预警、城市灾害预警、地下空间监测等示范应用，加快“未来城市”建设。

（七）探索长期可持续建设运营模式

兼顾“双智”协同的短期生存和长期发展，基于现有的基础设施去丰富、扩展、创造新的应用需求，在整合行业黄金期到来之前，维持建设运营的可持续性。

建立可持续的基础设施建设模式。采取动态化、不断补充功能的方式，分类型分阶段推进。针对道路的需求特征、复杂性条件建立不同能力等级的智能网联道路，随着交通、出行、城市治理等应用的深入，逐步在有需求的道路或区域拓展建设。新建道路工程中随路建设，重点地区重点路段适度加厚布局；传统道路充分复用原有基础设施，有序推进升级改造；暂不进行智能化升级的道路预埋管道。

形成多元主体投资共建模式。统筹本市各类专项资金，保障重点项目投资建设，争取国家重大专项支持。支持各类社会资本参与相关基础设施及产业化项目建设，争取对符合基础设施不动产投资信托基金（REITs）、地方政府专项债申报条件的提供金融支持。探索专利技术、基础设施收益权等各类质押融资方式。搭建金融、科技、产业融合综合服务平台，引导建立车联网及智能网联汽车相关产业投资基金。引入培育科技公司、互联网新势力等新型市场主体，构建国资控股、多方参与的全市车联网建设运营主体。支持符合条件的企业在境内外上市。

积极探索商业化运营模式。鼓励企业参与智能基础设施运营，探索“使用—付费”的商业模式。推动应用场景的测试示范升级为常态化商业运营，支持企业开展智能网联技术应用的规模化试运行和商业运营服务。探索安全高效的车联网数据互通共享模式创新，实现车联网数据增值服务的商业化运营。

（八）加强网络信息安全管理和技术产品研发

提升“双智”应用功能安全、网络安全、数据安全、用户隐私保护等核心技术水平，加快安全产品研发与应用，推进“双智”安全产业发展。

完善安全运营监管体系。推动建立自动驾驶汽车等智能网联产品和应用安全运营监管体系，优化事前产品应用管理，加强事中、事后的安全监管。完善“车城网”平台功能，提升车联网及智能网联应用的功能安全、网络安全、系统安全、通信安全以及安全监测与应急处置等核心技术水平，加快安全产品研发与应用。构建关键基础设施监测预警、态势感知、信息通报、应急处置的安全运行平台和指挥体系，提升应对突发重大应急事件的指挥调度能力。

建立数据安全保护机制。建立数据分类分级管理体系和敏感数据保护机制，针对数据全生命周期采取有效技术保护措施。建立健全数据共享开放、数据开发利用和安全监督管理机制，在确保数据流动安全可控的前提下，实现一般数据无条件开放，特殊数据有条件开放。推动建立数据安全治理能力评估、认证评测、行业自律等机制，确保数据在开放共享中的安全可控。

鼓励开发智能网联保险新产品。会同有关部门、企业为智能网联测试运营、智能化交通基础设施建设和运营等开发相应保险产品。鼓励开发与智能网联产业链相适应，覆盖设计、生产、测试、销售、应用等全生命周期的保险产品，促进保险与智能网联汽车产业融合。建立风险分担机制，设立智能网联汽车（自动驾驶）应用示范运营保障基金对受害方进行援助，有效控制运营风险。

（九）营造有序良好的先行先试环境

建立健全法规政策体系，完善有法可依、有章可循的法治环境和鼓励创新、审慎包容的监管环境，营造“双智”协同发展良好氛围。

加强地方立法调研。大力推进市级层面立法调研工作，加快出台《武汉市智能网联汽车发展促进条例》，为智能网联汽车准入和上路通行、开展自动驾驶商业化运营、加强网络安全和数据安全、开展智能网联汽车缺陷认定和责任判定等提供法律保障。持续推动《武汉市智能网联汽车道路测试和示范应用管理实施细则（试行）》的修订与完善。研究制定高精度地图数据采集、成果使用、安全保密等相关法律法规及管理办法。根据管理需要，制定出台关于运营管理、测试优化、监管执法、数据安全等专项规章制度，填补监管空白。

加快出台支持政策。研究制定智慧城市及智能网联汽车支持政策，汇聚政策资源，对“双智”领域基础设施建设、常态化运营、商业模式构建、数据开放利用、产业生态营造等方面予以支持。鼓励各区（开发区）出台对应的专项政策，加速政策落地实施。

营造包容发展环境。完善企业创新“容错”、考核激励和社会保障机制，构建充分尊重、创新驱动、宽松包容的创新创业环境，激发各类市场主体参与智慧城市和智能网联汽车发展的创新创造活力。建立鼓励创新、审慎问责的考核管理机制，鼓励推进试点工作的公职人员大胆创新、先行先试。

课题组成员：叶传忠　胡爽平　袁　圆　张冰倩
刘艺璇　付　兴　伍　玥

武汉与成都、杭州、南京经济发展情况的对比分析报告

武汉发展战略研究院课题组

武汉、成都、杭州和南京四个城市，同为历史文化底蕴深厚、具有重要战略地位的副省级城市。多年来，四城市经济总量量级相当，成都、武汉稍微领先。2020 年，受到疫情冲击，武汉经济总量被成都拉开差距，被杭州赶超。经过三年努力，2022 年，武汉经济总量以微弱优势反超杭州，与成都差距缩小至 2000 亿元以内，位列全国城市第八，副省级城市第四。

前有标兵，后有追兵。全力拼经济，武汉也需要知己知彼，扬长避短。本文从经济实力、创新能力、产业结构、三大需求等方面对 4 个城市进行了对比分析，梳理了武汉的发展情况、短板弱项，结合目前的发展形势、竞争趋势以及武汉的优劣势，对武汉赶超其他城市的情况进行了合理预测，对武汉做大经济总量，推进高质量发展提出了对策建议。

一、与成都、杭州、南京经济发展情况的对比

（一）经济总量

1. 武汉市 GDP 总量无绝对优势，但增速领跑

2022 年，武汉市地区生产总值 18866 亿元，全国排名第八。从总量上看，成、杭、宁三城市与武汉之间的差距不大，相差均不足 2000 亿元，特别是第九位的杭州，与武汉的差距仅 113 亿元。可以说，武汉与这三座城市之间随时都有超越和被超越的可能。从增速上看，2022 年武汉达到 4.0%，这是继 2021 年之后，武汉又一次增速领跑 GDP 十强城市，也体现了武汉遭受疫情冲击后

经济韧性较好的优势。

表 1　四城市 GDP 总量和增速

城市	2022年GDP（亿元）	2021年GDP（亿元）	2022年GDP增速
武汉	18866	17716.96	4.0%
成都	20818	19916.98	2.8%
杭州	18753	18109	1.5%
南京	16908	16355.33	2.1%

2. 武汉市人口总量和增幅位于第二梯队，但人口吸引力有一定优势

2022 年武汉常住人口 1373.9 万人，比 2010 年增长 395.36 万人，增长 40.4%。无论是总量还是增幅，均与杭州大致相当，且高于南京、低于成都。考虑到 2016 年简阳并入成都对城市人口的较大影响，武汉的人口吸引力在四城市中仍有一定的优势。

表 2　四城市人口规模和增幅比较

城市	2022年常住人口（万人）	2010年常住人口（万人）	2022年比2010年增长（万人）	2022年比2010年增长百分比
武汉	1373.9	978.54	395.36	40.4%
成都	2126.8	1404.76	722.04	51.4%
杭州	1237.6	870.04	367.56	42.2%
南京	949.11	800.37	148.74	18.6%

3. 武汉市财政实力不够突出，但税收占比较高

2022 年武汉一般公共预算收入为 1504.74 亿元，在四城市中排名最后。但武汉 2022 年税收收入达到 1239.56 亿元，与成都、南京相当，且税收收入占地方一般公共预算收入的比值也达到 82.4%，虽低于杭州，但超过成都和南京，反映出武汉较好的经济活力。

表 3　四城市财政实力比较

城市	2022年一般公共预算收入（亿元）	2022年税收收入（亿元）	2022年税收收入占地方一般公共预算收入比重
武汉	1504.74	1239.56	82.4%
成都	1722.4	1267.8	73.6%
杭州	2450.61	2168.79	88.5%
南京	1558.21	1209	77.6%

（二）科技创新

1. 武汉市创新总体能力评价排名靠后

在各类权威榜单之中，武汉的创新能力在四城市之中均处于第三的位置，高于成都，低于南京和杭州。如中国科学技术信息研究所发布的《国家创新型城市创新能力评价报告 2022》中，南京、杭州、武汉、成都分别排名第四、五、七、十四。在世界知识产权组织发布《全球创新指数报告 2022》中，南京、杭州、武汉、成都分别排名第十三、十四、十六、二十九。从总体评价上来看，武汉的城市创新能力并不突出。

表 4　四城市在科创权威榜单中的排名

城市	2022全国城市创新能力百强榜排名	2022全球创新指数排名
武汉	七	十六
成都	十四	二十九
杭州	五	十四
南京	四	十三

2. 武汉市科教资源优势突出

武汉科教资源丰富，2022 年高校数以及高校在校生数（含研究生）均在全国位于前列，且遥遥领先于成都、杭州、南京。武汉的国家重点实验室、国家工程技术中心、院士等高端科创资源在也在四城市中具有较大优势。特别是相对成都、杭州具有绝对优势。

表 5　四城市科教资源比较

城市	2022年高校数	2022年高校在校生数量（含研究生）（万人）	2021年国家重点实验室（家）	2021国家工程技术中心（家）	2021年院士（人）
武汉	83	133.3	29	19	82
成都	65	116.4	12	10	33
杭州	40	61.4	14	—	71
南京	51	97.27	31	15	96

3. 武汉市科研投入处于领先水平

武汉高度重视科技创新工作，对科技研发投入保持较高的强度。虽然 2021 年全社会 R&D 经费支出以及 R&D 经费支出占 GDP 的比重，与其他城市水平大致相当。但从全市地方财政科技支出，以及全市科技支出占财政支出的比重来看，武汉在四城市中均位于榜首。

表 6　四城市科技投入比较

城市	2021年全社会R&D经费支出（亿元）	2021年R&D经费支出占GDP比重（%）	2021年全市地方财政科技支出（亿元）	2021年全市科技支出占地方财政支出比重（%）
武汉	621.87	3.51	190.22	8.58
成都	631.9	3.17	187.28	8.38
杭州	666.99	3.68	179.67	7.51
南京	578.81	3.54	108.26	5.96

4. 武汉市研发产出成效优势不够明显

武汉 2022 年专利授权数为 89461 件，2021 年和 2022 年 PCT 专利申请数分别为 1566 件和 1070 件，与杭州相比有较大差距。虽然武汉技术合同登记成交额均仅次于成都，但武汉的输入技术交易额大于吸纳技术交易额，反应出武汉科技成果本地转化率不高的问题。

表 7　四城市研发产出比较

城市	2022年专利授权量（件）	2021PCT专利申请数（件）	2022PCT专利申请数（件）	2021年技术合同登记成交额（亿元）	2022年技术合同登记成交额（亿元）	2022年输出技术交易额（亿元）	2022年吸纳技术交易额（亿元）
武汉	89461	1566	1070	1127.75	1355.25	777.08	536.96
成都	83616	565	—	1220	1458.1	936.62	483.45
杭州	约152000	2062	2305	875.2	—	650.64	796.77
南京	86900	1754	—	750	856.7	765.72	630.63

（三）产业结构

1. 武汉市服务业规模排名靠后，占比最小

2022 年，武汉市三次产业增加值分别为 476 亿元、6717 亿元和 11674 亿元，同比分别增长 3.2%、7.3% 和 2.3%，三次产业结构为 2.52∶35.60∶61.88。与其他三市相比，武汉市第三产业占比最小；第二产业占比与南京相当，高于成都、杭州两地。其中，武汉市工业占比 26.35%，低于南京 4 个百分点、高于成都 2.7 个百分点，与杭州基本持平。

表 8　四城市产业结构情况①

城市	第一产业		第二产业			第三产业	
	增加值（亿元）	占比（%）	增加值（亿元）	占比（%）	其中：工业占比（%）	增加值（亿元）	占比（%）
武汉	476	2.52	6717	35.6	26.35	11674	61.88
成都	588	2.82	6404	30.76	23.65	13825	66.42
杭州	346	1.85	5620	29.96	26.25	12787	68.19
南京	316	1.87	6070	35.9	30.32	10523	62.23

2. 武汉市工业门类齐全，但支撑发展的能力有待增强

武汉是华中地区最大的制造业城市，在这四个城市中，武汉的工业基础最好、产业门类相对齐全②，但工业整体规模不大，规上工业总产值、增加值规模仅与南京相近，低于成都、杭州。规上工业企业数量也不及成都、南京，甚至还不到杭州的一半，说明武汉工业经济主要依赖大型企业，中小企业成长性不足，对经济增长的贡献有限。这表现为武汉工业经济抗风险能力较强，但发展梯度、发展后劲不足。

表 9　四城市规模以上工业发展情况③

城市	规上工业总产值（亿元）	规上工业增加值（亿元）	规上企业数（家）
武汉	15774	3886	3135
成都	17419	4843	4108
杭州	17746	4021	6528
南京	15321	3978	3975

3. 武汉市建筑业实力强劲，是稳增长的有力支撑

建筑业是武汉的优势产业，2022 年，武汉市建筑业总产值达 13677.17 亿元，全国城市排名第二④，远高于成都、杭州、南京等城市，占全国建筑业总产值的 4.42%⑤。建筑业总产值同比增长 11.3%，增加值占 GDP 的比重接近 10%，是支撑全市经济增长的重要力量。

① 武汉、成都、南京三城由于 2022 年工业增加值未公布，工业占比均以 2021 年相关数据估算所得，其他数据均为 2022 年数据。
② 在联合国划分的 41 个工业大类中，武汉涵盖其中的 38 个工业大类。
③ 武汉、成都、杭州均为 2021 年数据。
④ 建筑业总产值排名第一的城市为北京，2022 年总产值为 138661 亿元，武汉与之相差无几。
⑤ 2022 年，全国建筑业总产值 31.2 万亿元。

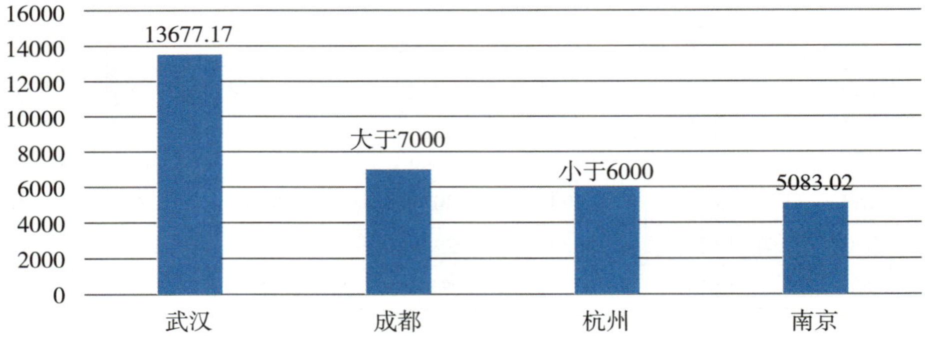

图 1　2022 年四城市建筑业总产值[①]（单位：亿元）

4. 武汉市服务业内部结构还有待优化

武汉市生产性服务业发展不够充分，与其他三城市相比，武汉市金融业规模相对较小，增加值还不到2000亿元；金融机构本外币存款、贷款余额偏少，尤其是存款余额，仅为杭州的 51%、成都的 67%；上市企业偏少，境内外上市公司 97 家，分别比杭州、南京、成都少 186 家、58 家和 45 家，城市对资金的吸附能力、企业的融资能力不足；软件和信息服务业与其他城市差距较大，总收入仅为 2519 亿元，仅为杭州的 31%、南京的 34%、成都的 53%。武汉市房地产业增加值占 GDP 比重超过 10%，高于全国平均水平 4 个百分点，也高于成都、杭州、南京等地 2~3 个百分点，房地产相关领域叠加占 GDP 的比重接近 40%，占比过高，当遭遇房地产行业疲软时，不利于实现稳定经济大盘的目标。武汉市交通运输、批零住餐等传统服务业行业发展相对稳定。

表 10　2021 年四城市部分服务业发展情况[②]

城市	批零住餐业		交通运输、仓储和邮政业		房地产业		金融业	
	规模（亿元）	占比	规模（亿元）	占比	规模（亿元）	占比	规模（亿元）	占比
武汉	1614.33	9.11%	938.83	5.30%	1859.99	10.50%	1862.16	10.51%
成都	2446.35	12.28%	1016.7	5.10%	1624.3	8.16%	2271.56	11.41%
杭州	1651.11	9.12%	449.33	2.48%	1380.57	7.62%	2188.85	12.09%
南京	1684.66	10.30%	562.94	3.44%	1160.72	7.10%	2021.07	12.36%

① 武汉数据来源于武汉市统计局网站，成都数据来源于四川省统战部官方账号，杭州数据由 2022 年统计公报相关数据估算所得，南京数据来源于 2022 年统计公报。
②数据来源：四城市 2022 年统计年鉴。

表 11　2022 年四城市金融业发展情况

城市	规上工业总产值（亿元）	规上工业增加值（亿元）	规上企业数（家）
武汉①	15774	3886	3135
成都②	17419	4843	4108
杭州③	17746	4021	6528
南京④	15321	3978	3975

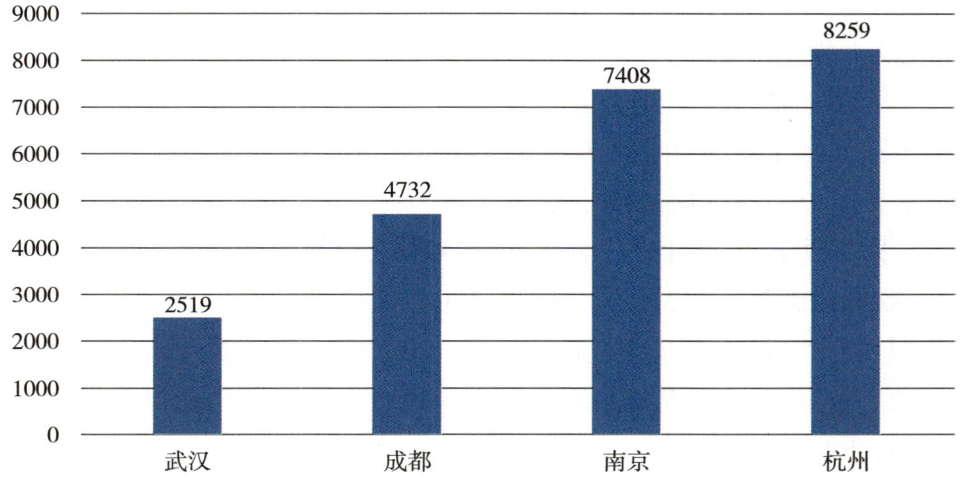

图 2　2022 年四城市软件和信息技术服务业收入（单位：亿元）⑤

5. 武汉数字经济实力相对靠后

根据《2022 数字经济城市发展百强榜》，武汉市数字经济综合竞争力排名全国第十，杭州、成都、南京均排名武汉之前。2022 年，武汉市数字经济核心产业实现增加值约 1800 亿元，占 GDP 比重为 9.5%。核心产业增加值不到杭州的一半，也低于成都和南京。武汉市数字经济龙头企业不多，在中国数字经济 100 强企业中，武汉市仅入围烽火通信 1 家企业，少于杭州（10 家）、南京（5 家）。武汉市数字基建进一步加快，成功入选国务院通报的全国 2021 年度建设信息基础设施和推进产业数字化成效明显市（州）。

① 数据来源：《湖北日报》。
② 数据来源：成都市人民政府官网。
③ 数据来源：2022 年杭州市统计公报。
④ 数据来源：2022 年南京市统计公报。
⑤ 数据来源：工信部发布的《2022 年软件和信息技术服务业统计公报》。

表 12　2022 年四城市数字经济发展情况

城市	数字经济综合竞争力[①]（全国排名）	数字经济核心产业增加值（亿元）	数字经济核心产业占GDP比重[②]	中国数字经济100强企业[③]（家）
武汉	十	1792[④]	9.5%	1
成都	六	2780	13.4%	0
杭州	四	5076	27.1%	10
南京	八	2608	15.9%	5

6. 武汉市企业竞争力并不突出

从龙头企业来看，中国企业 500 强中，武汉入围 9 家，企业数量与成都、南京相差不大，但远少于杭州（22 家），杭州是 500 强入围企业分布最多的四个城市之一[⑤]。上榜企业涵盖互联网、高端制造、石化、信息技术、商贸物流、能源环保等多个领域，而武汉上榜企业偏传统，互联网、能源环保等新兴领域没有涉及；截至 2022 年底，武汉市共入围工信部专精特新“小巨人”企业 207 家，数量与成都（202 家）、杭州（208 家）基本持平，远多于南京（106 家），但上市 “小巨人”企业，武汉仅有 6 家，而成都有 21 家，南京有 14 家，杭州有 12 家，说明武汉市“小巨人”企业成长性不足，金融机构和资本运作对企业发展的促进作用不够。

表 13　2022 年四城市企业竞争力情况

城市	专精特新“小巨人”企业[⑥]（家）	上市“小巨人”企业	“独角兽”企业[⑦]（家）	中国500强[⑧]（家）
武汉	207	6	4	9
成都	202	21	9	11
杭州	208	12	21	22
南京	106	14	7	6

① 数据来源：工信部中国电子信息产业发展研究院直属机构赛迪顾问发布的《2022 数字经济城市发展百强榜》，榜单显示的数字经济前十名的城市分别为北京、上海、深圳、杭州、广州、成都、苏州、南京、重庆、武汉。

② 武汉数据来源于经信局网站，成都数据来源于官方报道，杭州和南京数据来源于 2022 年统计公报。

③ 数据来源： 综合分析福布斯中国和中国电子商会共同发布的“2022 中国数字经济 100 强”以及《互联网周刊》联合 eNet 研究院、德本咨询发布的《2022 数字经济创新企业 100 强》。

④ 根据经信局公布的占比计算所得。

⑤ 其余三个城市为北京、上海、深圳。

⑥ 数据来源：工信部网站。

⑦ 数据来源：胡润研究院发布的《2022 年中全球独角兽榜》。

⑧ 数据来源：2022 年中国企业联合会、中国企业家协会组织评选发布的中国企业排行榜。

从企业所得税来看，2022年武汉市企业所得税仅为586.4亿元，在四城市中排名末位，仅为杭州的44%、南京的75%、成都的78%。税收是发展的硬指标，企业所得税规模与地方经济发展水平、产业结构、企业数量及规模都有着密切联系，是城市经济实力的体现，也是可持续发展的保障。杭州企业所得税位列全国所得税十强城市第四[①]，南京、成都也入围十强，强大的税收规模在一定程度上也促进了产业发展、增加了可用财力、提升了民生保障供给水平，与经济增长形成了良性互促。

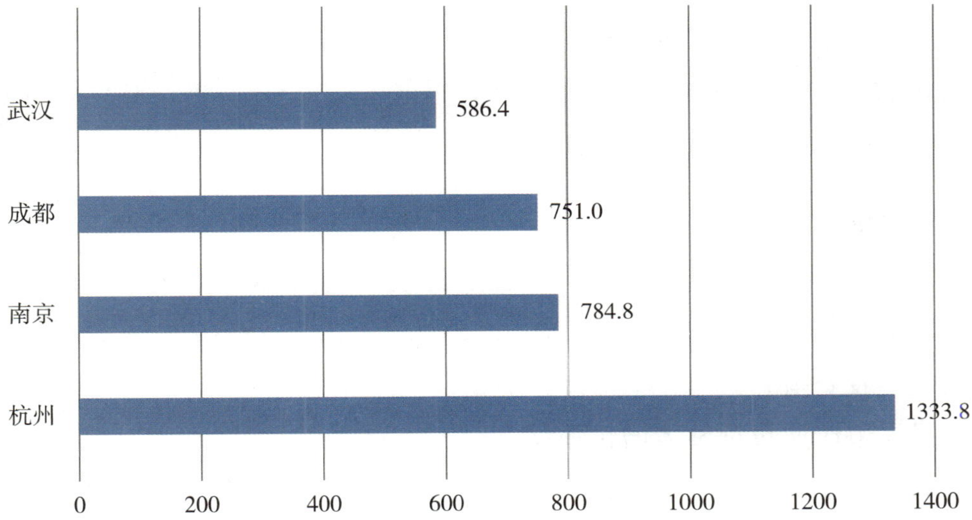

图3　2022年四城市企业所得税缴纳情况[②]（单位：亿元）

7. 武汉市民营经济规模最小，占比最低

从规模来看，2022年武汉市民营经济增加值7641亿元，与南京市旗鼓相当，而成都和杭州均已迈上万亿元台阶。从占比来看，武汉市民营经济增加值占GDP比重为40.5%，且近几年民营经济占比处于下滑趋势，其他三市占比远高于武汉，其中杭州民营经济增加值占比已超过60%。

从市场主体数量来看[③]，2022年武汉市市场主体178.5万家，其中企业

---

① 2022年全国企业所得税十强城市依次为上海、北京、深圳、杭州、广州、苏州、宁波、南京、天津、成都。

② 数据来源：根据各城市财政局公布数据计算所得。

③ 由于市场主体中民营经济几乎占到96%以上，以市场主体总量的指标来反映民营经济主体数量的大致情况。

78.31万家，企业占比44%。成都市市场主体和企业数均为武汉的2倍左右，杭州、南京市场主体数量与武汉相当，但杭州企业数量占市场主体的比重为52%，比武汉高出8个百分点。从新增企业来看，武汉新增企业16万家，四城市中排名第二，比排名第一的成都少近14万家。

从龙头企业来看，2022中国民营企业500强，武汉市入围10家，南京、成都与武汉相当，而杭州入围企业超过41家，已连续二十年居全国城市第一。武汉上市民企43家，比杭州少102家，比成都少19家。

表14 2022年四城市民营经济发展情况[①]

城市	民营经济增加值（亿元）	占GDP比重（%）	民营企业500强（家）	上市民营企业（家）[②]	市场主体（万家）	企业（万家）	新增市场主体（万家）	其中：企业（万家）
武汉	7641	40.5	10	43	178.5	78.31	35.33	16
成都	10157	48.8	7	62	363.89	146.64	57.94	29.81
杭州	11439	61.0	41	145	167.76	87.72	28.85	13.35
南京	7845	46.4	8	—	172.8	—	25.65	9.32

（四）投资消费

1. 武汉市产业投资整体增长强劲

2022年，武汉市重点投资项目433项，投资额8546亿元，同比增长10.8%，投资额低于成都，高于南京和杭州，增速领先于杭州（6.0%）、成都（5.0%）、南京（3.5%），名列四城市第一。

表15 2022年四城市固定资产投资

城市	固定资产投资增速（%）	重点项目（个）	固定资产投资额（亿元）[③]
武汉	10.8	433	8546
成都	5.0	900	10350
杭州	6.0	858	8000
南京	3.5	420	5874

① 数据来源：四城市统计公报和相关官方报道。
② 数据来源：《武汉市民营经济发展报告》，为2021年数据。
③ 武汉、成都、杭州规模数据来源于武汉市发展改革委，南京数据根据南京2021年公布规模数据计算所得。

武汉市工业投资增长较快，但杭州工业投资增势更加强劲。武汉市工业投资同比增长 19.3%，比上年加快 9.3 个百分点。其中，制造业同比增长 19.1%，尤其是电气机械和器材制造业，铁路、船舶、航空航天和其他运输设备制造业等先进制造业投资增速达到了 177.4% 和 38.1%，是带动工业投资增长的重要力量。杭州自 2019 年工业投资逐年加码，2022 年工业投资同比增长 21.1%，其中制造业同比增长 26.4%，增幅均高于武汉，尤其是高新技术产业投资同比增幅高达 30.7%。

武汉市服务业投资增幅也处于领先地位。武汉市第三产业投资增长 8.2%，高于成都（6.6%）、杭州（4.4%）和南京（1.9%）。值得注意的是，素以服务业发达著称的杭州市自 2019 年以来，逐年发力第二产业，第三产业固投增长已逐年放缓。

2. 武汉市消费综合实力排名偏后

总体来看，武汉市消费综合实力在四城市中排名偏后。

武汉市消费对 GDP 的拉动作用减弱。2022 年，武汉市实现社会消费品零售总额 6936.20 亿元，总量排名最后，成都以 9096.5 亿元位居第一。武汉市社零额同比增长 2.1%，和杭州一样保持正增长，但增速不足杭州（5.8%）的一半。武汉市社零额占 GDP 的比重为 36.7%，排名四城市最后，低于占比第一名的南京近 10 个百分点，消费对 GDP 的拉动作用减弱。且除武汉外，其他城市社会消费品零售总额均超过疫情前（2019 年）水平，而武汉社会消费品零售总额与疫情前相比，还减少近 500 亿元。

表 16　2022 年四城市社会消费品零售总额

城市	2019年社会消费品零售总额（亿元）	2022年社会消费品零售总额（亿元）	2022年社会消费品零售总额增速（%）	2022年社会消费品零售总额占GDP比重（%）
武汉	7449.64	6936.20	2.1	36.7
成都	8313.40	9096.5	–1.7	43.73
杭州	6215	7294.0	5.8	38.8
南京	6135.7	7832.41	–0.8	46.34

人均收入和消费均不占优势。居民收入方面，2022 年，武汉市城镇居民人均可支配收入达为 58449 元，仅领先于成都（47989 元），落后于杭州（70281 元）、南京（69039 元）超过 1 万元。人均消费方面，武汉城镇居民人均消费

支出37418元，比上年增长2.0%，依然领先于成都，落后于排名第一的杭州城镇居民人均消费支出近万元。

表17　2022年四城市人均可支配收入

城市	2022年人均可支配收入（元）	人均可支配收入增长率（%）	人均消费支出（元）
武汉	58449	5.7	37418
成都	47948	4.8	28989
杭州	70281	3.8	46440
南京	69039	4.4	40313

接触性消费有所下降。受疫情防控影响，旅游、住宿、餐饮等行业收缩，影响了消费。从旅游业来看，除成都市未公布相关数据，其他三城市2022年旅游总收入比去年都有一定的下降，其中武汉下降最多，达23.9%。

表18　2022年四城市旅游业发展指标

城市	旅游总收入（亿元）	旅游总收入增长（%）	全年接待游客人数（万人次）
武汉	2223.88	–23.9	20531.94
成都	3085①	—	—
杭州	1298	–14.9	8058
南京	1946.18	–8.6	10300

（五）对外开放

1. 武汉市外贸规模和外贸依存度偏小

从对外贸易规模来看，2022年武汉进出口总额约3532.2亿元，明显低于成都（8346.4亿元）、杭州（7565亿元）、南京（6292.13亿元），虽然同比增速达5.3%，居于副省级城市前列，但是整体规模仍然偏小，与武汉城市地位不匹配，对经济增长的支撑力不足。

从外贸依存度来看，2021年武汉外贸依存度为18.96%，远低于成都（41.28%）、杭州（40.69%）、南京（38.93%），既反映出武汉经济发展对对外贸易的依赖程度较低，也表明武汉对外贸易活动对武汉经济发展促进作用有限，当前武汉产业主要处于产业链的前端、中端，产业发展与开放型经济关联度有限，产业参与国际分工比重较低，国际特色产业比较优势不明显，

① 为2021年数据。

参与全球产业分工协作不够。

2．武汉市利用外资水平保持前列

2021年，武汉市实际利用外资125.7亿美元，高于成都（79.2亿美元）、杭州（81.7亿美元）、南京（50.1亿美元），利用外资金额保持全国前列。2021年，全市新设立外商投资企业326家，同比增长78.1%，增幅位居副省级及以上城市第二。

表19　2021年武汉、成都、杭州、南京实际利用外资情况

城市	实际利用外资（亿美元）
武汉	125.7
成都	79.2
杭州	81.7
南京	50.1

3．武汉市对外贸易亮点不断显现

从对外贸易产品结构来看，武汉、成都、杭州、南京进出口产品结构类似①，武汉“两高一新”产品出口表现抢眼；杭州高新技术产品成绩突出②。

从对外贸易主体来看，武汉大型出口企业增多，2021年仅东湖新技术开发区出口过亿元企业就多达85家，民营经济成为拉动外贸进出口的增长主力，2021年武汉民营企业进出口额占全市外贸比重50.3%，与杭州（70.6%）有一定差距，对南京（33.34%）和成都（25%）则形成碾压优势。

4．武汉市通道枢纽地位排名靠前

武汉是全国仅有的3个（另两个为南京、重庆）集陆港型、港口型、空港型、生产服务型、商贸服务型于一体的“五型”国家物流枢纽承载城市。

陆路通道排名全国前列。2021年武汉铁路运营总里程861千米，排名中部第一位、全国第五位，遥遥领先杭州和南京。武汉公路通车总里程16505千米，高速公路总里程873千米，有国家高速公路13条，线路数量在全国副省级城市中排名第一位。

水运实力不断提升。武汉港是长江中上游首个“亿吨大港”，2021年武

① 主要出口产品为机电产品和劳动密集型产品，劳动密集型产品出口占比呈下滑趋势，进口产品则以机电产品、半导体制造设备、集成电路、金属矿和矿砂为主。
② 2022年出口1040.6亿元，对全市出口增长贡献度达26.9%，居全部出口商品贡献度首位。

汉港集装箱吞吐量同比增长 26.1%，增速位列全国港口第二位，首次成功跻身全国港口集装箱吞吐量年度前二十强。

航空运输相对偏弱。武汉天河机场总航线为 216 条，少于成都（363 条）、南京、杭州，在中部地区也没有明显的领先优势，特别在国际航线建设上与同类城市相比处于末位。2021 年武汉旅客吞吐量达 1979.66 万人次，低于成都和杭州。武汉天河国际机场 2021 年完成货邮吞吐量首次突破 30 万吨，创造历史新高，但依然仅为成都的 1/2，杭州的 1/3。

表 20　武汉、成都、杭州、南京国际通道运输能力对比

城市	旅客吞吐量（万人次）	货邮吞吐量（万吨）	集装箱吞吐量（万标箱）	货物周转量（亿吨千米）
武汉	1979.66	31.6	248	3719.60
成都	4447.18	62.8	—	497.1
杭州	2816.38	91.4	13	—
南京	712.64	16.34	311	3843.74

二、存在的问题

（一）科教资源对本地产业创新发展带动力不足

1. 高校科技成果的应用性不够强

高校科研缺乏主动对接市场需求的动力，导致高校科技成果论文成果多，专利授权、软件著作权等研发应用类成果占比较小。2020 年武大、华科等高校新发表论文数量占新增科技成果总数分别为 71.4% 和 85%。

2. 专利产出数量和质量有待提升

在 2022 年度最新自然指数中国内地高校排行榜中，武大和华科的专利数加在一起不及浙大。2021 年，武汉获得国家专利 18554 项，专利数量增长率为 26%。但同期南京获得国家专利 21584 项，专利数量增长率为 45%。另外，专利往往需要通过数年之久形成专利簇或专利池才能真正发挥作用，因此专利维持年限成为衡量专利质量的重要标尺。从维持了五年以上的有效发明专利占比状况来看，2020 年武汉仅有 61.1%，落后于杭州（70.7%）、南京（65.9%）和成都（63.9%）。

3. 科研成果供给与本地产业需求匹配度不够高

武汉部分高价值科技成果受产业布局不够以及企业需求不足等因素制约，

无法在本地转化。比如华科丁汉院士团队在精密制造方面的某项科研成果，因武汉相关产业基础薄弱，无企业承接，而无锡刚好有企业需要并能承接丁院士的技术成果，最终选择在无锡转化。受此类因素影响，近年来，武汉的输出技术交易额一直大于吸纳技术交易额，即科技成果“流出”大于“流入”。反观杭州，则是处于科技成果“流入”大于“流出”的状态。一直以来，杭州致力于打造科技成果转移转化首选地、全国颠覆性技术转移先行地、全国科技成果概念验证之都，构建万亿级科技大市场，有力推动了科技成果为本地服务。

4.科技创新服务能力不足

一方面，武汉科技成果转化中试服务能力相对缺乏。全市虽然有 180 家中试平台，但开放共享程度低，接近半数中试平台年均开展中试服务的次数为个位数，运营机制不成熟，市场化运营程度较低，综合性平台数量少。另一方面，武汉科技金融支撑力度不够。从股权投资市场活跃度来看，武汉的创新创业融资企业数量和融资规模，与杭州、南京、成都相比有相当差距。从科创资本要素集聚力来看，武汉市金融体系中服务于早期科创企业的风险基金、天使基金等创投机构较少。根据中国证券投资基金业协会披露的数据，截至 2021 年底，武汉市的股权投资基金管理人为 257 家，低于成都、南京，更大幅落后于杭州。

表 21　2021 年四城市股权投资市场活跃度及股权投资基金管理人比较

城市	融资企业数量（家）	融资金额（亿元）	股权投资基金管理人总量（家）（截至2021年底）
武汉	197	185.5	257
成都	262	222.6	291
杭州	978	689.3	901
南京	403	480.1	258

（二）新兴产业和龙头企业对本地发展的支撑力不够

1.新兴产业增长动力不足

武汉钢铁、汽车、化工等传统产业后续增长乏力，且在某些新兴产业领域还没有形成规模。一是武汉的数字经济发展还不够充分。从数字经济核心产业来看，武汉“硬强软弱”的特征明显。虽然在以“光芯屏端”为代表的硬件制造领域，武汉优势突出，但在“网云智”为代表的软件和信息服务业领域，武汉实力相对不足。2022年武汉软件业务收入仅为2519亿元，而杭州、南京、成都则已分别达到8259亿元、7408亿元、4732亿元。二是武汉绿色新兴产业发展还未形成规模。武汉新能源汽车产业缺乏竞争力，2022年东风岚图新能源车销量仅1.94万辆，仅占国内新能源汽车总销量的0.28%。2021年武汉规上高新技术产业工业领域中，新能源与资源循环利用产业的增加值为20.4亿元，仅占全部规上高新技术产业工业增加值的0.9%；新能源与资源循环利用规上工业企业为33家，仅占全部规上高新技术工业企业的1.8%。另外，中国三峡集团迁至武汉后对武汉绿色产业的拉动作用还未充分显现。

2. 高能级的创新创业主体发展不足

一是高新技术企业头部力量还不够强。2021年，武汉高新技术企业主营业务收入2000万元以下的小微企业6896家，占比75.4%。2亿元以上的大型企业466家，占比仅为5.1%。与杭州等城市相比，武汉缺少阿里巴巴、网易等大型科技领军企业。二是上市企业和高估值企业短板明显。截至2022年7月底，武汉的上市企业市值仅为南京和成都的1/2左右，只有杭州的1/4。胡润研究院发布的《2022年中全球独角兽榜》中，武汉仅有4家，少于杭州（21家）、成都（9家）、南京（7家），且武汉市“独角兽”企业普遍估值偏小、规模不大，排名第一的公司路特斯估值仅155亿元，而杭州排名第一的蚂蚁集团估值达8000亿元。三是规模以上工业企业研发能力不足。2021年武汉有研发活动的规上工业企业仅997家，远低于杭州的2902家和南京的1743家。且武汉有研发活动的规上工业企业占规上工业企业总数的31.8%，也低于杭州的44.5%和南京的43.8%。四是民营企业创新能力偏弱。武汉仅14家民企入选民营企业研发投入1000强[①]，研发费用总额仅47亿元，研发平均强度仅1.29%。而杭州的阿里巴巴、吉利控股、蚂蚁科技、网易网络分别位居全国民营企业研发投入第二、第五、第六、第十位，单个企业研发费用就分别达到578.23亿元、226.17亿元、188.48亿元、140.76亿元。

① 全国工商联2022年发布的调查报告。

表 22　2021 年四城市独角兽企业及估值比较[①]

城市	“独角兽”企业	估值（亿元）
武汉	路特斯	155
	黑芝麻智能	135
	药帮忙	115
成都	医联	265
	新潮传媒	205
	准时达	135
杭州	蚂蚁集团	8000
	菜鸟网络	1800
	微医	470
南京	T3出行	250
	新康众	150
	芯驰半导体	110

（三）投资消费稳增长动力不足

1．投资规模的高速增长难以维持

2022 年，武汉市实现投资两位数增长，但长期高增长难以为继。一是民间投资不高。活跃的民间投资是固定资产投资保持健康持续增长重要支撑。2022 年，武汉市民间投资仅增长 1.0%，占全市投资比重为 45%。反观杭州，作为民营经济第一城，2022 年民间投资占比达到 50.7%，其中，工业投资中，民间投资增长 14.1%。成都工业重点行业、房地产开发等重点领域，民间投资增长率均高于整体投资增长。二是房地产投资降速。2022 年，武汉房地产投资同比增长 5.5%，同比增幅大幅放缓。房地产供应面积同比下降 53%，且目前存量房多、去化周期长，接下来房地产投资高增长可能性不大。

2. 消费动力不足，恢复和扩大消费不及预期

一是消费率偏低。2022 年武汉社会消费品零售总额和消费率均低于成都、杭州和南京。二是消费供给需提质升级。以旅游业为例，武汉并未将资源禀赋优势转化为消费供给优势，2022 年，在接待游客数量是南京两倍多的前提下，旅游总收入领先南京不足 20%。三是尚未形成极具影响力的城市消费名

① 数据来源：根据胡润研究院发布的《2022 年中全球独角兽榜》整理所得。

片，消费新业态和新场景缺乏。根据第一财经·新一线城市研究所发布的《2022城市商业魅力排行榜》，武汉城市商业魅力指数在全国仅位居第九位，明显落后于北上广深等一线城市，与成都、重庆、杭州、西安等城市也存在差距。2022年联商网发布的全国“首店”城市报告中，武汉以全年14家全国首店的数据排名第七，落后于杭州、成都和南京。而在医疗美容、直播带货等消费新业态场景方面，武汉也同样落后于成都、杭州等城市。

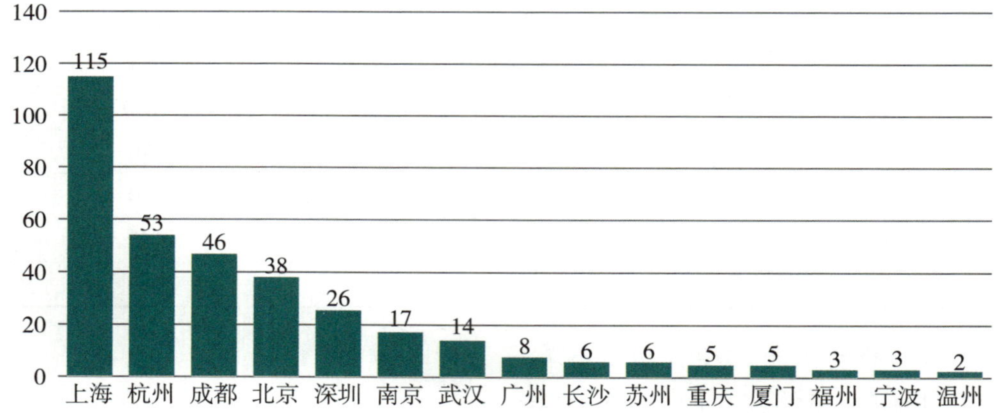

图4　2022年全国首店城市分布（单位：家）

四是重点领域消费低迷。以房地产行业为例，2022年是近8年来武汉商品房成交量最低的一年，全行业成交金额同比下降47%。2018年以来，武汉市楼盘开盘去化情况一直处于下降通道中。房地产业拉动GDP增长的动力减退。

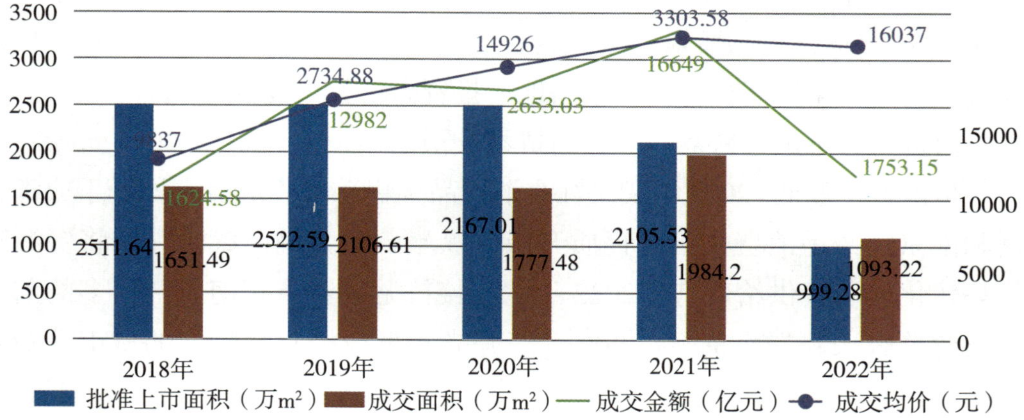

图5　武汉市商品住宅年度成交走势

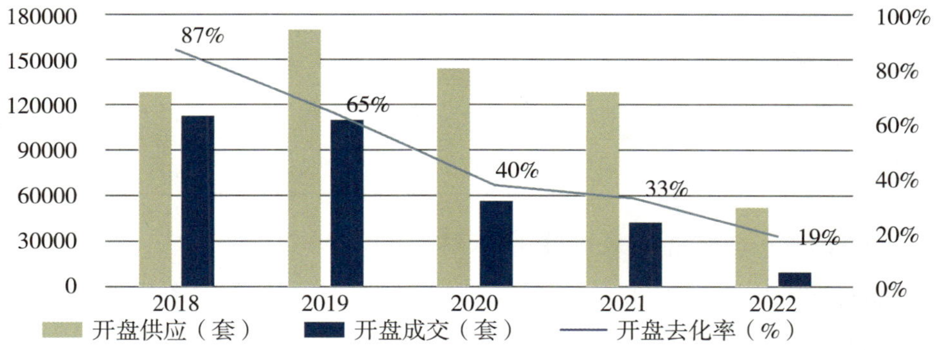

图 6　2018—2022 年武汉市开盘去化情况

（四）国际化因素对经济发展的影响力不够

1. 开放平台建设和制度创新不够有力

武汉仍面临开放平台整体发展不足、规模偏小，综保区进出口占全市比重较低等问题，且综保区进出口能力在全国综保区排名靠后。目前，武汉市获批的对外开放试点，存在试点数量不够多、试点独特性不足等问题，相比之下，杭州争取了较多的试点机遇。

表 23　武汉、杭州对外开放领域获批试点情况

城市	对外开放领域获批试点情况
武汉	跨境融资便利化试点、全面深化服务贸易创新发展试点、央行金融科技创新监管试点、二手车出口业务试点
杭州	跨境电商进口服务试点、跨境融资便利化试点、全面深化服务贸易创新发展试点、央行金融科技创新监管试点、全国营商环境创新试点

2. 武汉市国际影响和城市国际化氛围还不足

根据 2021 年 GaWC“世界城市名册”和科尔尼“2021 全球城市指数”（GCI）相关数据，武汉分别排名第九十八位和九十五位，均落后于南京、成都、杭州等城市。武汉在接待入境旅游人数和旅游外汇收入两方面与南京、成都有一定差距。在公共文化服务方面，武汉在利用文化创意促进国际交往方面不如成都、杭州等城市。武汉目前有国际化社区 25 个，而成都 2018 年至 2020 年共打造了 45 个国际化社区，杭州目前国际化社区有 70 余个。2021 年“魅力中国——外籍人才眼中最具吸引力的中国城市”评选，武汉也落后于杭州与南京。

表 24　2021 年四城市世界城市排名和全球城市指数情况

城市	武汉	成都	杭州	南京
GaWC“世界城市名册”排名	九十八	五十九	九十	八十七
科尔尼2021全球城市指数排名	九十五	八十六	八十	九十

（五）劳动力对经济增长的支撑不够

经济增长带来就业扩张，就业增长也是经济发展最基本的支撑，武汉是最佳促进就业城市，但与其他城市相比，吸纳就业还有一些不足，表现为，一是目前武汉就业量还不大。新增就业量相对较少，从近五年新增就业来看，武汉市仅有 128.91 万人，低于成都（131.15 万人）、南京（154.26 万人），还不到杭州（268.44 万人）的一半；就业人口与常住人口的比值偏低，在四个城市中，此比值武汉最低，还不到 50%，杭州已超过 60%。杭州这样以服务业和数字经济为主的城市，就业岗位更受年轻人青睐。

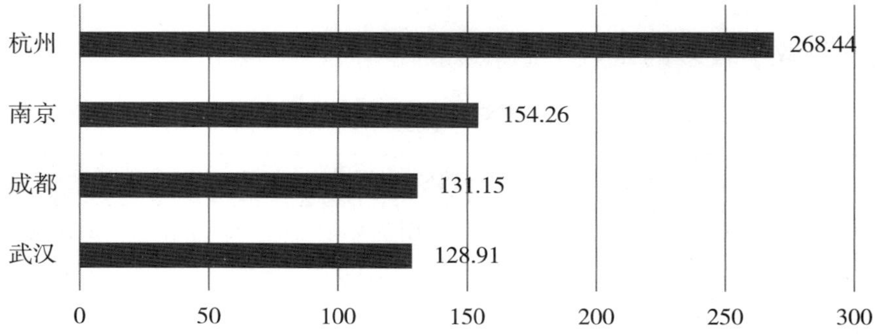

图 7　2018—2022 年四城市新增就业总量[①]（单位：万人）

表 25　四城市就业人口和常住人口情况[②]

城市	2020年就业人口（万人）	2020年常住人口（万人）	就业人口占常住人口比重
杭州	748.4	1193.6	63%
南京	484.4	931.5	52%
成都	1143.32	2093.99	55%
武汉	603.8	1232.7	49%

① 数据来源：各城市统计公报。
② 数据来源：各城市统计年鉴和第七次人口普查数据。

二是高收入人群不多。收入水平衡量一个地区经济发展水平，个人所得税是衡量各地区收入水平最可靠、最真实的指标。2022 年，武汉市个人所得税 191.7 亿元，比成都、南京均少 100 亿元左右，还不到杭州的 1/3。不仅说明武汉市就业人口规模不大，还说明了高收入人群不多。

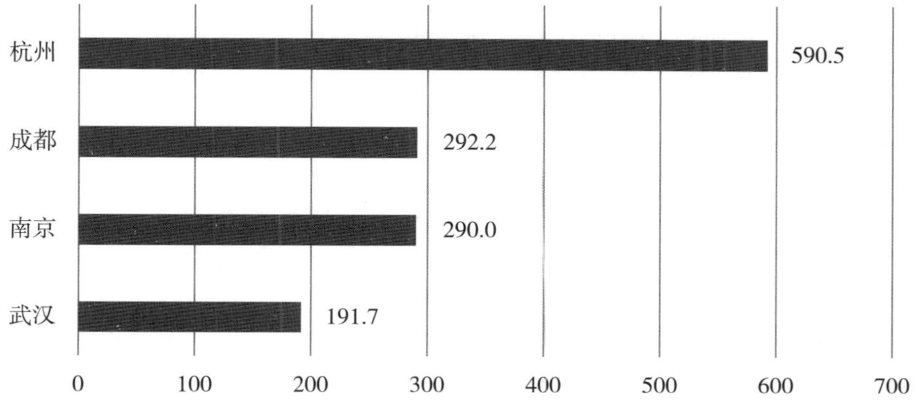

图 8　2022 年四城市个人所得税缴纳情况①（单位：亿元）

三、新格局下武汉面临的发展形势

（一）武汉当前的发展形势

从国际看，不确定难预料因素增多，世界经济下行将成为主基调，大国博弈加剧，世界多极化格局正在深化，科技创新日新月异，国内外科技竞争和智能化布局加速推进。对于城市来说，实现高水平科技自立自强，锻造代表国家“走出去”的能力，才利于赢得发展资源，掌握发展主动权。

从国内看，都市圈成为城市交锋的新战场，人才成为城市竞争的重要资源，差异化发展能力利于形成城市核心竞争力。相对其他三市，武汉在都市圈发展、国际化水平、民营经济发展、人才规模等方面竞争力都不突出。如果仅仅盯着 GDP，不在重点领域关键环节有突破性发展，很难在未来竞争中胜出。

从武汉自身看，如何将交通区位优势转化为枢纽优势和市场优势，如何将科创资源优势转化为产业优势，如何将支柱产业优势转化为新赛道发展优势，如何用好国家战略聚焦优势，锻长板、补短板，才能加快城市突围转型，步入发展的良性轨道。

① 数据来源：各城市财政局。

（二）对未来经济总量和增长趋势的展望

各城市“十四五”规划中，“十四五”年均增长目标分别为，成都6%～8%、杭州6%以上、南京6.5%左右、武汉7%左右。2023年政府工作报告年度增长目标分别为，成都6%以上，杭州和南京5%以上，武汉6.5%以上。

根据四城市“十四五”规划目标和2023年预期增长目标，并考虑平均物价增幅[①]，2023—2025年，各城市GDP名义增长率大致为，成都8%、武汉8.5%、杭州与南京7%。

与成都比较：

若武汉年均增长率仅比成都高0.5%，GDP差距会越来越大。若增长率差值在1%左右，成都名义增长率8%，武汉的赶超目标至少为名义增长率9%（实际7%左右）。那么，“十四五”末武汉市GDP为2.44万亿元，成都市GDP为2.62万亿元，两市GDP差距由目前的近2000亿元缩小至1800亿元。若“十五五”期间，两市经济依然按照此趋势增长，到2030年，武汉与成都GDP差距将缩小至1000亿元以内。依此趋势推断，武汉将在2033年，经济总量以微弱优势超越成都。

若要“十五五”末超越成都，武汉未来年均增长率需要比成都高出1.5个百分点，若成都保持6%以上的增速，则武汉年均增速要达到7.5%左右，考虑物价因素，名义增速将达到9.5%，在目前世界经济低迷、不确定因素增多的情况下，持续保证高增长，难度极大。

与杭州比较：

若杭州“十四五”期间内保持实际增速5%（名义7%）以上，武汉保持目前增速，到2025年，武汉将领先杭州约1500亿元。但考虑到目前杭州数字经济、平台经济发展势头全国领先，人才吸引力全国排名靠前，新增长点不断涌现，近年来加大工业投资，塑造工业优势，疫情结束对服务业影响减弱，发展回归常态。“十五五”时期，杭州发展势头大概率不会弱于武汉。若增长速度与武汉相同，到2030年，武汉将领先杭州2200亿元左右；若能高于武汉1个百分点，到2032年，武汉将被杭州超越。

基于此，武汉要对杭州形成优势，就要抢抓“十四五”后半程的窗口期，

① 大致增幅为2%左右。

锻长板、补短板，培育新动能，尽可能短时间扩大对杭州的领先优势。“十五五”期间，杭州发展优势可能进一步凸显，但年均增长率高于武汉1个百分点，难度也很大，所以武汉一旦领先杭州达到千亿级，也不容易被杭州超越。

表26　武汉、成都、杭州GDP增长测算①

年份	武汉		成都		杭州	
	名义增速	GDP	名义增速	GDP	名义增速	GDP
2022	9%	18866	8%	20818	7%	18753
2023		20564		22483		20066
2024		22415		24282		21470
2025		24432		26225		22973
2026		26631		28323	9%	25041
2027		29028		30588		27294
2028		31640		33036		29751
2029		34488		35678		32429
2030		37592		38533		35347
2031		40975		41615		38528
2032		44663		44945		41996
2033		48682		48540		45776

四、做大经济总量，推进高质量发展的对策建议

（一）发挥科创资源优势，强化科技成果本地转化

一是充分发挥企业创新主体作用。加强高科技高成长企业全生命周期培育。将一批市场前景好、成长性强、处于产业链关键位置的龙头企业打造成为根植武汉、自主创新能力、资源整合能力达到或接近世界级水平的标杆企业。建设高质量创新联合体集群。支持国企打造世界一流企业。加大对民营企业自主创新的扶持力度。

二是加强产学研用协同创新。加大支持在汉高校与企业联合共建工业技术研究院、制造业创新中心等新型研发机构，联合攻关产业核心关键技术。支持高校与企业联合共建众创空间、孵化器、加速器、大学生创业特区、大学科技园等各类众创孵化载体和产业化载体，促进创新、创业、创投、创客“四

① 目前武汉与南京GDP相差较大，这里暂不做预测。

创”联动。

三是提升科技成果转化服务能力。提升武汉全国技术转移枢纽功能。探索打造国家级技术交易和知识产权交易平台。大力培育和发展服务能力强、服务水平高、社会影响力大的龙头型科技服务机构。加大科技金融支撑力度。做大做强政府引导基金，争取国家科技成果转化引导基金和长江创业投资基金在汉设立天使投资、创投基金、产业基金等。

四是推动科研体制机制改革。推动职务科技成果赋权改革。全面推进科技成果所有权、使用权、处置权、收益权“四权改革”。推动科技创新考核评价改革。开展科技成果评价改革专项试点，强化成果评价结果导向和应用导向。建立科技人员、高校、科研院所科技成果就地转化奖补机制。

（二）巩固主导产业中流砥柱作用，开辟新兴增长领域

一是突破性发展数字经济。支持具有较强竞争力的骨干企业整合创新链、产业链、价值链，鼓励和引导企业兼并重组，发展壮大数字经济骨干企业。重点培育具有高增长潜力的中小创新企业，引导企业聚焦细分领域不断强化自主创新能力，发展成为各细分领域的领袖和冠军。聚焦武汉数字经济重点领域，从项目落地、创新研发、人才建设等多方面为本土企业提供政策支持，并对标先进城市适度提高支持力度。筹划设立数字经济产业发展基金。

二是加速支柱产业转型升级。加速汽车产业转型升级，以新能源汽车产业为重点发力，以智能网联汽车为重要抓手，以武汉经开区、东湖高新区和江夏区为重点发展区域，加快推动本土企业升级转型，加速引进新的新能源汽车企业，巩固武汉中国车都地位。加速布局能源环保产业，充分发挥三峡集团的专业优势和龙头带动作用，加快推动全市生态环保与清洁能源产业实现聚集和规模化发展。推动传统产业改造升级。加快建设武汉城市圈先进制造业集群。与圈内城市深化要素整合、产业对接，创新城市圈制造业转移利益分享机制，建立跨区域经济统计分成制度。

三是围绕消费需求提能服务业发展。顺应消费升级趋势，促进智能消费、绿色消费、健康消费、娱乐消费，打造更多消费新场景，带动线上经济、直播消费、电竞产业、健康产业、时尚产业等发展。优化消费平台载体，推进首发首店经济，统筹开展智慧商圈、智慧商店示范创建，更好满足多样化消费需求；围绕“懒人经济”等新零售商业业态，大力支持全市冷链运输、即

时零售和社区电商的发展。探索跨域旅游消费，重视与周边地区的协同合作，共同开发旅游线路，推出新型旅游产品，建立合理利益分享机制，提升整个区域的消费规模和层级。

四是引领建筑业开辟新赛道。推动新型建筑工业化，建立以标准部品部件为基础的工厂化、标准化、装配化、信息化、智能化的协同体系。加快推动新一代信息技术与建筑工业化技术协同发展，最大程度提升建造质量，提高建造效率，降低建造成本。大力发展智能建造，推动建筑设计、建造、运维全过程、全要素向数字化、在线化、智能化的转变，同时带动工程项目全生命周期业务模式、管理模式、生产方式的优化、重构与升级。

（三）提升城市功能品质，建设“近悦远来”的美好城市

一是夯实主城区和功能区发展特色，提升增长能级。做优主城区，支持江岸、江汉、硚口、武昌、洪山建设国际消费中心城市先行示范区，打造高端服务业和数字经济高地；支持汉阳、青山提高先进制造业、数字经济和产城融合发展水平，加速冲刺全国百强区。做强功能区，支持东湖高新区建设武鄂黄黄核心区，打造世界光谷；支持武汉经开区建设军山新城，打造中国车谷；支持临空港开发区提升网安基地综合实力，打造中国网谷；支持长江新区加快建设，打造区域重要增长极。

二是推进基建兴业兴城，增强城市功能。高标准启动武汉新城建设，打造武汉都市圈高质量发展和区域协同发展主引擎。加快地铁城市建设。加快5G 互联网工程建设，建成移动网、固网“双千兆城市”，实施“万企上云”工程。加快新基建电网建设。强化智慧城市建设。通过数字化改革赋能，全面支撑超大规模城市治理，成为国际国内新型智慧城市标杆。

三是增强对外开放平台和通道功能，提升外向型经济能级。加强平台建设，统筹推进武汉自贸片区、3 个综合保税区等开放平台建设，支持建设自贸区联动创新区，加快推进服务业扩大开放综合试点、汽车平行进口试点。做强国家特色服务出口基地。建设“五型”国家物流枢纽，发挥好航空客货运“双枢纽”优势，加快建设现代流通体系，提升流通效能。争创第二批中欧班列集结中心示范城市。加强武汉长江中游航运中心建设，促进其他沿江港口协同发展，推动长江中游港口群一体化治理。深度参与汽车、光通信等我市领先优势行业贸易规则设计，争取上升到国家层面。

（四）加快人口人才汇集，强化经济发展胜势

一是以高质量就业推动人口聚集。巩固支柱产业稳就业能力，增强数字经济吸纳就业的潜力，营造适合青年人群就业的工作环境，开发专业技能岗位，拓展就业空间。建立都市圈产业协同和劳动力对接协调机制，完善户籍、农民工市民化等政策，有序推进农业、农村富余劳动力转移，形成稳定城镇就业。高度重视灵活就业，加大对灵活就业特别是新就业形态劳动者的政策支持和服务供给。

二是以高品质政策强化招才引智。完善人才政策体系，形成人才创新创业生命周期政策链，推动政策覆盖更多主体。完善领军人才发现机制和项目团队遴选机制，尽量做到“一事一议”，服务到位；完善优秀青年人才全链条培养制度，加大研究型、技能型人才培养力度；对广大大学生人才，要提供待遇适当、保障有力的生活环境，使其安心干起来、留下来；对急需紧缺的特殊人才，要有特殊政策。

三是以高效能改革完善人才发展体制机制。借鉴成都产业生态圈人才计划[①]，发挥用人主体人才评价自主权，实现“是不是人才，企业说了算”。完善人才管理制度，对领军人才实行梯队配套、科研条件配套、管理机制配套的特殊政策，赋予科研项目负责人更大技术路线决定权、更大经费支配权、更大资源调度权。建立健全责任制和“军令状”制度。构建充分体现知识、技术等创新要素价值的收益分配机制，对高层次科技人才实行协议工资、项目工资等薪酬制度。

课题组成员：付　兴　王　珺　吴　怡　张冰倩　简真强

① 精准锁定重点产业细分领域和产业链关键环节，绘制“人才评选流程图”，引导头部企业、产业链上下游关联配套企业“按图施工、按像寻人”，充分发挥用人主体人才评价自主权。

借鉴美国孟菲斯国际机场经验促进空港“双枢纽”联动发展

杜 涛

近年来，湖北武汉依托长江黄金水道、中欧班列（武汉）、武汉天河国际机场等国际货运通道织就一张通达全球的物流网，形成了联通欧美、辐射中亚、衔接日韩、连接东盟的中部陆海空通道，努力打造高水平开放、高质量发展的内陆“新沿海”。建议对标借鉴美国孟菲斯国际机场建设经验，加快武汉天河机场、鄂州花湖机场国际航空客货运“双枢纽”（以下简称“空港‘双枢纽’”）协同联动发展，全力打开空中“出海口”，通过实现空港“双枢纽”“齐飞出海”，推动湖北从“九省通衢”迈向“九州通衢”。

一、美国孟菲斯国际机场的经验借鉴

孟菲斯市位于美国田纳西州，这座仅有68万多人口的城市，十分之一的劳动力直接从事运输业，三分之一的人的职业与航空城有关。航空和货运已成为孟菲斯的两大产业支柱和经济引擎。经过几十年（1973—1992年）的快速发展，孟菲斯地区的GDP超过了美国的10多个州，同时也超越了世界上120多个国家。从昔日的“棉花城”逐步变身为一座经济高效、功能融合、可持续发展的航空大都市。注重临空产业集聚发展和加大政策扶持是其成功变身的“致胜法宝”。

（一）孟菲斯空港经济区是以航空物流产业为主导，关联产业共同发展的典型模式

一是以联邦快递为带动，航空物流业世界领先。孟菲斯航空物流产业的

发展主要得益于联邦快递总部的建设。1973 年，联邦快递将孟菲斯国际机场确定为美国国内货运中心，之后的四十年间，联邦快递迅速成长为世界四大航空物流公司之一，通过联邦快递的快递网络，孟菲斯成为全球的主要物流枢纽和北美洲的货件配送中心。有研究表明，联邦快递超级枢纽对孟菲斯都市地区的贡献极大。2020 年孟菲斯国际机场联邦快递超级转运枢纽创造了约 186 亿美元①的收入，约占 2020 年孟菲斯市 GDP（272 亿美元）②的 68%。在联邦快递的带动下，UPS、Cathay Pacific、KLM、DHL 等一批世界先进的航空物流企业入驻孟菲斯，使之成为航空货运效率最高、物流设施最完善、航空物流规模最大的国际货运空港。

二是以航空物流为先导，临空产业加速聚集。孟菲斯国际机场的航空货运业务繁荣，强大的航空物流产业使孟菲斯成功吸引了众多知名企业入驻，特别是很多高新技术企业在该地区设立了分支机构或实验室。例如微软、IBM、Honeywell（霍尼韦尔）等公司在孟菲斯国际机场设立了研发中心，谷歌设立了数据中心，西门子设立了生产高端航空电子设备和自动化系统的工厂。孟菲斯国际机场为众多时间敏感型企业提供了零部件和产品快捷进出的高效货运服务。航空物流产业的发展也带动了机场周边高端医疗设备、生物医药、IT 行业、电子通信、计算机维修、旅游业等产业的发展。依托航空物流，孟菲斯成为全美最大的医疗器械制造中心、中南部最大的医疗中心，吸引了多家医疗机构和保险公司入驻，带动了高知人群在此聚集。

三是以货运空港为依托，催生国际商务崛起。2020 年孟菲斯国际机场的经济总产值为 304 亿美元③，其中，直接经济产值 147 亿美元，间接经济产值 86 亿美元，引导效应经济产值 71 亿美元，充分体现了孟菲斯国际机场对当地经济的拉动作用。机场也为当地提供了就业机会，2021 年孟菲斯国际机场创造了约 9.4 万个就业岗位（包括直接就业岗位和间接就业岗位）。孟菲斯空港经济区的发展也吸引了国内外旅客和商务人士，推动了国际商务的迅猛发展。机场周边聚集集聚了会议中心、博物馆、文旅设施等，比较著名的有可举办大型国际会议、展览和演出的孟菲斯会议中心，展示密西西比河历史和文化

① 数据来源：联邦快递 2020 年财报。
② 数据来源：根据美国商务部数据统计。
③ 数据来源：孟菲斯国际机场官方网站。

的密西西比河博物馆，享誉世界的让·J.特纳音乐学院以及展示飞机历史和技术的宾夕法尼亚东方航空博物馆等。

（二）政府的主导作用和政策扶持始终贯穿空港经济发展的全过程

一是出台税收优惠和资金支持政策。政府为孟菲斯航空货运企业提供了各种税收优惠政策，包括财政上给予固定年度的税收减免、企业所得税优惠等。政府为孟菲斯航空货运企业提供了各种资金支持政策，包括贷款优惠、股权投资等。例如，孟菲斯市政府出面担保，为联邦快递申请到了70年期限的低息贷款。

二是给予基础设施建设支持。政府积极投入资金和资源，加强机场、航线、物流设施等航空货运基础设施建设，不断完善机场及周边地区的基础设施配套服务，例如预留机场周边大片土地供联邦快递未来发展。

三是制定产业发展规划。政府制定了一系列孟菲斯航空货运产业发展规划，包括航线规划、物流网络规划等，努力实现地方发展与机场经济的合作共赢。随着航空物流业的快速发展，孟菲斯机场周边形成了以物流业为主、制造业为辅、医药业为特色的产业集群。这些产业集群为航空货运的发展提供了充足的货源，进一步推动了机场货运业务的增长。

四是加强人才培养。政府为孟菲斯航空货运企业提供了人才培养支持，包括职业培训、教育补贴等，为企业吸引和培养优秀人才。为机场员工提供了广泛的培训和发展计划，以确保他们具备必要的技能和知识，并提供职业发展的机会。提供健康保险、退休金计划、带薪休假和员工折扣等福利，以吸引和留住优秀的人才。这些措施有助于吸引优秀的人才，并为机场的长期发展奠定了基础。

二、对标美国孟菲斯国际机场，武汉－鄂州空港“双枢纽”尚有一定差距

空港“双枢纽”与美国孟菲斯国际机场有诸多相似之处：鄂州花湖机场与之同为军民两用机场，均处内陆城市，但武汉天河国际机场和鄂州花湖机场这种航空客货运“双枢纽”格局在全球城市群中独一无二，更具强大的客货运发展潜能。且武汉地处我国主要经济区的几何中心，地理位置更加优越，更具功能定位和地理区位优势，航程辐射半径和旅客潜在需求优势也更胜一筹。然而，相比孟菲斯国际机场强大的国际货运港功能、产业集聚功能以及政策支持力度，空港“双枢纽”还有一定差距。

（一）航空货运发展不足

相对于水运、铁路和公路货运量，孟菲斯的航空货运量是比较突出的。孟菲斯市的经济主要依赖于航空货运业务，孟菲斯国际机场的航空货运业务经济影响力占到孟菲斯市经济和就业的90%以上。而目前空港“双枢纽”之一的鄂州花湖机场的货运业务处于起步阶段，开通国内货运航线45条、国际货运航线11条，连通国际航点14个，2023年完成货邮吞吐量26.5万吨，其中国际货邮吞吐量4.9万吨。单日进出港货运航班量全国第二，航空货运发展潜力很大。

（二）缺乏国际竞争力

孟菲斯国际机场是全球著名的航空货运港，可向全球220个国家和地区提供货运服务，航空货运吞吐量名列前茅，拥有强大的货运能力和全球竞争力。而空港“双枢纽”在国际航线和航空公司竞争方面稍逊一筹。

（三）临空产业集聚度不高

在孟菲斯国际机场周边，聚集了加工制造、仓储物流以及生物医药等产业集群，吸引了美国全国眼库中心以及对于时效性运输要求高的医药、IT企业入驻。而空港“双枢纽”仍在规划建设中，产业发展处于起步阶段。

（四）政策扶持有待加强

孟菲斯国际机场的股权完全由孟菲斯－谢尔比机场管理局（简称MSCAA）持有，股权结构利于机场按自身形式发展，也决定了机场的公益性质。孟菲斯大学专门针对快递业成立了联邦快递技术学院，为临空产业集聚发展提供了源源不断的智力支持。孟菲斯市政府多措并举助推了孟菲斯航空货运枢纽的高速发展。相比之下，“双枢纽”之一的鄂州花湖机场则是“当地政府＋快递企业＋投资公司”的多元持股模式，相关政策制定和实施尚不健全。

三、对策建议

（一）加速设施共建、路网联通和航空联运，实现共享共赢

一是探索两机场设施共建，推进双向联通和无缝对接。加强武汉天河国际机场与鄂州花湖机场的联动发展，共建、共享航空货运中心、停车区等基础设施，加快两机场之间的高速公路、货运专用道等路网建设，实现两机场快速双向联通和高效无缝对接，降低航空企业物流成本，提高空港“双枢纽”基础设施资源的利用效率和服务水平。

二是加快空高联运和空空联运，提高运输效率。推进高铁进机场（鄂州花湖机场），提速空高联运体系规划研究和项目建设。通过航班时刻协调、航班信息共享、联程航班、快速换乘等，加快空空联运。推广实施“一次支付、一次值机、一次安检、行李直挂、无忧中转”通程航班，支持两机场与航空公司、始发站机场等签署联盟协议，建立中转服务协同联动机制，加快实现货物和旅客在两个机场之间的高效流转，提高空港“双枢纽”的航空运输效率和便利度。

（二）加快优势互补和运营合作，多维度提高货运竞争力

一是加强优势互补，合力提高空港“双枢纽”的整体货运能力。推进武汉天河国际机场和鄂州花湖机场优势互补，合力提升货运效能。武汉天河国际机场可利用鄂州花湖机场的货运机场优势，针对省内外贸易大宗货物的运输需求，打造快速通道和物流渠道。鄂州花湖机场则可借助武汉天河国际机场的国内外航班网络、设施及管理经验，提升自身货运能力和服务水平。

二是共建人才互通和运营合作机制，合力提升空港“双枢纽”整体运营水平。针对目前鄂州花湖机场专业技术人才相对短缺，且航线开发和设施建设尚处起步阶段的现状，亟需在两机场间建立人才互通和运营共享合作机制。共筑人才储备和培训体系，共建岗位培训中心和机场技术研发中心，互邀技术人员开展学习和交流，互调专业人才协同工作，实现人才和技术资源的共享。同时，建立运营合作机制，共享航班运营、地勤服务和维修设施、机场建设和维护工程方面的经验和技术等，共同提升空港“双枢纽”整体管理和服务水平。

三是共建客货运数字化运营平台，合力提高空港“双枢纽”运营效能。加强武汉天河国际机场和鄂州花湖机场的信息共享，加速信息集成、流程优化和业务协同。重点依托顺丰公司旗下的全球物流服务平台，建设统一的空港“双枢纽”客货运数字化运营平台，实现数字化运营统一管理和协同优化。例如，两机场联合推出航班预订、货物跟踪、在线支付、客户服务等数字化服务，提高客户体验和运营效率。

（三）发挥各自优势精准招商，协同提高临空产业集聚度

一是建立结果导向型招商机制，打造临空产业竞合发展“新优势”。充分发挥两机场宝贵的产业用地，联手精准招商选项。签署战略合作协议、招

商服务协议，建立结果导向型招商机制，实现招商成效最优化。建议武汉天河国际机场和鄂州花湖机场集合各自优势，互通有无地开发临空产业，引领锻造临空产业“共同长板”，带头打造湖北临空产业链上下游竞合发展新态势。

二是机场携手在汉高校共建航空学院，促进人才培养和实践研究。建议空港“双枢纽”充分利用和发挥华中科技大学（航空航天专业属于国家重点学科）、武汉理工大学（航空航天专业属于国家级特色专业）等在汉高等院校航空航天、机械等临空重点学科和特色学科优势，加强校企合作，携手共建航空应用型大学——湖北航空学院，设立航空技术、航空维修、航空服务和管理等多领域的培训课程。既为国内外机场培养和输送更多实用型、实战型航空专业人才，又为在汉高校和科研院所的航空领域研究提供更多实践资源，搭建产教融合平台，实现互惠共赢。

（四）多策并举加大政策支持，打造各具特色的临空产业集群

一是强化规划引导，推进武汉－鄂州航空客货“双枢纽”联动发展。建议整合省市已出台的相关政策和规划方案，加强高标准规划引领和多规合一，注重区域统筹协调，尽快出台《空港“双枢纽”产业发展规划》。进一步强化空港“双枢纽”常态化沟通机制，合力推进武汉－鄂州空港型国家物流枢纽建设。重点依托武汉天河国际机场和武汉国际贸易城，加强武汉－鄂州空港型国家物流枢纽与商贸服务型国家物流枢纽的协同建设和联动发展。

二是加强政策性引导和支持，探索建设新时代内陆自由贸易港。研究制定促进空港“双枢纽”发展的临空产业导向政策和“招商引资产业清单”。加快推进武汉天河国际机场保税物流中心(B型)建设、鄂州花湖航空口岸正式开放和综保区申建以及与东湖综保区、光谷城市货站的互联互通，充分发挥武汉天河国际机场的肉类、水果等六大进境指定口岸资质，探索空港“双枢纽”客货机场口岸资质联动互认，打造特殊政策先行区、外贸模式创新示范区和制度建设试验区等，着力探索建设以空港“双枢纽”为核心的新时代内陆自由贸易港。加大公共投入、土地资源供给等政策性扶持，鼓励航空物流企业参与投资、推动航空市场“对内开放”、给予税费支持等，吸引更多国际航线。加快出台鼓励跨境贸易、拓展国际业务的相关政策，促进汉口北外贸综合服务中心、东湖外贸综合服务中心等湖北省外贸综合服务平台与金融平台、物流平台等的对接，助力外向型企业全面参与全球市场竞争。加强

与长江中游城市群省会城市机场的合作，共建区域机场物流产业链，加快互利共赢。

三是加快吸引临空产业在空港“双枢纽”周边集聚发展。重点依托武汉新城、光谷科技创新大走廊，充分发挥毗邻东湖高新区、武汉自贸区、东湖综保区和阳逻国家航天产业基地的区位优势，加速吸引一大批临空型产业或临空企业在两机场周边集聚。重点依托在建的武汉天河国际机场保税物流中心 (B 型)，打造一批航材航食、跨境电商、航空冷链和医药贸易等航空高附加值产业集群，吸引一批光电子信息、生命健康、智能制造等领域的高新企业入驻机场周边设立研发制造中心；支持鄂州花湖机场临空经济区，重点发展航空物流、航空维修、航油航材、航空培训等临空核心产业；支持鄂州花湖机场临空经济区联合黄石、黄冈临空经济区发展光电子信息、医疗装备、航空冷链、北斗等临空关联产业。招引血库中心、眼库中心和心脏移植中心等“高端医疗服务区”和国家紧急医学救援基地入驻机场，吸引各大跨国药企聚集建仓。依托空港“双枢纽”周边的国际商品交易中心、国际会展中心等，打造航空主题公园，发展国际会展业和“航空 + 文旅 + 产业”特色文旅产业。依托空港“双枢纽”周边的冷链物流资源优势，打造面向国内外的航材航食基地、预制菜全产业链园区等。

作者单位：武汉发展战略研究院

借鉴深圳虚拟大学园经验创新发展长江大学城

王　珺

长江大学城是长江新区“十四五”规划的重大项目，是武汉实施创新驱动发展、吸引创新要素集聚的重要平台。深圳虚拟大学园作为我国第一个创新型产学研结合示范基地，是集聚全球高端创新资源的成功案例，是攻克科技成果转化难题的经典范例，也是推动“校地企”合作的典型实例，其聚资源、促转化、强合作的经验能为创新发展长江大学城提供有力参考。

一、深圳虚拟大学园建设成绩

深圳虚拟大学园成立于1999年，是深圳市实施科技强国战略、构建技术创新体系的重大举措，为深圳从“科技沙漠”到“创新绿洲”的蝶变贡献了重要力量。从创新资源来说，截至2022年底，虚拟大学园已集聚了包括清华大学、香港大学、佐治亚理工学院等在内的68所国内外知名院校。其中QS排名前一百的高校11所，“985”高校30所。从研发成果来说，早在2018年，虚拟大学园就获得国家自然科学基金（面上项目）资助52项，占深圳获批项目的21.4%，是深圳国家科研项目的重要承担主体。截至2022年底，虚拟大学园累计承担各类科研项目近5200个，转化成果约2600项。从产业发展来说，虚拟大学园累计孵化企业约4000家，产生了以大疆为代表的一大批深圳明星科技企业。

二、深圳虚拟大学园成功经验总结

（一）以“拿来主义”为主要路径，解决科教资源不足难题

20世纪末，作为一座新兴城市，深圳缺乏支撑高新技术产业发展的人才和科研基础。为弥补这一先天不足，深圳市委、市政府选择建设虚拟大学园，采用“拿来主义”的方式，联合国内外高校在深圳开展教学培训、科学研究，促进科研成果转化。经过二十余年的发展，虚拟大学园已经汇聚了68所世界知名成员院校，分别来自内地21个省（市）、香港特别行政区，以及美、加、英等6个海外国家，并依托成员院校形成了高质量创新型研究集群。建立了事业单位建制、独立法人资格的成员院校深圳研究院56家。搭建“深圳虚拟大学园国家重点实验室（工程中心）平台”，引进和建设了实验室、研发中心、创新中心等各类研发机构238家，其中包括国家重点实验室（深圳分室）9个。

表1　深圳虚拟大学园68所成员院校名单

类别	来自地区	院校名称
国内（60所）	北京	清华大学、北京大学、北京理工大学、北京交通大学、北京邮电大学、中国人民大学、北京电影学院、北京航空航天大学、对外经济贸易大学、中国科学院、中国工程院、中国社会科学院研究生院
	上海	同济大学、复旦大学、上海交通大学、华东理工大学
	江苏	东南大学、南京大学、中国药科大学、南京航空航天大学、中国矿业大学
	辽宁	大连理工大学、大连海事大学
	黑龙江	哈尔滨工业大学
	天津	南开大学、天津大学
	吉林	吉林大学、东北师范大学
	陕西	西北工业大学、西安交通大学、西安电子科技大学、西北农林科技大学
	安徽	中国科学技术大学、合肥工业大学
	重庆	重庆大学
	四川	西南交通大学、电子科技大学
	湖北	华中科技大学、武汉大学、中国地质大学（武汉）、武汉理工大学、华中师范大学
	湖南	湖南大学、中南大学
	广东	中山大学、深圳大学、深圳职业技术大学
	浙江	浙江大学
	山东	山东大学
	福建	厦门大学
	江西	江西财经大学
	河南	河南大学

（续表）

类别	来自地区	院校名称
国内（60所）	河北	燕山大学
	甘肃	兰州大学
	香港	香港大学、香港科技大学、香港浸会大学、香港理工大学、香港城市大学、香港中文大学
国际（8所）	加拿大	阿尔伯特大学
	英国	中央兰开夏大学、伯明翰大学
	美国	佐治亚理工学院
	法国	里昂中央理工大学
	匈牙利	布达佩斯技术与经济大学、米什科尔茨大学
	日本	电气通信大学

表2　虚拟大学园国家重点实验室（工程中心）平台集聚9家国家重点实验室名单

实验室名称	依托院校
东南大学生物电子学国家重点实验室深圳分中心	东南大学
煤燃烧国家重点实验室深圳分室	华中科技大学
数字制造装备与技术国家重点实验室深圳分室	华中科技大学
材料成形与模具技术国家重点实验室深圳分室	华中科技大学
材料复合新技术国家重点实验室深圳研究中心	武汉理工大学
晶体材料国家重点实验室深圳基地	山东大学
软件工程国家重点实验室深圳研发中心	武汉大学
生物地质与环境地质国家重点实验室深圳环境生物技术研发中心	中国地质大学（武汉）
测绘遥感信息工程国家重点实验室深圳研发中心	武汉大学

（二）以市场需求为基本原点，推动“逆向”科技成果转化

传统科研机构实行以实验室为起点、将科技成果逐步推向市场的“正向”科研模式。实践证明，该模式导致了科技与经济“两张皮”现象。深圳虚拟大学园则开辟了一种以市场需求为起点的自下而上的“逆向”产学研创新路径。一方面，建设了虚拟大学园国家大学科技园，清华大学、北京大学等17所成员院校的研究院入驻其中，建成实体化的产学研基地。另一方面，建立深圳虚拟大学园孵化器，成为新技术、新产品和新企业的源泉。这其中最为典型的是以深圳清华大学研究院为代表的一批新型研发机构，以“三无”“四不像”

为主要特征，集合了科技研发、概念验证、中试验证、人才培养、科技金融、企业孵化等多种功能，采用全新的运行、管理、激励和用人机制，从市场端出发，将企业在产品开发过程中形成的对技术的需求，向创新链上游的高校传递，准确引导科研院校的技术研发，提高了科研成果转化效率。截至 2021 年，深圳清华大学研究院累计孵化企业 3264 家，培养上市公司约 20 家，同时也带动了华大基因研究院、光启高等理工研究院以及众多高校驻深研究院等新型研发机构的集群式崛起。

（三）以高新区为重要依托，实现创新和产业的相互成就

区别于一般的大学科技园（如美国硅谷、英国剑桥科学园、日本筑波科学城、中国清华大学科技园等）普遍建在大学周边、依托大学母体、推动知识成果转化，深圳虚拟大学园的出现打破了这种传统的路径模式。它设置在深圳高新区内，创新与产业的地理临近促成了二者的相互成就。深圳高新区是国内高新企业、创新企业最密集的区域之一，产业环境好。截至 2021 年底，深圳高新区拥有高新技术企业 5450 家，年产值超亿元企业 970 家，境内外上市企业 185 家。各类战略性新兴产业和各大高新技术企业有着旺盛的人才培养和科技创新需求，为科研成果转化为市场需求、以市场需求拉动科研成果转化提供便利。

（四）以“市校企共建”为主要方式，推动园区建设运营

深圳虚拟大学园早期建设由政府出资或者政府和学校共同承建，深圳市政府每年划拨 1000 万元专项经费用于入驻单位的补贴，并通过科技扶持资金资助各院校在深圳的科技项目。后期，全国各大院校看到了前期建设的丰硕成果，逐渐转变为以院校为投资主体、按需征地建楼、企业参与投资的方式。院校出资形式包括学校全资公司、校产企业、科技园公司、教育基金公司等多种主体。企业出资包括学校参股公司、校友企业、投资机构等多种主体。尤其是后期加入虚拟大学园区投资建设的国内院校，大都实行市场化运作模式，采取建设主体（项目公司）和运营主体（研究院）相结合的投资方式。政府、大学（及科研机构）、企业和园区平台四者相辅相成：园区提供信息和沟通平台，集合知识、政策、资金等资源；政府提供政策导向、打造公共服务平台、开展资金扶助；大学与科研机构提供技术及人才；企业提供资金、提出需求、容纳人才、转化成果。

三、针对武汉创新发展痛点，借鉴深圳经验，加快长江大学城建设

长江大学城建设要有别于传统意义上的大学园区，避免与洪山区大学集聚区的功能有所重复。一方面，从问题导向出发，长江大学城建设要针对武汉创新发展的痛点，力求弥补短板。另一方面，从目标导向出发，长江大学城建设可借鉴深圳虚拟大学园的经验和思路，以承载市外高端创新资源和服务本地高新产业发展为重要发展方向。

（一）针对顶尖资源不足的痛点，借助国内外知名高校，提升自身创新策源能力

虽然武汉科教资源数量在全国位居前列，但创新策源能力还有待进一步提升。比如在最新自然指数（Nature Index）[①]排行榜中，武汉仅有三所高校进入全国前五十，分别是武汉大学（排名第十三）、华中科技大学（排名第十九）、中国地质大学（武汉）（排名第四十三）。而且，武汉科创资源分布极不平衡，长江新区所在的武汉江北地区，与江南地区相比，高校和科研院所数量少，不利于长江新区产业的高质量发展。

表3　最新自然指数（Nature Index）排行榜中全国前二十高校[②]

排名	学校名称	总论文数	总论文分数
一	中国科学院大学	2848	578.46
二	中国科学技术大学	1566	549.82
三	南京大学	1286	543.13
四	北京大学	1970	516.85
五	清华大学	1528	514.79
六	浙江大学	1158	451.95
七	中山大学	1009	384.69
八	上海交通大学	1106	383.55
九	复旦大学	1071	376.17
十	四川大学	574	309.96

① 自然指数（Nature Index）是依托于全球顶级期刊，统计各高校、科研院所在国际上最具影响力的研究型学术期刊上发表论文数量的数据库，是国际公认的能够衡量机构、国家和地区在自然科学领域的高质量研究产出与合作情况的重要指标。

② 统计时间节点为2021年12月1日—2022年11月30日。

（续表）

排名	学校名称	总论文数	总论文分数
十一	南开大学	699	306.77
十二	南方科技大学	741	287.33
十三	武汉大学	577	258.39
十四	山东大学	822	252.91
十五	厦门大学	488	252.41
十六	天津大学	786	249.20
十七	吉林大学	497	237.95
十八	苏州大学	501	230.16
十九	华中科技大学	542	213.59
二十	西安交通大学	476	186.84

深圳虚拟大学园区建设经验为长江大学城在较短时间内打造创新高地提供了一条全新的思路。虽然目前出于高等教育资源均衡布局等因素的考虑，教育部对高校异地办学的政策有所收紧，特别是提出严控中西部高校在东部地区跨省开展异地办学，但该政策主要约束的是异地开办本科教育、研究生教育的行为，高校与地方的产学研合作并不受影响[①]。并且对于处于中部地区的武汉和长江新区来说，国际顶尖科创资源的引入与国家高等教育均衡布局的政策导向并不矛盾，更包含了服务中部崛起国家战略、解决“卡脖子”问题等综合考量。比如 2022 年 11 月获批在武汉成立的北京大学武汉人工智能研究院，就将借助北京大学人工智能优势资源，为武汉建设国家新一代人工智能创新发展试验区贡献力量。因此，长江大学城应面向国内外高端创新资源，联合世界一流院校，打造各类创新平台和产学研基地，提升长江新区乃至武汉的创新策源能力。

（二）针对科技成果本地转化不够的痛点，打造多方协作创新平台，构建新型产学研融合生态圈

武汉科教资源丰富，关键是要推动产学研融合，推动创新成果的本地转化。目前，武汉产学研协作创新平台数量还不够多、质量还不够高。武汉高校达到 83 家，居全国第二，仅次于北京的 92 家，高于上海的 64 家，但武汉的国

① 杨飒：《异地办学按下“暂停键”，高等教育应如何更好布局》，《光明日报》2023 年 1 月 31 日。

家级大学科技园仅有5个，约为北京（16个）、上海（14个）的三分之一。另外，作为重要的产学研协作平台，概念验证中心、中试平台等在推动科技成果转化中起到关键作用，当前，上海、北京、深圳、广州、杭州、成都等各大城市均在积极布局概念中心，力求打通科技成果转化的“最初一公里”，杭州甚至提出打造“全球科技成果概念验证之都”的口号，并举全市之力推广概念验证中心。武汉现有中试平台（含概念验证中心）180家，但综合性平台少，市场化运营程度低，开放共享程度低，接近半数的平台年均开展服务次数仅为个位数，在推动科技成果转化方面的作用有限。

表4　北京、上海、武汉国家级大学科技园情况比较

所在地	大学科技园名称	依托高校
北京（16家）	北京农学院国家大学科技园	北京农学院
	清华大学国家大学科技园	清华大学
	北京大学国家大学科技园	北京大学
	北京航空航天大学国家大学科技园	北京航空航天大学
	北京理工大学国家大学科技园	北京理工大学
	北京邮电大学国家大学科技园	北京邮电大学
	北师大—北中医国家大学科技园/京师药国家大学科技园	北京师范大学、北京中医药大学
	北京化工大学国家大学科技园	北京化工大学
	北京科技大学国家大学科技园	北京科技大学
	北京工业大学国家大学科技园	北京工业大学
	中国农业大学国家大学科技园	中国农业大学
	华北电力大学国家大学科技园	华北电力大学
	北京交通大学国家大学科技园	北京交通大学
	中国人民大学国家大学科技园	中国人民大学
	中国矿业大学（北京）国家大学科技园	中国矿业大学（北京）
	北京林业大学国家大学科技园	北京林业大学
上海（14家）	上海第二工业大学国家科技园	上海第二工业大学
	上海交通大学国家大学科技园	上海交通大学
	复旦大学国家大学科技园	复旦大学
	上海大学国家大学科技园	上海大学
	同济大学国家大学科技园	同济大学

（续表）

所在地	大学科技园名称	依托高校
上海（14家）	东华大学国家大学科技园	东华大学
	华东理工大学国家大学科技园	华东理工大学
	华东师范大学国家大学科技园	华东师范大学
	上海理工大学国家大学科技园	上海理工大学
	上海财经大学国家大学科技园	上海财经大学
	上海电力学院国家大学科技园	上海电力学院
	上海工程技术大学国家大学科技园	上海工程技术大学
	上海海洋大学国家大学科技园	上海海洋大学
	上海体育学院国家大学科技园	上海体育大学
武汉（5家）	武汉东湖高新区国家大学科技园	华中科技大学、武汉大学、武汉理工大学、华中农业大学、华中师范大学
	华中科技大学国家大学科技园	华中科技大学
	武汉大学国家大学科技园	武汉大学
	华中师范大学国家大学科技园	华中师范大学
	武汉理工大学国家大学科技园	武汉理工大学

为了进一步促进产学研融合发展，长江大学城应学习深圳虚拟大学园经验，背靠院校创新资源，引入社会力量，高质量发展各类型新型研发机构，联合成员院校建设大学科技园，同时强化大学城的概念验证、中试、孵化等功能，建立“基础研究 + 技术攻关 + 转化服务 + 成果产业化”的生态圈。

（三）针对资源匹配度不高的痛点，建立务实型绩效观，服务本土高新产业发展

目前，武汉科技创新与本地“965”产业发展匹配度不够高。从科技创新来讲，武汉高校、科研院所众多、学科门类全、领域跨度广，部分高价值的科技成果受产业布局制约无法在本地转化。比如华中科技大学丁汉院士团队完成的与高效精密制造相关的科研成果，由于武汉相关产业基础比较薄弱，没有企业可以承接，最后在无锡转化。近三年来，武汉本地企业从武汉地区高校购买技术的金额不足高校技术输出成交额的 1/5。近五年来，武汉的输出技术交易额一直大于吸纳技术交易额，且吸纳技术交易额在全国副省级城市（不含计划单列市）中的排名由 2018 年的第一降到 2022 年的第五。

表 5　武汉技术合同成交额及其在副省级城市[1]中的排名

年份	输出技术合同成交情况		吸纳技术合同成交情况	
	金额（亿元）	排名	金额（亿元）	排名
2022	1360.51	四	766.93	五
2021	1105.33	四	704.24	四
2020	932.13	四	788.89	二
2019	824.83	四	514.02	三
2018	702.03	四	531.40	一

参考深圳虚拟大学园经验，长江大学城建设要建立务实型绩效观，以企业和市场需求为基本原点，以武汉及湖北本土产业发展为主要服务对象。长江大学城成员院校的选择，要以本土产业发展的技术需求为重要出发点。将产业和企业的技术需求通过长江大学城传递到成员院校本部上源，从而解决企业技术创新难题和人才缺口问题。

（四）针对科研人员动力不强的痛点，探索制度创新，打造科研体制机制改革试验田

高校科研能力评价制度以理论研究突破和原始技术创新为导向，科研人员以评职称、报奖励为目标，高校科研人员缺乏主动对接市场需求的动力，导致高校科技成果以论文成果居多，专利授权、软件著作权等研发应用类成果占比较小。比如 2020 年武汉部分高校新发表论文数量占新增科技成果总数接近 80%，其中武大、华科分别为 71.4% 和 85%。

长江大学城要借鉴深圳虚拟大学园创新思路，建设成为武汉推动科研体制机制改革的试验田。一是将长江大学城列为武汉开展科技成果评价改革专项的重要试点。引导其成员校院围绕“965”产业体系，以技术合同成交额及成果本地转化成效为重点指标，建立长江大学城支撑产业高质量发展的评价体系，改善当前科研人员“重论文、轻转化、重纵向、轻横向”的局面，提供更多以转化特别是武汉本地转化为最终目的的成果。二是将其作为武汉探索职务科技成果赋权改革的重要载体，支持长江大学城成员院校开展职务科技成果的使用权、处置权、收益权、所有权“四权改革”。

① 不含计划单列市。

表 6　2020 年武汉地区部分高校新增科技成果统计表

高校名称	专利授权数量（项）	软件著作权数量（件）	发表论文数量（篇）	总数（项）	论文所占比例（%）
武汉大学	1280	490	4429	6199	71.4
华中科技大学	2213	210	13761	16184	85.0
武汉理工大学	1993	740	3540	6273	56.4
中国地质大学（武汉）	660	197	4969	5726	85.0
华中农业大学	419	62	1758	2239	78.5
湖北大学	302	112	795	1209	65.8
武汉科技大学	562	129	994	1685	59.0
湖北工业大学	493	80	392	965	40.6
武汉工程大学	583	180	1824	2587	70.5
合计	8505	2200	32362	43067	75.1

四、近期举措建议

（一）吸纳一批国际知名的成员单位

长江大学城成员单位可分为常驻成员与网络成员两部分。常驻成员直接入驻大学城，设立办事机构，创办研究院，开展科技成果转化及产业化和创办高新技术企业等工作。而网络成员则主要通过网络加盟长江大学城，进行科创交流与合作。成员单位的吸纳以国内外知名高校为重点。成员单位应对武汉以及长江新区产业发展有促进作用，优势学科与武汉“965”产业特别是战略性新兴产业的发展相适应。

（二）构建一个灵活开放的管理模式

借鉴深圳虚拟大学园经验，构建三级管理模式。第一层，设立联席会议制度作为决策机构，武汉市级主要领导任联席会议主席，各成员院校领导、市政府各部门负责人任成员，通过每年一次的联席会议制度，推动武汉市和成员院校的校本部之间建立常态化的沟通互动模式，各院校的首席代表为大学城的发展提供决策咨询，将校本部的科研资源与武汉市市场需求高效对接，实现市校间的协同创新。第二层，设立联席会议秘书处，由武汉市科技局或长江新区管委会负责协调、指导和帮助各成员单位在长江新区及武汉开展工作。第三层，在长江新区设立长江大学城管理服务中心作为日常管理服务机构，负责长江大学城建设、管理与服务，协助成员院校在大学城建设产学研基地等。

（三）打造一个共建共享的创新平台

设立长江大学城重点实验室（工程中心）平台。围绕武汉“965”产业发展，依托成员单位，引进建设海外知名实验室武汉分中心、国家（重点）实验室武汉分中心、国家工程中心武汉分中心等。整合成员单位资源，试点数字经济、绿色低碳、生命健康等若干领域，探索设立长江大学城成员院校联合实验室，共享科研力量、实验室和科研设备。

（四）汇聚一批新型研发机构

结合各成员高校的优势领域和武汉产业发展需求，由高校、武汉市政府和长江新区管委会共建一批运行机制灵活高效、研发转化体系健全、对接国际一流水平的新型研发机构。这些机构实行企业化管理、市场化运营，不设事业单位编制，不设行政级别。并针对这些研发机构，创新投入机制，前期由政府进行稳定补贴、中期引入战略合作企业、后期引入风险投资资金，助推其不断发展壮大。同时，支持这些研发机构在管理制度、研发收益分配、激励创新创业方面加大体制机制创新。

作者单位：武汉发展战略研究院

武汉市劳动力资源供给现状、趋势和稳就业对策研究

付　兴　吴　怡　胡爽平

习近平总书记在《求是》杂志发表的重要文章《国家中长期经济社会发展战略若干重大问题》中提到了两个客观规律，即增强中心城市和城市群等经济发展优势区域的经济和人口承载能力是客观规律，产业和人口向优势区域集中也是客观经济规律。未来很长一段时期，是武汉锚定国家中心城市和长江经济带核心城市的总体定位、加速发展的时期，产业和人口加速集聚，也将引发劳动力市场的深刻变革。一方面，大量的城市建设者和高素质人才落户武汉，将增强城市的劳动力供给能力，提高人才红利，也将对城市承载力提出挑战；另一方面，产业加速变革导致就业结构性风险长期存在，供需不匹配，很多领域劳动力供不应求仍将成为常态，如何扩大就业规模缓解劳动力供需矛盾，是一项亟待解决的难题。

就业是国民经济的“晴雨表”，稳就业就是稳增长，推进高质量和充分就业是未来一段时期的重中之重。本文根据武汉市第七次全国人口普查数据，梳理了武汉市劳动人口变化的新特点，预测了未来一段时间武汉市劳动力供需状况，提出了稳增长稳就业的相关对策建议。

一、武汉市劳动力供给变化的新特点

（一）劳动力规模持续上升，但增速和比重均有所下降

2020年，武汉市劳动年龄人口[①]935.33万人，占常住人口比重为

① 本文按照国际通用口径，将15～64岁的人口定义为劳动年龄人口。

75.14%，劳动力规模比2010年增加134.00万人，比重减少了6.75个百分点。十年来，劳动力规模年均增长1.56%，大致为2000—2010年的一半，说明劳动力规模虽然呈持续上升趋势，但上升速度趋缓。

表1　武汉市近三次人口普查劳动力人口规模、增长率和比重变动

年份	劳动力人口规模（人）	劳动力人口年均增长率（%）	劳动力人口比重（%）
2000	6004173	—	74.60
2010	8013310	2.93	81.89
2020	9353286	1.56	75.14

（二）中年劳动力仍占据绝对多数，但劳动力年龄结构在进一步老化

2020年，武汉市三个年龄段[①]劳动力人口规模分别为178.67万人、421.53万人和335.13万人，占比分别为19.1%、45.07%和35.82%，中年劳动力占据绝对多数，老年劳动力超过1/3，青年劳动力不到1/5。

与2010年相比，青年劳动力规模出现下滑，青年劳动力人口减少52.29万人，占比减少9.73个百分点，平均每年下降近1个百分点；中年劳动力规模加速增长，中年劳动力人口增加103.87万人，占比增加5.43个百分点，近十年，年均增长率为2.84%，增速约为2000—2010年年均增速的3倍[②]；老年劳动力规模持续提升，老年劳动力人口增加82.41万人，占比增加4.29个百分点，年均增长率2.86%，但与2000—2010年相比，增长速度有所减缓。[③]综合来看，中老年劳动力由2010年的占比刚过七成，到2020年占比超过八成，劳动力人口内部进一步呈现老化趋势。

表2　武汉市近三次人口普查劳动力分年龄组总量与占比情况表

年龄段	2000年		2010年		2020年	
	总量（万人）	占比（%）	总量（万人）	占比（%）	总量（万人）	占比（%）
青年劳动力	151.13	25.17	230.96	28.83	178.67	19.1
中年劳动力	286.38	47.7	317.66	39.64	421.53	45.07
老年劳动力	162.91	27.13	252.72	31.53	335.13	35.82

① 本文将劳动力人口分为三个年龄段：15～24岁青年劳动力人口、25～44岁中年劳动力人口、45～64岁老年劳动力人口。
② 前十年年均增速为1.04%，后十年年均增速为2.87%。
③ 2000—2010年，老年劳动力年均增长率4.49%。

（三）劳动力素质大幅提升，且学历越高的劳动力增长越快

2020 年，武汉市具有大专及以上学历的劳动力和初中及以下劳动者分别达到 407.18 万人和 308.58 万人，占全市劳动力比重分别为 43.5% 和 32.99%，大专及以上学历劳动人口规模首次超过初中及以下学历劳动人口，初中及以下学历人口首次出现下降。

表 3　武汉市近三次人口普查大学专科及以上学历、初中及以下学历劳动力规模及占比情况

年份	大学专科及以上学历劳动力（万人）	大学专科及以上学历劳动力占全市劳动年龄人口比重（%）	初中及以下学历劳动力（万人）	初中及以下学历劳动力占全市劳动年龄人口比重（%）
2020	407.18	43.53	308.58	32.99
2010	238.37	29.75	360.18	44.95
2000	149.16	24.84	342.68	57.07

表 4　武汉市近三次人口普查劳动力学历结构表（单位：万人）

年份	初中及以下	高中	大学专科	大学本科	研究生
2020	308.58	219.59	175.92	195.68	35.58
2010	360.18	202.78	110.71	111.75	15.91
2000	342.68	108.58	103.14	41.63	4.39

在大专及以上学历劳动者中，大学本科学历劳动者规模扩充最多，由 110.71 万人提升至 195.68 万人，占劳动力比重由 13.95% 提升至 20.92%；研究生学历劳动者增速最快，年均增长率达到 8.38%。[①]

（四）经济发展带动就业扩张不断增强，但劳动力供给与产业发展还存在一定程度不匹配

经济增长带动就业能力增强。2010—2021 年[②]，武汉市各产业从业人口从 483 万人增至 634.2 万人，年均增长率 2.51%，平均就业弹性系数为 0.23，即经济每增长 1 个百分点，拉动就业增长 0.23 个百分点。2000—2010 年，从业人员年均增长 2.01%，平均就业弹性系数 0.15，说明六普以来，经济增长拉动就业的能力不断增强。

① 2000 年以来，本科学历劳动者年均增长率 5.76%，专科学历劳动者年均增长 4.74%。
② 2020 年由于疫情影响，从业人员数量与上年相比有所减少，在此加入 2021 年数据，更符合趋势。

表 5　武汉市 2000 年以来从业人员年均增速及就业弹性系数变化情况①

年份	从业人员年均增速（%）	GDP 年均名义增速（%）	就业弹性系数
2010—2021	2.51	10.87	0.23
2000—2010	2.01	13.4	0.15

根据七普长表数据②，2020 年武汉市三次产业劳动力构成比为 2.73 : 27.51 : 69.76，与产业结构 2.6 : 35.6 : 61.8 相比，第二产业劳动供给量不足，第三产业劳动供给量相对充裕。

表 6　武汉市近三次人口普查三次产业劳动力比重表③

单位：%

年份	第一产业	第二产业	第三产业
2020	2.73	27.51	69.76
2010	18.06	28.38	53.56
2000	32.29	25.14	42.57

从细分行业劳动力规模和增速来看，二十个行业类别中，劳动力规模最大的三个行业分别是批发和零售业、制造业、建筑业，劳动力占比分别为 18.46%、13.90% 和 12.66%。劳动力增速最快的三个行业均为服务业，分别为交通运输、仓储和邮政业、租赁和商务服务业以及科学研究和技术服务业，年均增速分别达到 19.19%、16.19% 和 14.06%。

从产业匹配度来看，有些行业经济产出和就业量匹配度较高，比如信息服务、文化娱乐、居民服务等营利性服务业，增加值占比与就业量占比基本相同。有些行业劳动力相对缺乏，比如工业（包括制造业、采矿业和电力热力燃气及水生产和供应业）增加值占 GDP 比重接近 28%，但仅吸纳 15% 的就业量。又如金融和房地产等资本密集型行业，支撑全市 1/5 的经济总量，但仅容纳不到 7% 的就业。一方面是因为，这些行业劳动生产率较高，劳动力需求少；另一方面，也存在着产业结构升级推动各类人才需求攀升，但人才聚集的速度不够，劳动力供给不能适应岗位需求，导致供需不匹配，劳动力供

① 数据来源：由武汉市统计年鉴相关数据整理计算所得。
② 全市劳动力 10% 抽样调查资料。
③ 数据根据长表计算所得。

不应求，这些行业面临着“招工难”“用工荒”等结构性问题。有些行业会有冗余劳动力转出，比如建筑业和批零住餐等劳动密集型行业、教育等非营利性服务业，劳动生产率不高，累积了大量劳动力，存在从业人员占比远高于行业增加值的情况，随着行业效率提高，劳动力有转出可能，这些行业面临着就业难、收入不高等问题。

表 7　细分行业劳动力人口数占比和相关增长率[①]

单位：%

<table>
<tr><th>序号</th><th>行业名称</th><th>2020 年增加值占比</th><th>2020 年劳动力占比</th><th>2010 年劳动力占比</th><th>2010—2020 年劳动力年均增长率</th></tr>
<tr><td>1</td><td>农、林、牧、渔业</td><td>2.46</td><td>2.73</td><td>18.06</td><td>-14.95</td></tr>
<tr><td>2</td><td>采矿业</td><td rowspan="3">27.98</td><td>0.08</td><td>0.23</td><td>-6.97</td></tr>
<tr><td>3</td><td>制造业</td><td>13.9</td><td>19.62</td><td>-0.75</td></tr>
<tr><td>4</td><td>电力、热力、燃气及水生产和供应业</td><td>0.86</td><td>1.22</td><td>-0.76</td></tr>
<tr><td>5</td><td>建筑业</td><td>9.04</td><td>12.66</td><td>7.32</td><td>8.52</td></tr>
<tr><td>6</td><td>批发和零售业</td><td>7.76</td><td>18.46</td><td>6.58</td><td>13.9</td></tr>
<tr><td>7</td><td>住宿和餐饮业</td><td>2.23</td><td>5.76</td><td>18.49</td><td>-8.57</td></tr>
<tr><td>8</td><td>交通运输、仓储和邮政业</td><td>5.74</td><td>6.77</td><td>1.53</td><td>19.19</td></tr>
<tr><td>9</td><td>金融业</td><td>9.16</td><td>2.8</td><td>1.78</td><td>7.47</td></tr>
<tr><td>10</td><td>房地产业</td><td>11.03</td><td>4.14</td><td>1.84</td><td>11.44</td></tr>
<tr><td>11</td><td>信息传输、软件和信息技术服务业</td><td rowspan="5">17.81</td><td>4.19</td><td>4.87</td><td>1.18</td></tr>
<tr><td>12</td><td>文化、体育和娱乐业</td><td>1.28</td><td>1.11</td><td>4.19</td></tr>
<tr><td>13</td><td>租赁和商务服务业</td><td>5.07</td><td>1.48</td><td>16.19</td></tr>
<tr><td>14</td><td>科学研究和技术服务业</td><td>3.5</td><td>1.23</td><td>14.06</td></tr>
<tr><td>15</td><td>居民服务、修理和其他服务业</td><td>3.68</td><td>3.11</td><td>4.46</td></tr>
<tr><td>16</td><td>教育</td><td rowspan="4">9.33</td><td>6.08</td><td>4.62</td><td>5.59</td></tr>
<tr><td>17</td><td>水利、环境和公共设施管理业</td><td>0.98</td><td>0.93</td><td>3.22</td></tr>
<tr><td>18</td><td>卫生和社会工作</td><td>2.81</td><td>2.17</td><td>5.42</td></tr>
<tr><td>19</td><td>公共管理、社会保障和社会组织</td><td>4.23</td><td>3.8</td><td>3.84</td></tr>
<tr><td>20</td><td>国际组织</td><td>—</td><td>—</td><td>—</td><td>—</td></tr>
</table>

① 数据根据长表计算所得。国际组织从业人员太少，占比暂忽略不计。图中阴影处数据为同列前三位。

（五）中心城区劳动力人口最多，功能区劳动力不断聚集，新城区劳动力进一步老化

大部分中心城区劳动力减少，且减少的主要是青年劳动力，但中心城区劳动力仍然占全市一半以上。2020 年，中心城区劳动力 483.49 万人，占全市劳动力的 51.69%，十年时间，中心城区劳动力仅增长 5.02 万人。七个中心城区，有五个区劳动力在减少。其中，青年劳动力减少最多，江岸区、汉阳区仅青年劳动力数量减少，江汉区、硚口区、武昌区青年劳动力的减量均超过了全区劳动力减量的一半，青山区各年龄段劳动力均有所减少。

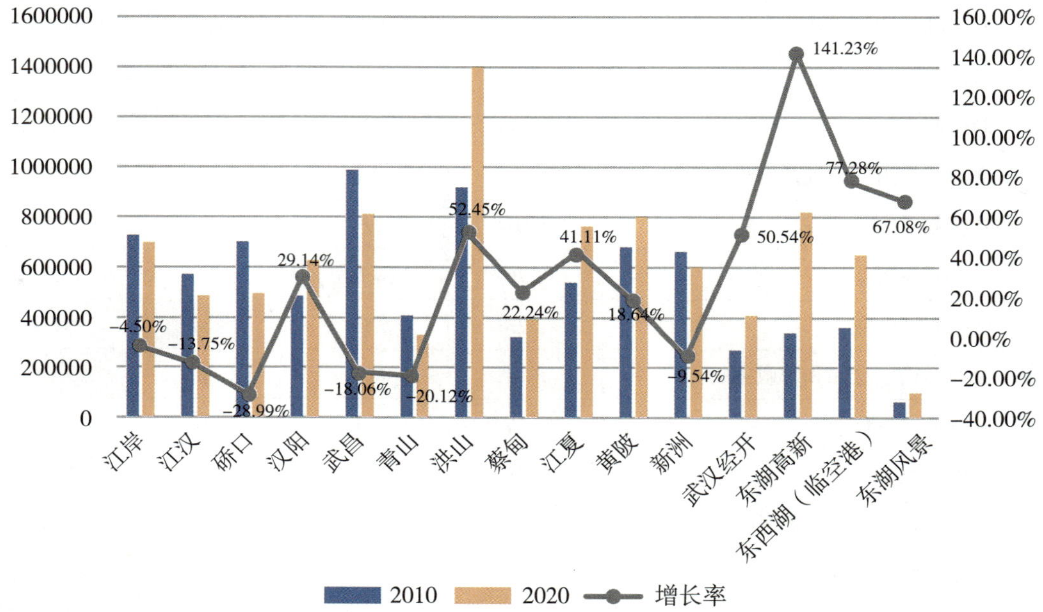

图 1　2010 和 2020 年武汉市分区劳动力规模（人）和增长情况①

表 8　2020 年和 2010 年相比中心城区劳动力变化状况

单位：万人

中心城区	劳动力人口变动量	青年劳动力变动量	中年劳动力变动量	老年劳动力变动量
江岸区	−3.27	−6.74	0.38	3.09
江汉区	−7.78	−5.33	−1.79	−0.66
硚口区	−20.19	−11.96	−7.26	−0.97

① 与 2010 年相比，劳动力数量增加最多的区是洪山区，增量为 48.26 万人，增幅最大的是东湖高新区，增幅达 141.23%，劳动力减量和减幅最大的区均为硚口区，人员减少 20.19 万，减幅达 28.99%。

（续表）

中心城区	劳动力人口变动量	青年劳动力变动量	中年劳动力变动量	老年劳动力变动量
汉阳区	14.02	–3.18	10.41	6.80
武昌区	–17.78	–10.47	–5.74	–1.65
青山区	–8.26	–4.09	–3.14	–1.02
洪山区	48.26	6.32	23.14	18.80

劳动力向功能区聚集。2020年，全市功能区有劳动力196.36万人，比2010年增长93.43万人，平均每年接近10万名劳动力涌向各大功能区，十年来，功能区的劳动力增量接近全市劳动力增量的70%。

表9　功能区、中心城区、新城区劳动力规模和增量情况

城区	2020年		2010年		增长规模（万人）	占全市劳动力增量的比重（%）
	劳动力规模（万人）	占全市劳动力总量比重（%）	劳动力规模（万人）	占全市劳动力总量比重（%）		
功能区	196.36	20.99	102.94	12.85	93.42	69.72
中心城区	483.49	51.69	478.47	59.71	5.02	3.75
新城区	255.47	27.31	219.92	27.44	35.55	26.53

新城区劳动力年龄结构进一步老化。十年来，各区老年劳动力均有不同程度增长，占劳动力总量比重均有所提升，且除江夏区外，老年劳动力数量占比均超过了全区劳动力总量的四成。[①]老年劳动力增长最多的是黄陂区，超过9万人，老年劳动力增量占全区劳动力增量超过70%，新洲区劳动力总量减少，但老年劳动力却增加了3万多人。

表10　2020年新城区各区老年劳动力增量和占比情况

新城区	老年劳动力占比	老年劳动力占比增量	老年劳动力增量（人）	全区劳动力增量（人）	老年劳动力增量占全区劳动力增量的比重
蔡甸区	42.30%	3.23%	40513	71318	56.81%
江夏区	28.70%	4.32%	86808	221363	39.22%
黄陂区	41.81%	5.91%	92748	126130	73.53%
新洲区	43.12%	9.51%	35798	–63263	—

① 全市老年劳动力占比为35.82%。

（六）劳动力迁移更加频繁，省外来汉就业人口加速增长

2020年，武汉市共有外迁劳动力345.90万人，占全市劳动力总量的36.98%。与2010年相比，外迁劳动力增长104.66万人，占全市劳动力比重提升6.88个百分点，劳动力迁移更加频繁。

2020年，由外省迁入劳动力112.05万人，由省内迁入233.85万人，省内外迁入劳动力数量比大致为2∶1。与2010年相比，外省迁入劳动力增长64.63万人，增幅达136.29%，省内迁入劳动力增长40.03万人，增幅为20.65%，外省迁入劳动力规模增长更快，省内迁入劳动力增幅放缓。

外省迁入劳动力中，以中部地区的河南省、湖南省、安徽省、江西省最多，占迁入劳动力总量的44.05%；从迁移原因来看，就业和求学占迁移劳动力比重的绝大多数，达到84.77%。

近十年来，市内人户分离的劳动力越来越多，劳动力跨区流动更加频繁。2020年，市内人户分离劳动力为232.73万人，增长135.84万人，增幅为140.20%。

表11　六普、七普劳动力迁移情况

劳动力迁移情况	2020年	2010年
迁移劳动力总量（万人）	345.90	241.24
其中：省外迁入劳动力（总量/占比）	112.05/32.39%	47.42/19.66%
其中：外省来汉就业人口（万人）	53.46	—
外省来汉求学人口（万人）	41.53	—
省内市外迁入劳动力（总量/占比）	233.85/67.61%	193.82/80.34%
市区内人户分离劳动力（万人）	232.73	96.89

二、“十四五”时期武汉市劳动力供需预测

（一）劳动力供给预测

从发展形势来看，“十四五”时期，随着国家中心城市建设的深入推进和武汉都市圈建设的逐渐展开，武汉市城市地位不断提高，城市功能加快完善，“965”产业体系加快发展，吸引人口、人才流入的磁场效应将不断增强，周边省份和省内劳动人口会不断向武汉流入，增加劳动力供给。另外，青年人才供给将相对稳定。2020以来，每年应届高校毕业生数量均超过30万人，且

留汉比率不断增长，规模庞大且素质较高的青年人才将持续为全市经济社会发展提供稳定供给。从具体数据来看，预计武汉常住人口总量将达到 1500 万人，劳动力人口总量也将超过 1000 万人，经济活动人口（包括就业者和失业者）也将超过 750 万人。具体预测过程如下：

2025 年武汉市常住人口总量预测。常住人口总量包括自然增长人口和净迁移人口。自然增长人口是人口自然增长率①和年平均人数的乘积。根据人口数据测算和合理估计②，将 2010—2020 年武汉市人口自然增长率均设定为 5‰，考虑到人口自然增长率处于下降趋势，且 2020 年和 2021 年武汉市人口自然增长率均约为 3‰，本文将 2021—2025 年人口自然增长率均设定为 3‰。2010—2021 年③，武汉市常住人口增长 386.56 万人，根据对人口自然增长率的设定，其间，人口自然增长 55.17 万人，那么，净迁移人口 331.39 万人④，年均净迁移人口 30.13 万人，取整为 30 万人。2022—2025 年，根据设定的人口自然增长率估算，武汉市人口将自然增长 16.45 万人，假定迁移人口保持目前的增速，那么到 2025 年，武汉市新增迁移人口 120 万人，则常住人口将达到 1501.34 万人。

劳动力人口总量预测。2020 年劳动力人口占常住人口比重为 75.14%，根据比重不断下滑的趋势⑤，假定 2025 年此比重为 72%，那么劳动力人口将达到 1081 万人。比照 2020 年⑥武汉市劳动参与率为 70.06% 的数值，合理估算，2025 年全市经济活动人口将达到 757 万人（包括已就业和失业人口）。⑦

从年龄结构来看，年轻劳动力规模和占比仍将逐步下降，中年劳动力依然是就业的主力，劳动力年龄结构老化依然在持续。因为预测期仅为 5 年，不涉及人口出生和死亡，只与 10 ~ 14 岁、60 ~ 64 岁人口存量相关。2020

① 人口自然增长率 = 人口出生率 − 人口死亡率，且这里的人口基数以常住人口为基数，比统计公报中公布的人口自然增长率偏低。
② 2010—2020 年，武汉市人口自然增长率处于 3‰ ~ 8‰之间。
③ 考虑到 2021 年武汉市公布的常住人口增量较大，将 2021 年数据纳入，将有助于数据预测的合理性和准确性。
④ 与 2010—2020 年人口净迁入相仿，比较符合实际情况。
⑤ 根据 2010—2020 年此比重下滑 6.75 个百分点大致判断。
⑥ 2020 年，武汉市三次产业从业人员为 603.79 万人，全口径失业人员为 51.5 万人（市人社局），劳动年龄人口 935.33 万人，劳动参与率 =（已就业人口 + 失业人口）/ 劳动年龄人口。
⑦ 根据武汉市 2010—2021 年从业人员规模和增长进一步情况估算，到 2025 年，全市从业人员也将达到 758 万人，与前文预测的就业人口规模基本一致。

年，10 ~ 14 岁人口低于 60 ~ 64 岁人口，再过五年，存量人口中，劳动力总量必定减少，按照当前常住人口年龄结构测算，5 年后各年龄段存量人口大致为 15 ~ 24 岁的年轻劳动力 120.51 万人，占比 13.21%；25 ~ 44 岁的中年劳动力 443.90 万人，占比 48.65%；45 ~ 64 岁老年劳动力 348.01 万人，占比 38.14%。但实际上，新增的迁入劳动力年龄结构往往更加年轻，中青年劳动力总体规模和占比会比测算的高一些。

表 12　2020、2025 年武汉市各年龄段人口数量及占比

年龄段		10 ~ 14 岁	15 ~ 24 岁	25 ~ 44 岁	45 ~ 64 岁	60 ~ 64 岁
2020	数量（万人）	44.58	178.67	421.53	335.13	67.48
	占比（%）	—	19.10	45.07	35.83	—
2025	数量（万人）	—	120.51	443.90	348.01	—
	占比（%）	—	13.21	48.65	38.14	—

（二）劳动力需求预测

就业弹性系数[①]预测。通过测算，2000 年以来，平均就业弹性系数为 0.15，2010 年以来，平均就业弹性系数为 0.23，而“十三五”期间，平均就业弹性系数为 0.28，武汉市就业弹性呈现逐步上升趋势。近年来，虽然有疫情的持续影响，但在新发展格局下，武汉也迎来了非凡的发展机遇，新兴产业、未来产业加速发展，新业态、新就业形式不断涌现，就业量也在持续攀升，2021—2022 年，全市新增就业均近 30 万人，创历史新高。按此趋势，经济增长带动就业的能力在扩张，“十四五”期间就业弹性将有小幅攀升，本文暂假定为 0.35。

经济增长速度预测。经济增长直接影响劳动力需求，合理判断经济增长趋势，是预测劳动力需求的前提。2000—2010 年，武汉市一直保持“两位数”的高速增长，2011—2020 年，前半段依然保持高速增长，“十三五”之后逐步转为中高速增长（2020 年除外）。“十四五”时期，经济发展结构和发展动力将进一步调整，增速进一步放缓，预计实际年均增速大致在 7% 左右，

① 就业弹性系数表示 GDP 每增长 1% 所带来的劳动力人数增长的百分率。基本公式为就业弹性系数 = 劳动力需求增长率 /GDP 增长率。

到 2025 年，GDP 大约为 24000 亿元。那么“十四五”时期，名义年均增长率大致为 9% 左右。

所以，劳动力需求增长率 = 就业弹性系数 ×GDP 增长率 =0.35×9%=3.15%。那么以 2020 年实际从业人员 603.79 万人计算，2025 年实际就业需求将达到 705.07 万人。

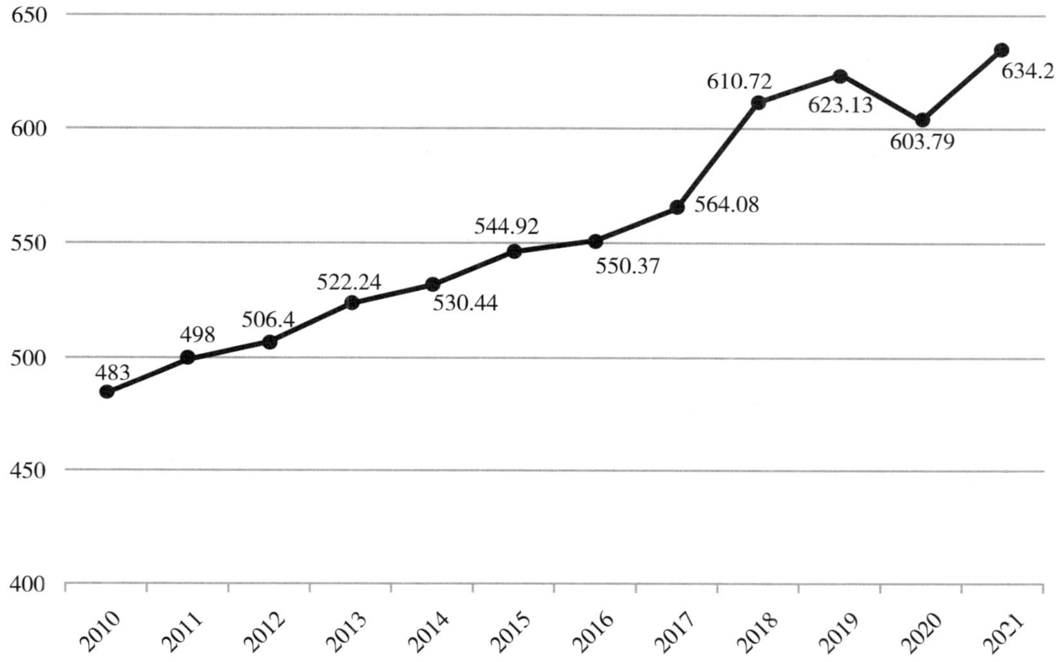

图 2　2010—2021 年武汉市三次产业从业人员总量（单位：万人）

根据测算，2025 年，就业供给量大于需求量 52 万人[①]，即失业量为 52 万人[②]，与目前全口径失业人员规模相当。

（三）劳动力产业流向预测

2000 年以来，武汉市三次产业比重变化情况基本趋势为，第一产业比重缓步下降，第二、第三产业比重前期相对平稳，近年来（2014 年以来）第二产业比重逐年下降，第三产业比重逐年上升，2021 年武汉市三次产业

① 测算出 2025 年的供给量为 757 万人，需求量为 705 万人。
② 根据人社局统计数据，2019 年全市失业人员 44.6 万人，包括失业保险减员、剔除与失业保险减员重合人员后的登记失业人员、灵活窗口中断缴费人员、毕业后未能就业的各类学校毕业生，2020 年此数据为 51.6 万人。

结构为 2.51：35.04：62.45。结合国内外先进城市的发展轨迹和武汉的发展实际，对未来武汉市产业结构变动做出如下假定，到 2025 年，第一产业稳定在 2% 左右的水平，第二产业稳定在 35% 左右的水平，第三产业稳定在 63% 左右的水平。

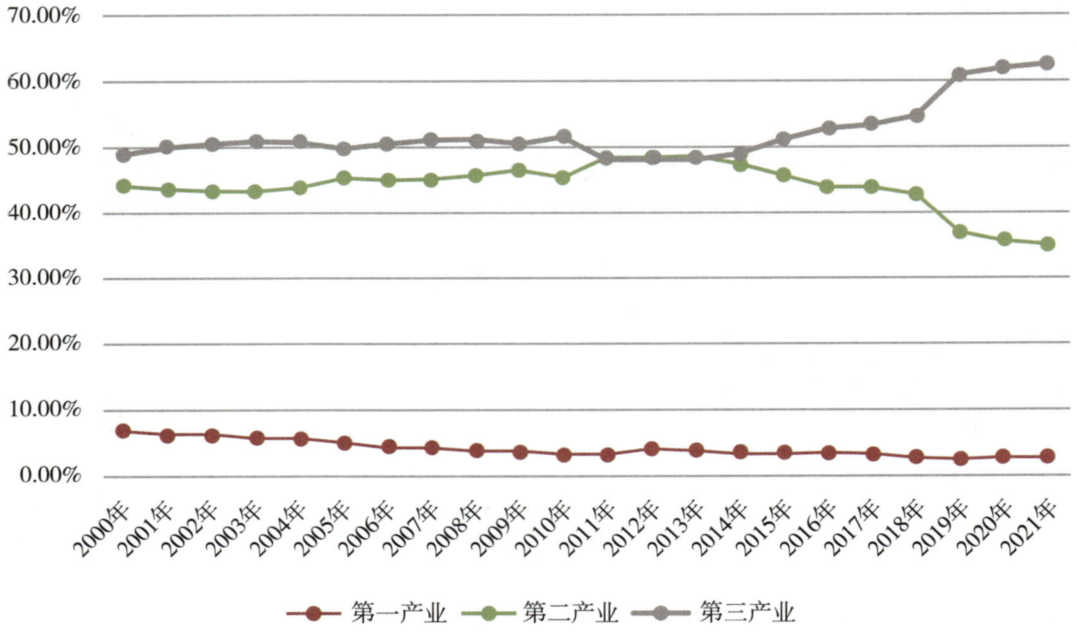

图 3　2000—2021 年武汉市三次产业结构变化情况

产业结构的调整引起劳动力需求的变化。从就业弹性来看，第一产业的劳动力随着发展在不断析出，析出速度在减慢；近年来，第二产业就业弹性在降低，就业吸纳能力减弱；第三产业在各个时期的就业弹性都要高于第一、二产业和整体就业弹性，且就业弹性越来越大，即近年来，第三产业增加值每增加 1%，带动的就业更大，预计未来几年，就业吸纳能力将不断增强。

表 13　不同时期武汉市分产业就业弹性

年份	整体就业弹性	第一产业就业弹性	第二产业就业弹性	第三产业就业弹性
2000—2020	0.15	–0.31	0.14	0.22
2010—2020	0.23	–0.17	0.21	0.27
2016—2020	0.28	–0.10	0.08	0.29

从产业结构偏离度[①]来看，第一产业结构偏离度一直为负，劳动力供给一直处于相对过剩状态，依然存在大量剩余劳动力需要转出；第二产业结构偏离度基本为正，说明第二产业劳动生产率一直相对较高，有吸纳就业的可能，但近年来，产业结构偏离度一直在0附近波动，说明近年来第二产业就业量趋于饱和；第三产业结构偏离度一直在0附近波动，说明就业增量与产业增加值在同步增长，是吸纳就业的主力军，且近年来产业结构偏离度转正，后续吸纳就业的能力增强。

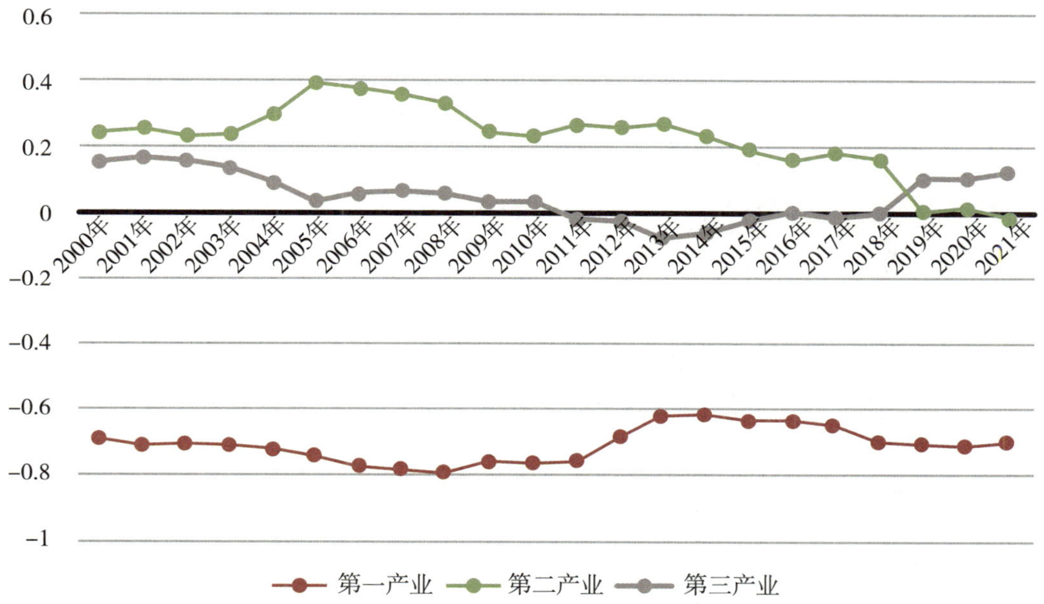

图4　2000—2021年武汉市产业结构偏离度变化情况

根据过去的变化趋势和未来的发展走向，到2025年，随着城镇化持续推进，生产力水平持续提高，第一产业将持续有劳动力转出，但转移速度在减慢，因为低技能劳动力需求在降低；由于以人工智能为代表的科技发展和创新在推进经济增长方式转变和产业结构升级，也可能在一定发展阶段降低劳动力需求，未来第二产业就业吸纳能力有限；而随着服务业精细化、个性化、平台化、高端化发展，灵活就业不断涌现，第三产业将吸纳更多的就业。

① 选取2000年以来，三次产业增加值及三次产业从业人员数量计算所得。产业结构偏离度＝产业增加值比重/劳动比重－1。若某一产业结构偏离度为正，则产业比重大于就业比重，说明该行业相对劳动生产率较高，存在劳动力转入可能；若为负，存在劳动力转出可能。

综上分析，在三产从业人员中，第一产业就业需求大致为50万人，第二产业就业需求大致为240万人，第三产业就业需求大致为415万人。与2021年相比，第一产业少量流出，第二产业少量流入，绝大多数新增就业在第三产业。

（四）就业结构性矛盾长期存在

“用工荒”和“就业难”持续存在。2020—2022年[①]，武汉市人力资源市场求人倍率为1.66、1.84和1.42，岗位供给长期大于求职人数。一方面，一些岗位长期缺人，另一方面，部分大龄劳动者、高校毕业生等面临就业难题的矛盾长期存在。从缺工岗位看，一方面是缺少劳动密集型行业低技能一线员工。这类岗位收入报酬、劳动条件、劳动强度对高校毕业生不具有吸引力。劳动力无限供给的时代已经过去，但有些企业靠低廉劳动力盈利的模式没有发生根本改变，不适合青年人群的职业需求。另一方面，缺少专业技术人员，全市就业市场技术工人求人倍率长期保持在1.5 ~ 2的高位，大龄劳动者、高校毕业生的工作及能力不满足企业要求，高技能人才岗位“供过于求”，供求错位，“技工荒”现象将会越来越突出。

产业结构升级推动各类人才需求攀升，但人才聚集的速度不够。未来一段时间，武汉市劳动力将进一步由第一产业向第二、第三产业转移，对人才资源的需求将进一步扩大。2022年武汉市人才资源307万人，在副省级城市中，不及深圳、广州、西安、成都和南京，高技能人才数量仅为深圳的1/3左右。[②]有研究显示，武汉中高端人才流入率仅为2.59%[③]，不及深圳、广州、杭州、成都、南京等城市。武汉高端人才集聚能力不足还表现为对在汉名牌高校毕业生的吸引力不足。武汉高校学子留汉比例超过65%[④]，而武汉七所“985”“211”学校毕业生的留汉率几乎不到30%，有些高校甚至低于20%。[⑤]

① 2022年数据为前三季度数据。
② 武汉市高技能人才数量不到50万人，深圳为147.03万人。（2020）
③ 数据来源：猎聘网《2021年度中高端人才就业趋势数据报告》。报告中中高端人才是指中高级管理人才、行业技术人才和特殊行业人才（投行等）。
④ 数据来源：武汉市人社局联合智联招聘发布《2021年上半年武汉高校毕业生就业大数据分析报告》。
⑤ 相关学校2020、2021年毕业生就业研究报告。

表 14　2022 年部分副省级城市人才总量①

城市	2022 年人才资源总量（万人）	排名
武汉	307	六
深圳	663	一
广州	353②	五
成都	622	二
杭州	306	七
西安	365	三
南京	356	四

建设创新城市需要高端人才，但薪酬水平和就业岗位不能满足人才需求。“十四五”期间，武汉将加快建设具有强大引领力的创新城市，突出科技自立自强，着力打造科技创新重要策源地，做大新兴产业，超前布局未来产业，必然需要更多“高精尖缺”人才。但武汉薪资水平相对较低，人才吸引力不足。猎聘网《2021 年度中高端人才就业趋势数据报告》显示，2021 年武汉市中高端人才求职年薪只有 15.10 万元，排名靠后。适合人才特别是高端人才的工作岗位还有待增加。数字产业已成为吸纳就业的主要渠道，但目前，武汉市数字经济、电子商务等新产业、新业态仍然势强力弱，2022 年，全市数字经济核心产业实现增加值 1909 亿元，占 GDP 比重 10.1%，而杭州市此项指标已达到 27.1%。数字经济体量不大，提供的就业岗位不多，不利于引才留人。

三、加大劳动力供给，实现高质量和充分就业的对策建议

就业是最大的民生，稳增长就是稳就业。党的二十大报告明确提出，实施就业优先战略，强化就业优先政策，健全就业公共服务体系，加强困难群体就业兜底帮扶，消除影响平等就业的不合理限制和就业歧视，使人人都有通过勤奋劳动实现自身发展的机会。针对武汉市面临的就业形势和问题，积极从供需两侧发力，扩大人口规模，加强人才引进和人才培养，加快产业升级和区域协调发展，拓展就业空间，推进人力资源市场建设，优化公共服务体系，促进更加充分和高质量就业。

（一）扩空间增需求，加快支持稳定和扩大就业

一是以城镇化带动就业扩容。党的二十大报告提出，以城市群、都市圈

① 数据来源：各地《人力资源和社会保障事业发展“十四五”规划》以及各地《2020 年人力资源和社会保障事业发展统计公报》。其中，南京数据为基于往年数据粗略估算得出。
② 仅技能人才数量。

为依托构建大中小城市协调发展格局，推进城镇化建设。推进武汉都市圈同城化，势必要谋划实施一批事关长远发展的基础性、功能性、前瞻性重大项目，要将创造和提供就业岗位作为项目实施的重要目标，促进就业服务民生。不断完善户籍、农民工市民化等政策，有序推进农业、农村富余劳动力转移，形成稳定城镇就业。进一步建立都市圈劳动力对接协调机制，组织开展各项招聘活动，提升都市圈劳务协作一体化程度。

二是巩固支柱产业稳就业能力。《武汉支柱产业人才白皮书》显示，近年来，“光芯屏端网”新一代信息技术、智能建造、文化旅游产业、汽车制造和服务、现代金融等支柱产业人才需求逐步释放。下一步，聚焦“965”产业集聚群大力“稳链、建链、补链、强链”，集聚优势资源，做大做强支柱产业，以产业发展带动就业扩张。突破性发展数字经济，完善数字基础设施建设，加快制造业企业数字化转型，开发更多专业技能型岗位，拓展信息、商务、科技服务等人力资本密集型行业就业，发展共享经济、平台经济，支持和规范发展基于互联网平台的新就业形态。切实保障批零住餐、交通运输等武汉就业“大户”的就业稳定，努力增加家政、养老、社区服务等工作岗位。

三是发挥中小企业吸纳就业的作用。量大面广的中小企业是稳经济的重要基础，也是扩大就业的重要力量。在经济下行、发展困难较大的当下，首先是要抓好政策落地，帮助企业切实享受政策红利，助力企业健康发展。其次要主动了解中小企业岗位需求，加强与中小企业供需对接，开展“民营企业招聘高校毕业生专项行动”等，精准汇集推送岗位需求信息，为中小企业招聘搭建平台。落实各类援企稳岗政策，增强中小微企业吸纳高校毕业生就业的能力和意愿。支持创业活动，以创业带动就业。

（二）提质量保供给，有效缓解就业结构性矛盾

一是加快人口人才聚集。做好产业留人，紧紧围绕支柱产业和新兴业态，加大就业促进政策的供给力度，推进对人才布局的战略性安排，通过各类专业机构、媒体投放宣传，吸引人才流量。高度重视青年人才发展，做好中长期青年发展规划，打造青年发展型城市，发挥武汉市优质的高等教育资源和庞大的大学生人才群体优势，加快聚集青年人才。完善环境留人，尤其要针对武汉市人口分布的明显区域差异，优化生产生活资源配置，对新增劳动力较多的功能区，加大补齐公服设施短板，全面提高住房、教育、医疗、文娱、

体育等综合性服务设施覆盖率，针对不断集聚的精英人群，着力增加高品质、现代化的公共服务设施、新型消费场景供给，让高素质人群"引得进""留得下"。加快政策留人，综合比对深圳、杭州等人才吸引力排名靠前或进步较快的城市先进经验，探索推出更有"含金量"、更具冲击力的"竞争性"政策。突出企业主体地位，把人才的举荐权交给高新技术企业、高成长型企业以及知名创投机构，以最开放态度向企业放权。

二是提升人力资本水平。引导高校围绕重点领域和产业发展需要增设前沿学科（专业）、联合学科（专业）、创新创业学院、产业学院，提升高校人才培养对产业实际需求的支撑水平。充分利用武汉教育资源优势，推进新业态职业培训走深走实，加大急需急缺职业的培训力度。推进高技能人才队伍建设，实施"武汉工匠"培育计划，探索以行业企业、高校为基础，政府推动与社会支持相结合的高技能人才培养体系。加快建设公共实训基地等技能人才培育的高端平台，实施农民工职业技能培育计划和新型职业农民培育工程。探索实行以结果管理取代过程管理的培训补贴资金管理办法，建立健全符合超大城市特征的企业订单、培训机构列单、劳动者选单、政府买单的职业技能培训新模式。

三是完善灵活就业保障。灵活就业已成为社会就业不可忽视的组成部分，加强灵活就业和新就业形态劳动者权益保障，鼓励就业人群积极参保，积极争取开展新就业形态就业人员职业伤害保障试点。加大相关行业的扶持力度，推进规范化、标准化建设，明确企业（平台）对灵活就业者的劳动保护责任，保障"平台＋个人"灵活就业者的合法权益。加强武汉市零工市场建设，加强实名制管理，将零工信息纳入公共就业信息范围。

（三）强帮扶促保障，加大对重点就业人群支持力度

一是加大对就业困难群体的就业扶持力度。健全完善市、区（市、县）、街道（镇）、社区（村）四级就业援助工作机制。开发公益性岗位，鼓励通过政府购买服务扩大就业供给，为失业人员、退役军人、农民工、残疾人、零就业家庭成员等群体开展职业技能培训等就业帮扶。

二是强化大学生就业措施。把高校毕业生就业创业摆在就业工作的首位，全力推行"先落户、后就业"相关政策，积极创新出台一系列大学生留汉举措。完善大学生就业公共服务立体化平台，引导企业空缺岗位与大学生资源

有效对接，打造武汉大学生就业服务品牌。深化多领域校企合作，围绕市场化就业需求开展各类就业专项行动。增加政策性岗位供给，鼓励国有企业、机关事业单位、基层服务项目、基层就业岗位吸纳高校毕业生。积极挖掘基层医疗卫生、养老服务、社会工作、司法辅助、科研助理等就业机会，拓展“社区专项计划”，拓展大学生就业渠道。

三是做好农村劳动力就业对接服务。组织各类人力资源机构、产业园、行业协会服务对接重点企业、重大项目，精准保障用工需求。加快成立武汉市制造业人力资源共享联盟，在制造业集群、园区探索劳动力闲缺调剂长效机制，帮助企业搭建共享用工信息对接平台，帮助企业就近就地调剂本地用工。

（四）优服务拓市场，促进就业创业再上新台阶

一是大力发展人力资源服务业。加大对人力资源服务业园区和产业发展的政策支持力度，建设国家级人力资源服务业集聚区，推进中国武汉人力资源服务产业园按照“一园三区”布局，错位发展。推动人力资源服务深入产业、管理创新、技术创新、服务创新、产品创新，重点发展猎头服务，完善通过猎头机构开展市场化引才机制。实施“互联网＋人力资源服务”行动，探索开展与互联网、教育、医疗等行业的跨界合作。

二是加快建设具有武汉特色的劳务品牌。聚焦武汉“335N”先进制造业产业体系，深入挖潜细分行业工种用工需求，打造中高端技能型劳务品牌。瞄准家政服务、生活餐饮、养老服务等生活服务业，以及人力资源、商务咨询等急需紧缺的生产性服务业，打造高品质服务型劳务品牌。建立重点劳务品牌资源库，形成指导目录，实施动态管理。广泛动员和组织各类培训机构、就业服务机构、创业孵化机构、咨询指导机构，为重点劳务品牌建设提供支撑。

三是提升就业公共服务水平。探索建立就业人才预警社会发布制度，努力化解就业结构性矛盾。建立健全“云落户”“云招聘”“云赛事”服务体系，提高就业服务的智慧化专业化水平。加强就业服务载体建设，提供全方位的公共就业服务，适应劳动者多层次就业需求。针对劳动力老龄化趋势，研究制定应对超龄劳动力的政策措施，鼓励企业盘活“银色人才”资源。加强人力资源市场监管，畅通各类线上线下投诉渠道，扎实做好劳动权益保障。

作者单位：武汉发展战略研究院

战略思考篇

抢抓系统性、重塑性战略机遇 在新发展格局中把握未来发展主动权

武汉发展战略研究院课题组

习近平总书记深刻指出："构建新发展格局是事关全局的系统性、深层次变革，是立足当前、着眼长远的战略谋划。""只要顺势而为、精准施策，我们完全有条件构建新发展格局、重塑新竞争优势。"建设全国构建新发展格局先行区，对湖北而言，是一次系统性、重塑性的战略机遇——是"建成支点、走在前列、谱写新篇"在新发展阶段的内在要求。武汉要紧抓这一次"系统性、重塑性"的战略机遇，坚持问题导向和系统观念，在充分利用自身优势和补足短板中找准重点系统布局，以更高站位，担更强责任，创更大作为，加快重塑大武汉，在湖北建设全面构建新发展格局先行区中当先锋、打头阵，担当主力军。

一、准确把握新发展格局的内涵要义

构建新发展格局，是习近平总书记于2020年在中央财经委员会会议上首次提出的，是党的二十大提出的一项战略任务。事实也充分证明，加快构建新发展格局，是我国立足实现第二个百年奋斗目标、统筹发展和安全作出的战略决策，是把握未来发展主动权的战略部署。为更好地抢抓到新发展格局为武汉带来的系统性、重塑性战略机遇，首先要准确把握构建新发展格局的内涵，深刻领悟其要义。

（一）从时间维度看，构建新发展格局是把握发展主动权的中长期发展战略调整

构建新发展格局顺应了中国经济结构调整、推动高质量发展的内在需要。

我国是世界第二大经济体和制造业第一大国，十多年来中国对世界经济增长的平均贡献率接近40%。同时，我国拥有14亿多人口和超过4亿人的中等收入群体，2022年人均GDP达1.27万美元，是全球最大规模和最有潜力的消费市场。我国拥有1.69亿户市场主体和1.7亿多受过高等教育或拥有各种专业技能的人才，研发能力不断提升，具有坚实而强大的供给基础。如此一个具有巨大增长空间和潜力的市场决定了我国具有构建新发展格局的优势条件和内在能力。因此，构建新发展格局既不是短期之策，也不是权宜之计，是根据我国中长期自身发展需要而适时调整国内经济循环同国际经济循环的关系。对武汉而言，要紧紧围绕这一中长期发展战略的调整，加快进行把握未来发展主动权的战略部署。

（二）从空间维度看，构建新发展格局是建立在国内大循环基础上的开放的国内外双循环

构建新发展格局并非故步自封，也非各自为政。一方面，以国内大循环为主体是针对全国而言的，是建立在全国统一大市场基础上的大循环。另一方面，“以国内大循环为主体”绝不是国内单循环。从国际上来看，大国经济的特征都是内需为主导、内部可循环。国家之所以明确以国内大循环为主体，是通过发挥内需潜力，构建自主可控、安全高效的产业链供应链，使国内市场和国际市场更好联通，以国内大循环吸引全球资源要素，更好利用国内国际两个市场、两种资源，提高在全球配置资源能力。对武汉而言，要找准自己在新发展格局中的定位和比较优势，将自身发展紧紧地同国家实施区域重大战略、区域协调发展战略、主体功能区战略、对外开放战略等有机衔接。

（三）从供需维度看，构建新发展格局的供需两端均要实现高质量发展

从供给侧来看，我国发展阶段、环境和条件变化使得旧的生产方式难以为继，提出深化供给侧结构性改革，意味着需要持续用改革的办法推进结构调整，减少无效和低端供给，扩大有效和中高端供给，增强供给结构对需求变化的适应性和灵活性，提高全要素生产率，进而推动经济增长。从需求侧来看，我们要牢牢扭住扩大内需这个战略基点，使生产、分配、流通、消费更多依托国内市场，形成国民经济良性循环。构建新发展格局既重视供给侧，又重视需求侧，两者相辅相成，相互促进。对武汉而言，要把实施扩大内需战略同深化供给侧结构性改革有机结合起来，以创新驱动、高质量供给引领

和创造新需求，为加快构建以国内大循环为主体、国内国际双循环相互促进的新发展格局做出武汉贡献。

（四）从特征维度看，构建新发展格局的最本质特征是实现高水平的自立自强

随着我国劳动力成本优势逐渐褪去，资源环境承载能力接近上限，传统的依靠强力政策刺激、透支或前置需求从而抬高速度的增长模式已难以为继。我们只有立足自身，更加强调自主创新，以更高水平和更加安全的产业链供应链改善供给体系和质量，同时升级传统需求，培育新兴需求，激发潜在需求，以自身不断提升的确定性、稳定性对冲外部日益增多的不确定性、不稳定性。推动科技创新，抓住实现高水平自立自强这个最本质特征，就是牵住了构建以国内大循环为主体、国内国际双循环相互促进的新发展格局的“牛鼻子”。对武汉而言，要立足科教资源丰富的优势，加快创新发展，以高质量、高水平的自主创新成果突破关键技术瓶颈，不断优化创新链与产业链的精准对接，使先进的科技创新成果转化为领先的社会生产力和强大的综合竞争力。

（五）从动力维度看，构建新发展格局必须全面深化改革开放增强内生动力

总体看，我国全面建成新发展格局还任重道远。加快构建新发展格局，主要从两个大的方面进行布局：一是更有针对性地加快补上我国产业链供应链短板弱项，确保国民经济循环畅通；二是提升国内大循环内生动力和可靠性，提高国际竞争力，增强对国际循环的吸引力、推动力。为此，必须坚持问题导向和系统观念，着力破除制约加快构建新发展格局的主要矛盾和问题，全面深化改革，推进实践创新、制度创新，不断扬优势、补短板、强弱项。对武汉而言，需要进一步加快深化改革开放，为中国改革开放道路的探索实践，为增强国内外大循环的动力和活力书写武汉篇章。

二、抢抓系统性、重塑性的战略机遇

构建新发展格局正在重构中国经济版图，对武汉是一次系统性、重塑性的战略机遇。武汉锚定构建新发展格局这一国家战略，寻求新的突破，必将进一步凸显武汉产业基础良好、科教人才富集、区位交通优越、内需市场广阔等综合优势，为大武汉的重塑提供了一个可预期的未来。对于诸多国家战略加身的武汉来说，需要理清千头万绪，找到最适合城市与产业发展的战略

机遇。

（一）国家战略的升华蝶变为武汉战略地位提升赋予了新使命

构建以国内大循环为主体、国内国际双循环相互促进的新发展格局，是党中央根据我国发展阶段、环境、条件变化，特别是基于我国比较优势变化，审时度势作出的重大战略决策，是一次事关全局的系统性、深层次变革。近年来，习近平总书记考察地方时，十分强调各地要积极服务构建新发展格局，要求有条件的地区可以率先探索有利于促进全国构建新发展格局的有效路径，发挥引领和带动作用。这就要求地方从各自实际出发、积极作为，找准自己在国内大循环和国内国际双循环中的位置和比较优势。随着新发展格局的加快构建，国内城市在新格局中的功能地位也将逐步清晰和明朗，能否抓住机遇担当作为，也成为一场城市间“不进则退、慢进亦退”的大比拼。

近年来，习近平总书记先后5次考察湖北武汉，对武汉的发展寄予厚望，也赋予重大责任使命。武汉天生具备开放发展的基因，“驾乎津门，直逼沪上”，各阶段的发展无不是在开放的大环境中实现的。武汉综合实力强，是人口超千万的超大城市，经济实力排名长期稳定在全国城市前十，是全国重要的工业基地、科教基地、综合交通枢纽和国家历史文化名城。武汉多重国家战略叠加优势明显，是国家明确支持建设的国家中心城市、长江经济带核心城市，承载着中部地区崛起、长江中游城市群协同发展、国家自主创新示范区、国家自由贸易试验区等重大战略，担负着湖北高质量发展“主引擎”重任，在全国和区域发展中地位突出。城市资源禀赋和多年发展积淀，为武汉在服务构建新发展格局中实现更大作为奠定了坚实基础。

改革开放前，我国以国内循环为主，武汉服务国内市场的功能地位十分突出。改革开放后，形成市场和资源“两头在外”的发展格局，武汉枢纽功能、城市地位相对下降。新发展格局以国内大循环为主体，也强调国内循环和国际循环相互促进，这有利于武汉全面盘活资源，加快推动交通区位、科教人才、市场腹地等优势转化，重塑服务国内大循环的新优势，开辟融入国际循环的新空间，搭建服务双循环的新连接，构筑高质量发展的新实力，成为国内国际双循环的重要战略枢纽，由沿海开放的“后队”转变为新时代内陆发展的“前队”，实现武汉在国家全局中的战略地位与战略功能的一次大跃升。

（二）构建现代化产业体系为武汉塑造有全球影响力的现代产业新重镇提供了战略机遇

全球经济结构重塑和产业变革势不可挡，产业竞争已成为大国角力的主战场，保障产业链供应链安全更成为各国竞争的重中之重。构建新发展格局的关键在于实现经济循环的畅通无阻，而现代化产业体系是新发展格局的基础，只有加快提升产业链供应链韧性和安全水平，构建自主可控、安全可靠、竞争力强的现代化产业体系，才能更好应对全球产业竞争、塑造产业发展新优势，为加快构建新发展格局提供有力支撑。

一方面，武汉产业结构完整、门类丰富，作为全国重要的工业基地，武汉工业涵盖 41 个工业大类的 38 个工业门类，拥有汽车全产业链，随着产业结构的持续优化，以战略性新兴产业为引领、先进制造业为支撑、现代服务业为主体的“965”现代产业体系加快构建成势。另一方面，武汉产业基础雄厚，2022 年武汉第二产业增加值 6716.65 亿元，在 19 个副省级以上城市中排名第六位，形成了钢铁、汽车、电子信息、装备制造、能源环保、食品烟草六大千亿元支柱产业，是我国六大汽车产业集群的中部产业集群核心城市，是全球销量第一的光纤光缆研制生产基地，在仪器仪表等高技术行业上游部分高端零部件具有较强竞争力。2022 年全市服务业增加值达到 11673.99 亿元，在 19 个副省级以上城市中排名第八位，金融、商贸、房地产等支柱产业增加值规模快速向 2000 亿元迈进，交通运输业增加值规模突破千亿大关。

较广的产业覆盖面、完整的产业结构，以及较为雄厚的产业基础，为武汉提升服务构建新发展格局的功能和地位，打造具有全球影响力的现代产业新重镇提供了有力条件和机遇。一是有利于武汉在以国内大循环为主体的新发展格局中，更好地盘活各类产业要素，加快打造分工协作、相互促进的现代化产业体系。二是有利于武汉更好地承接东部沿海地区、海外产业转移和国家重大生产力布局，打造中西部地区承接优势产业转移的新平台。三是有利于武汉在推进产业迭代发展的过程中孕育新产业、新模式，并依托“得中独优”“九州通衢”的独特区位优势，实现武汉产业在服务和保障国家产业链供应链安全的同时发展壮大，开辟经济新领域，抢占高质量发展新赛道。

（三）打造强大国内市场为武汉塑造全国性市场中心提供了战略机遇

加快构建新发展格局是实现大国经济内部可循环的主动布局。随着外部环境和我国发展要素禀赋的变化，市场和资源两头在外的国际大循环动能明显减弱，而我国内需潜力不断释放，国内大循环活力日益强劲。更好满足人民日益增长的美好生活需要，客观上也对国内市场主导经济循环提出了更高要求。党中央准确把握大局大势，明确要确保我国经济基本正常运行和社会大局总体稳定，须把发展立足点放在国内，坚持扩大内需这个战略基点，使生产、分配、流通、消费更多依托国内市场，深度释放内需动力，促进国民经济良性循环。国家发展以注重国际大循环为主向以注重国内大循环为主的战略转向，对于武汉来说是一次重塑性的战略机遇。武汉以内需为主导，经济对外依存度较低，强大的内循环经济为抢抓这一重塑性的战略机遇提供了先机。

面对发展的转向，武汉内循环经济特征骤然成为了抢抓战略机遇的保护层和优势所在。从体量来看，大武汉就是大市场，为强大国内大市场奠定了规模基础。武汉具有广阔的市场腹地，商品市场和要素市场都已形成一定规模，消费品市场表现相当稳定，2022年社会消费品零售总额在全国副省级及以上城市中位居第五位。从结构来看，武汉内向型的经济结构，为强大国内市场开辟了路径基础。武汉历来都是国家的工业和商业重镇，流通优势一直在内地，外贸依存度低，产业链、供应链和产品销售市场主要在国内，形成了较强的内循环经济。

面对构建新发展格局这一系统性、重塑性的战略机遇，武汉要将更好发挥内向型经济结构和市场广阔的优势作为当前发展突围的战略重点，充分释放内需潜能、充分激活发展动能，打造全国性市场中心。一是加快建设国际消费中心城市。紧紧扭住扩大内需这个战略基点，充分发挥国内市场的接近性优势，顺应消费品质化、智能化、绿色化、个性化、国际化升级趋势，引导集聚消费资源，提升消费服务，加快形成经济纵深和发展腹地，激发内在消费潜力，打造立足国内、辐射周边、面向世界的具有全球影响力、吸引力的国际消费中心城市。二是打造有全国影响力的大宗商品战略中转基地。依托武汉强大的市场规模，围绕能源商品、基础原材料和农副产品及应急保障物资等大宗商品，建设大宗商品储运中转和加工交易中心，支持大型交易市场建设，打造具有全国影响力的大宗商品中转储运基地、综合性农产品交易市场、综合性商品交易中心。三是要加快推动全国统一大市场建设。率先推进改革，破题要素市场流动的体制机制障碍，提升在全球范围内吸纳、集聚、配置和激活城市经济社会发展所需的战略资源的能力，巩固内陆市场中心地位，着力提升产业链供应链控制力，依托产业链话语权的控制权，强化对全球资本、技术、人才、数据、信息资源的配置。要加快市场规则的国际对接，培育做大市场主体，加快集聚市场客体，做大做强市场平台。

（四）实现高水平科技自立自强为武汉塑造创新发展新优势提供了重大机遇

习近平总书记指出："构建新发展格局最本质的特征是实现高水平的自立自强。"而科技自立自强是提升供给体系质量、保障产业链供应链安全的关键，能够为构建新发展格局、实现高质量发展提供战略支撑。实践经验反复告诉我们，关键核心技术是要不来、买不来、讨不来的，只有把关键核心技术掌握在自己手里，才能从根本上保障国家经济安全、国防安全和其他安全。新发展格局之下，无论从牢牢把握未来发展主动权、增强发展的安全性来看，还是从我国生产函数组合方式来看，加强科技创新的重要性都在全面上升。因此，我国正全力推进世界科技强国建设，高度重视国际科技创新中心和区域科技创新中心建设。

武汉科教人才资源丰富，在集聚创新资源、服务科技自立自强、引领区域科技创新发展方面具有突出的优势。当前，在汉中国科学院与工程院院士76名，拥有高校92所、在校大学生130余万人。全市"双一流"学科达到32个，位居全国第四。武汉国家实验室实现"零"的突破。21家全国重点实验室获批建设，7家湖北实验室实体化运作，各类国家级创新平台达155个。武汉在《自然》杂志发布的最新全球科研城市排行中位列全球第十一，较上年上升4位。2022年4月，武汉获批建设具有全国影响力的科技创新中心，成为国家批准建设的第五个科技创新中心。这是国家继北京、上海、粤港澳国际科创中心和成渝区域科创中心之后，又一个区域重大战略布局，是赋予武汉的重大使命，是推动武汉创新发展和高质量发展的重大机遇。

武汉要抢抓这一重大战略机遇，加快科教人才优势向创新优势的转化，助力我国实现科技自立自强。一是建设具有国际影响力的科创策源地。全力应对"技术脱钩"和"卡脖子"难题，充分发挥已建成和在建的重大科技基础设施、国家（重点）实验室、湖北实验室等高水平科技创新平台功能，吸引全球范围内的领军人才团队来汉，组建应对科技领域国际竞争的冲锋队，大力增强突破性创新基础理论和破解关键技术瓶颈的策源能力。二是建设国内外技术转移转化重要枢纽。围绕重点产业链加大拓展国内外专项技术转移合作渠道，加速打通科技成果产业化通道。强化企业的创新主体地位。大力培育引进国际化、市场化的高能级技术转移转化机构，支持多元主体建设新型研发机构。打造全国颠覆性技术转移先行地。三是打造国家级吸引和集聚人才平台。充分把握与美西方脱钩所带来的华人科学家回国创业机遇，以湖北籍海外人才为重点，大力吸引高端人才回武汉创业，补齐高端人才短板。构建灵活高效的人才激励体系。深化科技成果使用权、处置权和收益权改革，探索赋予科研人员职务科技成果所有权或长期使用权。打造全国创新创业梦想实践地。

（五）确保国民经济循环畅通为武汉打造国际门户枢纽城市带来重大机遇

习近平总书记强调："要建设更多更先进的航空枢纽、更完善的综合交通运输系统，加快建设交通强国。"交通运输是国民经济中基础性、先导性、战略性产业和重要服务性行业，在构建新发展格局中具有重要地位和作用。构建新发展格局，要求以供给侧结构性改革为战略方向，以扩大内需为战略基点，推动经济布局优化和区域协调发展，完善现代产业和流通体系，加快推动更高水平对外开放，这些都亟须交通物流体系发挥"先行官"作用。加快建设交通强国要紧扣构建新发展格局目标，着力建设现代化高质量综合立体交通网络，畅通现代流通体系和国际物流供应链体系，提高运输效率、降低物流成本，努力使交通运输成为现代化产业体系协调发展的坚实支撑、内外经济循环相互促进的重要纽带、产业链供应链安全稳定的保障基石，助力筑牢国民经济循环底盘。

武汉是长江黄金水道和南北交通大通道的中心枢纽，位于国家"五纵五横"综合运输大通道的中心，铁路、公路、水运、航空、城市交通网络相互衔接、四通八达，4条铁路干线以及6条国道在此交会，水运已形成"干支一体，通江达海"的客货运网络，是国家首批确定的综合交通枢纽试点城市。以武汉为中心，五百千米范围可以辐射郑州、南京、长沙、合肥、南昌等中部主要城市；一千千米范围可以北上京津、南下港澳、东进上海、西入川渝，涵盖全国总人口、GDP、工业总产值的90%以上。另一方面，武汉也是沿海发达城市和中西部地区之间的重要联系纽带，是长江经济带与“一带一路”在国内的主要交会地带和开放前沿，地处欧亚贸易核心商路、国内现代商贸流通两大动脉的节点。在构建双循环新发展格局的大背景下，处于经济地理天元位置的武汉，应敏锐地意识到新一次历史性机遇的来临，积极承担国际国内市场链接的“双节点”和“双枢纽”战略功能。

武汉必须将交通区位优势加快转化为国内国际双循环枢纽链接优势，全力打造通道畅达、辐射内陆、联通全球的国际门户枢纽城市。一是全面提升交通枢纽功能。强化基础设施服务能力，推进铁路客货运双枢纽、全国公路路网重要枢纽、港口型国家物流枢纽、国际航空客货运门户双枢纽、全球性国际邮政快递枢纽一体融合发展。全面推进国家物流枢纽的功能建设，使武汉从“五型”枢纽承载城市快速转变为国家“五型”枢纽城市。二是拓展融入国际循环的新通道，聚焦航空客货运门户双枢纽战略，加强机场国际国内航线衔接，挖掘客货中转市场潜力，拓展西部地区到东南沿海地区的国内中转市场。提升武汉陆海国际通道体系中的枢纽地位和链接作用，构建形成衔接日韩、联通欧洲、连接东盟、通达全球的国际大通道格局。加快提升中欧班列（武汉）跨境通达与集散服务能力。三是加快构建现代化物流体系。推进建设国家物流枢纽经济示范区，加强交通物流基础设施与工业园区、商品交易市场、物资储运中心等统筹布局、联动发展，推动交通物流枢纽与产业发展统筹布局，聚焦重点产业打造具有竞争力的供应链服务体系，提升现代国际物流枢纽供应链组织能力，打造储运贸一体的全程国际物流服务体系。

（六）国家区域发展战略调整为武汉深耕区域合作塑造了新的战略机遇

习近平总书记指出，加快构建新发展格局，要全面推进城乡、区域协调发展，打消区域壁垒，推动区域协调发展战略、区域重大战略、主体功能区战略等深度融合。党的二十大报告明确提出，“以城市群、都市圈为依托构建大中小城市协调发展格局”。推动长江经济带发展是党中央作出的重大决策，是关系国家发展全局的重大战略，习近平总书记强调“进一步推动长江经济带高质量发展，更好支撑和服务中国式现代化”。国家发展改革委印发《长江中游城市群发展“十四五”实施方案》，明确长江中游城市群打造长江经济带发展和中部地区崛起的重要支撑、全国高质量发展的重要增长极、具有国际影响力的重要城市群。武汉都市圈于2022年底获批第七个国家级都市圈，与长株潭都市圈、大南昌都市圈共同组成长江中游城市群的主体。在当前区域协调发展纵深推进的新阶段，武汉必须把握住国内经济发展空间结构从东部引领迈向多极支撑、区域经济发展重心向城市群转移、都市圈逐步成为新型城镇化主要形态之一的战略机遇，深耕区域合作，打造协同发展示范。

武汉居“中国之中”，是长江经济带的脊梁支撑，是长江中游城市群的引领核心，是武汉都市圈的龙头中心。在将长江经济带打造成绿色发展带、黄金经济带的奋进征程中，位于长江中游的武汉具有突出的交通区位优势和科教人才优势，并加快转化塑造枢纽链接和创新发展新优势，成为长江经济带发挥横贯东西通江达海作用、统筹推进沿江产业布局和转移、共同构建产业链创新链生态链的重要枢纽。新时代长江中游城市群已成为中部地区新型城镇化、新型工业化、高质量发展的主战场，武汉作为长江中游城市群唯一的国家中心城市和超大城市，肩负着“以武汉为中心，引领长江中游城市群发展，带动相关板块融合发展”的责任使命，在建设重要先进制造业基地、打造具有核心竞争力的科技创新高地、构筑内陆地区改革开放高地等方面具有更为突出的基础优势和示范效应。武汉都市圈是湖北经济最为活跃、人口规模最大的区域，产业基础好，相互联系紧密，具备率先实现同城化的条件，武汉区域首位度高，与都市圈其他城市能级差明显，在都市圈中发挥着显著的辐射引领和资源配置作用，产业体系和科创成果具有向外溢出带动的实力基础。

在构建新发展格局中，武汉要加强与不同战略层面其他城市间的跨区域联动合作，发挥推动区域协调发展关键枢纽作用。一是作为龙头中心打造武汉都市圈升级版。以大武汉都市圈同城化为突破口推进武汉都市圈一体化，依托武鄂、武咸、汉孝、武仙洪等发展廊道推动产业链向周边城市延伸和拓展，支持三大国家级开发区与省内市州合作打造环武汉经济走廊，统筹新型和传统基础设施互联互通，构建以轨道交通为骨干的1小时通勤圈，加快公共服务一体化。二是作为引领核心加速长江中游城市群一体化。重点争取长江中游城市群一体化发展上升为国家战略，加速引领构建长江中游城市群共同体，紧密区域合作及经济往来，拓展合作领域，建立常态化制度化专项机制协调城市群发展，建立有效的利益共享和成本共担机制，推动长江中游城市群打造全国重要增长极。三是作为脊梁支撑推动长江经济带协同化。重点加强与重庆以及长三角城市群、成渝城市群的合作交流，建设长江经济带综合立体交通走廊，打造长江黄金水道，探索长江流域要素市场合作机制，深入推进沿长江经济带产业布局、商贸流通、基础设施建设、生态环境保护、国际经济合作等。

（七）实现高水平对外开放为武汉打造“新沿海”塑造了新的战略机遇

构建新发展格局不是封闭的国内单循环，而是通过发挥内需潜力，构建自主可控、安全高效的产业链供应链，使国内市场和国际市场更好联通，以国内大循环吸引全球资源要素，更好利用国内国际两个市场两种资源，提高在全球配置资源能力，实现高水平对外开放。随着我国对外开放纵深发展，内陆腹地逐步布局自贸试验区、服务贸易、服务外包、跨境电商等示范区或试点城市，产业梯度转移力度加大，改革开放经验不断推广落地，开放“红利”不再是沿海地区独享，内陆地区也能搭上开放的快车。双循环新发展格局通过发挥超大规模市场的内需潜力，吸引外资、跨国企业参与国内循环，推动国内国际市场更好对接、要素资源共享，强化产业相融、创新相促，创造开放合作新空间。内陆市场腹地广阔、人力资源丰富、产业体系完善、回旋余地大，在“内外联动”开放竞争中更具有优势。发展态势的改变，对包括武汉在内的内陆城市而言，加快打开内陆开放通道，打造内陆开放“新沿海”成为一个全新的机遇和挑战。这是重塑性的机遇，也是换道超越的机遇。内陆城市可以抢占先机，从沿海开放的“后队”转变为新时代内陆发展的“前队”，新的战略机遇正拥抱武汉。

武汉是连南接北、承东启西的市场枢纽，是“一带一路”、长江经济带、促进中部地区崛起和长江中游城市群建设等国家重大战略的交会地和承载地，补齐内陆开放“短板”、打造高质量发展“跳板”正处于新的机遇窗口期。武汉拥有独特的资源、产业和交通运输枢纽优势，近年来以中欧班列（武汉）、陆海联运、跨境电商、空中丝路、自贸试验区等为依托，积极参与国际经贸和交流合作，开放步伐不断加快。但开放力度、广度和深度仍然不够，城市开放水平与国家中心城市地位不匹配，城市综合国际影响力还有待提升。开放不足成了制约武汉服务和构建新发展格局的最关键环节，是武汉亟须补足，也必须加快补足的关键短板。

面对逆风逆水的外部环境，武汉要在变局中开新局，将内陆开放新高地建设作为一项长期而紧迫的系统工程，在提升能级、优化结构、内外联动上下功夫，扩大高水平开放，担当起国内国际双循环重要战略枢纽的时代使命。一是打造制度型开放新样板。以制度创新为核心，耕好改革开放“试验田”，深化首创性、差别化改革探索，着力破除体制性障碍、机制性梗阻，提升制度环境软实力，打造最优环境，形成吸引全球高端资源要素的“强磁场”，从开放的“跟随者”到“赶超者”。推进自贸试验区制度创新集成推广，疏通制度堵点，破解发展难题，对标国际高水平贸易投资规则、完善开放型经济新体制提供新的制度供给、方法借鉴和模式创新。对标一流，打造市场化法治化国际化营商环境。二是打造内陆开放贸易高地。以强大内需体系为依托，促进外贸内贸“双向融合”、进出口平衡、“引进来”和“走出去”并重，实现多元化开放。稳住外贸外资基本盘，培育新业态新模式，强优势、补短板、增亮点，对接国际市场和全球供应链，打造内陆开放贸易高地。三是打造内陆地区国际交往中心。充分发挥武汉国家战略多重叠加优势，积极参与“一带一路”国际交流合作，全面加强国际交往，增强国际化建设水平和服务能力，推进经济外向度、国际知名度、国际参与度协同提高、良性互促，提升武汉的国际化水平的影响力，打造内陆地区国际交往中心。

（八）增强国内外大循环的动力和活力为武汉勇当深化改革的排头兵塑造了新的战略机遇

习近平总书记指出，“坚持深化改革开放”是我们必须牢牢把握的重大原则，必须“以巨大的政治勇气全面深化改革，打响改革攻坚战”和“实行更加积极主动的开放战略”，推动党和国家事业取得举世瞩目成就。新征程上，必须围绕构建高水平社会主义市场经济体制、推进高水平对外开放，谋划新一轮全面深化改革。构建新发展格局，看似是发展问题，实则是改革开放问题。无论是加大关键核心技术攻关力度、补齐经济发展短板弱项，还是充分利用我国优势条件挖掘内需潜力，都要靠深化改革和扩大开放。推动全面深化改革，是构建新发展格局的关键所在和重要支撑。

武汉是一座有着“敢为天下先”基因的城市，也是我国改革的先行区之一。从历史来看，曾经有许多改革举措享誉全国，比如开风气之先的汉正街，是20世纪80年代我国小商品流通中心、市场经济“对内搞活”的典范；“两通起飞”战略在冲破计划体制藩篱、探索市场经济方面对全国具有示范引领作用；

2015年，武汉承担了建设国家全面创新改革试验区的重大战略任务，开展系统性、整体性、协同性改革的先行先试。从现实来看，武汉大力发扬“敢为人先，追求卓越”的城市精神，大胆闯、自主改，勇当深化改革的排头兵。2022年，通过对标国家101项任务、省123项任务，武汉市全年156项改革举措有序推进，取得显著成效。当前，武汉正在争创武汉都市圈要素市场化配置综合改革试点，正在推进区域性国资国企综合改革试验、国家服务业扩大开放综合试点等多项国家级改革任务。武汉，从传统计划经济向社会主义市场经济转轨、从老工业基地向先进制造业基地升级、从科教重镇向创新型城市跃升，走出了内陆特大中心城市创新发展、高质量发展的新路子。面对构建新发展格局对深化改革的新要求以及带来的新机遇，武汉有能力有实力，为中国改革开放道路的探索实践，书写武汉改革新篇章。

武汉要坚持深层次改革和高水平开放互促共进，释放制度红利，深度融入国内国际双循环。一是进一步创造公平竞争的市场环境。充分激发各类市场主体的活力。通过进一步深化改革，切实打破对非公有制经济企业的各种隐形壁垒，稳定民营企业家的预期和信心。进一步深化国企改革，使其更好发挥对整个国民经济的支撑、引领和带动作用。进一步完善公平竞争相关制度，包括加快全面实施市场准入负面清单制度、全面落实公平竞争审查制度等。二是加快建设更高水平的开放型经济新体制。“吸收借鉴国际成熟市场经济制度经验和人类文明有益成果”，对标国际高水平经贸规则，在贸易投资自由化便利化改革，营商环境市场化、法治化、国际化建设，推动数据等新型要素跨境流动以及提升知识产权保护水平等方面做大文章，将武汉打造成内陆地区率先完善开放型经济新体制的重要示范，从而提升对全球高端要素的集聚能力。三是积极探索和创新推进改革的方式方法。优化责任担当机制，明确相关职能部门责任分工。健全统筹协调机制，涉及跨部门相关事项，建立常态化对接沟通机制。加快服务型政府建设，以打造一流营商环境为突破口，切实转变政府职能，让市场在资源配置中起决定性作用。建立健全干部鼓励激励、容错纠错、能上能下的选人用人机制，塑造“拼抢实”的氛围。

课题组成员：胡爽平　王　珺　叶传忠　施　雯
伍　玥　骆　卫　陆晓瑜

勇担时代使命，打造“国之重镇”

武汉发展战略研究院课题组

武汉地处天元之位，自古便是“国之中枢”。中华人民共和国成立以来，武汉勇担国家使命，蹄疾步稳，从华中重镇升格国之重镇。进入新时代，武汉处于国家战略的交会点，是国内大循环的重要节点和国内国际双循环的重要枢纽，在新征程上要扛起国家中心城市的责任使命，锐意进取，主动作为，在重大国家战略实施中奋勇争先，展示新时代“国之重镇”的使命担当。

一、回顾城市发展历程，武汉奋斗成为“国之重镇”

（一）“国之重镇”得于地利之便

无论是远在3500年前的盘龙城，还是近代史上的“东方芝加哥”，武汉之所以具有枢纽地位，关键是依靠“九省通衢”“七省要道”交通优势，形成了国内市场枢纽的核心价值和核心竞争力。任何一个区域的崛起，都需要核心增长区域的带动与引领，武汉以国之中枢的区位和海陆空交通优势，成为中部地区的国家中心城市、长江中游城市群的枢纽城市，中部地区崛起的重要战略支点等战略交会点，这一独特的、别的城市难以复制的优势必将成为武汉加快推进现代物流建设，积极融入全国统一大市场，不断发挥枢纽经济影响力的内生动力。

（二）“国之重镇”立于工业之基

从武汉近代工业发源到建国后的历史积累，从改革开放到加入WTO以来的历次结构转型升级，以重工业、基础材料和装备制造业为主的结构特征相对稳定，奠定了武汉的产业基础和作为全国工业基地的战略地位。武汉的枢纽地位形成，兴于产业，枢纽地位的动摇也由于产业发展的滞后，武汉在20世纪90年代由于产业发展支撑不足导致整体地位下降，大量商品和物资也是“过境不驻”，武汉逐步成为过境贸易港口。随着工业强市、工业倍增计划的提出，中韩石化、神龙汽车、东风本田、烽火电子等一批先进制造业项目相继投产，大光谷、大车都、大临港、大临空等四大工业板块持续发力，形成了新的增长点，稳住了经济高速增长的态势，全面开启了复兴大武汉的伟大征程。历史经验表明，坚持先进制造业不动摇是武汉建设现代化产体系的基本盘支撑，必须紧紧扭住先进制造业这个“牛鼻子”，积极拥抱新一轮科技革命和产业变革的浪潮，加快推动传统产业转型升级，加快战略性新兴产业培育壮大，不断提升产业智能化、绿色化、融合化水平。

（三）“国之重镇”兴于人才之盛

人才是衡量一个国家和地区综合实力的重要指标。作为具有全国影响力的科技创新中心，武汉坐拥92所高校、101家科研院所、76位院士，130万在校大学生，304万各类人才，是全国三大智力密集区之一，在同类城市中具有先发的科教优势。然而在相当长时间内，武汉培养了大量人才，却留不住人才，在同级城市的“抢人”大战中处于落后地位。从历史看“国之重镇”历程，人才的引领和集聚是关键所在，要坚持以“用”为导向，加快把武汉科教人才优势转化为创新发展优势，推进产教深度融合，充分发挥人才在创新、研发和技术应用等方面的作用，让各类人才在武汉人尽其才、才尽其用、用有所成，将“大学之城”建成为天下英才的逐梦之城、圆梦之地。

（四）“国之重镇”成于创新之勇

“敢为人先，追求卓越”是武汉的城市精神。在中华民族发展史上，武汉是敢为人先的，在现代化进程当中，武汉承担了国家一系列先行先试的改革任务，以破除体制机制障碍为主攻方向，致力于把武汉打造成为全国战略性新兴产业发展先行区、传统产业向中高端转型升级示范区。全面改革试验启动以来，武汉以“武汉所能”服务“国家所需”，坚持把创新驱动作为城市发展主导战略，努力为实现高水平科技自立自强作出武汉贡献，在科技成果转化、创新人才发展、科技金融结合、创新治理机制等重点领域改革探索，经济社会取得全面发展，形成了一批有影响、可借鉴的改革成果。持续推进全面创新改革、不断激发各类要素创新创造活力，武汉在新一轮全面创新改革试验中继续发挥“试验田”的作用，在加速自身全面发展的同时向全国输出更多可复制推广的武汉经验。

二、立足新时代新格局，武汉奔赴“国之重镇”新征程

在国内大循环为主、国际国内双循环相互促进的新发展格局背景下，武汉是对全局影响至关重要的节点城市。武汉要以国家战略需求为导向，凸显内陆“新沿海”功能地位，主动担当作为，以武汉所能服务国家所需、未来所向，打造国内国际双循环重要战略枢纽，担起新时代“国之重镇”之“重”。

（一）居于国家战略要津之“重”

抢抓国家统筹发展和安全、构建全国统一大市场的重大机遇，发挥武汉得中独厚的区位交通优势，打造大宗商品战略中转基地和全国要素资源配置中心，激活市场优势和内需潜力，提升枢纽功能、发展枢纽经济、建设枢纽城市，加快将交通区位优势转化为枢纽链接优势，担起打通国家战略通道、畅通国民经济循环之“重”。

1. 保障国家安全的战略通道

习近平总书记指出：“实现中华民族伟大复兴的中国梦，保证人民安居乐业，国家安全是头等大事。”在党的二十大报告中，国家安全问题首次作为一个完全独立的部分明确提出，国家安全是民族复兴的根基，社会稳定是国家强盛的前提，必须坚定不移贯彻总体国家安全观，把维护国家安全贯穿党和国家工作各方面全过程。战略通道是物质交换的大动脉，是国家经济发展的生命线，是决定国际战略博弈、战争胜负的重要环节，是涉及国家经济安全、军事安全和能源运输安全的重大战略问题，在国家发展战略和安全战略中占据极为重要的位置，发挥举足轻重的作用。为此，交通布局和建设问题一直作为国家战略问题被予以高度重视。党的二十大报告提出要加快建设交通强国，总书记强调，建设安全、便捷、高效、绿色、经济、包容、韧性的可持续交通体系，是支撑服务经济社会高质量发展、实现“人享其行、物畅其流”美好愿景的重要举措。近年来国家陆续颁布《国家物流枢纽布局和建设规划》《国家综合立体交通网规划纲要》《关于布局建设现代流通战略支点城市的通知》等战略规划，通过顶层设计高位擘画，强化国内枢纽通道建设，全方位服务国家发展需要，全方位拓展辐射带动功能，全方位夯实流通发展基础。

武汉是“中国之中”，地处要津，有不可取代的战略地位。它位于国家综合立体交通网“6 轴 7 廊 8 通道”主骨架的十字主轴交会点，承东启西、沟通南北、维系四方，是全国唯一特批的开展交通强国建设试点的省会城市。是全国为数不多的集陆港型、港口型、空港型、生产服务型、商贸服务型于一体的“五型”国家物流枢纽承载城市，是国家第一层级综合型流通支点城市，武汉“铁水公空”综合通道优势越来越凸显，处于“米”字形高铁网中心，坐拥长江黄金水道，拥有华中地区最大的航空港，京广、京九、汉丹、沪汉蓉、京港 5 条铁路干线，京珠、沪蓉等 6 条国道在此交会，使得武汉能有效内通外联、辐射周边。与沿海地区相比，由武汉分拨至南、北、西、东的货物运输距离可平均节省 20% 左右，平均物流费用降低 4%。正是由于武汉交通区位优势和高效运输能力，不仅一批大型跨国公司将货物集散中心布局在武汉，一批军工装备生产、军事科研力量甚至中国人民解放军联勤保障部队机关驻地也布局在武汉，它们担负着战时军备、后勤保障重任，保证军工产品、战略物资以最快速度最有效的运输方式第一时间到达所需城市，大大缩短运输时间与成本，保障国防安全。

战略通道，对国家安全发展和经济稳定繁荣起着关键性作用。大城发展，交通先行。武汉作为我国内陆最为重要的国际性综合交通枢纽之一，要更加注重构建安全、便捷、高效的现代化综合交通运输体系，保障能源、原材料、商品及各类战略物资运输稳定性需求。一要以交通强国建设为引领，服务国家和省重大战略实施，立足武汉区位资源禀赋和综合交通优势，涵盖铁水公空管邮等各个领域，突出重点领域、急需领域、优势领域，强化枢纽通道建设，加快补齐城市基础设施短板，提升交通运输通达能力。二要强化多式联运设施体系建设，整合武汉陆港、空港、水港运营实体，培育有核心竞争力的统一多式联运业务主体，依托已获批的港口型、陆港型、空港型国家物流枢纽，探索与其他国家物流枢纽建立“钟摆式”内陆联运体系，促进天河机场和花湖机场“双枢纽”有序竞争、协调联动，提升交通运输服务质效。三要从国家安全层面规划推进交通建设，将军事需求嵌入经济建设同步规划、统筹建设，把区位优势转化为动员潜力，为国防和军队建设提供坚实的交通运输支撑，确保关键时刻，国防交通运输顺畅高效。

2. 建设全国统一大市场的重要枢纽

习近平总书记指出，构建新发展格局的关键在于经济循环的畅通无阻。要实现这个目标，既需要畅通“通道”保证商品和要素循环流动，更需要强大的市场枢纽发挥商品和要素的集散、交易、定价、增值等功能。党的二十大报告指出，要构建全国统一大市场，深化要素市场化改革，建设高标准市场体系。把发展立足点放在国内，更多依靠国内市场实现经济发展，是未来一段时期内我们推动发展的重要举措。这是我国应对全球性挑战、保持经济稳定增长的战略考量，也是加快构建新发展格局的基础支撑和内在要求。《关于加快建设全国统一大市场的意见》也明确提出，要“加快建设高效规范、公平竞争、充分开放的全国统一大市场”。建设全国统一大市场，国家要求各地区要正确处理局部和全局的关系，让“小局”服从于“大局”和“全局”，让“小道理”服从于“大道理”，坚决破除地方保护主义，主动纠治不当市场干预行为，破除市场堵点，实现市场、要素、资源的跨区域有效联通，从而推动经济的循环畅通和区域的协调发展。

武汉自古就是中国的商贸重镇、通商口岸。汉口开埠通商后，武汉成为广大中西部内陆市场和国际市场接轨的连接点，改革开放后，凭借得中独厚的区位优势，武汉在我国商贸流通领域发挥着重要作用。在新发展格局之下，地处内陆的武汉在产业基础、市场基础、人口规模、发展腹地等方面具有很大的潜力。武汉是中部地区唯一超大城市，常住人口总量接近 1400 万人，经济总量接近 1.9 万亿元，较大幅度地领先于中部地区其他省会城市和副省级城市，拥有强大的内需潜力。武汉市场辐射范围广，商品集散功能强，是比较理想的贸易集散枢纽和市场导向型资源集聚区，全市商业机构众多，商品交易市场繁茂，是全国重要的金融中心之一。数据显示，全市约有大型交易市场 100 多个，总体上亿元商品交易市场交易额占全国比重大致为 1%，全市消费市场规模一直位居中部第一、全国前十。自 2000 年以来社会消费品零售总额占全国比重稳定在 1.5% ~ 2% 之间，依托市场优势，武汉形成了对全球要素资源的强大吸引力，集天下财货、承产业转移、聚高端服务、引八方人才。持续有效挖掘区域市场潜力，促进资源要素充分对接，更有利于成为国内统一大市场的关键枢纽，带动中部地区深度融入全国新发展格局。

随着信息技术革命和劳动生产力水平的提升，流通不仅仅体现为商品贸易的流通，更表现为资本、人才、信息、技术、知识的流通，在要素流通领域武汉还存在很多短板弱项，在增强市场服务功能、加强市场主体建设、增加市场制度供给、破除市场堵点、增强要素配置功能还任重道远。一要深度融入国际循环，推动国际循环体系中的优质要素持续不断地融入国内循环，提档升级一批商品交易市场，推动有条件的市场建设供应链服务平台，拓展市场标准制定和价格指数发布功能，强化市场优势，提高武汉商品交易规模在全国的比重。二要加快市场规则的国际对接，培育做大市场主体，引育一批具有国际竞争力的现代商贸流通企业，支持传统企业逐步由单一贸易功能向信息、金融、物流配送等综合性功能拓展，提升企业在各领域的服务能力。三要率先改革示范，推进全国统一大市场建设进程，破题要素市场流动的体制机制障碍，提升武汉在全球范围内吸纳、集聚、配置和激活城市经济社会发展所需的战略资源的能力，巩固内陆市场中心地位，不仅要重现“货到汉口活”“楚中第一繁盛处”的盛况，更要着力提升产业链供应链控制力，依托产业链话语权和控制权，优化对全球资本、技术、人才、数据、信息能资源的配置，支撑服务新发展格局的重大使命。

（二）肩负国家使命之“重”

抢抓我国主动适应并积极引领全球新一轮科技革命和产业变革的重大战略机遇，发挥武汉科教资源丰富、产业基础雄厚的优势和潜力，推动科教人才优势转化为创新发展优势，打造国家战略人才集聚高地和全球产业链供应链协同创新中心，建设具有全国影响力的科技创新中心和全国经济中心，担起国家实现高水平科技自立自强，保障产业链供应链安全稳定之“重”。

1. 维护国家产业链供应链安全稳定

产业链供应链是现代经济的重要形态，其韧性和安全水平反映一国经济抵抗风险能力的大小，对现代化经济体系运行具有重要影响。当前，经济全球化遭遇逆流，全球产业链供应链加速重构并呈现本地化、多元化、区域化发展趋势，给各国产业链供应链运行带来新的挑战。新发展格局以现代化产业体系为基础，经济循环畅通需要各产业有序链接、高效畅通，无论是打造国内大循环还是参与国际循环，都离不开产业链供应链的安全稳定运行。党的十八大以来，习近平总书记多次对产业链供应链安全稳定作出重要指示，强调“要把增强产业链韧性和竞争力放在更加重要的位置，着力构建自主可控、安全高效的产业链供应链”。党的二十大报告指出，“着力提升产业链供应链韧性和安全水平”。这是构建新发展格局的必然要求，是推动实现高质量发展的应有之义，是国家安全的重要组成部分。

武汉具备较完备的产业体系，拥有41个工业大类中的36个，正在加快构建以战略性新兴产业为引领、先进制造业为支撑、现代服务业为主体、三次产业融合发展的现代化产业体系，初步形成大光谷、大车都、大临空、大临港4大先进制造业板块，国家级存储器、新能源和智能网联汽车、网络安全人才与创新、航天产业基地及大健康产业基地，集成电路、新型显示器件、下一代信息网络、生物医药等产业集群入选国家首批战略性新兴产业集群，光电子信息、“武襄十随”汽车产业集群入选国家级先进制造业集群。但是，当前工业增长动力不足，传统产业转型升级较慢，新兴产业规模小、贡献低，“单打独斗”“集而不群”现象普遍存在，重点产业链“大而不全”“全而不精”“韧中有脆”，产业生态不完善，部分领域核心基础零部件、关键技术和设备、关键基础材料依然依赖进口，产业链供应链关键环节的掌控力较弱，存在局部受阻或断裂的风险。

武汉要立足全国大局，顺应产业发展规律，主动应对国际局势变化，把握转型主动权，抢占发展先导权，提升战略性资源供应保障能力，以更大的勇气推进产业结构调整“闯关”，为打造我国自主可控的产业链、供应链和保障我国产业安全、经济安全、国家安全贡献武汉力量。一要主动融入全球产业链供应链体系，深化国内国际产能合作，开拓“一带一路”沿线市场，积极参与标志性工程和“小而美”民生项目建设，开展境外数字基础设施合作，推动信息技术、高端制造、生物医药、智能网联汽车等领域开展对外投资合作，将更广泛的伙伴关系和更紧密的联系作为供应链多元化和产业链安全的支撑。二要抢抓国家产业备份带来的新一轮产业转移机遇，争取关键零部件、关键材料、关键设备等国家重大产业备份项目落地，加强与东部沿海地区合作并主动承接重要产业转移，形成国家战略性产业在武汉的备份系统。三要抢抓产业迭代升级的发展机遇，坚持实体经济为重，实施“再工业化”战略，走好新型工业化道路，从巩固发展传统产业、加快壮大优势产业、培育发展新兴产业、超前布局未来产业四个方面发力，统筹推进传统产业和新兴产业深度融合，促进数字经济和实体经济深度融合，积极采用先进适用技术改造升级，加速新技术的规模化应用，促进双向赋能和接续发力，找准新领域、新赛道，实现传统产业体系向现代化产业体系的跃迁。四要推进产业强链集群建圈，提高产业集中度和集聚效应，加强产业链横向联合、垂直整合、兼并重组，加速产业要素流动，增强产业链完整性和系统性，提高全产业链资源整合能力和供应链运行效率，增强产业结构的韧性、发展潜力和经济承载能力，形成具有良性循环和可持续发展的“热带雨林”式产业生态。

2. 实现国家高水平科技自立自强

科技自立自强是国家强盛之基、安全之要。当今世界百年未有之大变局，科技创新是关键变量，各主要国家纷纷把科技创新作为国际战略博弈的主要战场，党的十八大以来，科技创新始终摆在国家发展全局的核心位置。2022年6月，习近平总书记在湖北武汉考察时强调：“我们必须完整、准确、全面贯彻新发展理念，深入实施创新驱动发展战略，把科技的命脉牢牢掌握在自己手中，在科技自立自强上取得更大进展，不断提升我国发展独立性、自主性、安全性，催生更多新技术新产业，开辟经济发展的新领域新赛道，形成国际竞争新优势。”

科教资源丰富是武汉发展的优势，也是武汉为国家高水平科技自立自强作出贡献使命的底气。依托92所高校、101家科研院所、76位院士、130万在校大学生等资源优势，武汉建有1家国家实验室、1家国家研究中心、29家国家重点实验室、2家国家技术创新中心、19家国家工程技术研究中心、1家国家临床医学研究中心、5个国家重大科技基础设施，全市共有各类国家级创新平台155个。光谷科技创新大走廊加快建设，东湖科学城发挥创新极核引领作用，以点带面推进区域协同创新走深走实。近年来，武汉坚持把创新驱动作为城市发展主导战略，加强关键核心技术攻关，涌现出9纳米光刻试验样机、中国首款128层三维闪存芯片、中国首条5G智能制造生产线、中国首台高精度量子重力仪等一批具有国际影响力的前沿创新成果，2022年全市每万人口高价值发明专利拥有量28件，高新技术产业增加值占地区生产总值比重达到28.21%，高新技术企业数量超过12000家。但是，与先进发达省市相比，武汉高水平研究型大学、世界一流科研院所还有差距，原创科研成果数量较少，拥有全球产业链话语权的科技企业数量不足，科技成果转化慢、转化率低，科教人才优势尚未有效转化为创新发展优势。

武汉要勇担科技自立自强使命，积极融入国家战略科技力量布局，主动破除制约创新的思想障碍和制度藩篱，更好统筹教育、科技、人才资源，最大限度解放和激发科技作为第一生产力所蕴藏的巨大潜能，集中资源力量实现“从0到1”的技术突破，面向市场需求推动“从1到N”的大规模应用和迭代升级，让科技创新“关键变量”成为高质量发展“最大增量”。一要面向国家重大科技需求，加快布局重大科技基础设施集群、高水平实验室建设集群和国家级产业创新平台集群，主动领衔和参与国家科技重大专项、重大科技计划、重大军工项目、国家大科学计划和大科学工程，布局建设前沿科学中心，加大对重大原创性研究和前沿交叉研究的支持力度，打造前沿领域原始创新策源地。二要围绕国家战略性新兴产业关键环节，集中力量实施关键核心技术攻关，加强共性技术平台、中试平台建设，提供概念验证、科技成果熟化、二次开发、工程化、工艺化等服务，畅通科技成果转化通道，让更多科技成果从“实验室”加速走向“生产线”，高效转化为现实生产力。三要深化科技体制机制改革，进一步解放思想，树立创新思维，完善有利于创新的政务环境、科研环境、金融环境、市场环境和社会环境，营造大胆创新、勇于创新、包容创新的良好氛围，形成创新主体协同互动、创新要素顺畅流动、创新资源高效配置的创新生态。

（三）引领区域发展之“重”

抢抓国家实施长江经济带发展战略的重大机遇，发挥辐射带动作用，加强与周边城市的经济联系和互动，促进区域间融合互动、融通补充，打造世界级光谷科创大走廊，担起引领长江中游城市群、挺起长江经济带脊梁之“重”。

党的十八大以来，以习近平同志为核心的党中央审时度势、着眼全局、因地制宜，系统谋划并推出了多项区域重大战略，有力支撑了区域协调发展新格局的形成。作为发展基础最好、经济和创新实力最强、涉及区域数量最多的区域重大战略之一，长江经济带发展战略在全国发展大局中的重要性和影响力毋庸置疑。新时代以来，围绕长江经济带发展这一区域重大战略，习近平总书记先后四次主持召开座谈会，明确了“共抓大保护、不搞大开发”的总体要求，提出了“在发展中保护、在保护中发展”的总体路径，形成了推动长江经济带高质量发展的“四梁八柱”，为长江经济带发展战略的顺利推进提供了根本保障。新发展格局背景下，我国区域经济协调发展正步入新阶段，习近平总书记强调，“产业和人口向优势区域集中，形成以城市群为主要形态的增长动力源，进而带动经济总体效率提升，这是经济规律”，与以往的城市单一发展相比，城市群在拉动区域高质量发展上的优势和作用逐步凸显。

长江经济带拥有横贯东西、承接南北、通江达海的独特优势，沿线11个省市的经济总量和人口数量占全国40%以上，是联通国内国际两个市场、用好两种资源，提升国内大循环内生动力、增强国内国际双循环吸引力，构建新发展格局的重要战略支撑。长江中游城市群地处长江黄金水道中段，承东启西、连接南北，是支撑长江经济带发展的核心区域，在中国现代化建设大局和全方位对外开放格局中具有举足轻重的战略地位。武汉都市圈是长江中游城市群三大省会都市圈中，面积最大、人口最多、综合实力最强的都市圈。若将长江经济带比作盘踞在我国中轴的巨龙，长三角地区的核心上海作为国际化大都市是引领长江经济带发展的“龙头”，而作为中游地区唯一副省级城市的武汉则是当之无愧的“龙腰”，是整条龙的发力点，以武汉为核心的武汉都市圈的发展为整个长江经济带提供源源不断的强大力量。因此，武汉是长江经济带牵一发而动全身的重要节点城市，是东西、南北经济动脉的交会处，是引领区域发展的重要引擎。

面对时代重任和历史机遇，武汉应牢固树立“一盘棋”思维，强化极核带动、区域联动。一要积极主动融入国家区域重大战略。加强与长三角、成渝双城经济圈的合作对接，深化与京津冀、粤港澳大湾区等区域合作，加强与黄河流域生态保护和高质量发展等战略互促共进，对接西部陆海新通道、新亚欧大陆桥，深度融入“一带一路”建设。二要推动长江中游城市群协同发展。加强与长沙、南昌等城市协作互动，健全城市会商机制，完善交通路网体系，加强产业对接和创新协同，深化生态环境保护合作。三要加快武汉都市圈同城化发展。推进规划同编，共同编制武汉都市圈同城化发展中长期规划、国土空间规划及相关专项规划，推进交通同网，共建“轨道上的都市圈”；推进科技同兴，建立跨区域科技成果转移转化、创业孵化等合作机制；推进产业同链，加强产业链、供应链、资本链、人才链、创新链对接；推进民生同保，加快实施医疗、社保、医保等基本公共服务“九同”工程。

（四）参与国际竞争之“重”

抢抓 RCEP 全面生效为我国推进高水平开放带来的重大机遇，发挥武汉国内国际双循环重要战略枢纽作用，打造国际化网络化大通道，加快融入和服务新发展格局，坚持“引进来”和“走出去”并重，以国内大循环吸引全球资源要素，增强国内国际两个市场两种资源联动效应，担起打造新时代内陆开放新高地之“重”。

双循环新发展格局的提出，国内经济循环和国际经济循环的关系发生调整，中国参与世界经济的方式也随之改变，实施更大范围、更宽领域、更深层次的对外开放成为国家新一轮开放的战略要求。建设更高水平开放型经济新体制，将开放向规则和制度层面深化，向内陆地区延伸，引领内陆地区从对外开放的“后卫”变成“前锋”成为可能。党的二十大报告提出，要优化区域开放布局，提升中西部和东北地区对外开放水平。在国内外产业分工大调整、大变革、大重塑、全球经贸合作模式大转型、大创新的当下，内陆地区都在发挥自身优势，积极推进开放。江西省作为首个获批的国家级内陆开放型经济试验区，在加快推进体制机制改革，构建内外并举、全域统筹、量质双高的开放格局中先行先试。近年来，习近平总书记考察湖南、陕西等地，也提出了要着力扩大对内对外开放，打造内陆改革开放高地，更加主动融入和服务构建新发展格局，更加深度融入共建“一带一路”大格局，在扩大对内对外开放中强动力、增活力，打开发展新天地的相关要求。

对比其他内陆城市，武汉在国内循环体系中作用突出、辐射能力强，且深度融入国际大循环的空间大。在对外通道建设上，武汉是我国内陆最大的水陆空交通枢纽和长江中游航运中心，是华中地区唯一可直航全球五大洲的城市。目前武汉已形成以中欧班列（武汉）为主的国际铁路通道，以江海联运、近洋直航等方式为主的水上国际通道，以及依托天河机场、花湖机场形成的链接全球的航空货运通道。在服务配套设施方面，武汉市口岸和指定监管场地资源丰富，种类和数量均位居中西部地区城市前列。在对外平台搭建上，目前，武汉已经构建形成以东湖新技术开发区、武汉经开区、临空港三大国家级开发区为主体，自贸试验区、综合保税区、跨境电子商务综合试验区、国际产业园等一系列平台相互支撑的对外开放平台体系。在制度开放的探索上，武汉也形成诸多制度创新成果。但是，从开放型经济层面来看，武汉短板凸显，对外贸易依存度偏低，2022 年，武汉对外贸易依存度仅为 18.7%，低于成都（40.1%）、西安（38.9%）等西部同类城市，也远低于全国平均水平（35%），在中部城市中，也仅与南昌（18.68%）相仿，低于郑州（47.1%）、合肥（30.1%）、长沙（24.5%）。武汉重要的开放平台机制和政策也不少，但有关平台机制作用并未得到有效发挥，在第三批自贸区排名中，湖北自贸区武汉片区“贸易便利化”排名相对落后（仅排名第十八位），中西部的成都、郑州、西安、重庆都排在武汉之前。在跨境电商试点方面，商务部“2022 年跨境电子商务综合试验区评估”结果显示，中西部的成都、长沙都列入第一梯队“成效明显”行列，而武汉相对落后，其中，长沙与武汉同时获批试点，建设周期一致。在通道建设方面，水陆空国际开放通道功能发挥不到位，如国际水运航线密度不够、航运资源整合不足、中欧班列与同类城市相比发运量较少、国际货运航线少、专业航空货运服务机构缺失等问题也较多。

强化武汉对外开放力度，打造国际化大都市，能有效推动内陆地区为代表的国内循环和国际循环深度交互融合发展，引领内陆地区参与国际竞争，从而为国内大循环注入活力，为建设中国式现代化奠定坚实基础。一要进一步发挥通道优势，打造“一带一路”内陆地区新节点，以通道、口岸和物流体系为重点，综合利用铁水公空管等运输通道，全面整合水港、陆港、空港资源，积极融入和服务“一带一路”，打造新时代内陆“五大洲通衢”，建设成为陆海内外联动、东西双向互济的内陆开放新节点。二要进一步发挥平台优势，以自贸区、综保区、跨境电商试验区和国际产业园建设为重点，大胆探索贸易自由化的开放措施，加大外向型产业发展，对标高水平国际经贸规则，在竞争规则、知识产权等核心议题先行先试，形成一流国际化营商环境，打造具有较强引领示范作用和辐射带动功能的内陆地区开放型经济新体制示范区。三要深化开放合作，深度融入全球产业链，加快发展形成具有全球竞争优势的新质生产力，突破性发展服务贸易，有效提升对外贸易能级，推动高质量“引进来”和高水平“走出去”，全面提升参与国际循环的能力和水平。四是提升国际交往水平，建设对外友好交往中心，承办更多国家外事活动，打造高水平国际交流平台，提升城市的国际影响力。

（五）代表国家形象之“重”

抢抓美丽中国、文化强国建设重大战略机遇，彰显武汉大江大湖的生态特色，传承武汉底蕴深厚的文化魅力，展现城市国际形象，增强国际交往能力，担起推动全球绿色低碳转型、提升中华文化传播力和影响力之“重”。

1. 推进绿色发展示范

党的十八大以来，以习近平同志为核心的党中央以前所未有的力度抓生态文明建设，坚定不移走生态优先、绿色发展之路，促进经济社会发展全面绿色转型，美丽中国建设迈出重大步伐，创造了举世瞩目的生态奇迹和绿色发展奇迹。在推进绿色发展工作的过程中，我国充分发挥区域重大战略的提升引领作用，坚持绿色发展理念推动实施区域重大战略，着力打造绿色发展的第一梯队，带动全国经济社会发展绿色化水平整体提升。推动长江经济带绿色发展是长江经济带“创新驱动产业转型升级”战略任务的重要内容，习近平总书记四次主持召开推动长江经济带发展座谈会，擘画长江经济带绿色发展蓝图，以共抓大保护、不搞大开发为导向推动长江经济带建设，努力发展成为人与自然和谐共生的绿色发展示范带。2018 年 5 月 17 日，国家推动长江经济带发展领导小组明确支持武汉市开展长江经济带绿色发展示范，更是为武汉带来新的机遇和挑战。

武汉是我国内陆湿地资源最丰富的城市之一，全市湿地面积 1624.61 平方公里，已建立 2 个省级自然保护区、3 个市级自然保护区，总面积 2 万余公顷。划定生态保护红线总面积 641.3 平方公里，占全市国土面积的 7.48%。范围包括自然保护区、森林公园、湿地公园、地质公园、风景名胜区、水产种质资源保护区和集中式饮用水水源地一级保护区等重要生态区域。全市湿地野生动物有 415 种，其中国家重点保护动物 38 种；湿地高等维管束植物 408 种，其中国家重点保护野生植物 5 种。2017 年 12 月，中国碳排放权注册登记结算中心（以下简称“中碳登”）落户湖北武汉，直接推动传统产业绿色低碳转型，间接带动新型绿色低碳产业发展，进一步赋能“双碳”战略和长江经济带绿色发展。2021 年 9 月，三峡集团正式落户武汉，成为武汉清洁能源和生态环保的骨干主力。

新时代新格局下，武汉要以全域推进长江经济带绿色发展示范区建设为重点，打造绿色低碳生产生活典范城市。以建设“国际湿地城市”为契机，加强湿地保护规划引领，统筹流域治理与湿地保护，擦亮城市名片。推进排污权、用能权、用水权市场化交易，积极参与全国碳排放权交易市场，支持“中碳登”发展，开展国家低碳城市试点、气候投融资试点，打造全国碳金融集聚区，争创全国绿色金融改革创新试验区。建立健全生态产品价值实现机制，增强生态产品供给能力，探索具有武汉特色的生态产品价值核算机制，建立政府主导、企业和社会各界参与的生态产品价值实现路径。推动长江新区与三峡集团深度合作、同频共振，建设世界级绿色低碳科创新高地，打造万亿级绿色低碳产业集群。全面促进能源资源节约集约利用，加快构建废旧物资循环利用体系，推进生活垃圾分类和减量化、资源化治理。深化“无废城市”建设和气候投融资试点建设。

2. 促进国际文化交流

文化是一个国家、一个民族的灵魂。习近平总书记在党的二十大报告中强调：“深化文明交流互鉴，推动中华文化更好走向世界。”在中华民族伟大复兴战略全局和世界百年未有之大变局下，应以文载道、以文传声、以文化人，让世界读懂中国，为全面建设社会主义现代化国家、全面推进中华民族伟大复兴营造有利的外部舆论环境，为推动构建人类命运共同体作出新的贡献。发展文化产业是满足人民多样化、高品位文化需求的重要基础，是促进国民经济转型升级和提质增效的重要载体，也是激发文化创造活力、推进文化强国建设的必然要求。“双循环”格局下，改造提升传统文化业态，促进文化企业“上云用数赋智”，培育文化新业态新消费新模式，建立健全现代文化产业体系是新时代文化产业发展的应有之义。

武汉是中国历史文化名城、长江文明重要传承地，孕育了盘龙文化、知音文化、木兰文化、首义文化、近代工商文化等，留下大批动人传说和珍贵遗迹。武汉是一座英雄城市，红色资源丰富，革命文化底色鲜明。武汉是楚文化的发祥地之一，具有浓厚的荆楚文化氛围，汉剧、楚剧、黄梅戏等戏曲表演丰富多样。武汉拥有大量珍贵的古建筑遗址（黄鹤楼、归元寺、晴川阁等）、革命历史纪念地（辛亥革命武昌起义纪念馆、八七会议会址等）、工业遗产（汉阳造、汉口码头等），对于研究中国近现代历史、社会变迁以及经济发展具有极高的学术价值，这些遗址遗产是城市形象的重要标志，对于提升城市品位、促进旅游发展具有积极作用。“十四五”以来，全市紧紧围绕建设社会主义文化强市目标任务，着力推进文化事业繁荣发展，着力推动文旅产业复苏重振，先后获评首批文化和旅游消费示范城市、中国夜游名城，入选国务院“文化产业和旅游产业领域”督查激励城市，全市社会文化创造活力持续迸发，人民群众精神文化生活日益丰富，城市文化软实力不断提升。

面向未来，武汉将继续坚持文化自信，加强与世界各地的文化交流与合作，推动现代文明与传统文化的深度融合。一要展示高校之都的魅力。充分发挥武汉高校资源富集优势，主动承担文化传播的责任和使命，组织学术研讨会、学术讲座等活动，促进学术交流和合作，推动地方传统文化传承和弘扬。二要推进文旅深度融合。通过以文塑旅，深入挖掘和阐释文化遗产的思想精髓和时代价值，强化古为今用，将文化之魂融入旅游活动之中；推进以旅彰文，将文物和文化遗产纳入旅游线路、融入旅游景区景点；深化科技赋能，实现文物信息资源开放共享。三要拓宽文化交流途径。以推进“一带一路”建设为契机，丰富文化交流合作的内涵与形式，发挥社会组织的积极作用，深化与沿线国家的文化交流，促进区域共同发展，实现合作共赢。

（六）引领城市转型之“重”

深刻把握超大城市发展规律，贯彻落实党中央决策部署，坚持人民城市人民建、人民城市为人民，统筹经济、生活、生态、安全需要，提高城市规划、建设、治理水平，建设宜居韧性智慧的现代化城市，担起率先推动超大特大城市转变发展方式之“重”。

1. 率先转变超大城市发展方式

根据《国务院关于调整城市规模划分标准的通知》，超大城市是指城区常住人口在1000万人以上的城市。2021年末武汉城区人口首次突破1000万大关，占全国城区人口的2.39%，武汉晋升为全国8个超大城市之一。截至2022年底，8个超大城市人口占全国人口的11.6%，国内生产总值占全国的19.22%，超大城市在经济社会发展中发挥着动力源和增长极的作用，推动超大城市加快转变发展方式，在党和国家工作全局中具有举足轻重的地位。中共中央办公厅、国务院办公厅印发《关于推动超大特大城市转变发展方式的意见》，明确要求超大城市要统筹经济、生活、生态、安全需要，立足城市核心功能定位，推动发展方式由规模扩张向内涵提升转变，建设宜居、韧性、智慧的现代化城市。作为全国仅有的8个超大城市之一，武汉肩负着加快转变发展方式、率先探索中国式城市现代化，在推进中国式现代化、全面建设社会主义现代化国家中发挥标杆引领作用的时代重责。

现阶段武汉在率先探索中国式城市现代化的改革上进行了一些有益探索。一是探索构建了超大城市多中心组团式发展的武汉方案，规划统筹山水格局与城市发展，形成“两江三镇、五大组团”的城市空间格局，将市域5个城市组团进一步细分为32个次级组团，着力破解超大城市普遍面临的“单中心圈层式”结构带来的摊大饼问题。二是将城市更新作为转变城市发展方式、改善城市空间品质的关键举措，推动城市更新由“拆改留”向“留改拆建控”转变，着力在探索城市更新“存量与增量联动、产业与空间结合、文化与活力并重”中形成武汉模式。三是在超大城市品质提升上交出了武汉答卷，牢牢把握城市生命体、有机体特征，围绕让人民宜居安居，积极打造健康城市，加快建设气候适应型城市，着力加大基本公共服务设施供给，始终牢记习近平总书记“人民城市人民建、人民城市为人民”的殷切嘱托。但面对城市功能过度集中、中心城区人口过度集聚等超大特大城市普遍存在的“大城市病”，以及如何通过城市更新来唤起老城市新活力的艰巨任务，加快转变城市发展方式，武汉仍然任重道远。

武汉要统筹兼顾经济、生活、生态、安全等多元要素需要，围绕全面增强城市核心功能和竞争力、全面优化城市空间结构和布局、全面提升城市功能品质等任务，持续推进城市更新行动，全力打造宜居、韧性、智慧城市，努力在推进中国式现代化、全面建设社会主义现代化国家中发挥标杆引领作用。一要进一步强化武汉作为超大城市的核心功能。中心城区合理疏解非核心功能，增强全球资源配置、科技创新策源、高端产业引领功能等核心功能，郊区新城实现和中心城区统筹发展，“多中心、组团式”城市生产生活生态空间更加均衡协调，武汉国家中心城市、长江经济带核心城市功能更加凸显，为超大城市实现以城聚人、以产兴城、以城促产的区域发展格局提供武汉样本。二要在超大城市功能品质提升上持续探索。进一步统筹空间布局、产业结构、人口规模，统筹规划、建设、治理，框定总量、限定容量、盘活存量、做优增量、提高质量，为超大城市健康宜居安全发展提供先行样本。

2. 率先形成超大城市现代化治理体系

超大城市治理是国家治理体系和治理能力现代化的重要组成部分，承载着破解当前经济社会发展难题的重要使命，是推动高质量发展的内在要求，是实现国家治理体系和治理能力现代化的关键和支撑，也是在迈向全面建设社会主义现代化国家新征程和实现第二个百年奋斗目标过程中面临的重要课题。2020 年 3 月习近平总书记在湖北武汉考察时指出，“要努力探索超大城市现代化治理新路子”，这是习近平总书记交给武汉的时代考题。

作为超大城市，武汉坚持全生命周期管理，推动城市治理模式创新、治理方式重塑、治理体系重构，交出了打造共建共治共享社会治理新格局的武汉答卷。一是推进了市域社会治理现代化试点，实施了超大城市治理现代化健康幸福保障工程、创新驱动发展工程、基层治理创新工程、城市品质提升工程、先进文化点亮工程、平安武汉创建工程、依法治市示范工程、党的建设保证工程等“八大工程”，构建了联动融合新体系、高效治理新网络、基层治理新格局。二是在风险防控及应急体系建设上进行了有益探索，深入实施流域综合治理，守住流域水安全底线；加快建设疾病防控、医疗救治、基层防控、卫生应急保障 4 大体系，守牢公共卫生安全底线；完善粮食储备体系和应急供应点建设，守牢粮食和能源安全底线，同时在全国率先全覆盖建设社区应急服务站，为超大城市实现发展和安全良性互动、秩序与活力动态平衡探出了武汉新路。三是积极探索城市数智化转型，被科技部列为国家“863 智慧城市主题项目”试点城市，搭建了云计算、边缘计算等多元普惠计算设施，构建了“城市大脑”，建成国内一流的数据驱动型智慧城市，在智慧化治理水平上取得了明显突破。但由于超大城市具有人口高度聚集、空间规模宏大、要素结构复杂、流量多样汇集、影响广泛深远等特点，这些都对超大城市的体制机制、治理能力和治理方式等方面构成极大的挑战，持续深入探索具有武汉特色的超大城市现代化治理新路子仍将是武汉必须努力答好的必答题。

武汉要坚持共同缔造理念，聚焦实现高效能治理，不断提高城市治理科学化、精细化、智能化水平，着力探索出具有武汉特色的超大城市现代化治理路径。一要以智慧化持续提升治理效能。持续加强城市大脑数据总枢纽建设，完善城市数字体征指标体系，加快智算、超算基础设施建设，提升城市动态感知能力，实现“全面智治一座城”。二要以绣花般功夫推进城市精细化管理。把“全周期管理”理念贯穿城市规划、建设全过程各环节，高起点规划城市、高标准建设城市，优化公共设施布局和功能，拓展提升绿化空间，织密织牢“城市应急处置网、公共卫生防护网、基层社会治理网、矛盾风险化解网、城市精细管理网”，着力探索超大城市精细化管理武汉模式。三要以规范化建设夯实社会治理基础。突出市、区、街（乡）、社区四级联创，持续推动城市治理重心、资源配套向基层下沉，完善居民、社会组织参与社会治理的组织形式和制度化渠道，在筑牢基层治理基础上先行先试。

课题组成员：刘艺璇　付　兴　吴　怡　丁文珺　张冰倩

新时代武汉建设内陆开放中心城市的短板与对策建议

武汉发展战略研究院课题组

开放发展是新发展理念的五大内涵之一，武汉虽为内陆城市，但发展实践有力地证明，武汉各阶段的发展成就，无不是顺应时代大势，在开放的大环境中取得的。新时代，面对百年未有之大变局，在双循环新发展格局加快构建的大背景下，开放更加成为武汉实现拼搏赶超的关键变量，武汉需要科学研判“时”与“势”，辩证认识“危”与“机”，从发展全局出发，推进高水平开放，加快建设内陆开放中心城市。

一、武汉建设内陆开放中心城市存在的短板

当前，武汉之于区域的辐射带动力，之于国家的支撑服务力，之于全球的竞争影响力总体上处于上升趋势，但交通区位、市场腹地、科教、生态等一些历史长期积淀形成的资源优势没有转化为开放发展胜势，开放发展的整体量级偏弱，在内陆城市中开放中心城市的作用潜能发挥不足。

（一）立足城市开放发展能级，武汉综合竞争力比较优势仍有待进一步突显

资源优势未充分转化为开放发展优势。其一，多重国家战略叠加优势未转化为开放发展优势，在国家政策布局、执行层面存在“牌子多，但谋划不足、成效不明显”的问题，既有的政策红利未能充分释放。其二，科教资源优势在开放发展中的作用突显不够，科技创新与产业发展存在一定的脱节，科技成果转化不够顺畅，未能通过积极参与国际深度分工与合作形成具有国际竞

争力的创新发展能级。其三，区位交通优势未能转化为开放发展优势，市场腹地广阔但集散功能未充分激活，各类开放通道、平台在数量和等级上均不比同类城市差，但大进大出的枢纽功能没有得到充分发挥，导致进口、出口两头在外，大大降低了武汉与国际市场的直接联系度。

产业与国际市场对接水平偏低。产业结构偏重的特征依然明显，重点产业集群还处于培育和起步发展阶段，全国影响力和国际竞争力还不突显。工业产业门类齐全，但与先进发达城市相比，工业支撑作用依然偏弱，先进制造业竞争力不强。服务业主体作用、数字经济等新兴产业发展依然不足，特别是第三产业比重总体偏低，生产性服务业、数字经济未来增长空间较大。同时，武汉产业主要处于产业链的前端、中端，服务内循环和国内大市场的内向型功能较突出，而产业发展与开放型经济关联度有限，参与国际分工比重较低，国际特色产业比较优势不明显，优势产业未能很好的转化为外向型支柱产业。

通道潜能释放明显不足。在水运方面，仍存在国际水运航线密度不够、水铁联运发展不够、航运资源整合不足、航运服务水平不高等问题，2020 年全市集装箱铁水联运作业量占比不足 2%，而同期全国平均水平则达到 2.6%，发达国家超过 20%。在铁路运输方面，中欧班列与同类城市相比发运量较少，存在补贴方式创新不够、企业经营运作模式创新不够等问题，2021 年中欧班列（武汉）发运 455 列，远远落后于成渝、西安，甚至不足郑州（1214 列）、长沙（1034 列）等中部城市发运量的一半。在航空运输方面，存在全货机航线密度低，无法满足本地企业进出口货物运输需求的问题。2021 年，武汉国际货运航线 15 条，而郑州有 38 条，同时，武汉缺少专业化货运服务机构、缺少以机场为中心的多式联运数据交易服务平台、缺少加入“国际物流数据标准”联盟机构。

（二）立足构建国内大循环，武汉的要素市场培育还不够

资本市场竞争力偏弱。2021 年，武汉金融机构本外币存款与贷款相比北上广深一线城市差距巨大，并落后于杭州、成都、重庆、南京、天津等城市。在证券市场方面，2021 年武汉证券市场交易额只有上海的 1/46、深圳的 1/25、北京的 1/18，也落后于南京、广州、成都、重庆、宁波等城市。在上市企业方面，武汉 A 股上市企业总市值偏小，2021 年总市值未能突破万亿大关，

在全国城市排名第二十五位，不仅落后于一线城市，也落后于杭州、南京、宁波、天津、青岛等东部城市和成都、西安、长沙、重庆、合肥等中西部城市。

技术市场影响力逐年下降。从总量来看，2010—2021年武汉技术合同成交额总量虽稳步增长，2021年增长到1128亿元，但只有北京的1/6，也落后于西安、深圳、天津、成都。从技术合同成交额占全国比重来看，2017年达到4.79%，此后呈逐年下降趋势，2021年下降到3.02%，可见武汉技术市场在全国的影响力在下降，这对武汉加快建设具有全国影响力的科技创新中心提出了挑战。

新型要素市场发展明显滞后于经济实践需求。目前，全国九大国家级要素交易平台多集中于北京、上海、深圳等一线城市，武汉为零。从产权交易市场来看，武汉产权交易与全国其他城市相比规模还不大。根据中国企业国有产权交易机构协会的统计，2019年武汉光谷联合产权交易所交易额位居全国第九，与排名靠前的城市存在数量级上的差距。从数据交易市场来看，武汉在数据采集、开放、流通、使用、开发、保护等全生命周期的制度建设明显滞后于数字经济实践需求。

（三）立足融入国际大循环，武汉国际竞争力和影响力偏弱

开放型经济能级偏弱。开放型市场主体培育不够，进入全国外贸百强的企业仅两家，以跨境电商为代表的外贸新业态规模偏小、缺乏有影响力的企业。产业支撑不足，参与国际分工比重较低，支柱产业外向度不高，制造型外贸企业中半数以国内市场为主、产品出口比重不高，长飞、华星、天马等企业产品出口比重分别为23%、16%和12%。外贸规模整体偏小，外贸依存度长年低于20%。外商投资动力不足，外商直接投资（FDI）主要来自韩国、新加坡等亚洲地区，北欧、东盟、“一带一路”沿线国家投资有待进一步挖掘。武汉境外投资企业整体投资规模小，境外市场拓展的综合能力弱，应对风险挑战能力不强。

开放平台整体发展不足、规模偏小。开发区外资企业数量偏少，且以中小企业为主，新业态培育力度还不够大，保税研发、租赁、跨境电商等业态发展不够充分。在2021年国家级经开区综合考评中，武汉经济技术开发区和临空港开发区在利用外资、对外贸易两个单项均未进入前十。综保区进出口占全市比重较低，2021年，武汉东湖综合保税区、武汉新港空港综合保税区、

武汉经开综合保税区进出口总额分别位列全国综保区的第五十四、七十三、九十九位。自贸区全国排名不突出，2021 年全国 21 个自贸试验区、港排名中，湖北自贸区未入围前十。中法生态城、中德产业园等总体仍处于起步阶段，对外资、外企吸引集聚能力不强。

重点领域开放试点数量不足。目前，武汉获批的对外开放试点主要有跨境融资便利化试点、全面深化服务贸易创新发展试点、央行金融科技创新监管试点、二手车出口业务试点等。但总体来看，一是试点数量不够多，二是试点的独特性不足。相比之下，重庆和郑州分别在西部和中部地区争取了较多的试点机遇，尤其是郑州，凭借其较为突出的航空枢纽优势，获批了国家跨境电商零售进口药品试点、航空电子货运工作试点等国家唯一开放试点，成为细分领域制度型开放的排头兵和先行者。

国际交往功能尚处于起步阶段。国际影响力不足，外国领事馆仅有 4 个，真正总部型的国际组织为零，举办的有影响力的国际会议和国际会展少之又少。2021 年按 GaWC“世界城市名册”和科尔尼“2021 全球城市指数”（GCI）所示，武汉分别排名第九十八位和九十五位，落后于上海、南京、成都、杭州、重庆等城市。国际吸引力不足，长江文明独特魅力未得到彰显，目前没有培育出世界文化遗产，国家 5A、4A 级景区远少于重庆、成都、杭州等城市，2020 年“魅力中国——外籍人才眼中最具吸引力的中国城市”①评选结果中，武汉排名第十三位。国际交往服务系统有待进一步完善，国际机构、国际学校、国际医院、国际社区等数量较少。

二、新格局下武汉建设内陆开放中心城市的对策建议

当前，经济全球化遭遇逆流，产业链供应链区域化、本地化特征更趋明显，“两头在外”的“世界工厂”模式不可持续，但以国内大循环为主体、国内国际双循环相互促进的新发展格局的加快构建，为武汉开放发展带来系统性、重塑性战略机遇，武汉必须切实把开放贯穿经济社会发展的各领域和全过程，以开放促改革、促发展、促创新，持续增强区域辐射力、全国竞争力、全球影响力，加快打造内陆开放中心城市。

① 由科技部国外人才研究中心主办。

（一）坚持制度型开放引领，打造高水平对外开放新范式

坚持以开放倒逼结构调整、倒逼创新发展、倒逼改革深化，不等不靠、主动作为，以思想破冰带动行动上的突破，摆脱“内陆意识”，打破固化经验、告别传统“老套路”，以更新的理念、更开阔的视野去思考开放、谋划开放、践行开放。

以规则对接为重点打造我国制度型开放新高地。主动适应国际经贸规则重构新趋势，积极探索“零关税、零壁垒、零补贴”相关政策细则，推动产业政策、创新政策、竞争政策等与国际通行规则的协调对接。率先与RCEP成员国规则进行对接，制定国别商品减税对比和开拓清单、出口潜力商品和重点企业清单，引导企业有效开展规则对接。先行试验CPTPP、USMCA等最新经贸协定的某些核心议题，在关税缩减、服务贸易标准对接、政府采购、电子商务、金融服务、监管适用、争端解决机制等领域开展更大力度的探索与压力测试。深度参与汽车、光通信等武汉领先优势行业贸易规则设计，争取上升到国家层面，创造性构建全球新兴领域贸易规则体系。

提升营商环境市场化法治化国际化水平。强化竞争政策基础性地位，实质性打破市场垄断与行政垄断，全面实现在要素获取、准入许可、经营运行、政府采购和招投标等方面，对各类所有制企业平等对待。进一步完善外资准入负面清单管理制度以及相配套的事中事后监管制度。健全外资准入前和准入后国民待遇制度。全面清理外资准入负面清单之外对外资单独设置的准入限制，保障内外资企业依法平等使用资金、技术、人力资源、土地等各类生产要素和公共服务资源。加快实施国际贸易“单一窗口”3.0版。严格执行《外商投资法》，全面清理、修改、废止与《外商投资法》不符的法律法规、规范性文件。加大知识产权保护力度，构建知识产权违法行为信用惩戒机制，破解知识产权侵权“举证难”等难题，降低知识产权维权成本。以世界银行全球营商环境评估结果为参照，针对一级评估指标，瞄准国际比较中的短板指标、潜力指标（如获得信贷、办理破产、纳税和跨境贸易等），借鉴先进经验，精准发力，不断优化营商环境。

以高水平对外开放促进产业链供应链安全稳定。围绕产业链部署创新链，坚持以全球视野推动科技创新，全方位加强国际科技创新合作，积极主动融入全球科技创新网络，在开放合作中打好关键核心技术攻坚战。提高利用外

资质量，支持外资加大中高端制造、高技术等领域投资。着力解决汽车等领域芯片短缺问题，做好大宗商品保供稳价，增强对关键原材料和零部件产需失衡、价格异动等风险应对能力，确保关键矿产品、基础工业品、重要生活物资等重点产业链供应链高效畅通运行。发展壮大全球产业链中的龙头企业和核心企业，扩大企业全球市场份额，稳固并提升企业在全球产业链中的地位，形成深度嵌入全球价值链、不会被轻易替代的独特竞争优势。务实推动产业链供应链国际合作，高质量服务共建“一带一路”，依托二十国集团、亚太经济合作组织等多边机制作用，构建安全高效、循环畅通、互利共赢的国际化产业链供应链。

（二）依托科教优势转化，打造面向全球的内陆开放创新高地

坚持把创新摆在事关全局的核心位置，加快建设具有全国影响力的科技创新中心，打造世界科学前沿领域和新兴产业技术创新、全球科技创新要素“汇聚地”。

增强国际创新资源积聚与配置能力。大力引进国内外大型企业在汉设立研发中心，引进发达国家高水平孵化企业入驻武汉。探索重大科技研发及产业化的新型组织模式，依托高端猎头机构在全球范围内“靶向”引进一批世界水平的创新团队核心成员和产业领军人才。促进海外人才离岸创新创业基地建设，打造人才来去自由、落户便利的国际人才自由港。大力引进国际天使投资、种子基金、风险投资、股权投资基金等入驻，创立一批科技银行。支持领军企业通过上市、重组、兼并等方式整合产业链上下游企业和海内外创新资源。建立以企业为主体配置全球科研资源的风险担保机制，进一步拓展获取和利用海外创新资源的渠道。加快推进世界一流大学、学科和科研院所建设，大力引进世界一流大学与国内知名高校联合在汉创办世界顶尖研究型大学。支持本地企业开展国际化经营和境外融资，建立海外研发中心、营销中心及生产基地。深度参与“一带一路”科技创新合作，鼓励在汉高校、科研院所、创新型领军企业，积极发起或参与国际大科学计划和大科学工程，共建联合实验室与研发基地。

提升自主创新在全球创新网络中的作用和地位。加快推进东湖综合性科学中心建设，在信息技术、智能制造和机器人、生命健康、重点新材料和新能源、量子通信、脑科学、深空深海探测等领域率先突破，切实提升科技创

新策源功能。坚持创新链、产业链深度融合，围绕“965”现代产业体系，突破并转化一批国际领先的关键核心技术、催生一批引领未来的新模式新业态。发挥国家技术转移中部中心作用，促进国际先进技术在汉转移转化。扶持企业、科研院所参与国际、国家和行业标准制定，引导优秀自主创新产品进行国际商标注册。鼓励龙头骨干企业与国内外同行业企业进行专利技术、核心技术、技术标准的交叉授权许可。支持领军企业实施“品质、品牌”战略，培育一批全国乃至世界知名的“武汉创造”。引领区域开放协同创新，构建光谷科创大走廊创新共同体，串联武鄂黄黄咸主要功能板块和重要创新平台，健全梯次联动的区域创新与产业布局，形成“研发在武汉、转化在周边”的创新发展模式，“孵化在武汉、加速在周边”的产业发展模式。

（三）依托交通区位优势转化，打造新时代“五洲通衢”

坚持把交通区位优势转化作为推进高水平开放的重要支撑，加快推进中部陆海空国际大通道建设，形成强大交通枢纽和市场枢纽，为打造国内大循环重要节点和国内国际双循环战略链接提供基础支撑。

加快对外通道建设。深化长江中游航运中心建设，整合优化全省港口资源，提升汉江航道等级，强化武汉通江达海的水运主通道格局。巩固超“米”字形高铁枢纽地位，加快沿江高铁、区域性高铁及连接线建设，发展快捷融合的城际和市域铁路网，拓展铁路对外通道能力。加强航空客货双枢纽建设，推进武汉天河机场扩能改造，建成“洲际连通、亚太通畅、国内畅达”的国际门户枢纽；加快鄂州花湖机场建设，打造“辐射全国、畅达全球”的国际航空货运枢纽。提升多式联运枢纽功能，加快阳逻港“铁水联运”中心枢纽建设，推进武汉国家物流承载城市多式联运物流园建设，打造“五型”联通的国家物流枢纽网络体系。

提升跨境运输能力。完善国际航运网络，增密武汉—上海洋山港天天班航线，开辟日韩—武汉—欧洲海铁联运新通道，构建集直航、中转、过境运输于一体的全新国际物流大通道，推动武汉至东盟、日韩国际水运航线常态化运行。拓展国际航空运输，打通面向RCEP重点国家的航线，加密至新加坡、泰国、日本、韩国等国家的航线。加快中欧班列（武汉）国际物流节点布局，在襄阳、宜昌、十堰等主要货源地打造中欧国际物流园，形成“一核多点”班列服务中心布局，提升班列服务与揽货能力。构建“9+2”条国际直达联运大通道，连通海上丝绸之路。

（四）依托水资源优势转化，建设具有全球美誉度的滨水生态名城

坚持“绿水青山就是金山银山”的理念，深入实施生态文明战略，充分发掘水资源优势，进一步擦亮“水品牌”，做好“水文章”，积极打造人水和谐的幸福河湖，绘就山水人城和谐相融新画卷。

保护好具有国际优势的水资源。坚持山水林田湖草系统治理，以提高水资源利用效率和保护水生态为重点，大力开展基础研究和应用研究。加强水资源保护国际合作和技术交流，充分借鉴先进地区水体保护、水污染防治经验做法，引进国际一流专家团队、先进治水技术，提高水资源保护效能。构建水清岸绿、生态美丽的水生态修复体系，打造健康河湖治理标杆。积极推进长江大保护，坚持以水定城、以水定地、以水定人、以水定产，打造长江大保护的典范城市，为世界水资源保护提供可借鉴可推广的武汉方案。

打造好具有国际品质的水景观。科学规划和梯次推进全域河流水系建设，高水平规划建设“两江四岸”。集中打造长江文明之心，以长江、汉江交汇的南岸嘴为原点，以武昌古城，汉口历史文化风貌街区和汉阳月湖、龟北、归元等片区为主体，建设武汉历史人文展示区。围绕主城区长江段，打造世界级城市中轴文明景观带，集中发展商务、金融、信息、文创、旅游等高端服务业，集中展示长江文化、生态特色、发展成就和城市文明，彰显武汉深厚文化底蕴与国际都会风情。持续推进东湖绿心建设，以东湖绿道为依托，构建生态景观资源带，打造山水相连、城湖相融、人文相映的城市亮点区块，建设世界级城中湖典范。高水平规划建设百里长江生态廊道，打造江、堤、滩、路、岸、城、人、文化和谐共生的城市新空间。

传承好具有国际魅力的水文化。积极争创长江国家文化公园先行区，争取长江国家博物馆落户湖北武汉，办好“长江文明论坛”等文化平台，让长江文明、汉派文化成为辨识和提升武汉城市国际化形象的核心因素和文明标识。深入挖掘和阐发盘龙文化、知音文化、红色文化、码头文化等长江流域优秀传统文化思想价值，明显提升楚风汉韵、京腔汉调、“汉秀”演艺、汉派饮食等一系列汉派文化品牌在国内外的知名度和美誉度。充分利用江河、湖泊、湿地等资源，强化水文化载体建设。进一步强化水文化宣传，构建江风湖韵、城水交融的水文化传承体系，推动武汉水文化走向国际。

（五）一般贸易高质量发展取得突破，全面提升产业国际竞争力

坚持一般贸易与“965”现代产业体系深度融合、联动发展，加快吸引全球优质资源，梯次引进培育十亿、百亿、千亿企业梯队，加快建设具有全球影响力的先进制造业中心，打造成为全球生产流通体系的重要节点，成为支撑带动省域、区域、全国经济新一轮发展的强大引擎。

推进一般贸易提质扩量。大力发展外贸新业态，加快建设跨境电商产业园，引导制造业企业大力发展跨境电商 B2B 出口。推动汉口北深化市场采购、跨境电商、外综服、海外仓多种新业态新模式融合发展。促进内外贸一体化发展，以创建国际消费中心城市为契机，支持各区（开发区）建设国际消费引领示范区，打造进口集散分拨中心，争创国家进口贸易促进创新示范区。支持企业发展内外销“同线同质同标”产品，扩大销售渠道。筛选一批基础良好、国际市场潜力大、跨境电商融合度高的产业，强化产业集群，整合供应链资源，拓展海外市场，实现更多“武汉制造”卖全球。

助推贸易主体快速成长。充分发挥自贸试验区等对外开放平台作用，重点培植一批有技术实力和发展潜力的本土企业，不断提升高新技术产品的出口规模。着力培育一批具有国内外市场开拓能力的本土大型企业，形成一批供应链整合能力强、有效引导生产的国内国际双循环示范企业。提升金融服务外贸产业发展水平，进一步加大对外贸领域金融支持力度，强化配套政策激励，推动中小微外贸企业融资“增量、扩面、降价、提质”。落实国务院政策要求，对生产经营暂时面临困难但产品有市场、项目有前景、技术有竞争力的中小微外贸企业按相关规定给予专项资金支持。

促进支柱产业转型升级。促进贸易与产业协调发展，强化制造业创新发展对贸易的支撑作用，加快推进产业国际化进程。内外联动赋能数字经济发展，依托武汉长江新区和汉口北外贸综合服务平台，建设湖北省“一带一路”数字经济产业园，围绕物联网、云计算、大数据、人工智能、IC 等新一代信息技术产业，打通“云管端用”和“研发 + 龙头 + 配套”垂直整合的产业链条。推动汽车产业融入全球价值链，鼓励东风等龙头企业在海外布局汽车产业园和开展国际产能合作，支持国家新能源汽车检验中心建设项目落地享惠，支持建设中欧班列（武汉）中部集结中心，推动汽车整车口岸发展。增强招商选资能力，聚焦“965”产业集群，着力引进重大产业项目和企业集团，促

进产业结构与国际接轨。

（六）服务贸易创新发展取得突破，打造内陆服务贸易高地

坚持推进服务贸易领域改革和开放，全面深化服务贸易创新发展试点，推动服务贸易扩规模、优结构、稳出口，加快形成以服务贸易为重点的全面开放新格局。

扩大重点领域服务业开放。鼓励研发设计、节能环保、环境服务、咨询服务等重点生产性服务和教育、文化、医疗等高端生活性服务进口。夯实建筑服务、运输服务、旅游服务等传统服务贸易领域新优势。提升技术贸易、金融服务、文化服务、会展服务等潜力服务贸易领域新增量。拓展特色服务出口基地建设，扩大人力资源、知识产权、地理信息、语言服务等特色服务出口。积极推进服务业扩大开放综合试点示范，争取更多国家金融业开放政策在汉落地。鼓励符合条件的外资来汉设立或参股证券、基金、期货、人身险公司、商业银行理财子公司、保险资产管理公司、养老基金管理公司、信用评级机构等，实现外资证券公司零突破。

构筑数字贸易国际竞争新优势。支持自贸试验区创建国家数字服务出口基地，打造“数字贸易港”。进一步提升数字相关服务贸易出口比重，在扩大电信、计算机、信息等服务贸易优势基础上，实现知识产权与数字技术等服务贸易顺差。对“一带一路”沿线国家和地区，实施数字旅游、数字医疗、数字健康、数字教育、数字基础设施等项下的自由贸易政策。在数字经济发展较好的重点区域先行先试，下放数字服务市场准入、国际规制对接、数据规范化采集、数字分级分类监管、跨境数据流动、服务出口等方面的管理权限，推动特定条件下的压力测试，提升在国际谈判中的主动权。

全面提升服务贸易项下自由化便利化水平。争取中央支持，制定并实施更加精简透明的跨境服务贸易负面清单，实现“既准入又准营”。探索形成以跨境服务贸易负面清单为核心的政策体系，制定服务贸易“认可经济营运商”认证标准，对符合条件的境内外服务贸易企业所需的货物，给予包括减少或优先接受海关查验等优惠。积极发展与服务贸易相配套的资金支付与转移业务，探索在服务贸易企业跨境支付领域实行法人承诺制，推广跨境人民币结算在区域内服务贸易中的使用。优化境外专业人才流动服务机制，畅通外籍高层次人才来汉创新创业渠道。加强外国人员144小时过境免签政策宣传，

吸引更多外国人员在合适时间来汉旅游、就医、购物和文化交流。

（七）开放平台提能升级取得突破，建强开放型经济新支撑

坚持把对外开放平台作为武汉参与国际竞争与合作的关键载体，促进各类开放平台联动发展，加快构建高质量多层次的开放平台体系，全面提升对外开放平台功能和综合竞争力。

提升开发区开放发展能级。放活开发区改革自主权，按照“大部制、扁平化、市场化”原则，鼓励开发区运营主体根据发展需要实施开放性市场化重组，积极引进外来资本开发运营特色产业园区。鼓励开发区积极稳妥复制推广湖北自由贸易试验区武汉片区改革经验。支持已设立综合保税区的开发区建设跨境电子商务产业园，建立线上线下一站式对外贸易综合服务中心。加快推进中法武汉生态示范城、中日产业园、中德国际产业园、中印（武汉）科技产业园、中美大健康产业园等国际产业园建设。鼓励国家级开发区整合或者托管区位相邻、产业互补的省级开发区或者特色园区，打造更多集中连片、协同互补、联合发展的产业共同体。

高标准建设自由贸易试验区。聚焦制度创新，推进贸易自由便利、投资自由便利、金融领域开放、创新驱动发展、监管模式创新等制度改革，努力形成一批可复制推广的经验。加强自贸区与东湖国家自主创新示范区联动发展，积极探索扩大开放和推进战略性新兴产业与高技术产业发展的新模式、新机制。推动自贸区与海关特殊监管区协同发展，实现功能叠加、政策共享。引导片区企业延伸上下游产业链，发展保税维修、设计研发、线上销售等新业态新模式，打造多元发展、货物贸易和服务贸易相融合的贸易便利化中心。

增强综合保税区发展动能。加快武汉东湖、武汉新港空港、武汉经开综合保税区建设，引导综合保税区差异化布局和质量提升。发挥综保区要素集聚和辐射带动作用，建设中部地区具有较强影响力和竞争力的加工制造中心、研发设计中心、物流分拨中心、检测维修中心、销售服务中心，打造外向型产业集群。东湖综保区重点发挥自主创新示范区、自贸试验区、跨境电商综合试验区及综合保税区的“四区”叠加优势，推动“光芯屏端网”、生物医药全产业链发展。武汉新港空港综合保税区则侧重发挥口岸型综合保税区和一区两园优势，重点发展大宗贸易、国际物流、跨境电商、保税仓储等业务。武汉经开综合保税区通过加快现有支柱产业转型升级，深度嵌入“车谷”产

业创新大走廊，重点发展新能源和智能网联汽车产业、跨境电商产业园、保税研发、汽车及芯片的保税检测维修等业务。加快区港联动发展，推动口岸与综保区功能叠加、优势互补。

打造跨境电商跨越发展“新标杆”。深入推进跨境电商综合试验区“三平台、六体系”①建设，加快建成以出口为主、进出口并举、双向驱动的跨境电商创新改革试验区。引进一批跨境电商龙头企业，培育一批本土的全球性海外仓平台公司并优化海外仓建设布局。引导本地优质企业“触网上线”，打造“互联网 + 跨境贸易 + 本土制造”发展模式，促进跨境电商与商贸业、制造业深度融合。拓展“网购保税 + 线下自提”业务，进一步释放改革红利。充分发挥科教资源优势，实施跨境电商中高端人才培养计划，创新跨境电商人才培养机制，打造全国跨境电商人才总部基地。

（八）“引进来”与“走出去”取得突破，打造区域对外开放的战略支点

坚持统筹国内国际两个市场、两种资源，实施“引进来 ”与“走出去”并举，加快产业链、供应链、价值链、创新链全球布局，不断突破开放领域，引领带动区域协同开放。

精准发力高水平“引进来”。跳出招商引资注重单一项目引进的局限，引资重点转向技术先进、管理科学、资本雄厚的跨国公司，减少中小资本比重，优化外商投资结构。聚焦“965”产业集群，着力引进重大产业项目和企业集团，注重招引外贸头部企业，积极探索、构建覆盖欧美、日韩等国及中国港台等地区和国外友城的招商网络，千方百计引进一大批世界 500 强、中国 500 强、行业 100 强等大企业大项目，提升招商引资效能，促进武汉产业结构与国际接轨。

强化能力高质量“走出去”。积极参与全球产业链供应链重塑，鼓励企业在信息技术、高端制造、生物医药、智能网联汽车等领域开展对外投资合作。支持“武汉制造”走出去，重点培植一批有经济实力和高新技术的本土企业，不断提升高新技术产品的出口规模。全方位支持境外合作园区建设，整合已有优质资源“抱团出海”走出去，打造重点国别深耕平台和基地。积极营造

① 三平台，包括线上综合服务平台、线下综合园区平台、人才综合服务平台；六体系，包括信息共享、金融服务、智慧物流、信用管理、统计监测、风险防控体系。

良好的市场制度环境和氛围，培育一批平台型企业，为中小微外贸企业提供报关、报检、物流、融资、退税、信保、法律等综合服务。

辐射带动区域协同开放。加强自贸试验区与武汉都市圈内开放平台联动发展，加快武汉东湖、武汉新港空港、武汉经开、黄石棋盘洲综合保税区建设，引导综合保税区差异化布局和质量提升。共同推进国际经贸合作，支持有条件的地区建设申报国家级进口贸易创新促进示范区，打造具有圈域特色的外贸产业优势集群。加强长江中游城市群合作共建，共同推进长江新区、湘江新区、赣江新区建成对外开放重要平台，推动长江中游省会城市口岸合作交流，建立长江中游外贸企业联盟，合作承办重大国际性节会活动等。积极参与长江经济带全流域联动发展，加强与上海、重庆等城市以及长三角、成渝双城经济圈的合作。

（九）市场服务能级取得突破，建设国际消费中心城市

坚持提升市场内外服务能级，完善功能支撑、优化要素供给，不断增强武汉在消费市场的积聚带动能力、资源配置能力、创新引领能力、品质支撑能力。

全面提高国际消费空间承载力。聚焦城市“一主四副”，优化培育消费承载区，着力构建品质高端、功能完善、布局合理、特色彰显的国际消费空间版图。深化江汉路全国步行街改造提升试点，支持昙华林、汉街等有条件的街区引进集聚国内具有显著特色的品牌，培育彰显城市文脉和商业文明的特色商业街区。打造四大副中心商业地标，加快建设光谷、车谷、网谷、长江新区综合性副城商业中心，形成层次分明、布局合理、功能完备、业态先进、错位发展的商业体系。

大力提升国际消费资源集聚功能。打造全球优质市场主体集聚地，大力引进国际贸易品牌企业、中高端消费品牌企业、大型商贸企业、优质服务企业，在汉设立全球总部、地区总部或研发中心、采购结算中心、仓储物流中心、运营管理中心、销售服务中心等功能总部。培育国际知名品牌优选地，吸引国内外知名品牌在汉开设全球性、全国性和区域性品牌首店、旗舰店、连锁店，集聚国际高端知名品牌、原创设计师品牌、高级定制品牌等在汉首发首秀新品。丰富休闲娱乐、体育运动、文创时尚、新零售等首店业态供给，满足国际化、品质化、时尚性、便捷性消费需求。

全面增强国际消费创新引领作用。培育孵化新消费品牌，聚焦新业态、新模式、新服务，培育一批具有核心竞争力的新消费品牌企业，推出一批拥有自主知识产权的产品。打造时尚品牌活动风向标，按照数字化、国际化、高质量、引领性的发展方向，办好国际时装周，打造集设计、发布、展示、销售于一体的时尚消费创新培育平台。推动互联网、大数据、区块链等现代信息技术在不同消费场景和细分消费领域应用，大力发展数字消费新业态、新平台、新渠道、新模式，以数字赋能带动消费迭代升级。

显著优化国际消费环境服务品质。深化国际城市交流和区域合作，聚集整合区域消费资源，形成共建共享国际消费中心城市的培育建设模式，推动形成区域消费联动发展新格局。营造国际化宜居宜业新环境，培育国际交往新平台和载体，培育包容的文化氛围，营造个性的城市特色，加快建设国际交往中心，加强与国际消费城市的交流互动。加强与“一带一路”沿线国家和地区交流合作，依托中国－中东欧、中俄“两河流域”、中国－东盟、上合组织等合作平台或机制，拓展交往深度和广度，更多地承接国家对外交流活动。加强与有关国家和组织沟通联系，争取增设更多外国领事馆，吸引更多国际组织机构、跨国公司代表处等落户武汉。

课题负责人：叶传忠

课题组成员：袁云光　胡爽平　袁　圆　付　兴

关于推进“双智”协同发展的思考和建议清单

武汉发展战略研究院课题组

智慧城市与智能网联汽车协同发展是城市建设与汽车产业转型的重要趋势和战略方向。武汉和全国主要城市并肩站上这一新赛道的起跑线，但还没有明显的先发优势。政府必须跳出汽车看“双智”，把“双智”协同发展放在事关全局、事关长远的战略高度，坚持“六个协同”，聚焦五大领域，下定“不容有失”的决心，舍得“真金白银”的投入，调动“上下左右”的力量，实施支持先试、鼓励先闯、允许先用的十条举措，完善五大机制，积极探索汽车、道路、产业、城市深度融合发展的武汉模式。

一、坚持六个协同

（一）推进跨部门、跨区域、跨领域、跨层级的协同联动

“双智”协同发展是一项综合性、系统性工程，涉及“车”“路”“产”“城”，需要多方主体共同参与、相互支持、相互促进。要完善顶层设计，加强组织领导，突破“各自为政”的局限，统筹整合各方资源力量，汇聚形成推动“双智”协同发展的工作合力。

（二）推进融合技术和应用场景的协同创新

“双智”协同具有多学科交叉、多技术融合、多应用驱动的特征，“双智”与制造、交通、物流、城管等领域深度应用融合，将带来革命性的产业变革。要同时从技术端和应用端发力，既要鼓励以市场需求为导向的技术研发，更要深化以技术迭代为导向的场景应用，为武汉未来产业迭代蓄积发展胜势。

（三）推进汽车、产业和城市的协同转型

未来汽车将会成为一个移动的智能终端、算力中心和分布式能源，“双智”不仅仅关系到汽车，首要任务是产业转型升级，还关系到迭代产业体系构建，更关系到未来城市发展。要以同时服务于汽车、产业、城市发展需求为主线，深化“车”“光”“网”联动，积极探索“汽车在城市应用中创新、城市在汽车带动下发展”的转型升级之路。

（四）推进基础设施投入和经济效益产出的协同平衡

“双智”协同发展长期将产生大量应用，创造多元化的商业模式和消费需求，但短期内硬件设施铺设成本高，收支还难以平衡。要遵循“场景驱动、设施跟进、市场运营”的思路，实施分类型分阶段动态化建设模式，引入多元化投资主体，探索多场景商业化运营，形成“双智”可持续发展模式。

（五）推进“双智”发展和信息安全的协同统筹

“双智”协同加强了智能网联汽车与周边环境之间的网络连接，安全问题成为智能网联汽车大规模量产、“双智”协同发展的关键阻碍。要统筹好发展和安全，提升网络安全保障能力，强化数据安全管理，在保证信息安全的条件下，打通汽车、交通和城市的数据底座，推动“双智”更好更快发展。

（六）推进先行先试和立法立标的协同实施

“双智”协同发展是在探索“无人区”，没有“前车之鉴”，需要进行反复的试错，寻求适合的技术方案和商业模式。要建立保护创新、鼓励试错、宽容失败的体制机制，及时推进“立法立标”，为更大力度的先行先试、改革创新提供有力的法治保障和专业的标准支撑。

二、聚焦五大领域

抢抓“双智”产业机遇，以构建“车—路—云—网—图”为重点的一体化全产业链为目标，打造智能网联汽车产业创新和应用高地。

（一）加快发展智能网联汽车及高级别自动驾驶产业

推动“车谷”“光谷”智能网联汽车产业链深度融合，大力引育车规级芯片、智能座舱、红外感知、车载感知部件、自动驾驶算法、域控制模块等零部件企业，加快推进新一代智能网联车型研发和测试，扩大 L2 级辅助驾驶水平汽车生产能力，推动 L3 级、L4 级部分自动驾驶水平汽车规模化量产。

（二）培育发展汽车检验检测产业集群

依托智能网联汽车测试场为整车及零部件生产企业提供整车辅助驾驶测试、自动驾驶试验测试等专业技术服务，打造从检测检验、研发中试、标准修订、示范应用到产业孵化的完整产业体系。

（三）深入推进高精度地图和高精度定位商业化应用

提升高精度地图众包测绘、自动标注和标准化生产能力，开展基于北斗卫星导航系统的高精度地图生产、应用试点。

（四）壮大发展网络安全与大数据应用产业集群

依托国家网络安全人才与创新基地，针对智能网联汽车安全问题开展攻防实验、安全技术和产品研发，开发和利用车联网数据，推动网络安全与大数据产业发展。

（五）大力发展自动驾驶相关增值服务

探索开展 RoboTaxi 可持续运营模式，加快推动自助代客泊车、智能充电等应用落地，积极发展无人配送、无人集卡、无人接驳等物流运输服务规模化应用。

三、实施十条举措

（一）适度超前部署智能网联基础设施建设

加快市政基础设施智能化改造，部署建设毫米波雷达、激光雷达、摄像机等交通感知基础设施，部署建设车路城多种通信模式的信息基础设施，部署建设支持车路协同的算力基础设施，部署建设基于北斗系统的高精度定位基础设施、部署建设充电、换电等系列能源基础设施。

（二）扩大道路测试范围

加快建设“一城四带”智能网联汽车应用环境，以武汉经开区军山新城为主阵地，沿江夏区向东湖高新区花山、沿武昌区向青山区沿江大道、沿汉阳区和江汉支持区向天河机场、沿蔡甸区向临空港区四个地带延伸，实现5G、车联网网络和北斗高精度定位服务全覆盖。

（三）有序开放应用场景

支持有条件、有基础的交通枢纽、城区路段、高速公路路段、主要商圈、知名景区、社区、园区等适时开放测试道路，探索开展无人驾驶示范运营。支持部分有条件的城区道路停车泊位和停车场进行智能化改造。拓展智能公交、智能旅游小巴、智能重卡等示范运营，鼓励在公共交通、出行服务、物流配送、环卫清扫、安全巡逻等领域开展示范应用。争创国家智能网联汽车准入和上路通行试点城市，争取获批国家第二批智能网联高精地图试点城市。

（四）突破关键核心技术

打造跨领域、大协作的融合技术研发平台，支持汽车企业与通信、道路和互联网企业，高校、科研院所联合攻关，加强复杂系统体系架构、复杂环境感知、智能决策控制等前瞻技术研发，加快自动驾驶主控芯片、高精度视觉传感器、毫米波雷达、激光雷达、线控底盘、车载智能终端等先进产品的研发与产业化进程。

（五）加强标准制定推广

组织产业链相关单位开展智能网联道路建设、智能网联汽车产品、智能网联汽车管理、智慧城市建设等方面的国家、行业、地方、团体标准制修订工作。推动《车城网平台感知设备接入技术导则》标准化成果在全国范围共建互认。修订《智能网联道路建设规范（总则）》，制定《智能网联道路评估验收规范》等标准，并争取推动其上升为国家标准。

（六）支持智能网联汽车测试场建设运营

支持智能网联整车试验室、智能网联 V2X 车路协同试验室、VIL 整车在环试验室、DIL 驾驶员在环试验室、整车信息安全试验室等五大试验室建设，加快研发虚拟仿真、硬件在环仿真、实车道路测试等技术和验证工具，提供整车辅助驾驶测试、自动驾驶试验测试等专业技术服务，形成国内领先的智能网联汽车测试服务能力，探索测试场高效运营的商业模式。

（七）构建全市统一的车城网平台

推动经开区“车城网”平台升级成为全市车城网平台。打通车城网平台与城市 CIM 平台的基础应用，推动城市动态数据和静态数据的融合，实现对城市智能基础设施、感知设施和车辆的实时动态监测，打造智慧城市的操作系统。

（八）成立智能网联投资基金

由市级投资平台发起成立智能网联母基金，争取省级相关投资基金参投，同时参投区级相关投资基金，聚焦智能网联汽车、光电子信息、网络安全等产业领域，与头部投资机构、产业方共同组建子基金群，培育和引进一批产业链“链主”“链属”企业。

（九）鼓励智能网联汽车保险创新

研究制定智能网联汽车保险承保理赔工作标准化指引，建立政府部门、保险企业及整车企业等沟通协同机制，支持保险企业研发覆盖智能网联汽车设计、制造、使用、经营、数据、算法及服务的全方位保险产品。

（十）构建智能网联汽车安全体系

构建智能网联汽车监管和测试评价体系，加强自动驾驶风险管控，保证智能网联汽车运行安全。研究面向车联网安全的系统架构和部署方法，构建车联网安全检测平台，建立高效、可靠的车联网安全防护体系。构建车联网身份认证和安全信任体系，推动商用密码应用，保障车联网通信安全。探索网络安全评估及管理机制，研究网络安全风险防控措施。

四、完善五大机制

（一）建立“1+3”工作机制

成立一个工作专班，由市政府主要领导任组长，市经信局、市城建局联合牵头，市直相关部门和相关区共同参与，负责全市“双智”协同的顶层设计和统筹协调。成立三个支撑平台，一个由汽车、交通、城建等领域重点科研机构联合组建的智库平台，负责技术把控和专业资源对接，提供智力支撑；一个由国有平台牵头组建的投资建设平台，负责“双智”工作的资金筹措和项目建设，提供资金支撑；一个由相关领域龙头企业、联合组建的运营平台，整合产业资源、培育产业生态、对接市场需求、探索商业模式，提供运营支撑。三个平台在工作专班的领导下，统筹各方资源力量，形成推动“双智”协同发展的工作合力。

（二）加快推进地方立法

加快开展智能网联汽车立法调研，尽快出台《武汉市智能网联汽车发展促进条例》。持续推动《武汉市智能网联汽车道路测试和示范应用管理实施细则（试行）》的修订与完善。研究制定高精度地图数据采集、成果使用、安全保密等相关法律法规及管理办法。

（三）研究出台支持政策

加快制定智慧城市及智能网联汽车支持政策，为新型基础设施建设、智能网联汽车准入和上路通行、开展自动驾驶商业化运营、成立智能网联产业基金、构建智能网联汽车产业生态，加强网络安全和数据安全等提供政策支持。鼓励各区（开发区）出台对应的专项政策，加速政策落地实施。

（四）推行包容审慎监管

完善容错纠错机制，鼓励突破传统的创新，加强监管与被监管企业的沟通、互动，允许创新主体在“安全空间”内测试创新技术或产品，由创新主体和监管者共同解决测试过程中发现的潜在风险和制度漏洞，为新技术新产品新模式创新营造宽松的环境。

（五）促进数据开放利用

推进多源数据采集汇聚，完善数据共享规则，率先在交通管理、车辆管理等领域实现数据融合，面向车联网用户、企业提供数据服务。建立数据分级监管体系和敏感数据保护机制，在确保数据流动安全可控的前提下，实现一般数据无条件开放，特殊数据有条件开放。积极推进车联网数据商业化应用，鼓励基于政府数据的价值挖掘和二次利用，创新开展数据交易。

课题组成员：刘艺璇　付　兴　伍　玥　张冰倩

武汉将交通区位优势转化为枢纽链接优势的研究报告

武汉发展战略研究院课题组

构建以国内大循环为主体、国内国际双循环相互促进的新发展格局，是我国根据发展阶段环境、条件变化，审时度势做出的重大决策。武汉要紧抓这一次“系统性、重塑性”机遇，以建设国内国际双循环枢纽为目标，将自身交通区位优势转化为枢纽链接优势，在湖北建设全面构建新发展格局先行区中当先锋、打头阵，高质量服务构建新发展格局。

一、武汉将交通区位优势转化为枢纽链接优势的意义及内涵

（一）国内国际双循环枢纽链接优势的内涵

第一，双循环枢纽链接优势是要素自由流通的产物。双循环枢纽链接优势是在全国统一大市场建设和新型全球化推动下的要素自由流通的产物。要素的自由流通形成国内国际的市场网络，并在某些城市节点上高度集聚并向外辐射，从而形成枢纽。

第二，双循环枢纽链接优势体现在广泛的国内国际通达性上。枢纽城市拥有广泛的国内国际通达性，通过国际机场、跨国铁路、大型港口等连接国际城市网络，通过国内航班、多层次的轨道交通网络、高速公路、水路等连接国内和区域的重要枢纽和节点城市，通过城市轨道、公路和城市交通等连接形成的内部交通支撑。

第三，双循环枢纽链接优势具有较强的国内国际资源要素配置能力。双循环枢纽城市更加重视资源要素的配置能力，其能力通常不在于所拥有的较

大规模和经济实力，而在于能够协调、控制和调动的要素资源能力和水平，因而集聚了一批具有跨国界、跨地域的价值链联通网络的跨国公司和服务机构，这类企业或服务机构在价值链中占据了核心环节，能够在国内外市场网络中产生强大而深远的影响力。

第四，双循环枢纽链接优势具有辐射范围广泛的合作效应。双循环枢纽城市与周边城市之间的关系是平等的“竞争—合作”关系，其经济辐射范围受空间距离的约束较小，它既是区域经济的龙头，也可以通过融入国内国际市场网络对远距离的甚至是跨国界的城市、区域和产业形成影响。

（二）武汉将交通区位优势转化为枢纽链接优势的现实意义

第一，促使武汉率先形成以建设“国内国际双循环枢纽”服务全国构建新发展格局的路径探索。双循环枢纽链接优势的打造，一方面，要求武汉通过提升资源要素配置效率、实现关键领域技术突破和构建现代化产业体系，增强国内经济循环的内生动力和可靠性；另一方面，要求武汉通过深度挖掘国内国际两个市场两种资源及其联动效应，推动全国统一大市场建设与高水平对外开放融合发展，形成以国内循环带动国际循环、以国际循环促进更高水平国内循环的发展路径，打造新的国际合作和竞争优势。

第二，巩固武汉在中部地区高质量发展增长极的地位，助力全国区域经济协调发展。武汉将交通区位优势转化为双循环枢纽链接优势，一方面将率先在中部地区形成重要的服务辐射能力和要素集聚能力，加速中部地区崛起；另一方面，武汉也将在要素畅通、市场贯通条件下促进资源要素向长江中游城市群及中部地区扩散，从而更加紧密全国各区域经济板块的联系互动，助力全国区域经济协调发展。

第三，推动武汉加快形成中心城市都市圈为核心的枢纽建设模式，推动区域一体化发展与服务新发展格局紧密衔接。武汉将交通区位优势转化为双循环枢纽链接优势，以武汉都市圈作为双循环枢纽功能的核心承载区，率先破除地方保护和区域壁垒，实现资源要素在一体化区域内的自由流通和高效配置，推动形成以水平分工为导向的、更加合理的都市圈城市发展格局，并为长江中游城市群、中部崛起等更广阔区域市场的一体化，以及全国统一大市场的建设提供经验和路径。

第四，加速武汉实现全面高质量转型，率先打造中国式现代化的城市样板。

双循环枢纽的建设要求武汉不能再以传统发展思路谋发展，更加需要重视城市核心功能的建设、重要平台机制的建设和制度发展环境的建设，需要更加重视武汉经济结构向高级化演进的内生动力，推动武汉加快实现全面高质量转型，为中国式现代化的城市实践先行探路。

二、武汉将交通区位优势转化为枢纽链接优势的基础

（一）区位战略优势

武汉是“中国之中”，既承东启西、又接南连北，是中部地区和长江经济带中游的第一大城市，1.5小时飞行圈覆盖全国90%的经济总量和80%的人口，8小时飞行圈有条件到达亚洲、欧洲、大洋洲、非洲的重要城市，具备打造国内国际双循环枢纽的先天条件。近年来，“一带一路”、长江经济带、中部崛起、国家中心城市、自主创新示范区、自由贸易试验区等一大批国家战略和改革试点聚焦武汉，武汉的区域战略地位不断提升。

（二）交通物流优势

武汉位于国家综合立体交通网“6轴7廊8通道”主骨架的十字主轴交汇点，具备“公铁水空”综合通道优势，坐拥长江、汉江两条大江和发达的江汉水网，处于长江干线通道和京广运输大通道的黄金交会点，“米”字形高铁网初步形成，长江中游航运中心地位不断提升，天河机场是华中地区最大的航空港，使得武汉能够有效辐射诸多周边人口和经济大省。

（三）腹地市场优势

武汉具有良好的经济基础、广阔的市场腹地和巨大的人口规模，是中部唯一超大城市（人口超1300万），经济总量超2万亿元，较大幅度地领先于中部地区其他省会城市和副省级城市，其所在的长江中游城市群人口和经济总量又分别占中部地区约35%和40%，是国内大市场的关键枢纽，内需市场发展十分稳定，为国内大循环打下了坚实的基础。

（四）资源要素优势

武汉一直以来就是全国重要的商贸枢纽、产业重镇和科教人才中心，在商贸、产业、科教人才等领域的综合性优势是中部其他城市不具备的，这些既有优势也是形成投资贸易、产业创新、人才、金融等双循环枢纽城市核心功能的有利基础。

三、武汉将交通区位优势转化为枢纽链接优势中存在的问题

（一）运输功能强弱不一、衔接不畅，对外通道的链接能力亟须提升

一是黄金水道水运能力不足。武汉港有大小 9 个港区，主要辐射武汉市、湖北省、其他长江中上游省（市）。但相较于上海、广州、深圳等国际港口，武汉港无论在港口建设、配套服务，还是辐射范围上都是无法比拟的。2022 年武汉港集装箱吞吐量和货物吞吐量均没有进入全国 20 强，与同为内河港的苏州、南京有一定差距。

二是国际铁路物流大通道有待加强。武汉国内铁路运输优势明显，但国际通道建设有待加强。作为国际铁路大通道的承载主体，中欧班列（武汉）与同类城市相比运量严重不足，还存在货源组织不够、运输品类较单一、企业经营模式创新不够等问题。2022 年，武汉中欧班列运量不到成渝班列的 1/8、西安班列的 1/7，也少于郑州、长沙、合肥等中部城市的运行量。

三是航空运输通达能力亟须提升。天河机场是中国八大区域性枢纽机场之一，2022 年，无论是客运吞吐量（十四名）还是货运吞吐量（十一名）排名均没有进入全国前十，航空运力处于过剩状态，也无法满足本地企业进出口货物运输需求。特别是作为国际机场，武汉天河机场国际航线偏少，航线建设有待提升。

四是多式联运发展水平不高。武汉多式联运发展水平还有较大的提升空间，2021 年武汉阳逻港铁水联运集装箱吞吐量破 5 万标箱，占比 2%，低于全国和湖北省的占比水平。阳逻港至今未实现“铁路进港”，“最后一公里”未完全打通，多式联运的不足限制了经济辐射范围的扩大。

（二）枢纽偏好型产业布局和生态均有待完善，产业集聚效应发挥不够

一是物流枢纽与产业相互促进的共生态势有待完善。武汉目前没有独立成片、封闭管理的枢纽经济区，陆港、空港等不同程度地存在着缺少明确公共基础设施投资主体等问题，部分枢纽设施和相关产业在空间布局上存在错位，缺乏融合共生的基础条件。枢纽港周边相关产业发展不足，枢纽港与周边产业园区融合联动不强，物流枢纽与产业相互促进的共生发展态势还不够显著。

二是枢纽偏好型产业布局不合理且面临同质化竞争。临空经济方面，天河机场的货运来源大多数并非来自临空周边区域，而是来自武汉东湖高新区。

临空区域已形成产业与航空物流之间缺乏相互支撑和促进关系。陆港经济方面，武汉吴家山陆港枢纽区域适铁适欧等外向型产业培育不充分，未能充分利用中欧班列（武汉）平台集聚打造自身特色产业优势。各枢纽设施在集聚相关产业发展方面存在一定同质化竞争问题。

三是优势产业对枢纽经济支撑作用较弱。产业结构偏重的特征依然明显，重点产业集群还处于培育和起步发展阶段，服务内循环和国内大市场的内向型功能较突出。产业参与国际分工比重较低，全市制造型外贸重点企业中半数主要面向国内市场，产品外销比例不高，例如汽车 2022 年出口额仅占总产值的 1.1%。

（三）市场腹地集散功能未充分激活，新型要素市场培育严重不足

一是资本市场竞争力偏弱。武汉金融机构本外币存款与贷款均呈稳步增长，但与北上广深一线城市相比差距巨大，并落后于杭州、成都、重庆、南京等城市。2021 年武汉证券市场交易额只有上海的 1/46、深圳的 1/25、北京的 1/18，也落后于南京、广州、成都、重庆等城市。2022 年武汉 A 股上市企业总市值在全国城市排名第二十四位，远落后于北京、深圳、上海等一线城市，也落后于杭州、南京、宁波等东部城市和成都、西安、长沙、重庆、合肥等中西部城市。

二是技术市场影响力逐年下降。2022 年武汉技术合同成交额总量 1355.25 亿元，只有北京的 1/6、上海的 1/3，也落后于西安、深圳、成都等城市。从技术合同成交额占全国比重来看，2017 年虽达到 4.49%，但此后逐年持续下降，2022 年下降到 2.84%，武汉技术市场在全国的影响力持续下降，这对武汉加快建设具有全国影响力的科技创新中心提出了挑战。

三是新型要素市场发展明显滞后于经济实践需求。目前，国家级要素交易平台多集中于北京、上海、深圳等一线城市，武汉为零。在产权交易市场方面，武汉与全国其他城市相比规模还不大。2022 年武汉光谷联合产权交易所综合排名由 2019 年的第九位降到了第十八位①，其交易额与排名靠前的城市存在数量级上的差距。从数据交易市场来看，武汉市在数据采集、开放、流通、使用、开发、保护等全生命周期的制度建设上明显滞后于数字经济实

① 数据来源：中国企业国有产权交易机构协会。

践需求，且尚未实现数据要素在市场上的合规流动、交易与价值实现。

（四）战略支点的作用发挥不够，辐射引领能力有待提升

一是武汉“虹吸效应”强于“溢出效应”。2022年武汉经济总量位列全国城市第八位，展现出较强的经济韧性，但虹吸效应仍大于辐射效应，武汉GDP占湖北省比重为35.20%，远高于广州（22.31%）、杭州（24.20%）、南京（13.75%）、合肥（26.67%）等地。全省排名第二的襄阳经济总量不及武汉的1/3，副中心城市发展不够，周边缺乏足以衔接的二级城市，缺乏强有力的腹地支撑。

二是武汉都市圈协调发展仍有待深化。横向对比来看，武汉都市圈的综合发展质量在全国34个都市圈中排名第十七位，主要短板为中心城市对外辐射带动能力和都市圈内各城市的互动水平，分别位列第三十二和第二十七位。从发展阶段来看，仍处于“发展型都市圈”，核心城市对都市圈整体发展的支撑不足。从互联互通来看，以武汉为中心的“一小时通勤圈”尚未覆盖全域，相邻城市间还存在衔接道路的建设规划不统一等情况。

三是武汉产业与国内外市场对接水平偏低。武汉产业结构偏重的特征依然明显，重点产业集群的全国影响力和国际竞争力还不突显。武汉产业发展与开放型经济关联度有限，产业参与国际分工比重较低，国际特色产业比较优势不明显。和合肥等城市相比，武汉不但参与国际分工的程度较低，参与东部沿海地区引领的区域循环程度也偏低，并未与长三角、长江上游地区形成较为密切产业合作体系。

（五）经贸合作交流不足，对外开放水平能力较弱

一是经济开放水平与国家中心城市地位不匹配。从对外贸易来看，武汉整体规模偏小，世界经济参与度不高。2021年，武汉市进出口总额和外贸依存度在18个主要城市中[①]分别排名第十二和第十五位，在中西部地区都相对落后。从利用外资来看，2021年外商直接投资规模22.9亿美元，仅占上海的8.5%，在全国副省级以上城市中列十四。

二是开放平台载体功能没有得到有效发挥。武汉开发区、综保区等开放平台“有能无量”，枢纽功能和引领作用没有得到充分发挥。武汉经济技术

① 包含15个副省级城市以及郑州、合肥、长沙。

开发区和临空港开发区均未进入全国利用外资、对外贸易两个单项排名的前十位。三大综保区进出口占全市比重仅为15.6%，与西安占比73%、重庆占比68%、成都占比74%差距较大。自贸区全国排名不突出，2021年全国21个自贸试验区（港）排名，湖北自贸区未入围前十。对外开放市场主体培育不足，武汉市进入全国外贸百强企业仅两家，明显少于北京（22家）、上海（9家）、深圳（8家）、重庆（5家），缺乏类似于厦门国贸（全国百强二十五位）的大型综合贸易集团企业，有影响力和市场竞争力的跨境电商、跨国外包企业、会展企业也相对缺乏。

三是对外交流合作的国际影响力依然较低。目前，进驻武汉的国际机构或组织数量较少，类型单一。领事馆数量与西安持平，落后于成都、重庆。有少量国际贸易分支机构，但没有一家跨国机构总部。从国际吸引力来看，2020年“魅力中国——外籍人才眼中最具吸引力的中国城市”[①]评选结果中，武汉仅列第十三位。

（六）政策机制创新引领作用未能有效发挥，营商环境有待进一步优化

一是机制政策的创新引领作用未能有效发挥。武汉不仅有各类试验区、示范区、试点市、产业基地等“金帽子”，相关机制和政策也多达几十项，但政策引领作用不足、改革创新集成度不高、市场主体的获得感不强。

二是民营经济的市场活力和动力激发不足。武汉目前对政府行政力量依赖性较强，市场主体活力明显落后于东部沿海城市和西部核心城市。武汉市民营经济增加值占GDP的比重不仅与民营经济大市杭州差距明显，而且低于中西部地区的长沙、重庆等地，也比同为新一线城市的成都稍逊一筹。

三是市场化、法治化、国际化的营商环境尚未真正形成。营商环境是双循环枢纽建设的重要依托。武汉虽被评为中国营商环境示范引领标杆城市，但综合排名不及北京、上海、广州、深圳等市，亟待形成更加开放、包容、创新的市场化、法治化、国际化营商环境。

四、武汉将交通区位优势转化为双循环枢纽链接优势的对策建议

（一）强化通道链接能力，提升国际门户枢纽功能

一是以发展多式联运为核心支撑，加快构建复合型的物流通道体系。充

① 由科技部国外人才研究中心主办。

分发挥武汉综合交通优势，加快发展铁水公空联运，持续完善港口货运集疏运体系和港区配套功能，推动多式联运标准化体系建设。围绕“两圈”①可达性目标，推进铁路客货运双枢纽、全国公路路网重要枢纽、港口型国家物流枢纽、国际航空客货运门户双枢纽、全球性国际邮政快递枢纽一体融合发展。

二是着力提升国际通道畅达能力，拓展融入国际循环的新通道。聚焦航空客货运门户双枢纽战略，加密完善民航网络，提升国际货运航线覆盖率，强化国际空运货物分拨集拼和国际快件转运功能建设，稳步拓展与国内枢纽机场之间的全货机航线网络，构建“腹舱＋全货机”协同发展组织模式。服务构建中部陆海大通道，提升武汉陆海国际通道体系中的枢纽地位和链接作用，构建形成衔接日韩、联通欧洲、连接东盟、通达全球的国际大通道格局。

三是促进交通物流与产业协同联动和融合发展，强化物流枢纽供应链组织能力。促进物流一体化提质增效，支持具备条件的物流企业通过市场化方式合作，实现物流一体化提质降本增效。推动物流枢纽向供应链组织中心转变，发展供应链管理、生产线物流等新模式，加强综合物流枢纽与腹地生产、流通、贸易等大型企业的无缝对接，积极培育整合协同度高的供应链平台、行业带动力强的供应链领先企业，密切与全球重要物流枢纽、制造业基地、贸易中心、原材料产地的合作。

（二）提升枢纽产业链接能力，打造链接全球的产业体系

一是促进临港产业联动发展。遴选与港口型物流枢纽相适合的产业，如航天科技、加工贸易、船舶制造等临港制造业，航运总部、航运金融、航运保险等临港航运服务业，保税物流、铁水联运等临港物流业，促进港区、产业园区良性互动。优化阳逻港枢纽周边区域产业空间布局，加快建设阳逻经济开发区、机电汽配产业园、节能环保产业园、国家航天产业基地、船舶制造产业基地等临港产业集聚区。

二是探索陆港产业新业态。依托铁路大力发展高铁经济，构建高铁物流系统，探索利用高速铁路、城际铁路开展高铁快件运输，建设全国高铁快递转运分拨中心。依托公路港建设城市物流中心，引进和打造商品交易网络服务平台和电子商务平台，更好发挥公路集疏功能，降低全社会物流成本，以

① 全国123出行交通圈（武汉都市圈1小时通勤、长江中游城市群2小时通达、全国主要城市3小时覆盖）；全球123快货物流圈（国内1天送达、周边国家2天送达、全球主要城市3天送达）。

高速公路服务区为主要载体，打造服务路内路外的商业综合体。

三是打造高质量临空产业体系。科学谋划临空产业功能区分布，包括综合保税区、高端商务区、产业集聚区、航空物流区和陆空联运集疏中心等。壮大航空核心产业规模，围绕航空基地、航空维修、航空培训、航空金融等航空运输服务业精准发力，加快航空货运、冷链物流、航空快递、保税物流等航空现代物流业发展。发展包括低空旅游、航空体育等新兴业态在内的低空经济产业集群。

（三）提升要素链接能力，强大市场中心功能

一是培育多元要素集聚的交易平台和资本市场。配合要素市场化改革，打造特定商品、技术服务、人才、数据、公共资源等交易平台和资本市场。着力推动金融产品创新，加强各类金融机构集聚，推动一批具有国际竞争力和跨境金融资源配置能力的金融机构快速稳健成长。推动区域性股权市场制度和业务创新试点。提能增级碳排放交易所功能，创新碳金融等业务。发展大数据交易平台，建设数据要素开放共享管理体制，探索数据要素流通和交易体系。

二是促进各类要素市场深度联动发展。加强要素交易平台与金融机构合作，推进技术要素与资本要素融合发展，完善成果转移转化的金融服务网络。引导人才市场配置导向，强化金融市场建设、数字经济发展、科技创新等对人才的吸引力和配置功能。以技术贸易、知识产权交易等充实贸易内容，加速高端服务贸易发展。支持企业参与要素交易平台建设和运营。发展线上线下并重、要素资源畅通流动的流量型经济。进一步深化改革创新，促进要素资源高频流动、高效配置、高能增值。

三是提升要素市场链接国际的能力。争取完善多元要素自由进出的开放环境，在人才流动、技术扩散、经济资源和要素整合配置等方面发挥积极作用。以扩大服务业开放为突破，对照国际通行规则，推动在电信、金融、文化、教育等领域的扩大开放。拓宽国内国际要素市场的合作领域，支持武汉各类要素平台与国内国际同类型平台保持密切沟通和有效衔接。支持有关要素平台市场推进体制改革，鼓励通过并购等方式与国内国外同行开展股权合作。

（四）强大区域辐射链接能力，夯实极核引领功能

一是强化武汉都市圈战略支撑。强化交通互联，打通“断头路”、扩宽“瓶

颈路”，推动城市“四网融合”，打造“轨道上的都市圈”。深化产业协同，实现创新资源开放共享、关键技术协同攻关、科技成果就地转化。推进生态共保共治，共同开展流域综合治理。推进公共服务共建共享。打破行政边界约束，强化以水平分工为重点的合作关系，实现武汉都市圈极核辐射带动长江中游城市群发展和中部崛起。

二是提升综合交通运输体系对外辐射能力和影响力。构建武汉城市圈 1 小时通勤、长江中游城市群 2 小时通达、全国主要城市 3 小时覆盖的客运出行网，国内 1 天送达、周边国家 2 天送达、全球主要城市 3 天送达的货运物流网。以武汉为中心，加快形成“两纵两横两斜”的超“米”字形高铁枢纽网。推动武汉天河国际机场和鄂州花湖机场联动发展。建设长江中游航运中心，打造港口型国家物流枢纽。加快构建“六环二十四射多联”高等级公路集成式快速路网络，实现以武汉为核心的复合交通走廊。

三是对接国家重大区域发展战略，加强跨区域合作。武汉应积极对接、主动服务，深度融入国家、区域和省（市）重大发展战略。在东西向上，聚焦长江经济带和“一带一路”战略融合，提升武汉集聚国内外开放创新要素的能力，促进世界级产业集群和市场空间建立；在南北向上，通过服务功能的输出，深化南北经济往来和要素流通，促进全国区域经济协调发展。

（五）提升对外链接能力，打造国际内陆开放高地

一是聚焦新贸易方式，打造内陆贸易高地。积极探索业态、模式创新路径，大力发展跨境电商、市场采购贸易、外贸综合服务、离岸贸易、融资租赁、平行进口等多种新贸易业态和模式。全面深化服务贸易创新发展试点和服务外包示范城市建设。加快推动文化、专业服务、数字服务等领域特色服务出口基地建设，扩大特色优势服务出口规模。以数字经济带动跨境电商和软件服务外包的发展，提升武汉数字产业的国际竞争力。

二是强化开放合作大平台功能。放活开发区改革创新自主权，鼓励开发区运营主体根据发展需要实施开放性市场化重组，积极引进外来资本开发运营特色产业园区。高标准建设自由贸易试验区，推进贸易自由便利、投资自由便利、金融领域开放、创新驱动发展、监管模式创新等制度改革，努力形成一批可复制推广的经验。加快武汉东湖、武汉新港空港、武汉经开综合保税区建设，推动综保区特色积聚发展，推动口岸与综保区联动发展，全面提

升通关运营效率。

三是提升城市影响力，打造内陆地区国际交往中心。积极开展“全球营销”，拓展城市外交广度深度，争取承办更多国家外事活动，引进更多国际性机构与组织落户。培育并办好国际性节会活动，申办更多国际顶级赛事赛会。充分发挥国际合作产业园作用，全面强化开放平台外资聚集功能，用好“光博会”“华创会”“台湾周”“楚商大会”等品牌活动，加快吸引国际知名企业总部或第二总部落户武汉。

（六）提升政策链接优势，打造市场化法治化国际化一流营商环境

一是强化双循环枢纽链接政策的统筹协调与落实落地。积极争取将武汉建设国内国际双循环枢纽上升为国家战略重点支持事项，恳请国家层面的政策支持。加快建立科技引领、服务创新的全市运输信息服务系统，构建共享的智慧国际物流与供应链信息服务平台。保持现有相关政策的连续性和稳定性，强化制定政策落实和落地。

二是建设更高水平开放型经济新体制。进一步扩大现代服务业和先进制造业的开放力度，促进高水平的跨国企业和服务机构落地。大胆探索贸易自由化的开放措施，探索完善投资、运输、人才、数据自由流通的体系。对标高水平国际经贸规则，在竞争规则、知识产权等核心议题上先行先试。统筹制定全市外贸扶持专项政策，研究制定支持外贸企业“跨境出海”的专项政策。

三是健全要素市场一体化运行机制。搭建物流信息和供应链服务平台。加快城乡统一的建设用地市场化建设。推动武汉股权托管交易中心争取区域性股权市场制度与业务创新试点。鼓励省、市国有融资平台公司出资参与建设武汉大数据交易中心。建立公共数据授权运营、有偿使用等制度，开展数据（产品）登记和授权运营试点。探索建设“国际数据港”。

课题组成员：胡爽平　袁云光　伍　玥
杜　涛　张冰倩

提升枢纽功能，发展枢纽经济 加快将交通区位优势转化为国内国际双循环枢纽链接优势①

武汉发展战略研究院课题组

回顾武汉的不同历史阶段，枢纽功能与产业发展、经济发展、城市发展的紧密结合是武汉从诞生到崛起的重要支撑。加快将交通区位优势转化为双循环枢纽链接优势，提升枢纽功能，发展枢纽经济，是武汉在湖北建设全面构建新发展格局先行区中当先锋、打头阵的责任担当。从融入重大战略的角度看，要“把握历史契机，担当战略枢纽，主动服务大局”；从城市发展层面的角度看，要“提升枢纽功能，发展枢纽经济，建设枢纽城市”；从经济活动层面的角度看，要利用城市的交通物流枢纽功能，构建“枢纽带动贸易、贸易聚集产业、产业反哺枢纽”的经济循环。

一、武汉交通区位优势向枢纽链接优势转化的现状

武汉位于长江干线通道和京广运输大通道的黄金交会点，以及国家综合立体交通网“6 轴 7 廊 8 通道”主骨架②的十字主轴交会点，具备“铁水公空”

---

① 本文系 2023 年武汉市社科基金后期资助项目重点项目《提升枢纽功能，发展枢纽经济，加快将交通区位优势转化为国内国际双循环枢纽链接优势》（立项编号：2023014）成果转化。

② 出处为 2021 年中共中央、国务院印发的《国家综合立体交通网规划纲要》，“6 轴 7 廊 8 通道”国家综合立体交通网主骨架空间格局，将重点区域按照交通运输需求量级划分为“极、组群、组团”3 类，在 4 极之间布局 6 条交通主轴，在极与组群、组群与组群之间布局 7 条交通走廊，在极或组群与组团之间、组团与组团之间布局 8 条交通通道。

综合通道优势，是全国为数不多的集陆港型、港口型、空港型、生产服务型、商贸服务型于一体的“五型”国家物流枢纽承载城市。在独特的交通区位优势和腹地市场优势基础上，武汉依托枢纽设施功能发展物流贸易、集聚相关产业，形成了发展枢纽经济的良好基础。

（一）依托交通区位优势布局枢纽设施的情况

武汉是我国铁路网、高速公路网、航空运输网和内河航运网相互交会的核心节点，铁水公空基础设施完备。铁路方面，武汉是与北京、上海、广州齐名的四大铁路主枢纽之一，也是全国六大客运中心之一；水路方面，武汉坐拥长江、汉江两条大江和发达的江汉水网，是长江中游航运中心；公路方面，武汉是全国公路路网的重要枢纽，全国高速公路主骨架网络节点；航空方面，武汉“得中独厚”，1.5 小时飞行圈覆盖全国 90% 的经济总量和 80% 的人口，8 小时飞行圈可到达亚洲、欧洲、大洋洲、非洲的重要城市，航线纵横交错，是中国最繁忙的高空区域之一，武汉天河机场正联合鄂州花湖机场打造国际航空客货运“双枢纽”。

1. 港口枢纽设施

在港口水运建设方面，航道通航能力显著提升。作为长江中游航运中心，武汉孕育了以阳逻港为代表的众多港口、码头，拥有大型港区 15 个和长江、汉江 2 条高等级航道，“645 工程”实施以来长江中游段航道条件大幅改善。2023 年 5 月，从韩国釜山港出发的 1.2 万吨级国际海轮“长越 1 号”抵达阳逻港，成为武汉对外开放以来首次入境的万吨海轮。江海直达、江海联运航线的巩固提升，通过海运连通东盟四国、日韩及中国台湾等 7 个国家和地区，武汉成为中部最佳“出海口”，水运地位在长江中上游十分突出。2021 年武汉港内河货物吞吐量为 11679 万吨，排名全国内河港第十四位；2021 年集装箱吞吐量为 248 万标箱，位居全国港口第二十、内河港口第四。2022 年，阳逻港年度集装箱吞吐量突破 200 万标箱，继 2014 年突破 100 万标箱后再次实现里程碑式的跨越。（见图 1 和表 1）

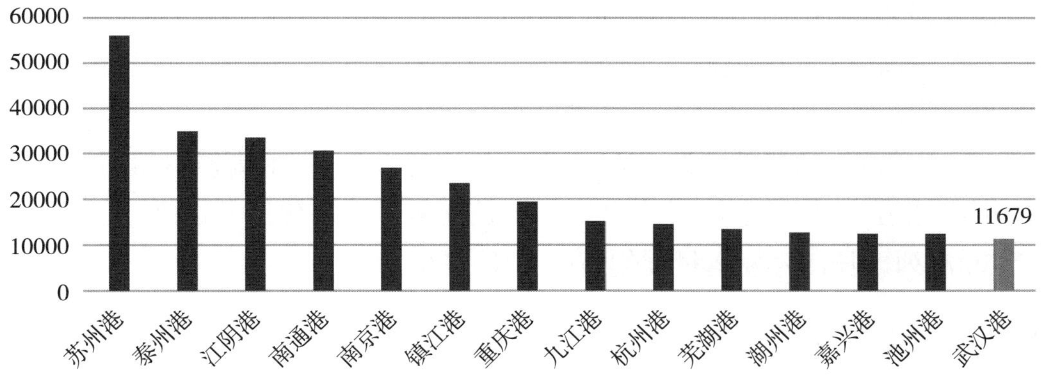

图 1　2021 年全国部分内河港口货物吞吐量（单位：万吨）①

表 1　2021 年主要城市港口集装箱吞吐量（万标箱）及国内排名情况统计表

港口名称	集装箱吞吐量（万 TEO）	集装箱吞吐量国内排名	辐射范围
上海港	4703	一	3 个港区，国际航运中心，辐射全国，通航全球 500 多个港口
深圳港	2877	三	8 个港区，辐射深圳、惠州、东莞及珠三角地区，通过海空、海公、海铁转运
广州港	2447	四	4 个港区，辐射珠三角及华南、华中、西南地区，通航国外 350 多个港口，国内 100 多港口
南京港	311	十九	5 个港区，长三角唯一铁水联运港口，最深入内陆的国际深水港，主要腹地是南京市及长江上下游
武汉港	248	二十	15 个港区，长江中游航运中心，水铁联运主枢纽港，辐射武汉市、湖北省、其他长江中上游省（市）
重庆港	133	—	20 个港区，长江上游西南最大内河枢纽港
杭州港	9.98	—	9 个港区，950 个码头，主要辐射杭州及浙江地区

2. 陆港枢纽设施

在铁路枢纽设施建设方面，武汉铁路运营里程排名全国前列，“米”字形高铁枢纽建设稳步推进。武汉是中国六大铁路客运中心之一，以武汉为中心已形成一个密集的铁路网络，京广铁路和京广高铁连通南北，沪汉蓉铁路沟通东西，构成了通达全国主要省会城市的 4 小时经济圈。武汉已形成客运“三主一辅”格局、货运“1+2”物流节点网络和编组站“一主两辅”的总体格局②，铁路枢

① 数据来源：交通运输部发布 2021 年全国港口货物吞吐量数据。
② 武汉目前客运系统已形成“三主（武汉站、汉口站、武昌站）一辅（武汉东站）”的格局，货运系统已形成“1+2”（吴家山一级物流基地 + 滠口、大花岭二级物流基础）物流节点网络，解编系统已形成“一主（武汉北）一辅（武昌东）”布局。

纽总体建设不断优化完善。从铁路运营里程看，2021 年武汉铁路运营总里程 861 千米，排名中部第一位、全国第五位。从高铁枢纽建设来看，目前武汉“两纵”“两横”8 个方向的铁路干线已建成通车，预计“十四五”期间能打通“两斜”通道，建成“两纵两横两斜”通达 12 个方向的超“米”字形高铁枢纽网络架构，铁路枢纽能力将显著提升。[①]中欧班列（长江号）常态化运营以来，已累计发运近 3000 列，长江号发运量屡创新高。（见图 2）

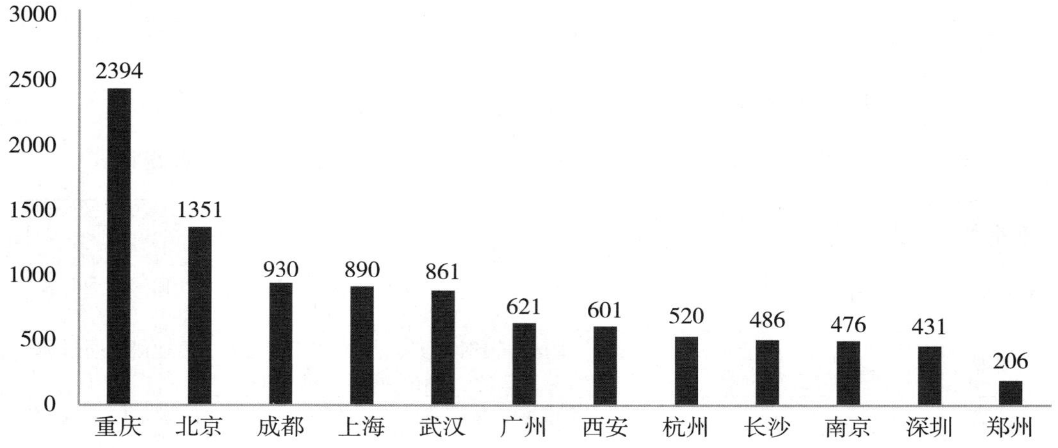

图 2　2021 年主要城市铁路运营里程统计示意图（单位：千米）

在公路枢纽设施建设方面，武汉公路通道能力居全国前列。2021 年武汉公路通车总里程 16505 千米，高速公路总里程 873 千米，两项指标在对比城市中均排名全国第六位。目前，武汉共有 13 条国家高速公路，在 15 个副省级城市和中部地区其他 5 个省会城市中，线路数量排名第一，总里程达 739 千米。[②]城市环线方面，截至 2023 年 5 月，武汉已经建成和正在建设的有 7 条环线，包括由两条过江隧道组成的 0.5 环，和长达 560 千米的武汉城市圈高速环线；已经建成的武汉五环线即绕城高速全长 188 千米，接入的高速公路多达十八条；全长 360 千米的六环线也正在加紧建设当中，预计 2025 年通车。（见图 3 和图 4）

① “两纵”——京广高铁、京九高铁西通道；“两横”——沪汉蓉铁路、沪渝蓉高铁；“两斜”——福银高铁、胶桂高铁。其中福银高铁 2023 年年底通车，胶桂高铁由武青高铁、武桂高铁组成，这两条线路只剩湖北段尚未启动，一定程度制约了武汉“米”字形枢纽建设进度。
② 数据来源：2022 年 7 月 4 日国家发展改革委、交通运输部发布的《国家公路网规划》。

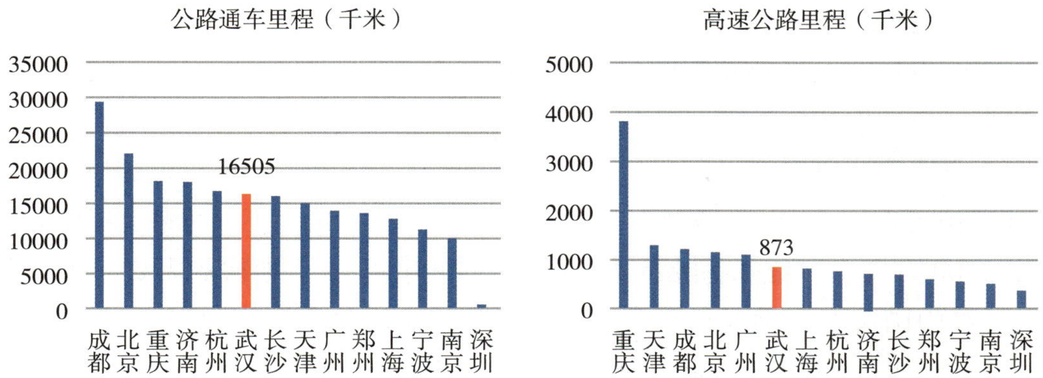

图 3　2021 年主要城市公路和高速公路通车里程统计示意图

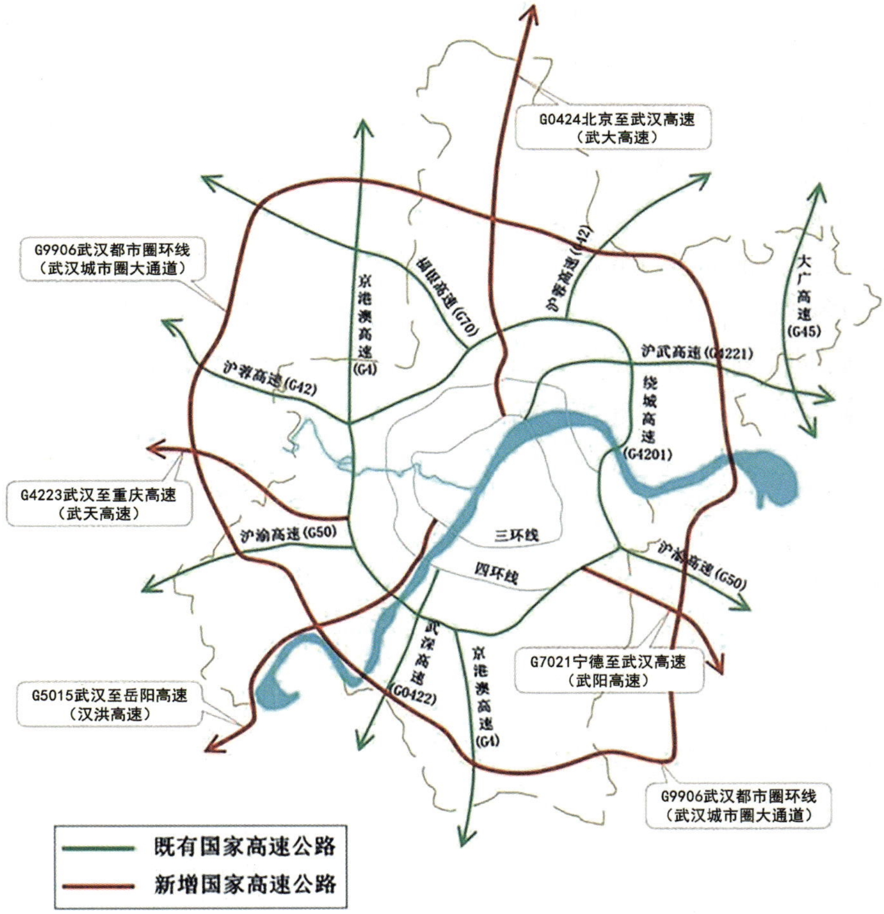

图 4　2022 年《国家公路网规划》武汉 13 条国家高速公路布局图

3. 空港枢纽设施

在航空枢纽设施建设方面，天河机场是中部首家4F级民用国际机场、中国八大区域性枢纽机场之一，国际定期航班机场、对外开放的一类航空口岸，拥有2条跑道、3座航站楼，三跑道建设、T2航站楼改造项目建设加快推进，双跑道相关进近飞行程序获批，机场停机位增加到144个，可满足年旅客吞吐量3500万人次、货邮吞吐量44万吨、飞机起降40万架次的需要。2023年6月，经中国民航局批复，武汉天河机场高峰小时容量标准由每小时42架次扩容为每小时55架次，高于郑州（49架次）、长沙（41架次），在中部地区形成航班时刻容量第一的优势。

在航空管制权限方面，民航武汉区域管制中心已于2023年正式开工，建成后将增大湖北空域自主协调权，湖北民航对空指挥将由目前的中低空为主转向低中高空全面指挥，管制范围将整体增加一倍，达到40多万平方千米，年保证飞行能力超过200万架次，将有效提升空域容量和管制运营效率，提速武汉、鄂州客货双枢纽机场和省内各支线机场的流量。

4. 物流枢纽设施

物流集散功能布局不断完善。从市域来看，“一港六园八中心”的物流空间格局基本形成，除江南机场国际物流港、花山港综合物流园、古龙物流中心3个远期规划的物流园区因发展条件发生变化暂未启动外，其余12个物流园区已初具规模或基本建成，形成空间分布广泛、形式多样的物流空间体系。（见图5）

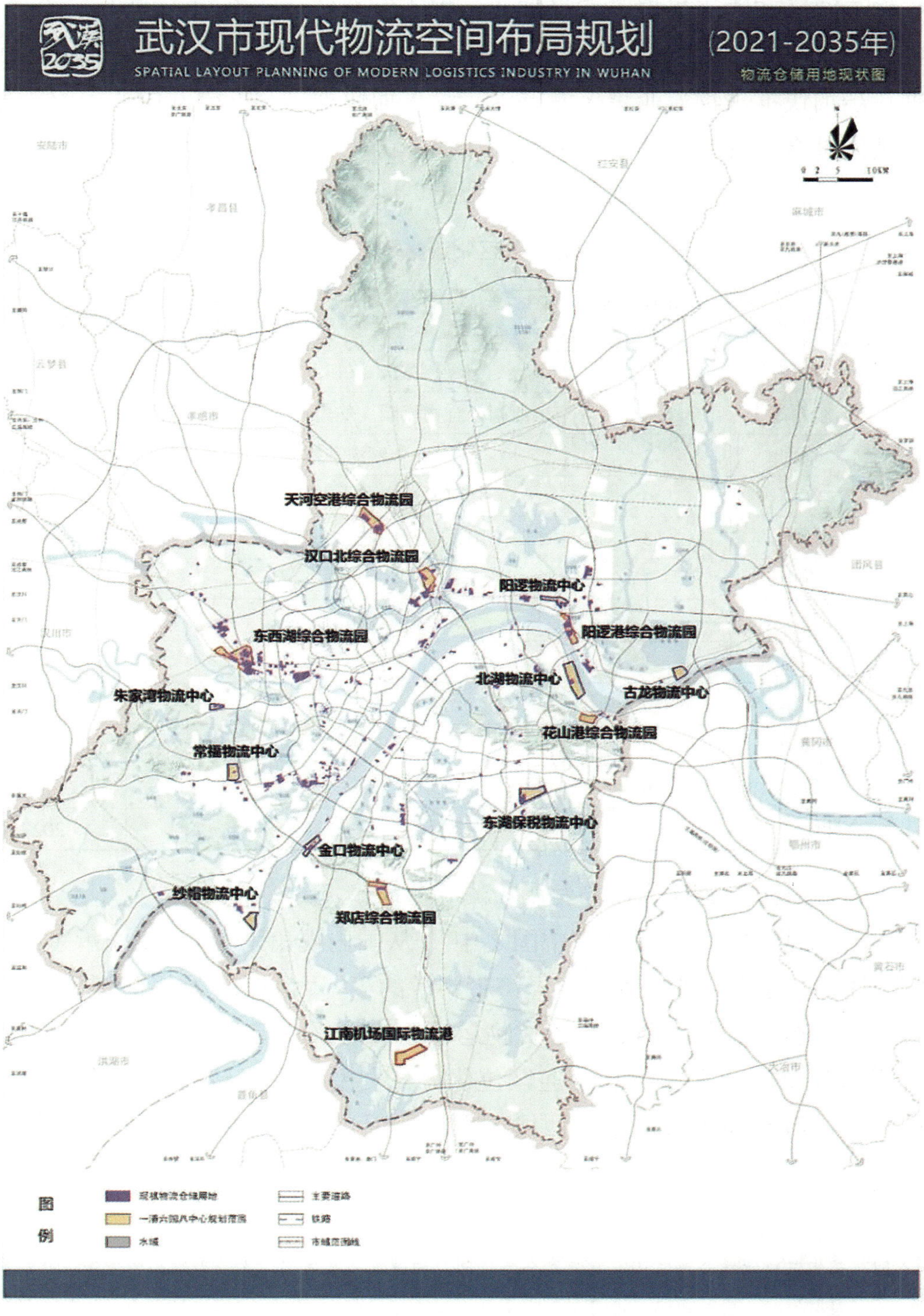

图 5　武汉市物流集散功能布局示意图

物流园区和物流集聚区建设加快。据不完全统计，至2021年底，全市共有各类物流园区202个，其中物流集聚区21个，物流用地面积36平方千米。为进一步加快推进物流业集聚发展，武汉正加快推进“五园八中心”①建设。东西湖区综合物流园获批国家级物流示范园区、阳逻国际综合物流园和金口物流中心获批省级物流示范园区。（见表2）

表2　武汉各行政区物流集聚区数量及项目

序号	行政区	集聚区数量（个）	集聚区名称	项目数（个）
1	黄陂	3	天河空港、汉口北、滠水东	25
2	东西湖	4	东西湖综合物流园、舵落口、走马岭、新沟	95
3	蔡甸	2	朱家湾、常福	14
4	江夏	4	金口、郑店、大花岭、大花山	15
5	新洲	3	阳逻物流中心、阳逻港、京东	19
6	青山	1	北湖	5
7	经开汉南	3	纱帽、邓南、沌口	15
8	高新	1	东湖综保	9
9	江岸	0	—	2
10	洪山	0	—	2
11	硚口	0	—	1
合计		21	—	202

（二）依托交通区位优势发展物流贸易的情况

从国际视野来看，武汉是“中国之中”，从国内视角来看，武汉既承东启西、又接南连北，是中部地区和长江经济带中游的第一大城市。与沿海地区相比，由武汉分拨至南、北、西、东的货物运输距离可平均节省20%左右，平均物流费用降低4%。②武汉依托交通区位优势，发展物流贸易，建设国内国际双循环枢纽，对于促进我国东中西协调发展、促进南北经济交流与合作具有重要作用。

①“五园”是指汉口北综合物流园、空港综合物流园、阳逻综合物流园、东西湖综合物流园、郑店综合物流园五大园区；“八中心”是指阳逻物流中心、东湖保税物流中心、北湖化工物流中心、金口物流中心、纱帽物流中心、武汉经开综合保税区物流中心、常福物流中心、朱家湾物流中心。

② 引自中国宏观经济研究院《武汉建设内陆开放中心城市打造国际化大都市战略研究》研究报告。

1. 物流业保持高速发展

“十三五”期间，武汉社会物流总额从“十二五”期末的 2.8 万亿元迈上 4 万亿元台阶，年均增长 9.5%。物流业增加值从“十二五”期末的 1019 亿元突破 1500 亿元，年均增长 11.0%，占 GDP 的 9.6%、服务业的 15.7%[①]。2022 年，武汉全市社会物流总额为 4.58 万亿元，同比增长 6.9%。物流业增加值 1727.12 亿元，同比增长 6.8%，物流业增加值占 GDP 的比重为 9.2%，占第三产业增加值比重为 14.8%。2022 年全市 A 级以上物流企业 368 家，位居全国城市第一。物流业总收入 1797.68 亿元，同比增长 6.1%，基本恢复 2019 年水平，市场规模稳步扩大。（见图 6）

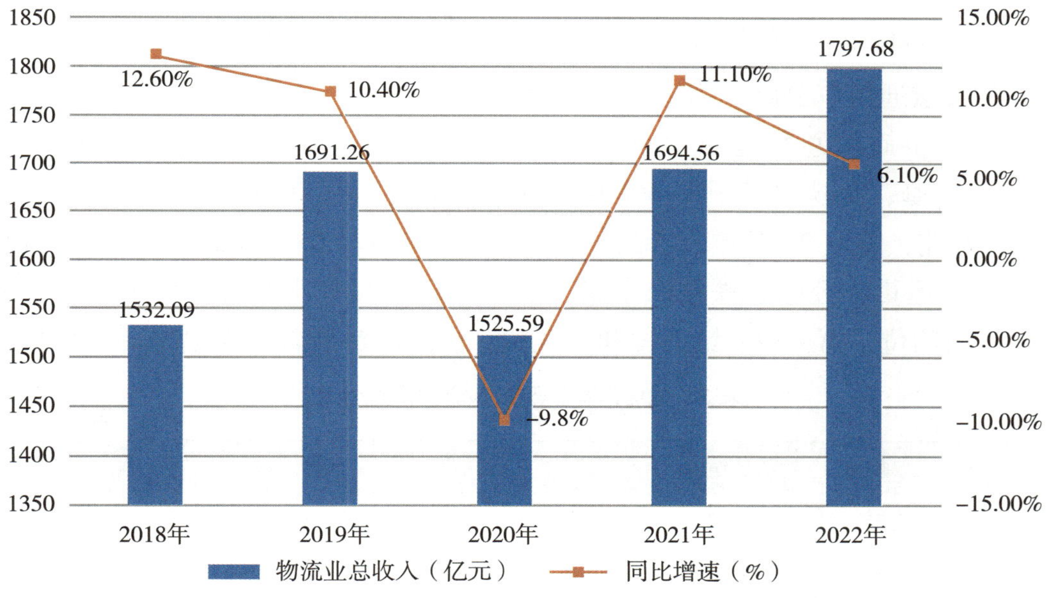

图 6　2018—2022 年武汉市物流业总收入及增速情况示意图

2. 交通运输、仓储和邮政业增加值居全国前列

2022 年，武汉交通运输、仓储和邮政业增加值 1044 亿元，在全国主要城市中仅次于上海（1914.53 亿元）、广州（1590.69 亿元）、重庆（1083.96 亿元），高于成都 (1020 亿元)、深圳（833.37 亿元）、南京（575 亿元）、杭州（469 亿元）、西安（324.69 亿元）（见图 7）。

① 数据来源：《武汉市现代物流发展“十四五”规划》。

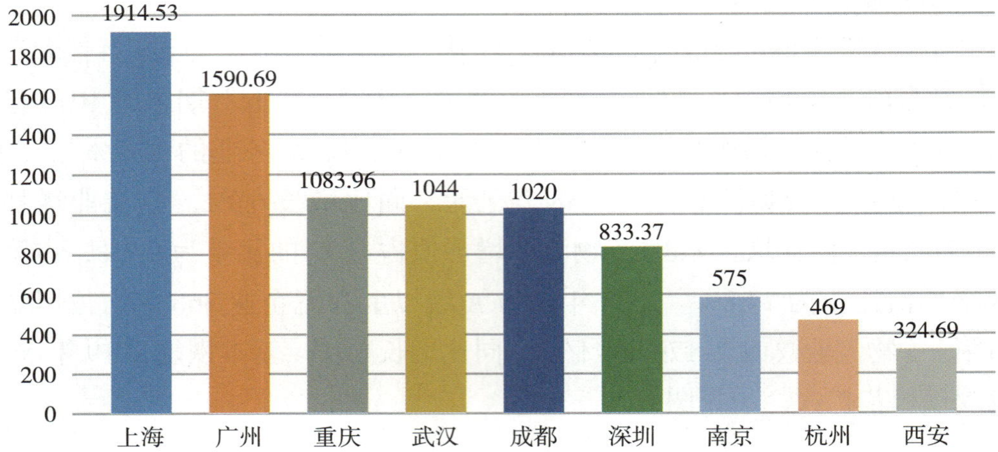

图 7　2022 年主要城市交通运输、仓储和邮政业增加值示意图（单位：亿元）

3. 集散通道以公路为主、铁水为辅

2021 年武汉总货运量分别为 6.7 亿吨，在主要城市中均位于第四位，仅次于上海、重庆和广州。其中，公路 44950 万吨，铁路 8722 万吨，水路 13418 万吨，航空 20 万吨，占比分别为 67%、13%、20%、0.03%。横向比较，武汉总货运量，公路、铁路、水路、航空货运量在对比城市中排名分别为第四位、第四位、第一位、第五位和第八位，铁路运量排名最为领先。（见表 3）

表 3　2021 年主要城市货物量统计表

单位：万吨

序号	主要城市	货物运输量	公路	铁路	水路	航空	管道
1	上海	155212	52896	497	101384	435	0
2	重庆	144254	121188	1587	21465	14	0
3	广州	98166	53201	2287	40762	118	1797
4	武汉	67109	44950	8722	13418	20	0
5	南京	49347	24419	686	18977	5	5260
6	杭州	47002	38805	498	7646	52	0
7	深圳	43930	34810	123	8856	141	0
8	成都	35668	34830	767	0	71	0
9	西安	27048	26526	481	0	41	0
10	郑州	23177	21717	1414	0	46	0

4. 周转方式以铁水为主，辐射范围以国内为主

2021 年武汉货运周转量[①]3719.6 亿吨千米，其中公、铁、水、空货物周转量分别为 638.28 亿吨千米、1536.94 亿吨千米、1533.96 亿吨千米、10.41 亿吨千米，占比分别为 17.16%、41.32%、41.24% 和 0.28%，呈现以铁路和水路为主，公路为辅的结构特征。总体来看，上海、广州货运周转量分别为 34074.6 亿吨千米、21881.5 亿吨千米，大幅领先其他城市，处于第一梯队，属于世界级物流中心；南京（3843.7 亿吨千米）、重庆（3841.7 亿吨千米）、武汉、深圳（2196.6 亿吨千米）处于第二梯队，属于全国物流中心；杭州（1007.1 亿吨千米）、郑州（821.2 亿吨千米）、成都（497.1 亿吨千米）处于第三梯队，属于区域物流中心。（见表 4）

表 4　2021 年主要城市货物周转量统计表

单位：亿吨千米

序号	主要城市	货物周转量	公路	铁路	水路	航空	管道
1	上海	34074.6	1035.9	20.4	33018.3	0	0
2	广州	21881.5	728.7	32.8	21030.3	70.0	0
3	南京	3843.7	329.0	0.0	3465.1	0.8	48.4
4	重庆	3841.7	1155.8	246.7	2435.9	3.2	0
5	武汉	3719.6	638.3	1536.9	1534.0	10.4	0
6	深圳	2196.6	498.2	1.8	1671.0	25.7	0
7	杭州	1007.1	459.9	547.1	0	0	0
8	郑州	821.2	632.3	164.2	0	24.6	0
9	成都	497.1	377.3	102.4	0	17.4	0

公路方面，货种以煤炭、钢材、矿建材料、石化产品为主，占比 50% 以上，流向东南沿海地区的近 60%；铁路方面，货种以石油、煤炭、钢铁、建材为主，占比 60% 左右，集散范围覆盖全国，其中 50% 流向广州和川渝地区；水运方面，货种以金属矿石、钢铁、煤炭、石油等大宗货物为主，占比 70% 以上，金属矿石、煤炭、石油为输入流向，钢铁、石油制品为输出流向；航空方面，货种以高

① 货物周转量＝货运量 × 货物平均运距，货物越重，运输距离越远，则周转量越大，因此货物周转量能够综合反映一定时期内国民经济各部门对货物运输的需要以及运输部门为社会提供的货物运输工作总量。

科技电子产品、水产品、快递件为主，其中高科技产品出口美国、日本、法国、新加坡、韩国等国及中国香港地区，水产品运往北京、上海、广州等地。

（三）依托交通区位优势聚集产业发展的情况

枢纽偏好型产业，指对交通枢纽类型和位置、软硬件基础、集散能力等较为敏感的产业，通常布局在临港、临空、临站等区域，直接受益于交通枢纽的布局。狭义上来看，包括物流、电商、仓储等与交通枢纽直接相关的企业。广义上来看，钢铁、煤炭、粮食等运量较大的大宗商品、高端装备制造、电子信息、新能源、新材料等需要对全球供应链和市场作出快速反应的先进制造业，以及金融保险、服务贸易、高端商务、文化旅游等需要保证高端要素通畅流动的现代服务业，都属于枢纽偏好型产业。武汉依托枢纽和通道的建设，形成了具有一定规模和特色的枢纽偏好型产业集聚区。

1. 临站产业

传统货运站点主要用于钢铁、煤炭、冶金、建材等重型工业产品的大运量运输，高铁枢纽的出现进一步增强了区域内资本、技术、人力资源的快速流动，为优化区域产业结构、打造区域服务业增长极带来新机遇。

武汉市陆港型国家物流枢纽，由以吴家山铁路物流基地为核心，武汉新港空港综合保税区（东西湖园区）、汉欧国际物流园为支撑的两园区共同组成。目前该枢纽周边主要以电商快递、公路快运、冷链物流、货代贸易等社会物流企业为主，枢纽偏好型业态较少。正在建设中的武汉汉欧国际物流园，将打造集班列服务、国际进口食品加工、国际贸易等多业态为一体的国际现代化综合物流园。未来将加快推动干线运输、区域分拨、多式联运、仓储服务、跨境物流和城市配送等物流资源集聚，提升陆港枢纽能级和服务效能。

高铁枢纽方面，主要围绕武汉站发展高铁经济。武汉高铁商务区位于洪山区杨春湖，是《武汉市城市总体规划（2017—2035年）确定的城市副中心之一。目前商务区还处于紧锣密鼓的建设阶段，区内三甲医院、学校、中高压线迁改、市政道路、综合管廊及公园建设工程已全面开工。在产业体系上，构建以创新、交流、生态为主导方向的三大产业体系，总部经济、联合办公、交流展会、双创孵化、共享经济、专业服务、休闲旅游、新型零售、文化艺术九大产业门类。至2025年，杨春湖高铁商务区力争实现年经济总量500亿、年税收30亿、新增就业岗位5万个、新增常住人口规模15万的发展目标。

2. 临港产业

水运交通具有运力最大，成本最低的特点，兼具低耗能、轻污染的优点，是大宗商品、国内外长途运输的首选。

武汉市依托长江中游航运中心核心港阳逻港，采取分片布局、设施功能整合方式，建设武汉港口型国家枢纽。目前，阳逻港集聚了中港、京东等40家物流企业和武船重工、航天科工等制造业龙头企业，但金融、保险、关税、检验检疫、联运、代理、法律等现代航运服务业规模尚小。“十四五”期间，阳逻国际港将突破性发展临港经济，培育壮大港口金融、货代、船代、冷链物流、跨境电商等产业，建成武汉物流交易所（物联商务区）、华中贸易服务区总部。长江沿线将建设综合保税区、经济开发区、物流加工区等产业园区，形成物流、钢铁、化工、能源、造船、新型建材、光电通信和现代制造业等产业集群。

3. 临空产业

航空运输具有时效快、成本相对较高的特点，常常与海陆多式联运组合搭配以发挥出最佳效用，智能终端产品及其零部件、电子芯片、精密仪器、生物制药等体积小、单价高、时效性强的产品对空港枢纽的偏好尤为突出。

天河机场方面，规划建设的武汉国家级临空经济示范区，位于黄陂区，总面积约150平方千米。示范区内，已有比亚迪、周大福、瑞华飞机制造通用航空总部、玉湖冷链等现代临空产业项目集聚。天河机场跨境电商产业园共集聚20余家跨境电商企业，其中年交易额过亿的企业占比达四分之一。在集合航司、货运代理、报关企业等传统物流企业的基础上，近年来新引进多式联运卡班企业和危化品检测机构等专业化公司。未来，示范区将着力打造“3+3+3”的现代临空产业体系，即航空维修制造、航空服务保障、航空物流等航空运输产业；新一代信息技术、智能装备制造、生命健康等临空高新技术产业；总部经济、临空会展、文旅商贸等临空现代服务产业。

与天河机场共同打造国际航空客货运“双枢纽”的鄂州花湖机场，建设与产业导入正同步推进，目前，顺丰三大中心（国际分拨中心、全球维修中心、跨境电商中心）、日邮物流枢纽中心等项目已成功签约。在鄂州市临空经济区“一区四园”布局中，空港综合保税区正与全球最大的飞机改装维修企业新科宇航、空客（中国）航材库等展开实质性谈判。包括光电子产业园、医疗健康产业园、智能制造和航空物流产业园以及顺丰产业园在内的“四园”建设正加紧引进相关产业链上的优质企业。

二、武汉交通区位优势向枢纽链接优势转化的主要问题

一是交通区位禀赋优势逐步衰减，突出表现为比较优势在竞争中削弱、设施功能水平有待提高、多式联运发展不够等问题。随着内河水运比重整体下降、西部中心城市对外开放开辟新通道、中部地区其他城市加快提升枢纽功能，武汉在内陆地区的枢纽地位有所下降。航空运输竞争力逐步弱化，年货邮保障能力仅为郑州的一半，机场缺乏保税物流功能，总航线数量较少，2022 年全年旅客吞吐量、货邮吞吐量、飞机起降架次在全国排名分别为第十四、第十一和第十七位。[①]港口枢纽设施、陆港枢纽设施功能发挥受到一定制约，武汉港货物吞吐量低于同为内河港的苏州港、南京港、九江港；武汉铁路集装箱中心站现有 2 束 4 线集装箱作业场地，年国际班列作业能力仅 2000 列，而西安拥有 3 束 6 线铁路场站，能满足年开行 1 万列的发运能力。多式联运“最后一公里”问题尚未完全解决，2022 年，阳逻港铁水联运占港口吞吐量的 2.63%，远低于湖南岳阳港的 14.1%、江西九江港的 7.7%。

二是交通区位优势转化仍不充分，突出表现为转化为平台优势不够、转化为门户优势不够、转化为产业优势不够等问题。枢纽平台服务功能单一，主要集中在交通运输功能上，没有与其他平台形成联动发展的合力。特色功能平台较少，以铁路口岸为例，重庆、成都、西安、长沙至少有 4 个以上进口商品指定口岸，郑州建成 9 个功能性口岸，而武汉只有整车进口和药品 2 个指定口岸。在向门户优势转化方面，内陆“出海口”地位巩固、国际铁路物流大通道建设、航空门户枢纽作用发挥等方面都急需加强，尤其中欧班列开行位次武汉先后被成都、郑州、西安、合肥、长沙等城市赶超，2022 年开行班列数量排名全国第十，约为西安的 1/7、成都的 1/4、郑州的 1/3。现有枢纽规划多着眼于基础设施建设，产业发展方面有所欠缺，枢纽偏好型产业布局不合理且面临同质化竞争，物流枢纽与产业相互促进的共生态势还不显著。

三是交通区位优势转化仍不通畅，突出表现为体制机制、配套政策、资金投入等方面还存在短板。全市“一盘棋”合力相对不足，与郑州、成都等

① 资料来源：民航局发布的《2022 年全国民用运输机场生产统计公报》，及 2022 年全国民用运输机场吞吐量排名榜单。

地相比配套政策支撑力度不够导致发展后劲不足，缺乏与枢纽设施建设维护配套的长期稳定资金保障体系。

三、加快武汉交通区位优势向枢纽链接优势转化的总体思考

牢牢抓住“转化”这个“牛鼻子”，加快将交通区位优势转化为国内国际双循环枢纽链接优势，提升枢纽功能，发展枢纽经济，建设枢纽城市，担当枢纽经济试点示范。统筹推进枢纽城市建设，优化枢纽经济发展环境，完善枢纽设施布局，纵深推进交通强国建设试点，以枢纽功能设施为底座，以大通道、大平台为支撑，以“五型”国家物流枢纽经济示范区建设为龙头，以打造枢纽周边更充分体现枢纽偏好性的产业集群、全域范围更充分发挥枢纽链接优势的现代化产业体系为抓手，推动构建“枢纽带动贸易、贸易聚集产业、产业反哺枢纽”的经济循环，形成依托通道的多枢纽协同发展格局、依托枢纽的枢纽偏好型产业聚集生态、依托交通区位优势转化的枢纽驱动经济发展模式，实现城市功能、品质、影响力等综合实力进一步提升。

重点推动“六个转化”：

一是优设施，强联动，加快“好区位”向“强枢纽”的转化。完善多层次交通基础设施体系，提升武汉枢纽设施功能能级。加快多式联运通道及设施、枢纽集疏运体系和服务集约集合，构建以武汉为中心的陆江海联动国际性综合交通枢纽集群。高水平推进“五园八中心”建设，打造枢纽引领、分工协作、互联互通的物流网络体系。

二是促贸易，搭平台，加快“交通链接”向“经济链接”的转化。借鉴“交通枢纽 + 信息平台”实践经验，创新运输组织模式，促进线上线下融合联动发展。创新枢纽运营模式，强化交通枢纽物流、商贸、生产、金融等增值服务功能，打造现代综合服务平台。破除生产要素和商品服务流通障碍，以交通一体化先行推动物流一体化发展，进而推动经济一体化发展。

三是聚企业，壮留量，加快“客货流量”向“产业留量”的转化。集聚培育相关企业，加强与腹地生产、流通、贸易等大型企业的无缝对接，吸引外地相关头部企业落户发展，积极引入具有国际产业链上下游资源整合能力的龙头企业，鼓励、支持本地相关产业及产业链上下游企业搬迁至枢纽所在区域集聚发展。

四是引资源，建市场，加快“集散中心”向“配置中心”的转化。加快推动物流枢纽向供应链组织中心转变，充分依托长江中游航运中心、客货双枢纽、中欧班列节点等交通枢纽功能，打造流通顺畅、交易便捷，且具备强大定价功能的流通交易中心，积极争取国家大宗商品储运基地和交易中心整体在武汉布局，建设全国性特色商品交易结算中心。

五是扩开放，拓通道，加快“通达能力”向“开放水平”的转化。发展更国际化的枢纽经济，打造内陆开放新高地。着力构建中部陆海大通道和航空国际大通道，加强江海直达、国际空港、口岸等通道体系“硬联通”。强化开放平台功能，探索推进中部内陆自贸港建设。深化国际创新合作，打造“数字丝绸之路”重要节点城市。提升国际交往水平，建设对外友好交往中心，承办更多国家外事活动。

六是谋产业，延链条，加快“枢纽功能”向“发展动能”的转化。利用枢纽营造产业链供应链组织环境，打造具有成本和效率优势的产业服务环境与条件，不断延伸产业链供应链。按照临空、临港、临站的技术经济特征，在枢纽物理和辐射范围内，推动交通枢纽偏好型产业集群化发展，统筹交通物流枢纽与产业发展布局。制定交通运输关联产业目录，构建全域内充分发挥枢纽功能优势的枢纽经济产业体系。

四、加快武汉交通区位优势向枢纽链接优势转化的路径建议

（一）以交通强国建设试点为抓手，赋予交通区位优势时代新内涵

1. 建设链接全球航空运输大通道

加强机场国际国内航线衔接，构建国际航线网络，完善武汉通达全球区域经济中心、国际航空枢纽、世界主要旅游目的地的空中通道体系。构建国内航线网络，打造以省会城市、经济中心城市、热点旅游城市以及旅客年吞吐量千万级以上机场为重点的国内航空快线。挖掘客货中转市场潜力，打造东南亚—北美、东南亚—东北亚、欧洲—东南亚国际中转路径，拓展西部地区到东南沿海地区的国内中转市场。推动武汉天河机场航站区扩容增效，优化设计并加快建设旅客服务综合体。完善武汉天河机场货运区功能布局，加强配套设施建设，实施武汉区域高空管制中心和邮政快件处理中心工程建设。

2. 建设通江达海水运大通道

推进港航基础设施建设，推动汉江蔡甸至汉川航道整治，加快阳逻国际港港口资源整合，提升外贸集装箱装卸作业能力，支持阳逻国际港、花山港

等申报国家一类水运口岸。加强港口互联互通，推进新港高速双柳长江大桥、光谷大桥等建设。依托长江黄金水道，打造国际贸易新通道，发展武汉至东盟、欧洲、美国江海联运航线，打造内贸运输新通道，推行以武汉为核心的省域水运集装箱运输组织模式，加强武汉与上海港、宁波港、青岛港港铁对接。提升航运服务功能，强化船队建设，加快武汉至日本、韩国等近洋直航船队建设，推进长江、汉江标准化船队建设。

3. 建设外畅内联陆运大通道

加快提升中欧班列（长江号）跨境通达与集散服务能力，开辟中亚通道线路，谋划东盟战略通道，加快融入西部陆海新通道，联接海上丝绸之路，拓展武汉至中南半岛战略通道。加快建设沪渝蓉高铁武汉至宜昌段、武汉至合肥段和武汉枢纽直通线。推动武汉至杭州、贵阳等方向高铁便捷通道纳入国家规划，加强武汉都市圈城际铁路与邻近的长株潭、环鄱阳湖、中原等城市群城际铁路的延伸对接。强化与京津冀、长三角、粤港澳大湾区、成渝等 4 大综合交通枢纽集群之间衔接联动、协同发展。加速建设武汉都市圈环线和射线高速公路，谋划形成以武汉为中心、辐射武汉都市圈的“七环三十射”高快速路网络。

4. 建设铁水公空一体化多式联运体系

加快构建以武汉为中心的铁水联运网络，推动“铁路进港”，着力解决铁水联运“最后一公里”问题，推进铁水联运升级工程。加强疏港公路建设，推进临港大道、天河机场东环线等项目实施，提高转运设施衔接效率。依托武汉天河机场、鄂州花湖机场开展空陆联运、空空中转，建设武汉至鄂州多模式快速货运通道，以发展卡车航班为抓手深度挖掘空陆联运潜力，构建“卡车航班”+“铁路航班”国际快运物流网络体系。培育集装箱公铁联运经营主体，建设必要的联运装卸场站及设施，发展集装箱公铁联运。加强联运模式创新和应用，探索“一单制”模式，创新 ICT（内陆集装箱中心）模式，推动“一体化通关”模式。

（二）以“五型”国家物流枢纽建设为抓手，打造枢纽经济支撑载体新亮点

1. 加快建设港口型国家物流枢纽经济示范区

强化提升港口物流枢纽设施功能，构建阳逻“港口 + 园区 + 平台”港口

物流体系，把阳逻国际港建设成为长江黄金水道枢纽港。打造国际一流的“一核三极”集装箱港口物流群，形成统一协调、一体经营的集装箱港发展格局。开拓国际航运通道，推动中欧班列（武汉）与阳逻港无缝衔接。完善国内转运网络，拓展汉江、大运河及中三角省际航线，构建多样化内贸运输新通道。提升航运能力，推进长江水脉通畅、汉江干线航道整治，培育“江海直达”品牌，推进阳逻港与沿江、沿海港口协同联动。优化港航服务体系，聚集“临港制造+临港服务”，发展航天科技、加工贸易、船舶制造等临港制造业，航运总部、航运金融、航运保险、航运贸易等临港航运服务业，保税物流、铁水联运等临港物流业。

2. 加快建设陆港型国家物流枢纽经济示范区

统筹“一基地两园区”陆港型国家物流枢纽空间布局，优化陆港枢纽联盟运营模式，依托吴家山铁路集装箱中心，建设中欧班列中部集结中心。优化提升陆港物流产业，推动武汉陆港枢纽周边一千米范围的低效存量物流设施的再开发。推动跨境电商与物流产业融合，提供一体化供应链物流服务。支持口岸贸易产业发展，打造运贸一体化综合服务平台。加快适铁适欧的战略性新型产业布局，重点引育新型显示、生物医药、医疗器械、智能制造、智能终端等产业。围绕“965”产业体系，发挥产业优势，做强制造业专列，稳定外贸外资基本盘，保持中欧班列的可持续发展动力。突破性发展武汉北部、南部多式联运走廊，构建“一环八向”铁路货运网，重点发展甩挂运输、邮政快递物流等，加快陆港型国家物流枢纽与高铁枢纽等其他枢纽间的联运联动。

3. 加快建设空港型国家物流枢纽经济示范区

依托武汉天河机场和鄂州花湖机场“双枢纽”建设，打造国家航空货运组织中心，构建现代临空产业体系。壮大航空运输服务业、航空服务保障产业、航空维修制造业等核心产业规模，聚焦航空新材料等前沿产业培育临空先导产业集群，发展低空经济产业集群；加快推进具有临空特色的现代服务业发展，吸引航空运输总部、航空物流总部、临空现代服务业总部等企业聚集。全面提升空港枢纽设施水平，武汉天河机场片区重点在保税物流、冷链物流等方面加快补齐设施短板，鄂州花湖机场片区全面推进机场货运物流设施配套。开辟国内主要城市、亚太、欧美的全货机航空货运线路，构建“全货机+

腹仓带货”发展模式。构建枢纽一体化业务运行体系，推动建设“天河机场—花湖机场大通道”，建立“双网双核双平台”运行机制。

4. 加快建设生产服务型国家物流枢纽经济示范区

依托东湖新技术开发区、武汉经济技术开发区两大重点产业集聚区及武汉综合运输网络，着力构建现代供应链服务网络，重点发展汽车、电子信息、大宗商品物流等产业配套物流服务，推进物流与制造深度融合。科学规划建设制造业物流集成服务、供应链物流服务、区域分拨和配送服务、干线物流服务、多式联运转运服务、国际物流服务等基本功能设施，重点规划建设产业服务型公共仓库，打造面向生产制造企业的供应链协同平台。发展“光芯屏端网”、汽车及零部件制造、高端装备制造及钢铁、大健康医药等产业物流嵌入服务，依托产业园区平台、根据园区企业需求定制发展专业化、规模化、集约化的物流服务通道，提供保税加工、装配、仓储、分拨、配送和售后维修逆向物流服务，优化城市配送。

5. 加快建设商贸服务型国家物流枢纽经济示范区

做强武汉国际贸易城物流枢纽，打造集商品贸易、跨境电商、金融服务、会展酒店、时尚发布等综合功能于一体的商贸服务型国家物流枢纽经济示范区。以汉口北物流中心、滠口铁路物流基地、玉湖冷链物流园、交投多式联运物流港为核心载体，打造综合性商贸物流服务集群。强化物流服务与电子商务深度融合，推动物流业为跨境电商企业提供一体化物流组织、展示销售、供应链金融等集成服务，依托国家级市场采购贸易方式试点建设跨境商品交易物流中心，加快发展“寄递＋跨境电商”。强化物流服务与口岸贸易深度融合，建设全国进口商品集散分拨中心。做强批发零售产业，整合汉口北十大市场资源，引入高端商业综合体，提升商圈品质。发展商贸服务业，重点引进贸易结算、咨询服务、法律仲裁等专业服务企业。加快汉口北国际会议中心、武汉会展中心建设进度，做大做强“汉交会”品牌。

（三）以担当枢纽经济试点示范为抓手，推动枢纽城市建设实现新跃升

1. 争取在完善枢纽经济发展相关体制机制方面形成示范

研究成立专门机构统筹协调全市枢纽经济发展相关工作，协同推进枢纽经济试点示范创建和交通强国建设试点、现代物流创新发展试点城市、物流标准化试点城市、供应链创新与应用试点城市、城乡高效配送示范城市等试

点示范工作，构建上下联动长效机制，制定责任清单和配套政策，协调解决枢纽经济试点示范过程中的共性问题。加强顶层设计，完善配套措施，增强政策支撑，研究出台枢纽经济发展指导意见及相关规划，谋划有利于促进武汉枢纽功能、门户地位、流动动能提升的财政、金融、投资、产业、税收政策和支持性措施，并及时进行政策更新调整。发挥区域协同发展工作机制作用，推动机场、港口资源整合和物流枢纽共建，推进城市间产业分工、基础设施协同联动。完善领导挂钩联系重大项目制度，定期组织召开工作推进会，研究协调工作中的重点难点问题，保障各项任务顺利开展。

2. 争取在交通运输促进现代化产业体系构建方面形成示范

加快开展不同类型枢纽区域产业专项规划研究，打造发挥交通优势、体现枢纽特色的枢纽经济产业集群，支撑现代化产业体系构建。促进物流业、制造业与商贸服务业有机融合，以枢纽设施为载体，通过产业组织能力提升，配套供应链平台上信息、金融、研发和营销等服务，集聚产业链核心环节及供应链核心企业，打造产业组织创新平台。实施供应链组织优化工程，聚焦重点产业打造具有竞争力的供应链服务体系，构筑汽车、煤炭、粮食、新能源等优势产业区域供应链服务平台，打造储运贸一体的全程物流服务体系，支持大型物流、商贸流通企业向供应链综合服务商升级。结合临空、临港、临站交通区位优势和产业基础，发展与交通物流枢纽良性互动的新一代信息技术、生物医药、智能制造、文化旅游等产业。通过汉欧班列、航空货运、江海联运等交通通道开拓国际市场，壮大汽车整车及零部件、光电通信、生物医药等优势产业和扩大工业原材料和能源进出口。

3. 争取在交通枢纽与其他功能平台耦合发展方面形成示范

促进交通枢纽与国际消费中心平台耦合发展，依托畅通便捷的交通枢纽功能和地理区位优势，集聚国际消费资源，打通国际消费通道，提升消费集聚功能，打造世界级文旅观光、生态休闲滨水之城，面向全球的特色型空铁枢纽免税旅游消费集聚地、国际化消费集聚区，优化交通枢纽与消费载体交通对接，在场站综合体内导入城市商业、商务、文化服务功能，让交通枢纽成为消费产业的展示和贸易窗口。促进交通枢纽与自贸区平台耦合发展，加快建设并尽早启用东湖陆港光谷城市货站，用好天河机场与花湖机场航空客货运双枢纽功能，实现空运货物的一线进出口，属地申报、属地验放，提高通关效率，推动进出口货物在全市口岸间无缝对接、无障碍流转，力争实现阳逻港肉类、水果等特色口岸向东湖陆港和花山港延伸，打通“东湖综保区—花山港—洋山港”水运通道，构建武汉自贸片区货物贸易实体出口通道。促进交通枢纽与国际会展之都、国际交往中心平台耦合发展，依托各大交通枢纽和会展场馆设施，聚焦产业交流、商业贸易、会奖旅游等主题，策划举办各类会展活动，促进武汉与国际间广泛交往交流，扩大武汉对外宣传展示的渠道和力度，支持会展市场运营主体与枢纽设施运营主体加强合作，让会展进场站、使枢纽通会展，借力四通八达的枢纽交通功能引聚会展业发展的要素资源，带动国际交往提升层次、提高频次、扩大影响，打造国际会展新高地、国际交往新热土。

（四）以打造市场化法治化国际化一流营商环境为抓手，促进枢纽经济发展取得新突破

1. 打造营商环境高地

注重枢纽设施及物流通道建设的同时，更加注重软环境的营造。依法全面履行政府职能，完善权力清单、程序清单、责任清单，积极转变政府职能，持续推进简政放权，深化行政审批制度改革，提高政府效能，打造能够激发市场活力和社会创造力的服务管理软环境；进一步深化“放管服”改革，优化制度供给，实现审批事项最少、办事效率最高、创新创业活力最强，提高对技术和人才要素的吸引力，配套各种设施、服务和政策，吸引生产要素流入，尤其是促进技术和人才的聚集，为枢纽经济茁壮成长创造良好环境。优化对外通关环境，加快提升“一站式”口岸服务功能，加快武汉临空港物流园、三大保税物流中心、阳逻港口岸、东西湖铁路中心站等口岸联检单位“集中办公、一站式服务”的公共口岸服务中心建设，降低通关成本和等待时间。加大通关体系建设，支持武汉海关为进出口企业提供“定制化”和“菜单式”通关服务，探索推进与南昌、长沙等长江中游海关的联合执法、共建共享，提高外贸物流运转效率。

2. 优化数字信息环境

建设武汉智能通关云平台，将通关产业链上下游服务商报关、报检、物流、货代、贸易、仓储及海关申报搭建在同一平台上，提升物流通关效率。开发海关物流辅助管理信息化系统，推动港口外贸物流作业的全程线上办理、

无纸化作业、全过程留痕、智能化管理。推进物流信息交换标准、方式标准、架构标准的制定，促进相关企业物流信息的实时连接。鼓励企业提升物流信息化水平，建设一批物流企业信息化示范工程，加强中小物流企业信息系统外包扶持力度，支持专业化物流信息服务供应商发展。

3. 优化金融服务环境

持续加大交通物流行业金融支持力度，合理增加对交通运输、仓储物流和邮政业金融供给，运用好专项再贷款资金，促进降低流通行业融资成本。积极推动物流园区设立物流金融服务中心，鼓励吸引各类金融机构总部和分支机构入驻园区，为物流企业开展物流投资、信托等金融服务。推动第三方物流企业开展供应链金融、银商通、仓单质押、融资租赁等业务。支持行业协会、业内龙头企业通过联合发债、产业基金等多种形式解决物流企业融资难问题。发挥市级物流专项资金引导作用，加大物流园区（中心）、重大物流建设项目和关键信息平台建设项目建设扶持。在现有项目投资补助和贷款贴息政策基础上，适当提高补助比例、延长贴息年限、放宽最高额度限制。完善补贴机制，支持开行江海直达班船的企业，开通城际货运航班的企业，开通国际直飞客货运航线、国内全货机航线的航空公司，承揽国际货物并在武汉机场和武汉港出港的航空和远洋货代公司等发展。

课题组成员：施　雯　王　珺　胡爽平
付　兴　伍　玥　张冰倩

关于武汉与三峡集团深度合作、共同打造“世界绿芯”城市品牌的战略谋划

武汉发展战略研究院课题组

三峡集团总部搬迁武汉，是党中央根据新的发展形势，经过综合考量作出的重大战略决策。武汉正处于疫后重振和加快转型发展的关键时期，传统产业正经受国际市场挤压和国内消费市场萎缩等多重挑战，武汉经济技术开发区和东湖新技术开发区等也呈现发展变缓态势，需要新的强大动能，特别是重量级领军企业引领武汉高质量发展，三峡集团总部的到来很好地契合了武汉发展的需要。

武汉要紧紧抓住这一难得的历史性机遇，加强与三峡集团深度合作，打造央地合作新标杆，让三峡集团在武汉大展拳脚，继央企在武汉创造“钢城”“车都”和“光谷”三极之后，助力武汉形成央企第四极，共同打造“世界绿芯”城市品牌。

一、三峡集团总部的落户是武汉发展的重大机遇

央企关系我国国家安全和国民经济命脉，在行业中居支配地位，是国民经济的重要支柱。三峡集团总部搬迁武汉是国家优化重大生产力布局、加快推进区域协调和高质量发展的重大战略决策，体现了党中央对武汉的关怀、重视和信任。

（一）三峡集团总部搬迁武汉是党中央重大战略部署

近年来，央企总部布局调整，是响应中央号召，疏解北京非首都功能的直接举措，符合国家经济发展规划和总体布局要求，体现了国家对各地区在经济发展中的重要地位和作用的认可和支持。

2021年以来，通过战略重组或异地搬迁等形式进行的央企布局调整加快推进。中国星网、中国中化、中国华能、中国矿产资源等4家央企落户雄安新区，使其超过武汉、深圳成为北京、上海之后，全国央企总部数量排名第三的城市。中国稀土落户江西赣州，使其成为全国为数不多的拥有央企总部的普通地级市。

武汉的发展历程与大型央企密不可分。从武钢到东风，再到中国信科，这些央企扎根耕耘武汉，助力武汉工业体系构建与更迭，助力武汉拥有了一批在全国乃至世界产业格局中有相当影响力的产业集群，造就了一批蜚声全国乃至国际的“武汉造”。武钢与武汉的结缘，成就了武汉“钢城”的称号。东风搬迁武汉，成就了武汉“车都”的美誉。中国信科，依托武汉在光电子信息领域的厚实基础，继续为武汉打造“世界光谷”发力。三峡集团搬迁武汉，与武汉联动发展带来的想象力，必定如同武钢、东风、中国信科等央企总部落户武汉一样，有望助力武汉突破性发展第四极“绿芯”。

（二）三峡集团的发展定位和业务重点契合武汉需求

三峡集团历经近30年持续快速高质量发展，资产总额1.27万亿元，现已成为全球最大的水电开发运营企业和中国领先的清洁能源集团，是国务院国资委确定的首批创建世界一流示范企业之一。

从集团发展定位看，国家发展改革委和国资委对三峡集团的定位是主动服务长江经济带发展等国家重大战略，在深度融入长江经济带、共抓长江大保护中发挥骨干主力作用；在促进区域可持续发展中承担基础保障功能；在推动清洁能源产业升级和带动中国水电“走出去”中承担引领责任；为国家实现碳达峰、碳中和目标，促进经济社会发展全面绿色转型发挥主体作用；建设具有全球竞争力的世界一流跨国清洁能源集团。

从集团业务构成看，一是工程建设与咨询，是三峡集团核心业务，已经成为全球水电发展的引领者，核心企业为中国三峡建工集团和上海勘测设计研究院。前者是大型水电工程开发建设实施主体，后者是三峡集团的全链条技术支撑平台。二是电力生产与运营，核心企业为中国长江电力和湖北能源集团。三是生态环保投资和运营，是集团生态环保核心板块，长江大保护实施主体，核心企业为长江生态环保集团和三峡基地发展公司。四是新能源开发和运营管理，核心企业为三峡新能源集团。五是国际能源投资与承包，核心企业为三峡国际能源投资集团和三峡发展公司。六是资本运营与金融服务，核心企业为三峡资本控股、三峡财务和三峡投资。

从三峡集团与各省市的合作来看，一是沿江省市如下游的上海、江苏、安徽，中游的江西和湖北，主要是集中在长江大保护、城市绿色低碳转型，绿色电力供应、清洁能源开发、基础设施提升、水源安全保障以及区域生态绿色一体化发展示范区建设等，注册资本500亿元的三峡投资集团布局在上海，注册资本300亿元的长江生态环保集团布局在武汉。二是长江上游的重庆和成都，包括湖北宜昌是集团以电力开发与生产为核心的重点合作区域。三是覆盖全国的30个省、自治区和直辖市新能源开发和利用项目合作，三峡新能源集团总部仍在北京。四是与多地以大型产业园的形式合作，如陕西光伏装备制造产业园，福建三峡海上风电产业园和内蒙古乌兰察布源网荷储一体化现代能源产业园等。五是通过绿地投资、股权并购等形式，广泛参与境内外清洁能源的开发与合作，目前三峡国际能源、资本控股、三峡财务等三峡集团二级总部仍在北京。六是三峡科技、三峡出版和三峡旅游等一众二级集团公司在各地都有合作，目前这些二级总部都在北京。三峡集团众多二级总部搬迁落户武汉还有许多工作需要我们抓紧时间去做。

三峡集团的国家战略使命与武汉发展高度关联、高度统一。随着三峡集团总部搬迁湖北武汉，带来了习近平总书记对武汉的关怀，也带来了国家对湖北武汉高质量发展的殷切期望。三峡集团是国家队，是实力雄厚的央企，正奋力实施清洁能源和长江生态环保“两翼齐飞”战略，承担着保障国家能源战略安全、实现碳达峰碳中和目标等多重国家战略使命，肩负着推动长江经济带发展、共抓长江大保护、促进中部地区崛起等国家重大战略使命。

目前三峡集团总部已搬迁武汉，未来还有更多的三峡集团二级总部搬迁武汉，能够吸引更多的资本、项目、人才等高端要素流入，带动相关产业链在武汉形成积聚效应，促进武汉经济的整体提升，实现央地发展的共赢。

（三）一系列高效签约彰显三峡集团扎根耕耘武汉的决心

三峡集团于2021年9月26日正式落户武汉，与湖北省政府签署协议后，又进行了一系列深耕武汉的操作，先后与洪山区政府、东湖高新区和长江新区管委会、中国地质大学和武汉大学等签署战略合作协议，同时为更好地服务武汉并参与武汉建设，成立了重量级的直属机构或二级子公司。

1. 一批有影响力的签约在湖北武汉进行

与湖北省政府、武汉市政府签署战略合作协议。2021年9月26日，三峡集团与湖北省政府签署《共建中部地区崛起重要战略支点合作协议》，双方围绕总部搬迁、长江大保护合作、推动湖北能源做强做优做大、推动“双碳”合作实现绿色发展转型、在鄂科技创新和产业部署、深化与省国资国企合作等六个方面达成共识，谋划推动重大工程项目154个、总投资3645亿元，助力湖北打造一批千亿级产业集群。同时与武汉市政府签署《深化合作协议》，谋划了投资1500亿元的合作项目；与宜昌市政府签署《“十四五”时期战略合作协议》，谋划项目投资1138亿元。这意味着，三峡集团在推动建设“美丽湖北、绿色崛起、打造全国重要增长极”中将发挥重要作用。

三峡科创园（洪山）开园。2021年12月20日，洪山区政府与三峡武汉科创园科技创新合作协议签约，拟入园科技企业和科研机构已达16家。后期将因地制宜选取多个园址，建成辐射状的科技创新基地。

与东湖高新区签署战略合作协议。2022年6月2日，三峡集团与武汉东湖高新区管委会在汉签署《三峡集团科创基地项目协议》和《三峡－东湖科学城创新发展基地合作框架协议》。根据协议，双方将在清洁能源、长江生态环保、科技创新、资本金融等领域开展深度合作，积极打造原创技术策源地，走生态优先、绿色发展之路，促进清洁能源产业与东湖高新区“光芯屏端网”产业集群深度融合，引领长江经济带绿色发展。

与长江新区签署战略合作协议。2022年8月16日，三峡集团与武汉长江新区签署《共建长江经济带高质量发展示范区合作协议》。双方就顶层谋划、系列布局、重点发力，共同打造长江经济带高质量发展新标杆达成战略合作协议。发挥三峡集团清洁能源专业优势，携手共建生态宜居绿色发展示范城市、高新产业集聚示范城市，创建绿色交通与绿色能源示范基地，全面推广绿色低碳城市应用场景。三峡集团在共抓长江大保护中的主力作用，全周期全过程共同创新探索“城市智慧水管家新模式”，高标准创新新区涉水整体规划及项目建设运营。

与武汉大学和中国地质大学（武汉）签署战略合作协议。2022 年 9 月，三峡集团与武汉大学签署战略合作协议。根据协议，双方将本着平等协商、优势互补、资源共享、务求实效的原则，在加强科技创新、科研平台联合建设、人才培养、三峡集团武汉科技创新基地建设等方面开展合作，共同打造高标准校企合作新标杆。2023 年 6 月，三峡集团与中国地质大学（武汉）签署战略合作协议。长期以来，地大在地质勘探、地质灾害与防治、坝区选址等多方面为三峡集团提供智慧，地大的科研重点、优势学科与三峡集团的事业发展方向高度契合，新能源开发利用与地质紧密相连，双方的合作将为国家能源资源安全、生态环境保护、绿色可持续发展做出更大的贡献。

2. 一批有实力的三峡系企业在湖北武汉设立

2021 年 12 月 7 日，长江三峡投资（湖北）有限公司完成注册登记，落户武汉市江岸区，注册资本 20 亿元，可从事证券投资咨询一般项目：投资管理，资产管理，实业投资，创业投资；信息咨询服务；企业管理；社会经济咨询服务。

2022 年 8 月 29 日，中国长江电力股份有限公司正式从湖北宜昌搬迁入驻武汉，它是中国最大的电力上市公司和全球最大的水电上市公司。长江电力搬迁武汉，将发挥重要的龙头带动作用，聚合更多的产业链上下游企业入驻武汉。

2022 年 12 月 28 日，注册资本 100 亿元的长江管网有限公司在鄂正式成立，是三峡集团在共抓长江大保护中发挥骨干主力作用、深入推进长江经济带污染防治骨干企业。针对地方财力不足、管网投资迫切的现实需求，三峡集团在现有长江环保集团的基础上，再行组建长江管网有限公司，帮助地方解决管网基础设施薄弱问题，探索自有资金投入、中央专项资金点对点拨付和地方资金配套使用的协同路径。同步，与地方政府合作探索建立涵盖污水收集、处理、污泥处置全过程的定价、动态调整和费用保障机制，构建以污染物收集量和削减量实际贡献为核心的计价付费体系，实现污水价格市场化、管网资产可经营、污染治理可持续。

中国三峡武汉科创园在武汉成立，是三峡集团直属机构，注册资本金 30 亿元。主要定位为三峡集团武汉科技创新基地建设、运营和科研产业成果孵化平台，研究培育三峡集团新业态、新模式，提升三峡集团科技创新能力，打造清洁能源和生态环保创新技术“策源地”和产业链“链长”。

（四）武汉有迫切需要与三峡集团深度合作

央企与城市合作可以发挥各自的比较优势，实现互利共赢，对于城市来说，可以利用央企的品牌、实力以及管理与市场方面的优势，完成一系列重大项目建设，对于央企而言，可以通过对接当地资源，获得城市在国资、国企综合改革方面的配套政策支持。

武汉正处于疫后重振和加快转型发展的关键时期。传统产业发展受到国际市场的挤压和国内消费市场萎缩等多重挑战，一大批战略性新兴产业的发展势头很好，但由于缺少领军企业的强力带动，大都处于分散的偏弱偏小发展态势，要在武汉未来发展中形成新的产业支撑需要相当长的时间，全市正在苦苦寻求产业转型发展方向和重点。

武汉重点发展区域也面临着严峻的挑战。包括武汉经济技术开发区和东湖新技术开发区，都面临着国际国内市场需求受阻带来的发展变缓的态势，除了转型发展需要自身努力调整和适应这些变化以外，迫切需要找到一些新的发展区域或发展空间，来代替或弥补这些影响，在新的空间形成新的产业发展支撑区域，谋求全市在未来很长时期在正确轨道上高质量发展。

与三峡集团深度合作能创造巨大效益。三峡集团总部落户武汉，不仅带来高质量的就业岗位、增加税收等，更重要地体现在对武汉未来生态保护、绿色发展、新能源等高科技产业链的助力上。三峡集团可以发挥“领头羊”作用，通过生产制造、科技研发、资本金融、数字化平台等功能载体在武汉布局，加速推动武汉产业链、创新链、供应链、资金链等全面整合优化，带动各类所有制企业协同发展。同时可以推动三峡集团与武汉“中碳登”优势整合，做大做强国家级碳金融交易平台。

二、武汉基础条件和综合优势契合三峡集团集中布局

三峡集团总部落户为武汉发展带来重大战略机遇，武汉也具备承载三峡集团发展蓝图的基础与优势，双向奔赴下，同向发力，必将未来可期，大有可为。

（一）武汉科教优势，可成为三峡集团发展的技术人才支撑

武汉高校和科研机构的集聚可为三峡集团提供稳定的人才支撑及技术支

持合作基础。

武汉大学和中国地质大学（武汉）与三峡集团有长期合作关系，武汉大学拥有水资源与水电工程科学国家重点实验室及气候变化与能源经济研究中心等绿色发展基础研究基地。武汉新能源研究院在新能源开发、能量存储与转化、节能环保及城市低碳发展等领域实现重大突破，培育了一批新能源领域的创新型技术和企业。武汉地质资源环境工业技术研究院，正积极搭建氢能产业创新发展平台，面向国际国内整合领先的氢能产业创新资源。全市“985”和“211”高校大多开设了水电、光伏、风电等新能源相关专业以及环境科学、新材料等绿色环保相关专业。

（二）区位和水资源禀赋，可成为三峡集团战略实施的载体

区位优势明显。长江经济带覆盖沿江11个省市，横跨我国东中西三大板块，武汉地处长江中游的独特地理区位，集聚辐射中部大市场的能力突出，具备统筹上下游协同推进长江大保护的天然优势，有助于三峡集团引领全行业绿色蝶变。长江生态环保集团和三峡基地发展公司布局武汉对实施长江大保护意义重大。

水资源优势突出。丰富的水资源和山水形胜的自然环境为三峡集团引领长江大保护、推动绿色环保产业发展提供了良好载体。武汉拥有得天独厚的自然资源，江河纵横、湖港交织、城水交融，长江、汉水在市境中央交汇，素有“江城”之称，又有“百湖之市”的美誉。166个湖泊镶嵌其中，5千米以上河流165条，占地面积约47.6平方千米的汤逊湖是中国第一大城中湖，全市水体面积超过市域总面积的26%，全市人均拥有淡水量是全国平均水平的35倍。武汉拥有76个公园，5个国家级湿地公园。

（三）综合产业基础条件，适合三峡集团带动配套共享发展

近年来，武汉产业结构加速升级，产业体系含绿量、含“芯”量、含金量不断提升，绿色环保产业链日益完备。全市第三产业占GDP比重从2015年的51%提高到2022年的61.9%，全市高新技术产业增加值占地区生产总值比重达到28.2%。

大力培育和引进了长江存储、中国信科、长江生态环保集团等一批高新高效、节能环保行业领军企业。在全市形成了集成电路、新型显示器件、下一代信息网络和生物医药等四大国家级战略性新兴产业集群，集群数量与北

京、上海并列第一。

实施了科技型企业梯次培育行动计划，形成一批有实力、具备关键细分领域核心技术的绿色环保企业，汉水科技公司、水务环境科技公司、天源环保、旭日华环保等不断发展壮大。截至2022年底，全市共有国家级专精特新“小巨人”企业207家，居副省级城市第四位。

积极布局建设了一批绿色发展创新中心等研发机构，智慧交通工程技术研究中心、智慧能源工程技术研究中心、石油天然气污染防控与治理工程技术研究中心、固体废物环保处置工程技术研究中心等相继建成。

全市涌现出一大批高智力绿色科技成果，中科院院士团队的兆瓦级分布式氢能发电技术，以及武汉各高校的绿色节能建材技术、水生态修复技术、固态有机废弃物资源化利用成套技术等诸多涉及新能源、新材料、节能环保的相继转化应用。

同时，千子山循环经济产业园、华中氢能产业园等一批特色园区初具规模。

（四）重点发展区域战略同向，有利与三峡集团同频共振

目前，武汉拥有东湖新技术开发区、武汉经济技术开发区以及临空港经济技术开发区三大国家级开发区，共同构建起引领全市科技创新与产业发展的主引擎。

三峡集团已将中国三峡武汉科技创新基地布局在东湖高新区，充分展示出其看好武汉、扎根武汉、深耕源头创新的战略定力。

从发展空间来看，正在建设中的长江新区河湖密布，地势总体较为平坦开阔，地质条件稳定，开发强度相对较低，产业发展用地较为充足，城市建设用地空间较为广阔，资源环境承载能力较强，可以为三峡集团未来20～30年的产业布局提供必要的空间保障。

从产业功能定位来看，长江新区已明确聚焦“绿色、生命、智能”三大主导产业方向。绿色产业方面，长江新区正在系统谋划推进水生态环境综合治理、绿色生态城市建设示范和绿色产业发展示范，并启动建设长江国际低碳产业园。

对长江新区而言，其全域发展亟须三峡集团这样具有全产业链带动力的重大项目引爆。对三峡集团而言，要在更大空间施展总部企业的战略布局，

也需要长江新区在空间、政策、区位上的全面支持。

（五）众多的试点示范，有利三峡集团在武汉先行先试

在绿色发展方面，武汉市积极争取各类试点示范，通过先行先试构筑发展先机。

积极实施了一大批国家级试点示范，重点推进了国家智能建造试点城市、新能源汽车换电模式应用试点城市、氢燃料电池汽车示范城市等试点示范。敢为人先，大胆创新，创造了多个全国第一，在全国首创市域内跨区断面水质考核奖惩和生态补偿机制，积极推动电碳交易融合破冰，开出全国首张“绿电交易凭证”，成为首个荣获全球绿色低碳领域先锋城市蓝天奖的城市。

积极承办一批国际国内重要的交流活动，在绿色发展、生态环境等领域的影响力日益扩大，C40 城市可持续发展论坛、长江经济带生态环境保护与绿色发展论坛、武汉国际水科技博览会、中国城镇水环境治理高峰论坛和中国智慧水务建设高峰论坛等有影响力的大型活动成功举办。

三、武汉与三峡集团深度合作的对策与建议

要与三峡集团深度合作，更大程度发挥三峡集团龙头带动作用，我们认为，需要在三峡总部包括二级总部搬迁落实，建立与三峡集团全市统筹协调机制和在武汉选择重点发展区域等上发力。

（一）举全市之力与三峡集团合作，打造央地合作新标杆

立足三峡集团与武汉市利益共同点，建立央地合作的良好机制，携手打造央地合作“新标杆”，尽快在全国打响“世界绿芯”的品牌。

一是建立市级统筹机制，推动市区与三峡集团的合作互利共赢。近期，武汉要组建强有力的工作专班，专门服务于三峡集团整体搬迁工作，包括集团总部和集团重要二级子公司搬迁落户武汉，尽武汉所能落实好搬迁企业的落户选址和搬迁人员及家属的社会保障等各方面工作。其次要尽快出台全市与三峡集团合作政策，强化市、区协调，防止市、区各自为战，促进全市各区域共引共建共享三峡集团绿色低碳项目。同时，要强化资源集聚，在武汉及长江新区，尽快形成绿色低碳产业的集群效应和规模效应，推动三峡集团重大增量项目、武汉市级绿色低碳领域重大增量项目尽可能在武汉及长江新区的集聚。

二是建立项目和规划对接机制，推动武汉与三峡集团前瞻性共建合作工

作。近期，武汉首先要积极谋划储备一批2023年和2024年武汉与三峡集团重大合作项目，其次要加强武汉“十五五”规划与三峡集团等的紧密衔接，围绕武汉市经济社会发展的重点，进一步挖掘新的央地合作点，打造项目相连、业务相通、发展相融的合作发展共同体。

三是建立双方定期会商机制，推动武汉的政府高层与三峡集团互动工作。近期，武汉首先要尽快组建工作专班，全力推动武汉与三峡集团已经签约的项目快开工、快建设、快竣工。其次积极谋划建立武汉与三峡集团高层每年两次定期会商机制，共商谋划下阶段双方合作要点，推动双方优势互补、抱团发展。

四是建立人才合作培养机制，推动武汉与三峡集团互融互信工作。共建武汉－三峡集团人才专家智库，探索建立三峡集团人才为武汉发展建言献策机制，探索三峡集团专业技术和管理人才在武汉兼职兼薪、按劳取酬机制。推动双方在交流任职、互派挂职、选派项目长和联络员等方面开展干部交流合作。

（二）以长江新区为重要据点，携手共建世界级绿色低碳产业新高地

武钢在青山区，东风在经开区，中国信科在东湖高新区，都有集聚规模化发展区域，我们相信，三峡集团在武汉也会选择一个重点区域作为三峡集团集聚规模化发展的区域。

我们建议选择武汉长江新区与三峡集团进行深度合作，主要基于以下考虑：一是武汉长江新区管委会与三峡集团已签署《共建长江经济带高质量发展示范区合作协议》，双方都有合作意愿，目前合作的许多项目已陆续展开，进展顺利。二是长江新区建设刚起步，建设发展正处于初创期，迫切需要有真正的龙头企业牵引，引爆的超级项目带动。三是长江新区生态条件好，发展地域辽阔，其发展战略定位与三峡集团整体发展战略和目标不谋而合。所以我们认为，选择长江新区作为三峡集团在武汉的重点发展核心区域较为合适。

2022年2月28日武汉长江新区成立，明确发展定位是承载全球创新成果转化应用的未来之城、长江经济带绿色发展先行示范的大美之城、现代城市建设治理的典范之城。目前长江新区正在加速推进城市设计引导、市政基础设施、城市整体能级提升工作，在构建总部经济集聚区、科创教育集聚区、未来产业集聚区、双循环枢纽重要节点，全力打造新经济新增长点、湖北省

域发展新引擎、长江经济带绿色发展排头兵等方面已迈出重要步伐。

长江新区功能定位与三峡集团发展方向高度契合。如能推动长江新区与三峡集团深度合作同频共振，必将形成1+1>2的协同效应，既能为正在建设世界一流示范企业的三峡集团提供大展拳脚的空间，也能为渴求重大项目和龙头企业的长江新区发展带来重大支撑，还能为武汉迈向更高城市能级提供新引擎，形成媲美“钢城”“车都”“光谷”的第四极——武汉“绿芯”。

（三）推动三峡集团重大项目落户长江新区，打造万亿级绿色低碳产业集群

近年来，三峡集团奋力实施清洁能源和长江生态环保产业“两翼齐飞”。武汉应围绕三峡集团主营业务，结合长江新区发展特色，引导和支持三峡重大产业项目在新区布局。

一是以“长江大保护”为重要突破口，引导三峡集团布局生态环保产业。党和国家赋予三峡集团“在共抓长江大保护中发挥骨干主力作用”的重大使命，长江新区是武汉践行长江大保护战略的重要区域。一方面武汉应大力支持三峡集团深度参与长江新区水生态环境治理、涉水基础设施建设等，另一方面也要积极引导其在长江新区布局长江大保护的区域总部、研发中心、制造基地等项目，形成生态环保研发设计、装备制造、工程服务、智慧运营等产业一体化发展格局，打造长江大保护央地合作示范区。

二是以“双碳”战略为重要契机，引导三峡集团布局清洁能源产业。近年来，三峡集团积极响应“双碳”目标，固存量、扩增量，在保持水电领域优势的同时，也正在做优做大做强新能源业务，并在风光发电、氢能、储能、综合能源管理等领域进行积极探索。武汉应引导三峡集团将相关增量产业项目布局在长江新区，并将其与长江新区及周边新洲的船舶制造、港口物流等重点产业融合发展，打造绿色氢能、新型储能、绿色船舶、绿色物流等产业集群。

三是以园区建设为重要抓手，支持三峡集团布局绿色低碳产业平台。支持三峡集团联合国内装备制造龙头企业在长江新区布局建设“生态环保产业园”和“清洁能源产业园”。发挥三峡集团作为清洁能源和生态环保产业链链主的优势，引导集团内外部、上下游相关企业入驻园区。引导环保装备、新能源装备、储能装备等制造企业落户园区，推动产业集群化发展。

（四）推动相关科创平台落户长江新区，建设世界级绿色低碳科创新高地

多年来，三峡集团在生态环保和清洁能源领域已形成卓越的科研实力，应进一步发挥三峡集团创新主体作用，强化央地合作，推动长江新区成为绿色低碳技术创新策源地。

一方面支持三峡集团将相关科创平台布局在长江新区。支持三峡集团在长江新区设置重点实验室、工程技术研究中心、研究开发中心等科技创新平台。支持以三峡集团为主体，联合在汉高校、科研院所、大中小企业，打造绿色技术创新联合体。支持三峡集团联合高校建设绿色技术创新研究院，打造具有基础研究、技术转移、产业孵化、科技金融等综合性功能的新型研发机构。

另一方面引导其他重要科创平台向长江新区集聚。围绕三峡集团产业创新发展，积极谋划在长江新区设立绿色技术概念验证中心、中试基地、绿色技术交易中心等各类创新服务平台。

（五）支持三峡集团全方位参与长江新区建设，推动绿色低碳新技术新产品的应用与推广

当前，长江新区还处于规划建设起步阶段，有着丰富的绿色低碳技术应用场景，可以为三峡集团各类新技术新产品提供应用机会、推广平台，有助于相关技术的迭代升级。

一是强化生态环保技术的应用与推广。支持三峡集团综合水环境治理领域的新技术在长江新区试点应用。支持长江生态环保集团（该企业为注册在武汉的三峡子公司）的创新业务“城市智慧水管家”在长江新区的应用实施，对长江新区供水、排水、管网、防洪排涝、河流湖泊等涉水设施进行统一运营、管理和调度。

二是强化清洁能源技术的应用与推广。支持三峡集团的电动船舶及港口岸电技术、智慧储能技术、先进氢能技术等在长江新区的推广应用。支持三峡集团深度参与长江新区绿色楼宇、绿色工厂、绿色交通、零碳园区、零碳数据中心等示范项目建设。支持三峡电能有限公司（该企业为注册在武汉的三峡子公司）创新业务“城市综合能源管家”在长江新区的应用实施。在助力长江新区降低各类应用场景碳排放强度的同时，推进三峡集团新技术的迭代升级。

课题组成员：骆　卫　王　珺　叶传忠　袁　圆

以新一轮城市更新为契机
用优质的供给带动消费升级

刘艺璇　郑　策　邓倩雯

当前，国际消费中心城市培育建设顺势而为，呈现出新的趋势。2021 年 7 月，经国务院批准的五个国际消费中心城市均为全国历史文化名城，文娱消费、健康消费、交互式消费等新型消费领域呈崛起态势。全国各主要城市积极探索将消费供给侧改革与城市文脉、城市建设相结合的新模式，依靠供给侧改革来引领和创造新需求，用优质的供给带动消费升级，创造新机遇。2023 年是武汉的城市更新年，要乘东风之势进一步提升城市消费空间、消费业态和消费品质，实现消费转型升级，提高居民生活水平和消费感受。

一、武汉城市更新和消费升级融合不足的原因分析

（一）消费理念相对滞后，城市更新较少考虑商业需求

1. 城建经济相对割裂，弱化消费空间重塑

商业是居民生活的重要组成部分，城市更新应紧密结合消费升级，通过城市的生长，发展新零售、新服务业等，满足城市消费升级的需求，提升城市的吸引力和竞争力。但当前武汉的城市更新理念仍停留在过去的城市建设观念上，注重城市面貌的美化，而不是服务于消费升级。在更新过程中，商业运营的需求往往不受重视。

2. 文化传承创新滞后，消费活力激发不够

文化是一个城市的灵魂，能赋予城市独特的历史底蕴和精神氛围，吸引

人们前来消费和体验。当前城市更新中，武汉特色文化的传承和创新未得到足够重视，城市文化和品牌形象定位不清，使得武汉的市场竞争力、辩认度相对较弱。此外，以文化为核心的消费空间开发的缺失，也无法提供给消费者与众不同的消费体验，满足不断升级的消费需求。

3. 人流动线配套不足，消费体验感受不好

通过近几年的城市更新，武汉的保障性基础设施有所改善，但提升性基础设施相对不足，例如停车场、母婴设施等，同时服务业水平不高，软硬综合因素使得城市的消费体验并不理想。根据中国消费者协会发布的《2022 年100 个城市消费者满意度测评报告》，武汉在城市消费者满意度排名中位列第三十二位，宜昌、襄阳分别位列第十位和第二十五位。

（二）消费格局还不完善，城市更新未与消费场景联动

1. 高端消费供给能力不足，国际化消费地标缺失

一是高端消费吸引力不足，相比兄弟城市，武汉的高端消费市场相对较弱，比如五星级酒店数量，武汉有 16 家，成都有 18 家；二是文旅消费吸引力不足，尽管武汉市拥有丰富文旅资源，但市场化运作不理想，整体影响力不如邻近的长沙；三是品牌消费吸引力不足，尽管武汉的品牌门店数量相较于首批国际消费中心城市不算少，但吸引力较弱。

2. 时尚消费体验互动较少，年轻消费群体流失

以近几年火热的首店经济为例，据不完全统计，2023 年二季度全市共计新开首店 49 家，同比减少 61%，从业态分布来看，餐饮首店的数量依然占据主流，共计有 19 家，数量占比达 39%。存在明显短板：一是布局单一，主要是以大商业综合体为主；二是业态单一，主要以餐饮为主。另外，融合多元素、多业态的新型消费场景的供给也比较欠缺。王府井北京百货大楼地下重建了一个微缩老北京城，是国内首个京味场景沉浸式体验空间。武汉比较类似的是知音号，但消费变现能力不强。

3. 社区消费业态传统单一，居民消费难以满足

自 2021 年以来，武汉市积极推进“15 分钟便民生活圈”建设，城市功能品质有了明显提升。然而，目前布局的消费业态仍主要集中在便利店、生鲜店等基础性消费上，对健康、文化等改善性消费关注度相对不足，社区便民

消费还有较大的提升空间。例如北京郎园借助旧厂房更新，引入了城市书房、艺术中心等文化设施并对外开放，丰富社区居民的文化生活，通过社群培育和内容运营带动文化消费。

（三）消费激励作用有限，城市更新忽视后期市场运营

1. 城市级营销力度不强，吸引外来消费能力不足

城市营销是催化消费的重要方式。武汉的消费资源相较于成都等城市并不薄弱，比如5A级景区，武汉有3个，成都有2个，且都远离市中心，但是成都更擅长城市营销，消费活力高于武汉。在“2023福布斯中国消费活力城市榜”上，成都位列第四，武汉排在第八。近期热门电影《长安三万里》也是一个很好的案例，西安等城市积极借势营销，而武汉却行动缓慢，可见营销敏锐度、积极性不高。

2. 消费政策红利释放有限，针对大宗消费刺激不够

武汉出台了很多促进激消费的政策，例如发放消费券、开展“打卡大武汉”等，但政策精度欠缺，没有打出“组合拳”，导致老百姓的切身体会不强。例如武汉的消费券发放形式与针对人群不够科学，相关研究表明消费券核销率不超过50%，刺激消费作用有限。

3. 政府平台主导规划建设，市场化运营效果不好

武汉的城市更新中，地方政府和国企通常占据主导地位，例如武昌古城的开发是由区属国资公司负责。从实际感受来看，收益最大且稳定的是设计和施工单位，决定项目成功关键的运营方拿到的往往是鸡肋，事前通常低估了项目的复杂度和时间成本。由于市场化不够，项目往往不能满足新的消费需求，运营一段时间后宣便告失败。

二、统筹推进城市更新和消费升级的对策建议

（一）进一步转变消费理念，以城市更新提升消费基础设施

1. 统筹城建和经济部门相关职能，深化规划建设运营的联动

经济、城建、房管、文化、民政等多部门协同配合，做好城市更新的融合推进。建立城市更新的协同机制，统筹解决空间资源配置效率不高、消费空间打造、更新规划脱节、城市产业功能补短板空间需求较少等碎片化问题，以部门协同的方式将产业发展、消费需求等因素融入更新前期规划中。在管

理体制上探索建立历史文化街区管委会制度，建立城市更新常设机构、组织、协调中心，推动跨部门、跨地区管理协调。

2. 统筹文化传承保护和开发利用，盘活全域大文化消费场景

城市更新的核心不仅仅是更新和改造，更重要地是要注重武汉文化和传承。一方面，要挖掘和传承城市记忆，并在改造和设计中充分展现出来，保持文化的连贯性，激发文化的活力，为消费者提供不同的文化体验；另一方面，要积极理解消费升级产生的新需求，支持消费行业与武汉特色资源融合，使城市更新变得更有机、更自然。例如通过跨界合作举办展览，推出联名商品等方式，满足消费者提供更个性化的需求。

3. 统筹基础设施和配套服务能力，提高消费便利度和体验感

通过基础设施和城市服务能力的同步更新，进一步提升城市生活的便利性、舒适性，为消费者创造更上佳的消费体验。提升整体氛围环境，对交通人流动线、商业游逛动线进行梳理，丰富场景功能，通过个性化的设计来提升区域环境。科学配备商业设施设备，对旧文旅商街的改造要预留排油烟接入口、化油池等前期条件，上下水和电力也要做好规划。重新梳理后勤动线，理清商业的前后场，尽量保障独立的后勤通道，减少公共区域的货运车辆。

（二）构建多层次消费格局，以城市更新促进消费空间重塑

1. 高标准改造历史文化风貌区，打造三大国际性消费新地标

2022年，武汉城镇居民人均可支配收入5.8万元，人均消费支出3.7万元。成都的情况和武汉接近，城镇居民人均可支配收入5.5万元，人均消费支出3.2万元，但其消费活力明显高于武汉，主要原因是成都国际化更高，消费吸引力更强。建议按照武汉特色地域格局，打造三大国际化消费地标。一是以汉口历史文化风貌区为空间基础，以商贸、休闲、设计等为产业基础，最大限度活化老汉口生活，让消费者获得沉浸式体验；二是以武昌古城为空间基础，做好精细化复原，融合中医、音乐等学院元素，突出黄鹤楼的IP力量；三是以泛月湖区域为空间基础，对标伦敦西区，以知音文化为内核，围绕琴台大剧院、音乐厅、美术馆等做强文化消费产业。

2. 个性化改造街区园区厂区，形成一批时尚潮流消费集聚区

要结合有个性的老房子、老街巷、旧厂房、旧园区的改造，打造若干新

型消费场景，满足年轻人对体验感、沉浸式、新奇感、科技感的消费需求。比如：将历史建筑的更新与首店首发经济相结合，塑造潮流消费地标；将里分等传统民居的更新和特色民宿结合，为消费者带来沉浸式住宿体验等。

3. 因地制宜微改造老旧社区，激活便民生活圈社区消费活力

将 15 分钟便民生活圈的目标融入老旧社区微改造中，进一步优化公共空间与消费空间的布局，将便利、舒适和亲民作为主要考虑因素，因地制宜地重塑老旧社区的消费格局，满足老旧社区居民在养老、医疗、健康、文体等方面的多元化消费需求，提升消费舒适度。

（三）增强消费能力和意愿，以城市更新推动消费政策创新

1. 加强城市 IP 塑造和品牌化运营，全媒体宣传推广消费地标

积极拓宽融媒体、短视频、虚拟现实、移动游戏等新兴传播渠道，聚焦下一阶段的消费增长点，精准定位可能成为消费热点的城市元素，综合采取各类营销手段，包装、孵化一批有影响力的城市消费品牌。一是物质 IP，比如围绕黄鹤楼、昙华林、黎黄陂路等消费地标，加快推出消费品牌周边，进一步提升城市知名度。二是非物质 IP，发挥武汉大学生群体优势，扩大催化效应，在特色街区、消费地标处联合 B 站、抖音、小红书、斗鱼等大型流量平台、网红 UP 主，结合举办街头篮球等大型联赛，二次元漫展、汉服 T 台秀、美食打卡挑战等创意活动，激活消费品牌宣传的潜在动能。

2. 提高消费激励的精准性和实效性，激活城市更新的大宗消费需求

2022 年，武汉人均公积金缴存额 2.15 万元，远高于成都和长沙，这是一个巨大的值得挖掘的沉淀资金。《商务部等 13 部门关于促进家居消费若干措施的通知》《国务院办公厅转发国家发展改革委关于恢复和扩大消费措施的通知》都不约而同地提到要促进家装、家居消费。建议借此契机在城市更新区内，允许居民以房屋维修基金进行建筑外部更新，提取住房公积金用于房屋内部装修，发放家装定向消费券用于购买家具、家电，通过组合拳的方式，精准刺激更新消费。

3. 加大业态调整和场景营造的支持，引入社会资本负责市场化运营

加快落实 7 月 19 日发布的《中共中央国务院关于促进民营经济发展壮大的意见》中关于全面落实公平竞争政策制度，坚持对各类所有制企业一视同仁、

平等对待的相关要求。一是在法律允许范围，用政策红利、优质资产等要素吸引民营企业参与城市更新和消费升级。二是要发挥本地中小民企懂武汉、接地气的优势，从单个建筑的微改造开启试点，实施设计、建设、运营的一体化改造，打造更符合新消费需求的项目。

作者单位：武汉发展战略研究院
民建武汉市委

围绕新发展格局先行区重要枢纽建设、推进要素市场发展的研究报告

胡爽平

武汉具有良好的经济基础、广阔的市场腹地和巨大的人口规模，具备“铁水公空”综合通道优势，是全国为数不多的“五型”国家物流枢纽承载城市。武汉交通基础设施水平和网络通达度在虽不断提升，但对要素资源集聚和控制作用并未随着交通基础设施的加强建设而线性提升，武汉“九省通衢”的居中位置客观上变成了客流、货流、信息流、资金流等流动要素流经而不驻留的尴尬处境，要素市场发展相对滞后。新发展格局背景下，双循环枢纽城市要求更加重视要素资源的配置能力，武汉应利用交通枢纽的优势，不仅承担起连接、集散、运输的基础作用，更应推动人流、物流、资金流、技术流、信息流等各种要素的汇集，构建强大的要素市场，提升城市协调、控制和调动要素资源的能力和水平。

一、武汉要素市场发展中存在的主要问题

要素市场是对劳动、资本、土地、知识、技术、管理、数据等要素资源进行交换和配置的场所，在优化资源配置中发挥着基础和关键作用。改革开放 40 多年来，武汉商品市场发展迅速，但要素市场发育明显滞后，要素市场化配置范围相对有限，要素流动存在体制机制障碍，要素价格形成机制不健全。

（一）要素市场发育明显滞后商品市场

商品市场和要素市场相互依存，是有机的统一体，如果某一类市场发育不全、发展滞后，就会影响其他市场的发展和功能的发挥，从而影响市场体

系的整体效率。

一方面，商品市场呈良好发展状态。商品交易市场向集约化规模化方向发展，亿元商品交易市场数量从2010年的76个减少到2021年的31个，而市场交易额则从2010年的640.9亿元增长到2021年的1078.6亿元，全国占比在小幅度波动中略有上升。消费品市场也表现稳定，2022年实现社会消费品零售总额6936.2亿元，增速高于全国平均增速（–0.2%）2.3个百分点，总量在全国19个副省级及以上城市中居第五位。（见表1）

表1 2010—2021年武汉亿元商品交易市场数量及交易额

年份	武汉		全国		武汉占全国比重（%）
	数量（个）	交易额（亿元）	数量（个）	交易额（亿元）	
2010年	76	640.9	4940	72703.5	0.88
2011年	65	626.1	5075	82017.3	0.76
2012年	67	819.6	5194	93023.8	0.88
2013年	68	894.4	5089	98365.1	0.91
2014年	51	926.3	5023	100309	0.92
2015年	51	828.4	4952	100133	0.83
2016年	49	977.5	4861	102139	0.96
2017年	46	797.8	4617	108247	0.74
2018年	41	750.6	4296	109373	0.69
2019年	37	1056.7	4037	112017	0.94
2020年	32	1002.0	3891	105749	0.95
2021年	31	1078.6	3753	115462	0.93

另一方面，要素市场发展相对滞后。相较于商品市场，无论从总体水平还是交易平台来看，要素市场发展都相对滞后。从产权交易市场来看，作为全省产权市场和资本要素市场建设的龙头机构，武汉光谷联合产权交易所已建立起覆盖全省、辐射中部、影响全国的综合性交易市场体系。但总体来看，武汉市产权交易与全国其他城市相比规模还不大。根据中国企业国有产权交易机构协会的统计，2022年武汉光谷联合产权交易所综合排名为第18位，其交易额与排名靠前的城市存在数量级上的差距。目前，国家级要素交易平台

多集中于北京、上海、深圳等一线城市，武汉为零。（见表2）

表2　2022年产权交易机构综合评价二十强机构名单①

序号	机构名称
1	北部湾产权交易所集团股份有限公司（南宁）
2	北京产权交易所有限公司（北京）
3	重庆联合产权交易所集团股份有限公司（重庆）
4	广东省交易控股集团有限公司（广州）
5	广州产权交易所有限公司（广州）
6	吉林长春产权交易中心（集团）有限公司（长春）
7	江苏省产权交易所有限公司（南京）
8	江西省产权交易所有限公司（南昌）
9	南方联合产权交易中心有限责任公司（深圳）
10	内蒙古产权交易中心有限责任公司（呼和浩特）
11	青岛产权交易所有限公司（青岛）
12	山东产权交易中心有限公司（济南）
13	山西省产权交易中心股份有限公司（太原）
14	上海联合产权交易所有限公司（上海）
15	深圳交易集团有限公司（深圳）
16	深圳联合产权交易所股份有限公司（深圳）
17	天津产权交易中心有限公司（天津）
18	武汉光谷联合产权交易所有限公司（武汉）
19	西南联合产权交易所有限责任公司（成都）
20	浙江产权交易所有限公司（杭州）

（二）要素市场的发展水平存在一定差异

武汉要素市场从无到有，从小到大，土地、劳动力、资本、技术等要素市场的培育在加快发展，其中绿色交易市场成绩较为显著，截至2021年底，以武汉为主“战场”的湖北省碳排放交易量和交易额分别占据全国碳交易市

① 资料来源：中国企业国有产权交易机构协会。

场30%和50%以上份额，具有绝对优势，但资本、技术、数据等新要素市场发展不足。

一是资本要素市场竞争力偏弱。武汉金融业与北上广深一线城市相比差距巨大，并落后于杭州、成都、重庆、南京等城市。（见图1）在证券市场方面，2021年武汉证券市场交易额只有上海的1/46、深圳的1/25、北京的1/18，也落后于南京、广州、成都、重庆、宁波等城市。在上市企业方面，2022年武汉A股上市企业（76家）总市值在全国城市排名第二十四位，企业数量只有北京的1/31、深圳的1/12、上海的1/11，也落后于杭州（215家）、南京、宁波、天津、青岛等东部城市和成都、西安、长沙、重庆、合肥等中西部城市。

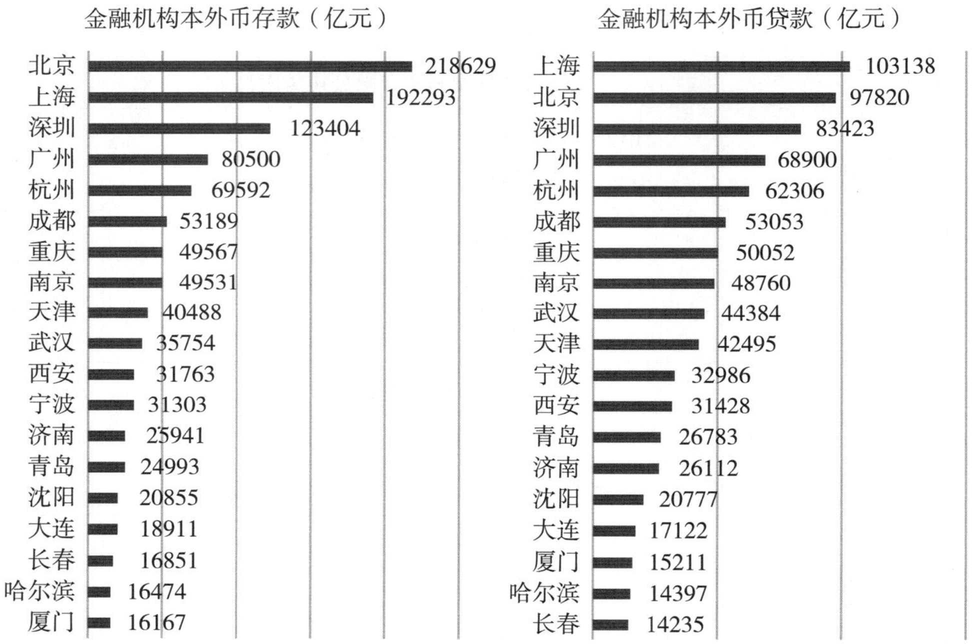

图1　2022年19城市本外币存款与贷款情况

二是技术市场影响力逐年下降。从总量来看，2010—2022年武汉技术合同成交额总量虽稳步增长，但只有北京的1/6，上海的1/3，也落后于西安、深圳、天津、成都等城市。从比重来看，2017年武汉技术合同成交额全国占比达到顶峰4.49%，此后却逐年持续下降，2022年下降到2.84%，这意味着武汉技术市场在全国的影响力在减弱，技术交易活跃度在下降，市场潜力不容乐观。（见图2）

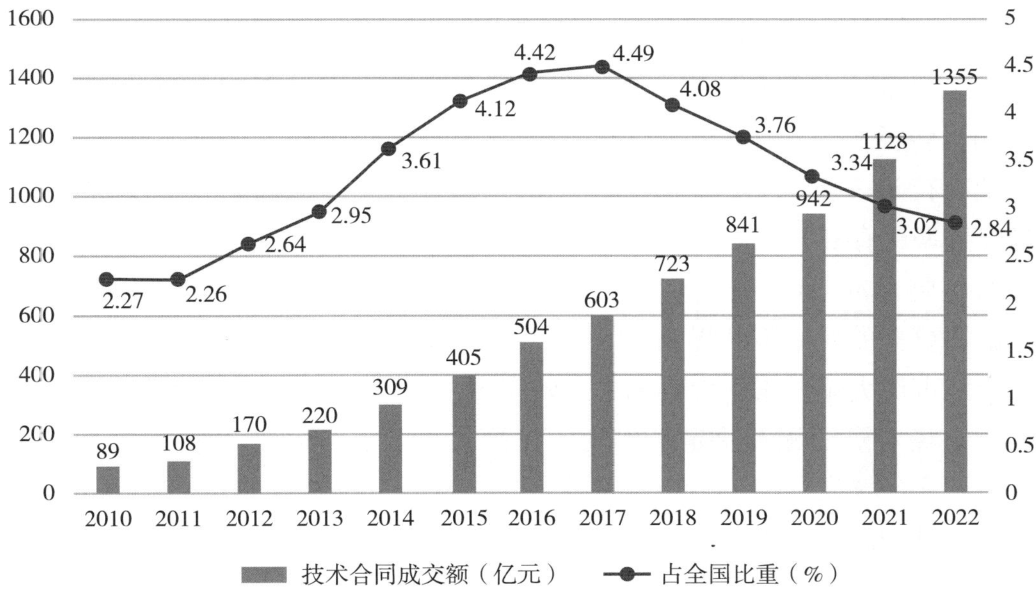

图 2　2010—2022 年武汉技术合同成交额及占全国比重

三是数据要素市场发展明显滞后于经济实践需求。从数据交易市场来看，武汉在数据采集、开放、流通、使用、开发、保护等全生命周期的制度建设明显滞后于数字经济实践需求，且尚未实现数据要素在市场上的合规流动、交易与价值实现。武汉先后设立了武汉东湖大数据交易中心、长江大数据交易中心和华中大数据交易所 3 个数据交易平台，并在数据标准、定价机制、交易规则、安全保障等环节进行探索，但由于配套的法律法规缺位、平台定位模糊、数据库质量不能满足市场需求、缺乏多元化交易主体、不同数据交易平台之间规则不统一等问题，数据交易平台始终处于小规模探索期，更多地承担了政策性功能，而弱化了交易功能。

（三）要素市场化配置改革不充分

武汉市场配置要素能力在不断增强，但尚未实现市场化机制全覆盖，深化改革的任务依然艰巨，要素市场建设相对滞后。主要表现在：

一是要素市场体系还不健全。如企业家、职业经理人等中高级劳动力市场尚不完善；货币市场规模偏小，交易工具单一；技术和专利市场发育不足，技术评估、技术经纪和经理人等中介服务机构发展滞后等。

二是市场化配置程度总体不高。要素“终身配”“一次配”现象导致流动不畅，企业一旦占用了要素，由于缺乏有效的后续监督，不能促进二次有效配置，“错配”问题得不到有效纠正。

三是要素流动存在体制机制障碍。比如，资本市场存在上市公司退出机制不畅，转板机制不健全等问题；土地再利用和退出机制同样不畅，低效闲置用地有待进一步盘活；劳动力流动的户籍障碍正在破除，人员身份、职称等隐性壁垒仍存在。

四是要素价格传导机制不畅。要素“错配”“低效配”导致价格扭曲，部分新增要素的成本不断提高，用地紧张，融资成本居高不下。“僵尸企业”、过剩产能占用大量要素，价值无法有效实现，未能产生应有的经济社会效益，影响了市场对资源配置决定性作用的发挥。要素市场化建设滞后，已成为制约武汉要素市场发展的一个突出短板。

二、推动武汉要素市场加快发展的对策建议

（一）加快推进要素市场化配置改革

按照系统集成、协同高效的要求，将各类要素点上的资源探索进行有机整合，推进要素市场化配置改革，激发要素市场活力，加快培育壮大要素市场。在土地要素方面，以推进土地集约高效利用和建立健全城乡统一的建设用地市场为重点，探索赋予更大土地配置自主权，支持产业用地实行“标准地”出让、不同产业用地类型合理转换，要进一步提高配置效率。在劳动力要素方面，围绕进一步深化户籍制度改革，试行以经常居住地登记户口制度，支持建立以身份证为标识的人口管理服务制度，提出合理畅通有序流动。资本要素方面，发展多层次资本市场发展，完善资本市场基础制度，提高直接融资比重，提升金融服务实体经济效能。在技术要素方面，着力完善科技创新资源配置方式，建设高标准技术市场体系，创新科技成果转化机制，加快技术要素向现实生产力转化。在数据要素方面，聚焦数据采集、开放、流通、使用、开发、保护等全生命周期的制度建设，推动数据采集标准化，分级分类、分步有序推动数据流通应用。在资源环境市场方面，着力推动资源环境市场流通交易与制度创新，支持完善电力、天然气、矿业权等资源市场化交易机制，加快探索碳排放权、排污权、用能权、用水权等交易机制，探索开展资源环境权益融资，探索建立绿色核算体系、生态产品价值实现机制以及政府、企业和个人绿色责任账户。

（二）打造多元要素集聚的交易平台

加快要素交易平台和交易规则建设，推动实现要素全流程电子化交易，支持企业参与要素交易平台建设。配合要素市场化改革，打造特定商品、技术服务、人才、数据、公共资源等交易平台和资本市场。加强各类金融机构集聚，推动一批具有国际竞争力和跨境金融资源配置能力的金融机构快速稳健成长，促进各类新型金融机构和专业服务机构发展。推动区域性股权市场制度和业务创新试点。提能增级碳排放交易所功能，创新碳金融等业务。加快培育数据要素市场，发展大数据交易平台，促进数据价值化，建设数据要素开放共享管理体制，探索数据要素流通和交易体系，鼓励省市国有融资平台公司出资参与，高水平建设武汉大数据交易中心。探索数据产权保护和利用机制，试点政府数据开放共享，探索“国际数据港”建设。鼓励和支持武汉既有要素交易平台提能升级，打造要素市场定价中心、信息中心、交易中心和服务中心，积极争取国家大宗商品储运基地和交易中心整体在武汉布局，建设全国性特色商品交易结算中心。

（三）健全要素市场一体化运行机制

进一步深化改革创新，提供更便利的入口、平台、设施和通道，促进资金、人才、技术、信息、数据等要素资源高频流动、高效配置、高能增值，成为吸附国内外各类要素资源的“引力场”。增强资本服务实体经济发展，推动武汉股权托管交易中心争取区域性股权市场制度与业务创新试点。加强要素交易平台与金融机构合作，推进技术要素与资本要素融合发展，完善成果转移转化的金融服务网络。建设高效顺畅市场流通体系，支持物流、快递企业与生产制造、商贸企业深度协作，推动上下游、产供销、内外贸一体化衔接。提高土地要素配置效率，加快城乡统一的建设用地市场建设，增加混合产业用地供给。完善适应超大城市特点的劳动力流动制度，引导人才市场配置导向，强化专业人才对资金市场、技术市场、贸易平台的建设和支撑作用，强化金融市场建设、数字经济发展、科技创新等对人才的吸引力和配置功能。建立公共数据授权运营、有偿使用等制度，开展数据（产品）登记和授权运营试点，建立数据产品和服务价格形成及收益分配机制。

（四）努力营造要素市场发展的良好环境

要素市场要做大做强离不开良好的发展环境，尤其是软环境的支持。一是要加快转变政府职能，大幅度减少政府对资源直接配置，打破行政性垄断，推进公共资源配置的市场化，创造公平竞争的制度环境。二是要加强政府规划引导，政府各个层面要进一步提高对地方要素市场的重视程度，加强规划引导，明确要素市场的功能定位。三是要不断完善相关立法，必须不断完善与要素市场交易相关的法律法规，规范市场交易，降低市场风险。四是要吸引相关人才集聚，人才是支撑要素市场发展的关键，政府要着力吸引产权经纪、资产运作、资产评估、技术鉴定、海事仲裁、船舶融资、钻石鉴定、碳排放管理等要素市场需要的专业人才，促进市场做大做强。

（五）提升要素市场链接国际的能力

争取完善多元要素自由进出的开放环境，在人才流动、技术扩散、经济资源和要素整合配置等方面发挥积极作用。以扩大服务业开放为突破，对照国际通行规则，扩大开放领域。拓宽国内国际要素市场的合作领域，支持武汉各类要素平台与国内国际同类型平台保持密切沟通和有效衔接。支持有关要素平台市场推进体制改革，鼓励通过并购等方式与国内国外同行开展股权合作。

作者单位：武汉发展战略研究院

产业研究篇

加快培育壮大新兴产业制胜新赛道

武汉发展战略研究院课题组

新兴产业是现代化经济体系的重要组成部分，是新发展阶段科技实力和经济活力的集中体现。武汉要加快培育壮大新兴产业，并抓住全球产业结构和布局调整过程中孕育的新机遇，勇于开辟新领域、制胜新赛道。

一、武汉新兴产业发展基本现状

近年来，武汉市新兴产业各领域快速健康发展，规模持续稳定增长，产业发展水平不断提升，依托具有全国影响力的科技创新中心建设，提升产业能级已成为了重点发展方向。

（一）产业规模显著扩大

2022 年战略性新兴产业增加值约 2600 亿元，比 2020 年增长了近 70%，新兴产业先导性、支柱性功能地位进一步凸显。高新技术产业增加值 5321.9 亿元，同比增长 9.6%，高于规上工业增加值增速 4.6 个百分点，高于 GDP 增速 5.6 个百分点。全市高新技术企业达到 12654 家，位列副省级城市第三位。2022 年新增国家级专精特新“小巨人”企业 158 家，增幅居全国城市第一位，总数达 207 家，在副省级城市排名第四。一批国内外知名企业纷纷看好武汉，截至 2021 年底，在汉投资的世界 500 强企业总数达 309 家，涉及新能源汽车、能源（储能）、航空航天、大健康、新材料、总部经济、精细化工等新兴领域。

（二）集群化发展不断提速

当前，国家存储器基地、国家航天产业基地、国家新能源和智能网联汽车基地、国家网络安全人才与创新基地等四大国家级产业基地和大健康产业基地建设提速，成为武汉经济高质量发展的重要支撑。集成电路、新型显示器件、下一代信息网络、生物医药 4 个产业集群入选国家首批战略性新兴产业集群，数量与上海、北京并列全国第一；武汉光电子信息、“武襄十随”汽车 2 个产业集群入选国家先进制造业集群；新型电子元器件及设备制造产业集群入选国家创新型产业集群；网安基地入选工信部中小企业特色产业集群。2021 年，武汉市被国家发展改革委评为战略性新兴产业集群发展工作成效明显的督查激励推荐城市。

（三）产业创新能力持续提升

武汉高等院校、科研院所资源丰富，是全国重要的科教中心，拥有武汉大学、华中科技大学等普通高等院校 92 所，居全国城市第二。武汉正加快将科教人才优势转化为创新发展优势。当前，武汉获批建设具有全国影响力的科技创新中心，国家实验室实现“零”的突破。武汉已拥有国家信息光电子创新中心、国家数字化与制造创新中心 2 个国家级制造业创新中心，数量仅次于北京、深圳（3 个），比肩上海。同时还拥有国家级工业设计中心 7 个、国家技术创新示范企业 23 个、工信部产业技术基础公共服务平台等 8 个高水平制造业创新载体，形成国家级制造业创新高地。自主创新成果不断涌现，研发出中国首款第四代三维闪存芯片、中国首条 5G 智能制造生产线、中国首台高精度量子重力仪、中国首款完全自主研发的 L4 级 5G 自动驾驶汽车、全球首款新冠灭活疫苗等一大批重大自主创新成果，参与打造北斗导航、神舟飞船等一批“国之重器”。

二、发展存在的问题

武汉新兴产业发展具有一定基础，但在发展规模、空间布局、产业集群、龙头企业、创新驱动、科技金融等方面仍存在一定的问题。

（一）规模占比仍不够高

武汉新兴产业发展迅速，但势强力弱，其经济发展的重要引擎作用还没有得到充分发挥。目前，武汉五大产业基地大部分还处于建设阶段，大规模的产能还有待释放。新兴产业无论整体还是细分领域规模都还很小，远未成为主要支撑。2022 年战略性新兴产业增加值占 GDP 的比重与深圳（41.1%）、广州（30.8%）、上海（23.8%）等城市有一定差距，距离国家“十四五”规划提出“占 GDP 比重超过 17%”的目标也有一定距离。从细分领域来看，北斗产业、氢能产业、深地深海深空、电磁能产业规模均不足百亿元。

（二）产业空间布局仍较分散

各区产业结构同质化现象仍然明显。虽然编制并发布了武汉产业地图，但市级层面缺乏从项目招商、落地、投产等全链条的统筹平台和统筹机制，对各区产业定位、招商引资难以统筹和协同协调。造就了很多“单打冠军”，但区域内产业联动较弱、产业互补不足、协作水平不高，难以形成规模经济，限制了产业集群的培育和壮大。

（三）产业“集”而不“群”现象突出

武汉新兴产业的产业链不够完善，企业之间产业关联还不够紧密。一方面，龙头企业带动效应低，与本地中小企业联动效果弱。以存储器芯片领域龙头企业长江存储为例，尽管其特色工艺 Nand 存储产品已比肩三星等头部企业，但它对武汉本地集成电路产业链未形成明显带动作用。另一方面，相关产业配套支持还不够，核心企业的配套产品本地化率较低。特别是部分高端产品研发生产能力还不足，一些附加值较大、科技含量较高的中间环节，如新型显示产业链，高端显示生产所必需的基础化工原料、液晶中间体等高端原材料依然依赖进口。一些关键核心技术仍受制于人。这些都影响了武汉新兴产业发展壮大。

（四）高新技术企业头部力量不强

相对于先进城市，武汉缺少如华为、宁德时代、海康威视等有国际影响力、有硬核科技引领力的本土领军企业。重点企业品牌优势不明显，与国内先进城市相比还存在一定差距，总体市场竞争力有待增强。另外，高新技术企业中头部企业数量占比较低。2022 年，武汉市高新技术企业总数超过 12000 家，数量在全国城市中排名前六，但全市高新技术企业中，主营业务收入 2 亿元以上的大型高企仅占 5.48%。

（五）科技成果本地转化成效有待提升

新兴产业的发展高度依赖科技创新。武汉科教资源丰富，但转化为产业创新优势不足。高校科研能力评价制度仍以理论研究突破和原始技术创新为导向。科研人员以评职称、报奖励为目标，高校科研人员缺乏主动对接市场需求的动力，导致高校科技成果以论文成果多，专利授权、软件著作权等研发应用类成果占比较小。比如 2020 年武汉部分高校新发表论文数量占新增科技成果总数接近80%。另外由于产业布局与创新成果不够匹配等问题，高校院所的大量科技成果流向外地。2022年，全市技术输出合同成交额1361亿元，技术吸纳合同成交额仅767亿元，而杭州、深圳技术输出合同成交额分别为692亿元、1237亿元，技术吸纳合同成交额分别为957亿元、2053亿元，技术吸纳额远大于技术输出额。

（六）新兴产业资本要素支撑不足

武汉创投机构数量较少。武汉市金融体系中服务于早期科创企业的风险基金、天使基金等创投机构少，且很多只能提供资金的支持，很难提供科技成果早期的专利增值、项目优化、创业辅导、渠道对接等系统服务。根据中国证券投资基金业协会披露的数据，截至2021年底，武汉市的股权投资基金管理人为257家，不及北京（2812家）、上海（2248家）、深圳（2334家）等城市的零头，更是大幅落后于杭州（901家）、广州（462家）。

三、聚焦“提转育谋”，加快培育新兴产业新赛道

习近平总书记指出，“要在重点领域提前布局，全面提升产业体系现代化水平”，“抓住全球产业结构和布局调整中孕育的新机遇，勇于开辟新领域、制胜新赛道”。新领域新赛道是产业体系中最为活跃的力量、最具潜力的重要组成部分，是武汉加快构建现代化产业体系的重要抓手。

当前，全球重大前沿技术和颠覆性技术快速突破。数字经济引领作用日益突出，绿色低碳转型带来巨大挑战，生命健康受重视度不断提升，产业融合成为现代产业发展的重要趋势。新一轮科技革命和产业变革必将催生出大量新领域新赛道，武汉必须高度重视，把握机遇，立足“965”产业体系，着力发展新领域新赛道，培育新的经济增长点。

（一）要从优势产业创新“提”能中开辟新赛道

武汉市在光电子信息、新能源与智能网联汽车、生命健康三大领域具有较强基础和优势。我们要进一步加大产业创新力度，提升产业规模和水平，加快谋划集成电路、工业互联网、高端医疗器械、特色创新药等新赛道，加快打造三大世界级产业集群，增强在全国全球的竞争力和影响力。

领域一：“光芯屏端网”新一代信息技术产业

赛道1：光通信——打造世界一流光通信产业基地，推动“中国光谷”迈向“世界光谷”。促进光通信与先进材料、人工智能、新能源与智能网联汽车等产业融合发展；加强面向前沿的基础研究，攻克硅光等关键核心技术。

赛道2：激光——打造具有全球影响力的激光产业集群。做大光纤激光器、精细激光加工设备等产业规模；在航空航天、海洋船舶、智能网联汽车等新领域拓展应用。

赛道3：集成电路——打造以存储芯片、功率半导体为特色的全国集成电路产业高地。引入控制器芯片等产业链配套企业，研发存算一体芯片等先进存储芯片；聚焦发展IGBT等功率器件和宽禁带半导体材料，成立武汉功率半导体产业研究院。

赛道4：新型显示——打造全球显示产业高地。夯实关键材料、核心设备等上游基础能力；鼓励企业做好基础性、前沿性新型显示技术预研与储备；以超高清视频、虚拟现实等应用为重点，拓展新型显示应用广度与深度。

赛道5：智能终端——打造全国领先的智能终端产业集聚地。做大智能手机、平板电脑、智能安全监控、智能家居等产品规模；突破短距离无线通信、智能感知等关键技术；提升智能终端核心元器件和零组件的配套供给能力。

赛道6：工业互联网——打造工业互联网产业发展高地，争创国家“5G+工业互联网”融合应用先导区。加快网络、标识解析、平台、安全领域研发；围绕智能装备、工业软件、5G/6G等核心产业培育一批标杆企业；推动“5G+工业互联网”赋能武汉制造。

领域二：新能源与智能网联汽车产业

赛道7：新能源与智能网联汽车整车——打造世界知名新能源汽车产业集聚地。鼓励东风等传统车企加快电动化转型，支持优势企业兼并产能利用率低的企业和传统燃油车企业；加快提升本地企业自主品牌能力，培育壮大造车新势力企业。

赛道8：新能源汽车核心零部件——打造全国重要的新能源汽车核心零部件产业基地。推动传统零部件企业转型升级；推动动力电池全价值链发展，开展下一代动力电池研发、技术改造；提升驱动电机与电控系统自主化能力。

赛道9：智能网联汽车配套产业——打造有世界影响力的智能网联汽车产业创新城市。支持复杂环境感知、智能网联决策与控制等前瞻技术研发；推动汽车与信息、软件等领域融合与协同发展；加快车路协同智能化改造。

领域三：生命健康产业

赛道 10：高端医疗器械——打造有全球影响力的高端医疗器械创新策源和产业集聚地。医疗器械方面，加快移动医疗产品、新型医疗机械的产业化步伐；诊断试剂方面，推动基因测序、磁酶免、胶体金等技术应用；植、介入材料方面，通过人工器官、骨骼等研发制造，推动产品国产化。

赛道 11：特色创新药——打造具有全球影响力的创新药研发中心和成果转化基地。聚焦发展生物药，重点围绕恶性肿瘤等重大疾病，布局生物改良药和生物类似药的研发；聚焦化学药，重点围绕病毒感染等重大疾病的新机制，针对新靶标进行创新药物开发；聚焦特色中药，培育壮大知名品牌。

赛道 12：消费医疗服务——打造有全国影响力的健康名城。大力发展包括眼科、齿科、辅助生殖等在内的专业医疗服务；大力发展包括皮肤美容、面部美容、植发养发、美体塑形等在内的医疗美容服务；大力发展包括健康体检、孕产服务、运动保健、疾病预防等在内的健康管理服务。

（二）要从传统产业“转”型升级中开辟新赛道

传统支柱产业是武汉市经济发展的重要支撑，不能当成“低端产业”简单退出。要强化数字赋能，推动钢铁、石化、装备制造、现代金融、商贸物流等传统产业高端化、智能化、绿色化转型，加快谋划绿色智能船舶、高端钢材和特种钢材、化工新材料、新电商、智慧物流、绿色金融等新赛道，着力提升产业发展层次。

领域四：高端装备和先进基础材料产业

赛道 13：智能制造装备——打造有全球影响力的智能制造装备创新策源地和重要生产基地。推动高精密数控机床、仓储物流装备、关节机器人等产业发展；加大对智能工业母机、自适应机器人等前瞻技术的研发和产业布局。

赛道 14：绿色智能船舶——打造全国重要的绿色智能船舶建造基地和应用先行区。依托工信部与武汉在内河船舶绿色智能发展的合作，重点开展智能船体、智能航行等领域创新研发；做大产业规模，抢占绿色船舶市场；加强武汉长江、汉江段船舶充换电码头等配套能力。

赛道 15：高端能源装备——打造有全球影响力的高端能源装备制造产业基地和应用先行区。加大海洋深水钻采工程技术装备、智能核应急装备等研发创新；与荆州、潜江联合申报国家级油气装备先进制造业集群；巩固武汉风电、光电装备产业基础。

赛道 16：高端钢材和特种钢材——打造国内一流、中部最大的高端钢材和特种钢材材料基地。大力发展先进钢铁材料，重点发展先进轨道交通装备用钢以及高性能轴承钢、弹簧钢等高端零部件钢材；大力发展先进合金材料，为武汉航空航天、新能源汽车、高端装备产业发展提供支撑。

赛道 17：化工新材料——打造国内一流、中部最大的化工新材料基地。强化前沿新材料的协同创新；完善基础材料产业体系，为武汉光电子信息、新能源、生物医药等产业提供硬核支撑；聚焦长江存储、京东方、华星光电等企业关键新材料需求，加速核心材料国产替代。

领域五：智能建造产业

赛道 18：智能建造——打造全国智能建造标杆城市。积极推动智能建造科技创新和标准体系建设，加快探索建设 CIM 平台；发展数字设计、智能施工、智慧运维、建筑机器人、建筑产业互联网等新兴产业；打造智能建造示范项目。

领域六：现代商贸物流产业

赛道 19：新零售——打造全国新零售创新策源地、新零售企业集聚地。发展智能化、体验式新零售网点，开展商业街区数字化改造；支持新零售解决方案提供商和服务商发展，建立新零售生态圈；支持新零售技术研发应用，提升新零售企业大数据分析处理能力。

赛道 20：新电商——打造中国新电商之都。积极推动供应链拓展，鼓励新电商产业化发展，建立完备的集货体系；加快建设汉口北、汉正街等直播电商集聚区，推进建设天河机场、汉口北等跨境电商功能园区；大力发展社区电商、生鲜电商、直播电商等新业态。

赛道 21：智慧物流——打造国家智慧物流枢纽经济示范区。构建智慧物流信息平台体系，建设城市配送车辆监管平台、应急物流指挥协同平台、多式联运信息平台等；提升物流基础设施智慧化水平；打造智慧物流服务终端。

领域七：现代金融产业

赛道 22：绿色金融——打造全国重要的绿色金融中心。创建全国绿色金融创新试验区和全国碳金融中心，推动金融机构创新绿色金融产品；加快碳市场平台建设；打造“赤道银行”“零碳银行”；支持以武昌区为核心承载区打造绿色金融集聚区。

赛道 23：科技金融——打造全国科技金融改革创新高地。加快培育科技金融市场主体，推动设立光谷银行、东湖保险公司；深化科技金融改革创新，推进信贷产品服务创新；助力科技金融数字化转型，探索数据资产向数据资本化发展新路径。

领域八：绿色低碳产业

赛道 24：智能电网——打造全国重要的智能电网产业基地。加快 IGBT 等关键电力配套基础件、柔性直流输电系统等大型装备、自主可控智能电网软件等产业的发展；拓宽应用场景，开发智能电网在市政工程、农村基础设施建设中的一站式整体解决方案。

赛道 25：新型储能——打造具有全国影响力的新型储能产业高地和创新应用高地。攻克钠离子电池、压缩空气、氢（氨）储能等关键核心技术；围绕分布式新能源、微电网、大数据中心、电动汽车等终端用户，形成“储能 +”多元融合新场景。

赛道 26：现代都市农业——打造立足湖北、服务中部、面向全国的现代都市农业标杆城市。推动种业、乡村休闲旅游、预制菜等重点领域实现新突破；推动农文旅融合、产加销融合、产园产村融合等新模式；引导多元主体参与现代都市农业建设。

领域九：文化旅游产业

赛道 27：数字文旅——打造世界知名、特色鲜明的数字文旅之城。支持景区景点运用文化资源开发沉浸式体验项目，发展全息互动投影、无人机表演等产品；提升沉浸式设施、无人智能游览、可穿戴设备等智能装备技术水平；创新数字文旅消费场景。

（三）要从特色产业培“育”壮大中开辟新赛道

武汉市在网络安全、航空航天、空天信息、人工智能、数字创意等新兴领域具有一定发展基础，形成一定特色，要把握趋势、聚焦重点，加快在上述领域抢占新赛道。

领域十：网络安全产业

赛道 28：网络安全——打造世界一流网络安全人才培养基地和国家一流网络安全产业聚集区。加快面向 5G、工业互联网等新技术新应用的网络安全产品研制；打造网络安全全产业链生态；强化试点示范，加速优秀解决方案应用推广；加快人才培养。

领域十一：航空航天产业

赛道 29：航空航天——打造全产业链协调发展的“中国星谷”。加快低成本通导遥一体化卫星、新一代大型水陆两栖飞机等核心技术的攻关；以卫星产业园为中心，大力发展运载火箭及发射服务、卫星研制及数据应用、航空航天模拟训练装备等产业。

领域十二：空天信息产业

赛道 30：北斗——打造全球北斗高端人才集聚地和全国北斗产业创新发展示范区。争创空天信息领域国家实验室；抢占北斗高精度定位芯片、北斗终端、时空信息软件等细分赛道；积极推进光电子信息、智能网联汽车与北斗产业融合发展。

领域十三：人工智能产业

赛道 31：人工智能——打造国内一流人工智能技术先导区、产业重要增长极和应用示范先行区。适度超前布局算力基础设施；支持武汉人工智能研究院等创新平台建设；加快通用人工智能发展；促进人工智能同三次产业深度融合。

领域十四：数字创意产业

赛道 32：设计服务——打造有武汉特色的世界设计之都。着力发展软件设计“根技术”，加快在元宇宙等新兴领域软件创新研发；推动武汉动漫游戏产业与文旅、科学普及等融合发展；推动工业设计从消费品向高端装备、电子信息等领域延伸；发展以珠宝、服装饰品为重点的专业设计服务。

领域十五：氢能产业

赛道 33：氢能——打造国内氢能产业创新研发、生产制造、示范应用引领区。依托氢燃料电池引领汽车产业迭代升级；推动高耗能产业深度脱碳，建设钢铁零碳示范工厂，开展化工领域绿氢替代灰氢行动；推动由工业副产制氢向可再生能源制氢转变。

（四）要从未来产业“谋”划布局中开辟新赛道

谋划发展未来产业是抢占新一轮科技革命和产业变革制高点的有效途径，是培育新动能新优势、构建迭代发展产业体系的内在要求。

领域十六：一批未来产业

赛道34~38：电磁能、量子科技、超级计算、脑科学和类脑科学、深地深海深空——打造具有全球影响力的未来产业创新高地。以高速轨道交通、电磁装备、量子通信、量子计算、高性能计算、云计算、脑认知、脑机智能、深地探测、深海探测、深空探测等方向为重点，取得一批具有重大突破性、原创性成果，涌现一批领军企业和人才团队，培育一批未来产业集群。抢占新一轮科技革命和产业变革制高点。

表1　武汉市现代化产业体系新领域新赛道设想框架

类型	领域	序号	赛道	对应“965”产业门类	对应“965”产业的关键环节和细分领域
优势产业创新“提”能	“光芯屏端网”新一代信息技术	1	光通信	“光芯屏端网”新一代信息技术	光纤光缆、光器件/光模块
		2	激光	高端装备和先进基础材料	3D打印与激光加工装备
		3	集成电路	“光芯屏端网”新一代信息技术、汽车制造服务	存储器芯片、传感器芯片、新能源汽车关键核心零部件
		4	新型显示	“光芯屏端网”新一代信息技术	新型显示
		5	智能终端	“光芯屏端网”新一代信息技术	智能终端
		6	工业互联网	“光芯屏端网”新一代信息技术	工业互联网
	新能源与智能网联汽车	7	新能源与智能网联汽车整车	汽车制造服务	新能源整车制造
		8	新能源汽车核心零部件	汽车制造服务	新能源汽车关键核心零部件
		9	智能网联汽车配套产业	汽车制造服务	智能网联汽车
	生命健康	10	高端医疗器械	大健康和生物技术	医疗器械
		11	特色创新药	大健康和生物技术	生物制药
		12	消费医疗服务	大健康和生物技术	医疗服务
传统产业“转”型升级	高端装备和先进基础材料	13	智能制造装备	高端装备和先进基础材料	高档数控机床、工业机器人
		14	绿色智能船舶	高端装备和先进基础材料、绿色环保	高技术船舶与海洋工程装备、先进环保、高效节能
		15	高端能源装备	高端装备和先进基础材料	先进电力装备
		16	高端钢材和特种钢材	高端装备和先进基础材料	金属新材料
		17	化工新材料	高端装备和先进基础材料	石化化工新材料

（续表）

类型	领域	序号	赛道	对应“965”产业门类	对应“965”产业的关键环节和细分领域
传统产业“转”型升级	智能建造	18	智能建造	智能建造	电力工程设计、交通工程设计、建筑工程设计、建筑业
	现代商贸物流	19	新零售	商贸物流	新零售
		20	新电商	商贸物流	电子商务
		21	智慧物流	商贸物流	航空物流、临港物流、保税物流、冷链物流、快递服务
	现代金融	22	绿色金融	现代金融	货币金融服务、证券服务、投资服务、保险服务
		23	科技金融	现代金融	货币金融服务、证券服务、投资服务、保险服务
	绿色低碳	24	智能电网	高端装备和先进基础材料、“光芯屏端网” 新一代信息技术	5G网络、大数据与云服务、先进电力装备
		25	新型储能	绿色环保	高效节能
		26	现代都市农业	大健康和生物技术、绿色环保	生物农业、绿色消费品、生态休闲度假旅游
	文化旅游	27	数字文旅	文化旅游	滨江滨湖旅游、生态休闲度假旅游、红色文化旅游、夜色精品旅游、旅游演艺
特色产业培“育”壮大	网络安全	28	网络安全	网络安全	网络安全硬件、网络安全软件、网络安全服务
	航空航天	29	航空航天	航空航天	运载火箭、商用卫星制造与发射、通航服务
	空天信息	30	北斗	空天信息	北斗平台终端、北斗基础构件、北斗应用服务
	人工智能	31	人工智能	人工智能	人工智能芯片、计算机视觉、自然语言处理、机器学习算法
	数字创意	32	设计服务	数字创意	软件设计、工业设计、动漫设计、游戏设计
	氢能	33	氢能	氢能	制氢、储氢及加氢设备、燃料电池
未来产业“谋”划布局	一批未来产业	34	电磁能	电磁能	电磁装备制造、高速轨道交通
		35	量子科技	量子科技	量子通信、量子计算
		36	超级计算	超级计算	超级计算
		37	脑科学和类脑科学	脑科学和类脑科学	类脑科学、脑疾病诊疗
		38	深地深海深空	深地深海深空	深地探测、深海探测、深空探测

四、对策建议

（一）聚焦核心竞争力培育，攻克新技术，培育产业发展新动能

紧扣新赛道发展需求，加快关键核心技术攻关，推动科技成果转化、强化科技人才支撑。要支持硬核科技攻关。加快推进武汉新城世界级科技创新策源高地建设。加快推进光谷实验室、江夏实验室、珞珈实验室等湖北实验室建设和脉冲强磁场等国家重大科技基础设施建设。支持高校牵头或深度参与国际、区域性的重大科学计划和科学工程，积极融入全球创新网络，汇聚全球创新资源。要强化科技成果转化。提升武汉全国技术转移枢纽功能。加快建设湖北技术交易大市场，加快推进中科院科技成果在汉转化服务中心、中国高校(华中)科技成果转化中心、国家技术转移中部中心建设。争取成为国家级的技术交易和知识产权交易平台。要加强新兴产业人才引培。聚焦新赛道，探索建立新兴产业人才联合培养机制，鼓励在汉高校深度面向企业需求，采用“订单式”培养方式，为企业提供“订制化”人才。

（二）聚焦业态模式创新，营造新场景，形成城市高质量供给

以“供场景、给机会”为主线，让场景成为产业新生态载体和新赛道发展机会。要提升应用场景能级。提升场景价值判断能力，创新公共服务、产业发展等社会需求收集机制。提升场景策划设计能力和建设运营能力。要构建应用场景体系。构建美好生活场景，围绕满足人民对美好生活的向往和追求。构建智能生产场景，以科技创新场景建设促进创新要素活跃。构建低碳能源场景、绿色生活场景、绿色环保场景和生态系统碳汇场景。要供给多元应用场景。强化应用场景创新孵化，支持龙头企业、平台型企业等打通产业链上下游建设应用场景联合实验室。开展应用场景推广示范，结合长江新区、武汉新城建设打造若干具有综合影响力的城市场景创新发展集聚区，打造一批具有引领带动力的城市场景示范点位。

（三）聚焦企业实力提升，培育新主体，汇聚新经济“合伙人”

加快形成龙头企业引领带动、“专精特新”集聚发展、市场主体持续扩容的大中小企业融合发展新格局。要培强一批新赛道“链主”企业。坚持围绕全市“965”产业体系，积极培育特色产业链。每条赛道筛选1~2家赛道头部企业，发展成为具有较强国际竞争力的跨国公司。转型一批骨干企业。围绕新赛道产业链建链强链延链补链，重点培育一批基础好、成长性强的中坚

骨干企业。通过政策支持、要素集聚、精准服务，对仍有发展前景的企业，支持兼并重组、转型转产。培育一批“专精特新”企业。加强对高科技企业全生命周期培育，健全“专精特新”、隐形冠军、“瞪羚”企业、制造业单项冠军梯次培育体系。打造一批“实力强、发展稳、后劲足”的雁阵式高企集群。加大对民营企业的扶持力度。赋予民营企业更大空间和权力，提升民营企业在武汉新赛道的参与度积极性。持续完善适合民营企业发展的政策环境。

（四）聚焦赛道落地布局，建设新载体，提升产业集聚效应

推动新赛道在产业功能区集聚发展、集中呈现，提升新赛道在全市、全国的凸显度。聚焦园区发展打造新赛道发展的空间载体。依托武汉新城、长江新区、“两个一百平方公里”等重要空间载体，重点在三大国家级开发区、四大国家级产业基地筛选一批发展基础较好、未来成长性高的细分赛道，合理规划园区空间布局，明确功能定位，支持赛道集聚壮大。聚焦产业集群壮大新赛道发展产业载体。将新赛道集聚发展与现代产业集群建设相衔接，将集成电路、新型显示器件、下一代信息网络、生物医药四个国家级战略性新兴产业建设成为具有全球竞争力的产业集群。聚焦要素支撑夯实新赛道发展的平台载体。充分发挥全市产业地图的引领作用，加快制定细分赛道的务实管用的相关支持政策。整合高校、科研院所学科优势、人才优势及成果优势，打造开放共享的协同创新平台。推动专业园区、特色小镇、产业社区等载体创新发展，培育一批聚焦细分赛道、具有辨识度的产业载体。

（五）聚焦资源要素协同，构建新生态，激发城市创新创造能力和市场活力

以推进新基建为重要保障，以完善科技金融服务和拓展数据应用为创新支撑，以优化营商环境为关键动力，全面激活发展新动能，加快推进新基建。构建高速泛在、智慧交互的基础信息网，做实做强国家标识解析顶级节点（武汉），稳步推进5G、光纤“双千兆网络”提质扩面，持续推进大数据中心和超算中心建设，为新赛道产业数智化发展提供支撑。完善科技金融服务。围绕建设全国科技金融改革创新高地要求，完善面向新赛道企业全生命周期的多层次融资服务体系。加快建设国家级科技保险创新示范区，以金融赋能产业发展。拓展数据创新应用。以武汉云平台为依托，不断提升公共数据收集、归集和质量管理能力。抢抓国家要素市场化改革试点契机，推动成立数据资

产登记机构，试点开展数据资产确权登记工作，探索建立武汉数字产权评估和交易中心。优化营商环境。提升法治化监管水平，完善专业、高效、便捷、低成本的知识产权保护机制。实施包容审慎监管，完善柔性执法机制，进一步探索跨领域的新产业、新业态行政管理容错机制，最大限度给予新产业、新业态创新创造空间。

课题组成员：王　珺　程旭沛　施　雯
胡爽平　丁文珺　吴　怡

武汉推动会展业高质量发展、建设国际会展之都研究报告

武汉发展战略研究院课题组

会展业是现代服务业的重要组成部分，是链接双循环的纽带，是重构产业链、再建供应链、提升价值链的关键。提升会展业开放平台功能，是武汉努力在湖北建设全国构建新发展格局先行区中当先锋、打头阵，担当主力军的重要抓手。武汉应充分发挥得天独厚的枢纽地位、要素齐全的资源优势，凭借会展综合效应之势，挖掘城市发展新机遇，以展促产，以展兴城，加速推进武汉建设国际会展之都，链接生产与消费、供给与需求、国际与国内，助力武汉建设国家中心城市、国内国际双循环重要枢纽。

一、国际会展之都的内涵特征与关键要素

（一）国际会展之都的内涵与特征

会展业，具有重要的产业联动、经济集聚、城市营销功能，在国际经贸合作和对外开放中均发挥了举足轻重的作用。正是由于会展经济的这种枢纽与窗口特性，代表一个城市会展业发展最高水平的国际会展之都，往往也是国际联系的纽带、城市展示的窗口、经济增长的引擎。

当前，学术界关于“国际会展之都”的概念尚未形成统一的、科学的界定。国际展览会协会（UFI）认为，一个城市或地区如果基础设施相对完备，人均收入在世界中等以上，服务业在GDP中的比重超过制造业且过半，行业协会的力量相对较强，那么会展经济就会在该城市或该地区得以强势增长，并发挥相关的积极作用。由此可见，国际会展之都是会展城市、中心城市和国际

城市的统称，是拥有大型会展设施与较强的会展接待服务能力，并且会展经济在当地国民经济中扮演重要角色，发挥重要作用的国际经贸或旅游城市。

综上所述，我们认为国际会展之都主要具备四个明显特征：

1. 经济发达，城市软硬件设施基础较好，为会展业发展提供了有力支撑；

2. 开放程度高，为各种资源和要素流动提供了良好环境；

3. 区域辐射作用显著，会展产业能带动周边腹地协同发展；

4. 文化底蕴深厚，为会展业延伸拓展提供了丰富多彩的文化资源。

（二）国际会展之都的关键要素

纵观汉诺威、法兰克福、伦敦、巴黎、拉斯维加斯、东京等世界知名会展城市，尽管存在以产业兴展、以城市国际影响力兴展或以良好的天然条件兴展等不同类型发展路径，但是基本都具有以下五大关键要素：

一是世界一流的会展基础设施。无论是以会议为主还是以贸易展览会为主的国际会展，硬件基础设施都是不可或缺的关键要素，包括规模大、功能齐全的大型场馆、相应的高水平住宿与餐饮配套设施以及完备的周边交通设施。

二是国际知名的品牌展会。特色鲜明的会展城市品牌是全球城市营销、建立持续竞争力的关键。例如，德国汉诺威工业博览会，代表了整个欧洲乃至世界机械行业的发展；巴黎被称为“时尚之都”，以时装、化妆品、香水等特色产业为依托，培育了巴黎时装周等国际知名展会；伦敦百分百设计展，被誉为世界设计领域风向标。

三是高层次的会展策划主体。由于大量国际会议的组织者是国际组织、非政府机构、跨国企业总部主办，而展览会主要是由组展商策划主办，因此一个城市能否成为国际会展之都，与该城市拥有的会展策划主体层次与数量密切相关。

四是有影响力的国际交流枢纽。会展能产生大量的交易机会，在人才流动、技术扩散、经济资源与要素整合配置等方面发挥积极作用。当前国际公认会展名城都是高度开放的城市，其不仅是重要国际会展、国际商务活动、国际购物消费的聚集之都，也是大量外籍人员移居的目的地。

五是现代化的配套支撑体系。会展业与城市的其他方面深度互动，互惠共荣，主要包括上下游的旅游业、广告业、信息服务业、住宿餐饮业、物流业等产业配套；完善的公共服务体系配套以及能有效整合产业、协会、政府部门等多种资源的政策制度配套。

二、武汉建设国际会展之都的基础条件

（一）历史渊源

武汉展览业源起于近代汉口开埠。张之洞督鄂期间，为推销汉产而设立汉口劝工劝商公所，在湖北首创商品赛会，开创了武汉乃至我国近代展览业先河。民国时期，军阀混战，社会动荡不安，武汉展览业逐渐衰败。新中国成立后，武汉会展业逐步恢复并不断发展，主要经历了四个阶段：

一是逐步恢复重现辉煌时期（1949—1994 年）。1956 年，苏联援建武汉中苏友好宫（即武汉展览馆），是继北京、上海、广州中苏友好宫之后国内第四个同类建筑，成为武汉展览业发展的重要载体。武汉逐渐成为北京、上海和广州之后的国内第四大会展城市。特别是改革开放以来，武汉会展业蓬勃发展。1988 年 1 月举办了首届湖北省暨武汉市对外经济贸易洽谈会，也是武汉开埠以来第一次举办综合性对外洽谈会，取得了良好的经济效果。1993 年武汉展览馆在展览界率先转换经营机制，成立了全国展览行业第一家股份公司——武汉展览实业股份有限公司。

二是发展相对停滞时期（1995—2000 年）。1995 年，武汉展览馆因招商引资需要实施拆除，并计划新建商业综合体，1997 年亚洲金融危机爆发，终止了后续建设计划。此后武汉进入展览业无馆可用的时期，武汉市自此失去了会展业领先的地位。

三是硬件设施升级换代时期（2001—2011 年）。2001 年 8 月，在武汉展览馆原址上建成武汉国际会展中心，此后又相继建成武汉科技会展中心、湖北省农业博览中心、武汉国际博览中心，打破了长期困扰武汉会展业发展的展馆瓶颈。这一时期，武汉市会展业重获新生。据不完全统计，2001 年武汉国际会展中心初建成时，展览会数量还仅为 88 个，至 2009 年，全市举办的展览会数量已达 185 个，其中，展出面积达 1 万平方米以上的展览有 23 个，商品展销会 117 个。

四是快速发展时期（2012 年至今）。党的十八大以来，武汉获批建设国家中心城市，正加快建设国内国际双循环的枢纽，多项国家战略交会叠加，发展机遇持续显现。这一时期，通过大力建设现代化展馆基础设施，完善交

通、住宿、餐饮等配套服务，积极举办重点大型展会，武汉会展经济迅速发展。世界军人运动会、联合国亚太贸易便利化论坛等系列国际会议相继在武汉举办，世界大健康博览会、中国国际工业设计博览会等本土展会影响力不断提高。2012—2021 年，武汉累计举办展会节事活动 6850 场[①]，参展参会客商人次已达到 1400 万人次规模。

（二）现实基础

1. 会展规模不断扩大

2021 年，武汉市会展规模扭转下滑局面，呈现恢复性增长态势。从展览数量来看，2021、2022 年武汉市展览数量分别为 100、133 场，同比增长分别为 13.6%、33.0%。从展览面积来看，2021 年武汉市展览面积为 164 万平方米，同比增长 9.33%，全国排名第十五位，展览面积全国占比 1.79%，平均办展面积为 1.64 万平方米。[②]综观展览数量和展览面积，虽然与上海、广州、北京、深圳等一线著名会展城市相比存在一定的差距，但是仍在新一线城市中保持领先地位。

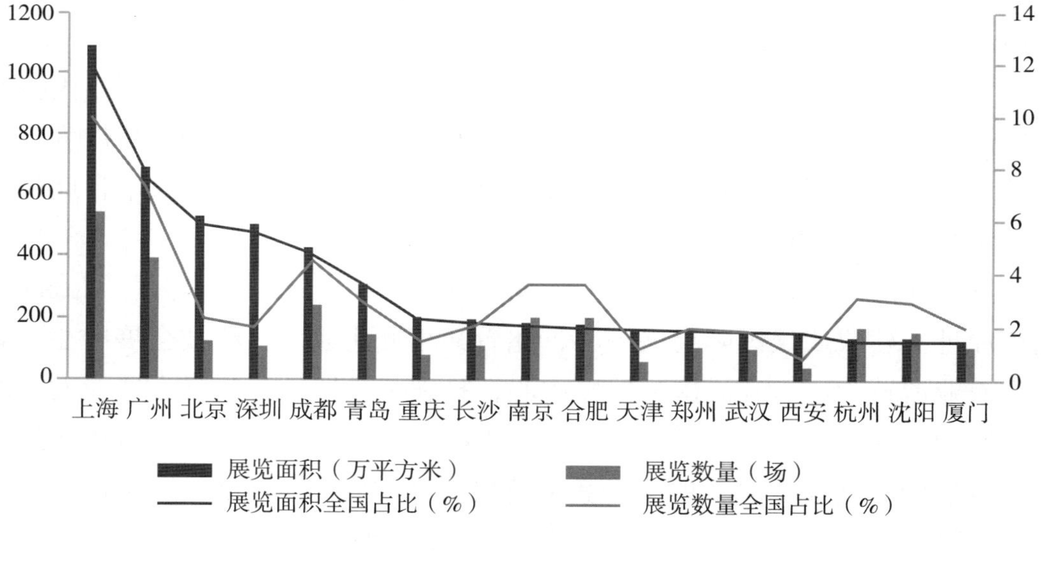

表 1　2021 年全国重点城市会展业展览面积、展览数量及其全国占比示意图

① 数据来源于武汉市商务局。
② 数据整理自中国会展经济研究会发布的《2021 年中国展览数据统计报告》。

2. 场馆配套持续优化

从会展展馆来看，武汉现有武汉国际博览中心①、武汉国际会展中心、中国光谷科技会展中心、中国文化博览中心等4个现代化专业展馆，可供展览面积约30万平方米②，可搭建国际标准展位约1.2万个③。在建的武汉天河国际会展中心将提供45万平方米展览空间，成为我国室内可供展览面积第二大的单个展览场馆。从会议中心来看，武汉拥有东湖国际会议中心、武汉国际会议中心、武汉会议中心等3个现代化专业会议中心，可提供会议面积约20万平方米。从酒店配套来看，目前，在武汉市文旅局登记在册的三星级以上酒店共44家，其中五星级16家，四星级19家，三星级9家。另据国内主流旅游平台大数据显示，武汉市在该平台上有商务酒店4300余家，床位近20万个。这些酒店既可以举办不同规模的会议，又可以承载参展参会客人。

表1　现有及规划重点场馆（会议中心）清单

序号	场馆名称	展览面积（平方米）	运营机构	机构性质	投入运营年份
1	武汉国际博览中心	190000	新城国际博览中心经营管理有限公司	国有控股企业	2011
2	武汉国际会展中心	39000	武汉国际会展中心	民营企业	2021
3	中国（武汉）文化博览中心	45000	武汉客厅文化发展有限公司	民营企业	2012
4	中国光谷科技会展中心	21000	国采（武汉）会展运营管理公司	国有控股企业	2017
5	东湖国际会议中心	30400	湖北武汉东湖会议中心有限责任公司	国有控股企业	2012
6	武汉国际会议中心	100000	武汉国际会议中心有限公司	国有控股企业	2013
7	武汉会议中心	20000	武汉会议中心经营有限公司	民营企业	2014

3. 本土展会特色突出

经过多年发展，武汉本地品牌展会得到了长足发展。目前，武汉已拥有机博会、光博会、食博会、农博会、婚博会、国际汽车展、华中车展暨楚天

① 武汉国际博览中心室内可供展览面积为15万平方米，在全国单个展览场馆中排名第十五位，全国单个展览场馆室内可供展览面积1万平方米以上的展馆有258个。
② 全国29个城市拥有10万平方米以上专业展馆，排名第一至第五的城市分别为上海（79.30万平方米）、深圳（60.50万平方米）、广州（49.24万平方米）、青岛（44.00万平方米）、昆明（38.98万平方米）。
③ 数据来源于武汉市商务局。

车展、刊博会、汉交会、茶博会及食材电商节等一批较有影响力的本地品牌展会。另外，电商博览会、华创会、商业航天高峰论坛、博鳌论坛武汉分会等本土展会品质均呈提升态势。世界大健康博览会、中国国际工业设计博览会、中国（武汉）文化旅游博览会、中国5G+工业互联网大会等一批本土展会，逐渐成长为大型品牌展会，其中，世界大健康博览会迅速成长为行业标杆展会之一，成功升格为国家级展会。

4. 会展企业不断壮大

当前，武汉拥有重点会展企业36家。现有重点会展企业中展馆运营企业4家、组展企业28家、展装搭建服务企业4家。其中，武汉国际会展集团股份有限公司、尚格会展股份有限公司、武汉城投文化产业投资发展有限公司、武汉食和岛网络科技有限公司4家企业成为具有全国影响力的会展企业。

表2　武汉重点会展企业

序号	企业类型		企业名称
1	展馆运营企业（4家）		武汉新城国际博览中心经营管理有限公司
2			武汉国际会展中心股份有限公司
3			国采（武汉）会展运营管理有限公司
4			武汉客厅文化发展有限公司
5	组展企业（28家）	国家级（4家）	武汉国际会展集团股份有限公司
6			尚格会展股份有限公司
7			武汉城投文化产业投资发展有限公司
8			武汉食和岛网络科技有限公司
9		区域级（24家）	武汉仁创会展服务有限公司
10			武汉北辰领航商务会展有限公司
11			高博中贸国际会展（湖北）有限公司
12			湖北嘉禾文化发展有限公司
13			武汉国际体育赛事管理有限公司
14			湖北立嘉会议展览有限公司
15			湖北好博会展文化发展有限公司
16			武汉风向标会展服务有限公司

（续表）

序号	企业类型		企业名称
17	组展企业（28家）	区域级（24家）	武汉鸿威国博会展有限公司
18			武汉华墨展览服务有限公司
19			武汉英奇会展有限公司
20			湖北万泽展览服务有限公司
21			武汉中兴恒远展览服务有限公司
22			武汉东方会展策划有限责任公司
23			武汉沃森联创展览有限公司
24			湖北知音展览有限责任公司
25			武汉对外经贸商务展览公司
26			武汉农博会展有限责任公司
27			湖北中展鼎智会展有限公司
28			武汉天鸿展览有限责任公司
29			湖北玖玖泉涌国际文化传媒有限公司
30			湖北中科对外科技合作有限公司
31			武汉共好会展股份有限公司
32			湖北楚康九州会展有限公司
33	展装搭建服务企业（4家）		武汉瑞美展览股份有限公司
34			武汉锐特展览文化股份有限公司
35			中展国际数字科技有限公司
36			武汉亚美空间展示工程有限公司

5. 影响力获多方认可

2018年以来，武汉会展工作成绩显著、亮点纷呈，全国影响力不断增强，国际化水平不断提升。武汉相继荣获中国会展名城“金海豚”奖、“中国会展最具办展幸福感城市”大奖，武汉国际博览中心荣获“2017—2018年度最具吸引力会展中心”大奖和“2018年度中国会展最佳城市形象展馆”大奖，中国食材电商节获得UFI会员认证。同时，武汉会展企业成功打响知名度，武汉瑞美展览股份有限公司荣获“2018年度中国展陈工程企业绿色”大奖，武汉欧亚会展酒店荣获“2018 年度中国会议业最佳城市地标会议中心”。2019 年，武汉国际会展中心、中国光谷科技会展中心和武汉欧亚会展国际酒店等 3 家会展企业成功加入 ICCA（国际大会及会议协会），实现了武汉场馆获得国际会展组织认证的历史性突破。同年，武汉国际博览中心荣获“壮丽 70 年·中国会展十大会展场馆”大奖，武汉瑞美展览股份有限公司荣获“壮丽 70 年·中国会展十大展陈创新”大奖。

6. 体制机制不断健全

工作机制方面，2005 年，成立武汉市会展业工作领导小组，2012 年，在商务局内设立武汉市会展办公室，2014 年，武汉市人民政府会展办公室正式在市商务局挂牌，2021 年，成立武汉国际会展集团，为有效引进和对接外部会展资源提供帮助。资金保障方面，武汉市相继出台《市人民政府关于印发武汉市会展业发展专项资金管理暂行办法的通知》（武政规〔2014〕4 号）、《市人民政府关于印发武汉市会展业发展专项资金管理办法的通知》（武政规〔2018〕7 号）、《武汉市会展业发展专项资金管理办法（试行）》（武商规〔2023〕1 号），设立了会展业发展专项资金，进一步规范会展业发展专项资金管理，从市场主体培育、会展项目发展、招展引会、办展办会环境等方面给予资金支持。政务保障方面，采取“一展一人”“一企一人”方式，实行会展备案制，设立会展一站式服务窗口，开辟会展样品通关、检验检疫绿色通道，全方位跟踪服务重点展会和重点企业，及时帮助协调解决困难和问题，基本形成展会政务服务常态化机制。

表 3　武汉市会展业相关规范性文件统计表

序号	发布时间	政策文件
1	2023 年 2 月	武汉市商务局《武汉市会展业发展专项资金管理办法（试行）》（武商规〔2023〕1 号）
2	2019 年 2 月	武汉市人民政府《关于促进会展业高质量发展的意见》（武政〔2019〕7 号）
3	2018 年 2 月	武汉市人民政府《关于印发武汉市会展业发展专项资金管理办法的通知》（武政规〔2018〕7 号）
4	2014 年 3 月	武汉市人民政府《关于印发武汉市会展业发展专项资金管理暂行办法的通知》（武政规〔2014〕4 号）

① 资料来源于武汉市人民政府官方网站。

（续表）

序号	发布时间	政策文件
5	2014 年 3 月	武汉市人民政府《关于建设全国重要会展中心的意见》（武政规〔2014〕2 号）
6	2011 年 6 月	武汉市人民政府办公厅《关于促进武汉市会展业发展的若干意见》（武政办〔2011〕107 号）
7	2004 年 4 月	武汉市人民政府《关于加快武汉会展业发展的若干意见》（武政〔2004〕10 号）

（三）发展条件

武汉，无论就城市禀赋、经济基础还是未来的发展潜力来看，其发展会展业条件在中部地区甚至在全国都是独一无二的。

1. 具有“中国之中”的区位战略条件

武汉地处要津，既承东启西、又接南连北，是中部地区和长江经济带中游的第一大城市，1.5 小时飞行圈覆盖全国 90% 的经济总量和 80% 的人口，8 小时飞行圈有条件到达亚洲、欧洲、大洋洲、非洲的重要城市，具备打造国际会展之都的先天区位条件。近年来，“一带一路”、长江经济带、中部崛起等国家战略不断聚焦武汉，国家中心城市、全面创新改革试验区、自主创新示范区、自由贸易试验区、中法武汉生态示范城等一大批国家级战略和改革试点也纷纷落户武汉，武汉的区域战略地位不断提升，为武汉会展业的发展奠定了强大的战略支撑。

2. 具有“九省通衢”的交通通达条件

武汉位于国家综合立体交通网“6 轴 7 廊 8 通道”主骨架的十字主轴交会点，具备“铁水公空”综合通道优势，是全国为数不多的“五型”国家物流枢纽承载城市。武汉坐拥长江、汉江两条大江和发达的江汉水网，处于长江干线通道和京广运输大通道的黄金交会点，京广、京九、汉丹、沪汉蓉、京港 5 条铁路干线，以及京珠、泸蓉等 6 条国道在此交会。目前，“米”字形高铁网初步形成，长江中游航运中心地位不断提升，天河机场是华中地区最大的航空港，广泛的国内国际通达性使得武汉能够有效辐射诸多周边人口和经济大省，为会展业的发展提供有效基础支撑。

3. 具有广阔腹地的市场基础支撑

武汉具有良好的经济基础、广阔的市场腹地和巨大的人口规模，是中部唯一超大城市（人口超1300万），经济总量超1.8万亿元，较大幅度地领先于中部地区其他省会城市和副省级城市，其所在的长江中游城市群人口和经济总量又分别占中部地区约35%和40%，市场辐射范围广，有条件集天下财货、承产业转移、聚高端服务、引八方英才，是国内大市场的关键枢纽，内需市场发展十分稳定，无论是消费需求、投资需求还是政府支出需求都表现不俗，为会展业的发展打下了坚实的市场基础。

4. 具有深厚荆楚文化底蕴和丰富红色文化资源

武汉是荆楚文化的发源地，是近代民主革命的先锋地。作为辛亥革命的首义地，规模最大、成就最高，在中国近现代史上占据了举足轻重的革命和政治地位。全市有名胜古迹339处、革命纪念地103处，有275处国家级、省级、市级文物保护单位，其中国家重点文物保护单位有盘龙城商朝遗址、辛亥革命首义军政府旧址、武汉国民政府旧址等33处。湖北省是古代荆楚文化的发源地，武汉是盘龙之城、黄鹤之乡、首义圣地，有大禹治水、屈子行吟、伯牙鼓琴、李白放歌的佳话，还有楚剧、汉剧、皮影戏、汉绣等文化瑰宝，湖北评书、湖北大鼓、湖北小曲、渔鼓等曲艺类目影响深远，拥有黄鹤楼、归元寺、晴川阁、古琴台、古德寺等重要历史遗迹。

（四）战略需求

1. 是武汉服务国家战略、引领区域发展的战略要求

发展会展业，有利于促进城市服务业发展、促进消费升级转型，有利于开拓市场、推动招商引资，有利加强交流合作，提高对外开放水平，对经济社会发展具有极大的促进作用。在加快构建以国内大循环为主体、国内国际双循环相互促进的新发展格局中，武汉肩负区域引领带动重任，这就要求武汉必须更大限度地发挥出作为中部地区重要战略支点、长江中游城市群龙头城市、长江经济带核心城市的区位优势，加快推进会展业发展，构建具有影响力的国际会展之都，是武汉服务国家战略，引领区域发展的重要引擎。

2. 是武汉在建设全国构建新发展格局先行区中当先锋、打头阵的战略使命

武汉建设国际会展之都，有利于强化武汉的辐射带动能力，更好发挥在省内和武汉都市圈内的“一主引领”作用，以及对长江中游城市群的集聚辐射作用。面对为建设全国构建新发展格局先行区当先锋、打头阵的战略使命，武汉必须在新一轮的全面开放战略中，以建设国际会展之都为抓手，大力推

动以武鄂黄黄为核心的武汉都市圈发展，充分发挥好武汉在加快建设全国构建新发展格局先行区中的引领作用，打造引领湖北、支撑中部、辐射全国、融入世界的重要增长极。

3. 是武汉打造“五个中心”、提升国家中心城市功能的迫切需要

建设国际会展之都重在发挥面向全球市场的大平台、总枢纽作用，促进产品、服务、人才、技术、资本、信息等多元要素的供需对接、最优组合、有机融合与繁荣发展，从而实现资源的全球化高效配置。面对加快打造全国经济中心、国家科技创新中心、国家商贸物流中心、国际交往中心和区域金融中心的战略目标，武汉市需要以建设国际会展之都为契机，强化中心城市的要素配置功能，在新发展格局中锚定国家中心城市建设目标，全面推进武汉高质量发展。

三、武汉建设国际会展之都亟需解决的重大问题

（一）统筹协调机制尚不健全

一是统筹协调力度不够。2019 年市政府会展办公室在机构改革中被撤销，严重削弱了会展业工作领导小组办公室的全局统筹协调能力，大部分会展活动均由各主管部门主办，缺乏全市跨部门、跨领域的统筹协作机制，各部门未能形成工作合力。

二是市级层面重视程度不够。成都、长沙、深圳等城市均明确在 2023 年《政府工作报告》中提出建设国际会展之都或国际会展名城，着重强调会展业作为现代服务业对城市发展的重要性，但是武汉市 2023 年《政府工作报告》没有将会展纳入相关工作安排。

（二）政策法规有待完善

一是缺乏总体规划和配套政策。武汉市会展相关的规范性文件主要形成于“十二五”时期和“十三五”时期，“十四五”以来仅出台《关于加快武汉市会展业发展的若干措施》和《武汉市会展业发展专项资金管理办法（试行）》，尚未出台会展业中长期发展规划、国际会展之都建设规划、会展产业链相关促进政策，而反观北京、上海、成都、南京、长沙等城市已编制完成会展业中长期发展规划，特别是成都正大力谋划建设国际会展之都，已编制完成一个总体规划《成都市“十四五”国际会展之都建设规划》，和一套完善的政策体系《成都市会展业发展专项资金管理办法》《培育展会创新模

式激发增长新动能指导意见》《促进会展产业新经济形态发展的实施意见》《2023年成都会展产业链合作机会清单》《成都市产业生态圈人才计划实施办法》，抢抓城市发展新机遇。

二是法律法规建设严重滞后。武汉尚未出台会展相关法律法规，约束机制建设滞后于市场发展实际，政府部门对于行业监管和市场管理无法可依，导致存在重招商轻招展、重创收轻服务等问题。杭州、潍坊、厦门、西安、成都、郑州等城市相继颁布实施《会展业促进条例》，为促进会展业高质量发展提供了法治保障。

（三）多元要素支撑力度有待强化

一是优质会展企业和人才支撑不够。武汉目前没有具有国际影响力的会展企业落户，具有国内影响力的企业也仅有4家，年营业收入在1亿元以上的仅有3家，年营业收入在500万元左右、从业人数在20人以下的小微型企业，占90%以上，市场竞争力弱。会展企业专业化程度普遍较低，现有重点会展企业与专业展览机构合作较少，自主组展项目品牌影响力不高，行业影响力有限。会展组织者、管理者和相关从业人员的专业水平相对偏低，了解国际惯例、富有操作经验、掌握外语的中高端会展人才更是稀缺。无论是开设会展相关专业的院校数量还是学生的培养质量均不能与武汉当前的会展行业体量相匹配 。

二是扶持政策力度有待加强。当前，武汉设置的会展业专项资金额度为2000万元，低于成都（1亿元）、海口（8000万元）、长沙（7000万元）、厦门（5000万元）等城市。就支持力度来看，专项资金支持较为分散，单个项目支持力度较小，资金支持多集中于会展的举办和引进会展的场馆，缺乏对引进国内外知名会展主办方的资金支持，和对连续举办的高水平会展的奖励。

三是基础设施供给能力不足，质量不高。接待能力方面，武汉市星级酒店数量与其他新一线城市相比较少，且近年来受新冠疫情等众多因素影响，酒店数量逐年波动趋势明显，四大展馆周围星级酒店稀缺，客房不足，无法满足不同客商的驻留需求。如“国博”投入运行至今已12年，展馆周边的酒店、购物、餐饮、娱乐等服务设施仍没有完全配套，酒店配套方面仅有洲际酒店（五星级）、套房假日酒店（四星级）和2家商务酒店，客房不足1300间。展馆供给方面，缺乏超大型展馆，承接大型会展项目受限，常态化大型会展数量少；现有可供展览总面积已在国内处于领先地位，但是各展馆定位模糊、特色优势不突出、分工不明确，单馆面积较小，空间布局和档次结构不合理，出现了“供给不能适应需求”的问题。

（四）展产融合有待加速

一是会展业先导平台属性发挥不充分。会展属于先导性现代服务业，具有产业关联系数大，技术连带功能强的特点，代表着技术发展和产业结构演进方向。当前武汉的会展项目主要集中在“9”大支柱产业的汽车制造和服务、大健康和生物技术、文化旅游、商贸物流等领域，特别是在汽车展方面同质化竞争十分严重，而有关“6”大战略性新兴产业、“5”大未来产业的会展项目十分稀少，既未能充分展示武汉优势产业，将市场需求信息传递给生产者，发挥会展在主体产业链、供应链中的重要环节作用，也未能传播推广国际国内先进技术、先进产品，助推武汉产业结构调整，加快产品升级换代，尚未形成“以产带展，以展促产”的良性循环局面。

二是“会展+文旅”融合发展不充分。一方面，当前武汉会展业与文旅业“脱节现象”严重，“会展+文旅”涉及政府部门、行业协会、会展公司、旅游企业等众多利益群体，目前尚未形成合理的利益共享机制和分工协作体系，会展活动吸引参展商、组展商、外围受众群体，文旅企业接待滞后、服务有限，只能被动受益。另一方面，武汉旅游资源分散，缺乏有效手段整合现有旅游资源，缺乏统一的信息咨询和营销平台，未开发出独具特色、影响广泛的会展专属旅游线路和旅游品牌，同时，武汉会展文旅营销投入较少、手段单一，未能充分利用各类渠道，向会展参展商、组展商、观众等群体展示汉派文化和特色旅游产品。

表 4　武汉市“965”产业体系代表性展会清单

“9”大支柱产业集群	
产业名称	代表性展会
“光芯屏端网”新一代信息技术	“中国光谷”国际光电子博览会暨论坛、中国 5G+ 工业互联网大会
汽车制造和服务	武汉国际车展、华中国际车展、世界汽车制造技术暨智能装备博览会暨中国武汉国际汽车供应链创新技术博览会、全国汽配会（巡展）、中国国际商用车展览会
大健康和生物技术	世界大健康博览会、中国生物产业大会暨“中国光谷”国际生命健康产业博览会

（续表）

高端装备和先进基础材料	中国国际机电产品博览会、中国国际工业设计博览会、中国（武汉）蒸发及结晶技术设备展览会、湖北（武汉）国际先进医疗仪器设备展、华中科教仪器与技术装备展、武汉应急安全博览会、中国中部（武汉）国际口腔设备材料展览会、武汉国际纺织面料及辅料博览会、全国医院建设大会（巡展）、中国国际医药原料药 / 中间体 / 包装 / 设备交易会设备展览会（巡展）
智能建造	武汉国际绿色建筑建材及装饰材料博览会、 智慧城市与智能建造产业博览会、中国城镇水务技术及产品交流展
商贸物流	全球数字贸易大会暨汉交会、武汉国际电子商务暨“互联网 + ”产业博览会、武汉国际物流与供应链博览会、武汉国际智能仓储及智慧物流展览会
绿色环保	中国（武汉）国际环保产业博览会、长江经济带（武汉）国际水博览会、武汉国际水科技博览会暨环保产业博览会
文化旅游	中国（武汉）文化旅游博览会、武汉房车旅游文化博览会
现代金融	中国 · 武汉金融博览会暨中国中部（湖北）创业投资大会
“6”大新兴产业领域	
网络安全	国家网络安全博览会
航空航天	中国（国际）商业航天高峰论坛、世界飞行者大会
空天信息	暂无
人工智能	暂无
数字创意	中国国际服务外包交易博览会、全球数字经济发展论坛暨武汉国际数字经济博览会字经济产业博览会
氢能	暂无
“5”大未来产业方向	
电磁能	暂无
量子科技	暂无
超级计算	暂无
脑科学和类脑科学	暂无
深地深海深空	暂无

四、武汉建设国际会展之都的对策建议

（一）优化展馆功能定位，完善场馆设施配套

一是打造武汉多层次展馆群。以在湖北建设全国构建新发展格局先行区中当先锋、打头阵为统领，以服务武汉城市发展战略为导向，加速优化武汉会展业空间结构，构建“一核四驱，全域协同”的“1+4+N”会展业发展新格局。重点建设武汉国际博览中心“1”个国家级综合会展中心，充分发挥“展会一

体”的多功能复合型重大平台优势，引培专业化、规模化、国际化的会展项目，打造国际会展新高地。加快提升武汉国际会展中心、中国（武汉）文化博览中心、光谷科技会展中心“3”个区域级综合会展中心服务功能，依托武汉国际会展中心，打造国际高端商贸会展集聚地；依托中国（武汉）文化博览中心，打造网络安全产业链会展集聚地；依托光谷科技会展中心，打造高新技术综合会展集聚地。引进一批会议型高星级酒店，结合中小型场馆布局“N”个中小型专业会展场馆群。

二是推动现有场馆服务功能升级。全面提升会展场馆智能化水平。搭建数字云展中心，推进“线上＋线下”办展。鼓励应用云计算、大数据、物联网、元宇宙等先进技术，促进会展场馆信息资源库、设施管理系统、展期安排系统、展销系统等智慧化改造，提供线上注册、展会预约、电子签到、社交分享、馆内导航等一站式服务。加快提升展馆绿色化水平。鼓励支持会展企业在展会组织、展示设计等环节创新应用节能环保、可重复利用的展览材料和产品，实现展览业绿色可持续发展。鼓励在场馆设施、项目运营、展示设计、展台搭建、垃圾处理等环节应用节能环保技术，推动绿色展馆、绿色展会认证。推动制定绿色会展相关标准和规范，建立健全绿色会展的技术指标体系。

三是提升会展综合配套设施能级。加快完善全市国家级和区域级综合会展中心周边餐饮、住宿、商贸、娱乐等配套设施建设，加强专业场馆与酒店集群和商业综合体协同合作，有效推进腾退空间、老旧厂房、商业设施等存量资源的转型利用，打造会商旅文体功能集聚区。提升物流配套效能，加快重要物流节点的仓储、冷链设施建设，规划大型会展专用物流轮候区。加快畅通展馆快捷通达基础设施，推进通达专业场馆的机场快线建设，发挥全市交通枢纽优势，促进“机场＋高铁＋地铁＋公交”等便捷换乘，开通重点场馆专线通达的“绿色通道”。

（二）塑造会展特色品牌，推进会展业国际化发展

一是培育有潜力的特色会展项目。大力丰富节庆赛事活动，积极发展一批文化节庆、品牌赛事、历史论坛、电影节、音乐节、电竞、动漫等受众群体广泛、参与程度高的特色展会。在跨境电商、预制菜、户外运动等新兴领域创办主题细分化、个性定制化的展会。推动商用车展、电博会、口腔展、婚博会、茶博会等细分领域“领头羊”项目快速成长，引导和推动有潜力的

主题相近或行业相关的中小型展会联合（合并）办展，吸引培育符合本地消费市场需求的消费品牌展会。充分利用武汉“大学之城”优势，鼓励在汉大专院校、科研院所、企事业单位等引进或申办各自行业、专业领域有重大影响力的学术会议项目，形成以“校友经济”模式助力“会展经济”发展的新路径。

二是打造国际国内知名会展品牌。做大做强健博会、文旅博览会、食材电商节、机博会、光博会、武汉国际车展、电博会、华创会、5G+工业互联网大会、商业航天高峰论坛等现有重点展会。充分发挥商业协会、高校及科研机构、骨干会展企业作用，巩固现有会展项目，引进重大国际会展项目，提高国际会展比例。瞄准人工智能、大数据、先进计算、区块链、5G+工业互联网、虚拟现实、量子等新兴业态和前沿领域，培育和吸引前沿科技展会在汉举办，打造国际学术论坛高地，促进行业交流和科技成果转化。加强与国际组织、国家级商协会及全国知名展会组委会的合作，建立重点引进会展项目库，通过永久落户、设立海外展区、策划系列展等形式，招引国际高能级会展和全国知名巡展。

三是提升品牌会展管理和服务质量。研究制定《武汉市品牌会展管理及服务办法》，出台品牌会展认定方案，建立等级评定规则，实施分级管理制度，定期动态调整，推动全市会展业专业化、国际化、品牌化、数字化发展。强化部门联动，积极协调发改、经信、农业、金融等行业主管部门，聚合优势资源，形成工作合力，给予专项政策支持，推动品牌会展做大做强。实施品牌会展认证行动，支持武汉会展集团、国博、好博、食和岛等本土会展企业加入UFI、ICCA等国际知名会展组织，增强本土会展企业国际竞争力。

（三）培育壮大市场主体，充分发挥协会力量

一是培育具有国际竞争力的会展集团。鼓励、引导本地会展企业持续举办自主品牌会展，进一步提升市场化办会办展能力水平。支持本市大型会展骨干企业通过收购、兼并、控股、参股、联合等形式组建大型国际会展集团。鼓励本市会展企业策办申办重大项目、争取上市。鼓励本市会展企业通过资源整合、信息共享和有序竞争等方式与国际会展集团进行合作。引导有潜力的中小型会展企业向特色化、专业化方向发展，在产业细分领域扶持培育一批服务水平高、核心竞争力强的专业会展企业和特色会展企业。引导中小会

展企业与展馆、商会、协会建立战略联盟。鼓励和支持中小会展企业根据各自专业特色，联合办展、办会，在协同发展中实现提质增效。

二是引进国际知名会展市场主体。建立重点引进国际知名会展企业名录，精准招引国内外牵引性、带动性强的链主企业，引导国际知名企业在武汉设立区域性总部和具有总部级职能的独立法人机构，通过链主企业吸引会展全产业链条的上下游、左右岸企业集聚，形成展会产业集群。积极开展与会展行业国际组织的合作，充分发挥武汉会展行业协会等行业组织的作用，支持举办国际组织年会等具有行业影响力的国际活动，吸引更多国际知名会展市场主体落户武汉。鼓励本地会展企业和协会加入 UFI、ICCA、IAEE（国际展览和项目协会）等国际权威会展组织，鼓励品牌展览获 UFI、ISO9001 质量管理体系认证，推动市场主体和会展项目国际化发展。

三是发挥会展行业协会作用。组织完善武汉 3 处会展行业协会商会，充分发挥其作为政府与企业的桥梁作用，积极建立国内外优秀会展数据库，实时更新会展信息，共享国内外会展市场信息，建立有效业务交流平台。设置会员准入门槛，保证会员质量，促进优胜劣汰。提供定制化国内外会展行业数据报告，瞄准未来市场制定合适的战略方向。定期举办行业协会大会、专家研讨会、客户–供应商讨论会，建立全国全球交流系统。建立系统化教育培训体系，提升协会会员专业实力和协会整体影响力。

（四）探索“会展 +”新模式，发挥会展溢出效益

一是推动“会展 + 产业链”协同发展。聚焦“965”产业体系，鼓励每个产业链牵头部门培育或引进 1 个以上会展项目，实现“一链一展会”，建立并动态更新会展产业链重点培育优质企业名单，利用产业的“品牌效应”打造优质会展活动。探索建立会展项目负责人和产业链负责人共同担任链长的“双链长制”，设立专项推进工作小组，实现“会展”与“产业链”同频共振。建立全产业链办展机制，以“展 + 节”“展 + 会”“展 + 活动”的扩张方式，谋划布局软件和网络安全、人工智能等产业新赛道，量子科技、超级计算等未来产业。组建产业部门、功能区、领军企业、会展大使联动的专业招引团队，积极促进产业链相关会展项目落地。

二是推动“会展 + 文旅体”联动发展。创新打造会展小镇、商贸会展产业园区等融合性项目，发展会奖旅游、商务交往等新兴业态，扶持武汉时装

周提档升级，举办有国际影响力的电影节、艺术节等文化展演活动，切实提升武汉文化历史名城和新时代英雄城市的知名度和美誉度。推动会展与体育融合发展，举办斯诺克中国公开赛、世界杯亚洲区预选赛等国际、洲际体育赛事活动，做大做强“汉马”“渡江节”等本土IP赛事，依托体育场、运动公园、绿道、广场等特色空间，举办体育主题节庆活动，助力开展全民健身，扩大体育消费。

三是落实“会展+消费”带动发展。聚焦满足人民美好生活需求，打造一批价值突出、商贸活跃、特色鲜明的品牌消费展，带动餐饮住宿、消费娱乐、商品流通等服务业共同发展，推动会展人群流量转化为城市消费增量。利用丰富的旅游资源，在热门A级景点积极举办旅游主题日、艺术巡展或特色赛事等活动。支持举办各类首发、首秀、首展活动，打造“全球新品首发地”，推动“首发经济”健康发展。鼓励在特色品牌展会展示推介老字号、非遗品牌等。推进会展与商业街区、商业综合体、电商平台等融合发展，集聚品牌资源，提升产业能级、引领消费潮流，强化“会展+商贸”常年展示交易功能，推动建设国际消费中心城市。

（五）强化会展工作保障，完善会展服务体系

一是加强组织领导。充分发挥市会展业工作领导小组职能作用，调动市会展业协会主观能动性，加快规划和政策谋划，完善市级层面协调推进机制，统筹推进重大展会的举办，落实各项展会节事活动保障工作。

二是落实资金支持。统筹会展发展专项资金，对符合专项资金管理办法的予以奖励补贴，鼓励金融机构加大对会展企业的融资支持力度，支持社会资本参与展会项目运作，助力高品质展览、国际知名会展机构的引进和高端国际会议的申办。

三是夯实人才支撑体系。继续实施现有人才引进和培育政策，建立高层次会展人才信息库，吸引展会领军人才、优秀团队来汉。支持高等院校、职业院校等设置会展专业，鼓励社会机构开展会展专业人才培训，提高会展服务核心竞争力。鼓励本市会展企业与高校、科研院所开展多种形式的合作交流，依托重点展馆和展会，建设一批校企联合的会展实训项目，促进学历教育与职业培训的结合。

四是健全知识产权保护体系。建立会展业信用档案和违法违规单位信息

披露制度，推动部门监管信息共享和公开。开展会展服务、会展经营、展会评级等领域的地方标准研究。在各展馆常设法律服务中心，指导展会主办方与参展方签订参展期间知识产权保护条款或合同，全面优化会展中介服务、知识产权保护和纠纷调解服务等。

五是完善重大会展活动保障体系。深入推进市、区、展馆三级常态化政务保障模式，采取“一对一”精准服务，积极准备“一会一案”专项服务保障方案。对大型展会、国际性展会等在展会报批备案、展品通关、海关监管、交通疏导等方面予以重点服务保障，重大展会商品实现“当天报关、当天查验、当天放行”的快速通关模式，在主要旅检口岸现场开通快速通道，为参展人员和入境展品提供通关便利。加大对重点展会、品牌展会的宣传支持力度，提前规划主题灯光秀等特色活动，做好氛围营造工作。

课题组成员：袁云光　张冰倩　胡爽平　王　珺
吴　怡　付　兴　伍　玥　陆晓瑜

发挥武汉产业和创新优势 加快培育功率半导体产业

沈 明

功率半导体是电力电子设备核心器件，广泛应用于新能源汽车、新能源发电、工业控制、智能电网、装备制造等领域，是关系武汉多个产业链供应链自主可控的关键核心技术。受益下游应用需求多点爆发，近年来国内功率半导体市场迎来高景气成长，长沙、合肥、成都、重庆、济南等城市纷纷入局，武汉作为全国重要工业基地，功率半导体应用场景丰富，产业基础和创新优势突出，极具发展潜力，但截至目前市区两级尚未有明显关注，应提高警觉、高度重视，积极培育本土功率半导体产业，这对武汉市掌握核心技术，发展核心产业，完善先进制造业上下游集群有重大意义。

一、功率半导体技术特点和应用领域

从功能来看，功率半导体是电力电子装置中电能转换和电路控制的核心器件。功率半导体是半导体的一种，可分为功率 IC 和功率分立器件两大类，功率分立器件包括二极管、晶闸管、MOSFET（功率场效应晶体管）、IGBT（绝缘栅双极型晶体管）等主要产品，其中 MOSFET、IGBT 是电驱逆变器核心部件。[①] MOSFET 具备开关速度快、输入阻抗高、热稳定性好等特性，广泛应用于模拟电路与数字电路领域；IGBT 是由 MOSFET、BJT 组成的复合全

① 逆变器是将低压（12/24/48 伏）直流电转变为 220 伏高压交流电的一种电源转换器，其性能直接关系电机的功率输出表现和新能源汽车的续航能力，是新能源汽车核心零件。

控型功率半导体，兼具 MOSFET 输入阻抗高、BJT 导通电压低的两大优势，适用于高压、大电流领域，被誉为电力电子行业的“CPU”，广泛应用于新能源发电、新能源汽车、充电桩、轨道交通、智能电网、航空航天、家用电器领域，是解决能源短缺问题和降低碳排放的关键技术。（见表 1）[①]

表 1　主要功率器件产品

类型	兴起年代	主要类型	电压范围	应用领域	国产化现状
二极管	20 世纪40年代	SBD（小功率）、FRD（中大功率）	1V~数千伏	消费电子、新能源、汽车电子、智能电网等	已实现国产替代
晶闸管	20 世纪50年代	SCR、GTO、IGCT	数千伏	高压领域如工控、UPS不间断电源、变频器等	已实现国产替代
MOSFET（功率场效应晶体管）	20 世纪70年代	平面栅MOS、沟槽栅MOS、超结MOS、屏蔽栅MOS等	100V~1700V	电源管理、计算机及外设设备、通信、消费电子、汽车电子、工业控制等	中低压领域实现国产替代
IGBT（绝缘栅双极型晶体管）	20 世纪80年代	按形态分IGBT器件和模组，按技术代际，IGBT最新发展到第九代	600V~6500V	中低压：电动车、消费电子；高压：轨道交通、电网	海外最先进到8代、国产以1—4代为主，有代差

从材料来看，碳化硅（SiC）、氮化镓（GaN）等第三代半导体是主流发展方向。功率半导体可分为三类：以硅（Si）、锗元素（Ge）为代表的第一代半导体（元素半导体），以砷化镓（GaAs）、磷化铟（InP）为代表的第二代半导体（化合物半导体），以碳化硅（SiC）、氮化镓（GaN）为代表的第三代半导体（宽禁带半导体）。区别于传统硅基衬底，碳化硅（SiC）具备热导率高、临界击穿场强高、电子饱和漂移速率高等特性，氮化镓（GaN）具有高临界磁场、高电子饱和速度与高电子迁移率特点，是制造 MOSFET、IGBT 和超高频器件的极佳选择。以电驱逆变器为例，碳化硅模块代替硅基 IGBT 后，逆变器输出功率可增至原有的 2.5 倍，体积缩小 1.5 倍，功率密度为原有的 3.6 倍，推动成本整体降低。目前市场仍以硅基 MOSFET 和硅基 IGBT 为主，但硅基功率器件受材料本身限制，已难以满足 5G 基站、新能源汽车及高铁对器件高功率及高

① IGBT 是 MOSFET 和 BJT（双极结型晶体管）组成的复合功率半导体器件，同时具备 MOSFET 开关速度高、输出阻抗高、控制功率低、驱动电路简单、开关损耗小的优点，和 BJT 导通电压低、通态电流大、损耗小的优点。

频性能的需求。随着 SiC 和 GaN 成本下降，第三代半导体的市场需求将迎来高速增长，预计 2021—2027 年全球碳化硅市场规模将从 10 亿美元增长到 60 亿美元以上，复合增速高达 34%。①

从制造来看，功率半导体工艺流程多，IDM 为长远发展趋势。从产业链来看，功率半导体上游为各类原材料及设备，包括硅晶圆、光刻机、引线框架、宽禁带材料及其他辅助材料供应。中游是功率器件制造，包括硅晶圆—外延—芯片制造—封装。其中前道工艺决定了芯片的电子传输等性能表现，是功率器件芯片性能的决定性因素，为掌握核心工艺环节，全球功率半导体龙头制造商大多采用 IDM 模式。后道封装是保证器件可靠性的关键环节，工业、汽车等领域对产品耐压、耐温、耐冲击等可靠性有较高要求，为保证多个芯片有机组合功能实现，器件厂商通常要根据应用的实际工况对芯片进行定制化封装，在高可靠性 IGBT 模块中封装成本占比可超过 30%。总体来看，功率半导体制造工艺流程多，单点技术突破造不出完整器件，需要产业功能集成发展，目前国内企业大多从事特定环节生产制造，具备 IDM 能力的比较少。②

从应用来看，功率半导体几乎用于所有电力电子行业，最大需求来自新能源汽车、工业控制和新能源发电三大领域。新能源汽车领域，功率器件成本占整车成本高达 8% ~ 10%，占充电桩成本高达 20%，是仅次于电池（占整车成本 38%）的第二大成本组成，预计 2021—2025 年全球车规级半导体市场规模将从 467 亿美元增长至 800 亿美元，复合增长率达到 15%。③工业控制领域，功率半导体广泛应用于变频器、逆变焊机、电磁感应加热、工业电源等场景，是电机控制的核心器件，预计 2021—2025 年全球工业控制 IGBT 市场规模将从 150 亿美元增长至 170 亿美元，复合增长率 5% 左右。④新能源和电力领域，IGBT 大量应用于光伏逆变器、风电整流器、特高压直流输电、电力电子变压器、变频家电等场景，预计 2021—2025 年全球新能源相关 IGBT

① 数据来源于《2022 年功率 GaN》，由全球知名半导体分析机构 Yole 于 2022 年发布。
② 国内具备 IDM（设计制造和封装测试一体化）经营能力的厂商以安世半导体（闻泰科技收购公司）、士微兰、华润微、时代电气、比亚迪半导体为代表；Fabless（无工厂芯片供应商）公司以斯达半导、新洁能、东微半导为代表。
③ 数据来源于 Omdia，Omdia 是全球知名数据服务机构，每年收集 3.95 亿个数据点，覆盖全球 150 个科技市场。
④ 数据来源于集邦咨询，集邦咨询是国际高科技产业市场研究机构，研究范围覆盖半导体、LED 显示面板、新能源、太阳能光伏、晶圆代工、第三代半导体等核心领域。

需求将从55亿美元增长至100亿美元以上，复合增长率超过15%。（见图1）

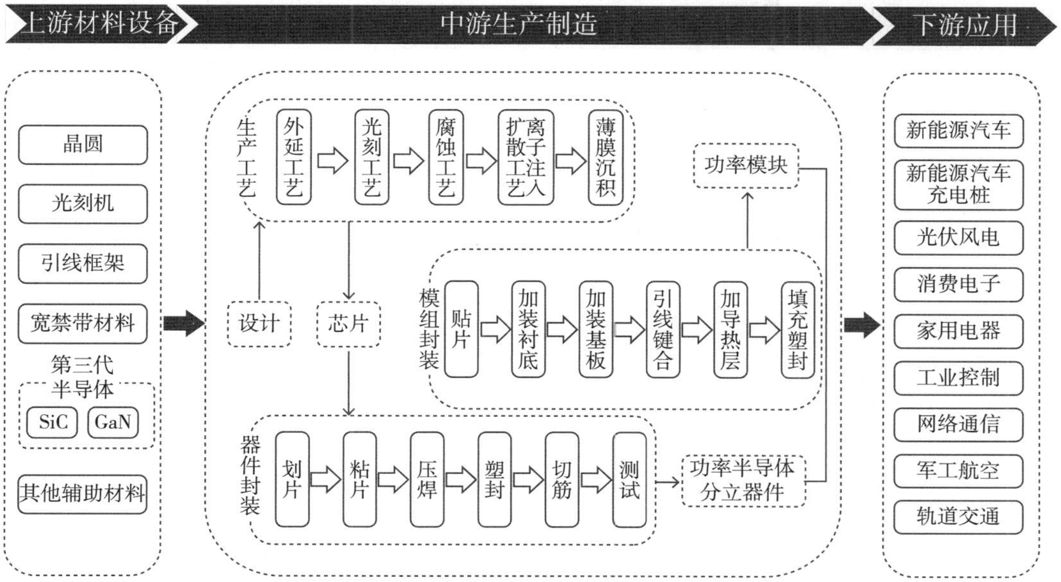

图1　功率半导体产业链图谱

二、国内外功率半导体产业发展格局

从全球来看，功率半导体市场长期被欧美日国家垄断，市场集中度高。2021年全球功率半导体市场规模251.25亿美元，其中前十大功率半导体公司市场份额超过60%，分别为英飞凌、安森美、意法半导体、三菱电机、富士电机、东芝、威世、安世半导体、瑞萨、罗姆半导体。从国别来看，德国英飞凌市场份额19.38%，占据领导地位；美国安森美市场份额8.16%，排名第二；日本三菱电机、富士电机、东芝等5家企业入围全球十强，合计市场份额19.60%，实力也十分强劲。（见表2）相比欧美日强势市场占有率，中国功率半导体产业发展仍处于早期阶段，仅安世半导体进入名单，安世半导体曾为荷兰企业，是全球IDM龙头厂商，二极管、晶闸管和MOSFET等产品领域竞争力排名全球前列，2019年被中国企业闻泰科技以268.54亿元收购，是中国半导体行业金额最大的收购案，彰显了我国发展功率半导体产业的决心。

表 2　2021 年全球十大功率半导体企业市场份额统计表

排名	企业名称	总部	2021年营收（亿美元）	市场份额
一	英飞凌(Infineon Technologies)	德国	48.69	19.38%
二	安森美(Onsemi)	美国	20.51	8.16%
三	意法半导体(STMicroelectronics)	瑞士	17.14	6.82%
四	三菱电机(Mitsubishi Electric)	日本	14.76	5.87%
五	富士电机(Fuji Electric)	日本	11.73	4.67%
六	东芝(Toshiba)	日本	9.96	3.96%
七	威世(Vishay intertechnology)	美国	9.96	3.96%
八	安世半导体(Nexperia)	中国	6.72	2.67%
九	瑞萨(Renesas Electronics Corporation)	日本	6.45	2.57%
十	罗姆半导体(ROHM Semiconductor)	日本	6.34	2.52%

从国内来看，功率半导体国产化进程明显提速，产业发展确定性强。我国功率半导体市场占全球份额近五成，但国产化率仅 10% 左右，二极管、晶闸管、中低压 MOSFET 等领域国产替代较好，高压 MOSFET 和 IGBT 等中高端领域 90% 以上仍依赖进口。近年国家发布了《国家信息化发展战略纲要》《中国制造 2025》等系列文件，明确提出要加快 IGBT、碳化硅、氮化镓等重点技术攻关，为功率半导体产业发展提供了政策支撑。叠加国外产能供应不足等行业现状，近两年功率半导体国产替代进程明显加快。截至 2022 年第三季度，我国车载功率 IGBT 模块国产化率已提升至 50% 以上，其中比亚迪半导体搭载约 69.9 万套（占 23%），斯达半导约 54.3 万套（占 18%），时代电气约 41.1 万套（占 13%）（见表 3）。①不同于芯片制造，功率器件的技术迭代速度较慢，使用周期较长，能够给国内厂商充足的追赶时间，叠加新能源汽车、新能源发电、新基建需求驱动，功率半导体是最有可能实现弯道超车的半导体领域。

① 数据来源：未来智库《2022 年功率半导体行业研究报告》，https://zhuanlan.zhihu.com/p/592286029.

表 3　国产新能源车用 IGBT 厂商情况统计表①

序号	企业名称	技术对标	晶圆产能	主要客户
1	比亚迪半导体	英飞凌2代、4代	IDM（6寸、8寸）	蓝海华腾、东风、长安等
2	时代电气	英飞凌4代、7代	IDM（8寸）	中国中车、东风、广汽、理想、长安、蔚来、哪吒、小鹏等
3	斯达半导	英飞凌4代、7代	Fabless（与华虹合作）	东风、比亚迪、广汽、北汽、长安、长城、奇瑞、江淮、小鹏等
4	士微兰	英飞凌4代、7代	IDM（5、6、8、12寸）	零跑、吉利、比亚迪、汇川、上汽等

从区域来看，国内功率半导体产业主要集中在长三角和珠三角地区，内陆中心城市发展主动性明显增强，武汉稍显落后。截至 2023 年 2 月，国内功率半导体制造企业 700 家左右，60% 集中在长三角和珠三角地区，广东（197 家）、江苏（137 家）、浙江（66 家）、上海（32 家）企业数量最多。相比之下，中西部省市功率半导体企业数量相对较少，集中在湘鄂皖成渝 5 省市，以湖南实力最强，聚集了时代电气、中车时代、比亚迪半导体等一批龙头。②近年来，济南、重庆、合肥、长沙、北京、成都等城市积极入局功率半导体产业。2018 年 12 月，济南出台《济南市支持宽禁带半导体产业加快发展的若干政策措施》，2020 年 7 月，重庆出台《重庆市半导体产业发展五年工作方案》，明确提出功率半导体芯片为四大芯片发展方向之一，要打造全国最大的功率半导体生产基地。2021 年 11 月，合肥长丰县第三代功率半导体（碳化硅）产业园项目正式开工，总投资高达 100 亿元。2022 年 2 月，山东省出台《山东省第三代半导体产业发展“十四五”规划》，提出要打造空间集聚、功能关联的百亿级国家第三代半导体产业高地。2022 年 5 月，长沙高新区出台《关于促进长沙高新区功率半导体及集成电路发展的若干政策》，以总额高达 5000 万元的扶持资金、16 条惠企政策支持功率半导体产业发展。2023 年 2 月 6 日，北京顺义区出台《进一步促进第三代等先进半导体产业发展的若干措施》，指出第三代半导体是各国竞争的战略制高点，

① 数据来源：根据网络资料整理。
② 数据来源：企查查，https://www.qcc.com/ .

要加快构建北京第三代等先进半导体创新型产业集聚区，推动相关企业成长。2023年2月9日，成都高新区发布《成都高新区功率半导体产业三年行动计划（2023—2025）（征求意见稿）》及《成都高新区关于支持功率半导体产业发展的若干政策（征求意见稿）》，提出到2025年要建成产业链完备、链主企业集聚的功率半导体产业集群。武汉2022年出台过《关于促进半导体产业创新发展的意见》，主要针对存储、光电、显示等领域延链补链强链，对功率半导体产业的关注有待提高。

表4　2022年国内功率半导体重点企业统计表

序号	重点企业名称	总部	所属区域	主要产品
1	芯导科技	上海	长三角地区	电源管理/功率器件
2	华大半导体	上海	长三角地区	IGBT/电源IC/MCU
3	瑞能半导体	上海	长三角地区	SiC/双极器件
4	瞻芯电子	上海	长三角地区	SiC
5	臻驱科技	上海	长三角地区	SiC
6	苏州固锝	苏州	长三角地区	双极器件/MOSFET
7	东微半导体	苏州	长三角地区	功率器件
8	量微半导体	苏州	长三角地区	GaN
9	能华微电子	苏州	长三角地区	GaN
10	华润微	无锡	长三角地区	MOSFET/IGBT/功率IC
11	新洁能	无锡	长三角地区	MOSFET/IGBT
12	捷捷微电	启东	长三角地区	双极器件/MOSFET
13	闻泰科技（安世半导体）	嘉兴	长三角地区	MOSFET/双极晶体管/GaN
14	斯达半导体	嘉兴	长三角地区	IGBT
15	杨杰科技	扬州	长三角地区	SiC/IGBT/MOSFET
16	士兰微	杭州	长三角地区	MOSFET/IGBT/MEMS
17	派恩杰半导体	杭州	长三角地区	SiC/GaN
18	比亚迪半导体	深圳	珠三角地区	IGBT/MCU/传感器
19	基本半导体	深圳	珠三角地区	SiC
20	芯聚能	广州	珠三角地区	SiC

（续表）

序号	重点企业名称	总部	所属区域	主要产品
21	泰科天润半导体	广州	珠三角地区	SiC
22	英诺赛科	珠海	珠三角地区	GaN
23	镓未来科技	珠海	珠三角地区	GaN
24	瀚薪科技	北京	京津冀地区	SiC
25	赛微电子	北京	京津冀地区	GaN
26	华微电子	吉林	东北地区	IGBT/MOSFET/双极器件
27	芯冠科技	大连	东北地区	GaN
28	时代电气	株洲	中部地区	IGBT/双极器件/功率组件
29	中车时代	株洲	中部地区	IGBT
30	台基股份	襄阳	中部地区	IGBT
31	氮矽科技	成都	西部地区	GaN
32	芯派科技	西安	西部地区	MOSFET/二极管/SiC

三、武汉功率半导体产业发展基础

第一，武汉工业基础雄厚，功率半导体应用场景丰富。武汉是中国工业重镇，拥有41个工业大类的38个工业门类，形成了钢铁、汽车、电子信息、装备制造、能源环保、食品烟草六大千亿元支柱产业，其中汽车、电子信息、装备制造和能源环保是功率半导体的重点应用领域。以汽车行业为例，汽车是武汉第一大支柱产业，全市有神龙、东风本田、比亚迪纯电动等15家整车厂和数十个汽车生产企业，行业产值超过3300亿元，占全市工业总产值的20%以上。①同时，汽车产业也是功率半导体的最大应用下游，存在大量标准化需求。2021年武汉全年汽车产量139.35万辆，2022年前11个月武汉新能源汽车产量13.5万辆，预计2023年将新增产能20万辆。②保守估算，仅

① 15家整车厂分别为神龙三厂、东风本田三厂、东风雷诺、东风史密斯半挂车（德国）、东风风神、东风越野（枭龙）、东风新能源、扬子江、比亚迪纯电动车、南京金龙新能源、上汽通用等；数十个汽车生产企业，涵盖农用车、越野车、载货车、专用车、半挂车、客车、牵引车、轿车、自卸车共计9大类。

②数据来源：2021年汽车产量数据来源于《2022年武汉统计年鉴》，新能源汽车产量和产能数据来源于市经信局。

2023 年武汉车规级功率器件市场需求就达到 18.48 亿元（见表 5）。[①] 随着武汉新能源汽车产能释放，未来车规级功率器件需求将更快增长。除汽车以外，武汉电子信息、家用电器、船舶工程、激光装备、轨道交通、航天航空、智能装备等产业电气化水平也在不断提升，对功率半导体有一定规模的定制化需求。

表 5　2023 年武汉车规级功率器件市场规模粗略估算

车型	数量（万辆）	IGBT价值量（元/辆）	MOSFET价值量（元/辆）	单车功率器件价值（元/辆）	市场规模（亿元）
燃油车	140	280	350	630	8.82
新能源汽车	35	1700	1060	2760	9.66

第二，武汉高校创新资源丰富，功率半导体研究和人才基础较好。通过知网检索，截至 2023 年 2 月 10 日，来自华中科技大学等 7 所在汉高校的相关研究成果有 3039 篇，其中华中科技大学 1228 篇，占比 40.4%，其次是武汉科技大学、武汉理工大学，合计占比 42.18%。（见表 6）经调查，华中科技大学彭晗教授、康勇教授、王智强教授、梁琳教授、戴江南教授等多个研究团队长期从事宽禁带功率半导体研究，拥有国内一流的功率半导体封装集成与电力电子技术研究平台。武汉大学高冰教授团队长期从事大尺寸第三代半导体晶体生长及装备设计与制造研究，2016 年被引进到浙江海宁市晶体生长技术研究院担任负责人，为海宁新能源、新材料等产业发展提供基础研究助力。武汉理工大学章嵩教授团队长期从事碳化硅、超宽禁带半导体（金刚石等）研究，与湖北台基股份联合开展碳化硅材料到器件全套流程的关键技术国产化研究，取得了一系列成果。数据资料表明，武汉高校在功率半导体技术研究和人才储备上有较好基础，部分创新团队服务于其他城市，本地产业发展短板亟待补足。

① 公开资料显示，特斯拉电动汽车 Model S 使用了 96 个 IGBT，按每个 IGBT 价格 5 美元计算，一辆 Model S 的 IGBT 价格为 480 美元，折合人民币 3276 元，本表中预估一辆新能源车 IGBT 价值量 1700 元是保守估计，表中价格数据参考知乎文章《整车（燃油车、新能源车）中的功率半导体分析》，https://zhuanlan.zhihu.com/p/537943653 .

表 6 基于知网的武汉高校功率半导体成果数量统计①

序号	检索关键词	功率半导体（篇）	IGBT（篇）	MOSFET（篇）	SiC/GaN（篇）	总量（篇）	占比（%）
1	华中科技大学	46	328	224	630	1228	40.4
2	武汉大学	1	81	46	95	223	7.3
3	武汉理工大学	0	149	51	405	605	19.9
4	武汉科技大学	5	34	0	638	677	22.3
5	武汉工程大学	0	9	7	160	176	5.8
6	湖北工业大学	11	32	19	68	130	4.3

第三，武汉龙头企业积极布局，优质中小企业开始涌现。初步调查，武汉功率半导体发展起步较晚，代表性企业有 4 家，分别是智新半导体、长飞先进、山拓微电子和羿变电气，均为 2019 年以来成立。其中，智新半导体是东风汽车与中车合资成立，主营碳化硅 IGBT，2023 年可实现量产，2025 年产能将达到 120 万只，可满足东风公司 100 万辆新能源汽车对 IGBT 模块的需求。②长飞先进和山拓微电子是长飞光纤投资成立，前者前身是安徽启迪半导体，从事碳化硅和氮化镓等宽禁带半导体研发和代工制造，是国内排名靠前、实力强劲的碳化硅外延厂家，于 2022 年 5 月被长飞收购，宣告长飞光纤正式涉足第三代半导体领域。羿变电气是华中科技大学康勇教授创立，专攻宽禁带半导体器件封装集成技术转化，可为航空、航天、船舶和新能源汽车提供定制化技术服务。（见表 7）此外，省内闻泰科技、台基股份是国内功率半导体器件龙头，是武汉重点招商对象。

表 7 武汉及省内功率半导体制造企业统计表③

序号	企业名称	总部	成立时间	注册资本（万元）
1	长飞先进半导体（武汉）	武汉	2022年11月	10000
2	武汉山拓微电子有限公司	武汉	2022年10月	5000

① 数据来源：知网平台搜索关键词相关结果数量统计（检索日期：2023 年 2 月 10 日）。
② 资料来源：搜狐新闻《智新半导体成功研制碳化硅功率模块，二期项目正启动》，https://www.sohu.com/a/591587443_121124618.
③ 数据来源：企查查。

（续表）

序号	企业名称	总部	成立时间	注册资本（万元）
3	武汉羿变电气有限公司	武汉	2020年10月	2632
4	智新半导体有限公司	武汉	2019年6月	3000
5	闻泰科技股份有限公司	黄石	1993年11月	124600
6	湖北台基半导体股份有限公司	襄阳	2004年1月	23717
7	襄阳汇来光电有限公司	襄阳	2019年8月	1000
8	湖北腾实智能工控有限公司	襄阳	2019年3月	100
9	湖北普泰克电子科技有限公司	襄阳	2015年10月	1200
10	襄阳斯迈克电器有限公司	襄阳	2013年12月	200
11	襄阳博思特电气有限公司	襄阳	2012年10月	50
12	湖北襄整整流器有限公司	襄阳	2004年8月	150

四、对策建议

总体来看，武汉功率半导体下游应用场景丰富、创新资源和人才储备基础好，极具发展潜力。目前短板主要在企业数量少，产业规模小，建议深入开展建链、延链、补链、强链工程，通过建载体、给政策、搭平台、抓龙头等方式，营造有利于功率半导体企业生长的良好生态，推动产业规模化发展。

第一，重点支持三个国家级开发区发展功率半导体产业。充分发挥东湖高新区、武汉经济技术开发区和临空港开发区在新能源汽车、新能源发电、光电子信息、装备制造等领域的产业和创新优势，聚焦发展IGBT、MOSFET等功率器件和以碳化硅、氮化镓、金刚石为代表的宽禁带半导体材料。加强市区两级统筹规划，加快出台促进功率半导体产业发展政策，重点支持“招大引强”、并购重组落户和技术创新，加强用地指标、创新平台、培训基地、厂房、基础设施建设保障。

第二，支持企业、高校和创新平台开展功率半导体技术研究。支持企业功率半导体技术研发活动，对相关研发费用给与财政资助。支持华中科技大学、武汉理工大学、武汉科技大学等重点高校建设高水平科技研发和成果转化平台，加快功率半导体关键技术、芯片和器件等科技攻关，对国家重大科技专项和重点研发计划支持的功率半导体项目，市区两级按照国家经费支持力度给予配套支持，鼓励高校联合企业开展技术合作，不断提高我市功率半导体的源头创新和成果产业化能力。支持东湖高新区、武汉经开区联合重点企业、重点高校，按照新型研发机构模式成立武汉功率半导体产业研究院，在武汉新城规划建设相关办公和科研孵化场地，市、区两级财政配套资金支持功率半导体产业研究院发展，力争在3~5年时间建成国际先进、国内一流的功率半导体科技孵化器，研发一批具有自主知识产权的新材料、新工艺和新器件。

第三，支持骨干龙头企业发展和重点项目建设。支持东风汽车、长飞光纤等本地企业通过收购、投资等方式布局功率半导体业务。支持智新半导体建设IGBT模块二期项目，支持智新半导体、羿变电气等重点企业做大做强。对企业重点投资的功率半导体项目，根据企业资产规模、产销售额、项目投资额、职工人数、技术水平等综合情况给予扶持奖励。对具有发展潜力、掌握核心关键技术的企业，按照“一企一策”原则，支持企业逐步完成从衬底、外延、制造、封装、模组到系统解决方案全产业链的贯通。

第四，加强功率半导体“双招双引”工作。加大招商引资力度，聚焦新能源汽车、消费电子、工业控制应用领域，重点引进华为、比亚迪半导体、士兰微、华润微电子、闻泰科技等国内龙头企业，争取引进英飞凌、意法半导体、安森美等海外龙头企业。聚焦轨道交通、电网应用领域，重点引进时代电气、斯达半导、中车时代、台基股份等龙头企业，争取引进三菱电机、富士电机等海外龙头企业。加强人才引进培养，将功率半导体领域作为全市人才引进重点领域，大力引进拥有关键核心技术的高端创新创业人才、团队以及紧缺急需工种技能人才和相关专业的高校毕业生。

作者单位：武汉发展战略研究院

关于推进武汉都市圈产业协同发展的建议

袁云光　伍　玥

2022 年 12 月，国家发展改革委正式批复了以武鄂黄黄为核心的《武汉都市圈发展规划》，对武汉都市圈提出了更高要求："服务和融入新发展格局，积极推动武汉辐射带动周边城镇共同发展……建设现代化都市圈，为长江中

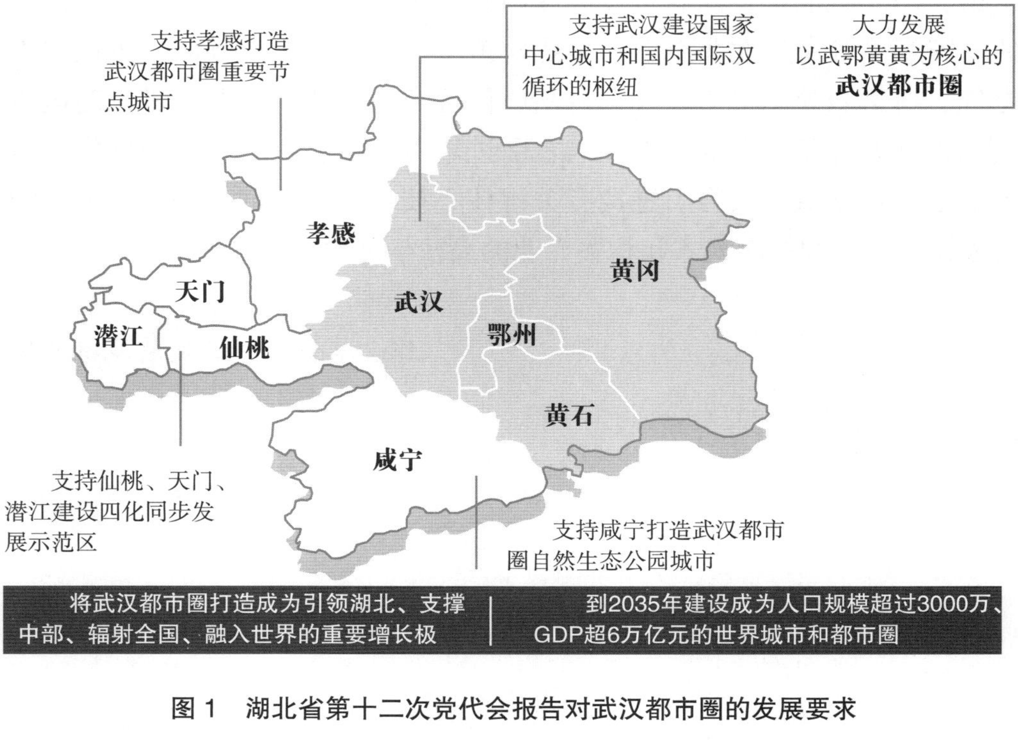

图 1　湖北省第十二次党代会报告对武汉都市圈的发展要求

游城市群一体化发展提供坚强支撑，更好助推中部地区高质量发展，更好服务长江经济带发展。”湖北省第十二次党代会报告也提出要“大力发展以武鄂黄黄为核心的武汉都市圈，支持武汉建设国家中心城市和国内国际双循环的枢纽”。国家和湖北省战略的提出明确了武汉推动都市圈协同发展的目标定位和具体任务。

其中产业协同发展是都市圈整体能级提升的重要引擎，也是都市圈同城化发展最艰难的部分，必须充分发挥武汉作为中心城市的聚集、辐射和示范作用，不断提升城市群核心竞争力，同时进一步创新协同合作体制机制，辐射带动周边县（市、区）协同协作、共生共荣。推动优势产业链向都市圈拓展延伸，打造武汉都市圈升级版。

一、做强“一主”：提升中心城市产业能级的五大方向

一个城市群要想发展，中心城市的跨区域集聚能力至关重要。只有核心城市的发展水平在全国的能级达到了一流水平，都市圈内的资源才不会向区域外过度散逸，可以说武汉都市圈的中心城市武汉的产业能级高度决定了武汉都市圈的产业发展质量。当前武汉市初步形成了“965”现代产业体系，但仍有一些发展瓶颈亟须突破、一些短板亟待加强。

（一）以数字经济引领产业创新提能

一方面，数字经济已经成为新一轮产业变革的核心力量，国家在2022年初出台了数字经济发展规划，武汉市也于2022年5月出台了数字经济发展规划，信息化时代下的制造业、服务业包括农业的转型升级都离不开数字化智能化手段的使用，包括数字技术派生的大数据服务、云计算、量子科技等新产业也成为了新的经济增长点，现在再谈到产业的优化升级，必须认识到数字经济与实体经济的深度融合是实体经济高质量发展的必由之路。另一方面，数字经济在一定程度上能突破地理空间条件的限制，为圈内城市带来更公平的发展机遇。

表 1　2021 年我国主要城市的数字经济核心产业增加值情况

城市	数字经济核心产业增加值（亿元）	数字经济核心产业增加值占 GDP 比重（%）
武汉①	1635.14	9.2
北京②	8918.1	40.4
深圳③	突破 9000	30.5
杭州④	4905	27.17
成都⑤	2580.6	13.0

然而，武汉市数字经济无论是绝对值还是在经济中的地位与发达城市相比都存在一定的差距。必须充分发挥都市圈海量数据和丰富应用场景优势，推进以“互联网 + 先进制造业”为特色的工业互联网发展，加快工业互联网标识解析国家顶级节点（武汉）建设运营，推动市际工业互联网建设，建设以跨行业跨领域跨区域平台为主体、企业级平台为支撑的工业互联网平台体系，加速企业“上云用数赋智”，促进制造业资源与互联网平台深度对接。

（二）聚焦优势领域做大做强

从产业链来看，武汉市现在具备某一产业上中下游核心凝聚力、能发挥自身比较优势、吸引外部资源的“链主”企业很少，集中在光电子、汽车等优势产业，然而汽车的龙头企业东风也主要是在传统汽车制造领域具有优势，比亚迪、小鹏、蔚来等新能源汽车龙头企业的重要根据地都不在武汉，如果再不抓紧赶上，下一代汽车产业发展中武汉将渐渐掉队。

为力争在关键核心技术、产业规模、行业标准、产品品牌方面均达到国际领先水平，建议从建设高质量创新联合体集群入手。在现有的车规级芯片创新联合体（东风汽车牵头）、光纤激光器创新联合体（锐科激光牵头）、先进低碳冶金创新联合体（武钢有限牵头）等基础之上，持续推进创新联合体建设工作。鼓励更多的龙头企业牵头，联合高校、科研院所，以及行业大、中、

① 数据来源：武汉市经信局官方网站，http://jxj.wuhan.gov.cn/xwzx_9/whjx/202211/t20221121_2099783.html.

② 数据来源：中国新闻网，http://www.bj.chinanews.com.cn/news/2022/1216/88971.html.

③ 数据来源：中国产业经济信息网，http://www.cinic.org.cn/xy/gd/1378310.html.

④ 数据来源：杭州市政府网站，http://www.hangzhou.gov.cn/art/2022/8/4/art_812262_59062679.html .

⑤ 数据来源：https://new.qq.com/rain/a/20221215A01NV800.

小企业，开展体系化、任务型的联合创新。利用武汉国企创新资源丰富的特征，促进国企和民企在创新联合体中共同发挥作用，推动国企与民企实现创新链、产业链之间的“国民共进”。充分发挥三峡集团等央企的科研力量，引领省属、市属企业以及中小民营企业共同搭建企业技术创新联盟。

（三）突破性发展战略性新兴产业

目前，武汉五大产业基地大部分还处于建设阶段，大规模的产能还有待释放，相对于先进城市，武汉战略性新兴产业的规模较小、占比较低，经济发展重要引擎的作用还没有得到充分发挥。2020 年武汉战略性新兴产业增加值为 1560 亿元左右，约为深圳的 15%、北京的 17%、广州的 20%、上海的 21%；战略性新兴产业增加值占 GDP 的比重约为 10%，对经济的贡献度也相对较低。

表 2　武汉、深圳等五城市战略性新兴产业规模比较

城市	深圳	北京	广州	上海	武汉
2020 年战新产业增加值（亿元）	10272.7	8965.4	约 7600	7327.6	约 1560
2020 年战新产业增加值占 GDP 比重（%）	37	24.8	约 30	18.9	约 10

产业集群“集”而不“群”是其规模能级不高的重要原因。武汉战略性新兴产业的产业链不够完善，企业之间产业关联还不够紧密。一方面，龙头企业带动效应低，以存储器芯片领域龙头企业长江存储为例，尽管其特色工艺 Nand 存储产品已比肩三星等头部企业，但它对武汉本地集成电路产业链未形成带动作用。另一方面，相关产业配套支持还不够，核心企业的配套产品本地化率较低。部分高端产品研发生产能力不足，一些附加值较大、科技含量较高的核心部件依然依赖进口。这些都影响了战略性新兴产业发展壮大。

建议充分发挥产业地图在引领战略性新兴产业布局、招商引资、项目落地中的指引作用，加快制定武汉产业地图落地引导政策，推动重大项目与产业地图精准匹配、快速落地。培育形成若干产业协作密切、创新能力突出、规模效应显著的战略性新兴产业集群。

（四）加快布局未来产业发展

目前，全国各大城市都在积极布局未来产业。武汉在“965”现代产业体系规划中也已布局电磁能、量子科技、超级计算、脑科学和类脑科学、深地深海深空等未来产业，但与先进地区相比，产业化步伐还迈得不够快。以量子科技产业为例，目前武汉仅有航天三江量子通信、光谷量子技术、武汉国科量子通信网络等几家公司从事相关产品的生产与研发。而合肥已围绕量子通信、量子计算、量子精密测量等领域，集聚了科大国盾、本源量子、国仪量子、国科量子、中创为量子等多家全国龙头企业，以及众多关联企业，形成“量子科学”“量子产业”双高地。

必须立足武汉科技创新和产业发展基础，加快实施强链补链工程，“一群一策”，补齐产业链关键环节。深入推动“院士专家引领十大高端产业”，攻克一批“卡脖子”技术。

（五）培育创新市场主体，完善产业链生态

武汉工业经济主要依赖大中型企业，民营经济和中小企业发展不足，以汽车为例，在创新发展新能源和智能网联汽车的时候发现，虽然有东风、通用等大型龙头车企，但是为其做配套的产业链上游企业较少，产业链生态不健全。2020年武汉高新技术企业数为6259家，仅为北京、深圳、上海等先进城市的22%、34%、37%左右。武汉市的国家级“专精特新”企业数量在主要城市中也排名靠后，仅高于南京和济南。

表3　2021年重点城市高新技术企业数量比较

城市	高新技术企业数量（家）	排名	专精特新企业数量（家）	排名
武汉	9151	六	49	十一
北京	27771①	一	257	二
上海	20035②	三	262	一
深圳	超过20000	二	169	三
广州	超过12000③	四	68	八
合肥	4578④	十二	61	九
重庆	5066⑤	十一	118	四

① 数据来源：北京通信信息协会网站，https://www.bita.org.cn/newsinfo/2600443.html.
② 数据来源：《文汇报》，https://baijiahao.baidu.com/s?id=1742660668988207282&wfr=spider&for=pc.
③ 数据来源：《广州营商环境报告（2022）》白皮书。
④ 数据来源：合肥市科技局官方网站，http://kjj.hefei.gov.cn/zwgk/gzdt/14842901.html.
⑤ 数据来源：重庆市人民政府官方网站，http://www.cq.gov.cn/zwgk/zfxxgkml/lwlb/cqzxd/zzdt/202112/t20211229_10251989.html.

（续表）

城市	高新技术企业数量（家）	排名	专精特新企业数量（家）	排名
成都	7821①	七	107	五
杭州	10222②	五	53	十
西安	7140③	九	74	七
南京	7800④	八	44	十二
济南	超过4000	十三	6	十三
青岛	5500	十	97	六

所以接下来必须着力打造“科技型中小企业—高成长型企业—高新技术企业—科技领军企业”的梯度培育机制。针对不同类型企业精准施策，对高新技术企业进行全生命周期的培育，同时加大对民营企业自主创新的扶持力度，赋予民营企业更大的空间和权力，持续完善适合民营企业自主创新的政策环境。

二、引领带动：提高武汉市产业辐射和带动力的五大体制机制创新

如果说中心城市的发展是都市圈发展的前提条件，但是要想真正强化城市引领作用，提升辐射带动能力就离不开区域协调发展机制的创新。武汉都市圈协同创新发展已具备一定基础，但与先进地区相比，仍存在较大差距。武汉虽然与都市圈内城市签订了一些合作协议，比如鄂州市与东湖高新区建立了联席会商机制；黄石市、咸宁市先后发布了光谷科技创新大走廊黄石、咸宁功能区发展规划；长江中游四省会城市签订了科技合作协议。但这些政策或制度要么不系统，要么可操作性不强。招商引资、招才引智工作中仍存在一定程度的同质化竞争，城市之间存在显性和隐性壁垒，跨区跨市的项目、平台、政策难以实质性推进落实。产业链上下游企业联动效应不强，武汉市场存在“舍近求远”的现象，各地产业的错位互补、对接融合仍然很有限，“主链在武汉、配套在都市圈”的格局尚未形成。通过调研分析以及对先进地区的经验总结，我们认为武汉市应该着力于以下五大体制机制的创新与完善：

① 数据来源：成都市人民政府官方网站，http://www.chengdu.gov.cn/chengdu/home/2022-08/11/content_76f437e6a07a40a3a6f67d.0f63232ea1.shtml.
② 数据来源：《浙江日报》，https://baijiahao.baidu.com/s?id=1725519631998563389&wfr=spider&for=pc.
③ 数据来源：《2021年西安市国民经济和社会发展统计公报》。
④ 数据来源：南京大学新闻网，https://news.nju.edu.cn/mtcz/20221013/i110359.html.

（一）统筹产业发展的组织协调机制

一是要充分发挥武汉都市圈同城化发展联席会的作用，统筹协调圈内的产业分工格局，促进武汉市与周边城市在产业准入、行业标准、环境治理等产业制度上的对接统一，为产业转移推进扫清障碍。二是要在一定程度上扮演好“组织者”的角色，在打造产业链链主、重大项目落地时，积极推动相关配套在周边城市落地，在圈内打造完整产业链。在旅游、高新技术等产业领域也可以探索武汉提供资金和技术、周边城市提供土地和劳动力的合作模式，带动周边产业共同发展。

（二）完善共建共享合作机制

进一步明确两地或多地间的经济与社会事务管理职能，探索实行区域股份制，优化利益分配机制，减少矛盾，激发双方的积极性。在政府内部考核中，关于财政、税务、统计、环境等经济指标，允许合作双方考虑权责关系、出资比例、能源消费、污染物排放等因素进行协商划分。

（三）打造双向动态的“梯度”转移机制

当前的产业梯度转移机制，固然给转入地带来了项目、税收和就业，但是也可能造成转入地产业的低端锁定。要促进武汉都市圈中城市在承接转移的过程中不断实现升级改造。首先，从武汉转移出的产业不能只是被动甩掉的没有发展前景的包袱，而是在优化产业布局过程中主动腾出的发展空间；其次，产业转移并不是机器和厂房的搬迁重建，而是对生产线的升级改造，包括技术、资本、品牌的全方位提升；最后，产业转移应该是双向的，企业可以通过把生产转移到周边城市实现降本增效，将研发机构设立在武汉，实现研发和产业化的良性互动。

（四）探索廊道经济新机制

过去，中心城市的作用发挥总是脱不开雁阵模型，总体上是由高到低、由中心到边缘的轨迹。廊道经济超越了过去的行政区划限制，直接加强了沿线区域的经济联系，走廊节点上的每个城市都可以直接接入武汉，借助武汉的优势实现发展的高位切入。大企业可以沿着走廊更加科学地布局产业链，研发和产业化可以实现更加精准地对接。以廊道经济为载体探索新合作机制，可以打造动态发展的产业集群，助推企业与行业发展，进而支持都市圈经济的创新发展。

（五）创新都市圈市场一体化机制

破除限制资本、技术、产权、人才等生产要素自由流动的各种体制机制障碍，推动各种要素按照市场规律在区域内自由流动和优化配置。充分发挥企业在区域合作中的主体地位，让企业成为整合资源、配置要素的基础性力量，从根本上规避行政主导下的激励扭曲、边际效益递减等问题。探索尝试PPP模式，鼓励合作双方按市场方式，共同设立投融资公司，吸引社会资本参与园区开发和运营管理。

三、关键抓手：推动产业创新协同发展的五大走廊建设

以武汉的三大国家级开发区为主要辐射极，重点围绕产业基础高级化和产业创新链现代化，加快推进以光谷、车谷、两大机场、网谷、星谷为核心的五大走廊联动发展，放大武汉的辐射带动功能，加快产业链向周边拓展。

（一）加快推进光谷科技创新大走廊建设

发挥武汉“一主引领”作用，加快以东湖科学城为核心的光谷科技创新大走廊建设，引领武汉都市圈有机融合和一体发展，优化创新空间布局，打造“武汉都市圈协同创新共同体”。合力推进中国科学院、湖北省、武汉市共建东湖科学城，推动武汉与国内外一流高校院所深度创新合作。借鉴粤港澳大湾区、成渝、山东的经验，以东湖科学城为核心，以武汉为主阵地，辐射鄂州、黄石、黄冈等区域，建设光电子信息、智能产业、生命健康三条创新产业带。

（二）推动建设车都先进制造大走廊

以武汉经济开发区为主导，依托新能源和智能网联汽车基地建设，辐射蔡甸、江夏、洪湖、仙桃、天门、潜江等区域，打造新能源与智能网联汽车等“下一代汽车”、现代化工新材料、高端装备制造等产业集群。

（三）打造临空经济大走廊

以武汉天河机场和鄂州花湖机场为核心，支持武汉、孝感、鄂州联合打造临空临港枢纽经济带，加快鄂州专业性货运机场建设，重点发展空港物流、临空制造、跨境电商等产业，加快武汉都市圈航空港经济综合实验区建设。

（四）推动“网谷”轴联动

以国家网络信息安全基地为主导，重点发展网络安全、大数据、5G、工业互联网等新一代信息产业，辐射孝感、随州等地区。

（五）推动“星谷”轴联动

以国家航天产业基地为主导，带动航天云制造、航天新材料、航天服务等基础产业以及空间大数据、智慧城市系统等延伸发展，辐射黄冈等区域产业创新发展。

作者单位：武汉发展战略研究院

武汉产业发展现状和展望

刘艺璇　沈　明

一、武汉产业发展变化的主要特征

武汉市产业结构持续优化，逐步构建以战略性新兴产业为引领、先进制造业为支撑、现代服务业为主体的现代产业体系。光电子信息、集成电路、新型显示器件、下一代信息网络、生物医药等战略性新兴产业不断壮大；钢铁、汽车、电子信息、装备制造、能源环保、食品烟草等产值过千亿；现代服务业比重超过60%，商贸、物流、金融、房地产等增加值过千亿，软件信息服务、工程设计、旅游等营业收入超过千亿。

（一）二三产业“双轮驱动”

武汉市自2014年地区生产总值跨越万亿台阶，到2022年地区生产总值接近两万亿大关，产业结构调整发生积极变化，三次产业结构由2014年的3.01：42.12：54.87调整到2022年的2.52：35.60：61.88（见图1、表1）。

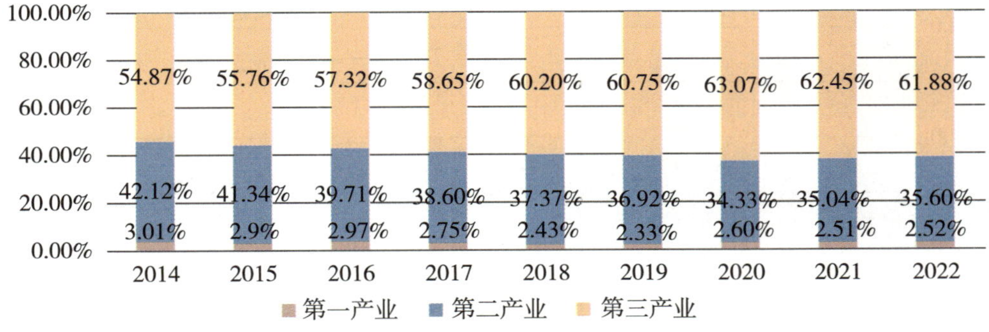

图1　2014—2022年武汉市三次产业结构变化趋势

表 1　2014、2022 年武汉市地区生产总值分产业情况

产业	2014 年		2022 年	
	增加值（亿元）	占 GDP 比重（%）	增加值（亿元）	占 GDP 比重（%）
地区生产总值	10025.93	100	18866.43	100
第一产业	302.17	3.0	475.79	2.5
第二产业	4222.72	42.1	6716.65	35.6
工业	3368.71	33.6	4886.41	25.9
建筑业	863.22	8.6	1852.60	9.8
第三产业	5501.04	54.9	11673.99	61.9
批发和零售业	892.13	8.9	1377.40	7.3
住宿和餐饮业	242.77	2.4	343.52	1.8
金融业	727.30	7.3	1928.91	10.2
房地产业	846.29	8.4	1715.06	9.1
交通运输、仓储和邮政业	610.73	6.1	1043.61	5.5
信息传输、软件和信息技术服务业	200.52	2.0	1016.86	5.4

第一产业发展平稳。随着我市农业产业化建设、现代化建设稳步推进，第一产业实现平稳发展，增加值从 2014 年的 302.17 亿元提升到 2022 年的 475.79 亿元。增长速度总体稳定在 3.0% 至 5.3% 之间，年均增长 3.9%。第一产业占 GDP 比重由 2014 年的 3.0% 下降到 2022 年的 2.5%，下降 0.5 个百分点。比较而言，除深圳第一产业占比始终保持在 0.1% 外，其余城市第一产业占比普遍呈下降态势（图 2）。

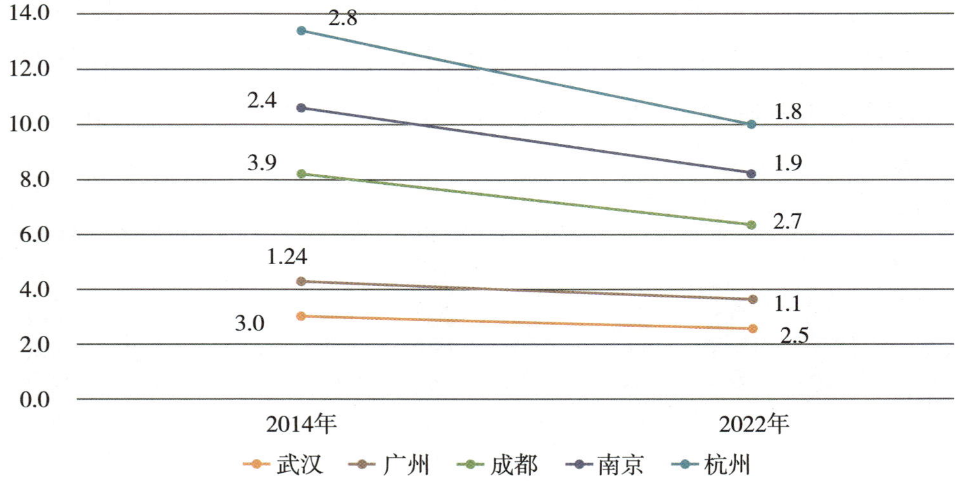

图 2　全国主要城市第一产业增加值占 GDP 比重变化（单位：%）

第二产业持续转型。我市加快推进工业、建筑业高质量发展，2022 年，第二产业增加值达到 6716.65 亿元，是 2014 年的 1.59 倍，受工业转型升级、增速放缓影响，第二产业增速整体慢于 GDP 增速，占 GDP 比重逐年下降，由 2014 年的 42.1% 下降到 2022 年的 35.6%，下降 6.5 个百分点。全国主要城市比重都有不同程度的下降，杭州、成都比重下降超过 10 个百分点，广州、深圳、南京比重下降 5 个百分点左右；除广州外，其他城市比重依然超过 30%。（见图 3）

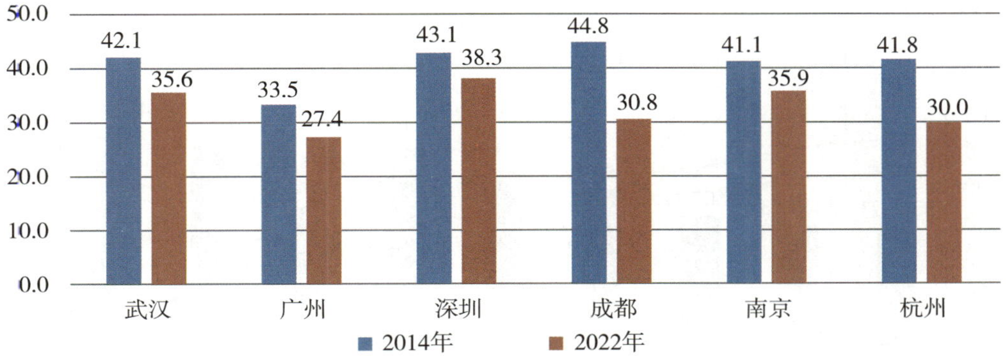

图 3　各城市第二产业增加值占 GDP 比重变化（单位：%）

第三产业占比提升。我市第三产业发展势头强劲，规模、占比均实现大幅提升，对全市经济社会发展的带动作用与日俱增。2022 年我市第三产业增加值达到 11673.99 亿元，占 GDP 比重继 2018 年突破 60% 后提高到 61.9%，较 2014 年提高 7.0 个百分点。比较而言，全国主要城市第三产业增加值占比大幅上升，日益成为推动城市经济发展的主要力量。（见图 4）

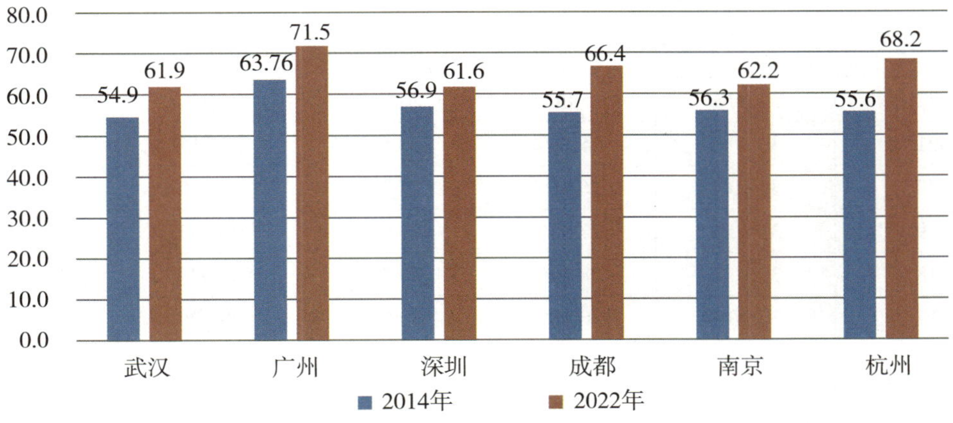

图 4　各城市第三产业增加值占 GDP 比重变化（单位：%）

（二）工业结构以重工业为主导

1. 工业增加值比重有所下降

2014—2022 年，武汉工业增加值从 3368.71 亿元增长到 4879.53 亿元；占 GDP 比重从 33.6% 下降到 25.9%，累计下降 7.74 个百分点，超过全国平均水平（3.6 个百分点），小于成都（12.87 个百分点）、杭州（9.4 个百分点），大于南京（5.12 个百分点）。尤其是 2020 年以来，武汉受疫情影响最重、持续时间最长，工业产品市场份额被快速抢占，工业增加值由 2018 年分别领先成都 547 亿、杭州 118 亿元，转为 2022 年落后成都 187 亿、杭州 42 亿元。

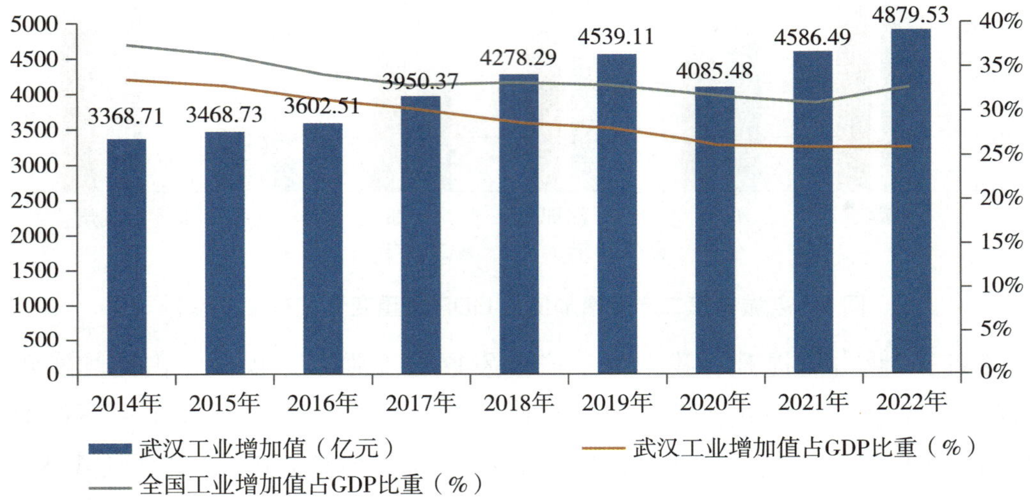

图 5　2014—2022 年武汉工业增加值及其占 GDP 比重

表 2　2014—2022 年主要城市工业增加值占比

年份	全国	武汉市	杭州市	成都市	南京市
2022 年	32.60%	25.86%	26.25%	24.34%	—
2021 年	30.90%	25.89%	26.53%	24.31%	30.52%
2020 年	31.60%	26.16%	26.21%	23.47%	29.23%
2019 年	32.80%	27.98%	27.89%	26.84%	30.05%
2018 年	33.10%	28.66%	30.79%	27.07%	30.78%
2017 年	32.90%	30.18%	30.15%	28.40%	32.26%
2016 年	34.10%	31.24%	31.82%	36.80%	33.53%
2015 年	36.20%	32.89%	33.33%	37.55%	34.46%
2014 年	37.50%	33.60%	35.94%	37.18%	35.64%

2. 重工业比重稳定在75%左右

2014—2021年，武汉市规上工业产值从11765亿元增长至16927亿元，累计增幅43.8%；重工业总产值从9042.85亿元增至12199.3亿元，累计增幅34.9个百分点；重工业占规上工业产值比重从76.86%增至77.00%，累计增幅仅0.14个百分点。同期，杭州重工业总产值从7855.13亿元增至12129.33亿元，累计增幅54.41个百分点；重工业占规上工业产值比重从61.11%增至68.35%，累计增幅7.23个百分点。武汉重工业占比长期稳定在75%左右，总体高于杭州，但杭州两项增幅指标显著高于武汉，侧面体现了杭州发展重工业的强劲势头。

表3　2014—2021年武汉与杭州规上工业总产值及重工业占比

年份	武汉		杭州	
	规上重工业总值（亿元）	重工业占比（%）	规上重工业总值（亿元）	重工业占比（%）
2021年	12199.43	77.00%	12129.33	68.35%
2020年	9950.03	74.30%	9872.87	67.11%
2019年	11092.56	74.96%	9364.18	64.20%
2018年	10893.52	75.53%	9134.33	65.17%
2017年	10907.80	75.57%	8252.26	63.66%
2016年	10163.73	77.24%	7726.97	62.21%
2015年	9134.05	73.81%	7594.88	61.17%
2014年	9042.85	76.86%	7855.13	61.11%

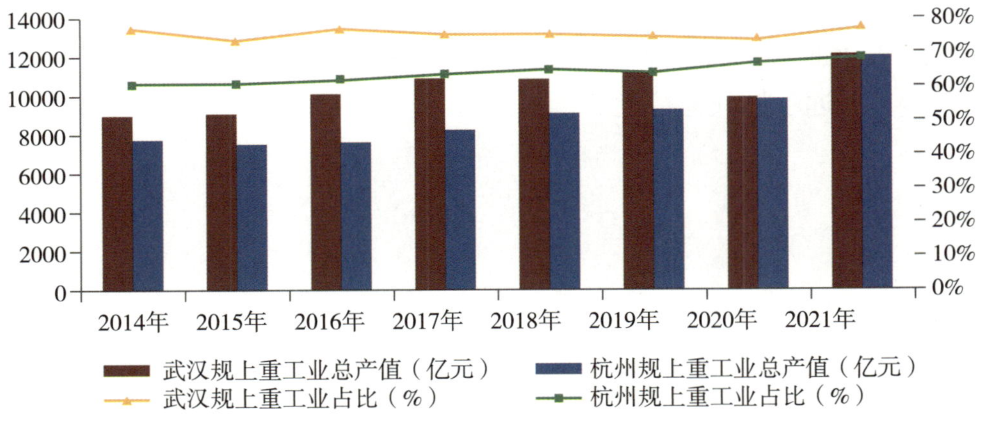

图6　2014—2021年武汉和杭州规上重工业总产值及其占比

3. 六大主导产业产值比重超过 80%

光电子信息产业，建成全球最大的光纤光缆制造基地和光模块研发生产基地，全国最大的中小尺寸显示面板基地和高端激光设备生产基地，2022 年完成产值 3296 亿元、增长 12.2%。汽车产业，是全国首批智慧城市基础设施与智能网联汽车协同发展试点、全国首批新能源汽车换电模式应用试点城市和国家新能源与智能网联汽车（测试）示范基地，2022 年完成产值 3498 亿元、增长 4.6%。装备制造产业，形成船舶与海工装备、高端数控机床、轨道交通装备、激光加工装备等特色集群，2022 年完成产值 2680 亿元、增长 11.2%。先进基础材料，武钢成为全球单体产量最大、品种最全硅钢产品制造基地，中韩石化形成 850 万吨炼油和 110 万吨乙烯炼化一体化能力，2022 年完成产值 1652 亿元、增长 9%。现代消费品，形成以食品烟草、家电制造、纺织服装为主的特色集群，2022 年完成产值 2617 亿元、增长 10.5%。生物医药及医疗器械，形成生物制药、化学药品、现代中药、医疗器械等特色集群，光谷生物城在国家高新区生物医药产业综合竞争力中排名第四，2022 年完成产值 510 亿元、增长 12.8%。

4. 重点行业净资产持续扩张

净资产是股东的真实投入，其增长率能真实反映行业的现状和未来。通过对 2014—2021 年规上工业企业各行业净资产规模扩张的分析比较，可以看到，33 个工业行业平均净资产规模从 131.45 亿元增长到 271.97 亿元，扩张 2.07 倍，其中 14 个行业扩张倍数超过均值。从重点行业来看，钢铁石化、食品烟草、纺织服装、通用设备等行业净资产明显萎缩；汽车制造、电子设备、生态环保、医药制造等行业表现出较强的扩张势头；尤其是交通运输装备制造扩张倍数高达 7.29，远远超过其他行业。

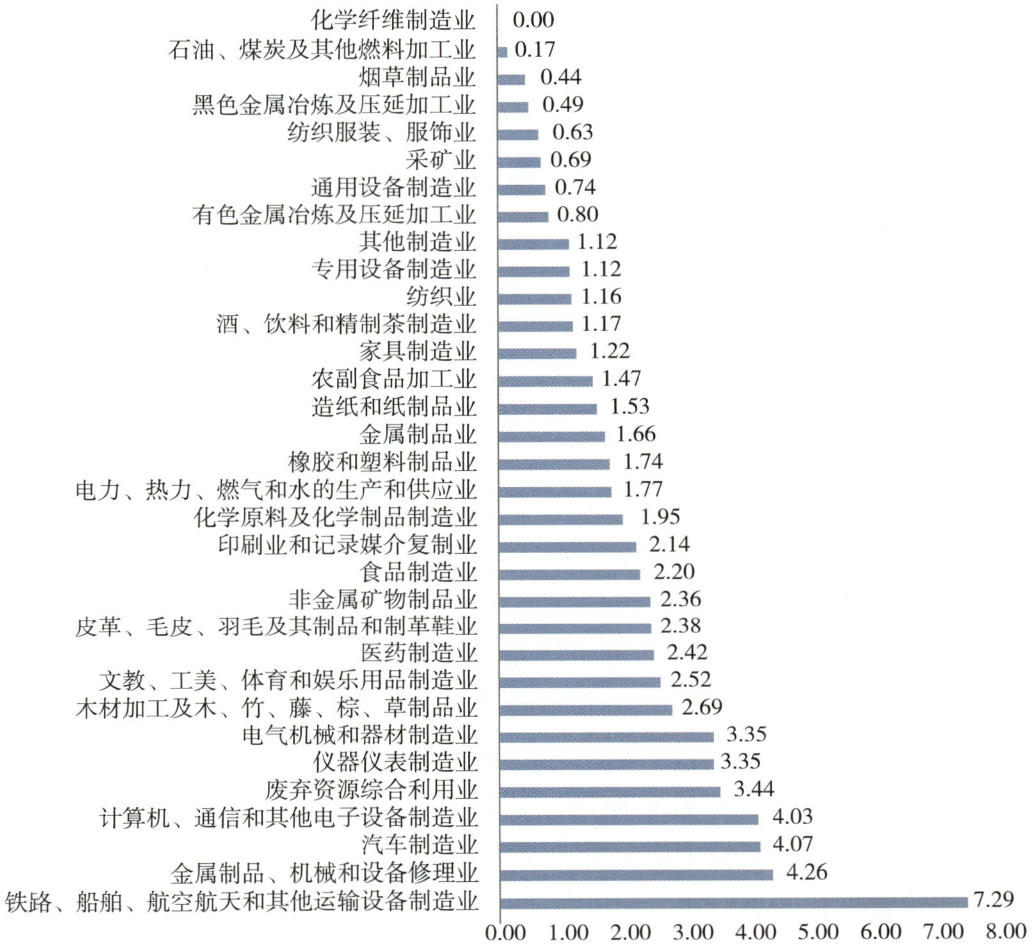

图 7　2014—2022 年武汉市分行业规上工业企业资产净额扩张倍数

（三）建筑业综合优势显著

1. 建筑业产值稳居全国第二

建筑业增加值占地区生产总值的比重从 2014 年的 8.41% 提高到 2021 年的 9.25%。2022 年全市建筑业总产值 13677.17 亿元，占全国建筑业总产值的比重从 2014 年的 3.31% 提高到 4.38%，在全国城市排名中仅次于北京。全市 587 家一级及以上资质建筑业企业完成建筑业总产值的 90.3%。2022 年，全市建筑业企业劳动生产率 94.32 万元 / 人，领先全国（2021 年北京建筑业企业劳动生产率 64.03 万元 / 人）。房屋建筑业、土木工程建筑业分别占全市建筑业总产值的 55.1%、39.0%。

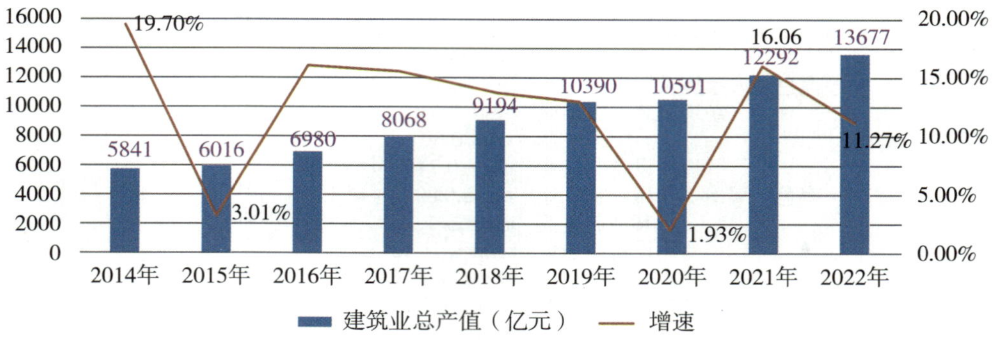

图 8　2014—2022 年武汉市建筑业总产值

2. 建筑业产业链相对完整

在全国城市中，武汉建筑产业链条最长、最健全的。从企业性质看，中央建筑企业、省属国有企业、市属国有企业和民营企业，涌现一批行业佼佼者。从建设行业看，无论是勘测设计，还是钢构建材生产和建筑工程施工，以及建设工程管理，拥有厚实的市场基础。从专业细分看，无论是工民建所涉及的高端楼房建设，还是基础设施建设涉及的城市地下空间、高速铁路、高速公路、轨道交通、港口码头、水利水电，基础设施建设所包含的桥梁建设、隧道施工和铺轨架桥，都拥有绝对的比较优势，在我国和“一带一路”沿线国家和地区重大基础建设中做出重要贡献。

3. 建筑业加快转型升级

装配式建筑产值快速增长，2022 年全市装配式工程产值 403.56 亿元，同比增长 17.8%，高于全市建筑业平均水平 6.5 个百分点；占全市建筑业总产值比重 3.0%，同比提高 0.2 个百分点。2022 年入选国家智能建造试点城市以来，一大批新型建筑工业化、智能建造项目稳步推进，应用场景亮点频现，基于 BIM 软件国产化的建筑产业互联网实践，“一模到底”工程建设数字孪生交付，涌现了空中造楼机、住宅造楼机、5G 远程操控塔机、高精度测量机器人、桥梁全天候监测系统等一大批智能建造成果。

（四）服务业主体地位稳步提升

1. 服务业规模和比重持续增加

2014—2022 年，武汉服务业增加值从 5501.04 亿元增长到 11673.99 亿元，累计增幅 112.21%，低于杭州（142.08%）、成都（139.52%），高于南京（108.56%）；

服务业增加值占 GDP 比重从 49% 增长到 61.88%，累计增幅 26.29%，低于成都（28.66%），高于杭州（23.87%）和南京（10.48%）；服务业增长率从 9.5% 下降到 2.3%，累计跌幅 75.79%，低于成都（–82.56%）、南京（–80.87%）和杭州（–76.47%）；服务业对 GDP 增长的贡献率从 76.49% 下降到 53.07%，累计跌幅 30.62%，高于成都（–29.34%）、南京（–9.9%）和杭州（3.88%）。与其他城市相比，武汉市服务业规模和占 GDP 比重显著扩大，但近两年武汉服务业增长率和对 GDP 的拉动贡献明显下滑，尤其是对 GDP 增长的贡献率大幅低于杭州、南京和成都。

表 4　2014、2019、2022 年主要城市服务业关键指标统计表

主要指标	年份	武汉市	杭州市	成都市	南京市
服务业增加值（亿元）	2022 年	11673.99	12787.00	13825.00	10522.65
	2019 年	9855.34	10172.00	11155.90	8701.48
	2014 年	5501.04	5282.07	5771.87	5045.46
服务业增加值占比（%）	2022 年	61.88%	68.19%	66.41%	62.24%
	2019 年	60.75%	66.17%	65.57%	62.02%
	2014 年	49.00%	55.05%	51.62%	56.34%
服务业增长率（%）	2022 年	2.30%	2.00%	1.50%	2.20%
	2019 年	8.20%	8.00%	8.70%	8.60%
	2014 年	9.50%	8.50%	8.60%	11.50%
服务业对 GDP 增长的贡献率（%）	2022 年	53.07%	77.64%	67.19%	67.71%
	2019 年	67.06%	82.64%	66.22%	71.99%
	2014 年	76.49%	74.74%	95.09%	75.15%

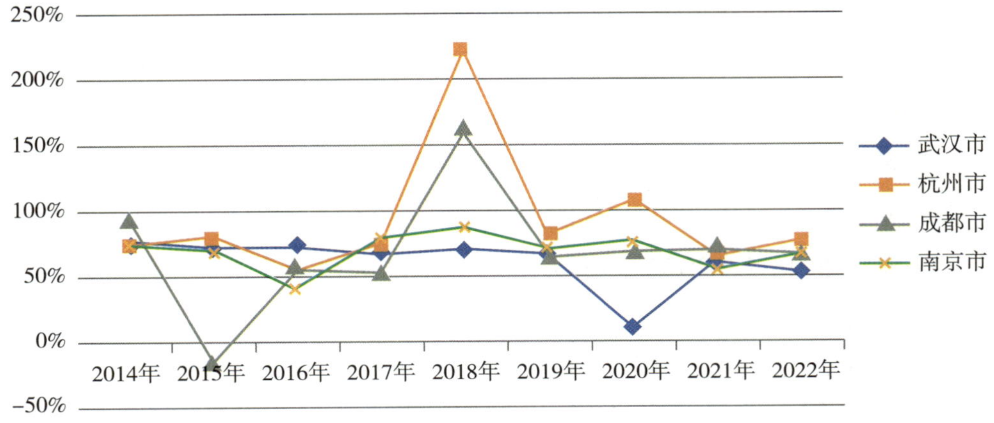

图 9　2014—2022 年主要城市服务业对 GDP 增长的贡献率统计图

2. 服务业结构相对优化

2014—2022 年，武汉信息传输、软件和信息技术服务业，金融业等 2 大新兴行业增加值占服务业比重分别提升 5.07 个百分点、3.3 个百分点，批发和零售业，交通运输、仓储和邮政业及房地产业等 3 大传统行业占服务业比重分别下降 4.42 个百分点、2.16 个百分点和 0.69 个百分点。武汉已有金融业，房地产业，批发和零售业，交通运输、仓储和邮政业，信息传输、软件和信息技术服务业等 5 大千亿级支柱行业增加值合计 7081.9 亿元，占服务业比重 60.66%，比 2014 年提高 1.1 个百分点，规模体量比南京多 335.67 亿元，比杭州、成都分别少 2369.61 亿元、1141.01 亿元。

表 5　2022 年武汉市服务业 8 个重点行业情况

序号	主要指标	行业增加值（亿元）	占服务业增加值比重（%）	2014—2019 年比重提高（百分点）	2019—2022 年比重提高（百分点）
1	金融业	1928.9	16.52%	1.86%	1.44%
2	房地产	1715.1	14.69%	2.77%	–3.46%
3	批发和零售业	1377.4	11.80%	–3.44%	–0.98%
4	交通运输、仓储和邮政业	1043.6	8.94%	–1.66%	–0.50%
5	信息传输、软件和信息技术服务业	1016.9	8.71%	3.67%	1.40%
6	住宿和餐饮业	343.5	2.94%	–0.75%	–0.72%
7	营利性服务业	3186.3	27.29%	—	0.95%
8	非营利性服务业	2030.3	17.39%	—	3.24%
合计		11674	100%	—	—

3. 五大主导产业增加值比重超过 60%

从金融业来看，2022 年全市本外币存贷款余额 80137 亿元，同比增长 7.42%；直接融资规模达到 4299.09 亿元，私募基金净值新增 500 亿元左右；上市企业累计达到 97 家，但全市金融业增加值 1928.9 亿元，比成都、杭州、南京分别少 506.75 亿元、471.48 亿元和 269.12 亿元。

从房地产业来看，2022 年武汉出台措施加大房地产企业帮扶力度，力保问题楼盘依约交付，全年房地产业增加值 1715.06 亿元，比南京、杭州、成都分别多 818.98 亿元、471.48 亿元和 153.79 亿元。

从商贸服务业来看，2022 年武汉社会消费品零售总额 6970.2 亿元，限上批发业、零售业、住宿业、餐饮业销售额（营业额）增速分别为 7.7%、

3.8%、-9.7%、0.9%。全市共有限上批零住餐企业 3630 户，年度净增 621 户，但批发和零售业增加值 1377.4 亿元，比成都、杭州、南京分别少 558.63 亿元、160.35 亿元和 127.40 亿元。

从物流业来看，2022 年全市 24 个物流枢纽项目建成或基本建成，武汉入选首批综合货运枢纽补链强链城市，全市交通运输、仓储和邮政业增加值 1043.6 亿元，比南京、杭州、成都分别多 468.73 亿元、574.78 亿元和 23.54 亿元。

从软件和信息业来看，2022 年武汉软件业务收入 2419 亿元，同比增长 21.4%，高于全国平均增速（11.2%）10.2 个百分点，居副省级城市第一位，6 家企业入选 2022 年中国软件百强、互联网百强。但信息传输、软件和信息技术服务业增加值 1016.9 亿元，比杭州、南京、成都分别少 2251.15 亿元、55.53 亿元和 252.97 亿元。

表 6　2022 年各城市服务业及其重点行业增加值统计表

序号	主要指标	武汉		成都		杭州		南京	
		增加值（亿元）	占比（%）	增加值（亿元）	占比（%）	增加值（亿元）	占比（%）	增加值（亿元）	占比（%）
1	服务业	11674	100%	13825	100%	12787	100%	10523	100%
2	金融业	1929	16.5%	2436	17.6%	2400	18.8%	2198	20.9%
3	房地产业	1715	14.7%	1561	11.3%	1238	9.7%	896	8.5%
4	批发和零售业	1377	11.8%	1936	14.0%	1538	12.0%	1505	14.3%
5	交通运输、仓储和邮政业	1044	8.9%	1020	7.4%	469	3.7%	575	5.5%
6	信息传输、软件和信息技术服务业	1017	8.7%	1270	9.2%	3807	29.8%	1572	14.9%
7	住宿和餐饮业	344	2.9%	500	3.6%	225	1.8%	203	1.9%
8	合计	7425	63.6%	8723	63.1%	9677	75.7%	6949	66.0%

（五）农业基础地位保持稳定

1. 农业经济稳步增长

武汉耕地、园地、林地面积分别为 24.04、1.34、13.8 万公顷，合计占国土面积的 46.13%，耕地资源相对较好，园地林地资源偏少。农业生产稳中有升，2014—2022 年，全市第一产业增加值从 350.06 亿元增长到 509.18 亿元；占地区生产总值的比重从 3.5% 降低到 2.5%，低于成都；2014—2022 年年均增长 3.9%，高于杭州、成都、南京。2022 年，全市农、林、牧、渔业总产值 836.72 亿元，稳居 15 个副省级城市第五位。其中，农业总产值 477.70 亿元，林业总产值 10.99 亿元，牧业总产值 113.17 亿元，渔业总产值 160.77 亿元，农林牧渔及辅助性活动产值 74.09 亿元。

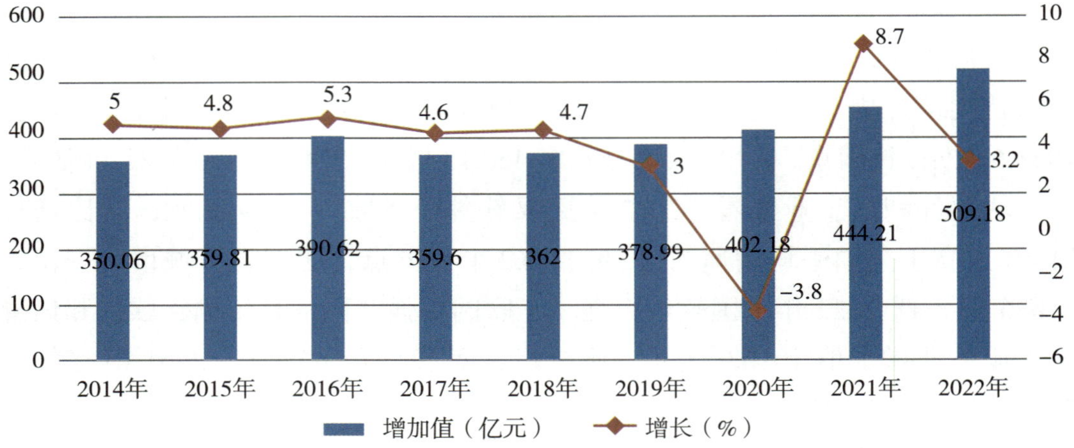

图 10　2014—2022 年武汉市第一产业增加值

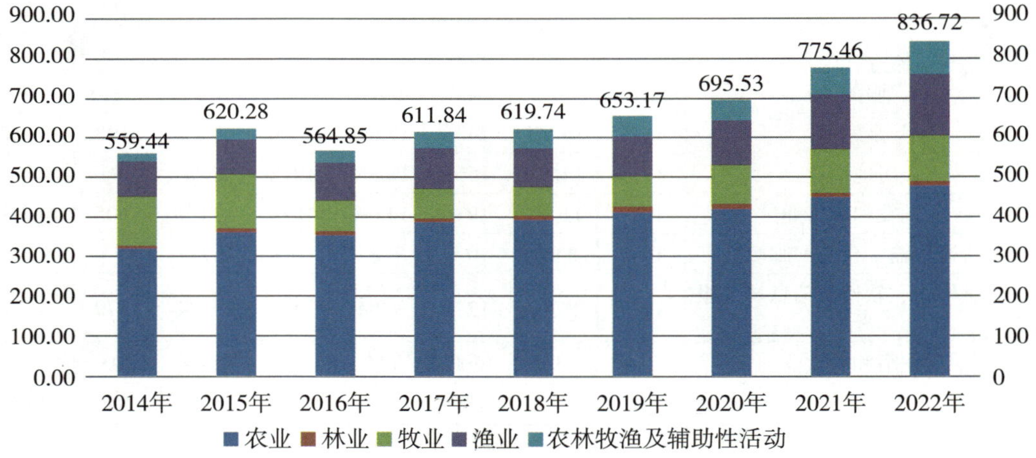

图 11　2014—2021 年武汉市农林牧渔业总产值（单位：亿元）

表 7　2022 年全国主要城市农业用地情况及农业发展状况

指标			武汉	成都	杭州	南京
土地面积	耕地	面积（万公顷）	24.04	33.20	12.38	14.21
		占国土面积比重（%）	28.30	23.16	7.35	21.57
	园地	面积（万公顷）	1.34	15.74	9.67	1.45
		占国土面积比重（%）	1.58	10.98	5.74	2.20

（续表）

指标			武汉	成都	杭州	南京
土地面积	林地	面积（万公顷）	13.80	49.55	110.07	15.51
		占国土面积比重（%）	16.25	34.57	65.32	23.55
	耕地园地林地占国土面积比重（%）		44.7	57.7	73.8	45.5
第一产业	增加值（亿元）		475.8	588.4	346	315.56
	占 GDP 比重（%）		2.5	2.8	1.9	1.9
	2014—2022 年均增长（%）		3.9	3.64	1.50	1.77
粮食生产	粮食播种面积（万亩）		218.1	582.6	—	207.32
	粮食产量（万吨）		89.9	227	53	99.03
	单位播种面积粮食产量（吨 / 亩）		0.41	0.39	—	0.48

2. 农业生产效率持续提高

积极创建国家现代农业示范区，引导优势特色产业向优势产区集中。农业综合生产能力持续提升，全市累计建成高标准农田 237 万亩，主要农作物耕种收综合机械化水平超过 75%。农业经营主体能力提升，2022 年，全市市级以上龙头企业 473 家、家庭农场和合作社共 1171 家。创建农产品区域公用品牌“江城百臻”，截至 2022 年 4 月底，武汉“二品一标”农产品累计达到 936 个，其中绿色食品 679 个，有机食品 239 个，地理标志 18 个。

3. 农业产业体系更加健全

打造集科技研发、生产加工、储运管理、展示交易、休闲观光、“互联网 +”融合发展的现代种业产业链，2021 年，种业全产业链产值 540 亿元，是全国种业规模与产业聚集度最高的区域。打造高质量“菜篮子”产业链，2022 年，全市粮食产量 89.88 万吨，蔬菜产量 841.29 万吨。打造农科创产业链，以动物疫苗和生物饲料添加剂为重点，鼓励龙头企业进行新型兽药、新型诊断试剂和先进仿制药研发以及生产工艺开发。 打造“农业 +”产业链，推动农业、农贸、农工贸以及信息技术融合发展，农产品加工产值与农业总产值之比超过 4，高于全国、全省平均水平；2022 年全市 10 个市级都市田园综合体实现产值 19.47 亿元，其中，第一产业产值 3.29 亿元，第二产业产值 4.35 亿元，第三产业产值 11.83 亿元。

（六）数字经济软硬件协同发展

1. 数字基础设施体系逐步完善

加快布局双千兆网络、数据中心、工业互联网、物联网。每万人拥有 5G 基站超过 25 个，高于副省级城市平均水平 1.3 个，实现中心城市和新城区重点区域高质量覆盖、行政村“村村通”。在全国首批启动广电 5G 网络业务，5G 个人用户普及率突破 50%。工业互联网国家顶级节点接入二级节点 32 个，标识注册量超过 100 亿个，接入企业超过 10000 家。数据中心累计建成机架超过 4 万个。武汉人工智能计算中心扩容至 200P，武汉超算中心正式投用。全市累计开放公开测试道路超过 750 千米，建成车路协同测试道路 123 千米，建成国家智能网联封闭测试场并开始试运营。物联感知体系链接 30 余类物联感知设备 200 万个。城市运行管理平台汇集 21 个领域 400 余项城市运行数据。

2. 数字经济核心产业占比达到 10%

2022 年招引超过 100 个数字经济相关产业项目签约落户，其中投资过 5 亿元项目 22 个。2022 年，全市数字经济核心产业预计实现两位数增长，达到 1800 亿元，占 GDP 比重为 10% 左右，电子信息制造业实现产值 3295.8 亿元，同比增长 12.15%；软件和信息技术服务业实现营收 2518.6 亿元，同比增长 20.02%，增速位居副省级城市第一。积极布局数字经济新赛道，出台《国家区块链发展先导区建设方案》《元宇宙创新发展三年行动方案》，推进星火·链网加快建设，组建武汉市区块链产业研究院、武汉人工智能研究院、北大武汉人工智能研究院、武汉市元宇宙产业联盟。

3. 产业数字化转型加快推进

加快工业智能化改造，打造了制造业数字化产线 101 条，示范智能工厂 82 家，标杆智能工厂 10 家，国家数字领航企业 2 家。建设国家 5G 全链接工厂 2 家；省级 5G 全链接工厂 9 家，占全省 30%。866 家企业通过国家两化融合（信息化和工业化融合）贯标评定，占全省超过 60%。建筑业、服务业、农业数字化转型积极推进。自主 BIM 技术加快赋能全市建筑行业。引进培育跨境电商产业链企业 103 家，全市电子商务交易规模突破 1.5 万亿元，增长近 10%。加快建设一批数字渔场、农场，推广智能农机等先进技术，农产品网络零售额达到 313.18 亿元，增长 6.8%。

二、武汉产业发展存在的主要问题

基于现代化产业体系的内涵要求和武汉产业发展定位，当前还存在传统优势产业转型升级较慢，战略性新兴产业融合集群发展不够，产业链供应链关键环节及关键领域不可控，要素市场化配置效率不高，产业发展的接续性和竞争力不强等问题，具体表现在以下方面：

（一）传统支柱产业优势减弱

1. 传统支柱产业增长乏力

汽车行业，2022 年汽车产业产值 3498 亿元，在全国排名第五位，是上海（8700 亿元）的 43.7%、长春（6700 亿元）的 52.2%、广州（6000 亿元）的 58.3%；汽车产量 139 万辆，仅占全国 5.8%，其中新能源汽车产量 19.3 万辆，仅占全国 2.73%，远低于西安（101.6 万辆）、上海（99 万辆）、深圳（89.7 万辆）、广州（31.4 万辆）。

装备制造行业，2022 年武汉装备制造产值 2680 亿元，远远低于成都（8950 亿元），略高于杭州（2520 亿元）。尤其在航空航天、轨道交通、高端能源装备领域，武汉参与国家重大战略布局不多，缺少超大型企业、整机成套产品引领，与成都差距较大，在先进物流装备以及轴承、模具、齿轮减（变）速箱等关键基础件领域落后杭州。

2. 企业品牌影响力弱化

自清末以来汉阳铁厂（1894 年）、武船（1934 年）、武重（1953 年）、武锅（1954 年）、武钢（1955 年）、中南汽车制造厂（1966 年）、青山船厂（1990 年）、东风汽车（2003 年）等一批全国最早、品牌影响力最大的工业项目落地武汉，为武汉发展做出了不可磨灭的功绩。改革开放以来，国内外部经济环境深刻变化，一批“武”字头品牌在市场化浪潮中艰难求存，或被收购或被兼并，逐渐不为人知，例如“武锅”多次易主仍未改亏损局面，品牌也名存实亡。按照“中华老字号”的认定标准，1980 年武汉有 108 家商业老字号，到今天仅有 13 家，福庆和、祁万顺、郭谥泰、老通城、芙蓉、顺香居、武昌酒楼等大部分武汉“老字号”品牌消失在历史长河中，令人惋惜。

3. 转型升级相对滞后

武汉传统支柱产业大都以央企、国企为主，因为规模体量大往往会忽视行业的新变化，同时受经营、决策和考核机制等因素制约，转型初期发展意愿不高，转型动作缓慢。以汽车产业为例，武汉虽有基础优势，但错失新能源汽车发展先机，在其他城市新能源汽车风生水起之时，武汉才开始引入造车新势力，尚处于建设阶段，关键总成企业不足，中创新航等新进动力电池项目还未投产。2022年武汉新能源汽车销量为9.97万辆，排名全国第十一位，次于上海（33.51万辆）、杭州（21.32万辆）、深圳（21.28万辆）、广州（17.11万辆）、成都（16万辆）、北京（16万辆）、苏州（11.84万辆）、重庆（11.50万辆）、郑州（10.90万辆）、天津（10.56万辆）等城市。

（二）新兴产业规模优势尚未形成

1. 集中优势突破不够

武汉是全国战略性新兴产业门类最全的城市之一，九大领域均有布局，拥有集成电路、新型显示器件、下一代信息网络、生物医药等4个国家战略性新兴产业集群，光电子信息集群与汽车集群2个国家先进制造业集群。近年来，产业政策密集出台，涉及领域宽泛，几乎覆盖全部“965”产业，此外，紧紧跟随国家和发达城市在新兴领域出台的产业政策，很快就推出“武汉版”相关产业政策。有限的政策资源泛化、碎片化明显，似是“雨露均沾”的扶持，实是“胡子眉毛一把抓”，每个产业都处在“高原”却看不到“高峰”。而在某些新兴前沿领域，最好的政策是没有政策，特别是高度市场化领域，包容审慎的监管比各种补贴优惠更利于行业发展。

例如，光电子信息方面，2022年武汉计算机、通信和其他电子设备制造业产值2455亿元，与成都（5251亿元）、杭州（3502亿元）差距较大。成都有英特尔、IBM、戴尔、微软、德州仪器等世界500强企业，杭州有士兰微、海康威视、大华股份、富通集团等国内龙头。相比之下，武汉缺少实力强劲的世界级企业，发展动能和配套功能均待提升。生物医药方面，2022年武汉医药制造业产值510亿元，与成都（710亿元）、杭州（940亿元）还存在不小差距，武汉入选中国医药工业百强榜的企业仅1家，杭州、成都均有3家。

2. 新兴领域企业培育不够

当前，武汉一些新兴产业依赖招商引资引进的龙头企业来支撑，例如，新型显示领域以华星光电、京东方、天马微电子等三大巨头为主，医疗器械领域以华大、联影、迈瑞等头部企业为主。引进的企业在汉布局的多为组装生产环节，受其总部的战略定位影响，技术研发布局力度不大，缺少新产品控制力和供应链带动力，短期内能够补齐产业链短板、推进产业突破性发展，但长期来看整体性、系统性、生长性比较差，无法打造成具有持续发展能力的生态主导型企业。同时，由于对价谈判能力不足，武汉将过多的优质资源要素向这些引进的央企、国企、头部企业倾斜，导致本地企业的培育力度明显不足。

3. 新兴领域投资不足

民间投资结构不优，2021 年全市民间投资中，房地产业比重高达 64.00%，制造业比重仅为 25.40%，且房地产投资增速高于制造业；制造业中以计算机通信设备制造和汽车制造为主，医药制造、新能源、新材料、高端装备等领域投资相对偏少；软件信息、文化娱乐、科技服务等新兴服务业领域投资严重不足。投资项目支撑不强，2022 年实际有效签约亿元以上工业项目仅 110 个开工，占比仅 40.6%；全市在建 10 亿元工业重大项目 2023 年计划投资不到去年同期水平的一半，投资没有连续性，投产企业不多。

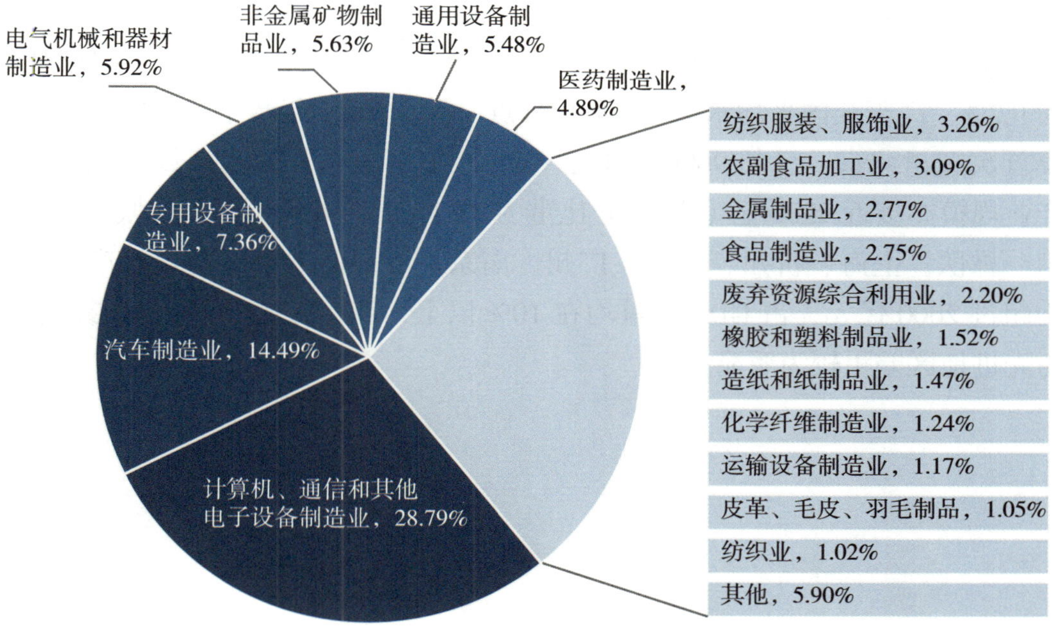

图 12　2021 年武汉市制造业分行业民间投资比重

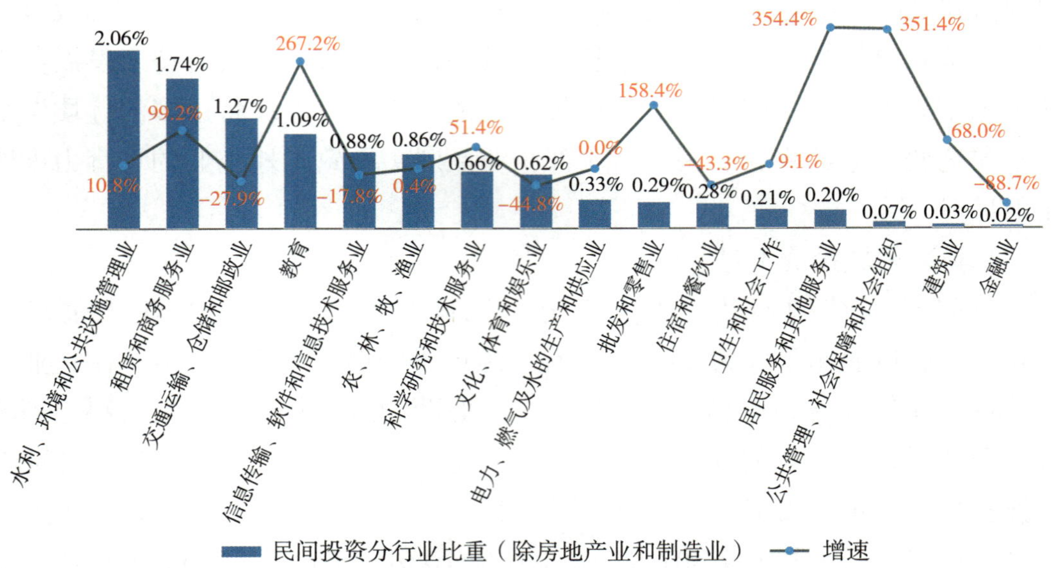

图 13　2021 年武汉市服务业分行业民间投资比重及增速（单位：%）

4. 数字经济规模偏小

2021 年，武汉市数字经济核心产业增加值达 1635.1 亿元，占 GDP 比重为 9.2%，高于全国平均水平 1.4 个百分点。深圳 2021 年数字经济核心产业规模首次超越北京，已超 9000 亿（占 GDP 比重超 30%），北京数字经济核心产业规模亦接近 9000 亿（占 GDP 比重为 22.1%），大幅领先其他城市，处于第一梯队；上海、杭州、苏州、广州、南京、成都的数字经济核心产业规模均超过 2000 亿元，占 GDP 比重均在 10% 以上，我市在数字经济核心产业上与先进地区差距较为明显。

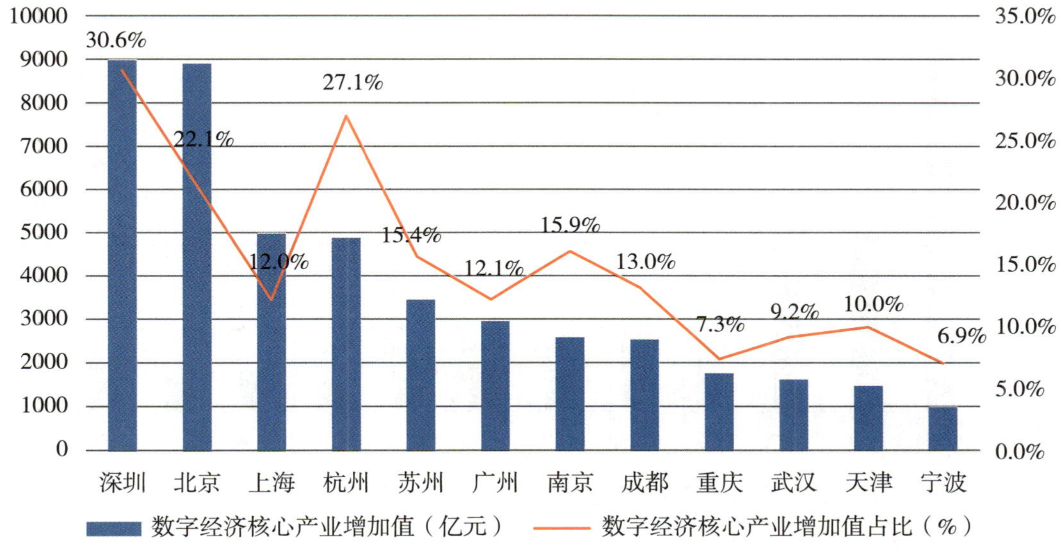

图 14　2021 年各城市数字经济核心产业增加值

软件行业方面，北京的软件与信息技术服务业规模超 1.9 万亿，拥有三成以上的全国软件百强企业，深圳、上海、杭州、广州软件业务收入超过 5000 亿元，武汉仅 2159 亿元。

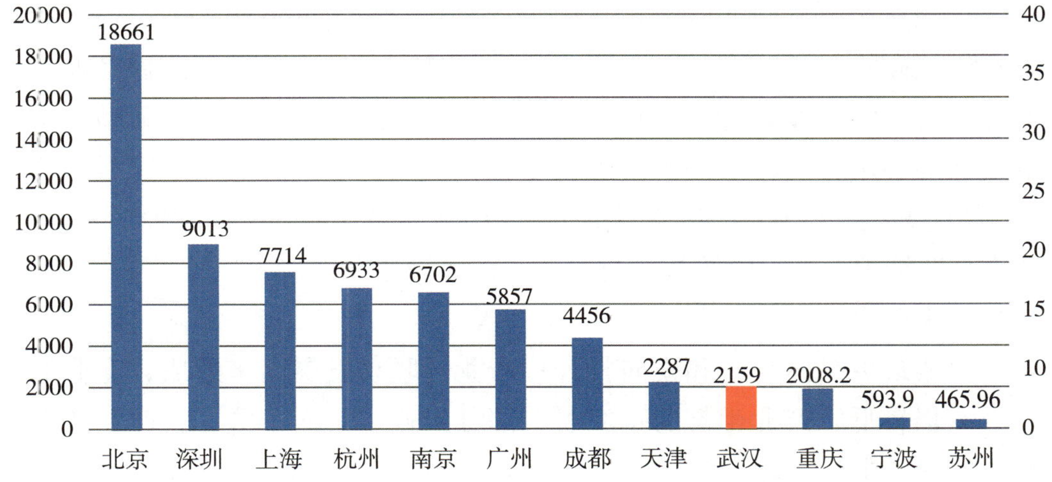

图 15　2021 年各城市软件和信息技术服务业规模（单位：亿元）

电子信息制造方面，深圳的电子信息制造业规模超 2.4 万亿，占全国的六分之一，苏州、重庆、成都、上海、杭州等地电子信息制造业产业也明显高于武汉市。

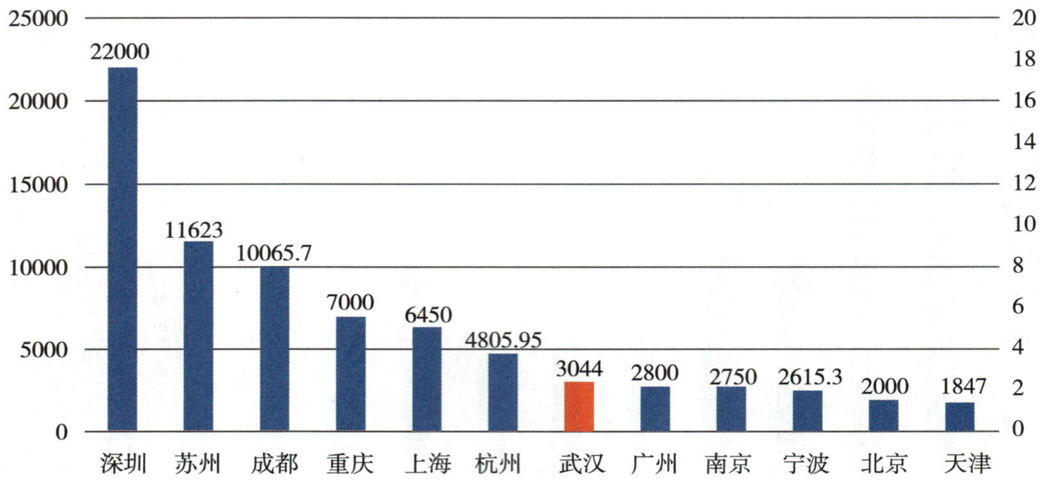

图 16　2021 年各城市电子信息制造业规模（单位：亿元）

（三）产业链供应链韧性不足

1. 关键环节存在严重短板

集成电路、新型显示器件、生物医药等战略性新兴产业集群虽已初步形成产业链，但在上游附加值较高的产业领域存在核心技术缺失、高端产品供给不足的问题，核心基础零部件元器件、关键基础材料、基础检测检验设备、先进基础制造工艺和装备的自主可控水平不高，自主创新能力不足，产业链基础不牢、水平不高，制约了产业集群发展和壮大。比如，集成电路产业链，上游的设备、材料及设计环节较弱，下游的封装测试环节缺位；新型显示产业链，高端显示生产所必需的基础化工原料、液晶中间体等高端原材料依赖进口；新能源汽车产业链，锂离子电池高端隔膜、高速高功率密度大功率电机、大功率高速轴承、燃料电池核心材料等关键领域存在缺口。

2. 产业本地配套率偏低

产业链缺少纵向合作和横向整合，产业链联动发展尚未形成，企业的本地配套率仍较低，产业生态还不完善。部分产业“集而不群”，产业链上的企业“单打独斗”、关联度不高，没有形成完整的产业链上、下游配套关系，很多龙头企业的上游供应商和下游客户都不在武汉及其周边。本地配套率低不仅仅会延长制造周期、提高生产成本、降低企业竞争力，更会在突发事件和紧急情况下影响企业正常运作，甚至会影响到整个供应链的抗风险能力和韧性。例如，武汉整车企业零部件多为外省市采购，东风集团国内一级供应商中仅有 1/3 分布在武汉，部分车用芯片、电子电器等零部件对外依存度高；生物医药企业研发需要大量的进口仪器和设备，国内超声、心电机监护设备的器件供应商大多集中在珠三角地区，一旦遇到突发事件，就会影响到整条产业链供应链的生产活动。

3. 大中小企业融通发展不够

大企业处于支配地位，受限于体制机制约束等原因缺乏融通意愿，而中小企业相对活跃，却欠缺经验及能力，大中小企业发展地位不平等，难以形成合理的融通合作机制。实践中，除基于上下游供应商关系的企业有着较好沟通渠道外，产业集群中的大中小企业沟通渠道是较为有限的。很多大型企业在内部已形成完整的产业链，在全国甚至全球范围都有既定的合作方和供应方，很少向本土中小企业开放重要的产业链环节。融通创新涉及各类创新主体，贯穿经济活动各个环节，仅仅靠哪一家龙头企业或市场力量，都难以实现充分融通发展，亟须政府发挥市场的调节作用。

（四）要素供给存在结构性矛盾

1. 产业创新人才供需不匹配

高端人才和领军人才对于战略性新兴产业的发展至关重要，从现有人才结构来看，行业经验丰富的高端人才储备不足，尤其是掌握核心技术的关键人才尤其紧缺，尽管近年来引进一些高层次人才，但与产业发展的需求仍相去甚远。人才培养体系支撑不足，校企合作对产业人才培养的实际效果并不理想，企业普遍反映存在人才“中看不中用”的情况，关键领域的应用型、技能型高级技术人才供给不足，企业更愿意从北上广深杭等城市引进回流人才。根据《武汉支柱产业人才白皮书》显示，武汉九大支柱产业供需指数差异性较大，传统强势产业如智能建造、汽车、大健康人才充沛，但新一代信息技术、高端装备和现代服务业人才供给面临挑战，尤其是新一代信息技术产业，招聘需求遥遥领先，占全市支柱产业总体招聘需求的 40% 左右。

2. 产业创投资本作用发挥不够

战略性新兴产业具有发展周期长、风险性高、技术性强等特点，需要大量的资金投入作为支撑。武汉的风投创投机构不强，不少初创企业纷纷向外地机构寻求融资；而当企业发展壮大之后，本土创投机构想投却又投不进去。即使是风投最活跃的光谷，近几年科技企业融资案例中，超八成为外地投资机构和企业投资。政府产业引导基金和国资创投机构实力相对更强，但投资也更加谨慎，倾向于投资大项目、大企业，不愿意直接投向新兴领域的中小科创企业，即使投，也是杯水车薪。根据中国证券投资基金业协会登记备案数据，截至2022年末，武汉市在中基协登记的私募基金管理人为391家，共管理基金936只，募集基金531.37亿元，居全国主要城市第十五名；2022年投资金额210.47亿元，居全国主要城市第十二名。

表8　2022年全国主要城市募集资金一览表

排序	城市	募集资金（亿元）	排序	城市	募集资金（亿元）
一	北京市	2077.87	十一	杭州市	763.70
二	天津市	1364.02	十二	厦门市	706.93
三	广州市	1147.92	十三	南京市	659.65
四	苏州市	1030.48	十四	成都市	577.56
五	嘉兴市	1025.83	十五	武汉市	531.37
六	上海市	1008.41	十六	珠海市	497.39
七	深圳市	992.42	十七	重庆市	489.32
八	青岛市	939.51	十八	宁波市	483.82
九	无锡市	904.12	十九	湖州市	399.43
十	合肥市	831.07	二十	佛山市	386.92

3. 科技创新成果对本地产业发展支撑不足

武汉高校院所的大量科技成果流向外地，本地转化率只有30%左右。2022年，全市技术输出合同成交额1361亿元，技术吸纳合同成交额仅767亿元，而杭州、南京、深圳技术吸纳额远大于技术输出额。据了解，武汉地区高校部分横向科技项目本身就源于长三角、珠三角企业技术需求，由外地企业提前“订制”，并投入研发资金支持，技术成熟后自然流向外地。2022年武汉地区高校技术输出到本地企业的金额仅为18.75亿元，本地企业从武汉地区高校购买技术的金额不足高校技术输出成交额的1/5。

全市布局了一批战略性科技创新平台，无论数量还是能级在全国都居于前列，但这些平台大都是依托和面向高校院所和大型国有企业，承担国家重大科技任务，研究更加偏向理论性，中小科创企业难以参与，技术外溢和技术承接不足。对创新产业化有推动作用的公共技术平台建设相对滞后，目前只有12家依托工业技术研究院而建的中试熟化平台，平台资金缺口较大，资源整合能力不强，行业覆盖率不高，为科创企业提供概念验证、二次开发实验、中试熟化的能力不足。

企业在产学研合作中缺乏主导权，企业研发投入不够，2021 年武汉规上工业企业研发机构覆盖率 17.9%、规模以上制造业企业研发投入强度 1.7%、高技术制造业占规模以上工业增加值比重 17.1%，均低于深圳、广州、南京、杭州等城市水平。

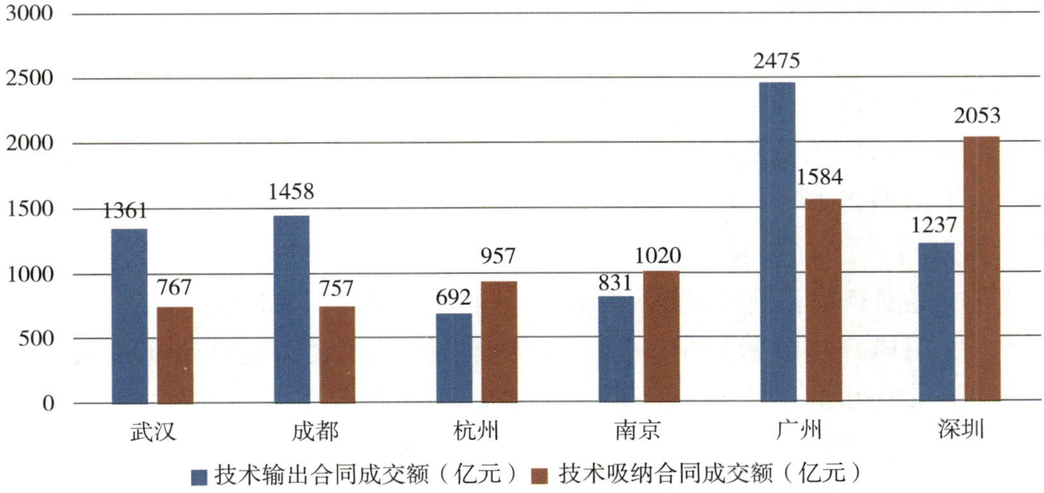

图 17　2022 年武汉和其他城市技术交易情况

4. 数据要素赋能产业数字化水平不够

传统产业的数字化改造面临较高壁垒，广大中小型企业数字化发展水平总体偏低，由于转型能力不够、转型成本偏高、转型阵痛期较长，大多面临“不会转”“不能转”“不敢转”的困境。现有公共服务平台运行中高度依赖于实体服务机构，大多仅实现了简单的数字信息传递功能，服务形式是数字化，但服务内容依然传统，只能提供数字通用能力，难以满足企业数字化转型需求。数字服务型企业多而不强，尤其缺少头部企业，2020 年武汉从事软件和信息技术服务的企业平均完成业务收入 10817 元，不到杭州的 1/6、上海的 1/4、深圳的 1/3、成都的 1/2。

数字基础设施使用效率不优，全市总体算力规模达到约 650 PFlops（包括通用算力、人工智能计算和超级计算），但投资主体较多，算力服务难以协同。边缘计算布局较少，目前以边缘计算单元为主，暂无典型的边缘计算中心。

工业互联网标识方面，接入企业节点数量为3008，低于北京（13623）、上海（8054）、南京（8214）、广州（4277）及重庆（3777），在推广标识应用上还有所不足。

数据开放共享和数据交易尚处于审慎探索阶段，各部门数据多源且异构，各平台整合进度缓慢，数据“孤岛化”问题突出，严重制约数字经济发展。相比之下，上海、杭州的“城市大脑”已几经迭代，2022年10月、11月成立的广州、深圳数据交易所当年累计交易额超过17亿元。

5. 产业空间集聚度不高

2021年武汉已经发布全市产业地图，明确了14个区的重点产业，但在实际工作中并未按照特色产业统筹招商、集中布局的发展思路，各区“抢商夺资”竞争激烈，不考虑产业集群和产业生态，只要够大够强就要，因此造就了很多“单打冠军”，但区域内产业联动较弱、产业互补不足、协作水平不高，难以形成范围经济和规模经济，限制了产业集群的培育和壮大。

产业用地日趋收紧，2014—2023年全市国有建设用地供应规模从71500亩减少到62080亩，其中，商服用地规模从4500亩收紧到2360亩，工业用地规模更是从32800亩收紧到14000亩。比较而言，武汉产业用地规模低于杭州，产业用地比重低于成都。

新增土地供应量逐步紧缩，可参与的地块越来越少，城市更新成为重要的拿地手段，而城市更新项目大都位于中心城区核心地段，占据着极为稀缺的资源，而老旧厂房、低效产业园等存量空间亟待提质增效，产业转型升级需求迫切。产业“退二进三”以后，生产空间变小，而配套的研发、办公用房，以及上下游的生产型服务业的需求在增加，工业用地7%的配套红线难以适应未来产业的发展需求，探索试行新型产业用地政策也更加紧迫。

表9　2023年武汉、成都、杭州、南京国有建设用地供应计划规模

类别	城市	武汉	成都	杭州
	合计（亩）	62080	54750	77626
工业用地供应计划	规模（亩）	2360	16200	2662
	比重（%）	3.80	8.22	3.43
商服用地供应计划	规模（亩）	14000	4500	16539
	比重（%）	22.55	29.59	21.31

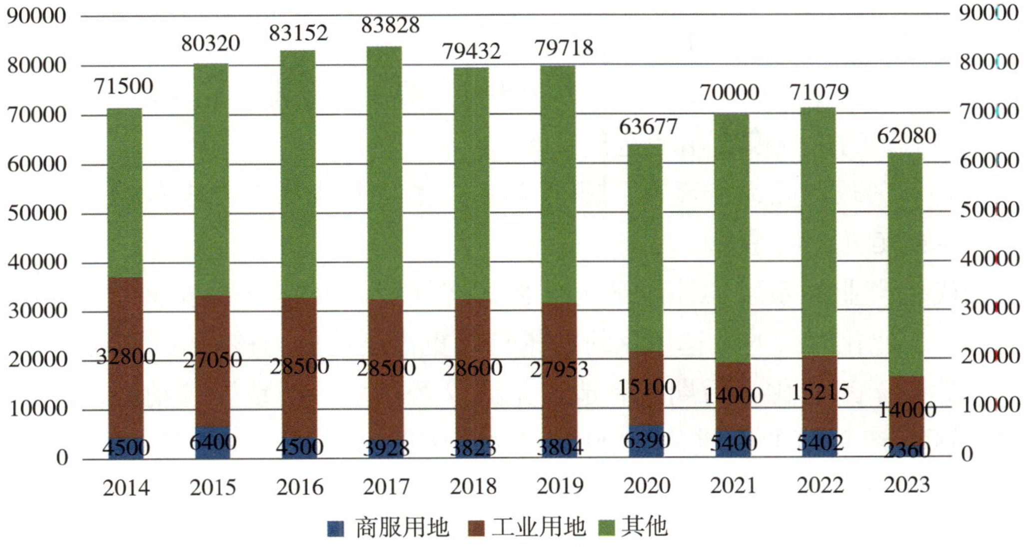

图 18　2014—2023 年武汉市国有建设用地供应计划（单位：亩）

三、武汉加快构建现代化产业体系的总体思考

总体而言，对照现代化产业体系“自主可控、安全可靠、竞争力强”的总体要求，武汉产业在规模能级和发展质量上还存在明显的不足，促进产业现代化的政策环境有待优化强化，武汉重点产业、重点企业、重点技术在全国新发展格局中的基础作用还不突出。同时，我们也应该看到，武汉有良好地工业基础，有明显的区位优势和科教优势，一些产业领域在全国处于优势地位，这些都有利于我们在新一轮科技革命和产业变革中抢得发展先机，推动新旧动能有效转换，加快构建现代化产业体系。

（一）科技创新是推动产业发展的强劲引擎，理念创新和制度创新是关键保障

新领域新赛道是全球科技革命与产业变革的重要产物，是经济发展中最为活跃、最具增长潜力的关键性变量，离不开科技创新的战略支撑、原始驱动和前瞻引领。科教人才优势是武汉的最大优势，但转化不足也是最大实际，根本还是理念的滞后和制度的保守。武汉错失了消费互联网、新能源汽车等新兴产业的最佳发展时机，并不是因为科技实力不够，而是源于对产业创新的紧迫性和敏感性不够。因此，要从理念和制度上真正确保科技创新事关发展全局的核心地位，主动破除制约创新的思想障碍和制度藩篱，尤其是在数

智化时代，大数据、人工智能等新一代信息技术正在重构知识生产与思维方式，我们的制度环境和政策设计必须要能够适应并激发这些新兴生产要素所蕴藏的巨大潜能，集中资源力量实现“从0到1”的技术突破，面向市场需求推动“从1到N”的大规模应用和迭代升级。

（二）制造业是立市之本、强市之基，保持制造业比重基本稳定是确保经济行稳致远的重要基石

现代化产业体系以实体经济为主体，实体经济又是以制造业为核心。早已进入后工业化时代的发达国家纷纷推行以重振制造业为核心的“再工业化”。武汉依然处于工业化中后期，制造业是武汉经济增长的重要拉动力，但是工业占地区生产总值的比重从2000年的35.09%下降到2022年的25.90%，降幅大于同期全国水平，存在过早过快“去工业化”倾向。同时，武汉工业结构偏重，重工业占比稳定在75%左右，汽车、光电子信息、建筑、钢铁石化、能源等支柱产业具有强周期性，受宏观经济环境影响较大。为确保经济持续平稳健康发展，必须坚持走新型工业化道路，推动制造业高端化、智能化、绿色化发展，优化“轻与重”“强周期与弱周期”产业结构，促进制造业内部结构升级和先进制造业与现代服务业协同发展。

（三）产业迭代是产业结构不断替代和更新的过程，既要挖掘和培育新兴优势，也要强化和重塑传统优势，保持产业发展接续性

经济增长的可持续性来源于产业体系的迭代升级，没有一成不变的产业，也没有长盛不衰的产业，只有不断地创新、转型、融合，才能始终保持旺盛的生命力和竞争力。当前，武汉钢铁、石化、汽车等传统支柱产业优势不断弱化，新能源、新材料、生物技术、人工智能等新兴产业优势尚未形成，新旧动能交替期间可能导致产业“断档”困境。传统支柱产业是构建现代化产业体系的最大优势、最硬底盘，新兴产业是最强动能、最大变量，必须要及时抓住产业变革机遇，统筹推进传统产业和新兴产业深度融合，积极采用先进适用技术改造升级，加速新技术的规模化应用，促进双向赋能和接续发力，推动产业体系的迭代升级。

（四）市场主体是畅通经济循环的微观基础，量大面广的中小企业是产业体系的重要组成部分

只有稳住市场主体的预期、提振市场主体的信心、激发市场主体活力，

才能增强产业发展内生动力。武汉拥有178.50万户市场主体，企业户只有44%，“四上”企业不到1.5万户，全国500强企业仅9家，民营经济增加值仅占地区生产总值的40.7%，市场主体呈现“小微”多、“大中”少、“头部”缺、“民营”弱的特征。要明确市场主体在产业发展中的主体地位，着力破除影响市场公平竞争的制度障碍和隐性壁垒，保持政策稳定性和可预期性，分级分类推动市场主体“个转企、小升规、规改股、股上市”，形成国有企业和民营企业、大中小微企业分工协作、融通创新、共同发展的产业发展生态。

（五）重点产业强“链”、产业协同集“群”、产业生态建“圈”，是构建现代化产业体系的有效路径

产业集群是现代化产业体系的主要形态；产业集群的形成依托于产业链上下游的协作配套和跨产业链的融合创新；产业生态具有有多样性、开放性、自组织性和动态性，为产业链和产业集群提供更具效率、更有活力的要素支撑。当前，武汉重点产业链“大而不全”“全而不精”“韧中有脆”，“集而不群”现象普遍存在，产业链与创新链、供应链、数据链、资金链、服务链、人才链等融合不足，产业生态还不完善。要按照“强链、集群、建圈”的思路，持续增强产业链完整性和系统性，培育壮大具有影响力和竞争力的产业集群，形成具有良性循环和可持续发展的“热带雨林”式产业生态。

（六）产业是城市发展的基础，城市是产业发展的载体，产城融合应以人的全面自由发展为出发点和落脚点

产业优化升级和人的需求对城市空间提出了更为严峻的挑战和要求，而土地资源紧缺，新增供应量逐步紧缩，基于存量用地挖潜的城市更新成为重要路径。当前城市更新的关注点还是基础设施改造，不重视新兴产业导入，或者导入的产业定位不明确，配套设施和公共设施服务不足，难以吸引与产业相匹配的人才集聚，对产业转型的支撑不足。必须要坚持人本理念，以产业为纽带、以城镇为载体，统筹推进城市更新和产业升级，加大新型产业用地供给，提高城市空间利用效率，最大程度满足人的需求，以人兴产、以人旺城，以产聚人、以产带城，以城留人、以城促产，推动“人产城”融合发展。

（七）抢抓国家产业备份机遇，形成国家战略性新兴产业在武汉的备份系统

随着世界进入新的动荡变革期，全球产业链集中布局、供应链集中采购

风险加大，建立国家产业备份系统是维护产业链、供应链安全畅通的根本保障。武汉区位优势突出，科教资源丰富，产业基础完备，战略地位重要，发展潜力巨大，具有承载国家产业备份战略的底气和勇气。必须要抓住国家产业备份带来的新一轮产业转移机遇，积极争取关键零部件、关键材料、关键设备等国家重大产业备份项目落地，加强与东部沿海地区合作并主动承接重要产业转移，形成国家战略性产业在武汉的备份系统，为打造我国自主可控的产业链、供应链和保障我国产业安全、经济安全、国家安全贡献武汉力量。

（八）用好国内国际两个市场两种资源，深度参与全球产业分工合作，现代化产业体系才能更加开放、更具活力

开放性是现代化产业体系的重要特征，只有坚持扩大开放，才能在合作竞争中实现技术进步和产业升级。一个城市的产业链供应链在多大范围内形成稳定循环，某种程度上取决于所在区域的产业结构及其在区域中的能级定位。武汉仍是建设中的国家中心城市，在长江中游城市群和中部地区的辐射带动能力尚且有限，更难以在全球产业链供应链中发挥主动作用，外贸依存度不到20%，开放不足是武汉产业发展的最大短板。武汉要坚持开放合作，加快形成以中心城市引领都市圈发展、以都市圈带动区域高质量发展的良性互动，推动经贸合作向更广更深领域发展，将更广泛的伙伴关系和更紧密的联系作为供应链多元化和产业链安全的支撑。

作者单位：武汉发展战略研究院

加快武汉冷链物流高质量发展的对策建议

杜　涛

冷链物流是利用温控、保鲜等技术工艺和冷库、冷藏车、冷藏箱等设施设备，确保冷链产品在初加工、储存、运输、流通加工、销售、配送等全过程始终处于规定温度环境下的专业物流。加快建设现代化冷链物流体系，对满足人民美好生活需要、推动国家战略实施均有重要意义。笔者通过走访座谈和实地考察等方式对武汉市冷链物流发展情况进行了调研，了解到武汉市冷链物流总体发展态势良好，成效显著，但也存在一些问题。现结合国家行业发展要求，在借鉴其他地区相关经验的基础上，研究提出加快武汉冷链物流发展的相关对策。

一、武汉加快发展冷链物流是大势所趋、民生所向

从国际农产品流通产业发展经验看，发达国家早就建立了“从田间到餐桌”的一体化冷链物流体系，不仅确保了冷链产品质量，而且也提高了当地的农业效益。目前国内很多省、市已经相继制定、出台了“十四五”冷链物流发展规划或冷链物流发展实施方案。随着我国经济和社会的快速发展，对加快发展农产品冷链物流提出了更高的要求。

（一）加快冷链物流发展是适应我国生鲜农产品大规模流通的客观需要

经过改革开放40多年的发展，我国农业结构调整取得显著成效，区域和品种布局日益优化使农产品流通呈现出大规模、长距离、反季节的特点，对农产品物流服务规模和效率提出了更高要求。一是随着农产品区域生产布局

的细化，农业特色产区加快发展，生鲜农产品的区域规模化产出迫切需要加快发展农产品跨地区保鲜运输；二是农产品反季节销售加快发展，亟须进一步提高低温储藏保鲜水平。从今后一段时期农业结构加快调整优化的需要看，加快发展农产品冷链物流也是适应我国生鲜农产品大规模流通的客观需要。

（二）促进农产品冷链物流发展是加快农产品供应链体系建设的重点任务

2022 年 5 月 10 日，国家财政部、商务部发布的《关于支持加快农产品供应链体系建设，进一步促进冷链物流发展的通知》中要求，按照“强节点、建链条、优网络”工作思路，在已实施农产品供应链体系建设的工作基础上，进一步聚焦补齐冷链设施短板，提高冷链物流质量效率，建立健全畅通高效、贯通城乡、安全规范的农产品现代流通体系。因此，重点抓住跨区域农产品批发市场和销地农产品冷链物流网络，加快武汉市冷链物流设施建设，健全销地冷链分拨配送体系，创新面向消费的冷链物流模式，是推动武汉市农产品冷链物流高质量发展的重要前提。

（三）加快冷链物流发展是满足居民消费的必要保证

随着城乡居民消费水平和消费能力的不断提高，我国生鲜农产品的消费规模快速增长，居民对农产品的多样化、新鲜度和营养性等方面提出了更高要求，特别是对食品安全的关注程度不断提高。据武汉市消费者的冷链物流问卷调查显示，关于消费者对武汉市冷链物流的发展建议中，保障冷链产品安全呼声最高。因此，加快发展农产品冷链物流已成为提升农产品消费品质，减少营养流失，保证食品安全的必要手段，也是满足居民消费需求的必要保证。

（四）加快冷链物流发展是促进农民增收的重要途径

长期以来，我国农产品产后损失严重，果蔬、肉类、水产品等流通腐损率分别达到 20% ~ 30%、12%、15%，仅果蔬类每年损失就达到 1000 亿元以上；同时，受到生鲜农产品集中上市后保鲜储运能力制约，农产品“难卖”和价格季节性波动的矛盾突出，农民增产不增收的情况时有发生。发展农产品冷链物流，既是减少农产品产后损失，间接节约耕地等农业资源，促进农业可持续发展的重要举措，也是带动农产品跨季节均衡销售，促进农民稳定增收的重要途径。

（五）加快冷链物流发展是提高武汉农产品国际竞争力的重要举措

我国生鲜农产品生产具有较强的比较优势，但是由于冷链发展滞后，全国蔬菜、水果出口量仅占总产量的1%~2%，且其中80%是初级产品，在国际市场上缺乏竞争力。特别是随着近年来欧盟、日本、美国等发达国家和地区不断提高进口农产品准入标准，相关质量、技术和绿色壁垒成为制约我国农产品出口的重要障碍。加快发展农产品冷链物流，已成为提高出口农产品质量，突破贸易壁垒，增强国际竞争力的重要举措。

二、武汉市冷链物流发展现状

“十三五”以来，武汉市肉类、果蔬、水产品、乳品、速冻食品、疫苗、生物制剂、药品等冷链产品市场需求快速增长，冷链物流市场规模不断扩大、基础设施网络持续完善、业态模式不断创新、产业地位不断提高，冷链物流产业已成为稳增长、促消费、惠民生的重要新兴力量。

（一）冷链物流市场规模不断扩大

据武汉市2022年统计公报相关数据显示，2022年，武汉市蔬菜产量841.29万吨，增长2.5%；水产品产量45.32万吨，增长3.7%；生猪出栏194.97万头，增长4.4%；家禽出笼3737.47万只，增长1.7%。总体来说，近年来武汉市蔬菜、水果、肉类、禽蛋、水产品、乳品等农产品产量呈逐年稳增趋势，居民消费水平也在不断提高，食品类消费支出逐年升高，冷链农产品的需求持续增强，在生产和消费两端的共同推动下，冷链物流快速发展。

（二）冷链物流基础设施日趋完善

根据相关调研数据显示，截至2022年8月底，武汉市44家冷库冷链物流企业自建约74座，总库容量达534.93万立方米（折合213.97万吨），较“十四五”规划初期的152.10万吨增加了61.87万吨。全市冷藏车保有量为2542辆，比2019年激增了91.8%，近3年呈明显增长趋势。

（三）现代冷链服务主体日益壮大

截至2022年8月底，全市规模以上重点冷链物流市场主体大约500多家，其中运输型冷链物流企业430多家，自建冷库的规模以上冷链物流企业70多家。山绿集团成为湖北省内唯一入选全国首批骨干冷链物流基地的企业。

（四）冷链物流新业态新模式涌现

武汉市冷链物流发展日趋多元化，“生鲜电商+冷链宅配”“中央厨房+食材冷链配送”等新型业态不断发展，呈现出以批发市场为主导的市场型、以龙头加工企业为主导的直销型与第三方物流全面融合发展的冷链物流模式。

（五）冷链物流行业监管力度趋严

近年来，全市贯彻落实《食品安全国家标准食品冷链物流卫生规范》强制性国家标准，从2020年12月10日起，武汉市率先使用湖北省进口冷链食品信息化追溯平台“鄂冷链”，确保进口冷链食品来源可查，去向可追。

三、目前武汉市冷链物流发展存在的主要问题

（一）全市冷链物流发展缺乏政策引导

全市冷链物流信息化相对滞后，尚未实现对冷链物流大数据的动态采集、处理及决策分析。尚无集信息发布、在线交易、产品追溯、货物查询、技术咨询、产业动态分析等功能于一体的区域性冷链物流公共信息平台、交易平台和监管平台，难以避免因冷库信息不对称导致的市场价格不理性和行业无序竞争。

（二）冷链物流资源分布不均衡

现有的冷链物流设施布局不均衡，尚未实现全覆盖，农产品产地的流通加工型仓冷库的库容量严重不足，特别是大型农批市场、区域性农产品配送中心等关键物流节点缺少与之配套的冷冻冷藏设施。

（三）本地冷链物流市场主体不强

目前，武汉市冷链物流市场主体呈现“小散弱”的特征，高品质、规模型企业不多，缺乏在国内具有较强影响力和品牌优势的大型龙头企业，武汉市星级冷链物流企业仅为10家。

（四）冷链物流行业人才缺乏

目前冷链物流行业人才缺口很大，一线操作员工、中层管理人员、专业技术人员以及高级管理人员均较缺乏，特别是既懂物流又懂制冷的复合型人才十分稀缺。

四、加快武汉市冷链物流高质量发展的对策建议

（一）搭建冷链协同平台，强化冷链物流组织与协调

一是健全全市冷链物流统筹协同管理机制。建议由武汉市现代物流领导小组牵头建立全市冷链物流发展工作协调机制，组织建立全市冷链物流相关工作体系、统计体系、政策体系、评价体系，加强对冷链物流发展工作的政策性指导、协调推进相关重大问题研究，加快形成市区联动、部门协作的推进机制。

二是搭建冷链公共信息平台、交易平台和监管平台。依托武汉物流协会和一批骨干冷链企业共同搭建专业冷链物流信息平台，广泛集成区域冷链货源、运力、库存等市场信息，通过数字化方式强化信息采集、交互服务功能，为冷链干线运输、分拨配送、仓储服务、冷藏加工等业务一体化运作提供平台组织支撑。

（二）科学谋划设施布局，提升冷链物流基础设施水平

一是加快冷链物流基地和产销冷链集配中心布局建设。依托阳逻国际港、天河机场和吴家山铁路物流基地等国际门户枢纽，加快建设一批冷链物流基地，强化武汉在全国冷链物流布局的枢纽作用。围绕城市消费和现代农业、医药产业发展的生产、仓储、流通、配送等需求，加快专业化产销冷链集配中心的布局和建设，积极引导冷库等设施向销地冷链集配中心集中，推进城市冷链设施布局优化。

二是加快商贸冷链设施改造升级和末端冷链设施功能完善。鼓励商超、生鲜连锁店加大零售端冷链设施改造升级力度，引导城市商业街区、商圈、农贸市场共建共享小型公共冷库，推进快递企业、电商平台加快对冷链快递配送设备、服务体系的研发和运用，提升冷链快递的接受度和普及率。积极引导具备条件的批发（农贸）市场、商场（超市）、肉品经销商，强化与第三方冷链物流配送企业合作，大力发展冷链配送、连锁经营、电子商务等流通业态。

（三）加快培育龙头企业，做大做强冷链物流市场主体

一是培育一批温控供应链集成服务商和冷链服务骨干企业。鼓励武汉市冷链物流企业通过兼并重组、战略合作等方式优化整合资源，拓展服务网络。支持龙头企业发展仓运配、集采分销和供应链金融一体化服务。

二是促进冷链物流企业网络化专业化发展。支持企业构建干支仓配一体的冷链物流服务网络，扩大业务覆盖范围，提升运行效率。鼓励大型综合物流企业发挥网络运营优势，对标国际先进水平，提升冷藏运输、冷藏保鲜、冷冻储存等基础服务专业化水准。

三是提升冷链物流企业国际竞争力。鼓励、支持武汉现有的冷链物流龙头企业深度参与全球冷链产品生产和贸易组织，延伸跨境电商、交易结算等

服务，积极布局境外冷链物流设施，提升冷链物流企业国际化发展水平。

（四）支持培养冷链人才，加强技能型冷链物流队伍建设

一是增设冷链物流专业课程。支持武汉大学、武汉理工大学、武汉商学院等高等院校开设冷链物流相关专业，根据人才培养的实际需要设置冷链物流相关课程。

二是加强物流管理专业冷链物流实验室建设。培养学生对制冷设备、制冷车辆、低温库等相关设备的操作能力。联合企业设立冷链物流实训基地，重点培养冷链电商、冷链金融、冷链装备及制冷技术等方面的应用型人才。

三是制定冷链人才引进和培育计划。依托“现代服务业领军人才”“武汉英才计划”“产业高端人才引领”“人才回归”“招硕引博”等人才引进和培育工程，重点引进冷链管理及相关专业的管理人才。制定常态化的人才引进计划和激励政策。引进优秀专业人才，为冷链物流产业的高质量发展提供智力保障。

作者单位：武汉发展战略研究院

加快发展人工智能产业赋能传统产业迭代升级

刘艺璇

新领域新赛道是经济发展中最为活跃、最具增长潜力的关键变量。人工智能是新领域新赛道的重要发力点，技术正在日益成熟，产业化应用显著加速，全国各城市竞相布局、抢占先机。武汉起步早，2020 年获批建设国家新一代人工智能创新发展试验区，2022 年获批建设国家人工智能创新应用先导区，目前已取得阶段性成效，正迎来行业规模应用推广的关键时期。必须要抢抓新一轮产业变革机遇，坚持应用导向、场景驱动，主动开发市场、培育市场、创造市场，加快新兴产业成长壮大，赋能传统产业改造升级，推动新产业、新模式、新业态的生成和更替，加快形成新质生产力，全面增强产业发展的接续性和竞争力，推动产业体系的迭代升级。

一、武汉市人工智能产业发展基础和成效

人工智能是全市“965”产业体系中重点培育的六大新兴产业之一。自获批国家新一代人工智能创新发展试验区以来，全市高度重视，先后成立工作领导小组、制发行动方案、出台专项政策、全面落实保障措施，取得了一系列重要进展，武汉在全国人工智能战略布局中占据重要地位，为进一步推动人工智能大规模创新应用奠定了研发优势和产业基础。

（一）承担国家战略任务，政策红利持续释放

近年来，全市抢抓人工智能发展机遇，深入推进武汉国家新一代人工智能创新发展试验区和国家人工智能创新应用先导区建设，先后制发《武汉市

人工智能产业链“链长制”行动方案》《武汉国家新一代人工智能创新发展试验区建设方案》等规划性文件，并出台人工智能专项政策和实施细则，在头部企业引育、重大投资项目、产业投资基金、中小企业孵化培育、关键技术攻关和平台建设、产品在地应用支持、应用场景建设、高端人才引育等方面加大政策支持力度，着力打造国内一流的人工智能创新集聚区和产业高地。经过三年的试验区建设，武汉人工智能发展取得阶段性成效，在全国人工智能战略布局中的地位进一步凸显。2023年出台的《武汉建设国家人工智能创新应用先导区实施方案（2023—2025年）》，将进一步激发人工智能在引领能经济社会转型发展方面的引擎作用。

（二）布局算力基础设施，算法数据有序开发

算力、算法和数据是推动人工智能发展的三大基础要素，条件正在逐渐成熟完备。推进AI+HPC多样化算力集群建设，建成投用国内首个具备公共服务性质的算力基础设施——武汉人工智能计算中心，AI算力达到200P，正在扩容至400P,服务企业170余家；建成投运国内最大的集装箱数据中心——武汉超算中心，首期HPC算力达到50P，服务企业40余家，年底HPC算力将突破600P;即将建成投运的网安基地智算中心，一期AI算力将达到120P。依托武汉人工智能计算中心，发布全球首个图文音多模态大模型“紫东太初”、全球首个遥感影像智能解译深度学习专用框架“武汉.LuoJiaNET”、蛋白质氨基酸序列预测等多项算法领域的突破性成果，其中，“紫东太初”大模型已在数十个行业孵化出近60个创新应用，目前全市已有参数过10亿的通用人工智能大模型3个、行业级模型5个。推动数据资源开放共享，5G基站数量位居全国第三，5G商用规模和速度位居中部第一；中金数谷、腾龙光谷、武钢等大数据中心累计建成机架数4.66万个，平均上架率37%；接入国家工业互联网标识解析武汉顶级节点的二级节点达33个、标识注册量144亿个，接入企业一万多家。

（三）支持创新平台建设，核心技术产品涌现

聚焦人工智能技术研发和产业化应用，全市建成一批重大创新平台和新型研发机构等80多个，包括1个国家重点实验室、2个国家技术创新中心、1个国家制造业创新中心、1个国家基础研究中心、2个国家工程研究中心，13个省重点实验室、49个省工程技术研究中心，以及2个省级新型研发机构、

2个市级新型研发机构等。支持国家数字建造技术创新中心开展智能建造平台关键技术与装备研发，支持国家智能设计与数控技术创新中心开展高产线仿真与虚拟调试软件、高端五轴数控系统产品研发，支持武汉人工智能研究院开展多模态大模型领域理论研究和技术创新，支持北大武汉人工智能研究院开展智能治理领域研究，支持武汉数据智能研究院开展基于物模型的“数字+知识”融合计算研究，目前已在自动驾驶、智能制造、智能机器人、智慧医疗、智能遥感等领域形成了一批具有自主知识产权、国内领先的核心技术和特色产品。

（四）做大核心产业规模，产业生态逐渐完善

近年来，武汉市人工智能产业呈现稳步增长态势，2022年人工智能核心产业规模334亿元，是2019年的2.78倍，2019—2022年平均增幅40.7%，2023年有望达到500亿元。人工智能产业呈现“一核多点”发展格局，东湖高新区、经开区分别集聚了全市59%、15%的人工智能企业，形成了光谷数字经济产业园、环太子湖数字经济产业园等18个人工智能产业园区。人工智能产业链不断完善，涵盖了以大数据、物联网、工业互联网、云计算、智能芯片、智能传感器等为主的基础层，以计算机视觉、自然语言处理、语音识别、机器人、无人机等为主的技术层，以智能网联汽车、智能医疗、智能建造、智能制造等为主的应用层，初步培育并形成了一批具有核心竞争力的企业，其中人工智能应用层企业占全部企业的66%。截至2022年底，全市人工智能企业总数达到650家，其中，规上企业224家，营收过亿元企业49家，上市企业13家，国家级专精特新“小巨人”企业61家，省级“专精特新”企业141家，“独角兽”企业4家，“潜在独角兽”企业17家。

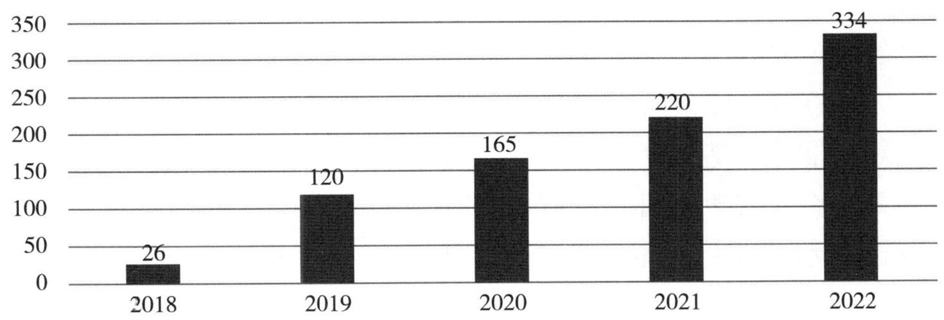

图1　2018—2022年武汉市人工智能核心产业产值（单位：亿元）

图 2　武汉市人工智能产业链全景图①

（五）助力传统产业升级，数字化改造积极推进

作为老工业基地，建筑、汽车、钢铁石化、装备制造等传统支柱产业是武汉产业发展的最大优势、最硬底盘，但近年来出现不同程度的增长疲软，亟须新动能和新增长点，加快智能化改造成为推动传统产业转型升级的重要支撑。自 2019 年实施“工业智能化改造三年行动计划”以来，全市技改投资占工业投资比重从 2019 年的 38.2% 提高到 2023 年上半年的 46.9%。依托市级高水平智能制造服务平台，聚合一批联合体单位和服务机构，形成涵盖精益管理、工业互联、系统集成、智能装备、5G 通信等的智能制造生态，为企业量身定制智能化改造诊断方案 4000 多家次，实现全市规上工业企业智改诊断服务和重点企业智改项目全覆盖。全市已建成 101 条标准数字化产线、102 家智能化改造示范项目（智能工厂）、10 家标杆智能工厂、2 家国家级数字

① 来源于《2022 年武汉人工智能产业发展评估报告》。

领航企业、1个全球灯塔工厂，武汉工业智能化改造升级引领数字化转型的实践经验被工信部向全国推介。全市开放智能网联汽车测试里程1462千米，覆盖区域约1100平方千米，触达人口超400万人，340台智能网联汽车开展常态化测试及运营。

二、人工智能产业发展面临的问题和挑战

从长远来看，人工智能在快速发展的同时仍面临诸多问题和挑战，算力算法数据三大核心要素支撑还不足，人工智能开放平台能级还不够，人工智能核心领域头部企业不多，传统行业智能化转型成本还很高，人工智能高端复合型人才紧缺。

（一）算力算法数据供给不足，基础要素支撑还不强

算力供需存在缺口，国家“东数西算”战略实施下，中部地区少有国家级算力枢纽和数据中心，规划2025年总算力规模超过1500P；而根据武汉人工智能计算中心调研，预估2023年全市算力总需求2500P左右。基于人工智能的模型研发和应用还刚刚起步，据不完全统计，在新一轮生成式AI热潮中，全国已经出现了100多个通用大模型，其中北京的大模型公司数量和研发数量超过一半，上海、深圳、杭州优势明显，广州、成都、南京、天津等城市也拥有各自的大模型公司，而武汉目前相对成熟的“紫东太初”大模型，是依托武汉人工智能研究院与中科院自动化所合作研发的，应用领域还有待拓展。此外，企业普遍反应，垂直行业模型和功能模型以及基于模型的解决方案更加重要，但目前能达到应用要求的还不多。数据开放程度不高，数据立法还在研制中，政务数据普遍存在“横弱纵堵”情况，央企、国企和大型企业不愿不敢开放，数据总量规模小、数据质量较差、用户参与度低。

（二）高精尖开放创新平台缺乏，场景驱动技术转化不足

武汉有148家各类国家级创新平台，但在智能计算、AI基础框架、计算机视觉、智能语音等人工智能领域基础层和核心技术层，缺少如北京智源研究院、上海人工智能实验室、杭州之江实验室、深圳鹏城实验室这样的国内顶级创新平台。人工智能技术具有通用能力可复用、场景应用需要多技术融合创新、产业链多角色协同的特点，需要依托共性技术平台开展应用技术研发，但目前武汉还缺少面向学术界、产业界人工智能开源开放平台，已有的一些平台大都是高校、科研院所和央企、国企所建的自有平台，较为封闭，面向

传统行业企业智能化转型需求提供概念验证、二次开发实验、中试熟化的能力不足。场景驱动是人工智能技术创新的重要模式，场景创新往往需要跨部门跨区域的合力，需要敢于突破既有模式的先行先试，需要及时跟进的法规政策和标准，但目前武汉提供的场景大多是单一的、简化的、单向的，缺乏系统性、重塑性、互动性的场景设计和供给。即使是最有优势的汽车行业，武汉获批国家“双智”试点城市，起步早，但因为场景创新不足，推动人工智能相关技术研发的动力还不强，跨行业领域的技术溢出效应不明显。科技部批准建设超20个国家新一代人工智能开放创新平台，涵盖自动驾驶、城市大脑、医疗影像、智能语音、智能视觉、视觉计算等领域，主要由细分领域龙头企业建设，武汉尚未能占有一席之地。

（三）核心领域头部企业偏少，数智化服务能力不够

武汉人工智能核心产业规模还不大，产值仅为北京的六分之一、上海的五分之一，溢出带动性还不强，人工智能产业生态还没有形成。产业链结构不完善，“偏应用轻基础”“偏公共服务轻产业赋能”，人工智能芯片、传感器、基础框架等关键核心技术研发周期长、资金投入大、专业技术强、人员要求高，导致产业链基础层和技术层的企业偏少；智慧城市、智慧医疗、智慧交通、智慧政务等人工智能应用层企业占全部企业的比重超过60%。近几年武汉引进了科大讯飞、小米科技、商汤科技、中科凡语等一批国内人工智能头部企业，能级难以与总部所在城市相比，同时本土成长的具有全国影响力的企业缺乏。一方面，与青岛相比，缺乏智能制造龙头企业，传统制造企业向智能服务商转型步伐还不快；另一方面，与杭州相比，从事人工智能技术研发的新兴企业和平台企业也不多。能够为传统行业企业提供智能化解决方案和转型支持的企业缺乏，即使企业智能化改造意愿也很难找到既懂行业也懂技术的服务商，基于算力基础设施的算力服务还有待加强，帮助企业加快算法训练、优化模型设计、提高市场竞争力的能力还不强。

（四）智能化思维理念不够，传统行业数字化转型成本高

传统行业大都还处于信息化向数字化转型中，智能化水平还很低。企业内部系统功能重叠，数据标准不一，组织架构不一，数据重复录入，想要的数据得不到，垃圾数据一大堆，数据打通所产生的接口费用甚至比系统本身还高，数字化降低成本、提高效率的作用没有体现，反而带来了更多重复性

工作，更高的建设维护成本。当前的信息化、数字化转型的重点还在强调业务的线上化和自动化、实现流程再造、提升管理效率，较少考虑到从数据中发现新的价值、形成商业洞察、创新业务模式。智能化作为数字化发展的高级形态，要实现机器的智能和自主能力，需要更大的基础设施和智能装备投入。当前经济下行的环境下，中小企业维持日常经营都存在困难，即使认识到智能化趋势的必然性，但仍是将来的事，首要解决的还是生存问题，很难有资金投入到智能化改造。传统行业的国有企业、龙头企业资本相对充足，但往往已在既有市场占有较大份额，转型的压力虽有但并不急迫，尽管投入大量资金在机器设备上，但缺乏人工智能的思维方式，组织架构、管理制度还是基于传统的生产模式，改造效果并不太好。此外，智能化改造要实现最大效益不仅仅依靠单个企业，还需要整个产业链供应链的协同改造，这也不是单个企业能解决的问题。

（五）高端复合型人才缺口较大，员工普遍面临技能重建

我国人工智能人才目前缺口超过500万，供求比例为1：10，供需比例严重失衡，并且在高度跨学科复合型人才的标准下，人才短缺将会长期存在，各城市对人工智能人才的抢夺日益激烈，武汉对人才吸引力明显弱于长三角、珠三角城市，高技能人才引进难、成本高。目前，人才需求以应用人才、算法人才为主，科学家人才高度稀缺，复合型人才和高层级岗位需求持续增长。虽然在汉高校大都开设了深度学习、机器视觉等AI相关专业，但招生规模仍然较小，培养体系不成熟，核心技术人才梯次未形成，毕业生数量和质量远远无法满足企业需求。人才的流动伴随ICT企业扩张，呈现“马太”效应，具备规模优势的企业自身对人才的需求不断增加，也吸引更多的人才向其聚拢，流向传统行业和中小企业的人才更为稀少。而人工智能、大数据、信息技术等领域的专业人才往往对传统行业并不了解，既懂技术又懂产业的复合型人才更加稀缺。此外，传统行业企业往往保留部分原有大型系统，岗位设置相对陈旧，存在大量低技能水平员工，智能化系统技术高度的先进性与基层员工技术能力不匹配。

三、人工智能核心产业发展路径

短期内庞大的应用市场和叠加的政策红利能够推动全市人工智能产业尽快形成规模优势，但从长期来看，基础研究水平是决定未来人工智能产业长

期高质量发展的重要基础。

（一）集中力量攻关基础层，抢占技术制高点

武汉基础层发展相对薄弱，当前基础层优势企业主要集中在AI芯片和传感器领域，以芯擎科技、黑芝麻智能、智新半导体、商汤科技、神动汽车、飞恩微电子、四方光电等为代表，AI芯片企业大都专注于汽车电子芯片；传感器企业多属于中小型企业，面向中低端领域，自主可控水平不高；大数据、云计算企业也都刚刚起步，算力算法数据的核心技术积累依然欠缺；开源框架受制于国外AI巨头，从事底层算法理论和开发平台的企业基本空白。由于基础层发展主要依赖于前期基础知识积累，创新难度高，基础层的突破相对缓慢，成为限制人工智能进一步发展、全面赋能产业升级的关键因素。

当前全国城市在人工智能基础层的技术研发上基本都处于同一水平，武汉要抢占未来人工智能产业发展的话语权，必须放眼长远，整合市内外、国内外的科技资源力量，加强新一代人工智能基础理论研究，加大关键基础技术领域攻坚力度，培育人工智能领域的国家战略科技力量。重点是要加强人工智能国家实验室和国家重点实验室等前沿创新平台的战略布局，持续稳定支持人工智能领域基础研究，推动人工智能与神经科学、认知科学、量子科学、心理学、数学、经济学、社会学等相关基础学科的交叉融合，引导和组织优势力量开展原创性强的探索性研究。尤其是在AI芯片和传感器等有基础优势的领域，要发挥好国家存储器基地的作用，重点突破高能效、可重构类脑计算芯片和具有计算成像功能的类脑视觉传感器技术。围绕大数据、云计算等相对薄弱领域，重点开展高性能存算系统、边缘计算系统、多模数据管理系统、新型架构计算设备、超融合设备、绿色数据中心、模块化数据中心等研发和应用。瞄准开源框架等空白领域，重点突破面向人工智能的操作系统、数据库、中间件、集成开发环境和支撑工具软件等自主可控基础软件产品及解决方案。

（二）专注突破通用技术层，填补产业链空白

近年来，武汉在人工智能技术层不断突破，尤其是计算机视觉、语音识别、自然语言处理等技术相对成熟，落地较为成功，是人工智能企业最集中的三大领域。引进和培育了科大讯飞、旷视科技、传神语联、虹识技术、中科凡语、中观自动化、桌目科技、亿图视觉等一批代表性企业，但技术层企业相对比重依然偏小，且大部分都是引进的全国知名企业，本土培育的企业与北京、

深圳、上海、合肥相比，无论是数量还是影响力都还有很大的差距。此外，技术层企业主要在感知层面，完成复杂的认知智能化任务尚处在初级阶段，人机交互、机器学习、类脑智能、知识图谱等核心技术还鲜有涉及。

武汉要聚焦人工智能通用技术，以提升感知识别、知识计算、认知推理、运动执行、人机交互能力为重点，建立完善开放兼容、稳定成熟的共性技术研发体系，突出企业在技术路线选择和行业产品标准制定中的主体作用，加快从“感知智能”到“认知智能”的步伐。重点要在计算机视觉、语音识别、自然语言处理等优势领域，培育一批专注于通用技术的人工智能专精特新“小巨人”企业，支持企业加快成长为具有国际影响力的领军企业。同时，要布局建好人工智能共性技术创新平台和孵化熟化平台，建立促进人工智能软件、硬件和智能云之间相互协同的生态链，形成开放式、模块化、可重构的系统开发与试验环境，完善面向产学研用创新环节的群智众创平台和服务环境，大力推进人工智能科技成果转移转化，着力孵化一批专注人机交互、机器学习、类脑智能、知识图谱等领域的本土创业企业，延长人工智能产业链。

（三）鼓励开发行业应用层，加速商业化落地

对于人工智能初创企业，受制于资金、人才、技术的限制，一般都优先选择进入应用层，2022 年全市人工智能应用层企业占比达到 66%。智慧城市、智能医疗与健康养老、智慧交通、智能制造、智能数字设计与建造等领域初见规模，尤其是智能网联汽车产业，武汉累计开放道路里程数和开发区域数在全国首批“双智”试点城市中均位居第一。但当前人工智能应用场景还处于商业落地早期，场景碎片化、个性化，高质量数据难以获取，算力成本依然很高，AI 技术研发人才缺乏，管理规则滞后，存在信息安全风险，导致人工智能技术“落地难”。

武汉要充分发挥产业门类齐全、应用场景丰富、市场容量巨大等优势，搭建以产业集群为单位的应用场景和中试熟化平台，带动智能化薄弱领域开放融合创新，积极探索人工智能技术商业化路径，努力做大产业规模。持续提高网络基础设施、大数据基础设施、计算基础设施覆盖水平，提升传统基础设施的智能化水平，形成支撑新一代人工智能广泛应用的基础设施体系网络。通过数字化应用场景的发掘和营造，对行业传统生产、流通、消费等活动进行重构，运用新技术新业态新模式，全面提高生产中资源配置的效率和

质量。针对当前人工智能技术重要的应用领域，特别是智能网联汽车、智能医疗、智能建造等，建立适应人工智能创新应用的政策框架和法规标准体系，营造良好的制度环境。公共部门要大力推行“先试先用”，通过更多的应用推动技术产品的不断完善，从而带动产品在更大范围内规模化使用。

四、人工智能赋能传统产业转型方向

本报告选取在全市产业体系中规模较大、基础较好、带动性较强的传统支柱行业，结合各自行业特色，强化转型、培育、融合、升级，提出数字化、智能化发展的重要方向和主要举措。

（一）智能制造①

深化新一代信息技术与先进制造技术融合创新，突破关键核心技术和系统集成技术，开展智能场景、智能车间和智能工厂应用示范，推进制造技术突破和工艺创新，推行精益管理和业务流再造，推广智能化设计、网络协同制造、柔性生产、规模定制、共享制造、智能运维服务等新技术、新装备和新模式，促进制造业实现数字化转型、网络化协同、智能化变革。

1. 智能网联汽车②

加快市政基础设施智能化改造，部署建设感知、通信、算力、高精度定位、能源等智能网联基础设施，打造全市统一的车城网平台。支持汽车企业与通信、道路和互联网企业、高校、科研院所联合攻关，加强复杂系统体系架构、复杂环境感知、智能决策控制等前瞻技术研发，加快自动驾驶主控芯片、高精度视觉传感器、毫米波雷达、激光雷达、线控底盘、车载智能终端等产品研发与产业化进程。支持智能网联汽车测试场建设和运营，引进国家级检验检测机构，构建面向全国的第三方智能网联汽车检验检测公共技术服务平台，加快研发虚拟仿真、硬件在环仿真、实车道路测试等技术和验证工具，提供整车辅助驾驶测试、自动驾驶试验测试等专业技术服务。支持有条件的交通枢纽、城区路段、高速公路路段、主要商圈、知名景区、社区、园区等开放测试道路，城区道路停车泊位和停车场进行智能化改造，鼓励在公共交通、出行服务、物流配送、环卫清扫、安全巡逻等领域开展示范应用。积极开展

① 2022年，全市工业增加值4886亿元，占GDP比重为25.9%；工业总产值16921亿元，制造业总产值15310亿元，占工业总产值比重为90.55%。
② 2022年，全市汽车产值3498亿元，占工业总产值比重为20.67%。

智能网联汽车立法调研和标准制修订，完善数据共享规则，率先在交通管理、车辆管理等领域实现数据融合。

2. 智能装备制造①

围绕汽车、电子、医疗、航空航天、船舶与海洋工程、轨道交通、能源及节能环保、农机等重点装备制造领域，推动先进工艺、信息技术与制造装备深度融合，建设自动化生产线、数字车间、智能工厂，带动高端数控机床、工业机器人、增材制造、激光加工、工业控制、智能检测等通用智能制造装备和专用智能制造装备加速研制和迭代升级。加快研发融合数字孪生、大数据、人工智能、边缘计算等新技术的智能工控系统、智能工作母机、协作机器人、自适应机器人等新型装备，支持专用设备个性化、功能性定制。支持装备制造企业构建面向装备全生命周期的数字孪生系统，推进基于模型的系统工程（MBSE）规模化应用，依托工业互联网平台实现装备的预测性维护与健康管理。大力发展人工智能操作系统、芯片等基础软硬件和智能系统解决方案，加快发展自主可控的嵌入式软件以及面向重点行业应用的计算机辅助设计仿真、制造执行系统、工业控制系统等工业软件，依托重大项目和骨干企业，开展安全可控工业软件应用示范。

3. 钢铁、石化智能化改造②

加快5G、大数据、人工智能等新一代信息技术与钢铁、石化行业融合，深化数字孪生创新应用，加快智能装备改造与智能化生产线、智能工厂建设步伐，研发全流程智能生产线成套技术，建立虚拟仿真研发生产平台，完善以智能制造为核心的生产营运平台，持续推进生产管控一体化、全产业供应链协同一体化、 工厂设备资产全生命周期等业务域智能化。鼓励钢铁、石化龙头企业联合人工智能研发企业，共同开发支持全过程智能化运行的专业行业模型和特定功能模型，推动在产品研发、质量检测、过程控制、工艺优化、计划调度、设备运维、能耗管控、管理决策等方面的深度应用，推广多品种、小批量的钢铁深加工、精细化工产品柔性生产模式。鼓励武钢、中韩石化等发起打造面向行业的工业互联网平台，建立行业大数据中心，完善基于工业互联网的产业链监测、精益化服务系统，围绕精细化生产、能源管理、预测

① 2022年，全市装备制造业产值2680亿元，占工业总产值比重为15.84%。
② 2022年，全市钢铁业、石化业产值1652亿元，占工业总产值比重为9.76%。

性维护、供应链管理、安环预警等，培育和引进智能制造系统解决方案供应商，引导中小化工企业借助平台加快工艺设备、安全环保等数字化改造。

4. 消费品工业智能化升级①

开展基于消费数据的用户需求挖掘、产品研发、智能生产和数据增值等服务创新，推广大规模个性化定制、共享制造等新模式新业态，打造沉浸式、体验式、互动式多元化消费场景，实现消费品行业的柔性生产和产需对接。扩大先进纺织材料、绿色制造技术、智能化技术等在纺织服装行业的创新应用，利用新一代信息技术开展流行趋势预测、辅助设计决策、智能穿搭推荐，精准数据营销，实现“小单快反”个性化、柔性化私人订制。引导食品企业应用新一代信息技术，促进原料采收、生产加工、仓储物流等各环节数字化发展，实现从农产品原料种植养殖、生产加工到流通消费全过程食品质量安全可追溯，积极开发多样、健康、营养、方便新产品。大力发展智能家电、智能家具、智能家装等，支持企业开展家居产品反向定制、个性化设计和柔性化生产，提供一站式、一体化、全场景家居消费解决方案，促进智能家居设备互联互通，推动单品智能向全屋智能发展。

（二）智能建造②

推进建筑信息模型（BIM）技术在工程全寿命期的集成应用，健全数据交互和安全标准，强化设计、生产、施工各环节数字化协同，推动工程建设全过程数字化成果交付和应用。加强新型传感、智能控制和优化、数据采集与分析、工程质量检测监测、故障诊断与维护、多机协同、人机协作等建筑机器人核心技术研发，推广智能塔吊、智能混凝土泵送设备等智能化工程设备，积极推进建筑机器人在生产、施工、维保等环节的典型应用。构建装配式建筑标准化设计和生产体系，推动生产和施工智能化升级，扩大标准化构件和部品部件使用规模。推广数字化协同设计，研发利用参数化、生成式设计软件，探索人工智能技术在设计中应用。鼓励建筑企业、互联网企业和科研院所等开展合作，探索适合不同应用场景的系统解决方案，培育一批行业级、企业

① 2022年，全市现代消费品（以食品烟草、家电制造、纺织服装为主）产值2617亿元，占工业总产值比重为9.76%。

② 2022年，全市建筑业总产值13677.17亿元，在全国城市排名中仅次于北京；增加值占GDP比重为9.7%。全市房地产业增加值1715.06亿元，占GDP比重为9.09%。

级、项目级建筑互联网平台，加大基础共性技术攻关力度，编制关键技术标准、发展指南和白皮书。

（三）智能物流①

深度应用人工智能、5G、北斗、大数据等技术，分类推动物流基础设施改造升级，加快物联网相关设施建设，新建或改造智慧物流枢纽、智慧物流园区、智慧仓储物流基地、智慧港口、数字仓库等枢纽设施。加强物流公共信息服务平台建设，打造物流信息组织中枢，推动物流设施设备全面联网，有序推进公共数据共享，鼓励平台企业和数字化服务商开发面向中小微企业的云平台、云服务，推动企业数据对接，加强物流大数据采集、分析和应用，全面链接并促进城市物流资源共享。开放商业化应用场景，推动智能化装卸搬运、分拣包装、加工配送等物流技术装备以及自动感知、自动控制、智慧决策等智慧管理技术应用，研发推广面向中小微企业的低成本、模块化、易使用、易维护智慧装备，大力发展网络货运、共享物流、无人配送、智慧航运等新业态，促进货物管理、运输服务、场站设施等智能化升级。

（四）智能商贸②

推动5G网络、物联网优先覆盖城市商圈、商品交易市场、大型商业综合体、商贸物流园区等，加强人工智能、云计算、区块链、大数据中心等新型网络、技术和算力基础设施建设，加快商业基础设施智能化升级。鼓励传统商业场所、闲置厂房、体育场馆等改造为多功能、综合性新型消费载体，积极发展智慧街区、智慧商圈、智慧商店和智慧餐厅，打造沉浸式、体验式、互动式消费场景，推广无接触式交易、店仓一体、生鲜电商＋冷链宅配、中央厨房＋食材冷链配送等新模式，推动社交电商、直播电商等新业态健康发展。支持传统商业企业加快智能化改造和跨界融合，运用物联网、区块链等技术优化库存管理系统，利用企业资源计划（ERP）、软件即服务（SaaS）和商业智能（BI）等技术提高可视化管理、动态化响应和智能化决策水平，运用人工智能、大数据技术预测消费行为和消费潜力，实现精准化营销和个性化服务。

① 2022年，全市物流业增加值1043.61亿元，占GDP比重为5.53%。
② 2022年，全市商贸业增加值1720.92亿元，占GDP比重为9.12%。

（五）智能医疗[①]

支持医疗装备、医疗机构、电子信息、互联网等跨领域、跨行业深度合作，鼓励医疗装备集成5G医疗行业模组，嵌入人工智能、工业互联网、云计算等新技术，推动医疗装备智能化、精准化、网络化发展。开发适用于生命科学问题的人工智能算法和大模型，融合药物结构、知识图谱、基因表达谱、多模态数据，建立预训练模型，推动医疗大数据、医疗影像、基因测序、药物研发等领域创新应用。探索智慧医院建设，开发人机协同的手术机器人、智能诊疗助手，研发柔性可穿戴、生物兼容的生理监测系统，研发人机协同临床智能诊疗方案，实现智能影像识别、病理分型和智能多学科会诊。开发远程监护装备、可穿戴设备等生命支持和监护产品，发展基于智能视觉与语音交互、脑机接口等技术的新型护理和康复装备。整合健康可穿戴设备、互联网医疗、医疗保险等多源异构数据，实现健康态数据和主动健康产品数据互联互通，促进区域医疗健康数据安全有序汇聚共享。

五、推进人工智能产业发展的战略思考

人工智能应用前景广阔，武汉要紧紧把握人工智能从技术到产品转化的重大战略机遇，着力推进人工智能和实体经济深度融合，培育形成自主可控的人工智能产业生态，不断开辟人工智能新领域新赛道，全面赋能现代化产业体系建设，让人工智能正在成为引领武汉经济高质量发展的新引擎。

（一）提高要素保障能力，夯实人工智能应用底座

1. 优化算力资源布局，建立算力调度服务平台

按照集约高效原则，分别在东湖高新区、武汉经开区、临空港开发区新建或改建、扩建算力基础设施和人工智能计算中心，加强国产芯片部署应用，推动自主可控软硬件算力生态建设。围绕高频业务场景开发部署智能边缘计算节点，满足自动驾驶、智慧金融、智慧物流、智慧医疗、智能工厂、智慧园区、智慧港口、智慧街区、智慧楼宇等低时延、高可靠业务应用需求。支持社会资本广泛参与数据、算力等人工智能基础设施建设，推动“补需方”改革，支持政府、高校、科研机构、企业通过政府采购、租用等方式使用数

① 2022年，生物医药及医疗器械产值510亿元，医药物流企业总收入约为2750亿元，健康服务业总收入约为800亿元。

据储存和算力资源。建设城市级算力统筹调度平台，推动异构算力统一管理、统一运营，推动公有云算力资源向人工智能创新主体开放。深化省内通用算力协同，加强与国家算力枢纽节点城市的算力合作，优化提升武汉的跨区域算力网络。依托公共算力服务平台，引育一批专业算力供应商和服务商，探索构建算力服务体系。

2. 加速人工智能模型研发，形成算法开源开放生态

支持“紫东太初”多模态大模型的研发迭代，建设大模型算法及工具开源开放平台，鼓励应用开发、二次训练，重点研发一批具有影响力的中小规模的垂直行业模型和功能模型，加快推进模型商业化落地应用。开展模型创新算法及关键技术研究，积极探索基础模型架构创新，支持研发模型分布式训练系统，研发专属大模型的软硬件一体化算力设备。建设行业模型评测开放服务平台，建立公平高效的自适应评测体系，实现模型自动适配评测。加大“算力券”发放力度，重点支持租用本市智能算力且用于核心算法创新、模型研发的企业。加强工业软件与大模型融合，推进智能工业软件开发应用，倡导模型即服务，提升云服务商、集成企业服务水平。

3. 深化数据开放共享，谋划建设数据训练基地

深化数据要素市场化配置改革，尽快出台《武汉市数据条例》。梳理大模型训练数据需求清单和供给目录，提高公共数据的挖掘、清洗和隐私安全处理水平，建立一批高质量多模态公共数据集，推动定向向研发机构、企业有条件开放。积极筹建区域性数据交易机构，鼓励行业龙头企业、平台型企业提供高质量数据产品和专业化数据服务，引导企业发掘数据资产、开放数据资源、参与数据交易，培育数源商、数据开发商、数据服务商、平台服务商等。谋划建设数据训练基地，加强大模型训练数据采集及治理工具研发，引育一批从事人工智能训练数据的专业服务商，为大模型预训练的各个阶段所需的数据提供数据支撑和技术服务，探索基于数据贡献、模型应用的商业化场景合作。

（二）深化应用场景创新开放，加快人工智能核心产业发展

1. 打造高能级开放创新平台，开展战略性前沿技术研发

大力引进海内外高层次研究团队，支持在汉高校、武汉人工智能研究院、北京大学武汉人工智能研究院等，开展高级机器学习、类脑智能计算、量子

智能计算、大数据智能、跨媒体感知计算、人机混合智能、群体智能、自主协同与决策等前沿基础理论研究、应用基础理论研究和跨学科探索性研究。建设深度学习计算服务平台，强化对超级计算、交互式计算等高性能计算及算法研究。建设群体智能服务平台，开发面向互联网大规模协作需求的知识资源管理与开放式共享工具。建设软硬件开源开放平台，支持统一计算框架、算法库、工具集开发。建设自主无人系统支撑平台，形成复杂环境下环境感知、自主协同控制、智能决策等系统开发与试验环境。建设基础数据与安全检测平台，形成人工智能算法与平台安全性测试评估的方法、技术、规范和工具集。

2. 做实行业共性技术平台，推进科技创新成果加快转化

围绕全市传统优势产业，支持链主或骨干企业发起，联合相关企业、产业创新中心、制造业创新中心、技术创新中心、工程技术研究中心、新型研发机构等，升级或新建一批行业共性技术平台，着力开展产业共性技术、关键技术和前瞻性技术攻关，促进行业成果转化和产业孵化。面向行业和企业提供开放共享服务，推动大型科研仪器、科技文献、科学数据、模型算法等创新资源在行业内开放共享，鼓励依托共性技术研发平台组建创新联合体，共同承担各类科研项目。探索灵活高效的管理模式，在运行机制、项目管理、资金投入、成果转化、人才引进、联合开放等方面改革创新、先行先试，加强与产业、财税、金融、人才、政府治理等方面改革的衔接联动。

3. 开放新型智慧城市建设场景，驱动新技术新产品示范应用

加强跨部门协同和跨区域联动，编制并发布应用场景供给计划，围绕城市运行、政务运行、民生服务、社会治理等方面，重点在智慧交通、智慧医疗、智慧教育、智慧文旅、智慧城管、智慧水务、智慧环保、智慧防控、智慧应急等领域，主动发现挖掘场景机会，面向人工智能企业和研发机构开放场景试点。鼓励具有行业资源和专业化运营能力的企业或机构牵头，组建场景创新联盟，吸引中小企业参与共建，开展新技术、新模式、新业态融合创新的场景实测，验证商业模型，评估市场前景。常态化举办供需对接大会、应用场景大赛，为全球创新资源搭建融合交流平台，加强对重点招商引资企业、项目的场景供给，将应用场景转化为市场机会。编制《传统行业重点创新产品应用示范推荐目录》，完善创新产品优先使用、审慎监管制度，加大政府

和国有企业采购支持力度，支持创新产品在传统行业的商业化、规模化使用。

（三）培育产业生态和头部企业，协同推动产业链数智转型

1. 发展人工智能核心产业，打造新兴产业创新集群

发挥武汉国家光电子信息产业集群优势，积极开展通用高算力训练芯片、多模态智能传感芯片、自主智能决策执行芯片、高能效边缘端异构智能芯片等研发。依托武汉“双智”试点建设，加强自动驾驶主控芯片、车载感知、自动驾驶、车联网、物联网等技术集成和配套，开发交通智能感知系统，形成自动驾驶平台技术体系和产品总成能力。依托国家网络安全人才与创新基地，重点发展面向人工智能应用的操作系统、数据库、中间件、集成开发环境、支撑工具软件等关键基础软件产品及解决方案。依托武汉装备制造产业优势，加快推进工业机器人、医疗机器人、物流机器人、船舶机器人等研发和大规模应用，研制推广空间机器人、海洋机器人、极地机器人等特种机器人。

2. 培育互联网平台企业，集聚数智化转型服务商

聚焦工业互联网、大宗商品交易、电子商务、现代物流、建筑、医疗健康等重点优势领域，加大对平台类信息技术研发的支持力度，鼓励行业头部企业整合产业链资源，培育壮大若干行业领先的平台企业，完善平台经济生态圈。推动传统制造业企业向系统集成和整体解决方案提供商转型，为中小企业转型提供数字化咨询、数字化设计、数字化集成服务、基础设施服务 (IaaS)、平台服务 (PaaS)、云软件服务 (SaaS)、工业互联网平台服务、工业互联网安全服务等。

3. 鼓励大企业开放资源，带动中小企业融合创新

鼓励大型国有企业、行业龙头企业率先转型，统一数智化转型共识，探索数智化转型路径，制定行业数智化转型标准。鼓励大型国有企业、行业龙头企业搭建面向全行业的数字智转型服务平台，为中小企业提供其所在行业的新型基础设施、各类信息化平台、标准化的产业供应链，基于平台开展协同采购、协同制造、协同配送等应用，提高产业链协作效率和供应链一体化协同水平。开放一批产业链供应链协同解决方案和场景，鼓励大企业“发榜”、中小企业“揭榜”，面向上下游中小企业开放资源，探索共生共享、互补互利的合作模式。

（四）加大政策支持力度，降低企业数智化转型成本

1. 加强科学谋划指导，出台数智化转型实施指南

加强对传统产业数智化转型统筹指导和工作推进力度，不断完善顶层设计，定期研究重点工作，指导、协调和督促有关部门和单位落实各项政策措施。组织相关部门、行业协会、行业龙头企业、行业专家、技术提供商、转型服务商等，结合行业特色共同编制《武汉市重点行业智能化改造数字化转型实施指南》，为广大中小企业实施“智改数转”提供全面指导。在重点行业和关键领域，推动国有企业、行业龙头企业率先转型，遴选一批可复制的产业链供应链上下游协同转型的典型模式，鼓励带动更多中小企业“看样学样”。

2. 加大资金支持力度，设立数智化转型专项基金

设立传统产业数智化转型升级专项资金，采取以奖代补、贷款贴息、担保补贴、购买服务等方式，支持转型带动作用明显的“链主”企业、转型成效突出的“链星”中小企业，以及提供转型服务的平台和机构。鼓励银行、基金、信托等金融机构运用人工智能等新一代信息技术，开发符合传统产业转型方向的信贷和融资产品和服务，设立中小企业数智化转型专项贷款。整合全市各类支持数字经济、人工智能等发展的产业引导基金，设立传统行业数智化转型专项子基金，放大政府资金杠杆作用，吸引风投创投机构、传统行业龙头企业、信息技术头部企业等社会资本参与。

3. 强化公共平台支撑，提升数智化转型服务能力

支持武汉人工智能计算中心、武汉人工智能研究院、武汉产业创新发展研究院、武汉数字经济发展研究院等新型研发机构，联合行业龙头企业，共同打造“智改数转”公共服务平台。按照“政府补一点，平台让一点，企业出一点”的思路，适度开放政府数据场景资源，鼓励平台减免转型共性需求支出，加大对中小企业数智化服务补贴券的发放力度，探索以转型收益支付服务费用，推行以产业园区和产业集群共性需求为主体的集中采购服务模式。

（五）创新人才引育模式，构建人工智能复合人才梯队

1. 加大顶尖人才引进力度，探索创新人才共享模式

面向产业转型升级需求，建立全市人工智能急需紧缺人才目录，制定人工智能领域引人用人留人的专门政策。依托重大基地平台建设和研发任务，精准引进高端紧缺人才和高水平创新团队，以及懂产业、懂技术的人工智能

复合型人才。鼓励和引导在汉创新人才、团队加强与全球顶尖人工智能研究机构合作互动。鼓励企业、科研机构采取项目合作、技术咨询等方式柔性引进人工智能人才，探索创新人才工位、带土移植、科技联姻、智力嫁接、客座顾问、远程会诊等人才共享模式，鼓励各区高层次人才试行异地技术入股、异地搭建创新团队等形式实现高层次人才共享。

2. 深化校企合作产教融合，推行产业导向人才培养模式

支持在汉高校加强人工智能专业建设，加强人工智能与数学、计算机科学、物理学、生物学、心理学、社会学、法学等学科专业教育的交叉融合，探索开展“X+人工智能”的复合人才培养模式。支持高校院所与人工智能领军企业、产业项目基地和政府相关部门，联合设立人才培养项目，合作开展课程研发、教材编制、师资培训、技能认证等，探索建立人才培养标准体系。发挥头部企业的引领作用，推动终端厂商、应用服务商、先进制造业、信息服务业等龙头企业之间合作，建设基于应用场景的人工智能人才实训基地，开展对从事人工智能算法研究、设计、应用、优化等专业技术人员的培训。

3. 提高数智化转型领导力，持续提升员工岗位技能

针对传统行业企业家和高管群体，常态化举办数字化转型升级与领导力提升的专题培训和高层研讨，帮助企业领导者改变传统的认知模式，提高前瞻力、认知灵活性及数字素养，以开放的心态迎接转型的挑战。打造全市数智技能培训平台，支持企业针对管理人员、一线员工开展人工智能应用岗位实操培训，提升企业管理人员数智化经营管理能力，提高员工职业胜任力。加快开发制造、建造等传统行业数智技能类新职业、职业技能标准、培训教材和评价规范。举办数智技能相关大会、大赛等主题活动，以会促学，以赛促用，持续提高传统行业从业者数智技能。

作者单位：武汉发展战略研究院

改革创新篇

新形势下解决武汉市医养结合“最后一公里”的六个突破口

武汉发展战略研究院课题组

加快推进医养结合是解决老龄化带来的健康治理困境与优化养老服务供给侧改革的重要突破口，是积极应对人口老龄化与健康中国战略背景下推进老龄社会治理体系和治理能力现代化建设的关键环节。武汉是唯一集聚所有全国性养老改革试点项目的省会城市，已初步搭建起多层级、多模式的医养结合服务供给框架。但伴随改革向纵深推进，现阶段医养结合养老服务各类要素、各项诉求相互交织和集聚叠加形势已更趋复杂，特别是医养结合作为一个跨行业、跨领域的综合性改革，具有鲜明的整体性、关联性、层次结构性特征，在新形势下，迫切需要武汉聚焦点从初期的扩规模、补短板、搭框架，向制度创新和发展模式创新上探索突破，以若干武汉有基础、可操作且亟待解决“最后一公里”的重点领域为突破口，加快完善政策支持，适度超前、系统谋划，着力满足人民群众日益增长的多层次、高品质健康养老需求。

一、武汉市医养结合面临的新形势与新问题

武汉医养结合实践探索已取得初步成效，在新发展阶段，全市医养结合养老服务已面临新形势、新问题与新要求。

（一）就近养老需求将持续增加

现阶段武汉市 212.44 万老年人，仅有 1.7 万余人在机构养老[①]，以家庭为

① 数据来源：武汉市民政局。

核心、以社区为依托仍将是养老的主要模式，特别是从武汉老龄人群年龄结构趋势分析来看，较高规模的低、中龄高自理老人仍将是武汉老龄人口结构的主要趋势。“强偏好”与“高自理”特征需要武汉必须在已初步形成四级多点医养服务供给体系的基础上，加快将着力点由单纯聚焦居家、社区医养服务供给广度向服务供给深度推进，特别是在一些已经取得初步成效的重点领域和关键环节，需将破堵点、补短板作为新关注点，切实提升居家医养和社区医养服务供给质量。

表1　2025—2035年武汉市分龄段老龄人口占比变化趋势预测①

单位：%

年龄段	2025年	2027年	2029年	2031年	2033年	2035年
60～69岁	54.31	51.72	49.22	50.72	49.08	44.67
70～79岁	33.75	35.97	37.51	34.97	35.41	37.72
80岁及以上	11.94	12.31	13.28	14.31	15.51	17.60

一是应在家庭医生签约率已取得实质性突破基础上，进一步做实家庭医生签约服务。二是应在智慧医养取得积极成效基础上，加快资源整合与服务质量提升，现阶段民政局、卫生健康委分别牵头的老年人综合能力评估与健康状况评估各成体系且未能有效衔接，各区智慧养老平台系统呈现不兼容、不共享、不交换特征，极易造成资源浪费。三是应在老龄人群基础健康管理工作全面展开基础上，加快补齐“医院后市场”短板和居家医养服务断层。

表2　武汉市各区智慧健康养老平台运营情况②

项目名称	起始运营时间	运营主体	覆盖老人数（万）	老人及家庭知晓度（%）	服务商数量（个）
江岸区智慧养老服务平台	2019年5月	上海互联远程医学网络系统有限公司	20	10	20
武昌区智慧养老服务平台	2018年1月	上海友康信息科技有限公司	25	8	100
蔡甸区互联网+居家养老信息平台	2019年9月	上海乘浪管理有限公司	10	2	12
洪山区互联网+居家养老信息平台	2019年8月	厦门智宇信息技术有限公司	11	3	20

① 数据来源：课题组2022年研究报告《武汉要牢牢抓住应对老龄化的“机会窗口期”》。
② 数据来源：2021年湖北省民政厅重点委托研究课题《智慧养老服务平台市场化运营瓶颈及策略研究——基于湖北省的调查》。

（续表）

项目名称	起始运营时间	运营主体	覆盖老人数（万）	老人及家庭知晓度（%）	服务商数量（个）
江汉区互联网+居家养老平台	2019年3月	武汉烽火信息集成技术有限公司	15	4	120
江夏区互联网+居家养老平台	2019年5月	武汉侨亚社区养老服务公司	11	9	—
黄陂区互联网+居家养老平台	2019年3月	上海天与养老服务有限公司	25	20	—
硚口区互联网+居家养老平台	2018年9月	湖北援通网络科技有限公司	15	15	100
东西湖区互联网+居家养老平台	2021年4月	武汉亲情互联科技有限公司	6	10	—
经开区区级互联网+养老服务	2019年4月	上海互联远程医学网络系统有限公司	5	8	—
汉阳区互联网+居家养老平台	2019年9月	武汉侨亚社区养老服务公司	12	9	—

（二）机构医养结合需求分层将更突出

据调研了解，武汉机构养老需求主体主要集中在分层明显的三类人群，一是必须依赖政府兜底救助和提供基本医养结合资源的特困失能半失能老人；二是失能半失能老人中的一般人群，他们对高连续性药物辅助和无缝对接式医养结合需求较高，有潜在需求向具备连续性“医”和专业性“养”的机构集聚，是机构养老主要刚需群体；三是具备定制化医养需求的高收入老人。需求结构的明显层次化递进特征对机构医养服务供给质量提出更高要求，新阶段武汉机构医养结合服务供给重点需加快由注重“机构融合”向注重“服务融合”推进，由注重资源供给规模向关注服务供给连续性和资源配置效率推进。

一是养办医在签约率全覆盖基础上，应加快向医养服务连续性上重点突破。二是医办养在取得明显成效基础上，应在健全机制和延伸服务上实现突破，特别是作为医养结合机构主力军的中小型医疗机构，缺乏转型动力与激励机制，加快健全激励保障政策等已迫在眉睫。

（三）区域老龄化压力不均将更明显

武汉老龄人口区域分布差异性十分明显。特别值得关注的是，从超大城市的发展规律及武汉自身特征来看，城市内部各区老龄化的差异性已呈现出一些趋势性特征。一是中心城区老龄化压力更大且增速更快，武汉、北京、上海、广州在“六普”期间，中心城区老龄化率分别仅比非中心城区高 0.31、1.66、4.91、3.18 个百分点，但到了“七普”期间，则分别上升至 4.26、3.37、6.77、4.41 个百分点。二是非中心城区老龄人口在全市占比呈明显增长趋势，从“六普”到“七普”期间，武汉、北京、上海、广州等超大城市非中心城区老龄人口占比分别增长了 4.1、7.8、5.56、4.44 个百分点。

表 3　十年间主要超大城市中心城区与非中心城区老龄化率变迁①

单位：%

时期	北京		上海		广州		武汉	
	中心城区老龄化率	非中心城区老龄化率	中心城区老龄化率	非中心城区老龄化率	中心城区老龄化率	非中心城区老龄化率	中心城区老龄化率	非中心城区老龄化率
“六普”时期	9.38	7.72	13.54	8.63	8.59	5.41	8.26	7.95
“七普”时期	14.98	11.61	21.23	14.46	10.73	6.32	12.68	8.42

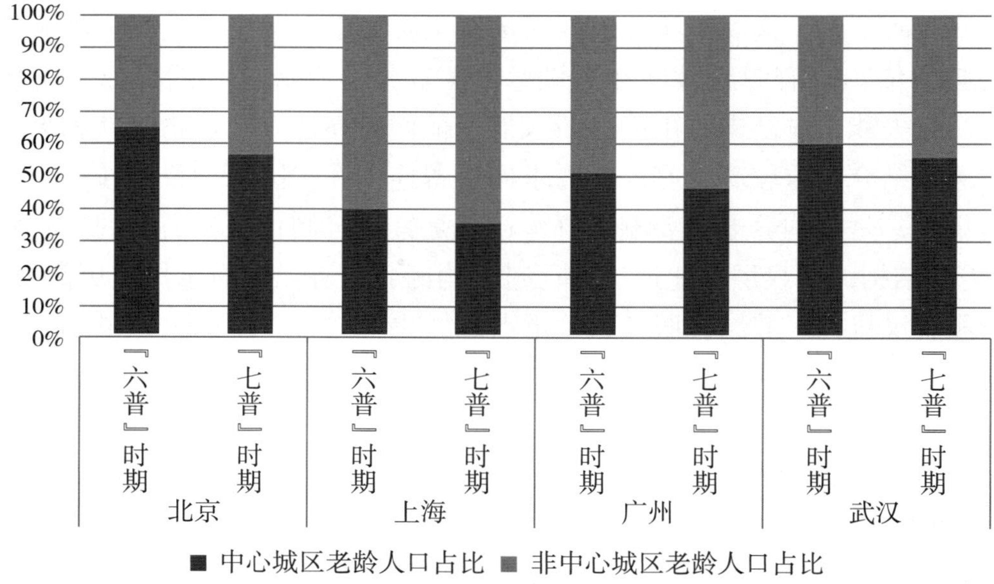

图 1　主要超大城市中心城区与非中心城区老龄人口占比趋势变动②

① 数据来源：“七普”数据，经计算，部分城市中心城区在研究计算中采用的主城区范围，其中北京涵盖东城区、西城区、朝阳区、海淀区、丰台区、石景山区，上海涵盖黄浦区（2011 年黄浦区与卢湾区合并，“七普”为新黄浦区数据）、徐汇区、长宁区、静安区（2015 年静安区与闸北区合并，“七普”为新静安区数据）、普陀区、虹口区、杨浦区，广州涵盖荔湾区、越秀区、海珠区、天河区。
② 数据来源：“七普”数据，经计算，各中心城区涵盖范围同表 3。

这对武汉市合理配置医养资源提出了更高要求，需要武汉根据各区实际需求，加快推进医养服务供给从统一布局向特色化、精细化部署升级，构建分级、分类、分层的医养服务供给体系。现阶段武汉市医养服务机构呈现出“养护型”机构“内轻外重”、“医护型”机构“内重外轻”的现象，以养老机构床位数作为其能够提供机构医养服务及辐射周边居家医养服务的指标进行衡量，中心城区需求压力较大，特别是全市老龄化率最高的青山区、全市高龄老人规模最大的武昌区等，需优化医养服务供给的密度和高龄老人服务供给质量，但从武汉医养融合康复中心和老年病医院分布情况来看，基本都集聚在中心城区，新城区零星的几家医养融合康复中心基本也是2022年才开始推进，亟待切实关注老龄人口占比提升趋势，提前预期，避免空间配置不均衡转化为服务供给不平衡。

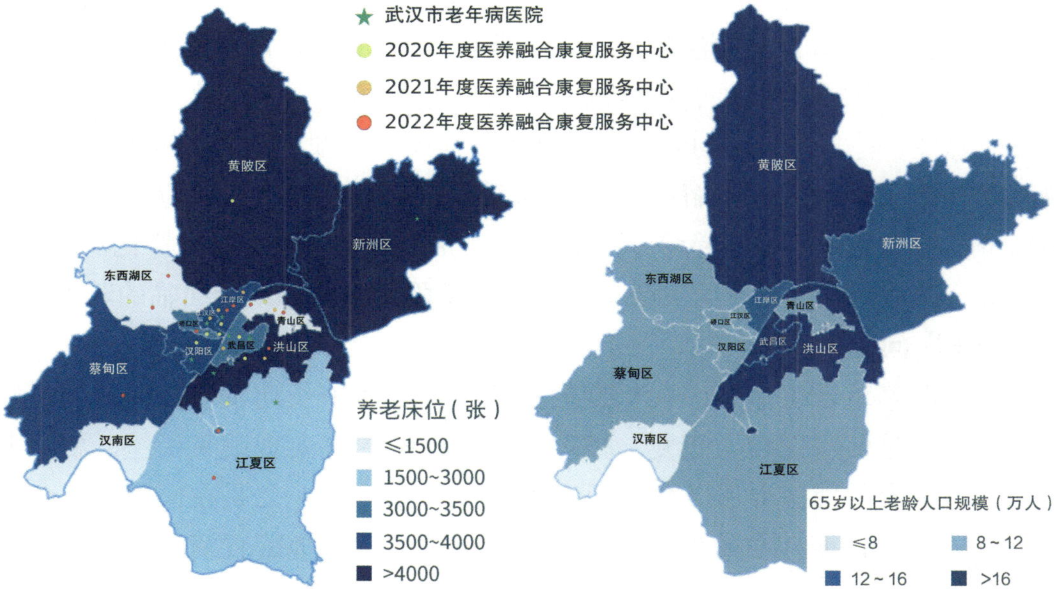

武汉医养服务机构热力及点状分布图①　　武汉各区老龄人口规模热力分布图②

图2　武汉老龄化区域压力分布与医养服务供给密度对比图

① 热力图分布依据为各区养老机构床位数，数据来源为武汉市民政局武汉养老App，经计算；老年病医院、28家医养融合康复服务中心名单来源为武汉市卫生健康委，具体地址为地图导航查询。其中武昌区数据包含了东湖风景区，洪山区数据包含了东湖高新区。

② 热力图分布依据为各区65岁以上老龄人口规模，数据来源“七普”数据，其中武昌区数据包含了东湖风景区，洪山区数据包含了东湖高新区。

（四）医养服务供给面临升级需求

医养服务需求总体向多样化、个性化趋势演进，在需求结构变动引致下，传统医养服务供给模式面临转型挑战。一是医养领域刚性需求已逐步向康养服务领域拓展，这要求武汉必须在供给端提前谋划、统筹布局。二是在消费升级推动下，医养需求关注点会由核心领域向配套领域拓展，专业化内生长趋势将更加明显，但由于医养市场普遍存在融资难、成本高等难题，社会资本参与的商业模式、盈利模式都仍在探索之中，特别是对于具备普惠性的医养服务需求，现阶段政策刺激产业发展的实际效果仍不明显，亟待武汉加快探索引导各类资本广泛参与发展路径，以满足服务升级需求。

（五）关键环节改革进入攻坚期

伴随改革进入深水区，迫切需要政策聚焦点从探索实践初期以补短板、搭框架为主，向搭建系统性、前瞻性政策体系推进。一是政策聚焦点应由强调医养机构之间结合向关注医养服务的连续性推进，明确医养结合下一步工作重点应在于政策的衔接、制度的完善与服务的融合。二是政策关注点应由聚焦应急性、补救型领域向趋势性、具备预期风险性领域延伸，避免陷入“解决问题—出现新问题—再解决问题”的循环。三是政策覆盖面应由社会领域向经济领域拓展，满足新趋势下群众对于医养服务的多层次、多样化需求。

二、以六个重点领域为突破口，解决现阶段武汉医养结合面临的若干“最后一公里”问题

推进医养结合工作是一项长期的系统工程，从中长期发展路径来看，需要武汉：一是促进医疗、康复、护理、养老服务更好实现政策衔接、资源共享和服务融合，使医养服务供给具有系统性与连续性；二是在医养服务资源不足矛盾可能长期存在的形势下，公平、合理、高效地配置资源，注重不同区域服务供给的特色化和精细化，使供给具有公平性与有效性；三是在基础医养服务供给保障下，市场有能力、有动力提供更多服务供给选择，使供给具有适配性与优质性；四是探索推进武汉都市圈医养服务的融合互动与资源互补，使供给具有创新性与多样性。

但从近期推进策略来看，武汉市需以优化居家医疗服务和增强社区医养服务能力这两项事关医养结合供给质量的关键领域和薄弱环节为着力点，以武汉有基础、可操作且亟待解决“最后一公里”的重点领域为突破口，积极

探索机制创新，持续推进制度优化，加快完善政策支持，勇于承担起国家赋予武汉的改革试验重责，多层次、多维度推进医养结合需求与供给的精准对接。

（一）加快成立武汉国资康养集团

包括医养在内的健康养老领域具有前期投入大、回报周期长的特征，对企业投融资能力和运营管理能力具备较高要求，单纯依靠政府或完全倚靠民营企业都很难在供需结构上实现契合，而国有企业具备资本实力雄厚、物业资源丰富、投融资能力强、抗风险能力强等优势，特别是对于普惠性医养服务，国有企业能更好的整合涉老业务、用好政策资源，实现与公办医养机构、民营医养企业错位发展、优势互补。

“十三五”时期，湖南、山东、山西、江西等省份已相继建立了省属国有健康养老平台，“十四五”时期，深圳、苏州、北京、上海等城市也陆续成立了市级国有健康养老集团。武汉市也应加快成立市属国资康养集团，在资产端，发挥国有资本运营公司资产经营优势，集聚盘活武汉市原分散于各系统的闲置资产，发展健康养老服务；在投资端，发挥国有资本运营公司资本运作优势，通过产业基金、专项债券、资产证券化等多元渠道引入长期、稳定资金，引导、撬动社会资本参与武汉医养服务；在运营端，引领带动社会力量和民间资本，围绕武汉具备基础优势的产业领域，共营打造有机融合的普惠医养生态圈和医养产业发展集群，形成政府引导、国有企业引领、民营企业等多元市场化主体共同参与的发展格局。

专栏1　部分城市国有健康养老集团发展模式及主要经验

城市	国资集团名称	成立背景	主要成效及经验
深圳	深圳市幸福健康产业（集团）有限公司	2020年9月深圳市国资委依托深业集团组建了市国有养老服务平台；2021年1月深圳市幸福健康产业（集团）有限公司成立	国内率先成立的集养老、托育、医疗业务于一体的国有企业。一是打造了居家社区养老品牌“深业健康家”，整合医养资源，提供居家社区医养服务；二是推动成立产业研究院，加强行业基础研究和标准成果输出；三是打造包含服务设施、康复辅具租赁、“互联网+养老”等业态的产业园区、展示中心和交易中心
北京	北京健康养老集团有限公司	2022年1月挂牌，由北京能源集团牵头组建	通过划转方式整合接收了京煤集团“金泰颐寿轩”、北京国资公司“诚和敬”等市属国企养老业务，以及北京市首批6家、北戴河地区首批4家培疗机构改革资产，围绕“普惠养老、健康养老、医养结合、资产经营”四大板块，着力培育集“医、康、养、护”为一体的康养培育、专业管理和资源整合的综合发展平台

（续表）

城市	国资集团名称	成立背景	主要成效及经验
苏州	苏州市健康养老产业发展集团有限公司	2021年6月成立，2021年9月11日正式揭牌，由苏州市国资委控股，苏州高新区、张家港市、吴江区参股	全国首家由地方政府发起设立的市属一级国有康养集团。一是整合了苏州优势产业资源；二是聚焦发展养老产业、健康产业、康养教培产业三大主业；三是聚力打造机构养老、健康养老公寓、医疗健康、社区居家、教育培训、康养旅居六大平台；四是确定了建设一个银发经济产业园区、并购一批优质企业、搭建一个生态合作平台、打造一批示范标杆等发展思路

（二）多途径整合用好智慧医养平台

依托武汉已初步构建的健康武汉 App、武汉养老 App 等智慧医养平台，以及各区分别搭建的各具特色的智慧医养平台，由重建设向重运营转变，加快打破壁垒，探索搭建数据互通、服务互联、信息共享的老龄医养健康信息协同与决策支持平台。

一是推进健康养老数据互通共享，特别是对于老年人能力评估综合数据，打破当前全市民政、卫生健康各成系统、重复评估的局面，借鉴广州、北京经验，加快实现“一次评估、信息互通、结果互认”。同时，探索依托“云端武汉·政务”平台已初步汇聚民政、人社、卫计、公安等相关数据的基础优势，推进建立医养数据共享中心，打通各部门间的数据壁垒，实现医养结合信息互通共享。

二是探索推进健康、养老信息深度开发和合理利用，充分发挥医养健康数据作为基础性、战略性生产要素的功能，依托武汉现有健康、养老信息平台，合理挖掘与应用健康养老数据，发展健康养老数据管理和智能分析系统，以提供更加便捷、精准、高效的健康养老服务。

三是提升智慧医养服务平台的集约性、功能性和精准性，依托武汉现分散于民政、卫健、各区的各级各类智慧医养服务平台，以更加关注平台运营效率为重点，学习借鉴深圳、北京经验，进一步推进平台资源与服务功能整合，探索依托平台以“整合照护”为方向统一配置来自家庭、社区、机构等照护资源，提升武汉智慧医养服务平台便利化、精准性和智能性。

专栏2　部分省市搭建智慧医养平台的实践探索

●**推进健康养老数据互通共享**

北京：2022年北京市民政局、财政局、人力社保局、卫生健康委、医保局等部门联合印发了《北京市老年人能力评估实施办法（试行）》，结合卫生健康、民政部门评估不同的特点和要素，开展全要素评估，实现“一次评估，多部门结果应用”，民政部门依据评估结论为老人提供相应的政府购买服务，卫生健康部门依据评估结果提供相应家庭医生签约服务，医保部门依据评估中长护险评估结论评判老人是否享有民政部门相应补贴待遇。

广州：为破解老人因申请各类政府补贴和照护项目需进行多部门重复评估难题，2021年广州市卫生健康委员会同民政局、医疗保障局等出台了《广州市老年人照护需求综合评估管理办法》和《广州市老年人照护需求综合评估规范》，在全国首创建立了全市统一、结果通认的老年人照护需求综合评估标准和制度，通过对老年人能力程度、健康状况、社会支持三个维度评估，作为老年人享受相关补贴、接受居家社区养老服务、入住养老机构或者医养结合机构、享受长期护理保险待遇等的依据。

江苏：出台《江苏省智慧健康养老产业发展行动计划（2022—2025年）》，明确提出要加快建设互联互通的全民健康信息平台和养老服务信息平台，实现智慧健康养老数据有效归集与共享。

福建：明确提出到2025年底前实现医养结合信息系统与“健康福建”平台数据共享互通，推动老年健康信息和养老服务信息共享、深度开发和合理利用。

●**探索医养信息深度开发与合理利用**

江苏：通过连接政府全民健康信息平台、医疗机构、社区服务站与居民的健康信息，建立了慢病大数据中心，对慢病数据进行采集和标准化治理，同时支持医疗机构的科研分析，实现了健康数据的有效应用。同时，将建设全省老年健康和医养结合服务管理信息系统，开展老年健康评价、疾病预防预警、慢性病防控、营养平衡等健康大数据应用服务。

●**提升智慧医养服务平台集约性、功能性和精准性**

北京：2023年网站及手机小程序端同步上线了北京养老服务网，老年人可在网站上浏览订购居家养老综合示范中心提供的13类98项居家养老服务，也可查询全市1469家养老服务驿站、就近就便选择驿站享受线下助老服务，实现服务信息“一网展现”，政务服务“一网通办”，服务诉求“一网通答”。同时，网站收录了常见适老化产品可供订购及了解，并汇集了养老服务市场化合作资源，帮助养老服务市场主体寻找合作伙伴。

深圳：建设了深圳市智慧养老服务平台，高效实现智慧助餐、15分钟养老服务圈、居家社区活动管理、机构养老房间安全监测、家庭床位健康管理、家庭床位安全监测、上门服务工单视频连线、数据大屏层级监控等8大智慧场景“一网统管、一站式服务”，目前已在罗湖区、坪山区等区投入运营。

上海：出台《关于深入推进上海市医养结合发展的实施意见》，明确提出要推动智慧医养服务平台建设，依托“上海健康云”，打造覆盖家庭、社区和机构的智慧医养服务平台。

（三）做实家庭医生签约服务

2022年国家六部委出台《关于推进家庭医生签约服务高质量发展的指导意见》后，上海、成都、广东、山东等地也先后出台了地方家庭医生签约服务发展实施方案，武汉作为全国首批家庭医生签约服务试点城市，应在探索创新签约服务机制上加快着力，推进签约服务进一步落地、落实、落细。一是加快探索形成分级分类签约服务，学习借鉴先进城市经验，以国家基本公共卫生服务项目为基础，同时参考不同老龄人群差异化健康需求，设计多层次、可选择、个性化家庭医生签约服务包，完善签约服务收费流程、收费项目及经费支出等相关政策，做细家庭医生签约服务。二是打通家庭医生与专科医生之间的转诊通道，学习借鉴上海、广东等省市经验，打通家庭医生与综合医院之间转诊通道，明确转诊服务实施路径，赋能赋权家庭医生，为签约居民提供“一站式”服务。三是健全家庭医生服务激励和促进机制，学习借鉴其他城市经验，从薪酬分配、绩效激励、盘活编制、职称评聘等多途径，激励医务人员投入家庭医生服务。

专栏3　部分省市家庭医生签约服务的创新与探索

●探索分级分类签约服务

广州：出台《广州市家庭医生签约服务包及其收付费标准的指导意见》，将签约服务包分为免费包、基本包和个性化包3大类型，其中，“基本包1”年签约服务费130元/人·年，其中医保基金出70元、基本公卫经费出30元、个人出30元，“基本包2”年签约服务费70元/人·年，其中医保基金出20元、基本公卫经费出30元、个人出20元，个性化包由各区或各基层医疗卫生机构自行制定。

成都：出台《成都市推进家庭医生签约服务高质量发展实施方案》，根据服务内容和付费方式，将签约服务包分为政府全额付费、个人固定付费和个人协议付费三种类型。政府全额付费签约服务包（A类服务包）以国家基本公共卫生服务项目为基础；个人固定付费签约服务包由全市统一在A类服务包基础上，增加针对性、延伸性医疗服务，并制定收费标准；个人协议付费签约服务包由基层医疗卫生机构在A类服务包基础上，根据签约居民个性化需求，提供服务内容“菜单”，由签约居民自主选择。

●打通转诊通道

广东：出台《关于推进广东省家庭医生签约服务高质量发展实施方案》，一是明确优先转诊服务实施路径，县域医共体、城市医疗集团（医联体）成立双向转诊管理中心，统筹医共体、医疗集团（医联体）内病人上下转诊闭环服务的具体协调事务；二是赋能赋权家庭医生，将辖区医疗机构部分专家号源、住院床位、预约设备检查等医疗资源交由基层医疗卫生机构的家庭医生管理支配，

（续表）

经家庭医生转诊的居民可优先，并提出到2023年医联体或医共体二级及以上医院给基层医疗卫生机构预留30%号源，省级临床重点专科要向基层医疗卫生机构家庭医生提供充足专家号源。

上海：试点实行家庭医生“双签约”，居民签约家庭医生，同时家庭医生签约固定大学附属医院、专科联盟等，由专家团队对需要转诊的病例甄别哪家医院哪个科室有最合适的专家，并提供更专业的转诊建议，同时签约的专家组还能为基层社区提供培训和临床指导，帮助家庭医生提升诊疗水平。

●健全激励机制

成都：签约服务收入全额返还基层机构，原则上将不低于70%的签约服务费用于参与家庭医生签约服务人员的薪酬分配；对签约服务完成质量好的基层医疗卫生机构可结合签约服务费收入情况，在绩效工资核定时予以倾斜；加入家庭医生团队的“微网格员”经考核后可参与团队薪酬分配。

广东：拓宽家庭医生职业上升通道，完善定向评价、定向使用基层卫生高级职称评审管理机制。同时原则上将不低于70%的签约服务费用于参与家庭医生签约服务人员的薪酬分配，二级以上医疗机构要在绩效工资分配上向参与签约服务的医师倾斜，县域医共体、城市医联体内部应建立奖罚分明的绩效激励制度。

（四）优化规范家庭病床服务

在前期探索试验基础上，借鉴其他城市经验，加快突破配套政策、服务标准等方面存在的瓶颈，明确家庭病床服务规范与管理运行机制，增强基层在家庭病床中的兜底作用，着力构建“医院—社区—家庭”三位一体的家庭病床管理模式。一是构建服务项目及服务标准清单，加快出台规范性文件，对家庭病床的收治条件、服务内容及服务流程进行更具体、更规范、更精准的制度设计，确保家庭病床服务质量和安全。二是拓宽家庭病床服务承办机构范围，更好满足日益增长的居家医养需求。三是健全家庭病床政策保障机制，明确家庭病床的服务收费制度与医保支付制度，健全家庭病床与家庭养老床位、社区医养服务之间实现有机衔接的运作机制，强化家庭病床与分级诊疗、智慧医疗之间的实现接轨的政策保障。

专栏4　部分省市家庭病床服务探索经验

●构建服务项目及服务标准清单

上海：曾在全国发布首个家庭病床地方标准，2020年成立了上海市家庭病床服务质量控制中心，现印发了《上海市家庭病床服务办法》，明确了家庭病床服务八类六十四项服务清单内容，

（续表）

并确定了统一服务流程、服务行为，以保证家庭病床服务的医疗质量和医疗安全。 **深圳：**2021 年发布《深圳市家庭病床管理办法（试行）》（以下简称《管理办法》），明确及细化了家庭病床服务内容，同时对提供家庭病床服务的机构及医疗卫生人员服务流程、服务规范、服务要求、服务标准进行了明确规定，对家庭病床的建床条件、家庭病床服务办理程序、转诊及其可能存在的风险、撤床等细节做出了详细规定。 **●拓宽家庭病床服务承办机构范围** **上海：**为适应老龄化发展需求，上海重新界定了开展家庭病床服务的医疗机构类别，由社区卫生服务中心拓展至设有全科医疗科诊疗项目的门诊部及全科诊所。 **深圳：**将服务承办机构由原定“下辖 8 家及以上深圳市社会医疗保险定点社康中心的社管中心”，拓展为“社区健康服务机构及其举办医院均可提供家庭病床服务”。 **●健全家庭病床政策保障机制** **河南：**2023 年出台《开展家庭病床服务试点工作方案》，明确家庭病床的服务收费制度与医保支撑保障，提出采取“医疗服务价格 + 上门服务费”方式收费，医保基金按住院报销相关政策及待遇标准支付相应医疗费。 **深圳：**《管理办法》对家庭病床服务的社会医疗保险管理要求进行了单列详细规范，明确对符合建床条件的深圳市社会医疗保险参保人所产生的属于社会医疗保险目录范围的家庭病床服务医疗费用纳入市社会医疗保险统筹基金支付范围。 **西安：**2021 年出台《西安市家庭病床服务管理试点指导办法》，将家庭病床纳入医保报销范围，建床期间发生的起付标准以上的符合基本医疗保险支付范围的医疗费用，由统筹基金支付 95%，个人负担 5%，并明确家庭病床每个建床周期一般不低于 30 天、不超过 60 天，每一自然年度累计不超过 180 天。

（五）推进发展智慧健康养老产业

推进智慧健康养老产业发展是数字经济时代满足人民群众日益增长的多层次、个性化医养消费需求的必然要求，是培育发展新动能、塑造发展新优势的重要突破口，也是创造未来养老新模式、新场景与生活新方式、新形态的重要支撑和全新赛道。《智慧健康养老产业发展行动计划（2021—2025 年）》明确提出要推进我国智慧健康养老产业发展，深圳、上海等城市已开始围绕智慧健康产业重点领域、关键环节布局抢占发展赛道，中部地区安徽、江西等省也已明确出台了智慧健康养老产业发展规划、方案，提前谋划产业发展。武汉具备雄厚的产业基础和得天独厚的区位交通、科教人才、医疗资源优势，应加快统筹产业基础和资源禀赋，推进新一代信息技术在健康及养老领域的集成创新和融合应用，着力打造智慧健康养老新产品、新业态、新模式，构建特色鲜明、具有较强竞争力的智慧健康养老产业体系。

一是推进特色优势领域产业化发展，发挥武汉作为国家康复辅助器具产业综合创新试点的综合优势，聚焦康复机器人、脑机接口智能辅具、康复训练设备和类脑医疗器械等创新领域，着力打造全国领先的智能康复辅具产业基地；依托信息技术、智能制造、生命健康等产业基础，聚焦具有趋势分析、智能预警功能的健康管理类产品，发展可穿戴设备、便携式检测设备、自助式监测设备等；依托武汉在软件算法、半导体与传感器等领域的产业基础和技术积淀，以智能感知、模式识别、智能分析和智能决策为重点，发展满足老年人医养服务综合需求的家庭智能服务型机器人。

二是探索创新智慧健康养老应用服务，推动信息技术与智能产品在预防、医疗、康复、护理、安宁疗护全生命周期中的应用集成，探索以互联网 + 医疗补齐“医院后市场”短板，研发推广基于智慧型养老机构终端服务需求的产品及服务，推进智慧健康养老与文旅、教育、金融等产业的融合发展，创新发展互联网 + 养老服务、智慧照料等面向社区和居家的智慧养老服务，拓展智慧养老场景。

三是加快打造具有国内影响力的产品交易展示平台，学习借鉴深圳、广州经验，加快打造具有影响力和标识性特征的智慧健康养老产业展会品牌，依托展会搭建智慧养老产品和技术展示平台、智慧养老产业供需交易平台、智慧养老场景体验平台等，以展会为平台链接产业链上下游企业，着力将武汉打造成为智慧健康养老产业集聚高地。

专栏 5　部分省市发展智慧健康养老产业经验借鉴

上海：一是提出实施新一轮智慧健康养老产业发展行动计划，大力发展健康管理、健康检测监测、健康服务、智能康复辅具、中医药养生保健等智慧健康养老产品和服务。2022 年 1 月上海市康复辅助器具产业园（浦东新区·张江园区）、上海市浦东新区智能养老产业园正式运行，已集聚医养产品研发、创新服务领域企业百余家，未来园区还将聚焦赋能智能预防、智能康复、智能医护和家庭服务机器人等创新产品的研发生产。**二是**搭建智慧健康养老产业国际展示交流平台，上海国际养老、辅具及康复医疗博览会（简称“AID”）是国内首屈一指的民生产业博览会，位居全球同类展会前列。

深圳：一是搭建产业交易投资平台，2023 年 9 月举办了首届深圳国际智慧养老产业博览会，

（续表）

旨在搭建国际性的智慧养老产品技术展示与产业合作平台，链接产业链上下游企业，着力将深圳打造成为智慧养老科技产业集聚高地。**二是**推进重点产业领域发展，出台《深圳市培育发展大健康产业集群行动计划（2022—2025 年）》，在首位提出要特色化发展康复养老产业，聚焦脑机接口智能辅具、康复机器人等创新领域，打造国内一流、全球领先的国家级智能康复辅具产业基地。 **广州：**自 2017 年以来，已连续 7 年举办了中国（广州）国际养老健康产业博览会，是大湾区成熟知名的养老品牌盛会，展览规模位居全国养老展会前列，是广州与其他城市开展养老产业合作交流的重要平台。 **安徽：**出台《安徽省智慧健康养老产业发展规划（2020—2025 年）》，明确提出到 2025 年，全省智慧健康养老产业总体规模突破百亿元，培育形成一批具有示范引领作用的产业基地、领军企业和典型产品。

（六）创新医养人才培育激励机制

医养结合领域专业医务人员与护理人员供需缺口巨大、人才流失率高、整体素质良莠不齐等问题是制约医养结合养老服务供给的重要因素，近年国家陆续出台的多项医养政策均把多渠道引才育才作为重要举措之一。作为科教人才强市和国家医养服务改革排头兵，武汉市应在建立健全医养专业人才培育激励机制上积极探索创新。一是优化医务人员从事医养结合服务的引导激励机制，学习其他省市经验，从绩效工资、职称评聘等方面，激励基层卫生医疗机构参与医养结合服务，引导公立医疗卫生机构医务人员参与居家医疗服务、医养结合签约等服务。二是探索建立养老护理职称体系，推进医养护理领域走向规范化、体系化和专业化，为护理领域吸引人才、留住人才提供支撑。三是多渠道引进培育人才，加快搭建“学历教育 + 继续教育 + 社会培训”的培育体系，支持退休返聘且临床经验丰富的护士到提供医养结合的机构开展服务，鼓励支持退休医务人员到提供医养结合服务的医疗卫生机构和养老服务机构开展志愿服务。

专栏 6　部分省市医养人才培育激励机制的创新与探索

●优化引导激励机制 **福州：**鼓励执业医师依法依规到养老机构提供医疗健康服务，在基层养老机构巡诊或多点执业时间可视同晋升高级职称前规定的基层服务时间。 **四川：**动态调整开展养老服务的基层医疗卫生机构绩效工资总量，调动医务人员参与医养结

（续表）

合的积极性。 **漳州：**将医护人员在养老机构的服务按双倍服务量计算，工作业绩纳入年度考核。 **●探索建立养老护理职称体系** **江苏：**正式印发《江苏省养老护理专业技术资格条件（试行）》，在全国率先建立养老护理职称体系，养老护理专业技术资格纳入卫生系列，设初级、中级、副高级三个层次，并将于2023年组织开展全省首批养老护理职称评审工作，为高校毕业、曾从事医疗行业等专业领域的护理人才进入医养护理领域提供了有效激励。 **●多渠道引才育才** **福州：**成立福州理工学院护理学院，面向社会需要，培养老龄护理应用型专业人才。 **沈阳：**沈阳医学院组建医养健康产业学院，培养全日制本科医养结合人才。 **贵州：**经批准设立贵阳康养职业大学，属于全日制公办本科层次职业学校。 **北京：**出台《北京市养老服务人才培养培训实施办法》，从2021年起，对应届毕业生进入养老服务行业的，分三年发放入职奖励，本科及以上奖励6万元，专科及高职奖励5万元，中职奖励4万元。对养老护理岗位在职人员，结合其职业技能等级，按照500元至1500元不等五个档位，直接向本人发放津贴。

课题组成员：丁文珺　杜　涛　简真强　杜一可

关于优化营商环境、稳住市场主体的调研报告

刘艺璇

当前武汉市经济呈现恢复向好的态势，但是经济回升的基础还不牢固，市场主体特别是中小微企业、个体工商户依然面临较大困难。必须要抓住经济企稳回升的关键窗口期，全力以赴优化营商环境，千方百计为市场主体稳预期、提信心，全面激发市场主体活力和经济发展动力。

一、武汉市市场主体基本情况

面对复杂严峻的国内外环境，全市把稳增长作为中心工作，紧密联系和服务市场主体，在税收、金融、就业、社保等方面出台一揽子帮扶措施，千方百计为市场主体纾困解难，保市场主体取得明显成效，市场主体持续快速增长，但同时也存在一些结构性问题。

（一）新登记户数快速增长，但总体数量相对偏少

2022 年，全市新登记市场主体 35.33 万户，同比增长 31.01%，在副省级城市中增速排名第一。截至 2022 年底，全市市场主体总量 178.50 万户，在副省级城市排名第六位；每万人拥有市场主体 1299 户，低于深圳（2230 户）、西安（2201 户）、青岛（1971 户）、成都（1711 户）、广州（1684 户）。

表 1　2022 年各城市市场主体基本情况

类别		武汉	成都	深圳	广州	青岛	西安
GDP（亿元）		18866.4	20817.5	32387.7	28839	14920.8	11486.5
市场主体（万户）		178.50	363.89	393.78	315.55	205.09	289.69
企业	户数（万户）	78.31	146.64	245.77	190.05	77.26	75.78
	占市场主体比重（%）	43.87	40.30	62.41	60.23	37.67	26.16
个体工商户（万户）		99.59	—	148.00	125.34	126.10	206.99
新登记市场主体（万户）		35.33	57.94	44.69	41.52	26.25	43.80
企业（万户）		16.00	29.81	26.81	27.61	10.65	—
个体工商户（万户）		19.25	—	17.88	13.89	15.54	28.23
每万人拥有市场主体（户）		1299	1711	2230	1684	1971	2201
每万人拥有企业（户）		57	69	139	101	74	58

（二）传统服务业比重高，制造业和高端服务业较少

全市市场主体排名前三的行业是批发和零售业、住宿和餐饮业、租赁和商务服务业，集中了约 65% 的市场主体，其中近一半是批发和零售业，传统商贸型市场主体在全市经济发展中占有重要地位；而制造业比重不到 5%，文体娱乐业比重不到 3%，金融业比重不到 1%。

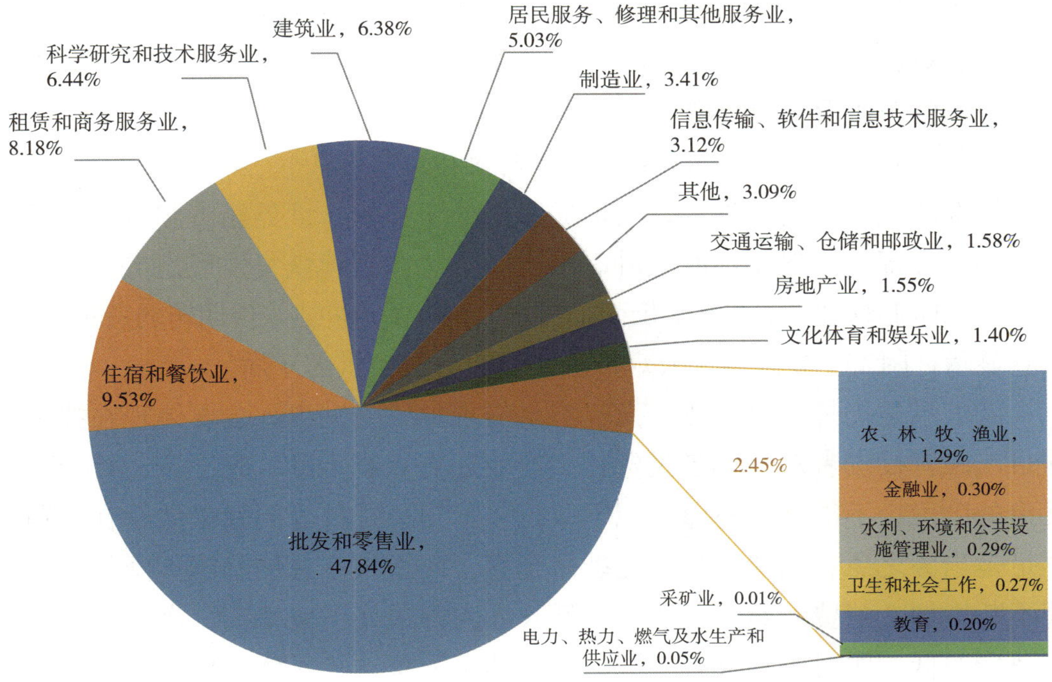

图 1　2021 年武汉市市场主体户数行业分布（%）

（三）民营企业户数比重低，民营经济贡献不高

截至2022年底，全市拥有175.2万户民营经济市场主体，占全部市场主体的98.15%。民营企业75.61万户，占民营经济市场主体的43.15%，远低于上海（80.3%）、北京（78.0%）、深圳（62.3%）、南京（57.8%）、广州（56.6%）。民营经济增加值占地区生产总值的40.7%，低于杭州（61.3%）、合肥（53.9%）、苏州（50%）、南京（46%）。

（四）市场主体“小微”多、“大中”弱、“头部”缺

全市有99.59万户个体户，大都是夫妻店；企业78.31万户，占全部市场主体的43.87%；“四上”企业仅14483家，小微企业是市场主体的绝大多数。全市仅9家企业入围“2022中国企业500强”，排名最高的东风仅第四十位，3家企业排名两百多位，2家排名三百多位，3家排名四百多位；平均营收1290.75亿元，远低于500强平均营收2049亿元。

二、当前市场主体面临的困难和挑战

宏观经济总体企稳回升，但市场主体发展中仍面临诸多困难和挑战，尤其是民营企业受到的冲击最大，依然困难重重。近期，对全市3115家民营企业进行了问卷调查，调查对象覆盖大中小微企业，既有初创期企业也有成长期、成熟期企业，涉及近30个行业，具有一定的广泛性、代表性，调查结果对我们分析民营企业面临的困难具有较高的参考价值。

（一）宏观环境下行压力传导给市场主体

外部环境不确定性加大，全球通胀仍处于高位，世界经济和贸易增长动能减弱，外部打压遏制不断上升。国内经济总体延续恢复发展态势，但经济增长企稳向上基础尚需巩固，仍面临需求收缩、供给冲击、预期转弱三重压力。问卷显示，困难主要来源于宏观形势、行业下滑、供需矛盾。

需求不足仍是突出矛盾。投资不足的现象较为突出，主要体现在找不到项目，民营投资者对下一步投资什么产业还有点看不准、吃不透，处于彷徨犹豫的阶段，不能投、不愿投、不敢投、不知往哪投等问题依然存在。消费不足是当务之急，消费增长占比越来越高，而增长率总体趋于下降趋势，储蓄不断增加，消费意愿不断降低，低收入人群最终消费率高，高收入人群最终消费率低，而对于高收入人群的高端消费需求，缺乏优质供给能力。外部需求持续走弱，全球经济下行趋势下，出口增速延续同比下滑势头，对外贸

易中的劳动力成本优势将不可避免地呈衰减趋势，进出口对经济增长贡献率明显减弱。

供给冲击压力加大。大宗商品市场行情震荡激烈，电力、煤炭、石油等原材料减产停产，进而推动价格上涨。人口自然增长率持续走低，劳动力参与率降低，进而减少劳动力供给。疫情导致很多企业资金链断裂，很多创业公司、中小企业由于银行断贷、抽贷等原因而倒闭，资金供给冲击剧烈。产业链供应链遭遇挑战，有的断裂、有的受到阻隔、有的很不稳定，尤其是部分高端零部件和原料等高度依赖于西方国家，一旦出现贸易摩擦，会导致整个产业链上的众多企业受到很大影响。

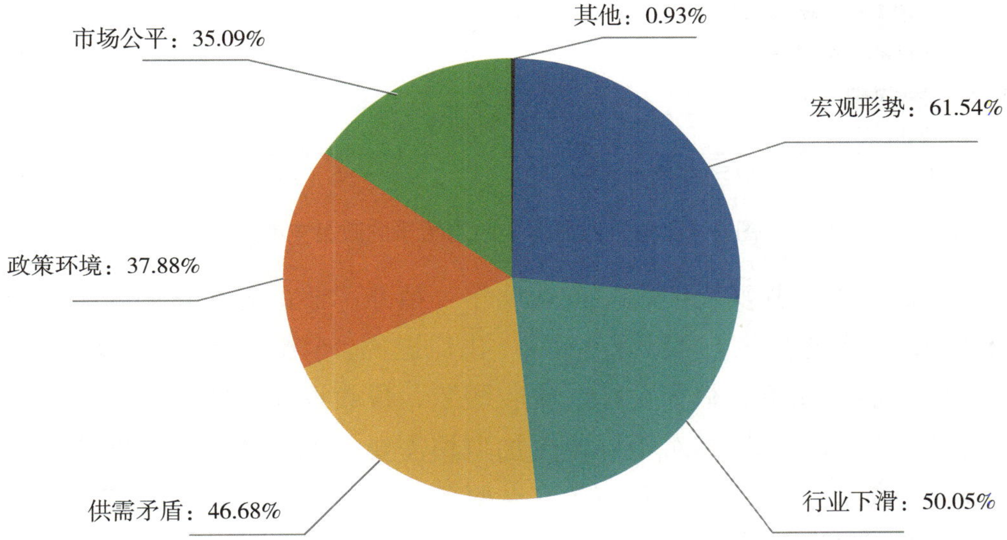

图 2　民营企业面临困难的主要因素

预期不稳是全方位的，突出表现在民营企业上。“预期”直接关联到“信心”，关联到整个社会现在迫切需要调动的发展潜力的发掘，没有由预期向好带出的信心，大量市场主体就不可能有长期主义行为，就不可能实现可持续发展。调研中发现，很多民营企业关心的不是更多的减税降费，而是在预期上、政策上怎么更稳定，发展上更放心，只有让民营企业减少不确定性带来的焦虑和不安，才能够放心大胆地投资、创新、创业。

（二）助企纾困政策对市场主体的帮扶效果不明显

从民营企业对政策的需求来看，近三分之二的企业希望获得税收优惠，超四成的企业希望获得财政奖补，超三成的企业希望降本减负，三成企业希望获得融资支持。可以看出，助企纾困政策依然是当前解民营企业燃眉之急的重要手段，但有些政策在制定、宣传、解读、兑现的过程中还存在一些问题。

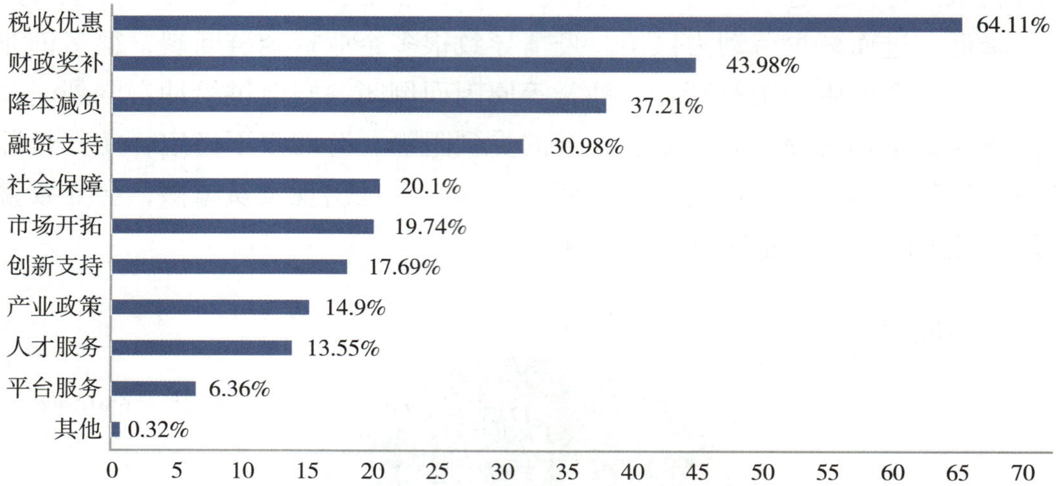

图 3　民营企业最需要政府给予的政策支持

“规定动作”扎实完成，“自选动作”精准不够。对于中央有明确规定的贷款贴息、用电补贴、房租物业补助、出口退税、个税返还、稳岗就业补贴、社保补贴、加计扣除、减征免征、税收缓缴、税收退还等财税政策，企业基本上“能享尽享”。但是对于企业更加迫切需要的融资贷款、数字化改造、创新支持、知识产权、市场开拓、平台服务、行业专项支持等有较大发挥空间的地方性政策，普遍反映没有享受过或是力度不够、效果不明显。比如，降本减负中，相比税收优惠和财政补贴，企业更专注供应链不稳定带来的成本冲击，更关注市场活动中的隐性交易成本，而这是当前政策较少涉及的。

有些政策看时“琳琅满目”，用来“似有若无”。有的政策受众面广、资助力度小、兑现周期长，精准度和时效性上无法满足中小企业需求，企业普遍感觉“不解渴”。有的政策文字长、部门多、内容杂、重点不突出，尽管有“电子版”“精编版”“一图读懂”，但还是需要回到原始文件中寻找细则，很多企业反映“看不完”“读不懂”“消化不了”。有的政策含糊不清，优惠对象不明确，缺少实施细则，企业有“号”难“入座”，比如，很多政策提到“符合条件的”，而这个“条件”的解释权并不明确，实际操作中“因办事人而异”“因申请企业而异”。

有些政策力度“层层减码”，难度“层层加码”。很多企业反映，主要领导都很支持企业发展，愿意尽可能提供企业需要的政策，当政策传导到具体执行者时，因为认识不到位，政策也有所变味。有的政策本应该更多向小微企业倾斜，但因为大企业更“安全”，可能把“雪中送炭”的纾困拿去做“锦上添花”的奖励。有的政策申请条件和奖补金额有区间范围，具体执行人可能会拿最高标准要求企业，按最低金额补贴企业。比如，有企业反映在申请贷款贴息时，仅仅因为营业执照上的经营范围有“投资”字样，审核部门不对实际有无涉及金融业务进行审核，就直接驳回申请。

有些政策宣传“直通快达”，落实“知易行难”。有的政策优惠幅度不大，但申请时需要填各种表格、准备各种资料，还有繁琐的流程手续，漫长的审批时间，往往等到了也不需要了。有的政策兑现必须借“中介”之力，政策本身的专业性和复杂性让不了解政府机构的企业无从下手，必须委托第三方才能办理，增加了企业的政策兑现成本，降低了政策实际效益。有的政策缺乏稳定性持续性，企业反映政策变化太快，即使有文件规定，一开始承诺的政策优惠，实际兑现时会因为各种原因打折扣，甚至完全无法兑现。有的政策缺少对资助对象长期发展状况的跟踪评估，使得政策执行效果大打折扣。

（三）隐形门槛和壁垒阻碍市场主体公平竞争

公平竞争的市场环境一直是民营企业的诉求，问卷调查结果显示，60.22% 的民营企业希望从政策和舆论上支持民营经济发展 ,41.8% 希望依法保护民营企业产权和企业家权益，29.53% 希望从制度和法律上对国企和民企平等对待。近年来，国家、省市逐渐放宽市场准入，拓宽民间资本投资领域，努力营造公平竞争环境，但效果还不尽理想。有些领域还存在各式各样的“玻璃门”“卷帘门”“弹簧门”“旋转门”等，有些领域虽然没有“门”了，但是筑起了很高的“门槛”。民营企业在资源优势和政治地位上天生就弱于国有企业，又受到规模、资金、管理、技术、人才等限制，在没有政府的支持下，仅凭自身努力很难获取市场竞争优势。

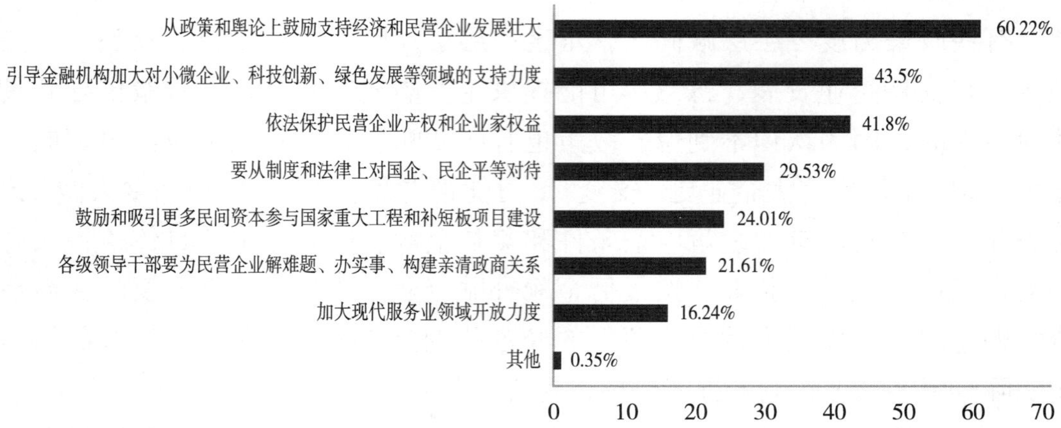

图 4　民营企业最期待的变化

具体表现在以下方面：一是民间投资集中在竞争充分、利润较低的领域。二是高端服务业和公用事业领域鲜有民营企业。尽管国家出台很多政策鼓励民间投资进入教育、医疗、金融、基础设施、公共服务等领域，但缺乏可操作的实施细则，政策落实时困难重重，民营企业找不到可进之“门”。三是市场竞争中存在各种隐形壁垒，比如，工程招标、政府采购中，虽然明面上没有歧视性条款，但会设置过高的资本要求、资质条件、工程业绩、专业要求，有些部门、机构或采购人为了避嫌，在一些竞争不充分项目、不适宜公开招标项目上，不敢推荐民营企业。四是混合所有制改革红利还没有释放，国有企业和国有资本仅仅对盈利前景差、发展前景悲观的业务让出股权。民营企业参与混改后，经营自主权被削弱，民营企业主动参与混改的积极性并不高。

（四）市场主体亟需技术、人才、资金等要素保障

高校院所科研成果很少流向本地民营企业。一方面想创新的民营企业缺技术，另一方面武汉高校院所的大量科技成果流向外地，本地转化率只有30%左右。武汉高校一部分的横向科研项目来源于长三角、珠三角企业技术需求，由外地企业提前“订制”，并投入研发资金支持，技术成熟后直接流向外地。还有一些科研项目被其他城市长期关注，一旦有所突破立马被外地资本、企业和政府盯住，给予超常规的政策直接引到外地转化应用。公共创新平台大都是依托和面向高校、科研院所和大型国有企业，民营企业大多只能享受到孵化器、众创空间等一般性平台服务，为中小企业提供概念验证、

二次开发实验、中试熟化的能力不足。

创新型、应用型、技能型人才紧缺。大部分的民营企业普遍面临中高端人才数量不足、素质不高、难招难留的问题。武汉人才资源丰富，一直扮演“人才输出”的角色，留在本地的创新型领军人才相对缺乏，能够为民营企业所用的更是稀少。同时，高等教育和产业发展脱节，职业教育发展相对滞后，企业普遍反映存在人才“中看不中用”的情况，关键领域的应用型、技能型高级技术人才供给不足，企业更愿意从北上广深杭等城市引进回流人才。相比机关事业单位、国有企业，民营企业在职称评定、科研项目申请、子女入学、就医、社保、住房等方面难以享有同样的待遇，即使引进来也很难留得住。

融资难、融资贵、融资慢等问题依然突出。问卷调查结果显示，超三成（30.98%）的民营企业希望获得融资支持。民营企业，特别是中小企业难以获得银行贷款，近年来，约 90% 的新增贷款贷给了国有控股企业，民营企业获得的贷款很少。民营企业的融资成本一直居高不下，远超过企业的一般毛利率。民营企业反映，国有企业银行贷款利率普遍低于民营企业，而且不需要担保。此外，隐形成本，如登记费、公证费、财务顾问费、资产评估费、担保费等也是一笔巨大的开支。民营企业融资耗费的时间长、效率低，银行往往会花费大量的时间和精力，对企业的资信进行调查和审核，难以及时满足企业资金需求。

（五）面向市场主体的公共服务能力不足

针对不同发展阶段企业的服务供给不平等不精准。当前的公共服务更多的是基础性的，没有区分处于不同发展阶段的企业差异化需求，缺乏对重点企业全生命周期的精准服务和跟踪帮扶。实践中，公共服务更多地是针对显露出较好发展前景的高成长性企业，而不是潜在成长性企业，“播种子”的服务少，“摘果子”的服务多。刚刚起步的初创企业资源、信息、经验是最匮乏的，是最需要被服务的对象，但恰恰是最被忽视的。调研中有企业反映，在被评为国家级专精特新“小巨人”企业之前，基本上没有享受过政府服务。

市场化、社会化的专业服务机构缺乏。提供公共服务的主体相对单一，仍以公益性机构为主，社会化、市场化的专业服务机构发展滞后。专业服务机构虽然数量不少，但规模偏小、服务碎片化、往往只能提供同质化的一般性服务，缺乏提供高增值服务的能力，难以满足民营企业需求。行业协会商会具有对市场信号敏感、对行业政策熟悉、对行业趋势了解的独特优势，但组织独立性不强，与政府部门的沟通协调缺少话语权，会员服务以政策解读、学习培训、拓展活动等为主，形式内容单一，专业性不强，对行业长期发展和行业生态培育的研究和谋划能力有限，难以满足会员企业成长发展的需求。

商业化平台与公共平台对接不够。公共服务供给不足的情况下，民营企业只能向市场化主体采购服务，商业化服务平台成为公共服务平台的重要补充。但是商业化的服务费用对资金本就匮乏的中小民营企业是一笔不小的负担，很多企业都在高额投入与收益不确定性之间犹豫摇摆，最后只能为了生存牺牲发展。商业化平台与公共服务体系缺乏有效衔接，很大程度上限制了商业化服务的覆盖面和影响力，平台型企业的发展也受到限制。

公共服务体系亟需数字化转型。当前政府主导的一批综合性、专业性的数字化服务平台，实际运行中高度依赖于实体服务机构，公共服务信息化和网络化程度还不高，大多仅实现了简单的数字信息传递功能，服务形式是数字化，但服务内容依然传统。这些平台只能向企业提供普适性的数字通用能力，对于数字化平台和工具应用、全过程数字化转型、转型后的专业人才培育等核心问题，缺乏系统培训和赋能服务。很多民营企业对服务平台及其服务产品“不知用”“不会用”“不愿用”，无法满足民营企业的数字化、信息化、资源化、平台化需求。

三、优化营商环境、稳市场主体的对策建议

营商环境是市场主体培育和壮大的土壤，优化营商环境就是要为市场主体厚植土壤。要紧紧围绕市场主体所需所盼，坚持从痛点难点堵点出发，千方百计为市场主体减负、赋能、护航、引路、提气，激发市场主体活力，增强经济发展动能。

（一）以控制成本为核心，千方百计为市场主体减负

经济下行压力加大的背景下，成本尤为重要，很大程度上决定市场主体是否能撑得下去。要把控制成本放在优先位置，加大力度进一步降低市场主体制度性交易成本和市场交易成本，营造稳定公平透明、可预期的法治化营商环境，减轻市场主体负担，帮助市场主体解难题、渡难关、复元气。

1. 深化放管服改革，降低制度性交易成本

制度性交易成本是市场主体在经济活动中遵循政府制定的各种制度、规

章、政策而付出的成本，种类繁多、弹性较大且暗藏“灰色地带”，是需要刀刃向内的改革破解的体制机制问题。降低市场主体准入成本，重点是进一步破除隐性门槛，深化“一业一证”改革，推行市场准营承诺即入制，推进招投标全流程电子化，优化市场主体设立、变更、注销办理程序，落实市场主体歇业制度。规范降低涉企收费，严格规范政府收费和罚款，持续规范中介服务收费，清理规范行业协会商会收费，减轻市场主体经营负担。降低市场主体办事成本，重点是优化涉企服务，全面提升线上线下服务能力，扩大“免证明”应用领域，推广电子营业执照、电子合同、电子签章等应用，优化投资和建设项目审批服务，健全“一企一档”，完善企业信用修复，推行惠企政策直达市场主体。

2. 提高要素配置效率，降低市场交易成本

市场交易成本是市场主体在维持正常经营的市场交易中发生的成本，包括物流成本、税费成本、融资成本、用能成本、用工成本等，必须要持续深化要素市场化配置改革，畅通要素流动渠道，保障不同市场主体平等获取生产要素。降低物流成本是关键，要重点优化交通通道，进一步发挥水路、铁路低能耗、低成本的优势，大力推进多式联运，推进公转铁、公转水，降低运输成本；要加快新型物流基础设施建设，支持智慧物流技术与模式创新，促进智慧管理技术应用，降低仓储和管理成本。降低税费成本是最直接的，在不折不扣落实中央、省、市普惠性税费优惠政策的基础上，针对重点行业、重点企业、重点征收对象加大减免力度，减免、降低涉企保证金。降低融资成本是最迫切的，要推动信用信息深度开发利用，完善提升“汉融通”平台功能，引导地方法人银行加大对中小微企业和个体工商户的信贷投放，探索对商协会联合授信，支持企业通过资本市场融资。降低用能成本的空间相对较小，重点是降低电力市场化交易门槛，扩大交易范围和交易规模，支持用电单元和重点工业用户参与市场化交易，深化园区、楼宇转供电改革，建立智慧用能管理服务平台，实现“平台管理、计量装置、收费标准”三统一。降低用工成本在市场主体经营困难的时候极为重要，要大力发展“共享用工”，解决临时性、季节性缺工问题，增强用工灵活性，减轻企业工资等负担；鼓励企业开展技能培训，给予技能培训补贴支持。

3. 完善法治环境，降低司法诉讼成本

加大法治助企力度，依法保护市场主体发展、保护市场主体权益，为市场主体的投资、经营、发展提供稳定的法治环境。大力推进柔性执法，对风险高发的市场行为进行规则提示，预防和减少市场主体的各类法律风险，深入推进“说理式”执法，积极适用少捕慎诉慎押刑事政策。完善涉企案件影响评估机制，在立案、审理、保全、执行、破产、司法公开等环节，对案件可能造成的影响进行分析、评估，并作出针对性的防范和处置，将企业参与司法活动可能受到的负面影响降至最低。完善涉企案件快速处理机制，对涉诉企业慎用保全措施，加强对申请财产保全审查评估，在能够实现保全目的、保护权利人合法权利的情况下，尽可能保全对企业生产经营活动影响较小的财产，确保企业正常生产经营和人民群众正常生活秩序。深化涉案企业合规改革，建立“风险合规告知、实地监督评估、有效性评估论证”第三方监督评估机制，完善涉案企业合规异地协作、新入市场主体企业合规告知制度，促进企业合规守法经营。保障中小企业款项及时支付，推动各级政府部门、事业单位、国有企业及时支付采购中小企业货物、工程、服务的账款，对拒绝或延迟支付的加大问责惩处力度。

（二）以提升效益为目标，千方百计为市场主体赋能

效益提升可以消化成本上涨压力，为市场主体带来更长远的发展。要把短期降本和长期增效结合起来，加大对市场主体数字化转型、创新驱动发展、质量品牌标准建设的支持力度，提升全要素生产率和核心竞争力，帮助市场主体挖潜力、添活力、蓄动力。

1. 支持数字化转型，塑造升级发展新优势

随着新一代信息技术与各行业深度融合，数字经济正在转向深化应用、规范发展、普惠共享的新阶段，市场主体势必面临数字化转型，与其被动不如主动。要提升数字化公共服务平台服务能力，一方面精准“画像”市场主体经营情况，实现对市场主体成长拐点的监测、预测、预警，识别不同需求，提供精准服务；另一方面增强平台对经济运行、产业链供应链、园区（楼宇）载体的监测、研判能力，面向决策部门提供有力的数据支撑，帮助其精准把握市场环境。降低中小企业数字化转型成本，通过对互联网平台企业和数字化转型服务商等适度开放政府数据资源，引导其为更多中小企业提供低价或

免费的通用性基础服务；加大对数字化服务补贴券的发放力度，对采购数字化服务促进企业转型升级的支出部分给予补贴，探索以转型收益支付服务费用；依托产业园区和产业集群，推行集中采购模式，降低单个企业获得专业服务的信息搜寻成本和采购成本。增强中小企业数字化核心能力，建立政企合作的中小企业数字化能力培训体系，帮助制定现阶段的数字化转型策略，匹配与当前需求相适应的产品服务商，推动中小企业数字赋能从通用能力向核心能力转变，提高生产制造、供需匹配、维保服务和组织运转的效率与弹性，向“数字”要效益。

2. 促进创新研发，增强市场核心竞争力

科技是第一生产力，创新是第一动力，只有抢占新技术和新产品的制高点，才能获得竞争优势，最终赢得市场。要强化企业在产学研合作中的主体地位，加快构建产业导向的研发机制、转化机制、激励机制、服务机制，畅通科技成果转化通道，让更多科技成果从“实验室”加速走向“生产线”。政府要搭建创新资源常态化供需对接平台，实行政府支持的市场化运行机制，要具备基础性强、关联性强、外部性强的关键共性技术和公共科研设施供给能力，要有面向中小企业开放的中试平台（基地）和检验检测认证公共服务平台功能，要有政府产业引导基金和市场化创投基金、融资担保、政策举措等服务功能，要有促进产学研合作的社会化服务体系，引入第三方专业机构提供更客观的技术成果价值评估和市场前景预测，降低双方的信息不对称，提升科技创新成效。要支持有实力的企业联合科研院所、高校等组建一批大中小企业融通、产学研用协同的创新联合体，积极参与高能级创新平台建设，主动承接国家重大科技项目。支持大企业建立交互赋能的开放式创新平台和创新基地，共享品牌、设计研发能力、仪器设备、实验场地、科研团队等，在产业链上延伸孵化中小企业，形成大企业向中小企业提供创新要素支撑、中小企业向大企业输送技术创新成果的协同创新生态。

3. 鼓励质量强企，抢占品牌标准话语权

质量是生存发展之本，品牌是最重要的无形资产，标准决定市场中的话语权，市场主体只有树立自己的质量品牌标准，才能在市场竞争中获取并保持优势。要完善质量基础设施“一站式”服务体系，加快布局与产业发展相配套的国家质检中心、国家产业计量测试中心、检验检测认证公共服务平台等，提高计量、标准化、检验检测等技术能力，增强质量发展、质量安全的基础保障；引导市场主体牢固树立“质量第一”的意识，专注专长领域，推行以质取胜的经营战略，保证质量、效用和信誉，把产品和服务做精做细。要建立完善品牌培育、服务和保护体系，鼓励品牌公共服务机构提供市场化、专业化服务，积极推进重点产业集群区域品牌建设，支持市场主体加快以品牌为纽带的资产重组和生产要素整合步伐，帮助更多的企业品牌提升价值，开拓市场，走出国门，在抢跑“新赛道”中做响一批高端“武汉品牌”。要协同推进标准化战略和知识产权战略，支持市场主体由执行底线标准向对标高线标准转变，由跟随标准向引领标准转变，由注重单一产品和服务标准向更好运用管理体系标准转变；鼓励行业协会、商会组织研制先进团体标准，鼓励大企业联合中小企业制定、完善国家标准、行业标准，协同全球产业链上下游企业共同树立国际标准，培育更多“标准领跑者”。

（三）以开拓市场为主线，千方百计为市场主体护航

市场主体生存发展的最大困难是缺少市场，稳市场主体最好的途径是帮其“找市场”。政府要发挥组织协调作用，搭建对接平台，畅通信息渠道，整合各方资源，组团承接大项目，将众多的中小微市场主体力量汇聚起来，构筑“走出去”的优势和合力。

1. 引导大企业开放市场资源，带动中小企业协同发展

支持“链主”企业发起建立产业链联盟，梳理重点企业关键原材料、关键零部件、关键软件需求形成“产品需求清单”；全面摸排中小企业主导产品、产能规模、拟配套对象等信息，形成“产品供给清单”；建立常态化对接机制，围绕主导产品需求，加强与高匹配度、高认同感、高协同性的中小企业合作，积极通过投资合作、项目合作、产业共建、搭建联盟等方式，进一步提升协作配套水平，形成创新链共享、供应链协同、数据链联动的产业链融通发展模式，带动产业链上下游中小企业协同发展。发挥在汉央企、地方国企基础支撑作用，加强生产要素保障，积极落实降费提质要求，为中小企业提供精准、高效、便捷的服务和充足、可靠、优质的供给。发挥国有企业带动作用，积极扩大有效投资，尽快落地一批重大项目，尽早形成更多实物工作量，提前为上下游释放订单需求，积极采购中小企业优质产品和服务，为中小企业的发展提供更多应用场景和市场机会。发挥国有企业市场资源优势，支持配合

上下游中小企业开展供应链融资，实现自身优质信用与上下游中小企业共享，基于真实业务数据为上下游中小企业信用赋能，助力中小企业拓展融资渠道、获取低成本资金、减少资金占用。

2. 发挥行业协会商会作用，搭建市场资源对接平台

行业商协会具有扎根行业、服务企业、辅助政府、凝聚合力的独特优势，要进一步推进商协会市场化、社会化、职业化改革，充分发挥培育市场的作用，帮助会员企业获得更多的资源与更大的发展空间。围绕重点发展的支柱产业和新兴产业，坚持以企业为主体，做优做强已有商协会，鼓励龙头企业、行业领军人物主导组建新型商协会，支持各类新经济新业态商协会发展。鼓励商协会搭建企业向政府部门反映诉求、企业之间供需对接、企业与金融机构开展合作、企业向中介机构进行咨询等不同主体间的沟通交流平台，搭建劳动力、资金、技术、原材料、能源、运输服务供需对接平台，帮助企业对接资源、抱团取暖、合作共赢。鼓励商协会牵头举办行业性展会、峰会、创新创业大赛和承办招商推介会、投资恳谈会等各类活动，支持商协会与长三角、大湾区、京津冀其他地区等商协会和国际商协会加强交流合作，促进产业链、价值链相互嵌入、共同发展。鼓励市外、省外企业家来汉设立异地商会，支持组建异地鄂籍企业家商会，探索引进工商经济服务类、科技类等国际社会组织，鼓励在汉商协会与国内外同行结成友好商协会，建立常态化交流机制，帮助本地企业到外地寻找和创造投资合作机遇，积极促进合作。

3. 鼓励企业组团走出去，积极开拓国际市场

市场主体要更快融入全球新的供应链产业链中，需要走出去，抢单就是抢市场，政府要搭平台、给政策、强培育、化风险，想法设法为企业组团出海“铺路”。加强“走出去”政策发布和服务平台建设，动态梳理国内外对外投资政策、稳外贸政策和重点国家地区营商环境合作需求、境外经贸合作指南等信息，主动向中小企业进行宣传和推送。安排专项资金，支持企业参加国际性展会和经贸活动、开展国际营销、设立境外零售网点、获取国际认证、组织外贸业务培训等。鼓励和引导金融机构加大对中小外贸企业的信贷支持，创新外贸金融产品，提高对中小外贸企业贷款的增速和新增贷款额，支持各类融资担保机构为出口企业提供低费率担保服务，加大“出口信用保险”“关税保证保险”等支持力度。培育外贸新兴市场主体，鼓励创新、绿色、高附

加值产品开拓国际市场，培育壮大跨境电商、海外仓、市场采购、外贸综合服务、保税维修和再制造等新业态新模式。积极服务和跟踪“走出去”企业，强化企业境外投资经营风险防范意识，帮助协调和解决企业在海外发展中遇到的问题和困难。

（四）以梯度培育为重点，千方百计为市场主体引路

市场主体的发展壮大与政府的支持培育是分不开的，要加大力度培育本土优质企业，建立健全梯度培育体系，完善全生命周期的服务模式和服务链条，推动市场主体“个转企、小升规、规改股、股上市”，深化“链主”企业、单项冠军企业、“专精特新”中小企业专项培育，形成“顶天立地”“铺天盖地”的良好生态格局。

1. 优化培育结构，提供“全周期”“一体化”精准服务

着眼未来长远发展，不能过度依靠引进头部企业“立竿见影”地调整产业结构，更需要营造“阳光雨露”的市场环境，激发内生增长动力，陪伴本土企业一起成长。推动普惠培育和精准培育相结合，既要提高普惠服务的覆盖范围，涵盖尽可能多的行业和领域，向所有具有潜力的创新型民营企业敞开大门，营造“热带雨林式”培育生态；更要聚焦武汉经济发展的结构性问题，有针对性地向重点领域倾斜，加强生产制造型企业、平台型企业、新兴领域企业的培育力度，特别要关注处于重点产业链供应链关键环节和核心领域的中小微企业。要区分处于不同发展阶段的企业差异化需求，提供全生命周期的精准服务和跟踪帮扶，将具有市场潜力的企业“扶上马”，将条件成熟的企业“送一程”。对初创期企业提供最急需的资金、技术、人才支持；对成长期企业更多提供财税、管理、业务、市场等服务，帮助解决“接单难”“管理难”等实质性问题；对成熟期企业提供更加专业化的企业管理，企业文化、对外交流、资本上市、股权激励、法律法规等服务；对转型期企业，要帮助解决人才结构、数字转型、问题诊断、知识产权等问题。

2. 大力推进“个转企”，加大新“转企”服务力度

全市近100万个体工商户，超过全部市场主体的一半，个体工商户规模小、经营灵活，疫情后快速恢复生机活力，为方便人民群众生活、畅通经济微循环发挥了重要作用。随着新技术、新产业、新业态、新模式的蓬勃发展，网络直播、微商电商等“新个体经济”不断涌现，为经济转型升级注入了新

的活力。要科学设置“个转企”的规模、行业和税收等标准，将达到“该转”标准的个体工商户列入辅导对象，建立“个转企”培育名单，对重点培育的个体工商户和新“转企”企业强化政策指导，实施精准帮扶。简化相关申报手续和流程，确保个体工商户能连续稳定经营；降低“个转企”过程中的税费成本，特别是行政事业性收费能免则免，能减则减；鼓励银行业金融机构加大对新“转企”企业的信贷支持力度，在信用评级和风险定价的基础上，积极给予信用贷款支持；积极宣传企业职工岗位技能培训优惠政策，主动对接转型企业，根据企业类型和需求，开展有针对性的岗位技能培训；进一步完善中小企业公共服务平台功能，为“个转企”提供政策、信息、技术、管理咨询等各类公益性服务；引导社会服务机构积极为新“转企”企业开展各类低收费或免费的专业服务，切实减轻新“转企”企业负担。

3. 孵化培育中小企业，鼓励向“专精特新”发展

专精特新企业长期深耕细分市场，创新实力强、市场占有率高、掌握核心技术，处于产业链供应链的关键环节，是中小企业的培育方向。要支持发展具备产业细分领域垂直整合能力的专业化众创空间，完善“众创空间—孵化企业器—加速器—产业园区（楼宇、街区）”创新创业孵化服务链条，催生科技中小企业“雨后春笋”般生长。建立科技创业项目资源库，挖掘有商业化潜力的科技项目，筛选具有高成长性的科技型中小企业和高新技术企业，并将其纳入储备库作为“专精特新”中小企业的重点培育对象，加强对入库企业实施跟踪指导、培育和支持。聚焦产业链薄弱环节和国有大中企业配套需求，引导中小创新型企业“揭榜挂帅”，开展关键核心技术攻关、关键领域“补短板”、填补国内外空白的技术成果转化应用，积极融入大企业产业链供应链，抢占细分市场份额，打造一批“隐形冠军”“单打冠军”和“配套专家”。发挥中小企业在前沿技术和适应新市场需求方面探索的优势，支持参与前瞻性、战略性、储备性技术研发项目，培育一批进军新兴领域的新生力量，开发生产更具全球技术竞争力的产品，让中小企业成为开辟发展新领域新赛道、塑造发展新动能新优势的前沿“探路者”。

4. 培育壮大链主企业，打造具有全国影响力的领军标杆

链主企业是在整个产业链中占据优势地位，对产业链大部分企业的资源配置和应用具有较强的直接或间接影响力，是提高产业链供应链的安全性稳

定性的关键。要建立领军企业培育库，聚焦光电子信息、生物医药、新能源和智能网联汽车等全市重点产业链，综合考虑预期产值、创造能力、纳税能力、就业吸纳能力，特别是对产业链的支撑和带动能力，选择5~10家本土骨干企业重点培育。建立并购重组服务平台，引导各类市场服务机构为“链主”企业并购重组提供行业分析、政策解读、项目路演、融资服务、人才培训等服务，开展项目对接和研讨交流等活动。支持“链主”企业立足产业链上下游一体化发展，在产能、品牌、渠道等方面通过兼并、收购、联合、参股等多种形式开展跨地区、跨行业、跨所有制、跨国（境）的兼并重组和投资合作，快速做大经营规模。鼓励和支持“链主”企业积极开展国际产能合作、境外合作区建设、拓展海外市场、境外商标注册、境外专利申请及各类国际认证，不断拓展全球合作范围和领域，获取国外战略资源，提高国际化经营水平，逐步融入全球供应链、产业链、价值链，形成在全球范围内配置要素资源、布局市场网络的能力。做强做优做大国有企业，推动向特定功能领域、重要行业优化布局，稳步推进战略性重组和专业化整合，以新技术新业态改造提升传统产业链，提高现代产业链链长的产业生态主导力和产业链节点控制力。

（五）以公平包容为关键，千方百计为市场主体提气

稳市场主体关键是提振市场信心，重在提振企业和企业家信心，要把隐藏在民间的资源和力量充分调动起来，必须要清除有碍公平竞争的制度障碍，保持政策稳定性和可预期性，营造鼓励创新包容创新的市场环境，让各类市场主体放心放手放胆的创新创业。

1. 放宽民间投资准入限制，营造公平竞争市场环境

持续深化“放管服”改革，进一步减少“负面清单”事项，打破不合理不合法的各类显性和隐性壁垒，少设“路障”，多设“路标”，引导更多民间资本进入高利润、高回报的行业，让优质企业、优质产品、优质服务脱颖而出。持续清理和废除妨碍统一市场和公平竞争的各种规定和做法，取消与企业所有制性质挂钩的行业准入、资质标准、产业补贴等规定和做法。营造稳定透明可预期的投资环境，加强政务诚信建设，避免过头承诺，不开“空头支票”，一旦承诺就要不折不扣地落实到位。发挥重大项目牵引和政府投资撬动作用，引导民间资本参与全市重大工程、重大项目，尤其是新型基础设施建设、重大项目供应链建设、重大创新平台建设，增强民间投资对优化

供给结构的关键作用，提升供给结构对有效需求适配性。引导民间投资以市场为导向，更多依靠创新驱动发展，加大战略性新兴产业和先进制造业领域的投资，推动传统产业高端化、智能化、绿色化转型升级，发展以数据资源为关键要素的数字经济，积极开发新技术，推出新产品，催生新业态新模式。支持民间资本发展创业投资，加大对创新型中小企业的支持力度。

2. 提高政府公信力，增强政策透明度和可预期性

稳定市场主体政策预期，重点是规范行政权力，加强政务诚信建设，推动政务诚信履约。建立企业家参与涉企政策制定机制，对关系企业切身利益、专业性较强的涉企专项政策，吸收相关领域专家、企业家代表等共同参与起草，兼顾不同所有制、不同类型、不同行业、不同规模的企业，做到覆盖面广、代表性强，提高涉企政策的针对性和有效性。健全涉企政策信息公开机制，除依法需要保密外，要及时主动公开，建立涉企政策信息集中公开和推送制度，加大政府涉企信息数据开放力度，扩大涉企政策的知晓度，提升企业政策获得感。健全涉企政策评估评价制度，要及时主动了解企业家及有关方面对政策落实情况的意见建议，对反映问题比较集中的涉企政策，要认真研究政策调整的必要性；对可能增加企业成本、影响企业正常生产经营的政策调整，应设置缓冲过渡期，给企业留出必要的适应调整时间；对因政策调整造成企业合法权益受损的，要依法依规予以补偿。健全完善政府守信践诺机制，建立政务诚信监测预警系统，严格督查整治合同协议不履行、规划决定不落实、惠企政策不兑现、账款支付不到位、产权纠纷不解决等“新官不理旧账”失信行为，将政府失信行为纳入绩效考核。

3. 推行包容审慎监管，鼓励新兴市场主体大胆发展

“四新”经济蓬勃发展发展给传统监管方式带来挑战，包容审慎监管应运而生，并成为优化营商环境的重要方式。包容审慎监管的核心是创新监管方式，行政执法主体要做到刚柔并济、融会贯通，探索应用说理教育、示范引导、监督提示、约谈整改等执法方式，实现执法与服务、处罚与教育深度融合。要以“互联网＋监管”为依托，对各行政部门的执法数据平台进行互联互通和信息共享，打通执法数据信息共享提供条件，更方便、更全面了解企业情况，为更加有针对性地开展包容审慎监管提供综合参考依据。要鼓励市场主体敏锐捕捉市场机遇，不断开拓进取、拼搏奋进，跳出“舒适区”，

探索“无人区”，开辟“新蓝海”，争创世界一流企业。对于企业在新领域新赛道的探索，不能一出现就想“监管”、一出问题就想“扼杀”，而要多给时间和市场让其“野蛮生长”“自适应调节”，充分释放企业的创新活力和创造力。对于企业在大胆探索、勇于创新、锐意改革中出现的失误、失败，只要没越过法律法规的界限，就应给予更多理解、宽容、帮扶，为创业兜底、为创新护航，让企业有再次创业的机会和勇气。

作者单位：武汉发展战略研究院

武汉新城打好创新发展“示范牌”

杜　涛

2023年2月7日发布的《武汉新城规划》明确提出了努力打造“两高地、两中心、一样板”的目标定位，打造世界级科技创新策源高地、国家战略性新兴产业高地以及全国科创金融中心，这些均与创新发展息息相关。作为武汉都市圈发展的产业增长极和创新极的武汉新城理应是湖北省、武汉都市圈创新发展的“急先锋”，要打好创新发展“示范牌”，为加快建设全国构建新发展格局先行区，更好发挥创新发展示范引领作用，探索打造中国式现代化“武汉新城”样板的具体路径。

一、武汉新城要打好产业创新“示范牌”，加快锻造一批具有国际竞争力的产业创新集群，示范引领武汉都市圈创新链、产业链、人才链深度融合

2023年1月31日，习近平总书记在主持中共中央政治局第二次集体学习时指出，要坚持教育发展、科技创新、人才培养一体推进，坚持创新链、产业链、人才链一体部署，推动深度融合。

从创新链看，武汉新城宜围绕建设世界级科技创新策源高地，聚焦光电科学、存储芯片、生物育种等领域，打造一批高水平实验室建设集群，为湖北争创国家实验室或者国家实验室基地打头阵；从产业链看，建议围绕湖北“51020”现代产业体系和武汉市“965”现代产业体系，高水平建设一批彰显本地特色、具有国际竞争力的产业创新集群。推动产业创新集群建设从要素“叠加”迈向要素“融合”，从“国内一流”迈向“国际领先”，加快打造具有国际竞争力的现代化产业体系；从人才链看，武汉新城要带头探索多元化人才评价激励机制，加快培养一批适应数字经济时代发展要求的“数字工匠”，全面推进“新工科、新医科、新农科、新文科”建设，引领武汉都市圈产教融合发展。聚焦“高精尖缺”，培育集聚一批具有国际水平的战略科学家、科技领军人才和创新团队、青年科技人才、卓越工程师、高技能人才等各类人才，把湖北科教人才优势加快转化为创新发展优势；从创新生态和创新平台看，着力推动武汉新城产学研用和产城人的深度融合，营造更多相对集聚的创新空间和产业空间。加快构建以武汉新城为核心的武汉都市圈科技资源共享服务平台，实现科技信息、科技人才、科研仪器设备及科技金融服务平台的互联互通。

二、武汉新城要打好数字经济应用场景“示范牌”，带头打造一批独具特色的创新应用示范项目，示范引领武汉都市圈数字经济应用场景突破性发展

建议从三个层面加快培育数字经济典型应用场景，即培育一批综合展现湖北武汉产业特色和重要创新成果的应用场景，壮大一批具有高成长性的数字经济企业，推广一批典型应用和试点示范项目，将武汉新城打造成为湖北省数字经济应用场景高地，全国领先的数字经济发展新高地，着力建设国内领先、国际一流的数字经济示范区。

鼓励武汉新城的传统企业与数字企业结对共同开发产业场景，以共同揭榜挂帅方式打造具有行业特色的数字技术应用场景；支持武汉新城数字经济相关重大项目攻关及重点产业发展，加快形成一批具有高技术水准、完整解决方案、成熟应用模式、可复制和可推广的数字技术应用场景典型案例；建议在智能制造、智慧交通、数字医疗、数字文旅、智慧治理等应用场景项目中，开放机会支持以“专精特新”中小企业为主体的数字技术企业参与建设。支持武汉新城打造一批数字技术应用场景样板工程，形成可推广、可借鉴的场景标杆和示范效应。

同时，要持续跟踪应用场景落地情况，对建设成效显著、带动效果好的典型案例进行推广应用。统筹利用好政府资源支持应用场景建设，在金融服务、数据开放、项目立项、业务指导等方面加大支持力度。积极探索实施包容开放的监管模式，建立应用创新场景容错纠错机制。对于具有前瞻性的技术应用场景，以包容态度允许试错；对于成熟技术的应用场景，精简审批流程，加速场景落地。

三、武汉新城要打好专精特新“示范牌”，建设湖北专精特新上市企业培育示范区，示范引领武汉都市圈专精特新“小巨人”企业集群式成长

有序推进各类金融科技创新试点示范，助力更多的武汉专精特新“小巨人”企业在北交所上市。重点依托武汉新城，优先在横贯武鄂黄黄咸五市的光谷科技创新大走廊开展金融科技监管工具试点、资本市场金融科技创新试点、网络市场监管与服务示范区等试点示范，探索新型监管机制。鼓励商业银行开发免抵押、免担保、低成本的专精特新“小巨人”企业专属金融产品，探索“借新还旧”的“循环贷”产品在专精特新“小巨人”企业范畴内率先试点。依托东湖科学城和光谷科学岛，在武汉新城建设全省首个专精特新产业学院，加快形成湖北专精特新“小巨人”企业集聚发展示范区和上市企业培育示范区。鼓励武汉新城高校联合专精特新“小巨人”企业、关键产业链重点龙头企业、地方（地市级以上）中小企业中心、行业协会、产业园区联合申报共建湖北“专精特新”产业学院，使其成为湖北“专精特新”上市企业的培育摇篮。

建立健全“专精特新”中小企业技术联盟和协作研发机制，发挥武汉新城“创新先锋”作用，打造武汉都市圈“企业战略联盟＋产学研金用协同＋跨区域合作联动”的多维度多层次协同培育体系。建议以武汉新城组团为“盟主”，武昌组团、汉口组团、汉阳组团、汤逊湖组团、鄂州主城组团、黄冈主城组团、黄石－大冶组团为盟友，成立武汉都市圈“专精特新”企业发展促进联盟，促进都市圈内“专精特新”企业优势互补、资源共享、合作共赢。建立健全“专精特新”中小企业与政府、高校、科研院所、金融机构以及科技中介服务机构的协同联动机制，研究出台与发达地区专精特新“小巨人”企业跨区域联动政策，鼓励“专精特新”龙头企业代表国家参与全球产业合作与竞争的政策措施等。

作者单位：武汉发展战略研究院

提升服务平台功能
赋能中小民营企业

刘艺璇

服务平台的建设，关系到民营市场主体的培育，关系到“放管服”改革和建设“服务型政府”，是政策赋能民营企业的重要渠道。数字经济时代，中小民营企业对平台服务的需求更加急迫，但服务供需不平衡矛盾突出。近年来，湖北省高度重视服务平台建设，但基于数字化技术和模式的服务能力还不强。湖北省要充分发挥数字基础设施完备、数字技术实力强大和数字应用场景丰富的优势，将数字技术和数字模式深度融入服务平台建设，更好服务中小民营企业数字化转型，帮助更多民营企业在新领域新赛道上不断涌现突破。

一、湖北省面向中小民营企业的公共服务平台总体情况

目前，湖北省面向中小民营企业的主要有三大公共服务平台。2015 年上线的湖北省中小企业公共服务平台面向中小企业及个体经营者，主要提供创业服务、人才服务、法律服务、投融资服务、管理咨询、信息化服务、技术服务等公益性服务。2018 年上线的湖北省统一政务服务移动平台面向所有个人和企业，主要提供政务办事、民生服务、政务公开等综合性服务，其中涉企服务包括设立变更、准营准办、招标拍卖、投资审批等。2021 年上线的湖北省中小企业融资信用平台面向中小企业，主要解决银企信息不对称、融资便利性低等问题，截至目前，入库企业 21.46 万家，入驻机构 2517 家，放款总额 5459 亿元，放款总计 22.16 万笔。此外，各部门还各自建有专业性服务

平台，各市、县（区）也都不同程度的建有各自的综合性服务平台。

二、当前公共服务平台存在的问题

（一）平台资源整合度偏低，精准服务难以实现

尽管公共服务平台体系覆盖省、市、县（区），但是跨层级、跨区域、跨部门的资源整合程度不够，部分公共资源存在重复投入等问题。湖北省经信厅、大数据局、发展改革委、金融局都建有自己的平台，业务系统各自为政、账号不互通、数据不互通，导致每个平台政务数据获取不足、业务数据无法沉淀、算法模型泛化能力不够，难以实现对中小企业的精准画像、精准服务。

（二）平台运营能力不足，数据价值挖掘不够

有些平台因为文件要求才建，一开始就没有打算长期运营；有些平台建设时没考虑扩展需求，运营一段时间之后就跟不上市场；有些平台建设期投入大量财力人力，忽视运营期资金人员的保障，平台预设的功能难以实现。重建设轻运营造成平台用户流量不足、使用频率不高、数据流转不动，大多平台只实现部分数据归集能力，缺乏对数据的分析、挖掘、利用。

（三）服务内容相对传统，信息化网络化程度不高

平台服务仍高度依赖于实体服务机构，主体单一、资源分散、网络化程度低，平台主要以展示、查询功能为主，服务形式是数字化，但服务内容依然传统，大都是同质化一般性服务，服务进度及结果缺乏追踪，没有形成业务的线上闭环，无法满足中小民营企业的数字化、信息化、资源化、平台化需求。

（四）商业性平台发展滞后，难以与公益性平台对接互补

公益性服务供给不足的情况下，中小民营企业自建数字化平台成本负担又过重，只能向市场化主体采购商业性服务。目前，湖北省内平台企业不多，有规模和影响力的更加稀缺，中小民营企业只能向全国性平台企业支付高额的服务费用。同时，平台企业建立的数字化服务平台与公共服务平台缺乏有效衔接，很大程度上限制了商业化服务的覆盖面和实际效果。

三、促进公共平台更好服务中小民营企业的建议

（一）统筹湖北省涉企服务平台，加强服务资源交流对接和深度合作

依托湖北省中小企业公共服务平台，梳理整合各部门涉企服务，打造一站式市场主体培育和服务平台，并设立若干板块直通各专业服务平台，例如，

可以将“鄂融通”作为一项重要功能纳入该枢纽平台。明确主管部门，组织引导平台网络建立服务资源、服务信息等共享机制，对平台覆盖范围和服务质量实施标准化管理，鼓励平台间相互签订服务合作协议，规范不同主体间资源共享与合作方式。协调行业主管部门、工商、税务、银行、金融机构等支持平台开展涉企服务，开放共享相关数据资源。建立平台统一用户认证体系，对各平台用户数据进行映射关联，实现用户一账号多平台互认。

（二）发挥平台企业市场主体作用，推动多元服务主体有效协同

要充分发挥市场化服务主体的功能和作用，尤其是具备企业数字化服务资源和能力的平台企业，支持工业互联网、消费互联网、跨境电商等平台类企业将业务数据接入公共数据服务平台，促使商业化平台与公共服务平台高效对接，实现不同类型服务主体的互补与协同。探索以转型收益支付服务费用，减轻中小企业通过市场化途径获得数字化服务的负担。通过对互联网平台企业和数字化转型服务商等适度开放政府数据资源，引导其为更多中小企业提供低价或免费的通用性基础服务。基于产业园区和产业集群的共性需求，发挥数字化平台和服务的资源整合优势，将原本单个中小企业分散采购形式，转变为集中采购模式，降低单个企业获得专业服务的信息搜寻成本和采购成本。

（三）精准服务企业全生命周期，科学服务政策制定和实施

平台要转变服务理念，以提升精准度和有效性为着力点，夯实数据经济底座，建设应用模型中心，精准“画像”中小民营企业经营情况，实现对中小企业成长拐点的监测、预测、预警，识别企业成长中的不同需求，匹配优质的专业服务机构，动态调整服务内容和服务方式，从一次性的短期资助为主，逐渐变为持续性的跟踪帮扶，提供更加贴合企业实际需求的差异化和持续性服务。增强平台对经济运行、产业链供应链、园区（楼宇）载体的监测、研判能力，面向决策部门提供有力的数据支撑，帮助其精准把握市场环境，反映企业动态和诉求，找准断点、卡点、堵点，实施更有效的民营企业培育行动。

（四）重视平台长期专业化运营，做好服务数据归集分析挖掘

统筹平台建设和运营，充分考虑中小企业服务中长期内的信息化能力扩展需求，引入专业机构持续运营，加大对平台运营的财政支持。支持平台通过接入高频政务服务、提升服务体验、加快场景建设、和第三方数据机构合作等方式引流，扩大平台服务覆盖面，提升线上服务活跃度。比如“粤商通”，

通过企业防疫、消防安全和用电量贷款3项企业刚需服务引流，平台的注册企业占到全部市场主体的2/3。并在全国率先开出公共数据资产凭证用于企业信贷。要提升平台对涉企数据的归集、分析、挖掘能力，让企业用起来，数据跑起来，推动数据要素规范有序流通、高效公平配置，让平台上的数据产生价值，服务中小民营企业高质量发展。

作者单位：武汉发展战略研究院

创新完善金融服务体系
着力降低中小企业综合融资成本

刘艺璇

融资成本高一直是制约中小企业生存发展的最大瓶颈。近年来，信贷市场贷款利率持续走低，湖北省出台了一系列缓解融资困境的政策，中小企业融资环境有所改善。但总体而言，金融机构“不愿贷、不敢贷、多贷不如少贷”的局面还没有得到根本扭转，中小企业“融资难、融资贵、融资慢”的问题仍未得到有效解决，金融服务体系还有较大改善空间。降低融资成本是降成本的重中之重，必须要进一步优化金融领域营商环境，提高金融服务主动性、创新性和便捷性，引导更多金融资源向小微市场主体倾斜，让广大市场主体切身感受到综合融资成本实实在在地降低，解企业“燃眉之急”，为企业“舒筋活血”，助企业“茁壮成长”。

一、实体经济融资成本稳中有降

近年来，湖北省出台一系列支持政策，努力缓解中小微企业融资难融资贵问题，引导金融机构持续向实体企业减费让利，加强对普惠金融、制造业、科技创新等领域的政策倾斜，贷款总量稳步增长，信贷结构持续优化，实体经济融资成本稳中有降，金融支持实体经济的力度明显增强。截至 2023 年 5 月底，全省本外币各项贷款余额 7.83 万亿元，同比增长 11.5%；企业贷款余额 4.8 万亿元，同比增长 16.6%；民营企业贷款余额 1.57 万亿元，同比增长 17.9%。2023 年 5 月，全省企业贷款加权平均利率 3.93%，民营企业贷款利率 4.5%。扩大政府性融资担保覆盖面，降低担保费率，陆续推出“科担贷”“科担快贷”“科担专精特新贷”“科担人才贷”“科担联合贷”等担保产品，其中，“科担快贷”平均年化贷款利率仅3.76%。拓宽小微企业融资覆盖面，开展首贷扩展专项行动，采取“银行减免+政府贴息”的模式，贴息后“首贷户”利率不超过4.35%。建成全国第一家省级线上政采贷平台，中小微企业凭借政府采购合同在线上快速获得无需抵押的贷款，2023年1—5月，全省办理线上政采贷776笔，金额27.97亿元，加权平均利率3.91%，低于全省同期中小微企业利率0.53个百分点。

二、综合融资成本依然较高的主要原因

近年来，在市场利率整体下行的带动下，实际贷款利率明显降低，有效支持了实体经济发展。利率是企业融资成本中最重要的组成部分，但不是全部。此外，还涉及借贷的附加费用、操作成本、还款成本、交易成本、机会成本等，这些成本是地方政府降低融资成本的主要方面。当前，中小微企业融资难、融资贵、融资慢的问题依然突出，综合融资成本还有较大下降空间，主要表现在以下方面：

一是融资结构不优。中小微企业融资渠道狭窄，主要依赖银行贷款，中间环节多、中间费用高。贷款结构不优，截至2023年5月底，制造业贷款余额6780亿元，仅占全省企业贷款余额的14.1%；且中长期贷款不足，特别是小微企业，大多只能获得1年期甚至更短期限的流动资金贷款，增加了资金周转难度和成本。

二是融资产品创新不足。小微企业信贷产品呈现较为严重的同质化倾向，本质上仍是围绕抵押、联保互保推出的类似产品，基于平台化、场景化、数字化、产业链供应链的融资产品创新不足。截至2023年5月底，普惠口径小微企业主经营性贷款户数仅330.8万，贷款余额8544亿元；2023年5月，小微企业贷款利率4.84%，高于企业加权平均利率0.92个百分点。

三是融资担保规模小。中小微企业融资对担保体系的依赖度高，但政策性担保资源不足、商业担保机构实力弱，知识产权、应收账款、股权等抵质押担保业务拓展缓慢，全省融资性担保余额占金融机构贷款余额比重不到4%，规模和实力远远满足不了市场融资需求。

四是信用交易成本高。社会整体信用水平偏低、信用服务市场不发达、信用法律制度不健全、信用服务产品结构单一，中小微企业信用基础薄弱，缺乏针对性的信用记录和信用评级，增加了融资风险溢价和信用中介成本。

三、进一步降低中小企业综合融资成本的对策建议

要聚焦中小微市场主体需求，立足“优结构、稳产业、促创新、强信用”，以拓宽融资渠道、深化产融对接、探索投贷担联动、完善信用体系等为重点，进一步优化金融领域营商环境，推动中小微企业综合融资成本逐步降低。

（一）优化融资结构，降低企业获取资金的难度和成本

依托武汉股权托管交易中心，建立完善湖北省区域性股权市场与沪深北交易所和新三板的对接机制，推动省内优质潜力中小企业以“四板”为起点更多依靠资本市场融资，提升直接融资比重。充分发挥长江产业基金的引导作用，完善政府引导基金的激励机制和退出机制，通过跟投或合作设立子基金的方式，吸引创业投资基金等各类股权投资基金集聚，支持社会资本更多投向科技型中小企业、民营制造业企业等。充分利用湖北省普惠金融发展专项资金，综合运用贷款贴息、以奖代补、费用补贴等方式，发挥专项资金杠杆作用，建立财政风险补偿资金池，推动政府性融资担保机构减费让利，引导金融机构开发低门槛、低成本、高效率的专项信贷产品，加强与消费金融公司、保险公司、担保公司、典当行等机构的业务合作，扩大政银合作产品融资规模和覆盖面，缓解更多小微企业、个体工商户、农户等普惠金融客群的融资难题。引导金融机构优化贷款结构，增加制造业企业中长期资金供给，支持设备更新、技术改造、绿色转型发展。发挥政府平台的增信、担保作用，引导金融机构面向行业协会、商会、产业园区、产业链等开展联合授信，促进银企之间信息的互联互通，量身定制综合金融服务方案，合理控制行业整体杠杆水平，加大对重点产业、重点项目、重点园区的金融支持力度。

（二）深化产融对接，降低产业链供应链整体融资成本

加大对供应链金融的支持力度，支持银行机构与产业链核心企业、仓储及物流企业、科技平台、商业保理机构加强合作，以应收账款、存货、仓单质押等为基础，为产业链上下游企业提供方便快捷的结算、融资、财务等金融服务，加速核心企业信用释放，盘活中小微企业应收账款、票据、仓单、运单、订单、关单等动产，扩大动产融资的覆盖面和可得性，降低中小微企业抵押融资难度。推动金融机构和核心企业尽快接入中征应收账款融资服务平台，加快应收应付账款确权。鼓励金融机构和核心企业围绕供应链建立信

息平台，与上海票据交易所供应链票据平台对接，支持产业链核心企业签发供应链票据。推动全省政府采购系统与应收账款融资平台联通，发展政府采购合同线上融资，降低企业履约成本。依托核心企业构建上下游一体化、数字化、智能化的信息系统、信用评估和风险管理系统，提升金融机构与实体企业数据和信息共享水平。鼓励金融机构积极开展供应链金融业务和开发供应链金融产品，为供应链票据提供贴现、质押等融资服务，人民银行武汉分行设立再贴现专项额度，对金融机构符合条件的已贴现供应链票据优先给予低成本资金支持。

（三）探索投贷担联动，降低创新型科技企业融资成本

发挥政府引导作用，联合商业银行、创投基金、担保公司、保险公司等，搭建股权投资、债券融资、融资担保联动平台，促进投资项目和银行信贷等信息资源的整合共享，共同挖掘有潜质的企业，共同确定不良贷款分担补偿比例，共同分享企业成长红利。重点瞄准符合全省产业发展方向的专精特新企业、高新技术企业、科技型中小微企业等，由商业银行普惠条线、公司条线与投资银行部和创投机构、担保公司、政府相关部门、第三方专业机构等共同确定满足投贷联动客户要求的白名单，开展联合尽调，采取以投定贷、以订单定贷、以机构增信定贷、以政府补助定贷等模式，为白名单内企业匹配差异化信贷产品。发挥政府引导基金增信作用，促进创投机构与科创企业对接，引导商业银行在授信额度、贷款利率、审核条件等方面为基金投资的重点项目提供支持。鼓励地方商业银行设立投资功能子公司或科技金融专营机构，根据科创企业发展前景、股权投资状况、业务成本、市场平均利率等因素综合确定贷款利率，拓宽抵质押品范围，开发知识产权质押、股权质押等适合科创企业的担保方式。支持省融资担保集团发起设立投担联动基金，将股权投资与信贷担保支持相结合，既为科创企业投贷联动项目提供融资担保和风险补偿，同时参与分享企业成长带来的红利，增强担保机构内生“造血”能力。

（四）共享信用信息，降低信息不对称导致的融资成本

充分整合全省各类各级信用信息共享平台、征信平台和综合金融服务平台等，打通金融机构、信用服务机构、担保机构、保险机构等主体的信息系统，推进与省市公共数据平台、各部门信息管理系统等互联共享。依托湖北省中

小企业融资信用平台，打造全省统一的企业信用贷款融资服务平台，引入第三方征信机构参与平台建设和运营，为中小微企业和金融机构融资提供公益性信用信息支撑和一站式银企对接服务。加强信用信息归集、整合、共享，动态编制完善信用信息共享清单，明确信用信息共享内容、方式、责任部门和完成时限等要求，在确保企业信息安全的前提下，探索开展不涉及商业秘密的部分经营类信息共享。推动信用贷款融资服务平台与接入机构合作，出台企业信用评价指引，针对不同规模、行业、业态、融资对象、融资需求等融资服务场景，运用人工智能、移动互联网、大数据、云计算等金融科技手段，对平台注册企业分类建立信用评价模型，精准开展基础信用评价。鼓励金融机构利用平台归集的涉企信用评价信息，服务于产品研发、信用评估和风险管理，降低金融机构对传统抵质押物的依赖，增强客户识别能力和信贷投放能力，提高信用贷款和首贷比重，扩大中小微企业贷款规模，并将融资成效、获得贷款企业履约情况等反馈至平台。

作者单位：武汉发展战略研究院